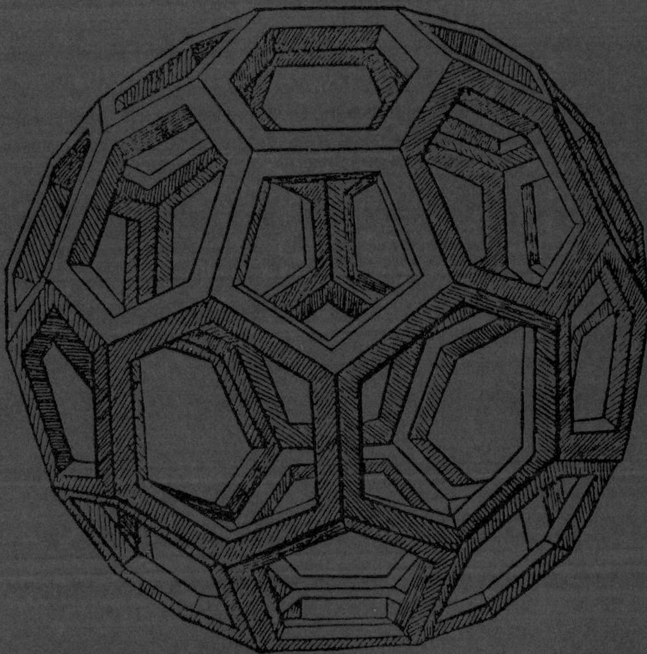

biblioteca

Mário Ferreira dos Santos

Editor
Edson Manoel de Oliveira Filho

Coordenador da Biblioteca
Mário Ferreira dos Santos
João Cezar de Castro Rocha

Produção editorial
Editora Filocalia

Revisão
Paulo Mendrone

Design gráfico
Alexandre Wollner e Sidney Caser
Janeiro/Fevereiro 2013

Diagramação e finalização
Nine Design | Mauricio Nisi Gonçalves

Editora Filocalia Ltda.
Rua França Pinto, 509 – 04016-032
São Paulo, SP
Telefone: (5511) 5572 5363
atendimento@filocalia.com.br
www.editorafilocalia.com.br

Este livro foi impresso pela Gráfica Ipsis,
em outubro de 2020. Os tipos são da
família Rotis Serif Std e Rotis Semi Sans
Std. O papel do miolo é Pólen Soft 80 g,
e o revestimento da capa, tecido Saphir.

Dados Internacionais de Catalogação na Publicação (CIP)
de acordo com ISBD

S237f

Santos, Mário Ferreira dos
Filosofia Concreta / Mário Ferreira dos Santos ; coordenado por
João Cezar de Castro Rocha. - São Paulo, SP : Editora Filocalia, 2020.
736 p. : il. ; 16cm x 23cm.

Inclui índice e anexo.
ISBN: 978-65-88143-09-4

1. Filosofia. 2. Filosofia Concreta. I. Rocha, João Cezar de Castro.
II. Título.

2020-2442 CDD 100
CDU 1

Elaborado por Vagner Rodolfo da Silva - CRB-8/9410
Índice para catálogo sistemático:
1. Filosofia 100
2. Filosofia 1

Mário
Ferreira
dos
Santos

Filosofia Concreta

FILOCALIA

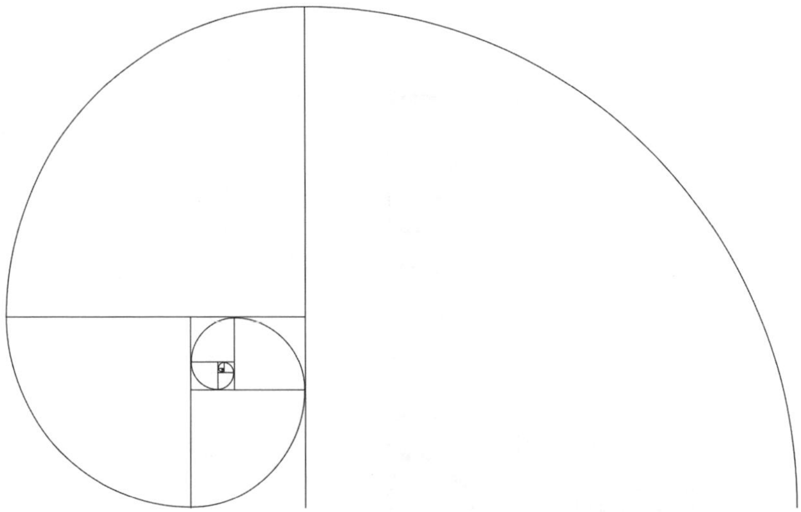

In Memoriam
Alexandre Wollner (1928-2018)

Todo designer de nível internacional como Alexandre Wollner é na verdade um artista visual. Wollner foi um filósofo que, em lugar de conceitos, pensava por meio de ícones ou através da disposição dos signos impressos na página-tela. O projeto preparado pelo artista-pensador para a Biblioteca Mário Ferreira dos Santos é um agudo comentário hermenêutico: clareza de contornos tão apodítica como a própria filosofia concreta.

João Cezar de Castro Rocha

Sumário

Prefácio da 1ª edição

Com a publicação de *Filosofia Concreta*, encerra-se a primeira parte da *Enciclopédia de Ciências Filosóficas e Sociais*, num total de dez obras já publicadas.

Seguir-se-á a segunda parte, iniciando com *Filosofia Concreta dos Valores*, onde serão tratados os principais temas da Axiologia moderna, visualizados através das positividades conquistadas pela filosofia concreta. Em sequência a esse livro, iniciaremos a publicação de nossas obras de problemática, além de *Tratado de Estética*, *Sociologia Fundamental* e *Ética Fundamental*,[1] *Filosofia e História da Cultura*, *Tratado de Esquematologia*, encerrando a segunda parte com *Tratado Geral das Tensões*,[2] o qual concreciona, numa totalidade, as diversas doutrinas por nós expostas nesta parte.

Assim como levamos três anos para editar a primeira parte desta *Enciclopédia*, esperamos levar o mesmo tempo, ou no máximo cinco anos, para dar publicidade aos restantes volumes, escritos durante trinta anos de devotado e silencioso trabalho e de estudo da filosofia.[3]

O apoio que esta obra teve do leitor brasileiro foi inegavelmente um fato inédito, não só em nosso país, como em todo o mundo.

[1] [Já publicados.] Assim como em nossa edição anterior, todos os colchetes em rodapé indicam notas escritas por Mário Ferreira dos Santos. Os demais textos em notas são dos organizadores: ou reproduzidos da edição prévia, organizada por Luís Mauro Sá Martino, ou acrescentados nesta nova edição.

[2] Mário não chegou a publicar esse livro. A ideia de "tensão" no pensamento do autor está relacionada com a concepção de um confronto – ou atrito, daí a noção usada – entre duas ideias contraditórias e, ao mesmo tempo, complementares. Em outras palavras, a tensão é o momento central da dialética na qual os conceitos em questão se definem como síntese primeira de uma nova tríade. O *Tratado Geral das Tensões* faria parte da 3ª série da *Enciclopédia de Ciências Filosóficas e Sociais*, dedicada às questões de metafísica pura.

[3] Infelizmente essa previsão não deu certo. Levado por outros trabalhos paralelos – cursos livres, uma imensa correspondência, aulas sistemáticas, palestras e a Editora –, Mário não teve tempo de publicar toda a *Enciclopédia*. Os manuscritos, no entanto, mostram um trabalho em fase avançada de desenvolvimento, em um nível de abstração provavelmente nunca atingido em sua obra – e, talvez, em grande parte da filosofia.

Somam-se mais de uma centena de milhares os exemplares vendidos no Brasil,[4] fato auspicioso que revela o grau de independência do leitor brasileiro, tão e tantas vezes acusado de indiferença para com os estudos mais elevados, como afirmam aqueles brasileiros que podem conhecer mais ou menos bem o que se passa em outros países, mas que ignoram absolutamente o que se dá entre nós.[5]

Durante o lançamento de nossos livros, tivemos o máximo cuidado de não usar nenhuma providência demagógica de publicidade, nenhum recurso publicitário, permitindo ao leitor manifestar-se espontaneamente, guiado apenas por seu próprio e autônomo juízo.[6] Recebemos, no decorrer destes anos, milhares de cartas, vindas de todo o país, e escritas por pessoas cultas de todos os setores da nação, muitas das quais nos autorizam publicar suas opiniões. Entretanto, sempre nos furtamos a fazê-lo, sem menosprezo aos que nos escreveram.[7]

Em compensação, essas cartas muito nos desvaneceram, e foram de grande efeito moral para levar avante o nosso plano de edições, que se afigurava a muitos irrealizável, já que não tínhamos nenhum grupo de capitalistas a financiá-lo.

[4] [Hoje somam mais de seis centenas de milhares.] Informação difícil de comprovar. O material existente da Editora Logos, bem como os da Editora Matese, de fato dão conta de números bastante altos de vendas, mas uma aferição demanda um trabalho além do alcance destas notas.

[5] Documentos de Mário e alguns textos específicos mostram essa preocupação em levar filosofia para o povo. Não há indícios, pelo menos até agora, do conceito que o filósofo fazia de "povo", mas algumas evidências em sua correspondência sugerem que ele de fato se referia a um público geral, amplo, e contava com a inteligência e com a vontade de aprender dessa maioria. Cf. Carta a Augusto Meyer, 1952.

[6] De fato, Mário se restringia a mencionar seus livros em boletins da Editora Logos ou, no máximo, nos catálogos e eventuais jornais literários que produzia. Não há menção às suas obras em praticamente nenhuma história da filosofia, e a própria *Revista Brasileira de Filosofia*, editada pelo Instituto Brasileiro de Filosofia, dedica um único artigo a Mário – referente à sua morte em 1968, escrito por Luís Washington Vita: "Mário Ferreira dos Santos (1907-1968)" (vol. 18, nº 70, segundo trimestre de 1968, p. 221) – o fac-símile pode ser consultado na seção "Arquivo Mário Ferreira dos Santos / É Realizações Editora" deste volume.

[7] Sobre a recepção da obra de Mário e suas relações com os contemporâneos, bem como uma apresentação geral de sua obra, cf. Ricardo Rizek, "Prefácio", in: Mário Ferreira dos Santos, *Pitágoras e o Tema do Número*. São Paulo, Ibrasa, 2000; Olavo de Carvalho, "Guia breve para o estudioso da obra filosófica de Mário Ferreira dos Santos", in: Mário Ferreira dos Santos, *A Sabedoria das Leis Eternas*. São Paulo, É Realizações Editora, 2001.

Tratava-se de obedecer a uma norma que havíamos traçado. Queríamos provar de modo indubitável a certos editores e livreiros, descrentes da possibilidade de uma tal obra, que ela poderia obter bom êxito, sem emprego dos costumeiros recursos de publicidade, nem críticos encomendados, etc.

Queremos mais uma vez dirigir aqui nosso profundo agradecimento ao apoio inconteste desse caluniado leitor brasileiro, que revela agora, graças ao nosso exemplo, uma maturidade cultural que ainda dará seus frutos; maturidade brasileira, de pensamento nosso, autônoma e criadora, sem a eterna subserviência ao pensamento alheio, ofuscado diante das autoridades de além-mar, resquícios de um colonialismo passivo, que, felizmente, começa a desaparecer de nossa terra.[8]

Outrossim, queremos salientar, e nunca é demais fazê-lo, que não nos filiamos a nenhum ismo de qualquer espécie. Com este livro, expomos, tão claramente quanto é possível fazê-lo na filosofia, o nosso pensamento, que é a filosofia concreta. Esta é uma matematização da filosofia (no sentido mais elevado de matemática, que não se cinge apenas ao campo do quantitativo), fundada em juízos apodíticos, universalmente válidos, que decorrem, segundo o nosso método dialético, de fundamentos ontológicos.[9]

Se algumas vezes nosso pensamento coincide com o escolástico, é porque, naquele, há possibilidades que são do patrimônio cultural da humanidade, e que só a ignorância e a influência de uma mentalidade burguesa, sequiosa de originalidade, que domina infelizmente o

[8] Um dos elementos da prática de Mário era a preocupação em mostrar ao mercado editorial brasileiro a possibilidade de editar livros de filosofia e literatura clássica de maneira a torná-los acessíveis ao grande público. O problema, no entanto, era a resistência das casas editoriais de sua época. A indústria do livro no Brasil não era tão incipiente quanto se imaginava, mas ainda assim a possibilidade de edição era restrita. Um paralelo pode ser pensado em relação ao trabalho de Monteiro Lobato na consolidação do mercado livreiro.

[9] A habilidade de Mário em reunir ideias e evidências de várias fontes filosóficas era em si uma atitude filosófica. Conforme explica em um "Autorretrato" publicado postumamente, um de seus objetivos era extrair as positividades do pensamento filosófico e construir sobre elas, deixando a ferramenta da crítica apenas para os momentos em que isso fosse necessário para obter um determinado sentido positivo no pensamento de outro autor. Isso não elimina o duro exame de outras filosofias, mas com o objetivo de compreender o que há de possível e aplicável. Cf. Stanislavs Ladusãns (org.), *Rumos da Filosofia Atual no Brasil*. São Paulo, Loyola, 1975.

pensamento moderno, poderiam levar a esquecer ou menosprezar. Essas positividades se identificam com as da filosofia concreta, como se identificam com ela as do pensamento genuinamente pitagórico, do socrático--platônico, do aristotélico, do plotiniano, do de Tomás de Aquino, do de Duns Scot, do de Suárez, etc.[10]

A filosofia concreta não é uma síncrese nem uma síncrise[11] do pensamento humano. Não é um acumulado de aspectos julgados mais seguros e sistematizados numa totalidade. Ela tem sua existência autônoma, pois seus postulados são congruentes e rigorosamente conexionados uns aos outros. Se muitas vezes coincidem com o que há de afirmativo em outros pensamentos, é que são eles adequados aos da filosofia concreta. O valor do pensamento exposto neste livro não se funda no de autoridades várias da filosofia. A autoridade, e a única que aceitamos, é a dada pelo próprio pensamento, quando em si mesmo encontra a sua validez, a sua justificação, pois cada uma das teses expostas e apresentadas neste livro é demonstrada pelas diversas vias pensamentais que nele propomos.

Esclarece-se, assim, de uma vez por todas, que não nos filiamos a nenhum pensamento senão ao nosso, o da filosofia concreta, cuja validez está em si mesma e em suas demonstrações. Como construção filosófica, ela valerá na medida em que valerem essas demonstrações.[12]

Mário Ferreira dos Santos

[10] Mário deixou de mencionar Nietzsche nessa sequência. Basta lembrar que o autor foi tradutor e comentarista de *Assim Falava Zaratustra* (Vozes, 2007) para eliminar qualquer tentativa mais sistemática de filiar Mário a uma corrente de pensamento – mesmo que seja a algo amplo e complexo como a Escolástica. O que houve, de fato, é que Mário nunca compartilhou um preconceito comum que faz da filosofia medieval – e da própria Idade Média – um agrupamento de trevas.

[11] É possível que Mário se refira a "síncrise" e "síncrese" como dois momentos de tensão e reunião de conceitos tensionais no pensamento. Não se trata de reunir postulados – em uma "sin-thesis" –, nem mesmo de reunir os elementos perdidos em uma separação ("krisein") ou, de maneira específica, de juntar ideias usadas. Trata-se, sim, de desenvolver um pensamento congruente, dotado de uma lógica interna direcionada à demonstração apodítica suportada pelos platôs elaborados no diálogo com outras filosofias. Assim, quem tenta classificar Mário nesta ou naquela categoria percebe no final das contas que a Filosofia Concreta só pode se encaixar na etiqueta "Filosofia Concreta".

[12] [Este prefácio pertence à 1ª edição. Esta, que ora apresentamos, traz novas atribuições, e muitas teses novas foram acrescentadas, bem como muitas sofreram novas demonstrações. Ademais, as teses foram novamente numeradas. *O Autor.*]

Introdução

Para o mais criterioso pensamento filosófico do Ocidente, a filosofia não é um mero *ludus*, mas sim o afanar-se na obtenção de um saber epistêmico, especulativo, teórico, capaz de levar o homem ao conhecimento das primeiras e últimas causas de todas as coisas.

Pode a filosofia, em mãos pouco hábeis, ter servido apenas para a pesquisa desenfreada de temas vários, ao sabor da afetividade e até da sem-razão. Entretanto, o que se busca com mais segurança no pensamento ocidental é a construção de juízos apodíticos, isto é, necessários, suficientemente demonstrados, para justificar e comprovar os postulados propostos, e permitir que o filosofar se processe em terreno mais seguro. Sente-se, não obstante, que a filosofia, em certas regiões e em certas épocas, fundou-se mais em juízos assertóricos, meras asserções de postulados aceitos, os quais recebiam a firme adesão dos que nele viam algo adequado às suas vivências intelectuais e afetivas. Esse o motivo por que a filosofia, no Oriente, quase não se separa da religião, e com ela até se confunde, porque aquela como esta fundam-se mais em juízos assertóricos, para os quais é suficiente a fé, que dispensa a demonstração.[1]

[1] A ideia de "indeterminação" em algumas correntes do pensamento contemporâneo provavelmente teria espantado Mário. Este bloco inicial, dedicado a uma explicação do sentido último da filosofia como busca da verdade a partir de demonstrações lógicas, poderia ser entendido como um sentido puramente abstrato e especulativo de sua obra, de um lado, ou como a busca de uma definição geométrico-matemática, no sentido de Descartes e Spinoza, das certezas filosóficas. No entanto, Mário está equidistante desses pontos, e seu objetivo, declarado igualmente em outras obras, é de fato encontrar um conhecimento fundado em demonstrações apodíticas que levariam, pela tensão dos esquemas em plena dinâmica, à compreensão de uma abstração final ao mesmo tempo concreta e abstrata – a *Mathesis*, conhecimento final que deriva de teses anteriores somadas ao seu próprio exame na lógica e na dialética. Mário se refere à "matemática" em vários pontos da obra, mas é ao sentido da *Mathesis* que ele parece se referir. A "matemática" está ligada à *Mathesis* como um elemento de método entre outros e no sentido de prover alguma exatidão, mas não é de maneira alguma reduzida à aritmética – de *arithmós*, numeral –, que é a parte mais externa e demonstrativa da Matemática. O conhecimento final é a

Entre os gregos, predominantemente céticos e pessimistas, a aceitação de uma nova ideia impunha e exigia a demonstração. Vemo-lo quando São Paulo propõe-se a cristianizar os gregos. Estes não se satisfazem com o que afirma, e exigem-lhe demonstrações.[2]

A filosofia na Grécia, além de especulativa, o que de certo modo já era esotericamente em outras regiões, caracteriza-se, sobretudo, pela procura da apoditicidade. A filosofia busca demonstrar os seus princípios, e com esse afã atravessou os séculos até os nossos dias.

Na Ciência Natural, a demonstração é feita em grande parte por via experimental. Mas, se observarmos a Matemática, veremos que a demonstração se processa dentro do maior rigor ontológico.

Esta, como ciência auxiliar, serve inegavelmente de elo entre a ciência experimental e a Filosofia.

Quem quer fazer filosofia com absoluta segurança deve dar à sua demonstração o rigor matemático, e nunca esquecer que os esquemas que a filosofia constrói são análogos aos que a Ciência examina e estuda.[3]

unidade do múltiplo, e essa percepção acontece pela via matemático-lógica e demonstrativa das concepções anteriores reunidas a partir de sua transformação. Cf. Introdução.

[2] Cf. Atos 14,12.

[3] Trechos como esse sugerem que Mário percebia o mundo como uma corrente ininterrupta de elementos lógico-simbólicos agregando-se em torno de pontos de contato e atração tensionais no pensamento humano responsáveis por organizar elementos dessa lógica no estudo específico de elementos parciais do cotidiano e da vida natural, aproveitando-se dos esquemas mentais gerados por essas formas simbólicas – esquemas, tensões, formas, conceitos, teorias – no exame de uma realidade concreta a partir da manipulação experimental de elementos concretos que, por sua vez, mostra-se igualmente derivada de princípios absolutamente lógicos fundados em categorias dialéticas do confronto entre oposições binárias na demonstração a partir da observação sistemática – que, por sua vez, só consegue se desenvolver regida por uma lógica interna coerente o suficiente para evitar a sobreposição de resultados, criando uma estrutura linear cristalina semelhante, ou idêntica, à lógica utilizada em qualquer demonstração apodítica. Nesse sentido, não existe ruptura entre filosofia e ciências experimentais, mas uma relação de continuidade pensada como causa e efeito, ou princípio e aplicação, impossível de serem separadas uma da outra sem que sua validade seja imediatamente perdida. Daí que a ideia de uma filosofia separada de demonstrações ou de uma ciência sem o rigor da filosofia aparecem para Mário não apenas como uma atitude inútil em resultados práticos mas também como um desafio à sensatez da atividade humana, classificatória por excelência – o trecho sobre filosofia grega o mostra – e ao mesmo tempo experimental e curiosa. Pensar a Filosofia em oposição à Ciência é um exercício mútuo de pretensão cujo resultado é criar, no egoísmo e na ignorância mútuos, uma brecha para a ausência de qualquer conhecimento real. Do ponto de vista filosófico, Mário extrai a ideia do fundamento lógico baseado no exame

Bastam, para a fé, os juízos assertóricos; mas o verdadeiro filósofo exige juízos apodíticos.

Ao desejar-se construir uma filosofia concreta, isto é, uma filosofia que dê uma visão unitiva, não só das ideias como também dos fatos, não só do que pertence ao campo propriamente filosófico como também do que pertence ao campo da Ciência, deve ela ter capacidade de penetrar nos temas transcendentais. Deve demonstrar as suas teses e postulados com o rigor da Matemática, e deve justificar os seus princípios com a analogia dos fatos experimentais.

Porque só assim a filosofia será concreta, pois não pairará apenas num setor da realidade, numa esfera do conhecimento, mas englobará, no seu processo, todo o campo da atividade epistêmica do homem. Suas leis devem ser válidas para todas as esferas e regiões do saber humano. Uma lei válida apenas para uma região, se não se subordina às leis transcendentais, é uma lei provisória.[4] Ao estabelecerem-se leis e princípios, devem estes ter validez em todos os campos do conhecimento humano, porque só assim se construirá o nexo que estruturará o saber epistêmico num conjunto coordenado, no qual se dê aquele princípio de harmonia dos pitagóricos, que é a adequação dos opostos analogados, cujas funções subsidiárias estão subordinadas à função principal, cuja normal[5] é dada pela totalidade.

*

Um rápido estudo do processo filosófico grego mostra-nos que, após a vinda de Pitágoras à Magna Grécia, desenvolveu-se uma tendência marcante para a demonstração dos postulados filosóficos.

concreto e, a partir daí, aplicável a qualquer ciência experimental – a filosofia como estudo geral do fundamento, reunida às suas aplicações específicas da ciência experimental, leva à conquista da *Mathesis*, a sabedoria una-múltipla.

[4] Novamente se manifesta aqui a noção de complementaridade entre a unidade do conhecimento e a multiplicidade de suas aplicações. Os demais tratados específicos de Mário, se consideramos que a *Filosofia Concreta* é o momento alto de sua obra, são as aplicações parciais das demonstrações apodíticas da filosofia. Daí suas análises de praticamente todo o conhecimento humano a partir dos fundamentos filosóficos que atuam em cada campo do saber – as "leis parciais" de cada região filosófica.

[5] A ideia de "normal" refere-se à figura geométrica de progressão contínua, no sentido de uma proporção constante entre termos.

É fácil depreender que a ânsia da apoditicidade, que se observa nesse filosofar, tornado exotérico, deve-se, sobretudo, à influência dos estudos matemáticos, e, entre eles, da geometria, que por exigir constantemente demonstrações, fundadas no que anteriormente ficou provado, desenvolveu a tendência para o saber teórico, que só o é quando fundado apoditicamente.

A filosofia, tendendo para esse caminho, embora partindo do conhecimento empírico e da *doxa*, tornou-se uma legítima *epistéme*, um saber culto. Esse tender é assim uma norma ética do verdadeiro filosofar.[6]

Os primeiros esquemas noéticos do filosofar grego tinham de provir da conceituação comum, e neles trazer as aderências da sua origem. Mas há uma expressiva tendência a afastar-se dos preconceitos de tipo psicologista, e voltar-se para o sentido da Matemática, como vemos no pensamento pitagórico de grau mais elevado.[7]

[6] O caminho do senso comum ao conhecimento filosófico é uma mudança não só de grau mas também de gênero. Em *Filosofia e Cosmovisão*, bem como em *Convite à Filosofia*, Mário parte de princípios relativamente comuns para dar início ao questionamento filosófico.

[7] Discutir a influência de Pitágoras no pensamento de Mário Ferreira dos Santos levaria alguns anos e outras centenas de páginas. No entanto, dada a importância do filósofo grego em seu pensamento, é necessário explicar, ainda que muito brevemente, algumas linhas gerais do que Mário entende por "pitagorismo".

De certa maneira, Pitágoras era visto pelo filósofo brasileiro como uma representação do conhecimento em sua forma dirigida ao mais alto grau possível, abstração formal última da realidade a partir da qual tudo poderia ser visto em termos de sua lógica simbólica específica, as formas originais matemáticas, isto é, a compreensão – não redução – da realidade à sua forma mais abstrata na qual as leis específicas da lógica atuam e que, de um ponto de vista relacional, organizam todo o universo concreto e lógico. Assim, em última instância, um exercício de abstração da realidade em seu princípio último; sua transformação em uma forma simbólica pensada como o elemento presente em um esquema mental. Essa abstração última, princípio abstrato em relação dinâmica e contínua com uma realidade concreta, é regida pela união entre a demonstração matemática em escala micro, na realidade cotidiana da aritmética, e igualmente na elaboração da verdade metafísica das demonstrações lógicas, em um plano infinitamente mais elevado que poderia simplesmente conduzir o indivíduo à visão dos elementos esquemáticos finais de toda a natureza. A lógica, em Pitágoras assim como em Mário Ferreira dos Santos, não é o exercício seco e estéril do pensamento em confronto com proposições, mas é o caminho real e concreto para se compreender a própria forma do universo e, dessa maneira, ter acesso à Inteligência que o criou. Em outras palavras, a lógica simbólica está relacionada a um elemento místico por excelência – mas "místico" no sentido de *mystos*, segredo, aquilo que está oculto e pode ser revelado, não tendo lhufas a ver com o misticismo comercial de hoje em dia. O sentido do misticismo está em sua complementaridade dialética com a revelação, no momento em

Sabe-se que Pitágoras foi um grande divulgador dos conhecimentos matemáticos, por ele adquiridos em suas viagens e estudos, embora alguns tenham dúvida quanto à sua existência histórica, o que não cabe aqui discutir. Mas o pitagorismo é um fato histórico, e vemos que é ele que anima o estudo da Matemática, e é entre os pitagóricos que vão surgir os mais ilustres dos tempos antigos.

A demonstração separa-se da Matemática, e ademais esta não é apenas uma ciência auxiliar do conhecimento, um simples método, como alguns pretendem considerar. Tem ela uma significação ontológica muito mais profunda, e a justificação dessa afirmativa não caberia ainda aqui.[8]

A matematização da filosofia é a única maneira de afastá-la dos perigos da estética e das meras asserções. Não que consideremos um defeito a presença do estético na filosofia, mas o perigo está em o estético tender a bastar-se a si mesmo, e reduzir o filosofar ao seu campo, com o predomínio da conceituação com conteúdos apenas psicológicos, sem a depuração que a análise ontológica pode oferecer.

E essa é a profunda razão que levava os pitagóricos a exigir, para os iniciados, o estudo prévio da Matemática, e Platão, esse grande pitagórico, a considerar imprescindível o conhecimento da geometria para entrar na Academia.[9]

que os esquemas ocultos tornam-se visíveis pela ação disciplinada da mente humana rumo a planos de realidade lógico-concreta invisíveis ao pensamento sem treino nenhum. Assim, jogando com o sentido comum, não há nada de místico no misticismo, mas o desafio à construção de categorias de pensamento - esquemas tensionais - que permitem ao indivíduo ver o que a mente despreparada não vê. Evidentemente isso não parece ter nada a ver com ritos iniciáticos, duendes, ufos, ondas magnéticas que invadem a Terra ou qualquer outra coisa apresentada hoje em dia com o nome de "misticismo", mas é apenas uma preparação do pensamento exercitado na filosofia. Daí que, para Mário, Pitágoras parece ter sido o modelo dessa síntese lógico-dialética da demonstração e do conhecimento. Vale lembrar que os segredos iniciáticos das sociedades pitagóricas da antiguidade tinham mais a ver com a transmissão de fórmulas matemáticas do que com qualquer outra coisa (não deixa de ser curioso, para o pensamento contemporâneo, imaginar pessoas se reunindo secretamente para dizer em voz baixa: "ei, psiu, a soma do quadrado dos catetos é igual ao quadrado da hipotenusa, mas não conte para ninguém").

[8] Talvez porque seja o sentido próprio da *Mathesis*, resultado final da filosofia concreta e não seu ponto de partida. Iniciar com esse sentido seria eliminar o plano gradual de construção da obra. Novamente o plano estabelecido em *Filosofia e Cosmovisão*, bem como nos esboços da *Enciclopédia*, é seguido.

[9] [Proclo atribui a Pitágoras a criação da geometria como ciência, pois, graças a ele, não se limita ela a dar exemplos fundados em provas empíricas. Atribui-se aos egípcios

Quanto ao *logos analogante* de Sócrates e de Platão, cuja validez nunca é demais salientar, sobretudo quando tão poucas vezes, na filosofia, houve uma nítida compreensão do verdadeiro sentido do seu significado, estudá-lo-emos mais adiante.

Impõe-se que se revise com cuidado o termo *concreto*, cuja origem etimológica vem do aumentativo *cum* e de *crescior*, ser crescido.

Esse *cum*, além de aumentativo, pode ser considerado ademais como a preposição *com*, o que indicaria o crescer-se *com*, pois a concreção implica, na sua estrutura ontológica, a presença não só do que é afirmado como entidade especificamente determinada, mas também das coordenadas indispensáveis para o seu surgimento.

a aplicação da geometria apenas para fins práticos imediatos; mas Pitágoras procura transformá-la numa ciência, o que conseguiu afinal.
Os teoremas são demonstrados apoditicamente, pois são investigados profundamente, graças ao emprego do pensamento puro, sem recorrer ao auxílio da matéria. Dessa forma, suas verdades sustentam-se em si mesmas, sem necessidade dos fatos reais, nem de sujeitos individuais sobre os quais se apoiem.
É o que se observa na obra de Filolau, cujos fragmentos revelam esse desejo dos pitagóricos. No fragmento 11º (do qual Teo de Esmirna fornece testemunho), lemos:
"Causa de conhecimento é a natureza do número; capaz de dirigir e instruir todo homem, se qualquer coisa é duvidosa e ignorada. Pois não seria evidente a ninguém nenhuma das coisas, nem em relação consigo mesmas, nem relacionadas entre si, se não houvesse número e sua essência. Mas, de fato, o número, harmonizando todas as coisas na alma com a percepção, torna-as conhecidas e relacionadas entre si, de acordo com a natureza do 'gnomon', dando-lhes corpo e dividindo as relações das coisas, cada uma por si, as ilimitadas assim como as limitadas" (DK 44 B 11, Teo de Esmirna, 106.10; "Sobre a Natureza", trad. Ísis L. Borges. In: José Cavalcante de Souza [ed.], *Pré-Socráticos*. Coleção Os Pensadores. São Paulo, Nova Cultural, 1996; Carl A. Huffman, *Philolaus of Croton, Pythagorean and Presocratic – A Commentary on the Fragments and Testimonia with Interpretive Essays*. New York, Cambridge University Press, 1993, p. 348-49).
Em suma, é para os pitagóricos o número que nos garante a autenticidade imutável do ser, pois aquele revela a verdade, e não engana, como não leva o sujeito a ilusões e a erros. Porque, como diz Filolau: "Nenhuma falsidade acolhem em si a natureza do número e a harmonia, porque não é própria delas. [...] Falsidade de modo algum se insinua no número: pois adversa e hostil à sua natureza (é) a falsidade, enquanto a verdade é própria e inata à família do número" (ibidem).
Só o número pode dar a base segura para o verdadeiro estudo científico. E quem poderia negar que o progresso científico encontra no pensamento pitagórico a sua fundamentação e a sua base?
E considere-se, ademais, que o número (*arithmós*) não era, para os pitagóricos de grau elevado, apenas quantitativo, mas qualitativo, e até transcendental.]

Convém afastar a acepção comum e vulgar que se tem do termo *concreto*, como sendo tal apenas o captado pelos nossos sentidos.[10]

Para alcançarmos a concreção de algo, precisamos não só do conhecimento sensível da coisa, se é objeto dos nossos sentidos, mas também da sua lei de proporcionalidade intrínseca, e da sua heceidade, que inclui o esquema concreto, que é a lei (*logos*)[11] da proporcionalidade intrínseca da sua singularidade, e, também, das leis que presidem à sua formação, à sua existência e perduração, bem como ao seu término.

Um conhecimento concreto é um conhecimento circular, num sentido semelhante ao de Raimundo Lúlio, um conhecimento que conexiona tudo quanto é do objeto estudado, analogando as leis (*logoi analogantes*) que o definem, conexionadas, por sua vez, com a lei suprema que rege a sua realidade, isto é: um conhecimento harmônico, que capte os opostos analogados, subordinados às normais dadas pela totalidade a que pertencem, o que nós chamamos, em suma, a decadialética. Esta não se cinge apenas aos dez campos do raciocinar hierárquico, que estudamos em *Lógica e Dialética*, mas inclui também o conexionamento com a Dialética Simbólica e o Pensar Concreto, que reúne todo o saber, através dos *logoi analogantes*, analogando, desse modo, um fato, ou um objeto em estudo, à totalidade esquemática das leis, às leis universais, ontológicas, em suma.

Um triângulo onticamente é este triângulo. Podemos conhecê-lo sensivelmente, porque a sua figura pode ser desenhada. Mas um conhecimento concreto do triângulo implica o conhecimento da lei da triangularidade, que é a lei de proporcionalidade intrínseca dos triângulos, e a subordinação dessa lei às leis da geometria, que são outras tantas leis de proporcionalidade intrínseca das figuras, que se subordinam às normas

[10] O concreto, para Mário, é a síntese dialética em crescimento espiral de tensão. O trajeto estabelecido em *Lógica e Dialética* define-se no sentido de uma alternativa includente, não "ou... ou..." mas "e... e...". Dessa maneira, a con-creção é o resultado de um caminho filosófico de elaboração dialética de aporias até um grau máximo na hierarquia matemática - no sentido simbólico - da *Mathesis*, onde o *cum-crescior* é a unidade paradoxal da tensão. No decorrer desse trecho Mário reforçará essa ideia de uma conexão geral do conhecimento.

[11] Dados os sentidos de *logos* em grego, a ideia de uma "Lei da Proporcionalidade" aplica-se como propriedade do *logos* como "proporção", "razão" no sentido da relação equivalente entre elementos diversos. Portanto, parece que o sentido desse "*logos*" entre parênteses não se refere à ideia de "Lei", mas sim à de "proporção".

estabelecidas por essa disciplina. Este conhecimento é mais concreto. E o será ainda mais se concrecionarmos as leis da geometria às leis ontológicas.

Como justificação de nossa obra, entendemos por filosofia concreta aquela que busca e justifica os postulados de um saber ontológico, válido em qualquer setor da realidade, e nas diversas esferas da realidade, a saber, uma psicológica, uma histórica, etc., com seus respectivos critérios de verdade e de certeza.

Subordinar assim um conhecimento específico à normal dada pelas leis fundamentais da Ontologia, que são manifestações da lei suprema do ser, é conexionar o conhecimento, de modo a torná-lo concreto.

O método desta obra

O método usado por nós, nesta obra, para prova dos postulados fundamentais de uma filosofia coerente e fundada em juízos universalmente válidos, é o seguinte:

Se permanecêssemos apenas no campo da lógica formal, poderiam acusar-nos de formalismo. Como o emprego de qualquer via demonstrativa exclusiva pode suscitar dúvidas quanto aos fundamentos das teses expostas, usamos, nesta obra, toda a gama da demonstração e todas as vias até agora conhecidas e manejadas pelo ser humano.[12] Esta é a razão por que fazemos várias vezes a prova de um mesmo postulado. Notará o leitor que cada nova demonstração usa uma via diferente.

Preferimos as seguintes: a via formal, que nos oferece a lógica aristotélico-escolástica, primacialmente dedutiva; o método indutivo-dedutivo e dedutivo-indutivo; a demonstração *a more geometrico*; a demonstração pela *reductio ad absurdum*; a demonstração *e converso*; a demonstração pela dialética idealista; pela dialética socrático-platônica, que emprega com eficiência a analogia, na cata dos *logoi analogantes*; pela dialética pitagórica; pelo método do pensamento circular de

[12] A proposta da filosofia concreta como um saber último fica clara nesses dois últimos parágrafos. O objetivo de Mário é chegar à síntese final do saber utilizando as positividades encontradas em outros sistemas filosóficos. Se em outras obras há vastos espaços para a crítica, na filosofia concreta as positividades de cada sistema tendem a ser ligadas – ou melhor, concrecionadas – para se chegar ao desenvolvimento de uma síntese. Daí que, novamente, fica clara a impossibilidade de classificar a filosofia concreta em qualquer escola.

Raimundo Lúlio; e, finalmente, pelo emprego da nossa dialética ontológica, que inclui a metodologia da decadialética, da pentadialética e da dialética simbólica.[13]

Desta forma, estamos certos de que todas as principais teses que postulam os fundamentos da filosofia concreta, por nós construída, como uma matematização (no seu genuíno sentido pitagórico) do pensamento filosófico, fundada em juízos universalmente válidos, são demonstradas através dos mais hábeis meios e vias, umas corroborando as outras, umas completando o que há de deficiente em outras, favorecendo, afinal, a robusta prova do que pretendemos realizar neste livro.

A matematização da filosofia, entendemo-la no genuíno sentido de Pitágoras, como metamatemática, e não no sentido da matemática vulgar, da *Logistikê*,[14] como a chamavam os pitagóricos, que trabalha apenas com as abstrações de segundo grau.

Um rápido exame é suficiente para a boa clareza do que pretendemos realizar neste livro.

Os pitagóricos, e posteriormente Aristóteles e os escolásticos, distinguiam o *número numerante* (*numerus numerans*) do *número numerado* (*numerus numeratus*). Este último se referia ao número das coisas sensíveis, enquanto o primeiro ao número abstrato, tomado em sua pureza ontológica, o número absoluto.

Podemos partir do emprego do número em relação às coisas sensíveis, o número da aritmética, o número de medida e conta. Mas o triângulo, na geometria, é um número (*arithmós*, em sentido pitagórico). Podemos tomar o triângulo isósceles como *arithmós*, independentemente da sua medida extensista, pois já o consideramos em sua forma. Assim também a circunferência, e as outras figuras geométricas. Todas são

[13] [Nos diversos comentários aos postulados, que apresentamos sucessivamente, daremos melhor visão das nossas afirmativas.]

[14] Mário escreveu um único livro a respeito da lógica matemático-linguística que poderia ser compreendido como um diálogo com a filosofia matemática de Russell, Frege e Wittgenstein se houvesse algum indício dessa leitura por parte do filósofo brasileiro. É possível que ele tivesse conhecimento das obras de Russell e Frege, mas não há evidências. Em *Grandezas e Misérias da Logística*, Mário trabalha com os limites formais de uma filosofia da linguagem baseada sobretudo na consideração das estruturas linguístico-lógicas como elementos materiais em si, desprovidas de qualquer outra significação. As abstrações da *logistikê* são uma ciência da forma em seu plano material, sem a força simbólica de formas mais abstratas e avançadas do pensamento.

arithmoi geometrikoi. Pela algebrização, podemos alcançar um conjunto de *arithmoi* ainda mais formais, que não são meramente ficcionais, como nos prova a aplicação da Matemática à Ciência.

Alcançamos, afinal, a filosofia concreta, quando principiamos a trabalhar com *arithmoi* de estrutura ontológica rigorosa, como: anterioridade e posterioridade, dependência e independência, sucessivo e simultâneo, ontológico e ôntico, abaliedade, subalternidade, finitivo, materiado (*materiatum*), efetível, ativo, agível, operação, operador e operado, unidade, multiplicidade, necessidade, contingência, etc., desde que seus conteúdos esquemáticos sejam rigorosamente definidos no campo ontológico e no campo ôntico.

São conceitos com os quais podemos rigorosamente construir a matematização da filosofia. Se se entendesse por tal a sua redução a conceitos da *logistikê* (da matemática de cálculo, ou dos números sensíveis), estaríamos transformando esta, que é uma disciplina auxiliar, hierarquicamente inferior àquela, no melhor método para o exame filosófico, quando a filosofia concreta é realmente o ápice da filosofia, no seu afã de saber, e possuidora, por sua vez, de um rigor ontológico mais seguro, a que os fatos, em sua onticidade, servem como testemunhos de prova.

Deste modo, justificamos, embora em linhas gerais, o que empreendemos nesta obra.

*

Depois de examinada a relação entre sujeito e objeto,[15] compreendemos facilmente que as diversas providências tomadas pela filosofia com o intuito de alcançar a apoditicidade obedeceram a dois vetores, em que a atualização de um processou-se sempre à custa da virtualização do outro, e só em raros momentos aceitou o homem a presença atual de ambos.

O homem, ao filosofar, na busca de uma certeza apodítica, devidamente demonstrada, de cuja verdade não poderia duvidar, o *ponto arquimédico*, ora procurou na observação do mundo objetivo, ao seguir os caminhos do empirismo em geral, ora, ante a impossibilidade de,

[15] [É o que realizamos em *Filosofia e Cosmovisão*, *Lógica e Dialética*, *Teoria do Conhecimento* e *Noologia Geral*.]

neste vetor, encontrar a certeza desejada, buscou-a através de caminhos interiores, através da certeza de si mesmo, para sobre ela fundar todo o desenvolvimento posterior dos postulados filosóficos.[16]

Ao examinar a adequação entre os juízos e os fatos do mundo, nem sempre se estabeleceu um estado de certeza que satisfizesse ao ser humano.

Na certeza, encontramos estes caracteres: um ato mental de adesão e um ato de firmeza sem o mínimo temor de erro. O espírito adere firmemente ao juízo que enunciou. Quando se dá um ato mental de adesão, porém não firme e com receio de errar, estamos em face da *doxa*, da *opinião*.

Quando o ato mental não é adesivo, não é firme, e teme-se errar, estamos em plena *dúvida*.

Para que a demonstração seja satisfatória, deve oferecer certeza: a firme adesão ao juízo enunciado.

Na dúvida, a adesão da mente está em suspensão, pois se teme que não seja verdadeiro o que é enunciado pelo juízo.

Não iremos agora examinar a longa polêmica sobre o problema crítico que vem até os nossos dias, pois já o fizemos em *Teoria do Conhecimento* e em *Noologia Geral*.[17]

[16] Há ecos da Fenomenologia nesta consideração de Mário: a perspectiva husserliana de uma relação intencional da consciência direcionada para fora de si mesma na projeção de sua percepção para alguma coisa. De fato, a noção de uma consciência intencional, ou melhor, relacional, propõe a ligação entre mente e realidade, deixando para trás a dualidade sujeito-objeto para a complementaridade. A dimensão relacional da consciência é esboçada por Mário em obras anteriores, sobretudo na *Filosofia da Crise* e, em ponto menor, na *Teoria do Conhecimento*. Em ambos os casos é possível pensar em uma aproximação com a Fenomenologia no sentido de ultrapassar o idealismo e o empirismo em uma concepção relacional de mente-objeto. O conhecimento do mundo é um conhecimento do próprio *actus cognoscendi*, uma ação específica para o indivíduo. O Husserl das *Investigações Lógicas* e da *Ideia de Fenomenologia* parece a referência próxima aqui.

[17] O problema crítico referido por Mário remete sobretudo a Kant e ao pensamento crítico kantiano posterior. Sem a pretensão de resumo de um tema dessa extensão, é preciso dizer que a crítica de Mário a Kant alveja em primeiro lugar a eliminação de qualquer possibilidade de um pensamento metafísico no pensamento do filósofo de Königsberg. O que Mário censura não é o exame crítico do pensamento, mas a deliberada exclusão da metafísica e do pensamento que não seja criado a partir das categorias kantianas desenvolvidas na *Crítica da Razão Pura* e nos *Prolegômenos a Toda Metafísica Futura*. Ao eliminar o pensamento transcendente, Kant, aos olhos de Mário, deixou escapar o que poderia ter sido uma síntese do pensamento a partir de uma dimensão objetiva-subjetiva, novamente proposta por Husserl e desenvolvida na *Filosofia Concreta*.

Antes de examinar a conveniência ou não dos dois vetores inclinados para a demonstração das proposições filosóficas, precisamos estabelecer se é ou não possível ao ser humano provar apoditicamente alguma coisa.

Estabelecida esta possibilidade, deve-se ver se ela cabe no campo da filosofia, e se, finalmente, é aplicável num daqueles dois vetores. E se não é, que outro caminho se pode oferecer à especulação filosófica na sua busca de apoditicidade?

Comecemos, portanto, por partes. Examinemos primeiramente as razões pró e contra a possibilidade da demonstração.

A posição clássica contra a possibilidade da demonstração é a cética, que estabelece que é impossível um conhecimento cientificamente objetivo e certo. Outra posição, a idealística, estabelece que não podemos saber o que as coisas são em si; não podemos inteligir o que elas são em si, nem poderíamos comprovar os nossos conhecimentos sobre elas.

A posição relativista estabelece que o nosso conhecimento é mutável e relativo às diversas fases do desenvolvimento intelectual do homem.

É comum hoje, na filosofia, o ponto de vista de que não é possível a demonstração que resolva legitimamente não só o problema crítico como também o conhecimento exato, a certeza. Vejamos as razões desta posição.

Toda demonstração é uma argumentação legítima, que decorre de premissas certas e evidentes, isto é, ela parte de princípios aceitos como certos. Portanto, toda demonstração supõe necessariamente uma verdade aceita, cuja demonstração é impossível, porque, do contrário, teria de ser reduzida a outra verdade, a qual deveria ser aceita sem demonstração. Desta forma, o fundamento da demonstração reduz-se, em última análise, à fé numa verdade não demonstrada.

Outro argumento é o seguinte: quem admite a demonstração, e a exige para a filosofia, deverá demonstrar suas premissas, e assim sucessivamente, o que o levará, fatalmente, à aceitação de uma verdade prévia indemonstrável. Foi em parte este o pensamento de Aristóteles quando afirmava que nenhuma ciência particular pode demonstrar os fundamentos.[18]

Convém distinguir os termos *mostrar* e *demonstrar*.

[18] [Aristóteles quer referir-se às ciências particulares, e não à filosofia como ciência do universal, pois, em *Metafísica* B 2 997a em diante, em *Analíticos Posteriores* I 3 72b18-25 e I 22 84a30-b2 e em muitas outras passagens, mostra-nos que a impossibilidade de

O que se mostra faz-se imediatamente, sem termo médio; o que se demonstra faz-se mediatamente, com termo médio.

A demonstração, portanto, implica este termo médio, mas este não implica um outro, porque ele poderia ser evidente *per se*, e servir como termo médio para as demonstrações posteriores.

O meio de combater a demonstração é sofismático, porque a operação demonstrativa tem seu início quando ela se realiza. Ela não é gerada por uma forma que é transmitida.

A demonstração gera-se da demonstração, portanto não se poderia pedir um círculo vicioso, como o de demonstrar as premissas que serviram de ponto de partida para ela, e assim sucessivamente, porque ela não exige uma causa unívoca para ser suficiente, pois, em última análise, ela consiste na comparação que se faz entre um juízo e um juízo evidente, verificando-se quais as semelhanças e as diferenças entre ambos.[19]

Não é a demonstração que gera a demonstração. É o ato intelectual da comparação entre o que ainda não se sabe como verdadeiro e algo já dado como verdadeiro. Só se poderia negar validez à demonstração se se provasse, com absoluta validez, que o homem nada pode provar com absoluta validez.

A demonstração não alcançaria sua finalidade se o ceticismo absoluto representasse a única verdade gnosiológica. Vimos, contudo, na *Teoria do Conhecimento*, que o ceticismo não se sustenta como posição gnosiológica.

E a demonstração estaria justificada se mostrássemos algo de validez universal, sobre o qual não pudesse pairar nenhuma dúvida séria, honesta, sã.

demonstrar a essência decorre de que sua definição seria outra que ela, diferente dela. Mas pode ser ela posta em evidência pela demonstração.]

[19] Este parágrafo parece truncado, visto que aparentemente é contraditado pelo parágrafo seguinte. Uma possível versão do parágrafo seria: "Portanto não se poderia supor um círculo vicioso, como o de demonstrar as premissas que serviram de ponto de partida para ela, e assim sucessivamente (como se a demonstração se gerasse da demonstração), porque a demonstração não exige uma causa unívoca para ser suficiente. Em última análise, uma demonstração consiste na comparação que se faz entre um juízo e um juízo evidente, verificando-se quais as semelhanças e as diferenças entre ambos".

A demonstração implica algo mostrado como evidente. Este seria o ponto arquimédico de um filosofar concreto. Encontrado este ponto, sobre ele poderíamos construir toda a filosofia.

Em *Filosofia e Cosmovisão*, no capítulo sobre o incondicionado, examinamos as diversas posições clássicas que propuseram um ponto arquimédico para o homem.

Esses pontos poderiam ser classificados como fundados: a) no mundo objetivo e no mundo exterior, como procedem os empiristas, os materialistas, os sensualistas, etc., ou b) numa certeza interior, como procedem alguns racionalistas, os idealistas, alguns existencialistas, etc.

Esses dois caminhos não satisfizeram, por não oferecerem o ponto arquimédico desejado. A nosso ver, o defeito de todas as buscas do incondicionado, na filosofia, funda-se num preconceito cético, do qual os filósofos não se libertam. Como é o homem que filosofa, é no homem, ou com o homem, que devemos encontrar a certeza. Por isso, é ou num objeto em parte construído pelo homem ou no mundo subjetivo que se busca o mundo das nossas íntimas certezas. Resta saber se nós, no ato de despojamento de nós mesmos, somos capazes de alcançar uma evidência sobre a qual nenhuma das posições filosóficas poderia pôr uma dúvida, depois de devidamente enunciada.

Partamos da dúvida, e ponhamos em dúvida todos os nossos conhecimentos: o mundo objetivo e o mundo subjetivo, e levemo-la até a última consequência. Deveria surgir um ponto do qual não se poderia mais duvidar.

Conhecemos o processo cartesiano da dúvida metódica, em que, pondo tudo em dúvida, Descartes alcançou uma certeza, porque não podia deixar de reconhecer que, ao duvidar, cogitava, tendo a vivência de si mesmo ao cogitar, da qual não podia duvidar.

O *cogito* cartesiano não é uma operação apenas intelectual, mas também afetiva, porque significa sentir-se imediatamente como uma coisa que cogita, de cuja existência não pode duvidar. Este é o seu verdadeiro sentido.

Ora, Descartes partiu de que a verdade devia ser fundada em ideias claras e distintas, e o que ele cogitava era, para ele, claro e distinto, portanto, verdadeira a sua existência.

A ideia clara e distinta é aquela que é indubitável, que não pode levar à dúvida, que é infalível, que não pode levar ao erro, e que é inata (não proveniente da realidade objetiva).

O *cogito* apresenta estes caracteres. Três são, portanto, os caminhos estabelecidos por Descartes:

1) método: a dúvida;
2) verdade fundamental: *sum cogitans*, sou pensante;
3) critério: a percepção clara e distinta.

O método cartesiano, entretanto, oferece graves dificuldades, e tem sido objeto de repulsa, porque não nos leva com segurança a outra ou outras certezas fora de nós. Não temos necessidade de, nesta obra, criticar tal método, mas podemos usar a dúvida até do próprio *cogito*. Poderíamos duvidar que pensamos, poderíamos duvidar até de nós mesmos. O que precisamos é alcançar uma certeza da qual ninguém possa duvidar com seriedade.

E há esta certeza.[20]

[20] Neste momento começa a subida dialética rumo às teses da filosofia concreta. O plano de Mário começa com a dúvida fundamental, chega ao ponto cartesiano primeiro com a definição da *res cogitans* como a primeira e irrefutável certeza. E então, Mário mostra a possibilidade de se refutar mesmo a dúvida fundamental com uma nova dúvida - será que sou eu mesmo que estou pensando? - e, dessa maneira, entrar em uma circulação *ad infinitum*, em uma autorreferência sem fim, problema que ele identifica no pensamento cartesiano. A eliminação do próprio ego levaria ao seu oposto, o nada, e a próxima seção é dedicada por Mário a explicar de maneira dialética por que isso é impossível e então chegar à primeira proposição, dentro em pouco transformada em tese da filosofia concreta: "Alguma coisa há...". Essa percepção é anterior ao *cogito ergo sum* e se afigura como a primeira e irrefutável certeza apodítica de demonstração dispensável porquanto sua refutação seria uma *contradictio in terminis*. O nada é contraditório em si, e Mário, leitor de Nietzsche, não deixará de explorar essa positividade, eliminando o Nada com a presença. A tese é de tal ordem simples a ponto de desconcertar pela própria obviedade: "Alguma coisa há...". O discurso do senso comum claramente chegaria a essa constatação pelo óbvio, mas o discurso filosófico certamente não pensa nesse sentido e a exigência de um princípio deixou escapar essa verdade apodítica. Sem exagero, a própria simplicidade da frase rivaliza com outros ditos filosóficos fundadores, como o do próprio Descartes mas também em Aristóteles, Sócrates e Platão.

O Ponto Arquimédico

Há um ponto arquimédico, cuja certeza ultrapassa o nosso conhecimento, independe de nós, e é ôntica e ontologicamente verdadeira.

Alguma coisa há...[1, 2]

Partamos da análise dessa verdade incontestável. Poderia não surgir o homem, e não haver um ser inteligente que captasse pensamentos, mas há um pensamento real, absolutamente seguro, certo, verdadeiro: *alguma coisa há...*

Pode não haver o homem e o mundo. Tudo isso é contingente, e poderia não ser. Mas *alguma coisa há*, pois do contrário teríamos o vazio absoluto, a ausência total e absoluta de qualquer coisa, o *nada absoluto.*

Ou *alguma coisa há*, ou, então, o *nada absoluto.*

O *nada absoluto* seria a total ausência de qualquer coisa, *ab-solutum*, des-ligada de qualquer coisa, o vazio absoluto e total. Neste momento, podemos ser a ilusão de um ser, podemos duvidar de nossa experiência e da do mundo exterior, porém não podemos afirmar que nada há, porque a própria dúvida afirma que há alguma coisa, a própria ilusão afirma que há alguma coisa, e não o *nada absoluto.*

Quando dizemos *há alguma coisa*, afirmamos a presença do que chamamos de "ser", embora ainda não saibamos o que é *ser*, em que consiste, qual a sua essência, o que dele podemos dizer.

Vê-se, assim, que *alguma coisa há* é contraditado peremptoriamente pelo nada absoluto. Afirmar que há o nada absoluto é o mesmo que afirmar que não há qualquer coisa em absoluto. Mas, note-se, *em absoluto*, porque, admitido que alguma coisa há, não se dá contradição em admitir-se que alguma coisa não há, pois pode haver alguma coisa, esta ou aquela, e não haver alguma coisa, esta ou aquela outra.

[1] [Empregamos "alguma coisa" no sentido neutro de "algo".]

[2] Esse pensamento é o que Mário se refere como tendo sido o ponto de partida da filosofia concreta, e que teria lhe ocorrido durante uma palestra.

Chamaremos ao primeiro nada de *nada absoluto*, e ao segundo de *nada relativo*. Se ao nada absoluto contradiz o "alguma coisa há", o nada relativo apenas a ele se opõe. Não o exclui.

Portanto, ambos podem dar-se, podem pôr-se, positivos ambos, embora de positividade inversa.

Entre o "alguma coisa há" e "há o nada absoluto" não pode haver a menor dúvida, e a aceitação do primeiro surge de um ato mental, de plena adesão e firmeza, sem temor de errar.

Onde poderia estar o erro? Se afirmo que alguma coisa há, o único erro poderia estar em não haver nenhuma coisa, o que é negado até pelo meu ato de pensar, até pelo mais cético ato de pensar, pois se nada houvesse não poderia ter surgido nem sequer a dúvida.

Portanto, a afirmativa de *alguma coisa há* é mostrada apoditicamente, e a impossibilidade do nada absoluto também o é, pois, sendo verdade que alguma coisa há, o nada absoluto absolutamente não há; o nada absoluto é impossível de ser porque alguma coisa há.

Portanto, está demonstrado de modo apodítico o primeiro postulado da filosofia concreta.[3]

TESE 1 – Alguma coisa há, e o nada absoluto não há.

TESE 2 – O nada absoluto, por ser impossível, nada pode.

O nada absoluto seria total e absoluta ausência de ser, de poder, pois como o que não é, o que não existe, o que é nada, poderia?

[3] As centenas de teses seguintes serão construídas diante dessa única certeza. O pensamento de Mário atinge o ponto original – que ele chama de arquimédico, mas que de fato é o vértice de onde surgirão, em uma espiral, todas as teses da filosofia concreta em um movimento sempre ascendente e vertical em direção à *Mathesis*. Nesse percurso, os planos horizontais dos conhecimentos particulares, das demonstrações e, em certa medida, de todo o pensamento filosófico são envolvidos e reelaborados no movimento dialético entre o eixo vertical, composto pelo conhecimento apodítico da filosofia concreta, e os conhecimentos particulares, parciais ou regionais, compostos pelas aplicações e princípios das ciências particulares. Esse é um dos sentidos do "crescer com", a "con-creção": à medida que as teses se desenvolvem, elementos são ao mesmo tempo agregados e transformados. A centralidade do pensamento filosófico baseado na demonstração apodítica não exige outra demonstração, mas Mário ainda assim o fará. A partir desse ponto, Mário construirá todas as teses sobre essa perspectiva fundamental, e a possibilidade de sua irrefutabilidade reside na observação rigorosa da cadeia de conclusões levadas a efeito pelo autor: qualquer leitura fora de contexto, ou mesmo em uma ordem diferente, dificulta a possibilidade da compreensão.

Para poder é mister ser alguma coisa. Portanto, o nada absoluto, além de não ser, é impossível, e nada poderia fazer.

Porque, se pudesse fazer alguma, seria alguma coisa, e não nada absoluto. Mas já vimos que há alguma coisa e que não pode haver o nada absoluto; portanto, nada podemos esperar que dele provenha, porque não é nada.

O termo *res* (em latim, coisa; do verbo *reor*) significa pensar ou crer. Coisa seria assim aquilo em que se pensa ou se crê.

E quer tal termo referir-se ao ser concreto tempo-espacial, do qual o homem tem uma intuição sensível, ou a tudo de quanto não se pode predicar o nada absoluto. O termo *alguma*, cuja origem latina, *aliquid*, nos revela o sentido de *aliud* (outro) e *quid* (que), *outro que* se distingue, que se não confunde, que é "algo" (nota-se a expressão: filho de algo, fidalgo, que não é qualquer, mas de alguém que se distingue), mostra-nos, afinal, que se entende por alguma coisa tudo quanto se põe, se dá e do qual não se pode dizer que é um mero nada. Ora, o nada absoluto não se põe, não se dá, não tem positividade: é a pura negação, a ausência total de alguma coisa, do qual se pode dizer que é nada, nada.

Também o termo *entitas*, entidade, em seu *logos* (em sua razão intrínseca), significa algo ao qual não se pode predicar o nada absoluto. E tudo o que não é nada absoluto é algo (*aliquid*), uma entidade (*entitas*).

Afirmar que "alguma coisa há" é afirmar que, a tudo quanto não se pode dizer que é nada absoluto, é algo que "acontece", se põe, se dá.

Se não houvesse alguma coisa, teríamos então a ausência total de qualquer coisa que se dá, que se põe. Nem se poderia dizer que o nada absoluto acontece, porque não acontece, nem se dá, nem se põe: é a ausência total. E bastaria que algo houvesse, a presença de algo, para ser improcedente o nada absoluto.

Podemos não ser o que julgamos ser; não é possível, porém, o nada absoluto, a ausência total e completa de qualquer coisa. *Alguma coisa há*, acontece, dá-se. Em que consiste esse "alguma coisa" é o que nos cabe examinar a seguir.

Em "alguma coisa há", o sujeito se reflete completamente no verbo, pois fora de "alguma coisa" nada pode haver, pois o nada não há, e o haver é o haver de alguma coisa.

Entretanto, não há identidade real e formal entre *haver* e *alguma coisa*, porque o *haver* só o é quando é de *alguma coisa*, pois o nada não há.

Oportunamente, provaremos por outros caminhos o que ora afirmamos.

TESE 3 - Prova-se mostrando e não só demonstrando.

O conceito de demonstração (*de-monstrare*) implica o conceito de mostrar algo para tornar evidente outra proposição, quando comparada com a primeira.

A primeira certeza tem a naturalidade de ser mostrada, já que a *demonstração* implica algo já dado como absolutamente certo. Para provar-se a validez de algo, basta, assim, a mostra, que inclui os três elementos imprescindíveis para a certeza. O axioma *alguma coisa há* é evidente *per se*, e mostra a sua validez *per se*, independentemente da esquemática humana, pois esta pode variar, podem variar os conteúdos esquemáticos, mas que *alguma coisa há* é evidente para nós, e *extra mentis* (fora da nossa mente).

TESE 4 - A demonstração exige o termo médio; a mostração, entretanto, não o exige.

A *demonstração* exige o termo médio, pois é uma operação que consiste em comparar o que se pretende provar a algo já devidamente provado.

A *mostração* segue uma via intuitiva. A evidência do que se mostra impõe-se por si mesma, pois a sua não aceitação levaria ao absurdo. Também se pode fazer uma demonstração direta pela mera comparação acima citada; ou indireta, como a *reductio ad absurdum*, como no segundo caso.

Podemos exemplificar da seguinte forma: se não é o caso que alguma coisa há, temos o nada absoluto, o que é absurdo: logo *alguma coisa há*.

Esta é uma demonstração indireta de que há alguma coisa.

TESE 5 - Há proposições não deduzidas, inteligíveis por si e per se evidentes (axiomas).

Bastaria a mera mostra de uma para dar plena validez à tese. *Alguma coisa há* e *o nada absoluto não há* têm tais requisitos, o que vem mostrar, portanto, que há realmente proposições não deduzidas (pois estas não precisam de outras para se mostrarem com evidência), e que são *per se* evidentes, pois incluem em si mesmas o suficiente grau de certeza, imprescindível ao axioma, e dispensam demonstração, pois não é mister serem comparadas com outras para revelarem a sua validez.

Elas se evidenciam *per se*, o que prova a tese.

TESE 6 – Pode-se construir a filosofia com juízos universalmente válidos.

É comum dizer-se que a filosofia não pode ser construída com juízos universalmente válidos, isto é, válidos para todos.

No entanto, essa afirmação é facilmente refutável, bastando que se estabeleça um juízo universalmente válido, sobre o qual, concretamente, se possa construir todo um sistema de filosofia, como o faremos.

Os juízos que estabeleceremos como pontos de partida para a fundamentação da filosofia concreta são universalmente válidos.

Só um apelo à loucura, refutado pelo próprio apelo, poderia afirmar que há o nada absoluto e não "alguma coisa".

Essa vã e louca afirmativa já afirmaria que *alguma coisa há*. Podemos duvidar de nós, não que alguma coisa há, pois mesmo que fôssemos uma ilusão, mesmo que nós não *houvéssemos*, alguma coisa há. Se para expor uma filosofia precisamos de nós, não precisamos de nós para que alguma coisa haja, pois, mesmo que fôssemos ilusões, seríamos a ilusão de alguma coisa que há. Portanto, este postulado independe de nós para mostrar-se como evidente. É um juízo universalmente válido, e é sobre ele que se fundará a filosofia concreta.

TESE 7 – O nada absoluto é a contradição de "alguma coisa há".

Há contradição quando se afirmam a presença e, simultaneamente, a ausência do mesmo aspecto no mesmo objeto. Dizer-se que alguma coisa há é contradizer que há o nada absoluto, porque se há alguma coisa, o nada absoluto está excluído.

Dizer-se: há o nada absoluto – é dizer-se que não há nenhuma coisa; isto é, contradizer-se que *alguma coisa há*.

TESE 8 – O que há é; é ser. O que não há é não-ser.[4]

Do que há, diz-se que tem ser e é ser. O conteúdo da palavra *ser* não é definível, porque, para dizer o que é ser, precisamos de certo modo desse conceito. Mas tudo quanto há é. Ser, diz Suárez, é a "aptidão para existir". Ser é alguma coisa, e não um mero nada (uma ausência total e absoluta). Só o ser *pode*, porque só ele tem aptidão para existir, porque o nada absoluto, por impossível e impotente, não tem aptidão para coisa nenhuma, pois não-é.

Não-ser é o que não há. O nada absoluto é absoluto não-ser.

De que alguma coisa, esta ou aquela, não há, não se segue um nada absoluto, mas apenas que esta ou aquela coisa não há. Ou seja: um nada relativo.

O nada absoluto é um não-ser absoluto.

O nada relativo é um não-ser relativo.

Postulado o primeiro, negar-se-ia, total e absolutamente, que *alguma coisa há.*

Postulado o segundo (o não-ser relativo), não se negaria, total e absolutamente, que alguma coisa há, mas apenas que esta ou aquela alguma coisa não há.

Mas, aceito que alguma coisa há, não negamos total e categoricamente que alguma coisa não há, "alguma coisa há" e "alguma coisa não há" são dois juízos particulares, subcontrários, e a verdade de um não implica necessariamente a falsidade do outro. Ambos podem ser verdadeiros, como realmente o são.

O nada absoluto é impossível, não-pode, pois, para poder, é-lhe necessário ser alguma coisa. Para que algo possa alguma coisa, é preciso ser alguma coisa. O que há, acontece, não o chamamos nada, mas alguma coisa, ser. Portanto, o que não há não é; e só o que é há.

Não sabemos ainda em que consiste esse ser, mas sabemos que é.

[4] À primeira vista, parece faltar aqui uma referência a Parmênides. É possível imaginar, de um lado, que Mário tenha descartado uma nota por acidente. Por outro lado, a proposição de que o que há é ser difere da proposição do filósofo grego de que "o Ser é, o não-ser não é". Mário inverte a proposição explicando que, se "alguma coisa há", esse Haver é o Ser, e portanto não é necessariamente o Ser que se encontra como o elemento originário, mas a presença de algo que, a partir daí, configura-se como o Ser.

Com o termo *existir* entende-se que alguma coisa é efetivamente no pleno exercício de seu ser; pois mesmo o que apenas pode vir-a--ser ainda é de certo modo, do contrário seria o nada absoluto, o que é impossível.

Se alguma coisa pode vir a acontecer, essa coisa que ainda não se deu é possível. Se possível, não poderia vir do nada absoluto, porque este já está afastado, mas de alguma coisa que é, porque o nada, sendo impossível e impotente, não poderia produzir alguma coisa.

Portanto, a existência de alguma coisa depende de alguma coisa que é. E alguma coisa que é deve ser existente, deve estar no pleno exercício de seu ser, para que torne existente o que era apenas possível.

Portanto, podemos alcançar com toda a certeza esta conclusão final: *Alguma coisa há, que é, que existe.*

Que alguma coisa há, nenhuma dúvida mais resta, como também que alguma coisa é. Que alguma coisa existe, que está no pleno exercício do seu ser, que não é apenas uma possibilidade, também não pode haver dúvida, se examinamos bem os seguintes argumentos:

Se não existisse alguma coisa no pleno exercício do seu ser, teríamos apenas um ser possível, isto é, que ainda é nada relativo e se tornará, ou não, *algo* no pleno exercício do seu ser.

O que ainda é uma possibilidade é um ser em outro, porque o que pode é, e, para poder, tem de estar no pleno exercício do seu ser, pois como poderia fazer alguma coisa se não tem poder?

Portanto, alguma coisa existe, pois, se não existisse, seria a possibilidade de alguma coisa que existe, do contrário seria a possibilidade do nada absoluto, o que é impossível.

Esta tese será demonstrada por outra *via* mais adiante.[5]

Comentários

"Alguma coisa há" é uma verdade ontológica

Na verdade lógica, sabemos, há a conformidade entre o intelecto e a coisa, enquanto, na ontológica, há conformidade da coisa com o

[5] Cf. "Argumentos correlatos a favor da tese", na página 36.

intelecto. Mas a verdade ontológica é a revelação do *logos* da coisa. O juízo *alguma coisa há* possui essa aptidão e essa capacidade. A verdade ontológica decorre da análise intrínseca da coisa, que é apta e capaz de, por si mesma, revelá-la ou permitir que um ser inteligente a conheça. *Alguma coisa há* possui assim as características não só de verdade lógica, mas também de verdade ontológica.

Alguma coisa há é uma proposição analítica imediata (*per se notum*), quando ontologicamente considerada, pois alguma coisa implica, pelo menos, o haver de alguma coisa, de modo que a *habitudo* (a correlação) entre o sujeito e o predicado é captada pela análise. Já se quiséssemos considerar onticamente, *alguma coisa há* seria, então, uma proposição analítica mediata (*non per se notas*), cujo conhecimento decorreria da experiência (da nossa experiência). Mais adiante veremos que esse juízo pode ser considerado ainda sob outros aspectos.

Tanto de um modo como de outro, a proposição *alguma coisa há* impõe-se de forma necessária, por uma necessidade ontológica e por uma decorrência ôntica. Tais aspectos robustecem ainda mais a apoditicidade da tese fundamental da filosofia concreta, que, por qualquer via pensamental seguida, é sempre necessariamente evidente.

O termo necessário vem do latim *necesse*, que, etimologicamente, vem de *ne* e *cedo*, do negativo *ne*, *nec*, e do verbo *cedere*, cuja origem é obscura. *Cedo* significa ir, adiantar-se, retirar-se, afastar-se, e também ceder, abandonar, renunciar, fazer cessão. Decorre, pois, que etimologicamente o termo *necesse* (necessidade) indica o conteúdo do que não é cedido, do que não se pode ceder, do que é impostergável, do que não pode deixar de ser o que é.

Quando na dialética ontológica se busca o nexo de necessidade, busca-se o conteúdo eidético que tem-de-ser, o único que pode-e-deve-ser. Tem o homem capacidade de construir esquemas eidético-noéticos vários. Estes são os *eide* construídos por abstração pelo nosso espírito (*nous*), através de uma operação (*noesis*), e os seus conteúdos (*noema*) podem ou não reproduzir o-que-não-pode-deixar-de-ser-e-que-tem-de-ser-imprescritivelmente. Quando alcançamos esse conteúdo eidético necessário, alcançamos o conteúdo ontológico. Este se impõe independentemente da nossa mente e deve apresentar as características de necessidade, que excluem ou podem excluir a nossa esquemática vária.

A principal providência da dialética ontológica está, portanto, em procurar esse conteúdo, pondo de lado tudo quanto pode não ser, até alcançar o *não-cedível*. Ademais o conteúdo ontológico deve decorrer de uma análise que ofereça sempre um nexo de necessidade. Essa operação afasta-se totalmente da opinativa, porque a opinião é um assentimento da nossa mente sobre coisas contingentes, ou sobre conteúdos eidético-noéticos contingentes, ou seja, que podem ser e podem não ser. O conteúdo ontológico só é verdadeiro quando toda e qualquer contingência é excluída, e ela o é quando dela se segue um absurdo ontológico, ou pelo menos a possibilidade deste. Alcançar os conteúdos ontológicos do que se examina é, pois, a providência primordial dessa dialética, e sem ela não é possível atingir a meta desejada, que, em suma, é a construção de juízos universalmente válidos, por serem ontologicamente verdadeiros, o que leva ao afastamento total de toda *doxa* (opinião).

TESE 9 – A proposição "alguma coisa há" é notada suficientemente por si mesma.

Provamos por outra via.

A verdade de "alguma coisa há" não exige, para ser notada, uma mente especial. Ela é notada *per se*, e suficientemente, porque negá-la equivaleria a afirmar o nada absoluto, que é absurdo. *Alguma coisa há* não exige *per se* demonstração, poderia até dispensá-la. Se ajuntamos algumas, fazemo-lo apenas para robustecer, de certo modo, a sua evidência objetiva. E dizemos evidência objetiva porque não é uma verdade subjetivamente captada por adequação, mas *per se* suficientemente verdadeira.

A verdade lógica dessa proposição decorre do fato de pertencer o predicado à razão do sujeito, mas é ela também ontológica por ser necessária.

TESE 10 – "Alguma coisa há" não é apenas um ente de razão, mas um real-real.

Considera-se *ente de razão* (*ens rationis* dos escolásticos) aquele cuja única existência está na mente humana. Assim para os idealistas absolutos certas ideias; o tempo e o espaço, a espécie e o gênero para outros filósofos, etc. Considera-se como ente real aquele que também tem uma existência fora da mente humana (*extra mentis*). Assim esta casa, para os realistas, além de ter dela uma imagem a mente humana, é uma realidade fora da mente.[6] Em suma, para todos são entes de razão aqueles de que não se assegura uma existência fora da mente humana, e são entes reais os que têm essa existência. Um ente real pode também ter uma correspondência existencial na mente humana, como a tem a imagem que formamos das coisas que compõem o mundo exterior, segundo os realistas.

"Alguma coisa há" pode merecer de alguns a afirmação de que é apenas um ente de razão. Mas, se *alguma coisa há* é um ente de razão, assegura imediatamente que não é *apenas* um ente de razão, mas sim um ente real, porque se há um ente de razão é porque há algo que é o sustentáculo do mesmo. E se *alguma coisa há* é mentado,[7] então *alguma coisa há* realmente, porque *alguma coisa há* para que *alguma coisa há* seja mentado, o que prova, consequentemente, que é real-real que *alguma coisa há*, o que vem robustecer, de modo apodítico, a tese, e provar também, apoditicamente, que a Filosofia pode fundar-se em uma verdade universalmente válida.

[6] Talvez, em uma ordem mais simples, o sentido da frase fosse: "Assim, para os realistas, esta casa seria uma imagem na mente humana e uma realidade fora da mente".

[7] No sentido de "formado na mente". A palavra também parece ser um neologismo de Mário, a partir, provavelmente, da raiz latina *mens*.

Argumentos Correlatos a Favor da Tese[1]

Depois da segurança observada no pensamento medieval, tão pouco estudado hoje, sobre o que seja o *ser*, verificamos que, em filósofos menores de nossos dias, mas de grande repercussão, o ser passa a esvaziar-se ante seus olhos, chegando alguns a negar-lhe qualquer conteúdo. Para esses, é apenas uma palavra a mais, e sem significação. Alguns propõem substituí-la pelo *sendo*, particípio presente do verbo *ser*. Substituem assim o infinitivo, ou melhor, o indefinido *ser* pelo particípio presente *sendo* (como no latim *ens*, *entis*, e no grego *on*, *ontos*). E acumulam diversas razões em favor de sua opinião, razões já refutadas com séculos de antecedência na obra dos medievais, mas que parecem surgir vivas, quando na realidade são velhos fantasmas.

Contudo, isso nos obriga a alguns reparos, que se tornam imprescindíveis.

Os argumentos cediços são sempre os mesmos. Vamos alinhá-los, para depois respondê-los:

Que o *ser* é algo que não vemos, não tocamos, não sentimos, em suma, como vemos a cor e tocamos uma motocicleta. Estas são um *sendo*, mas e o *ser*?

Que o termo *ser* é uma palavra vazia. Não indica nada de efetivo, de captável, de real, "última nuvem de uma realidade que evapora" (Nietzsche).[2]

[1] Embora estes comentários venham após a décima tese, eles parecem estar mais relacionados com a oitava. A presença aqui, por outro lado, não parece ser fortuita, dado que a argumentação das teses nove e dez é necessária para complementar o sentido da oitava. O trecho parece se orientar diretamente sob a égide do pensamento de Francisco Suárez, em sua *Introdução à Metafísica*, e de *O Ente e a Essência*, de Santo Tomás de Aquino. Dadas as fontes conhecidas de Mário, essas tendem a ser as principais referências quando ele se refere a "pensamento medieval". É possível que seja uma menção a São Boaventura, que Mário de fato conhecia. A identificação dessas alusões está além do objetivo destas notas.

[2] Friedrich Nietzsche, *Crepúsculo dos Ídolos*, III ("A 'razão' na filosofia"), § 4 (*Der Fall Wagner / Götzen-Dämmerung / Der Antichrist / Ecce Homo / Dionysos-Dithyramben / Nietzsche contra Wagner.* Friedrich Nietzsche: Sämtliche Werke, Kritische Studienausgabe, eds. Giorgio Colli e

Que o termo *ser* é um substantivo verbal, que pertence à família verbal de "eu sou", "tu és", "nós somos", etc., e nada mais.

Vejamos se há validez nessas afirmativas.

Para os gregos, ser significa *presença*, estabilidade, pro-sistência, o que tem sistência *pro*, para a frente, *physis*, e também permanência, o que *mana* através de, *per*. Conclui Heidegger, ao examinar o pensamento dos gregos, que, para estes, existir (*existência*) significa não ser, porque existir é sair de uma estabilidade surgida de si mesma, a partir de si mesma.

O grande defeito que há em geral no pensamento moderno sobre o significado de *ser* está em confundi-lo com o significado meramente lógico. Ora, o *ser*, considerado apenas logicamente, é esvaziado de compreensão, por ter a máxima extensão, pois abrange tudo.

Contudo, se o termo *ser* logicamente é o de menor compreensão (pois *ser* é apenas *ser*), é ontologicamente o de máxima compreensão, porque tudo quanto há *é*, de certo modo, e *ser* é atribuído a tudo quanto há, ativa ou passivamente. Existir não é um afastar-se de ser, é um modo de *ser* no pleno exercício de ser, é o ente fora de suas causas. Conceber-se o conceito de ser apenas como estabilidade, como o que permanece sempre, e daí concluir que o que existe (o existente) é o que sai dessa estabilidade e portanto é não-ser, eis uma maneira primária de raciocinar. Ser é também instabilidade, é fluir, é *sendo*, porque tudo isso não pode receber a predicação de nada.

Pretender-se uma definição para o termo *ser* é inverter a ordem da lógica. Esse conceito é por nós captado na dialética ontológica de modo mais *pathico* que racional; revela-se a nós sem que possamos prender dentro de esquemas, porque é ele o fundamento dos esquemas, e não estes daquele. Se *ser* fosse apenas um conceito construído por nós, seria fácil reduzi-lo a um esquema. Mas precisamente porque não é apenas um conceito é que ele nos escapa.

Quando Suárez diz que ser é a *aptidão para existir* não o define, não o delimita, mas apenas dá uma patência[3] do seu conteúdo, porque

Mazzino Montinari, vol. 6. 2. ed. Berlin, Walter de Gruyter, 1999, p. 76, 17-18; *Twilight of the Idols*. Trad. Duncan Large. Oxford World's Classics. New York, Oxford University Press, 1998, p. 17).

[3] Outro neologismo de Mário, a partir de uma raiz latina incorporada pela língua portuguesa no sentido de que algo "torna patente", "perceptível", ou "a qualidade de tornar patente" no pensamento algo específico.

o que é, de certo modo, pode existir, isto é, pode ser fora de suas causas, poderia dar-se no pleno exercício de seu ser, ou modo de ser, pois só não pode o impossível, o absurdo, o que absolutamente não é. Seria erro julgar que Suárez queria, com essa expressão, definir o ser. Era ele suficientemente filósofo para saber que não poderia reduzir o ser a outra coisa, porque outra coisa, que não o ser, seria o nada, e este não poderia ser gênero daquele, porque o ser não é uma espécie de nada. Consequentemente, jamais pretenderia dizer que "o ser consiste em" isso ou aquilo, porque, se isso e aquilo são ser, a definição continua ainda sem estar formulada, e se nenhum é ser, a definição é nada, e o nada não poderia definir o ser.

E, ademais, definir é delimitar, e o conceito de ser não tem limitações, pois o que o limitaria? Se fosse o ser, limitaria a si mesmo; se fosse o nada, este então teria aptidão para limitar, e não seria nada, mas ser.

O ser é o que dura, o que afirma, o que perdura, o que fundamenta tudo quanto é *sendo* para os modernos. É o fundamento de todo ente.

Definir é reduzir algo a outros conceitos. Aristóteles já estudou, e de modo definitivo, o que se entende por definição.[4] Os conceitos transcendentais e os transcendentes são indefiníveis. Se ser fosse definível, o ser reduzir-se-ia a outro, e reduzir-se-ia a ser, o que seria tautológico.

O que leva alguns escritores modernos a fazer tais confusões é a ignorância, sem dúvida, da longa especulação que sobre o ser realizaram os medievais.

Em suma, ser é a perfeição pela qual algo é ente. Ser não é apenas o que é perceptível pelos sentidos (como o pretendiam que fosse os positivistas), o sensorialmente cognoscível, algo que se possa tocar, sentir, prender nas mãos – o que já merecera severas críticas de Platão. Ser transcende a todos os âmbitos dos conceitos, prescinde de todas as determinações, sem que se confunda com o que Hegel julgava que era o ser. De amplíssima extensão, abrange tudo o que é existente e o possível.

Se alguma coisa que há não é ser, é nada, e, neste caso, esse alguma coisa não há, não acontece, não sucede, não perdura, não se dá. Dizer-se que alguma coisa que há é um sendo, um *étant*, um *seind*, um *ens*, é dizer que é algum modo de ser, e não mero nada. Não há lugar aqui para nenhuma outra posição: ou alguma coisa há ou nenhuma

[4] Cf. *Organon*, em particular os dois livros dos Analíticos.

coisa há. E se o que há é algo que flui, é então algo que flui, uma presença que flui, e não o nada que flui, porque o nada não poderia fluir, não poderia passar de um modo para outro, porque é a ausência de qualquer modo antes, durante e depois. O que flui dura no seu fluir, perdura, é uma presença do fluir, uma presença fluindo, é alguma coisa, é, e não nada. É ser, em suma.[5]

É inútil, pois, tentar substituir o conceito de ser por outro, ou negar-lhe validez, pois ele não se reduz apenas ao conteúdo lógico. Ontologicamente, o conceito de ser é o mais rico de conteúdo, o mais rico de compreensão, o mais perfeito, porque inclui todos os modos de ser, pois esses são modos de ser e não do nada.

Ademais, onticamente, o ser é o fundamento de tudo quanto há, como veremos a seguir no decorrer das demonstrações. Assim se deve distinguir:

Ser como entidade lógica: máxima extensão e mínima compreensão.

Ser como entidade ontológica: máxima compreensão e máxima extensão.

Ser como entidade ôntica: mínima extensão e mínima compreensão (porque é apenas essencial e existentemente ser, como veremos).

O primeiro é atribuído a todos os entes. O segundo é afirmado em todos os seres, e refere-se a todas as perfeições. E o terceiro é o ser tomado apenas enquanto ser, na sua onticidade.

É o que se ressaltará com clareza, e sob juízos apodíticos, no decorrer das demonstrações que se seguirão.

*

Examina Heidegger as quatro cisões que lhe surgem do seu exame sobre o ser: *ser e devir, ser e aparência, ser e pensar, ser e dever.* Conclui com as seguintes palavras:

[5] Assim, a diferença entre o Ser estático de Parmênides e o estado fluido heraclitiano resolve-se, ou melhor, dissolve-se na ideia do Ser-que-é, qualquer que seja seu estado, e portanto não deixa de ser mesmo em seu fluir. Ninguém se banha duas vezes no mesmo rio, mas o rio não deixa de ser rio.

De início "ser" nos apareceu como uma palavra vazia de significação flutuante. Que assim é, apareceu-nos como um fato que pode ser constatado entre outros fatos. Por fim, porém, o que parecia destituído de qualquer necessidade de ser investigado e mesmo incapaz de sê-lo mostrou-se como o que é *mais digno de ser posto em questão numa investigação* (das Fragwürdigste). O Ser e a compreensão do Ser já não são um fato objetivamente dado (vorhanden). O Ser é o acontecimento fundamental, em cujo único fundamento pode surgir e acontecer a existência [*ser-aí*] Histórica no meio do ente [*sendo*] aberto e revelado em sua totalidade.[6]

E prossegue mais adiante:

As indicações do emprego corrente, mas complexo, do "é" nos convenceram ser um erro falar de indeterminação e vacuidade do Ser. É o "é" que determina o sentido e o conteúdo do infinitivo "ser", e não ao contrário. Agora poderemos compreender *por que* tem que ser assim. O "é" funciona e vale, como Cópula, como "palavra de ligação" (Kant) no enunciado. É esse que contém o "é". Ora, uma vez que o enunciado, o *logos* entendido como *kategoria*, se tornou o tribunal de julgamento do Ser, é ele que determina o Ser a partir de seu "é" correspondente.[7]

Ora, dizer que ser é o indeterminado, mas que se determina plenamente, e afirmar que há aí manifesta contradição, é confundir as diversas acepções que o conceito de determinação pode tomar.

Ser, enquanto gramaticalmente verbo, enquanto conceito lógico, é indeterminado, é a máxima indeterminação. Não, porém, enquanto conceito ontológico, que é a máxima determinação, pois o ser é determinado por si mesmo e não por outro, quando tomado ontologicamente. A constante confusão que há entre o lógico e o ontológico é que leva a outras confusões como essa, e, finalmente, à afirmativa de haver

[6] Martin Heidegger, *Introdução à Metafísica*. 4. ed. Trad. Emmanuel Carneiro Leão. Rio de Janeiro, Tempo Brasileiro, 1999, p. 222-23.
[7] Ibidem, p. 223.

contradição onde realmente não há. O ser não contradiz a si mesmo quando afirmado como plenamente ser. A determinação, aqui, não é dada por outro, mas apenas é a do seu próprio *perfil*. O ser é ser, determinadamente ser. Quando aplicado à heterogeneidade das coisas que são, dos *sendos* que são, é ele indeterminado, porque aqui é um atributo lógico, enquanto antes era um conteúdo ontológico.

Heidegger diz:

> Assim a palavra "ser" é indeterminada em sua significação e, entretanto, nós a entendemos sempre determinadamente. "Ser" se mostra pois como algo inteiramente indeterminado, totalmente determinado. De acordo com a lógica corrente, apresenta-se aqui uma manifesta contradição. Ora, algo que se contradiz não pode ser. Não há um círculo de quatro ângulos. E, sem embargo, há essa contradição: o Ser como algo determinado inteiramente indeterminado.[8]

Na verdade, o ser logicamente considerado é a máxima indeterminação, mas ontologicamente é a máxima determinação real. Só haveria contradição se fosse na mesma esfera. E aí ser está tomado em esferas diferentes. Ser como entidade lógica é o *sumum genus*, o gênero supremo ao qual se reduzem apenas logicamente todas as coisas. Mas ser ontologicamente não é o gênero supremo, mas a razão que dá o ser a tudo que é, a razão que dá a afirmação a tudo o que é. E o ser, onticamente considerado, não é nem os pares de contrários que a mente humana cria. É a afirmação plena de si mesmo, a eterna presença de si mesmo. É o que afinal iremos demonstrar no decorrer das teses, a fim de uma vez mais esclarecer um tema que já fora esclarecido, mas que, modernamente, está envolto, outra vez, nas sombras da confusão.

Quanto ao desejo bem primário dos que querem tomar o ser nas suas mãos para pesá-lo, para certamente determinar sua dureza, sua resistência, etc., ou que desejam transformá-lo num objeto ótico ou auditivo, é tão ingênuo que nem pode ser levado em consideração. Quanto, porém, aos que afirmam que não conhecemos o ser direta e

[8] Ibidem, p. 106.

imediatamente, convém dizer-lhes que todo conhecimento se processa através de uma assimilação, e depende, pois, de esquemas acomodados, que assimilam o conteúdo objetivo.

Ora, o homem é um ser híbrido e deficiente, e não poderia captar direta e imediatamente o ser em toda a sua pureza, e todo o seu conhecimento, pela hibridez de seus esquemas, é, consequentemente, híbrido. Mas se não pode conhecer o ser *totaliter*, o que o poria em estado de beatitude completa, pode, no entanto, conhecê-lo *totum*, em todas as suas experiências, porque, na heterogeneidade destas, ele esplende sempre, porque há sempre uma experiência de ser na heterogeneidade dos fatos, que se torna a matéria bruta da sua especulação filosófica, que é reduzida a esquemas intelectuais construídos posteriormente.

TESE 11 - Alguma coisa existe.

Prova-se de vários modos: não se conclui por aceitar que, se alguma coisa há, consequentemente, alguma coisa existe.

Existir não é propriamente incluso no haver, pois entende-se por existir a realidade *exercitada in re*, o ser real, ser em si, o ser no pleno exercício do ser.

Ora, se alguma coisa há, o nada absoluto não há. Se alguma coisa que há não existe, não é exercitada em si, mas em outro. E esse outro, não podendo ser o nada absoluto, é algum ser que existe, algum ser que está no pleno exercício de ser. E se não for esse, será outro. De qualquer forma, alguma coisa existe para ser o portador do que não existe ainda.

Porque alguma coisa há, e o nada absoluto não há, alguma coisa existe. A *existência* de alguma coisa decorre, não porque "alguma coisa há", mas porque o nada absoluto não há.

Portanto, "alguma coisa há" e "alguma coisa existe".

Ademais, a razão ontológica do existir implica algo que é, uma existência que se dá *ex*, fora, como já o mostramos em *Ontologia e Cosmologia*.[9]

[9] O argumento de Mário em *Ontologia e Cosmologia* é que existir é um *ex-sistere*, pensado em uma tradução bárbara, "sair para fora" no sentido de que o ser exibe-se em sua forma para além de si mesmo e, criando uma relação que não consigo mesmo, "sai" de si e se encaminha para o mundo objetivo – o *ex-sistere*, "sair de si". A diferença entre a tese

A *sistência*[10] existe quando se dá fora de suas causas. Ora, o existir não pode vir do nada absoluto, porque este já está total e absolutamente negado por "alguma coisa há". A existência de alguma coisa é o exercício do ser dessa coisa, que é um sistência *ex*, que se dá fora de sua causa. Se não fosse o caso que alguma coisa existe, nada se daria fora de sua causa. Nenhuma *sistência* se daria *ex*. Como o nada absoluto não é qualquer coisa, alguma coisa existe, pois, do contrário, haveria uma *sistência* que não se daria *ex*, dando-se portanto em outro, o qual existiria. Alguma sistência, que há, tem de existir, porque, não sendo causada pelo nada absoluto, dá-se *ex*, no pleno exercício de ser, pois, do contrário, se daria apoiada no nada absoluto, o que é absurdo. Portanto, alguma coisa há que existe, alguma coisa se dá no pleno exercício de ser, alguma sistência se dá *ex*.

Pode-se ainda demonstrar:

"Alguma coisa há" é evidente *per se*, já o demonstramos. O que há é; é ser. De qualquer modo é ser.

Portanto, alguma coisa há, que é.

"Alguma coisa há" não se opõe a "alguma coisa é".

"Alguma coisa existe" não conduz a nenhuma contradição com "alguma coisa há". Se alguma coisa existe, ela é e ela há. Resta saber se alguma coisa há, é e existe simultaneamente.

Existir é estar no pleno exercício do seu ser. O "alguma coisa" que há, se não existe, não está no pleno exercício do ser; portanto, não tendo um ser no seu pleno exercício, está no exercício do ser de outro.

1 e a tese 11, portanto, refere-se a uma diferença entre "haver" e "existir". Não é possível verificar essa diferença sem ter em mente que a relação do "ex-sistere" implica uma espécie de dinâmica interna ao ser. À medida que o pensamento avança, a dialética tem que dar conta de ligações e construções duplas à beira do paroxismo; o pensamento de Mário, neste sentido, parece apontar para uma compreensão possível unicamente pelo que ele denomina a "via simbólica" para lembrar que o ser pode estar em dinâmica interna de existência a partir do momento em que "sai de si", existe. Em uma vaga aproximação, a noção de "Ser-para-si" no pensamento heideggeriano poderia dar uma ideia daquilo a que Mário se refere, com a diferença que a ideia de "ex-sistere" prevê uma dinâmica de movimento interna ao Ser, uma dimensão de ação voltada para dentro, quase, para usar uma imagem sem validade que não a comparativa, a vibração de algo como a dinâmica das relações subatômicas em um cristal: está parado e quieto, mas em constante movimento.

[10] O neologismo se aplica ao que foi referido na nota acima: "sistência" é a forma de "sistere", "viver em si", em uma perspectiva ontológica do *esse*, o ser.

Este não pode ser o nada absoluto, mas sim um ser que existe. Logo, alguma coisa há, que é, e que existe simultaneamente.

Concluímos apoditicamente que algo existe, e, como existir implica ser, chamaremos daqui em diante, de ser, alguma coisa que é, e existe.

TESE 12 – O nada absoluto nada pode produzir.

O nada absoluto nada pode produzir, porque é impossível, não tem poder, não tem eficácia para realizar alguma coisa, pois se a tivesse não seria o nada absoluto, mas sim alguma coisa.

Mas podê-lo-á o nada relativo, o não-ser relativo?

Este, como ainda não está no pleno exercício do ser, também não pode, enquanto tal, produzir alguma coisa, pois, se o fizesse, a eficiência, que revelaria ao produzir alguma coisa, afirmaria o seu pleno exercício de ser, e ele não seria, portanto, um não-ser relativo, mas um ser em ato.

Se o nada nada pode produzir, como se conclui por decorrência lógica, ontológica e dialética (como o expusemos em "Criteriologia", do nosso livro *Teoria do Conhecimento*), o princípio de que *ex nihilo nihil fit*, que do nada nada surge, é absolutamente verdadeiro, pois se *de* nada se pudesse fazer alguma coisa, ou *o* nada fazer alguma coisa, automaticamente não seria nada, mas alguma coisa, por revelar a eficácia de poder, e portanto, de ser.

TESE 13 – Alguma coisa sempre houve, sempre foi, sempre existiu.

Se alguma coisa nem sempre houve, ela foi antecedida pelo nada absoluto. E se o nada absoluto antecedeu-a, de onde teria vindo esse "alguma coisa" que houve? Ou de si ou de outro. Esse outro não poderia ser o nada absoluto. Consequentemente, um ser teria antecedido ao "alguma coisa" que houve. Se alguma coisa veio de outro alguma coisa, esteve sempre presente alguma coisa, por não ter o nada eficácia para produzir algo.

Consequentemente, sempre houve alguma coisa. E sempre foi, porque, se sempre houve, sempre foi alguma coisa, ser.

E sempre existiu, pois, alguma coisa no pleno exercício de seu ser. Se o que sempre houve deixou, por um momento, de existir, deixou por um momento, consequentemente, de haver, para tornar-se nada. E teríamos, então, um momento em que se daria o nada absoluto, porque o alguma coisa, que havia, deixou de haver e de ser.

Neste caso, como surgiria do nada absoluto outro alguma coisa, se aquele é impossível e ineficaz, pois é nada?

Não era possível, portanto, que se desse uma ruptura. Alguma coisa que houve, que era, que existiu, podia dar surgimento a alguma outra coisa que houve, que era, que existiu, e esta a outra, e assim sucessivamente.

Não poderia, contudo, ter havido uma ruptura nesse haver, nesse ser, nesse existir, porque, então, intercalar-se-ia o nada absoluto, e nada mais poderia haver, ser, existir.

Portanto, houve uma *continuidade absoluta de haver, de ser, de existir.*

Sempre houve alguma coisa, que sempre foi, que sempre existiu. E se um "alguma coisa" foi sucedido por outro, esse outro veio do primeiro, e esteve contido no poder do primeiro, pois, do contrário, teria vindo do nada absoluto, o que é impossível. Ademais, o ser dos sucessivos é ainda do ser do primeiro, que perdura nestes. É alguma coisa que nestes perdura.

Portanto, sempre houve, sempre foi, sempre existiu alguma coisa. E o haver, o ser e o existir perduraram através dos diversos algumas coisas; e como é alguma coisa, sempre houve e sempre foi e sempre existiu alguma coisa, que era plenamente *haver, ser e existir.*

TESE 14 – Alguma coisa que sempre houve, que sempre foi, que sempre existiu, ainda há, é e existe.

Demonstramos que sempre houve um haver, um ser e um existir, os quais são de alguma coisa, pois, do contrário, seriam do nada absoluto, o que é absurdo.

Consequentemente, em meio às coisas diversas que *houve*, que *foram* e que *existiram*, alguma coisa sempre houve, sempre foi, sempre existiu.

E se assim não fosse, haveria rupturas e intercalar-se-ia o nada absoluto, o que teria rompido a cadeia do haver, do ser e do existir. Portanto, *alguma coisa sempre plenamente houve, foi, existiu.*

Resta provar que sempre houve um "mesmo" alguma coisa, que sempre foi, e que foi plenamente o haver, o ser e o existir (o que nos surge intuitivamente do que foi examinado na tese anterior). E que, nesse "alguma coisa", haver, ser e existir são ele mesmo.

Alguma coisa é o que é *por algo* que a apresenta como é. É a sua essência.

Essência é o *pelo qual* uma coisa é o que ela é. Ora, o pelo qual algo é alguma coisa é o *ser e haver* desse alguma coisa.

E esse *haver e ser* não se separa dele, porque, se dele se ausentasse, este alguma coisa, sem ser nem haver, seria nada.

O ser e haver de alguma coisa é da sua essência, que sempre houve, sempre foi. Se a sua essência não fosse ele mesmo, teria ele vindo do nada, o que é absurdo, ou, então, de outro alguma coisa.

Neste caso, alguma coisa sempre existe; portanto, a sua existência (o pleno exercício do seu ser) identifica-se com a sua essência, que é pelo qual o alguma coisa é alguma coisa, pois é pelo ser que é, pelo ser exercitado, que é ele alguma coisa. Portanto, sempre houve alguma coisa em que essência e existência se identificaram.[11]

Há assim alguma coisa em que ser e existir são idênticos.

O alguma coisa, que é, veio ou de si ou de alguma coisa que é. Ora, há alguma coisa, que é no pleno exercício de seu ser e, para que seja, exige alguma coisa que existe. O existir de um novo alguma coisa, não podendo vir do nada, provém do primeiro. Como não há rupturas no ser, porque de outra maneira haveria intercalação do nada absoluto, o ser do segundo dá prosseguimento, de certo modo, ao ser do primeiro alguma coisa.[12]

O ser que é sustentáculo do existir do segundo *era* no primeiro e *é* no segundo.

O primeiro ser não desapareceu nem se tornou nada, pois o seu sucessor continua o ser do primeiro, do contrário haveria ruptura, e se intercalaria o nada absoluto. Ademais já provamos que há um alguma coisa que é no pleno exercício de ser, e no qual ser e existir se identificam.

[11] [Esta prova ainda será apresentada segundo outras vias demonstrativas.]

[12] [Oportunamente provaremos que, além de não depender de uma intercalação do nada absoluto a solução de continuidade na perduração do ser (entre um ser-que-foi e um ser-que-vem-a-ser), não há, ademais, rupturas absolutas entre os seres que são simultaneamente, como se entre eles se intercalasse o nada absoluto.]

Ora, é esse o primeiro, sem a menor dúvida. O segundo é pela presença do primeiro que lhe dá o ser, pois, do contrário, viria ou de si mesmo ou do nada. Se viesse de si mesmo, haveria, neste caso, dois seres que, neles, ser e existir se identificariam, o que mais adiante provaremos ser impossível. Vindo de outro, então este é aquele em que ser e existir se identificam.

O ser do segundo afirma a presença do ser do primeiro, que é, na verdade, a afirmação do segundo.

De qualquer forma, há, porém, pelo menos, um ser que existe e que, nele, ser e existir se identificam; e, ademais, há sempre um ser que é, e existe. E se houver dois, em ambos há o ser, que é, e existe.

Prova-se ainda do seguinte modo: Se houvesse mais de um ser em que ser e existir se identificassem, de qualquer forma um, pelo menos, teria sempre sido e existido, o que provaria, então, a nossa tese.

Admitamos dois seres nessas condições: A e B. Todos os entes posteriores devem o seu ser e o seu existir a esses dois seres primordiais. E o ser que há nos sucessivos é dado por aqueles; pois, do contrário, teria vindo do nada, o que é absurdo.

Admitamos, só para raciocinar, que um deles pudesse ter deixado de existir, e não tivesse transmitido o ser a outro.

Mas, de qualquer forma, a existência de entes prova que sempre houve, pelo menos, um que sempre existiu, um ser pelo qual é transmitido o ser aos outros seres, pois, do contrário, teria havido rupturas no ser, o que, como já vimos, é absurdo.

Se temos apenas A e B, dois seres primordiais, um apenas poder-se-ia admitir que tivesse deixado de ser, não ambos; pois, do contrário, dar-se-ia o nada, e não o ser, pois intercalar-se-ia o nada absoluto.

Portanto, há alguma coisa que sempre houve, sempre foi, e que ainda há, é e existe.[13]

[13] [O nada absoluto não há. Portanto o ser de A continua de certo modo em B, e o ser que este contém, não podendo provir do nada absoluto, já estava em A. A, portanto, já tinha o seu próprio ser e o ser de B, pois, do contrário, o nada teria interferido para que B fosse. E por não haver rupturas, o ser de C, que veio de B, e o de D, que veio de C, já estavam, de certo modo, em A. O que há do ser em B, C e D é ser do ser que estava em A. Portanto, algo de A está presente nos que dele decorrem. Poder-se-ia dar outro caso: que A, B, C e D fossem simultâneos, coexistentes, e que não houvesse (contra a nossa evidência) sucessão de seres. De qualquer modo, o ser sempre houve e há, foi e é, sempre existiu e existe, o que provaria também a nossa tese.]

TESE 15 – O alguma coisa que sempre houve, sempre foi e sempre existiu não teve princípio. Sempre foi e sempre é.[14]

Que algo sempre houve, sempre foi e sempre existiu é evidente. E que não teve princípio é um corolário do que já ficou demonstrado, pois, se o tivera, não tendo vindo de si mesmo, nem de nenhuma outra coisa, que estaria ainda nele presente (pois, como veremos, essência e existência, ser e existir, nele se identificam), teria vindo do nada absoluto, que seria, nesse caso, o princípio e origem do ser.[15]

Ora, o nada absoluto, sendo impossível, não poderia dar princípio a um ser. Portanto, sempre houve alguma coisa que sempre foi, alguma coisa de imprincipiado.

Alguma coisa sempre foi, a qual passaremos definitivamente, para abreviar, daqui por diante, a chamar de *Ser Absoluto*, sem ainda discutirmos quais os seus outros atributos e propriedades, o que virá posteriormente, numa decorrência rigorosa, e *a fortiori*, do que até aqui ficou demonstrado.

Sempre houve o Ser, que foi ele mesmo, pois, como veremos, sua essência e sua existência com ele se identificam; um Ser que é ele mesmo no pleno exercício de si mesmo, onticamente ele mesmo.

E esse Ser, que sempre foi, também sempre é. E sempre é porque, do contrário, tendo o Ser desaparecido, ter-se-ia dado o nada, e o que há de ser agora teria vindo do nada, o que é absurdo, como vimos.

Portanto, não houve rupturas nesse Ser, nem intercalações de nada no perdurar do Ser, que sempre foi, e que sempre é.

Restar-nos-á saber se sempre será, o que examinaremos mais adiante.

[14] Mário introduz, a partir da décima terceira tese, a noção de temporalidade atrelada ao Ser, decorrente ainda de sua proposição fundamental. Se "alguma coisa há", não pode em nenhum momento não ter havido, portanto existe no tempo sempre, e, mesmo, fora do tempo na medida em que se pensa o tempo como uma medida temporal da sucessão de eventos observáveis pelo ser humano. Em uma dimensão de grau mais elevado, a metafísica do Ser no tempo permanece inalterada na medida em que o Ser, que é porque é alguma coisa que há, sempre existe, sempre existiu, sempre existirá. A negação do Ser no passado ou no futuro seria admitir o nada ontológico da proposição.

[15] [E chamamos de absoluto porque está *ab solutum* (desligado) de outro anterior, e é *totalmente* ser. O que decorre ontologicamente desse desligamento virá a seu tempo.]

TESE 16 - Entre ser e nada não há meio-termo.

Menos que ser é nada, porque, se não é nada, é alguma coisa; é ser. O conceito de ser, enquanto tal, é uma perfeição que não admite hibridez. O conceito de nada absoluto também é excludente de todo ser. Menos do que nada já seria ser. Por isso, entre ambos, não há meio-termo.

O nada relativo, isto é, a privação de uma propriedade, de um estado, de uma perfeição, não é uma ausência absoluta de ser, mas apenas a privação, neste ou naquele ser, de tais ou quais perfeições.

Consequentemente, o nada relativo não é meio-termo entre ser e nada absoluto.

A partir deste postulado, podem-se demonstrar os *princípios ontológicos de identidade, de não-contradição* e *do terceiro excluído*, que são os axiomas que servem de fundamento ao filosofar de Aristóteles.

Provado que não há um meio-termo entre o nada absoluto e o ser, que estivesse fora do nada e fora do ser (já que o nada relativo é apenas o ser possível), o que é, portanto, é (fundamento do *princípio da identidade*). Do que se diz que é, não se pode simultaneamente dizer que não é (fundamento do *princípio de não-contradição*), e de algo se diz que é ou não é, não cabendo, consequentemente, uma outra possibilidade, enquanto o ser for considerado formalmente (fundamento do *princípio do terceiro excluído*).

Os enunciados dialéticos destas leis, por nós expostos em *Lógica e Dialética*,[16] não contradizem a justeza do que dissemos, pois, na decadialética (a nossa dialética dos dez campos), são eles apenas aplicados sob o aspecto intensista dos entes, como mostramos naquela obra.

Mais adiante, ao examinarmos e comentarmos outras teses, examinaremos com maior exaustão esses princípios, que para a filosofia concreta são apenas proposições fundadas em provas ontológicas anteriores, e não princípios axiomáticos, que sirvam de ponto de partida do filosofar. Eles se impõem por aclaramento e pelo rigor ontológico que os justifica, como ainda veremos.

[16] Mário Ferreira dos Santos, *Lógica e Dialética - Lógica, Dialética, Decadialética*. São Paulo, Paulus, 2007, Tema 1, Artigo 4, p. 45. A decadialética é o trecho final desse livro, provavelmente a primeira elaboração de algo totalmente original no pensamento de Mário.

TESE 17 – O Ser não pode ter surgido subitamente, pois sempre houve alguma coisa.

Se houvesse uma precedência do nada absoluto e, posteriormente, o surgimento do Ser, este seria ou uma possibilidade do nada absoluto ou uma possibilidade de si mesmo. Se o *alguma coisa* fosse uma possibilidade do nada absoluto, este estaria refutado, pois o que pode fazer ou permitir que se faça é algo, e não nada absoluto. Consequentemente, é impossível que, se algum ser surge, seja ele uma possibilidade do nada absoluto. Não poderia ser também uma possibilidade de si mesmo, pois então teria um sustentáculo, o qual existiria antes de ser, o que é absurdo. Em último caso, afirmaria já a prévia existência de algo, o que seria afirmar o ser, e negar o nada absoluto.

Como poderia surgir *alguma coisa*, então? Por seu próprio ímpeto é impossível; pelo nada absoluto também é impossível. Como entre o nada e o ser não há meio-termo, como nos é revelado, só poderia surgir por algo anterior, já que se surgisse de si mesmo afirmaria que era anteriormente a si mesmo e existiria antes de existir, o que é absurdo. Não sendo uma possibilidade, nem do nada nem de si mesmo, o súbito suceder de alguma coisa que há; não sendo esta precedida por uma ausência total e absoluta de qualquer coisa, por ser impossível: é inevitável (incedível, necessário, de *ne-cedo*) que sempre houve alguma coisa, já que há alguma coisa.

Pela dialética budista, em suas quatro providências, poderíamos raciocinar assim: 1) que algo há; 2) que absolutamente não há algo; ou seja: o nada absoluto; 3) que algo há e, simultaneamente, não há absolutamente nada; 4) ou, então, que nem há alguma coisa nem há absolutamente a ausência de qualquer coisa.[17]

Afirmar que absolutamente não há alguma coisa é afirmar o nada absoluto, o que é absurdo e apoditicamente refutado. Que o que

[17] Um trecho sobre dialética budista é absolutamente espantoso em um livro de Mário, dado o seu acesso às fontes. No entanto, é perfeitamente possível quando se pensa em sua formação erudita e na consulta às fontes de várias procedências. Além disso, em se tratando de uma discussão sobre o nada, o recurso a uma fonte budista não é de estranhar se lembrarmos que a influência do pensamento oriental sobre a filosofia europeia do final do século XIX não foi pequena.

há é algo que há, e, ao mesmo tempo, é absolutamente nada, é absurdo, porque afirmaria a presença e, simultaneamente, a ausência. Resta apenas, portanto, que o que há nem é algo que há, nem é nada absoluto. Como não há meio-termo entre ser e não ser absolutamente, o que há há, e não pode não haver, restando, portanto, como única consequência absolutamente válida, mesmo para essa dialética: que há alguma coisa.

Vê-se, assim, que, por todas as vias que se percorram, a tese *alguma coisa há* é absolutamente verdadeira.

Comentários Dialéticos[1]

Não se pode negar o extraordinário papel que cabe à intuição apofântica (iluminadora) na filosofia. Os irracionalistas são positivos em suas afirmações em favor das intuições apofânticas e criadoras, e também o são quando estabelecem restrições ao papel da razão, como ela é concebida na filosofia moderna pelos racionalistas. E fazemos essa distinção com o intuito de evitar confusões tão costumeiras, pois a *rationalitas*, em sentido lato, é o entendimento, o conjunto da faculdade cognoscitiva intelectual (em oposição à sensibilidade), o que, naturalmente, inclui a intuição apofântica, que não é de origem sensível, mas sim de origem intelectual. Em sentido restrito, impõe-se distinguir entendimento (*Verstand*) de razão (*Vernunft*), ou, como o faziam os escolásticos, entre o *intellectus* (inteligência), que capta imediatamente a essência, a intelecção ou penetração intelectiva, que se confunde com a intuição intelectual, e, finalmente, a *ratio*, que é a faculdade do pensar discursivo, classificador e coordenador dos conceitos, o que propriamente caracteriza mais intensivamente o homem.

A capacidade abstrativa do nosso intelecto (que é o entendimento) realiza o pensamento que abstrai, compara e decompõe; é analítica, enquanto a razão é uma função sintetizadora, pois conexiona, dá unidade, e estrutura, em conjuntos estruturais rigorosos, o conhecimento vário e disperso do homem.

A razão *per se* não cria. Demonstramos em *Filosofia e Cosmovisão* que o seu papel sintetizador, e eminentemente abstrato, afasta-a

[1] A lógica includente do pensamento de Mário se revela novamente nestes comentários dialéticos que tratarão de uma forma fluida do conhecimento relacionado à intuição imediata, do conhecimento súbito - que a psicologia da Gestalt chamaria de *insight* -, como uma espécie de iluminação do intelecto levada sem o recurso do raciocínio mas como intuição pura da consciência. À intuição Mário dedica mais espaço em suas obras específicas sobre o conhecimento, notadamente a *Teoria do Conhecimento*, mas mesmo assim não na proporção de um Bergson, por exemplo. O conhecimento direto pela via da intuição fica mais claro como uma forma imediata de saber porém dependente da consciência no *Tratado de Simbólica*.

constantemente da concreção, sem que a coloquemos contra a vida, como algo que se desse fora da vida e contra ela. A razão, por si só, não é suficiente sem a longa elaboração do entendimento e das fases mais fundamentais da intelectualidade humana. Fundada na intuição intelectual generalizadora, é a razão sintetizadora, e ademais lhe falta o mais profundo papel *poiético*, criador.

Eis por que é vicioso o pensamento racionalista que deseja partir do conhecimento racional, tomado aprioristicamente. No entanto, a razão, atuando *a posteriori*, depois de dado o conhecimento analítico, funcionando em seu papel ordenador, classificador e sintetizador, realiza uma obra grandiosa. É esse o pensamento do empirismo-racionalista, que vem desde Aristóteles através da Escolástica. Aqui a razão está colocada em seu verdadeiro papel.

É fácil agora compreender por que todas as tentativas de matematização da filosofia que foram fundadas no mais cru racionalismo tinham naturalmente de malograr por cair em construções inanes, vazias, porque a razão, atuando apenas em sua função abstratora, tende, fatalmente, ao esvaziamento das heterogeneidades, a ponto de atingir o ápice do abstracionismo, que é o nada. É assim que a atuação meramente racional tende a esvaziar os conceitos, quando racionalizamos ao extremo, como temos evidenciado de modo definitivo em nossos trabalhos.

O método que usamos nesta obra nos previne desses percalços costumeiros, pois não nos fundamos no dedutivismo lógico do racionalismo, nem no indutivismo, que geram saltos de uma esfera para outra, muitas vezes perigosos, outras vezes falsos. Nosso método procura tornar o raciocínio *a posteriori* à intuição apofântica, que as condições ontológicas oferecem. Quando alcançamos uma *situação* ontológica, ela exige, necessariamente, uma só resposta, ela é, por si mesma, esclarecedora. Ela se apresenta nua à intuição intelectual do entendimento. É o que se vê em face das teses demonstradas. Não há propriamente dedução nem indução; há *revelação, desnudamento, desvelamento.* A necessidade ontológica *ressalta, exibe-se*, e ela mesma *inaugura* a descoberta pelo espírito do homem. E o rigor ontológico é o *logos do ontos* examinado, que esplende, que ilumina o que estava oculto (*apo-phaos*). Nosso trabalho é, então, somente intuitivo-apofântico, e a racionalização processa-se *a posteriori.*

Essa matematização da filosofia não é, pois, apenas empreendida por uma busca intencionalmente mental. A matematização ontológica impõe-se por si mesma ao espírito. Nosso método é, pois, de descoberta e não de procura. É como uma vereda que nos levasse a um prado, de onde descortinamos o esplendor das coisas belas porque verdadeiras, e verdadeiras porque genuinamente belas. Nós não o buscamos; nós o achamos, nós não forçamos a sua descoberta, ele se revela exigente a nós. A matematização da filosofia, como a empreendemos, não é uma realização nossa; é apenas o resultado da contemplação da verdade, como ela esplende aos nossos olhos.[2]

Atentemos daqui por diante, no exame das teses, para esses aspectos de que ora falamos. Ademais, mostraremos que a entrosagem e a coordenação dos *logoi* não são produtos de uma composição humana, de um trabalho sintetizador do nosso espírito. A coordenação impõe-se *per se*; a unidade ontológica da filosofia concreta revela-se a nós, e é ela que dirige o espírito à contemplação. É um revelar-se, um desnudar-se, um desvelar-se constante. O nosso trabalho consiste simplesmente em dar aos termos verbais não apenas um conteúdo esquemático noético-eidético, mas o conteúdo esquemático eidético, independente de nós. A filosofia concreta impõe-se *per se*, independentemente do homem.

Se o homem não existisse, as teses haveriam de se impor independentemente dele. Elas o antecedem, o acompanham e o sucedem. O homem é apenas um instante histórico do universo, mas as verdades ontológicas, por nós captadas, fogem, alheiam-se, separam-se de toda historicidade. Elas são alheias à história, e por isso, virgens das sedimentações decorativas do espírito humano através da sua historicidade.

Os conteúdos conceituais impõem-se *per se*. E cada conteúdo é assim, e não pode ser de outro modo, e revela-se necessariamente assim como é exposto.

Esta é a fundamental razão por que a filosofia concreta é uma matematização do conhecimento. Traz a marca humana, apenas no elementar dos termos verbais, mas os conteúdos ultrapassam o homem.

[2] [A metodologia que empregamos é examinada e exposta em *Métodos Lógicos e Dialéticos*, de nossa autoria. A contemplação implica a *lectio* (lição, escolha), a *meditatio* (meditação) e a *oratio* (discurso). A meditação é, portanto, fundamental.] Esta referência foi adicionada na segunda edição da *Filosofia Concreta*, quando *Métodos Lógicos e Dialéticos* já havia sido publicado. Mas também não era incomum Mário se referir a obras futuras como se já estivessem prontas, evidência de que, a partir de certo ponto em seu pensamento, a ideia da *Enciclopédia* estava completamente formada.

A filosofia concreta, deste modo, transcende o campo antropológico, para revelar-se como genuinamente ontológica.

Igualmente se dá quanto aos postulados da Matemática. Eles valem *per se*. Revelam-se ao homem. E eis por que a Matemática manifesta-se melhor através das intuições humanas, e deve mais suas conquistas aos dotados de *l'esprit de finesse* do que qualquer outra disciplina. O espírito geométrico (*l'esprit de géométrie*) constrói apenas a racionalização posterior. Os grandes matemáticos foram intuitivos apofânticos. E intuitivos apofânticos foram também os grandes filósofos, aqueles a quem cabe um papel criador (*poiético*) na Filosofia.

Distingue-se, assim, a matematização filosófica de *l'esprit de géométrie*, dirigida pela razão atuando aprioristicamente, da matematização de *l'esprit de finesse*, que é intuitivo-apofântica, e que nasce de uma revelação ontológica, como acima dissemos.

É comum considerar-se que a falta de precisão matemática da Filosofia, e sobretudo da Metafísica, não é consequência da falta de um método, mas sim da própria natureza da Metafísica, que é um produto da *insecuritas* humana, no dizer de Peter Wust, ou o produto da nossa ignorância na busca das respostas às magnas perguntas do homem, no entender de outros.

Embora titânicos os intentos feitos, toda vez que o homem escolheu um "caminho real" (*meth'odos*) matemático para a filosofia, essa providência terminou num grande malogro. E malogrados estão, de antemão, no pensar geral, todos aqueles que, outra vez, tentarem procurar um tal caminho.

Partindo as ciências naturais de certos pontos seguros, podem elas, sem alcançar as primeiras e últimas causas (e aqui empregamos esse termo no sentido aristotélico), estabelecerem-se firmemente, e manterem-se dentro de postulados universalmente válidos. Mas a Filosofia, por ter fatalmente de partir de mais distante para alcançar o mais longínquo, não tem aquela base de segurança (*securitas*), que a ciência natural pode usufruir. A Filosofia encontra suas dificuldades desde o início, devido à impossibilidade radical, para muitos, de dar uma evidência apodítica aos seus princípios fundamentais, como o de contradição, o de razão suficiente, o de causalidade, etc. Para a filosofia clássica, tais princípios eram *per se* evidentes (*principia per se nota*), e não sofriam os escolásticos com agudeza de consciência o abismo da *insecuritas*, que se dá quanto à *ratio humana* na filosofia moderna, para repetirmos uma passagem de Wust.[3]

Naquele estado feliz de inocência infantil dos escolásticos não está mais o homem moderno, roído e corroído pelo ceticismo.

É inútil repetir aqui as acusações costumeiras contra a razão e contra as possibilidades pensamentais do homem, que todos os adversários das nossas possibilidades esgrimiram através dos tempos. Se realmente a razão, *per se*, não é suficiente para estabelecer com *securitas* o conhecimento metafísico, se a intuição, pelo seu irracionalismo, também não o é, como apontam outros, se intelectualmente, em suma, não está o homem habilitado suficientemente para invadir os terrenos ocultos do conhecimento, não se pode, contudo, deixar de estabelecer o seguinte: há positividade e bom fundamento em muitas dessas acusações; mas nenhuma delas procede, em relação à filosofia concreta. E a razão é muito simples; é que o método dialético-ontológico, por nós escolhido como o capaz de dar ao homem a *securitas* desejada, não se funda na esquemática que o homem constrói, mas na esquemática ontológica, isto é, na necessidade ontológica. É mister, pois, distinguir os conceitos lógicos dos ontológicos.

[3] Mário menciona centenas de autores sem nenhum tipo de referência bibliográfica. Levando em conta que ele os citava de memória quando escrevia, não é de estranhar a falta de indicações. Isso dá uma ideia do estilo de trabalho de Mário.

Conceitos Lógicos e Conceitos Ontológicos

A diferença entre os conceitos lógicos e os ontológicos consiste em serem os primeiros produtos da abstração fundada na experiência humana, com a qual têm muitas vezes apenas um nexo de adequação. Mas os conceitos ontológicos não são construídos através da experiência apenas. Eles surgem da necessidade da coisa. São, independentemente de nós; eles se nos impõem in-cedivelmente, necessariamente.

Assim *infinito* é necessariamente o que não apresenta limites de qualquer espécie. Este é o conceito ontológico de infinito.[1]

Nós captamos o conceito ontológico, não o construímos. Essa captação se processa através de operação de nosso espírito, que consiste em excluir tudo quanto é contingente, acidental, para alcançar o que é necessário. E, ontologicamente, podemos falar no que é necessário absolutamente simples ou no necessário hipoteticamente absoluto. Este último se caracteriza pelo juízo: se A é, necessariamente é. O primeiro é aquele ao qual não cabe qualquer condicional, porque é incondicionado. Assim, o SER Supremo é necessário absolutamente *simpliciter*, como veremos.[2]

[1] [O conceito lógico permite diversas acepções, e o juízo lógico é bivalente, positivo ou negativo. Ou A é B ou A não é B. O conceito ontológico só admite uma acepção, só pode ser isto, e não aquilo; é monovalente. "A é necessariamente A" é o enunciado do juízo ontológico. Só há juízo ontológico onde há monovalência, necessidade de exclusão. O juízo ontológico é *exclusivo* e *excludente*.]

[2] Mário utiliza a nomenclatura "Ser Supremo" em várias partes deste trabalho. A definição é dada por ele, mas é imperioso notar que a associação imediata do "Ser Supremo", categoria metafísica elaborada na cadeia de teses da filosofia concreta, e Deus, existente no pensamento teológico, seria arriscada: ao estudar o Ser, Mário deixa entrever a ideia de Deus, sem dúvida, mas ainda não da maneira que o Cristianismo compreende. O Ser Supremo, neste estágio da filosofia concreta, parece se referir ainda a um estudo particular do Ser como vem sendo feito nas teses e comentários. Isso não significa em absoluto que Mário esteja pondo um sucedâneo para Deus, mas apenas que ele está construindo uma argumentação lógica que pressupõe a existência de um Ser Supremo, não muito longe das vias de definição de um Santo Tomás de Aquino mas seguramente distante do

O homem não é necessariamente o que é, por uma necessidade absoluta-*simpliciter*, porque o homem é um ser contingente e podia não existir, mas se o homem existe com a forma humana é hipoteticamente necessário que seja o que é. Mas podia haver um ser inteligente, como o é o homem, sem ser este homem, mas com outra natureza. Mas poderíamos afirmar que, se é homem, necessariamente é o que é: animal racional. Para que se distinguisse ele do homem, como o homem é, deveria ter uma diferença específica outra que a de homem, que é a racionalidade. Vê-se, assim, que se o homem é, necessariamente ele é o que ele é. E, deste modo, estamos considerando o homem dentro da dialética ontológica.

Ademais se vê que a doutrina aristotélica do gênero e da espécie, por ele construída para a Lógica, tem validez ontológica segura.

conceito de Deus para o Doutor Angélico. Pelo menos ainda. Uma definição mais precisa do conceito de Deus está em *O Homem perante o Infinito*, publicado por Mário em 1953, onde examina as perspectivas teológicas da existência de Deus. Portanto, compreender a argumentação de Mário a respeito do Ser Supremo como uma metáfora ou novo nome para Deus é apressado.

Prova

Chama-se de prova em geral qualquer processo da mente pelo qual adquirimos de alguma coisa uma certeza. Nesse sentido amplo, incluímos as espécies racional, irracional, etc. A *prova racional*, também chamada intelectual, é um processo da razão, que decorre da experiência imediata, quer interna, quer externa, através da análise dos termos e dos princípios do raciocínio, por meio dos quais adquirimos a certeza de algo. A *prova irracional* não se funda propriamente em conceitos ou juízos, mas no sentimento, na ação, na simpatia, etc.

A *prova racional* pode ser *imediata* e *mediata*. A *imediata* é aquela por cujo processo adquirimos a certeza de alguma coisa, que se manifesta por si mesma à nossa mente, como a que surge da análise imediata dos conceitos e dos fatores. A *mediata* não se manifesta por si mesma ao intelecto, é a que captamos através do processo intelectual, pelo emprego dos meios, como se processa no raciocínio, na argumentação, na demonstração.

A prova mediata é propriamente a *demonstração*, a qual pode ser *direta* ou *indireta*. É *direta* quando adquirimos a certeza de alguma coisa, não quando ela se manifesta *per se* ao intelecto, mas quando decorre necessariamente do que se manifesta *per se* ao intelecto. A *indireta* é a que usa outro processo, como seja o emprego das negativas, dos contrários, etc.

A demonstração direta pode ser *indutiva* e *dedutiva*. É *indutiva* quando de algumas coisas singulares se deduz uma conclusão universal, e dedutiva quando de princípios universais deduz-se algo menos universal ou, então, o singular. A *demonstração dedutiva* pode, por sua vez, ser *a priori*, *a posteriori*, *a concomitante* e *a simultaneo*. A demonstração *a priori* é a argumentação na qual a conclusão é deduzida das premissas que contêm causas verdadeiras ou razão suficiente delas, a qual está na conclusão. Assim, se partimos da aceitação de que a alma humana é espiritual, deduz-se *a priori* que ela é intelectiva. Estabelecido o rigor ontológico de um conceito, dele se deduz *a priori* o que nele ontologicamente está incluído. Assim, quando dizemos que *antecedente* é o que tem prioridade, em qualquer linha, vetor, etc., a outro, que lhe é consequente, deduzimos *a priori* que necessariamente há, a todo consequente, um antecedente, e que a antecedência é absolutamente necessária à consequência.

A dialética ontológica, por nós preconizada e empregada nesta obra, usa a demonstração dedutiva *a priori*, mas sempre sujeita ao rigor ontológico, e não apenas ao lógico, como facilmente se pode ver.

A demonstração *a posteriori* é aquela na qual a conclusão é deduzida das premissas, que contêm o efeito ou propriedade da coisa que está na conclusão. Assim, da existência de coisas contingentes e causadas, deduz-se existir uma causa incausada delas.

A demonstração *a concomitante*, muito usada por nós na nossa dialética ontológica, é aquela na qual a conclusão é deduzida das premissas que não contêm a causa nem o efeito da coisa que está na conclusão, mas tanto a coisa que está na premissa como a que está na conclusão estão inseparavelmente conjugadas, por dependerem do mesmo princípio comum.

A demonstração *a simultaneo* é considerada como não sendo propriamente uma argumentação nem demonstração, é uma cognição imediata, na qual a conclusão é inferida não de outra coisa que seja causa ou efeito dela, nem de alguma coisa que dela se distinga, segundo uma razão de distinção perfeita, mas de alguma coisa que, implícita e formalmente, já contém a conclusão. Assim *se é homem, é vivente*. Não há aí propriamente demonstração, mas a explicitação do que já está implicitamente no antecedente.

A demonstração indireta é o processo da razão pelo qual adquirimos a certeza de alguma coisa, não porque ela se manifeste por si mesma no intelecto, nem porque tenha conexão positiva ou intrínseca com alguma coisa que captamos imediatamente, mas por decorrer do absurdo dos contraditórios (*ab absurdum*), ou porque não se provam os contraditórios, ou porque se deduz do que é concedido pelo adversário (*argumentum ad hominem*), ou porque a conclusão é dada por autoridades fidedignas (*argumentum a testimonio*).

A única demonstração indireta por nós usada é o argumento *ad absurdum*.

As demonstrações irracionais, não as aproveitamos nesta obra, salvo apenas a intuição apofântica, a qual é acompanhada de uma demonstração dedutiva *a priori* ou *a posteriori*, como fazemos no decorrer deste trabalho.

Da Demonstração

Todo conhecimento dado ou recebido pela via do raciocínio vem de um conhecimento pré-existente, afirmava Aristóteles nos *Segundos Analíticos*.

A demonstração, para Aristóteles, reduz-se à dedução silogística. Possuímos a ciência:

a. quando cremos conhecer a causa pela qual a coisa é;
b. quando sabemos que essa causa é a da coisa; e
c. quando, ademais, não é possível que a coisa seja outra que o que ela é.

A *causa* da coisa é o *meio-termo*, razão da conclusão – que é a primeira condição. A relação entre a causa e o efeito é a segunda. E, finalmente, a conclusão deve ser necessária, e impossível de ser de outro modo, que é a terceira condição (como nos mostra Friedrich Adolf Tredelenburg), que é a por nós preferida, sempre que possível, na dialética ontológica.

Afirma Aristóteles, e com fundamentos, a partir dos exames por ele feitos, que: "Visto ser impossível que aquilo de que há conhecimento científico, sem mais, seja de outro modo, aquilo que pode ser conhecido por conhecimento demonstrativo é necessário".[1]

E prossegue: "por 'demonstração' entendo silogismo científico; e por 'científico' entendo aquele segundo o qual conhecemos cientificamente por possuí-lo".[2] Impõe-se, assim, partir de premissas verdadeiras, primeiras, imediatas, mais conhecidas que a conclusão, e anteriores a ela, e que são sua causa.

[1] Aristóteles, *Segundos Analíticos* I 4, 73a21-23 (trad. Lucas Angioni. *Segundos Analíticos – Livro I*. Clássicos da Filosofia: Cadernos de Tradução nº 7. Campinas, IFCH/Unicamp, fevereiro de 2004, p. 20).
[2] I 2, 71b17-18 (ibidem, p. 15).

São anteriores e mais conhecidos de nós os objetos mais próximos da sensação; e anteriores e mais conhecidos de maneira absoluta os objetos mais afastados dos sentidos.

As causas mais universais são as mais afastadas dos sentidos, enquanto as causas particulares são as mais aproximadas, e essas noções são assim opostas uma à outra.

Aristóteles identifica premissa primeira e princípio.

Um princípio de demonstração é uma proposição imediata, e é imediata aquela à qual nenhuma outra é anterior. Uma proposição é uma e outra parte de um enunciado, quando ela atribui um *só* predicado a um *só* sujeito (pois aí há identificação); ela é *dialética*, se ela toma indiferentemente qualquer parte; ela é *demonstrativa*, se ela toma uma parte determinada, porque esta parte é verdadeira.

A contradição é uma oposição que não admite por si nenhum intermediário.

Deste modo, a parte da contradição que une um predicado a um sujeito é uma afirmação, e a parte que retira um predicado de um sujeito é uma negação.

A tese é suscetível de demonstração, ou não. E quando ela se torna indispensável, e impõe seu espírito como uma proposição que envolve a existência, ela é um axioma. Tornar axiomáticas, no sentido moderno, as teses da filosofia foi sempre um desejo que animou o coração dos maiores filósofos de todos os tempos. *Hipótese* é aquela tese que supõe a existência de alguma coisa.

Examina Aristóteles[3] a divergência que há entre os que admitem que todas as verdades são suscetíveis de demonstração e os que afirmam o contrário. Ambos pecam pelo excesso. Aristóteles o afirma e ainda demonstra a falta de fundamento que lhes é peculiar, pois uns afirmariam que tudo pode ser conhecido por demonstração, e outros que nada pode ser conhecido. Esta última posição funda-se em que a demonstração dos posteriores exige o conhecimento dos anteriores, e chegaríamos, afinal, a princípios incognoscíveis por não serem mais

[3] Cf. I 3, 72b5-73a20 (ibidem, p. 18-20): "Alguns reputam não ser possível haver conhecimento científico, por ser preciso conhecer cientificamente os primeiros; outros reputam haver conhecimento científico, mas haver demonstração de tudo. Nenhuma dessas opiniões é verdadeira, nem necessária. [...]". Ver, neste livro, p. 149.

suscetíveis de demonstração. Não nos seria pois possível conhecer as premissas primeiras. Deste modo, as conclusões que delas decorrem não constituiriam objeto de uma ciência em sentido absoluto; o conhecimento seria apenas fundado na suposição de serem verdadeiras as premissas. Demonstra Aristóteles que há proposições imediatas, cuja verdade é alcançada independentemente da demonstração. Há, assim, um conhecimento superior, que é anterior à demonstração, que é o conhecimento intuitivo dos princípios pelo espírito.

As primeiras verdades imediatas são necessariamente indemonstráveis, mas evidentes *per se*. As teses fundamentais da filosofia concreta, "alguma coisa há" e "o nada absoluto não há", são verdades evidentes *per se*, que dispensariam demonstração. Essa evidência não é meramente subjetiva, porque, independentemente da esquemática humana, ela se impõe como verdadeira.

O que é conhecido pela ciência demonstrativa deve ser necessário, já que necessário é o que não pode ser de outro modo, diferente do que é. Ora, uma demonstração necessária constituiu-se a partir de premissas necessárias, pois, do contrário, a consequência não poderia ser necessária.

Para que a demonstração atinja uma conclusão necessária, impõe-se que se faça por um meio-termo necessário, pois, do contrário, não se saberá nem por que a conclusão é necessária, nem mesmo se ela o é.

Só há ciência do universal; mas, para Aristóteles, o universal existe no próprio sensível; é simplesmente a possibilidade da repetição do mesmo atributo em diversos sujeitos. Só há o universal quando o mesmo atributo pode ser afirmado de sujeitos diversos. Se não há o universal, não há termo médio, nem por conseguinte demonstração. Acrescenta Aristóteles que é mister haver alguma coisa de um e idêntico, e que seja afirmada a multiplicidade dos indivíduos de maneira não equívoca. Há princípios que não são coisas demonstráveis, conhecidos imediatamente por uma intuição do "nous", cujo conhecimento daí resultante é de natureza superior à da demonstração. *Prova-se não só demonstrando, mas também mostrando.*

A demonstração é ora universal, ora particular, e, ademais, afirmativa e negativa. Examina Aristóteles qual delas é a melhor, e também examina se há superioridade entre a demonstração direta e a da redução ao impossível.

À primeira vista, parece que a demonstração particular é a melhor pelas seguintes razões: é melhor a demonstração que nos permite conhecer mais, e nós conhecemos mais uma coisa quando dela sabemos por ela mesma do que quando dela sabemos por intermédio de outra coisa; e Aristóteles exemplifica que conhecemos melhor o músico Corisco quando sabemos que Corisco é músico do que quando sabemos que o homem é músico. A demonstração universal prova uma coisa que não o sujeito, e não propriamente o sujeito. Assim, para o triângulo isósceles, prova somente que é um triângulo, e não que o isósceles possui tal propriedade, ou seja, que o triângulo isósceles tem dois ângulos iguais.

Contudo, mostra-nos Aristóteles a superioridade da demonstração universal, porque o que conhece um atributo universal conhece-o mais por si que aquele que conhece o atributo particular.

As coisas incorruptíveis fazem parte dos universais, enquanto as coisas particulares são mais corruptíveis. E, para Aristóteles, não se impõe que suponha o universal como uma realidade separada das coisas particulares, e, ainda, se a demonstração é um silogismo que prova a causa e o porquê, é o universal que é mais causa. Consequentemente, a demonstração universal é superior, porque prova mais a causa e o porquê, pois é sempre melhor a demonstração que mostra a causa e o porquê. Por outro lado, a demonstração tornada particular cai no ilimitado, enquanto a universal tende para o simples e para o limite. Enquanto ilimitadas, as coisas particulares não são cognoscíveis; só quando finitas é que elas o são. É, pois, enquanto universais, e não enquanto particulares, que nós as conhecemos. Os universais são consequentemente mais demonstráveis, e, quanto mais as coisas são demonstráveis, mais a elas se aplica a demonstração.

E, corroborando a sua posição, afirma que se deve preferir a demonstração que nos faz conhecer a coisa e uma outra coisa ainda, em lugar da que nos faz conhecer a coisa somente. Ora, quem possui o universal conhece também o particular, enquanto que quem conhece o particular não conhece o universal. E pode-se demonstrar melhormente o universal, porque é ele demonstrado por um termo médio, que é mais próximo do princípio, e o que é mais próximo é a premissa imediata, que se confunde com o princípio. E já que a demonstração que parte do princípio é mais rigorosa do que a que dele não parte, a demonstração que adere mais estreitamente ao princípio é mais rigorosa que a que lhe é menos estreitamente ligada. E, sendo a demonstração universal caracterizada por uma estreita dependência do seu princípio, é ela a melhor. Se conhecemos a proposição anterior, conhecemos a que lhe é posterior pelo menos em potência. No entanto, ao conhecer *a posteriori* não conhecemos ainda de modo nenhum o universal, nem em potência nem em ato. E, para finalizar, diz Aristóteles que a demonstração universal é integralmente inteligível, enquanto a particular é conhecida apenas, e termina, pela e na sensação.

Há ainda superioridade da demonstração afirmativa sobre a negativa. E, sendo a afirmativa anterior à negação, já que a negação é conhecida pela afirmação, e a afirmação é anterior como o ser o é ao não-ser, resulta daí que o princípio da demonstração afirmativa é superior ao da demonstração negativa. Ora, a demonstração que emprega princípios superiores é consequentemente superior. Não há demonstração negativa sem que se apoie numa demonstração afirmativa.

Há superioridade ainda da demonstração direta à da *reductio ad absurdum*. Se a demonstração afirmativa é superior à negativa, evidentemente é superior à *reductio* ao impossível.[4]

*

Ciência é um conhecimento certo, adquirido através de demonstrações.

Demonstração é, portanto, a argumentação, na qual, partindo-se de premissas certas e evidentes, deduz-se uma conclusão que se torna, também, certa e evidente.

Uma afirmativa é certa quando não dá lugar à dúvida, quando há assentimento da mente ao que expressa sem o menor temor de errar, e também, cuja contradição é consequentemente falsa.

[4] [As fundamentais demonstrações que usamos nesta obra baseiam-se, sobretudo, nas demonstrações diretas e afirmativas, *a priori*, *a posteriori* e *a concomitante*. No entanto, para corroborar as provas, lançamos mão ora da *reductio ad absurdum*, ora de demonstrações negativas de toda espécie, sempre com o intuito de robustecer a nossa prova, seguindo todas as vias conhecidas e usadas pelo espírito humano.
Não há necessidade de salientá-las e enumerá-las todas as vezes, pois o leitor perfeitamente percebe a qual espécie ela pertence. Ademais, não usamos sempre toda a gama probativa, sobretudo quando são evidentemente ressaltáveis as provas adicionais, que se podem apor para robustecer a demonstração da tese.]

Como o certo e o errado estão sujeitos à esquemática subjetiva, busca-se, nesta obra, além das demonstrações fundadas nessa esquemática, a demonstração que chamamos dialético-ontológica, que consiste em estabelecer premissas certas e evidentes, dialético-ontologicamente fundadas.

Uma premissa é dialético-ontologicamente certa quando essa certeza surge da necessidade ontológica do seu conteúdo. Assim é ontologicamente certo que o anterior é o que tem prioridade, o que de certo modo se dá antes, previamente a outro da mesma espécie.

Assim, como ainda veremos, o conceito de *efetivo* implica o de efeito, pois o que é capaz de fazer algo, quando faz, faz algo. Esse rigor ontológico, que procuramos, é o que permite alcançar a metamatematização da filosofia. Não parte, pois, de enunciados admitidos, mas dos que não podem deixar de ser admitidos como tais. Pode-se partir de premissas hipotéticas na lógica, como por exemplo esta: dado que A seja B, se B é C, A é C. No argumentar dialético-ontológico não se admitem premissas dessa ordem. O que se afirma só *pode ser* como se afirma, pois o contrário é falso.

Assim, no juízo *alguma coisa há*, o haver implica alguma coisa, e alguma coisa, para ser alguma coisa, implica o haver. Necessariamente a postulação de alguma coisa como presente implica que ela *há*, o que há implica necessariamente alguma coisa. O nexo de necessidade é aqui patente *a simultaneo*, evidente, certo e verdadeiro.[5]

*

A demonstração, na lógica, pode ser *a priori* e *a posteriori*, como vimos. É *a priori* se as premissas contêm a causa da coisa. Mas, nas demonstrações a *priori*, há ora uma *razão propriamente dita*, quando as premissas podem ser pela razão adequadamente distinguidas da conclusão, ora uma *razão impropriamente dita*, quando as premissas são, pela razão, imperfeitamente distinguidas daquela, como acontece, como veremos, quanto aos atributos do Ser Supremo.

[5] [Tomado logicamente, o conceito de *alguma coisa* não implica o *haver*, mas, desde que afirmamos a sua presença, o *haver* dele decorre necessariamente.]

Diz-se que a argumentação é *a posteriori* quando contêm as premissas o efeito da coisa que está na conclusão; isto é, quando partimos dos fatos para provar uma lei (*logos*), quando dos fatos podemos provar a realidade da conclusão, quando dizemos: porque A *é*, sua causa B *é*.

Na escolástica, para as provas da existência de Deus, prevalecem as demonstrações *a posteriori*, enquanto as demonstrações *a priori* são em geral desprezadas por deficientes. Dessa forma, o chamado argumento ontológico de Santo Anselmo é *refutado* por quase todos os grandes filósofos, e só o defendem, mas com modificações, Duns Scot, Leibniz, Descartes, etc. Oportunamente, mostraremos que o argumento ontológico de Santo Anselmo, pelo nosso método, tem uma validez que supera a de muitos outros argumentos.

Na Teologia e na Teodiceia, predominam os argumentos *a posteriori*, e quando se usam os *a priori*, usam-se os impropriamente ditos, ao estabelecer, por exemplo, os atributos de Deus.

O principal fundamento para rejeitar os argumentos *a priori* propriamente ditos está em que, não tendo Deus uma causa de si mesmo, nem uma razão *a priori* de sua existência, tal demonstração não pode ser feita. Pode haver uma razão formal intrínseca de sua existência, não porém uma razão *a priori* da mesma. Mas cabe fazer aqui uma importante distinção. A demonstração *a priori* ontológica distingue-se da demonstração *a priori* lógica. A definição que demos há pouco, aceita e expressa pelos escolásticos, refere-se à esfera lógica. Quanto à esfera ontológica não há propriamente a relação de causa e efeito.

Não é a demonstração ontológica *a priori* fundada no conterem as premissas as causas das coisas. As razões ontológicas são simultâneas, e entre elas não há relação de causa e efeito, mas sim de necessidade. Como já vimos, do que é antecedente conclui-se que é anterior ao que é posterior de sua espécie, ou gênero, ou vetor, ou classe. A anterioridade implica ontologicamente a posterioridade, mas simultaneamente; como esta implica aquela. O raciocínio dialético-ontológico desdobra em premissas o que se dá simultaneamente. A razão ontológica, quando paira apenas nessa esfera, é simultânea às outras, como ainda veremos e demonstraremos. Assim, também, o *haver* implica ontologicamente o *alguma coisa*, embora logicamente *alguma coisa* não implique *o haver*. Mas, ontologicamente, *nenhuma coisa há*, tomado em sentido absoluto, é ontologicamente falso, porque *alguma coisa há*. Não deixa porém de ser verdadeiro que alguma coisa (esta ou aquela) não há, pois pode ser verdadeiro que *este* alguma coisa não há, como não há a cor verde neste lápis, tomado nestas coordenadas, em relação a mim e aos meus sentidos. Ontologicamente, no mundo dos seres ontológicos, como ainda veremos, rege a simultaneidade, e a relação de causa e efeito não predomina, porque, se há necessidade da causa para que haja o efeito, não há necessidade de que, por haver o antecedente, haja o consequente possível. No momento em que o antecedente é causa, necessariamente há efeito, porque não pode haver um efeito sem causa, nem algo é causa se não produz um efeito. Mas causa e efeito implicam sucessão, e há tal onde há sucessão. Onde não há sucessão, a relação de antecedente e consequente é simultânea, e a antecedência é, por isso, apenas ontológica. Consequentemente, não é de necessidade ontológica que uma demonstração dessa espécie *a priori* implique a presença, nas premissas, da causa. O que se exige é que, nas premissas, haja a razão ontológica do antecedente e do consequente.

Mais adiante essas nossas palavras serão mais bem corroboradas.

*

Algumas diferenças entre o raciocinar lógico e o ontológico podem ser apontadas desde logo.

Logicamente, poder-se-ia estabelecer que o conceito de possível contém o de necessário. Este seria uma espécie de possível, pois algo necessário, quando se deu, ou se dá, revela que era possível; pois, do contrário, não se daria. O necessário é, pois, necessariamente um possível. Aqui estão, tomados confusamente, o *necessário hipotético* e o *necessário absolutamente simples*. Aquele, o necessário hipotético, é um poder ser que se atualizou de modo necessário.

Não há, contudo, coincidência eidética entre o possível e o necessário; daí não se poder dizer que tudo que é necessário é possível naquele sentido exposto. Ademais, o possível exige o necessário, sem o qual aquele não seria tal. Vê-se, assim, que, ontologicamente, é o necessário que dá a razão (*logos*) de ser do possível. Este, como um ente (*ontos*), tem naquele sua razão de ser.

Ontologicamente, o necessário não é uma espécie do possível, nem este uma espécie daquele. Na dialética ontológica não há relações de gênero e espécie, no modo como foram estabelecidas por Aristóteles no *Organon* e como permaneceram na Lógica Formal. Há, apenas, relações de simultaneidade, ou melhor, de *concomitância*, no que nós construímos, eidético-noeticamente. Nossos esquemas lógicos são estruturas proporcionadas à intencionalidade de nosso entendimento. São constituídos como unidades formais, que a atividade abstratora de nossa mente reduz a unidades separadas. Na realidade ontológica, essas estruturas não se dão por implicações e complicações idênticas às da lógica. Alcançamos pela mente a distinção conceitual que surge necessariamente da análise. Recebemos um conhecimento primordialmente sintético, que a análise desdobra em conceitos vários. Mas o exame ontológico faz ressaltar o *concreto*, o que se dá unitivamente em uma totalidade; isto é, concomitantemente. Há, sem dúvida, implicância e complicância, mas fundadas num nexo de necessidade ontológica. A dialética ontológica não repele a lógica, não a nega, não a abandona. Mas torna-a aposteriorística, ou seja, só aceita e entrega o raciocínio com juízos lógicos depois de o haver devidamente fundado ontologicamente. Essa providência é acauteladora, e evita os perigos de um raciocinar meramente lógico, que pode levar a erros, devido ao caráter bivalente da lógica formal. Desde que se alcança o valor ontológico, o juízo reduz-se ao enunciado "A é necessariamente B, e só B". Esse enunciado expressa bem a diferença, que é por ora suficiente para os nossos exames nesta obra. Uma demonstração mais cabal de nosso método ontológico, bem como a exposição pormenorizada das providências que se impõem usar, nós o fazemos em *Métodos Lógicos e Dialéticos*.[6] Aí mostramos que há um raciocinar tríplice, um que sobe, um que desce e um que se estabiliza equidistantemente daqueles. Em suma, é o seguinte:

- a dialética ontológica, em busca dos nexos de necessidade, é o raciocinar ascendente;
- a lógica formal, com todas as contribuições dos medievalistas e as da logística moderna, constitui a parte central, estabilizada e fundada naquela;

[6] Cf. nota anterior.

- a dialética, no sentido clássico, a decadialética e a pentadialética, por nós estabelecidas como modos de um pensar concreto-ôntico, ou de um pensar que desce à onticidade das coisas e estabelece a análise até das singularidades, constituem um raciocinar descendente.

Uma dialética simbólica, como a que propomos em *Tratado de Simbólica*, auxilia-nos a alcançar os postulados ontológicos, pois, como o mostraremos ainda neste livro, o raciocínio analógico, que segue as normas socrático-platônicas, auxilia-nos a descobrir a lei (*logos*) na qual se fundam as analogias, o que permite oferecer uma boa via para o exame das religiões, ligando-as à dialética ontológica.

Do Valor do Nosso Conhecimento

Através do método que usamos nesta obra, tendemos a construir uma dialética ontológica que não pretende substituir a *lógica*, mas apenas dar-lhe os fundamentos ontológicos que julgamos nela faltar. A *via lógica* pode levar-nos à verdade, mas também à falsidade, enquanto a *via ontológica*, como o provaremos, se não nos leva a todas as verdades, pode, contudo, evitar, com segurança, que resvalemos na falsidade.

Ademais, demonstraremos que a *via ontológica* é muito mais segura, e nos permite, nela fundados, reexaminar todas as estruturas lógicas, dando-lhes os conteúdos precisos que nosso método dialético-ontológico pode oferecer.

Ao construirmos a *Filosofia Concreta*, dirigindo-nos aos nossos semelhantes, e se procuramos fundar nossas primeiras teses sem a imprescindibilidade do homem, não podemos negar que é como ser humano que a fundamos.

Poderia alguém precipitadamente dizer que a verdade ontológica, por nós afirmada, ainda é relativa a nós, sendo, portanto, inerente à esfera antropológica, pois é através de nossos meios de comunicação e de pensamento que argumentamos a favor da nossa tese.

Mas essa objeção cai facilmente por terra, porque é no homem, é no antropológico, que se dá a *comunicação* do pensamento ontológico, não, porém, seu fundamento. "Alguma coisa há" não se funda no homem, mas neste se dá apenas a sua comunicação. E, ademais, se se fundasse apenas no homem, a tese estaria por sua vez demonstrada, e a afirmativa estaria salva, pois uma ilusão não poderia ser um nada absoluto, mas, ao ser ilusão, seria alguma coisa, e afirmaria, por sua vez, que "alguma coisa há". Consequentemente, a afirmação tem prioridade, pois o conceito de prioridade implica que algo é anterior a algo, em qualquer esfera que tomemos, e sob qualquer espécie que a consideremos. Algumas teses subordinadas decorrem das primeiras.[7]

TESE 18 – O que tem prioridade é alguma coisa.

Se a prioridade vem do que é absolutamente nada, a prioridade está negada. A afirmação é, pois, o fundamento real da prioridade.

TESE 19 – O que tem prioridade é afirmativo.

Se o que tem prioridade é nada absolutamente, a afirmação está consequentemente negada. A prioridade, portanto, fundamenta-se numa afirmação.

TESE 20 – Se o nada absoluto tivesse prioridade, não seria nada absoluto, pois seria afirmativo.

Provado que o que tem prioridade é afirmativo, se o nada absoluto tivesse prioridade, ao ser, seria afirmativo, e não se lhe poderia chamar nada absoluto. O nada absoluto é ontologicamente impossível de qualquer modo, como vimos nas outras demonstrações já feitas.

TESE 21 – A dúvida humana afirma.

De qualquer forma a dúvida humana afirma, mesmo quando ela se dirige até a própria dúvida, dúvida da dúvida. O ato de duvidar é afirmativo, porque algo duvida, algo afirmando e afirmante duvida.

TESE 22 – A dúvida absoluta é impossível.

A dúvida seria absoluta quando até o que duvida fosse absolutamente nada. Neste caso, nada duvidaria, e a dúvida estaria totalmente

[7] Após esse longo excurso Mário retorna à argumentação por teses. Essa longa interpolação indica algumas definições que sem dúvida dão suporte às afirmações das teses e foram parcialmente trabalhadas em outros livros. É como se ele precisasse olhar para trás antes de seguir em frente. Os temas são largamente tratados em *Filosofia e Cosmovisão* e em *Lógica e Dialética.*

negada. Portanto, não sendo possível a dúvida absoluta, a dúvida só pode ser relativa e, de certo modo, fundada afirmativamente, o que, por sua vez, afirmaria algo, o que é excludente da absoluta negação.

TESE 23 – A afirmação tem de preceder necessariamente à negação.

Como necessariamente o que tem prioridade é algo afirmativo, a afirmação, ontologicamente, precede à negação. Ademais se provará, oportunamente, que a negação é sempre relativa, pois, ao negar algo, a negação afirma o afirmado. Se a negação afirma, ela não pode ser absolutamente negativa, mas apenas relativamente negativa. Consequentemente:

TESE 24 – A negação afirma a afirmação.

A negação, por ser relativa, afirma por sua vez algo. Pois negar só pode ser a alegação que exclui da existência, ou do ser, algo que, de certo modo, é atual ou possível. A negação da negação por sua vez afirmaria a afirmação.

E daí:

TESE 25 – A negação absoluta seria, por sua vez, afirmação de algo.

Se, como o demonstramos, a negação relativa fundamenta-se em algo que é, mas que é negado, a negação absoluta seria a negação de algo que absolutamente não é. Portanto, a negação absoluta terminaria por afirmar que algo é. Consequentemente:

TESE 26 – A negação é sempre afirmativa, seja de que modo for.

Parta-se de onde partir, a negação sempre afirma, o que termina por negar uma negação absolutamente simples, vindo corroborar a tese fundamental, que é nosso ponto de partida: *Alguma coisa há.*

Comentários Subordinados

O ceticismo sistemático parte, consequentemente, de uma afirmação. O cético, de certo modo, afirma; afirma, portanto.

Imaginemos que ele negue a tese do dogmatismo moderado, que diz: "por introspecção, somos cônscios de que em nós existe um *estado* ora de certeza, ora de dúvida, ora de opinião, pois nós ora temos certeza (alguns), ora duvidamos, ora opinamos". Esses estados se dão. Contudo, o cético sistemático suspende seu juízo, considerando que *nada pode* afirmar.

Por mais sistemático que fosse o ceticismo, em nada ofenderia a validez apodítica de nossa tese, como passaremos a provar.

Passaremos, em primeiro lugar, a dar todos os argumentos favoráveis ao dogmatismo moderado, depois a considerar as razões dos céticos, e finalmente, seguiremos o caminho da dialética ontológica.

A certeza, para os dogmáticos moderados, é a adesão firme do entendimento ao objeto conhecido, fundada em um motivo evidente, que exclui todo temor de errar.

Há verdade lógica quando há conformidade entre o esquema eidético-noético e a realidade da coisa conhecida. E diz-se que há verdade metafísica ou ontológica quando a coisa conhecida é adequada ao nosso esquema.

Ora, à verdade lógica opõe-se a falsidade; à verdade ontológica opõe-se a negação de toda realidade, o nada. Se algo ontologicamente não é, só lhe podemos predicar o nada.

A verdade ontológica de um juízo decorre da perfeita adequação do que se predica ao sujeito, cuja relação ou é necessária ou é da própria natureza da coisa. Assim a prioridade indica a anterioridade de algo em vetor ou ordem ou espécie a outro do mesmo vetor ou ordem ou espécie, necessariamente. A anterioridade está necessariamente inclusa na estrutura ontológica da prioridade. Assim, qualquer ato do espírito é em si afirmativo, porque onde há uma ação há afirmação, ainda que a ação seja negadora, que, neste caso, é a afirmação da não presença, da ausência de alguma coisa ou da recusa de algo, como vimos.

Os dogmáticos moderados fundam em geral sua posição na certeza, que é humana. E esta surge, para eles, apoditicamente (apoditicidade lógica), pela reflexão ou pela observação subjetiva, que revela muitos atos psíquicos heterogêneos, entre eles os representativos, nos quais se distinguem vários estados, tais como:

- a dúvida, quando não damos nenhuma adesão firme do entendimento, e a mente permanece suspensa com temor de erro;
- a opinião, quando há adesão da mente, mas com temor de errar;
- a certeza, quando há essa adesão da mente sem temor de errar.

Ora, a verdade lógica está no juízo; a verdade ontológica está na essência da própria coisa. A certeza ontológica é firme. O que tem prioridade é de certo modo anterior. Se a prioridade é cronológica, tem anterioridade no tempo; se axiológica, tem-na como valor, etc.

Na certeza ontológica, há uma evidência intrínseca. Colocando-nos do ângulo antropológico, o que engendra a certeza na mente deve ser um motivo supremo, o último *porquê* de toda certeza. E esse motivo supremo deve ter as seguintes condições:

a. *Ser primário na ordem cognoscitiva*, de maneira que não suponha outro do qual dependa. Consequentemente será *indemonstrável*, e o mais fácil de ser conhecido por todos.
b. Terá de ser *universal*, isto é, há de estender-se a todos os conhecimentos certos, e deve estar incluído em todos os outros critérios.
c. Há de ser *necessário*, de maneira que sem ele não tenham valor os outros motivos de certeza.
d. Há de ser o *último*, no sentido de que nele venham finalmente resolver-se todos os outros.

O que tem tais condições é a evidência objetiva. Assim a evidência objetiva de que *o todo macrofísico é quantitativamente maior que cada uma de suas partes* é suficiente para obrigar qualquer mente a assentir firmemente com a verdade que tal princípio encerra.

A certeza é subjetiva, mas a evidência é objetiva. É a segunda que engendra a primeira. A luz da evidência é bastante para si mesma, e nada mais se poderia pedir, porque ela é suficiente. É a evidência que encerra em si todos os requisitos anteriormente apontados. Poder-se-ia objetar que a evidência pode levar ao erro. Se alguns são levados ao erro, deve-se a não terem usado a verdade e a razão.

Não é essa a evidência que empregamos para assegurar a validez apodítica de nossas teses. Não precisamos aqui repetir a longa polêmica em torno deste tema, que está dispersa nas obras de filosofia, porque não é dela que lançamos mão, sem que por isso lhe neguemos validez.

Se na verdade lógica há a adequação entre o intelecto e a coisa, e, na verdade ontológica, a da coisa com o intelecto, em ambas há, portanto, a adequada assimilação entre o esquema noético-eidético e a coisa. Numa, daquele com esta; noutra, desta com aquele.

Mas a verdade dialético-ontológica exclui o esquema eidético-noético do homem. Não parte dele, mas da razão do próprio ser. Quem dá a solidez aos nossos esquemas noéticos-eidéticos é a razão ontológica, é o *logos* do *ontos*.

A prioridade da afirmação é necessária, e ela afirma que *alguma coisa há*. Essa verdade dispensa adequação. É verdade em si mesma. O que construímos noeticamente vale na proporção em que corresponde ao que é ontologicamente verdadeiro. Nossa verdade é dada pelo conteúdo ontológico; por isso a Lógica deveria ser sempre *a posteriori* à análise ontológica.

É o fundamento ontológico que baseia a validez do lógico, e não o inverso.

A validez das ideias humanas está na proporção em que o ontológico lhes dá conteúdo. E por essa razão pode-se daí partir para toda uma revisão dos nossos juízos lógicos, como ainda veremos.

Nossos esquemas (*species*) constituem aquilo *pelo qual* (*quo*) é conhecido o objeto, não o que é conhecido (*species est id quo objectum cognoscitur, non id quod cognoscitur*). Esta afirmação escolástica é de grande valor. O esquema eidético-noético *expressado* representa o objeto como nós *entendemos*. Mas a validez de tais esquemas é dada pela validez dialético-ontológica.

Ao partir do lógico, somente deduzimos o que já está nas premissas, somente deduzimos o que nas premissas já pusemos. Por esta razão, com o uso da lógica apenas, pode o homem perder-se e alcançar o erro. Mas, na captação ontológica, há outro modo de proceder. Por meio dela não extraímos o que pomos, mas o que já está na razão da coisa. Desse modo, pode o ser humano errar quando usa a lógica, não quando usa a via dialético-ontológica. Podiam-se apresentar argumentos contra os antípodas, porque todos os corpos pesados caem, e se houvesse seres abaixo de nós cairiam,[1] mas ontologicamente nada impediria que houvesse antípodas. Posteriormente, conclui-se, graças aos conhecimentos científicos, que os corpos pesados caem em direção ao centro da Terra (como se dá em nosso planeta), o que já afirmava Tomás de Aquino.[2] Já nesse enunciado, os antípodas não são mais absurdos.

São motivos como tais que nos levam a afirmar que a via dialético-ontológica supera a via lógica para alcançarmos a evidência, sem que se despreze o valor que aquela oferece para o filosofar. Mas o que queremos estabelecer, nesse nosso intuito de matematizar no bom sentido a filosofia, é que devemos sempre submeter as premissas lógicas à análise ontológica por nós preconizada, a fim de evitar os erros que a deficiência humana fatalmente provoca.

E aqui encontramos ademais uma justificação a favor de nossa posição filosófica. Chamamos a nossa filosofia de *concreta* precisamente porque se funda ela no ontológico, e este é a realidade última da coisa, é

[1] Mário Ferreira dos Santos parece aludir a passagens como esta de Santo Agostinho: "Quanto à fábula dos antípodas, quer dizer, de homens cujos pés pisam o reverso de nossas pegadas na parte oposta da terra, onde o sol nasce, quando se oculta de nossos olhos, não há razão que nos obrigue a dar-lhe crédito. Tal opinião não se funda em testemunhos históricos, mas em meras conjeturas e raciocínios aparentes, baseados em estar a terra suspensa na redondez do céu e o mundo ocupar o mesmo lugar, ínfimo e médio" (*A Cidade de Deus* XVI, 9. Trad. Oscar Paes Leme, vol. 2. Petrópolis, Vozes, 1990, p. 231).

[2] Ver *In De Caelo*, livro II, capítulo 14, *lectio* 28, § 540: "E ele [Aristóteles] diz que todos os corpos pesados, não importa de que região do céu são eles movidos, são transportados para a terra 'em ângulos semelhantes', isto é, de acordo com ângulos retos formados pela linha reta do movimento do corpo com uma linha tangente à terra (o que é evidente pelo fato de que os objetos pesados não permanecem firmemente na terra a menos que sejam perpendiculares a ela); mas os corpos pesados não são transportados para a terra 'lado a lado', isto é, de acordo com linhas paralelas. Ora, [...] os corpos pesados têm uma inclinação similar quanto ao lugar da terra não importa de que parte do céu eles sejam lançados. E, então, há uma aptidão para adições à terra serem feitas de maneira semelhante e igual em todos os lados, o que faz com que ela seja esférica em seu formato. [...]" (trad. Fabian R. Larcher e Pierre H. Conway. Columbus, College of St. Mary of the Springs, 1964).

a realidade fundamental da coisa. As estruturas ontológicas não surgem de elaborações mentais. Elas não são impostas pela nossa mente, mas a ela se impõem. As estruturas ontológicas são válidas *per se* e justificam a sua validez, *mostrando-se* a nós. O que construímos logicamente temos de *demonstrar*, mas o fundamento dessa demonstração está na mostração da raiz ontológica. Por isso, a via dialético-ontológica é concreta, e só pode levar à construção de uma *filosofia concreta*.

Não seguimos, assim, o caminho usado pelos filósofos de todos os tempos, sem que tal impeça que muitas das nossas afirmativas e das teses por nós demonstradas coincidam com o pensamento exposto por outros. Não é, porém, o pensamento alheio que fundamenta a nossa posição; é o nosso método dialético-ontológico que fundamenta os seus postulados. A filosofia concreta não é, assim, uma construção sincrética do que há de mais seguro no filosofar. É que o que há de mais seguro no filosofar, através dos tempos, é o fundamental concreto, no sentido que empregamos. A filosofia concreta forma, assim, uma unidade, e a sua validez é dada por si mesma. Para mostrar a diferença entre o filosofar submetido apenas ao lógico e o filosofar dialético-ontológico, apresentamos diversas diferenças, mas queremos oferecer outro exemplo.

Não devemos confundir a gênese noética do conceito com o conteúdo lógico, nem com a sua estrutura ontológica. Tomemos como exemplo o conceito de *infinito*.

Combatendo os argumentos scotistas, os suarezistas, que são filósofos tão grandes como aqueles, e tão grandes como os maiores de todos os tempos, repelem a afirmativa dos scotistas de que a primeira diferença de Deus é constituída pela infinitude. Para estes, Deus é o ente *simpliciter infinitum*, absolutamente infinito.[3] Ora, tal não procede, afirmam os suarezistas, porque infinito é algo negativo, e o negativo funda-se em algo positivo. E se fundado em algo positivo, esse positivo seria a diferença primeira, e constitutiva de Deus. O infinito seria, pois, um acidente, e não poderia constituir a diferença primeira. Há outras objeções ainda dos suarezistas que virão a seu tempo, mas, quanto a

[3] Ver Duns Scot, *Tratado do Primeiro Princípio*, IV, nona e décima conclusões, 116-156 (trad. Carlos Nougué. São Paulo, É Realizações Editora, 2015, p. 103-39).

esta, poder-se-ia, através de uma análise dialético-ontológica, responder do seguinte modo:

No nosso modo de conceber, a gênese do conceito de in-finito (etimologicamente tomado) surge da negação da finitude, in-finito. Mas, se geneticamente o conceito é negativo, não o é em sua estrutura ontológica, como não o são o conceito de Não-eu e o de átomo (*a-tomos*), porque se referem a conteúdos positivos. Mas o conteúdo positivo de infinito é a absoluta independência, o ser absolutamente necessário. Se a mente humana percorre um longo caminho para alcançar o conteúdo concreto-ontológico do conceito de infinito, o seu verdadeiro conteúdo é o final, e não o que é dado nos primeiros ensaios. Neste caso, se tomarmos *infinito* em sentido meramente lógico, o argumento dos scotistas é inaceitável, mas se tomarmos em seu conteúdo ontológico ele é válido. Este ponto vai merecer de nós mais adiante outros exames, pois exige tivéssemos alcançado vários estágios da análise dialético-ontológica, o que ainda não fizemos.

Queremos apenas mostrar, de modo suficiente por ora, como se diferenciam os dois processos: o lógico e o ontológico. E se apresentamos até aqui algumas razões em favor de nosso método, no decorrer desta obra acrescentaremos outros elementos que corroborarão ainda mais a nossa posição.

Refutação do Agnosticismo, do Relativismo e do Niilismo[1]

Ontologicamente, o ceticismo universal, em face das teses já demonstradas, não procede, pois nenhum cético deixaria de reconhecer a validez apodítica do que expusemos, já que não poderia afirmar o nada absoluto. Nem tampouco podê-lo-iam fazer o agnosticismo ou o relativismo. Caberia discutir apenas a posição niilista.

Veremos oportunamente que também não procedem as objeções dessa posição à capacidade humana de um saber verdadeiro. Por ora, porém, interessa-nos apenas o que se refere às teses expostas. O cético poderá dizer que nada sabe sobre o que há, mas terá de concordar que há alguma coisa, e também o agnóstico e o relativista, pois para este último, pelo menos, há a relação e o ser é relativo.

Os principais argumentos céticos na Criteriologia podem ser simplificados em dois: um *a priori* e outro *a posteriori*. Aprioristicamente, *afirma* a impossibilidade de um critério seguro e inapelável da verdade por parte da razão, porque esta terá de demonstrar, não por si, mas por outrem, sendo impossível alcançar um primeiro critério, base certa e segura de toda demonstração.

O defeito fundamental dessa objeção consiste em afirmar gratuitamente que tudo é demonstrável, e que nada poder-se-á ter por certo e seguro sem uma demonstração. Como a objeção deveria ser certa e segura, e como exige demonstração, esta seria indefinidamente levada avante. Estamos no *dialelo*. Mas já evidenciamos que não se prova apenas demonstrando, e sim também *mostrando*. Há um critério de *evidência* que não necessita de (nem pode ser justificado por) outro, e que se justifica por si mesmo: *alguma coisa há*. Esta verdade é ontologicamente perfeita, porque a sua proposição encerra em si a verdade. Não há possibilidade de

[1] Esta seção retoma temas da *Teoria do Conhecimento* e da *Noologia Geral*, sem nenhuma grande alteração de plano ou nível.

uma ficção absoluta, porque a sua mera enunciação afirma que alguma coisa há. Na proposição *alguma coisa há*, o sujeito é suprido perfeitamente pelo predicado. Essa evidência é objetiva. Se é o homem que a pronuncia, a evidência subjetiva apoia-se numa evidência objetiva. *Alguma coisa há*, pois, para que o homem possa afirmar ou não que alguma coisa há.

O segundo argumento dos céticos está no fato de nos enganarmos quanto à verdade das coisas. E, porque nos enganamos algumas vezes, concluem que nos enganamos sempre. *Quod nimis probat, nihil probat* (o que prova em demasia não prova), afirmavam os escolásticos, e com fundamento, porque a conclusão desse argumento aposteriorístico dos céticos é *dogmática*, exageradamente dogmática, sem contar que se estende além do que permitem as premissas.

Que nos enganamos algumas vezes, é procedente a afirmativa, mas que nos enganamos *sempre* é uma afirmativa que excede e refuta o próprio ceticismo, pois saberíamos, então, com certeza, como verdade, que sempre nos enganamos. No entanto, *alguma coisa há* refuta que nos enganamos sempre, porque o próprio engano afirmaria que "alguma coisa há". Nossa tese, portanto, é válida também para os céticos.

O ceticismo tornar-se-ia ainda mais absurdo se negasse que *alguma coisa há*, pois a sua negação seria a afirmação de que alguma coisa há. Gonzalez sintetiza sua objeção ao ceticismo com estas palavras, pelas quais mostra a contradição fundamental que o anima: ao falar ao cético, ele diz: "ou sabes que não sabes nada, ou não o sabes. Se não o sabes, por que o afirmas? E se o sabes, já sabes algo, e é prova de que se pode saber alguma coisa". Repete, assim, as palavras de Santo Agostinho:

> Quem [...] pode duvidar que a alma vive, recorda, entende, quer, pensa, sabe e julga? Pois, mesmo se duvida, *vive*; se duvida, *lembra-se* do motivo de sua dúvida; se duvida, *entende* que duvida; se duvida, *quer* estar certo; se duvida, *pensa*; se duvida, *sabe* que não sabe; se duvida, *julga* que não deve consentir temerariamente.[2]

[2] Santo Agostinho, *A Trindade*, livro X, cap. 10, n. 14 (trad. Agustino Belmonte. São Paulo, Paulus, 1994, p. 328), grifos de Mário Ferreira dos Santos. O filósofo brasileiro dá como referência adicional da mesma obra: livro XV, cap. 12 – passagem que refuta o ceticismo da Nova Academia (ver ibidem, p. 510-13).

Ademais o ceticismo aplicado à prática seria destrutivo, e tornaria impossível a vida humana, pois o cético, para o ser integralmente, teria de excluir toda prática.

Tal não impede que haja um ceticismo até certo ponto benéfico para o processo do saber humano. Se se trava aqui uma grande polêmica na filosofia, certa dúvida metódica poderá levar o homem a investigações mais longas e mais profundas, o que corresponderia a um desejo mais amplo de saber. Contudo, conviria estabelecer os limites desse ceticismo relativo, pois a dúvida metódica de Descartes deu frutos ácidos para a filosofia, embora não fosse essa a sua verdadeira intenção. Entre os escolásticos modernos, há muitos que a admitem, como Charles Sentroul, P. Nicola Monaco, Guy Monnot, Michael J. Marquardt, François Gény, Josef Donat, Renato Jeannière, Giovanni Battista Guzzetti, Joseph Maréchal, H. A. Montagne, Régis Jolivet, Léon Noël, Josef Kleutgen, Matteo Liberatore, Domenico Palmieri e Matteo d'Aquasparta, este um escolástico medieval. Admitem-na apenas metodicamente, em face do estado de ceticismo que avassala certas camadas intelectuais, e a necessidade de partir dela para estabelecer as bases firmes de um critério gnosiológico. Para a fundamentação de nossas teses, porém, a polêmica que surge aqui em nada viria diminuir a apoditicidade da nossa tese fundamental: *alguma coisa há.*

A posição agnóstica é fundamentalmente cética, e padece dos mesmos defeitos do ceticismo, e a sua refutação se faz pelo mesmo caminho.

Já o relativismo tem encontrado na época moderna seus cultores. Protágoras é considerado o fundador dessa posição, e a tese fundamental do relativismo consiste em afirmar que a nossa verdade é relativa ao sujeito cognoscente. Não conhecemos o objeto como ele é em si, afirma; e ainda nega que possamos adequadamente distinguir entre cognição absolutamente verdadeira e cognição falsa, já que a coisa não pode ser captada senão segundo as nossas medidas. Se há um relativismo absoluto, há, ademais, um relativismo moderado. Este afirma que nossas verdades são relativas ao sujeito cognoscente segundo o seu modo de conhecer, aceitando, portanto, que há um conhecimento verdadeiro do que a coisa é em si, mas proporcionado ao sujeito cognoscente.

Ora, tanto o agnosticismo como o relativismo universal e até o moderado não podem pôr em dúvida a tese fundamental da *filosofia concreta*, pois, se o agnóstico declara que não podemos saber o que a coisa é em si, não nega que algo há e, por sua vez, o relativismo afirmaria que a relação há, e a relação não é um puro e absoluto nada.

Os relativistas intelectualistas, como os idealistas e os fenomenalistas, que chegam a negar a existência da coisa em si, e apenas afirmam a das nossas ideias e representações, não negam, consequentemente, que *algo há*.

No fundo o relativismo é cético, e sobre ele cai a mesma refutação que dirigimos ao ceticismo. Pode-se, de certo modo, considerar o agnosticismo científico, bem como o psicologismo, o historicismo e o pragmatismo, como céticos, pois todas essas doutrinas se fundamentam nos mesmos postulados.

Em *Teoria do Conhecimento* refutamos essas posições filosóficas. Agora, porém, em face dos postulados fundamentais da *filosofia concreta*, o filosofar de tais filósofos em nada ofende os seus fundamentos, que seriam válidos inclusive para eles.

O idealismo, em geral, afirma que o objeto conhecido é totalmente imanente ao cognoscente, chegando até à negação do mundo exterior, como o idealismo acosmístico de alguns, que não nega, portanto, que algo há.

Se os acosmísticos negam a existência real do mundo corpóreo, não afirmam uma negação absoluta de que algo há, nem os fenomenísticos, ao afirmar que nosso único conhecimento é aparente, nem os idealistas monísticos, nem os pluralistas negam tal postulado. O idealismo é, em suma, relativismo, e, consequentemente, cético.

Em oposição ao idealismo, poder-se-ia dizer que o intelecto humano é naturalmente ordenado à verdade, e que a verdade objetiva existe independentemente da cognição humana. Mas a prova de tal postulado não cabe por ora, pois virá a seu tempo, após havermos trilhado os caminhos da dialética ontológica. O que, no entanto, fica afirmado, ante essas posições, é que algo há.

Também entre os filósofos anti-intelectualistas, como Bergson, Nietzsche e os existencialistas, que afirmam serem insuficientes os meios intelectuais de conhecimento, e que a realidade concreta nós a atingimos através de uma experiência vital e alógica, apesar da fraqueza dos seus postulados, aceitam *também* que algo há.

A fenomenologia moderna, em todos os seus aspectos, não nega validez ao nosso postulado fundamental.

Restaria apenas a posição niilista absoluta, que negaria terminantemente que algo há, e afirmaria que *o nada absoluto há*. Tudo seria mera e absoluta ficção. Mas tal posição ainda afirmaria que a ficção, que é algo, há, e, consequentemente, que algo há.

Portanto, sob nenhum dos aspectos do filosofar, sob nenhum dos seus ângulos, em nenhuma das posições filosóficas consideradas em todos os tempos, nenhuma sequer nega validez ao postulado fundamental da *filosofia concreta*, o que prova também a sua universal validez.

Poder-se-ia, ainda, discutir a validez dos conceitos *alguma coisa* (*aliquid*) e de *haver* (há). Mas que apontam tais conceitos? *Aliquid* diz-se do que tem positividade de qualquer modo, do que se põe, do que se dá, do que se afirma. *Haver* indica presença de certo modo. O predicado afirma que se pode predicar a presença de algo (ser, devir, ficção, não importa), e que essa presença tem uma positividade, pois não se pode predicar a absoluta ausência. Entre os conceitos de presença e de ausência total e absoluta, a mente não pode vacilar, pois a afirmação da segunda seria negada pela própria afirmação.

Consequentemente, prova-se ainda que é verdadeiro o postulado expresso na tese abaixo:

TESE 27 – É absolutamente falsa a predicação da ausência total e absoluta.

Consequentemente:

TESE 28 – É absolutamente verdadeira a predicação de uma presença.

Tem, assim, o filosofar um ponto arquimédico de partida sobre o qual nenhuma objeção pode ser feita; ou seja: há um juízo universalmente válido e absolutamente verdadeiro, sobre o qual se podem construir os fundamentos de um filosofar coerente, que era o que desejávamos mostrar e demonstrar.

TESE 29 – A verdade ontológica prescinde do rigor psicológico.

Há distinção, sem dúvida, quando não há reciprocidade verdadeira. Entre o rigor ontológico e o rigor psicológico, há distinção, embora muitos afirmem que não há, reduzindo-se aquele a este. Há distinção porque o rigor psicológico exige o ontológico, mas este não exige aquele.

Uma verdade psicológica é tal realmente quando ontologicamente é verdadeira, mas uma verdade ontológica pode prescindir do rigor psicológico.

TESE 30 – O Ser, que sempre foi e sempre é, é plenitude absoluta de ser.

O que contradiz o Ser, que sempre foi e sempre é, seria o nada absoluto, ausência total e absoluta de ser. Qualquer redução no Ser enquanto tal seria nada absoluto.[3]

O Ser, enquanto tal, é plenamente ser. Não pode surgir de uma composição de ser e de *nada absoluto*, porque este não pode compor, porque é *impossível*, e o termo positivo da composição seria plena e absolutamente ser. Se este não fosse plenitude absoluta de ser seria nada, o que é impossível.

Portanto, Ser é plenitude absoluta de ser. Ora, o Ser, que sempre houve e sempre foi, se não fosse plenitude absoluta de ser, teria composição com o nada absoluto, o que é absurdo.

O ser do alguma coisa que sempre houve e sempre é, e sempre existiu, é plenitude absoluta, sem desfalecimentos, sem ruptura, num *continuum* absoluto de ser, no seu pleno exercício, pois é essencial e existencialmente ser, como vimos.

TESE 31 – O Ser é, pelo menos de certo modo, absoluto e infinito.

É absoluto o que é *ab-solutum*, o que é desligado, o que não provém de outro, o que não precisa de outro para ser, o que se põe a si mesmo no seu pleno exercício.

[3] [Também não poderia ser um nada absoluto parcial (um vazio total de ser ao lado do que é), como o provaremos mais adiante, nem um ser relativo, porque a positividade deste só há havendo o ser, por ser relativa do Ser Absoluto, como veremos. Restaria apenas um não-ser que corresponderia ao que ainda-não-é-mas-pode-ser, que chamamos *Meon* (do grego *me*, negativo, e *on*, ente), do qual trataremos oportunamente).]

Diz-se que um ser é infinito quando não tem finitude, quando não tem fronteiras nem limites. Ora, o que poderia limitar esse ser absoluto e primordial, enquanto primordial?

O nada absoluto? Mas este não é; nem teria eficacidade de determinar, de dar limites; pois, se tivesse essa aptidão, seria ser. Portanto, o nada não poderia finitizá-lo, porque o Ser que sempre houve e há é *ab-solutum*, é absoluto e primordial, é plenitude de ser, pois essência e existência nele se identificam, são a mesma coisa.

Não tendo sua origem em outro, nem dependendo de outro, ele é:

a. absoluto;
b. independente;
c. ingenerado, imprincipiado;
d. plenitude absoluta de ser, sem limites porque só ele é plenamente ser.

Consequentemente, o Ser Absoluto é infinito.

E mais adiante se provará que é único.

*

O termo *infinito* pode ser tomado privativa e negativamente.

O infinito privativo consiste na ausência de uma finitude.

Neste caso, poder-se-ia dizer que o Ser Absoluto não tem finitude de qualquer espécie.

O infinito negativo consiste em não ter propriamente limites.

Tomá-lo quantitativamente não seria aplicável ao Ser Absoluto, porque, como veremos mais adiante, a sua infinitude não é quantitativa.

Mas, se considerarmos os limites como a fronteira do seu poder, ao Ser Absoluto não se antepõem fronteiras.

Portanto, ele é infinito. Surgiriam aqui diversos aspectos a serem justificados e demonstrados. Como princípio, esse ser seria absoluto, pois é *ab-solutum*, desligado de outrem.

Mas há heterogeneidade de entidades, vários seres que não são absolutos, mas ligados a outros. Resta saber se o Ser que é imprincipiado e absoluto é independente dos outros seres, o que se provará mais adiante, embora desde logo se veja que os outros, que são posteriores, dele dependem, enquanto ele não depende de outro, pois então dependeria do nada.

Resta ainda saber se a sua infinitude é dada enquanto visualizamos o nada absoluto, não enquanto visualizamos os outros seres.

Essa infinitude ante os outros seres será demonstrada, mais adiante, de modo apodítico.

TESE 32 – O não-ser relativo é o apontar de uma ausência de perfeições determinadas.

O não-ser relativo não é a negação total e absoluta do ser.

E se não o é, aponta a algo, a uma perfeição,[4] que é do ser, e positiva, ou a uma negação de algo positivo, que está ausentado de algo. Nesse apontar indica apenas a recusa da presença de determinada perfeição. Portanto, o não-ser relativo é positivo, pois é o apontar de uma recusa da presença de algo.[5]

A não-presença de algo positivo dá suficiente positividade ao não-ser relativo. Compreendendo-se assim, não cabe mais a primária confusão entre não-ser relativo e não-ser absoluto. Ambos se excluem absolutamente. E como o não-ser relativo tem positividade, ele se analoga com o ser o suficiente para não contradizê-lo.

Deste modo, o não-ser relativo não ofende o princípio de não-contradição, nem o princípio ontológico de identidade, como ainda veremos.

A perfeição recusada é uma certa perfeição. A recusa do que não é, do impossível, inclui-se na mesma demonstração, mas, neste caso, o que é recusado não é positivo.

[4] [Perfeição (de *per* e *factum*) é, etimologicamente, o "haver chegado ao íntegro" (*Vollkommenheit*, na língua alemã). É o efetuado, o que se tornou acabado; em ato, portanto. Ou um ser é já acabado, perfeito, ou a pouco e pouco alcança a sua perfeição. Há, assim, uma perfeição absoluta, que seria a do ser que já é plenamente si mesmo, sem mais nada a acrescentar (como o é o Ser Absoluto, como veremos), e uma perfeição relativa, a que tem a possibilidade de alcançar maior acabamento ou não. Deste modo, o ato é a perfeição da potência. O conceito de perfeição será enriquecido à proporção que examinemos outras teses.]

[5] [Se se nega uma negação, como ao dizer-se que "não é verdade que alguém seja não-bom", afirma-se uma positividade. A ausência de uma ausência afirma sempre uma positividade, porque se afirma que o que era recusado não o é mais. A ausência é sempre de algo positivo, porque ausência de nada não é ausência.]

Ademais o nada, considerado enquanto tal, não é perfeição; é nada.

TESE 33 – A afirmação precede ontologicamente à negação.

Provamos agora de outro modo:

A negação implica o negado, e este é positivo, pois negar-se o que não é retiraria da negação a sua positividade e, neste caso, ela aniquilar-se-ia. Consequentemente, para negar-se é preciso que algo esteja afirmado.

A afirmação posiciona-se e positiva-se por si mesma. Não precisa de outrem para ter realidade. A negação recusa alguma coisa; implica, portanto, algo positivo, afirmativo.

Consequentemente, a tese está demonstrada: a afirmação precede ontologicamente à negação.

Ora, o ser é afirmação, afirmação imediata sem determinação (indeterminada). Como afirmativo, é presença, é o agir imanente que se coloca e possui a si mesmo.

TESE 34 – O ser tem prioridade à relação.

A relação implica o dual, e no mínimo duas positividades, pois uma relação entre termos não positivos deixaria automaticamente de ser positiva.

A relação implica anteriormente substância e oposição, duas categorias que a antecedem.

Os que consideram que ser é expresso na cópula ser reduzem-no a uma relação. Mas uma relação é relação de alguma coisa que é. E, afinal, alguma coisa deve ser para que haja relações. Portanto, há prioridade ontológica do ser à relação.

Comentários às Teses

O ser, como afirmação, é presença. E como a negação não poderia preceder ontologicamente à afirmação, o nada absoluto não poderia preceder ao ser. Para afirmar o nada absoluto, seria necessário afirmar o Todo para suprimi-lo plenamente; não apenas substituir este por aquele.

A sua afirmação é, portanto, impossível e contraditória. Teríamos de colocar a negação como suficiente em si mesma, o que é absurdo.

A ideia do nada absoluto surge no homem. Mas essa ideia é apenas a ideia do Todo suprimido pela ideia. E se a ideia do nada não é a ideia do Todo suprimido pela ideia, ela é nada de ideia, uma noção vazia.

E nada *pôr* não é *pôr* o nada. Se o homem constrói desse modo a ideia de nada, por supressão do que é, esvazia a ideia; não põe o nada, porém.

O ser coloca-se, assim, independentemente de nós; põe-se ante nós, mas independe de nós.

Ora, o ser não é uma relação, pois, como já vimos, o fundamento da relação é o ser, e não o inverso. Há, assim, prioridade ontológica dele sobre a relação. Quanto ao homem, a ideia do ser é a ideia concreta do concreto.

O ser é assim presença (afirmação) imediata do indeterminado, do que não tem determinações.

Entre ser e nada absoluto há contradição; não entre ser-isto e ser-aquilo. O nada relativo é afirmação de algo positivo determinado, cuja presença é recusada. Portanto, a única negação possível é negação de (funcionalmente dependente de) algo positivo, que é ser. O nada relativo é assim positivo, e essa positividade muito nos auxiliará a compreender diversos aspectos da filosofia, sobretudo a heterogeneidade, e a solução do problema dialético sobre o Um e o Múltiplo. O ser finito é um composto de ser e de não-ser (de nada relativo). A demonstração desta última tese virá oportunamente.

TESE 35 – Não se podem predicar propriedades ao não-ser absoluto.

A atribuição de propriedades exige, previamente, que o portador delas seja algo, pois a ausência de positividade do portador negaria a da atribuição. O não-ser absoluto não poderia ser portador de qualquer propriedade.[6]

[6] [Quando dizemos que o não-ser absoluto é, o que é não pertence ao verbo ser substantivamente considerado, mas apenas ao ser copulativo, que se refere à nossa esquemática noética, e não à ordem do ser onticamente considerado. Em suma: à conceituação de

TESE 36 – O não-ser relativo (nada relativo) não tem propriedades. A ausência de propriedade é, no entanto, relativa e não absoluta.

Que o não-ser relativo não tem propriedades decorre de não ser ele um *suppositum* portador delas, porque consiste na ausência de determinadas perfeições. O não-verde deste ente não tem qualquer propriedade.

Mas a ausência de propriedades é relativa, porque, se este ente não é isto ou aquilo, apenas não o é enquanto é isto ou aquilo, o que não o priva de toda e qualquer perfeição. A ausência é assim relativa. O não-verde, dado que não haja verde neste ente, não é um não-verde absoluto, porque isso seria predicar a total e absoluta ausência de verde, mas apenas a ausência de verde neste ente, portanto relativa a este ente.

TESE 37 – O nada relativo tem sempre positividade.

O nada absoluto é a ausência total de ser e é impossível, como já demonstramos. O nada relativo é a ausência de determinado modo de ser aqui ou ali, o que lhe dá positividade, pois o que é ausente é um modo de ser que, como tal, é ser, pois ausência de nada não é nem sequer ausência.

Se dizemos que A não é B, recusamos em A a presença do predicado B. Se B não é um ser ou modo de ser, B é nada, e recusar nada a algo é recusar absolutamente nada; não é, portanto, privação.

A privação de algo implica a positividade desse algo, pois ser privado de nada não é carecer de nada.

Mais uma vez se comprova, assim, a positividade do nada relativo.

O nada relativo é, portanto, nada em relação a isto ou àquilo, e não nada em absoluto, o que já foi demonstrado.

TESE 38 – Ante o ser, o não-ser relativo não o contradiz, porque não nega absolutamente ser ao ser. O não-ser relativo é apenas a ausência de uma perfeição, e não a ausência absolutamente total do ser.

não-ser-absoluto pode unir-se a conceituação de ausência-total-e-absoluta-de-ser--onticamente-considerado.]

Portanto, o Ser se *opõe* ao não-ser, mas o Ser é contraditado pelo Não-ser absoluto.

Para postular o não-ser absoluto, ter-se-ia de negar total e absolutamente o ser. A própria postulação, como vimos, é a negação formal e suficiente do não-ser absoluto. Basta apenas que coloquemos a sua impossibilidade para que ele esteja total e absolutamente refutado.

Não está refutado, porém, o não-ser relativo. Este não implica uma diminuição de poder do ser, mas apenas que uma perfeição do ser não está presente *neste* ou *naquele* ente.

TESE 39 – Entre o não-ser relativo e o não-ser absoluto, há a diferença de que o primeiro é positivo, enquanto a postulação do segundo nega toda e qualquer positividade.

Demonstra-se por outra via: o não-ser absoluto é ausência total e absoluta de ser. E já o refutamos pela própria postulação que o pretendesse colocar. Sua refutação foi suficiente e total.

O não-ser relativo é, portanto, o inverso do não-ser absoluto.

Não se lhe pode atribuir uma total e absoluta ausência de positividade, pois, se assim fizéssemos, estaríamos afirmando o não-ser absoluto, o que já está afastado. Portanto, o não-ser relativo tem positividade, sem ser contudo, enquanto tal, ser subsistente.

É o que nos leva a postular uma distinção fundamental entre *positividade* e *ser subsistente*.

Tudo quanto não se pode dizer que é nada tem uma entidade, e é *entidade* (*entitas*).

O nada relativo não é uma entidade real, mas tem positividade por referência.

Comentários às Proposições Examinadas

Com muita razão dizia Avicena, e posteriormente Duns Scot, que todos os filósofos estão de acordo quanto à existência do ser.

O ser é inegavelmente o primeiro objeto do conhecimento, já o evidenciara Aristóteles.

Se há filósofos que afirmam nada saber sobre ele, em que consiste, o que é em suma o ser (*quid sit*), estão, no entanto, de acordo em, direta ou indiretamente, admiti-lo, pois negá-lo seria afirmar o nada absoluto, o que é absurdo.

Examinamos em *Ontologia e Cosmologia* como variam as *opiniões* sobre "o que" é o ser.

Alguns o reduzem ao conceito lógico, dando-lhe a máxima *extensão*, pois incluiria todas as entidades apenas por *serem*, inibindo, virtualizando o heterogêneo, e, consequentemente, com a mínima *compreensão*; o ser apenas é. Assim temos o exemplo de Hegel, que o confunde às vezes com o nada, pois o nada é indeterminado (sem determinação), e o ser, logicamente considerado, também o é.

Mas, para Hegel, o nada surge com o deixar de ser, enquanto é do nada, como ponto de partida, que algo vem a ser. Ora, quando algo começa a ser (*incipit esse*) algo começa a ser; é ser.[7]

No entanto, como já vimos em trabalhos anteriores, é um erro do formalismo reduzir o ser ao conceito lógico, porque este é um conceito de classificação, e aquele é existente, concreto.

E se examinarmos todos os pensamentos filosóficos mais coerentes, veremos que todos aceitariam a validez universal dos postulados até aqui expostos por nós. As concepções mais avessas a admitir um Ser Supremo seriam a posição materialista e as que lhe são afins.

No entanto, aquela, ao admitir a matéria, tem de admitir tais postulados. Senão vejamos:

Não pode admitir o nada absoluto, porque então a matéria seria nada, e nada poderia dela surgir.

Em segundo lugar, a matéria não foi criada, é incriada; é primeira e anterior a todas as coisas que são dela e dela provêm.

A matéria deve conter todos os poderes e todas as perfeições, porque, se estas se atualizam posteriormente na realidade tempo-espacial, de certo modo já estavam contidas na matéria, pois do contrário viriam do nada.

Por outro lado, têm os materialistas de admitir que a matéria, enquanto tal, é imutável, pois, sendo simplesmente matéria, sua mutação

[7] [Tal não quer dizer que algo venha do nada, realizado por este, ou feito *de* nada, como se fosse matéria de alguma coisa. Apenas quer dizer que, antes de um ser determinado *ser este ser*, era nada deste ser. Esta mesa, antes de ser ela, era nada *desta* mesa, não porém uma criação *do* nada ou feita *de* nada. Por isso um ser começa a ser no precípuo momento em que começa a ser.]

dar-se-ia para outro, que seria a não-matéria, o *imaterial*, o que lhes causaria calafrios.

Têm estes de admitir que os entes singulares provêm dela, e se tais entes são isto ou aquilo, a matéria não deixa de ser ela mesma.

Há, assim, nesta, algo que é eterno e imutável. Ademais, têm de lhe dar atualidade, pois, se ela pode produzir isto ou aquilo, as possibilidades estão nela como possíveis de vir-a-ser; mas a matéria, enquanto tal, é ato, pois se fosse potência seria a potência de outro, que por sua vez estaria em ato, e não seria matéria.

Ademais, a matéria seria parte em ato e parte em potência. Parte atuaria sobre parte que sofreria a ação. E, levada mais longe essa análise, ver-se-ia que esse ato era *puro ato*, o que exigiria postular as teses das quais o materialismo tanto desejou afastar-se.

E poderíamos ir além nesse exame, e dirigi-lo ademais a outras concepções, e todas, sem exceção, não poderiam pôr em dúvida, por falta de fundamento, nenhum dos postulados até aqui expostos e por nós demonstrados.

Há ainda a posição cética e a agnóstica. Estas afirmam que pouco ou nada sabem sobre o ser, ou melhor: sabem que pouco ou nada sabem, ou sabem que não sabem se o que sabem é verdadeiro ou não.

Mas tais posições, como vimos, são mais um demitir do filosofar que um filosofar. Porque qualquer cético, ou qualquer agnóstico, sabe que não há o nada absoluto, mas que há algo, que ambos *ignoram* o que seja, ou pensam ignorar.

Nenhum cético deixará de admitir que o que há não foi precedido pelo nada absoluto.

E, consequentemente, alcançaria os postulados já expostos. Só por uma obstinada negativa, que revelaria sobretudo a precária fortaleza da sua mente, negaria o ser, pois afirmaria que o nada seria capaz de realizar a dúvida cética.

Portanto sua mente se analoga ao ser, e em algo terá uma identificação com ele, pois, do contrário, o pensamento humano, estando desligado do ser, e sendo outro que o ser, seria nada.

Assim, o reto pensar é capaz de nos dar esse fio de Ariadne, que nos levaria a alguma certeza, e essa certeza está às mãos até dos céticos, se quiserem procurá-la.

Há ainda a posição dos mobilistas. Podem estes, ao argumentar contra a ideia de ser, afirmar que este é "negado totalmente pelo fluir das coisas", pois nada é realmente *um*, nenhum *sujeito* é idêntico, porque está em constante fluir. Nada é em si mesmo *um*, nem um "algo", porque tudo sofre uma mutação constante, devém, torna-se *outro*.

O ser é então alteridade; é sempre outro. É inútil tentar fixar as coisas, como tenta proceder a nossa razão, porque estas estão em constante devir. Não há, portanto, nenhuma substância que seja portadora dessas mutações, pois tudo cambia, muda, transmuta-se.

Tais afirmativas encontram cultores, e há nelas, inegavelmente, aspectos positivos. Mas, se muitos atualizam apenas a mobilidade, virtualizam a permanência, porque a mutabilidade é gradativa, e algo perdura enquanto muda, como provaremos ainda por outros caminhos.

Pois se somos a cada instante diferentes, e outros que nós mesmos, somos também algo que perdura, pois do contrário seríamos apenas uma passagem instantânea, que ultrapassaria o próprio tempo, pois se neste algo perdurasse, por pouco que fosse, já negaria o excesso do mobilismo, que, levado aos extremos, termina por tornar-se absurdo, e negar até a própria mutação. Se esta gota de água está em constante mutação, ela perdura enquanto gota-de-água.

É um gravíssimo erro pensarem alguns que os grandes filósofos, que aceitam a presença do ser, não tenham de tal coisa *suspeitado*.

Há muito de infantil nessa suposição, pois bem sabiam eles que as coisas, que são objetos da nossa intuição sensível, estão em constante mutação. Mas, na mutação, há graus, pois nem tudo muda com a constante fluidez de um rio que corre veloz, pois este é, antes e depois, um rio-que-corre-veloz. "Alguma coisa" marca-lhe a fisionomia da perduração, ao mesmo tempo que algo se muda constantemente.

A relação formal entre o diâmetro e a circunferência é imutável, embora as circunferências o sejam mais ou menos, e nunca alcancem a sua perfeição normal.

E o mesmo se dá com o ser humano, que é humano através das suas constantes mutações.

Jamais afirmou Aristóteles que a substância fosse estática, imutável e parada. A substância é de certo modo o que perdura, pois é o que sustenta os acidentes. Se o ser conhece mutações, nelas ele continua *sendo*, e não se transforma em nada absoluto.

O ser é imutável, porque sempre é ser, apesar de ser ora deste modo, ora daquele outro.

Podem mudar os predicados das coisas, mas o *sentido* desses predicados permanece invariante, enquanto permanecem como tais.

Se o ser se caracterizasse apenas pela alteridade, a sua mutação seria para o nada, e teríamos um instante em que o ser deixaria de ser, o que é absurdo.

Se o ser ora é isto, ora é aquilo, é o ser que ora é isto, ora é aquilo, e não o nada absoluto. Se há intercalações de nada é apenas do nada relativo, pois o que era isto deixou de ser isto para ser aquilo, mas alguma coisa há, que era isto, e deixou de ser tal, para ser aquilo.

Se esse "tal" é um instante, é contudo uma realidade de ser, pois, do contrário, teríamos o nada absoluto sempre presente, o que é absurdo.

O defeito dos defensores da realidade do devir (e este é aceito por todos os grandes filósofos) consiste em negar que alguma coisa perdura; como o defeito dos que aceitam a perduração seria o de negar o devir. Há alguma coisa que devém, que passa de um modo para outro, mas o que conhece e o que passa por mutações é ser.

O ser, enquanto ser, não passa por mutações, porque a sua única mutação só poder-se-ia dar para o nada, já que a mutação dada de um modo para outro modo de ser é apenas alguma coisa que lhe aconteceria, sem que ele deixasse de ser. Portanto, o que devém é ser.

Mas, se observarmos melhor, veremos que o que devém é o ser isto ou aquilo, é o ser determinado, é o ser dependente, é o ser finito.

O ser, na sua infinitude, nunca deixa de ser, porque, do contrário, sobreviria o nada absoluto, e nada mais poderia ser, pois o nada absoluto é impotente e impossível.

E a única maneira de bem compreender o ser é aquela que, dialeticamente, se coloca afastada do unilateralismo tanto dos defensores de um devir absoluto e infinito, que é absurdo, como dos que afirmam a imutabilidade indistinta do ser. A não distinção entre nada relativo e nada absoluto, e entre ato e potência, levou muitos filósofos a esboçarem filosofias precárias e frágeis em argumentos.[8]

[8] [Deixamos de tratar das doutrinas atomistas. Estas, quando se colocam como solução metafísica, são precárias, como provaremos mais adiante, sem que se lhes negue certa adequação à esfera físico-química, não porém à da metafísica.]

TESE 40 – O Ser Absoluto é apenas Um e só pode ser Um.

O dualismo é a posição filosófica que consiste em admitir a existência de dois seres, que seriam o princípio de todos os outros.

O pluralismo predicaria a existência de muitos seres, que seriam o princípio de todas as coisas.

Ora, vimos que, no Ser Absoluto, essência e existência se identificam. Nele se identificam o *pelo qual* é (sua essência) e o pleno exercício do seu ser, o existir (existência).

Ele é plenamente, e plenamente *existe*. Poderia haver um outro ser que plenamente fosse, e plenamente existisse?

Esse outro ser se identificaria no pleno exercício de ser. O ser A e o ser B seriam existencialmente idênticos.

Ambos teriam, como existir, uma identidade; a do pleno exercício de ser.

O primeiro ser, como já vimos, caracteriza-se por nele se identificarem essência e existência.

No segundo ou a existência e a essência se identificariam, ou não. Se não se identificassem, a essência do segundo seria outra que a sua existência, e tê-la-ia recebido de outro, no qual essência e existência se identificariam.

A existência do Ser A e a do Ser B seriam idênticas, pois vimos que existir, neste caso, é plenitude de ser, e é plenamente existir.

Ora, vimos que, no Ser A, ser e existir são plena e absolutamente idênticos.

Se o existir de ambos se identifica, o do Ser A e do Ser B, as essências de ambos se identificam, e ambos são simples e puramente ser, pois já vimos que o Ser Absoluto é pura e simplesmente ser, sem composições.

Portanto, os dois seriam apenas Um.

E ademais não poderiam deixar de ser apenas Um, pois, se fossem dois, entre eles deveria haver algo que um teria, e o outro não.

Ora, vimos que o Ser A é plenitude absoluta de ser.

O que não tivesse esse ser seria apenas nada, não-ser. Nesse caso, o que seria ser, no Ser B, seria nada, o que é absurdo.

O ser, no Ser B, só poderia *ser*. E como essência e existência nele também se identificariam, ambos nada mais seriam que Um.

Apenas haveria um erro de nossa parte ao afirmar que seriam dois, sem qualquer justificação, como na verdade não a tem o dualismo de qualquer espécie, e, consequentemente, também não a tem o pluralismo.

Portanto, *o Ser Absoluto é apenas Um.*

Outra demonstração: se houvesse dois seres que fossem princípio de todas as coisas, ambos seriam absolutamente simples, e ambos não se distinguiriam em existir, pois estariam no pleno exercício de seu ser. Só poderiam distinguir-se na essência. Neste caso, ambos seriam compostos, ou apenas um deles o seria.

E o que fosse simples, e não composto, seria aquele em que essência e existência se identificam. Consequentemente, há um só ser, o Ser Um. Eis, ademais, uma prova corroboradora de que há um Ser Primeiro, que é Um, absolutamente Um.

Se ambos o fossem, a impossibilidade ontológica ressalta logo, como vemos na tese seguinte.

TESE 41 – Se existisse outro ser primordial, ambos seriam deficientes e o ser seria deficiente.

Já provamos que é absurdo e contraditório admitir dois seres primordiais, pois seriam essencialmente diferentes, e em um haveria o que no outro não haveria; portanto, um deles, pelo menos, seria deficiente de uma perfeição que pertenceria ao outro. E ambos seriam deficientes, como passaremos a provar.

O Ser A teria todas as perfeições menos uma pelo menos, a qual teria o Ser B, pois do contrário ambos seriam idênticos e, consequentemente, o mesmo ser. Ora, a perfeição que faltaria em A estaria em B. Por outro lado, das perfeições de A, haveria alguma coisa que não estivesse em B, pois do contrário A teria todas as perfeições de B menos uma e, neste caso, A estaria contido em B, e haveria um só ser primordial B, o que contrariaria o dualismo.

Para que o dualismo se desse, A deveria ter, pelo menos, uma perfeição de que careceria B, e este uma perfeição, ao menos, de que careceria A.

Neste caso, ambos seriam deficientes. Mas o que faltaria em A seria ou ser ou nada. Se nada, a falta de nada não é falta.

O mesmo sucederia com B. Logo, o que faltaria em A e em B seria ser. Ambos seriam deficientes num modo de ser, que não seria da essência de nenhum dos dois. Contudo, ambos existiriam e, como existentes, ambos seriam idênticos. Não o seriam essencialmente. E, neste caso, nem em A nem em B essência e existência se identificariam.

E ambos seriam então compostos de essência e existência. Ora, a essência de um e a essência de outro não poderiam ser nada. A essência de ambos seria ser, mas por sua vez compostos de ser e de um modo de ser, o que reduziria tanto A como B a um ser, que seria absolutamente simples, e que os superaria.

Vê-se desde logo que o dualismo surge apenas como resultado de uma má colocação da análise filosófica concreta, porque aceitá-lo é aceitar implicitamente o ser Um, que seria a fonte dos dois seres, que se distinguem entre si por deficiências.

E como ambos seriam deficientes, e o que lhes falta é ser, o ser os antecederia com proficiência, que era o que se queria provar.

Daí se conclui mais uma vez que o Ser Absoluto, que é primordial, é apenas Um.

TESE 42 – Ao Ser Absoluto, por ser infinito, repugna a admissão de outro ser infinito, ou de outro ser qualquer independente dele.

Provamos que se houvesse mais de um ser, entre si independentes, seriam limitados. Provamos que há um ser absoluto, que é infinito, o que exclui a possibilidade de um outro ser que lhe seja totalmente independente, pois cairíamos no dualismo, já refutado.

Consequentemente, todo ser, outro que o Ser Absoluto, é deste dependente (dele pende). Como dependente, seu ser provém do Ser Absoluto, ao qual está necessariamente ligado, portanto limitado por aquele.

Mas o ser dependente não limita o Ser Absoluto, pois este é tudo o que o ser pode ser, no grau mais intensista de ser.

Dele provêm os outros, e só dele. Consequentemente ele, além de absoluto, por ser independente, é infinito porque não tem limites em ser.

O Ser Absoluto é ser infinito.

Provada está a existência do Ser Infinito, e também que só há um, e não vários; em outras palavras, a sua absoluta unicidade. Prova-se através das seguintes providências: se houvesse mais de um Ser Infinito (diversos), o seu conjunto seria mais (tanto quantitativa como qualitativamente) do que qualquer um deles.

Uma pluralidade de infinitos, por ser contraditória à própria noção de infinito, é, portanto, impossível.

Comentários às Teses

O dualismo, em suma, consiste na aceitação de dois princípios do ser, independentes um do outro, imprincipiados, e irredutíveis um ao outro. Ou ambos são ser, ou apenas um deles o é, e o outro seria nada. Neste último caso, haveria apenas um último ser, pois o nada não poderia dar origem a entes reais. Ambos os princípios são então ser. São ambos simples ou compostos. Se fossem simples, existência e essência neles se identificariam, e seriam ambos idênticos, *um* só, como provamos.

Se compostos, neles haveria, no mínimo, dois elementos que seriam o princípio de onde eles dependeriam. Neste caso, não seriam independentes nem irredutíveis, pois reduzir-se-iam aos elementos que os compõem. Estes componentes seriam então os primeiros princípios, e teriam de ser no mínimo dois, ambos simples ou compostos. Voltaríamos, assim, ao que já examinamos, e chegaríamos à conclusão final de que seriam absolutamente um.

Ademais os dois primeiros princípios, sendo independentes e irredutíveis, não poderiam atuar um sobre o outro, pois, do contrário, ambos seriam, de certo modo, dependentes um do outro.

Ambos não poderiam ser infinitos, nem quantitativa nem qualitativamente, como já vimos. Seriam, portanto, finitos. Mas a sua finitude, não sendo estabelecida por um ou outro, pois como vimos são independentes, só o nada estabeleceria esse limite, o não-ser, o que seria absurdo.

Afinal seriam ambos deficientes, como já vimos, e a deficiência não podendo ser nada, mas sendo algo positivo, seriam eles compostos de ser e não-ser, pois o limite da sua essência e da sua existência seria dado pela perfeição da qual careceria um, e que teria o outro, o que é absurdo, pois ambos seriam limitados.

Haveria, assim, em A todas as perfeições de B menos uma pelo menos, e em B, todas as perfeições de A menos uma, no mínimo. Como ambos os seres seriam simples, a carência dessa perfeição negaria a simplicidade, pois ambos seriam deficientes e não absolutamente ser.

O que ambos teriam em comum seria em ambos idêntico. Distingui-los-ia a posse de uma perfeição de que o outro é privado, e também a ausência de uma perfeição pelo menos.

Como ser e existir se identificam na entidade absolutamente simples, a perfeição de que são privados, sendo ser, e existindo, identificar-se-ia com o que neles é e existe. Consequentemente, não seriam privados de tais perfeições, e a distinção entre ambos seria apenas ilusória, não deixando eles de ser senão uma e a mesma coisa.

O pensamento dualista só surge em alguns momentos crepusculares da filosofia, nesses instantes em que a mente humana desfalece, impotente para resolver as aporias que ante ela surgem, e despenha-se no abismo dualista, que não lhe oferece a solução desejada.

TESE 43 – Ao Ser Absoluto não lhe falta coisa alguma para ser.

Se alguma coisa faltasse ao Ser Absoluto para ser, esse alguma coisa estaria em outro. Ora, o outro, que *não* é, seria o nada absoluto, o qual não tem prioridade de qualquer espécie, nem positividade, como já vimos. Portanto, ao Ser Absoluto nada falta para ser.

Já afastamos o dualismo, por ser fundamentalmente absurdo. Logo, ao Ser Absoluto nada lhe falta para ser; é, portanto, infinito, corroborando, assim, as provas que já oferecemos.

TESE 44 – O nada absoluto é homogeneamente nada.

Ao nada não se pode predicar senão nada, portanto não lhe cabe a cópula *é* em sentido substancial, mas apenas como um apontar, como se disséssemos: nada = nada absoluto.

E como tal, dele se pode dizer que é homogeneamente nada.

O Ser Infinito é o contrário positivo e absoluto do nada absoluto, e é absolutamente simples, absolutamente homogêneo.

O nada não tem partes, porque não é, e por não se lhe poder predicar coisa alguma, é homogeneamente sempre nada.

O que podemos pôr nesse conceito negativo de nada, que é a ausência total e absoluta de ser, corresponde inversamente ao conceito de ser, que é absolutamente ser.

TESE 45 – O Ser é o poder infinito e absoluto de ser tudo que pode ser.

Tudo que pode ser é alguma coisa, e não nada absoluto. Ora, o que pode ser implica o que já é, e só o Ser tem o poder que permite que tudo que pode ser seja. E esse poder não tem limites no nada, pois o nada absoluto é absurdo, e está apoditicamente refutado. Consequentemente, todo o ser é do Ser. E é, este, infinito, porque ele é absolutamente todo ser, e absolutamente ser, já que não há o que o negue totalmente, pois a negação do ser, enquanto ser, seria a afirmação do nada absoluto, o que é absurdo, nem tampouco há o que o limite e, pois, não há o limitante. Consequentemente, percorrendo outra via que as anteriores, chegamos à mesma demonstração da tese de modo apodítico.

TESE 46 – Além da impossibilidade do nada absoluto total, há ainda a impossibilidade de um nada absoluto parcial.

Poder-se-ia colocar o nada da seguinte maneira:

o nada absoluto total, como ausência total e absoluta de qualquer espécie de ser; *o nada relativo*, como ausência de um determinado modo, propriedade, espécie de ser, e, finalmente, *o nada absoluto parcial*, um vácuo, um vazio de ser, que, enquanto tal, equivaleria ao nada absoluto, fronteiriço ao lado do ser.

Do primeiro já foi refutada a sua possibilidade. Quanto ao segundo, a sua postulação não implica contradição com o ser. O terceiro, passaremos a examinar.

Poder-se-ia colocar o nada absoluto parcial da seguinte maneira. Admitindo dois seres, A e B, teríamos de afirmar que A é A até onde A é A, e B é B até onde B é B. O nada absoluto parcial dar-se-ia onde A deixaria de ser A, e B de ser B, intercalando-se entre ambos como um vazio. No pensamento atomista adinâmico, que examinaremos mais adiante, os átomos flutuariam no nada absoluto parcial, e a presença do Ser afirmar-se-ia apenas por esses átomos.

Esse nada absoluto parcial é impossível pelas razões que passaremos a aduzir:

a. Se damos a esse nada uma *estância*, pois entre A e B haveria um diástema, marcado pelo vácuo absoluto, pelo nada, este seria total e absoluta ausência de ser. Se tal fosse admitido, teríamos, então, uma ruptura no ser, o que ofenderia as proposições já anteriormente demonstradas, além de outras que surgirão oportunamente.
b. Ademais, essa estância revelaria um caráter físico, pois seria extensa e medível, e a extensidade é um acidente de "alguma coisa", e o nada seria, então, alguma coisa e portador de um acidente, pois algo lhe aconteceria. Vemos que esse caráter físico bem como outros vão ser atribuídos a esse vácuo (*to kenon* de Demócrito) pelos atomistas, tanto antigos como modernos (Einstein inclusive), o que lhe dá caracteres físicos, e o torna alguma coisa e não nada.[9]
c. Se se desse uma estância, e se se pretendesse excluir desse vácuo qualquer caráter físico, seria ele infinito, e estabeleceria uma separação infinita entre A e B, pois não seria medível (porque se o fosse seria alguma coisa), e se tivesse uma limitação, essa seria limitação de alguma coisa. Deste modo, os dois termos A e B jamais se encontrariam, jamais se interatuariam, jamais se combinariam.
d. Se não há estância, sendo esse *entre* (nada absoluto parcial) vazio total de ser, estando-lhe ausente qualquer propriedade, não haveria diástema entre A e B, a não ser que esse *entre* fosse um ser outro que A e B (como o éter, por exemplo). Portanto, o nada absoluto parcial, por ser nada, afirmaria a contiguidade absoluta entre A e B, cujos limites seriam não só contíguos, mas, em algum ponto, idênticos, pois *nada* é o que os separaria, e nada seria a separação. Portanto, se A e B se distinguem, é que o *entre*, que se intercala, é outro modo de ser e não nada. Os limites de A e B seriam apenas os de sua natureza, mas nenhum (nada) *entre* se daria.

[9] [Para outros, esse vácuo é o éter, que não é um mero nada, mas um modo de ser outro que o dos átomos ou de seus elementos constitutivos. Este pensamento não postula o nada absoluto parcial.]

e. Se o nada intercalado fosse real, não haveria uma distância infinita entre A e B, e o nada deixaria de ser nada, porque já teria atributos, como já vimos.

Deste modo, o nada absoluto parcial, que é posto em algumas doutrinas, é absurdo, pois ofende não só os princípios já demonstrados, como outros que ainda passaremos a demonstrar.

Ademais, esse nada, por ser ausência total de ser, seria impossível, pois não poderia atuar nem ser atuado. Não se lhe poderia atribuir qualquer predicado; seria ineficiente, nada favorecendo a solução dos grandes problemas e aporias, além de ontologicamente absurdo.

O nada absoluto parcial reduz-se, portanto, ao nada absoluto total, e é tão absurdo como este. E um argumento final para mostrar a sua improcedência poderia ser dado da seguinte maneira: se se desse um nada absoluto parcial, o ser seria limitado, pois só seria ser até os limites desse nada, que o limitaria. Neste caso, o nada absoluto parcial exerceria uma ação delimitadora e estabeleceria fronteiras no ser, ou seria delimitado pelo ser, sofrendo, portanto, uma limitação. E seria, portanto, alguma coisa, pois, como poderia realizar ou sofrer algo sem ser algo? Ora, tal afirmação está refutada por todos os postulados já expostos. E se o nada é algo, estamos em plena posição dualista, que, por sua vez, já foi refutada, e ainda o será com maior cópia de argumentos oportunamente.[10]

TESE 47 – É impossível que o ser esteja isolado pelo nada.

É impossível conceber o ser como uma substância isolada ante o nada, como uma ilha de ser num oceano de nada. Além das provas já feitas pelas demonstrações anteriores, podemos aduzir mais a seguinte: se tal se desse, o nada absoluto seria parcial, e o ser seria ser até onde é ser, e o nada até onde o nada é nada. Esse nada, um imenso vazio, seria o *onde* o ser existiria, uma espécie de espaço. Aceita esta concepção, o ser teria corporeidade. Esta é uma atribuição

[10] [Na demonstração de outras teses, voltamos a este tema.]

de origem primária, verdadeira aderência psicologicamente infantil. Se o Ser fosse limitado pelo nada teria corporeidade, teria um onde o ser é ser e não nada, e um onde o nada é nada e não ser. Haveria algo cheio, enchendo parcialmente um vazio absoluto. Haveria, assim, um corpo unitivo absoluto, unitivo de ser, numa vastidão de nada. O nada seria então espacial, como espacial também seria o ser, e o ser não seria absoluto, nem o nada, nada, pois neste aconteceria o ser, e seria alguma coisa.

O Ser Supremo não é corpóreo e não tem limites de qualquer espécie, foi o que demonstramos. Esta conclusão já nos mostra também a improcedência do nada absoluto parcial. Este é, ademais, uma *contradictio in adjectis*, pois, se parcial e limitado, nele acontece algo, o que seria negar ao nada o nada, e afirmar-lhe o ser. A aceitação desse nada daria ao ser um limite. Ora, o Ser Supremo é essencialmente infinito e absoluto.[11] Se estivesse cercado pelo nada, haveria diferença entre sua essência e sua existência, e negar-se-ia a sua identidade, pois a essência seria infinita e o seu existir seria finito, limitado. Estaríamos em face de outro absurdo, pois o menos incluiria o mais.

E ademais o ser seria composto, o que é absurdo, pois já vimos que ele é simples, e, sendo finito, a sua finitude seria dada por ele mesmo, já que o nada não poderia atuar. Neste caso, o ser seria limitado por si mesmo, finito, composto de um ato delimitante e de uma potência delimitável e delimitada, composto de ato e potência, e não mais absolutamente simples, o que contradiria as demonstrações anteriormente feitas. E, por outro lado, o nada teria um espaço, pois cercaria o Ser, o que lhe daria um caráter físico. O nada, portanto, fora do ser, é nada. Ou melhor: nada há fora do ser, o que equivale a dizer que *só há o Ser.*

TESE 48 – O Ser Absoluto é absolutamente simples.

O Ser Absoluto é apenas *Um.*

Nele, essência e existência se identificam; portanto é absolutamente simples, porque consiste em ser o que é, como já o provamos.

[11] [Aduziremos oportunamente outras provas de que o Ser absoluto e supremo não é corpóreo.]

E se não fosse simples seria composto. E composto só o poderia ser com o nada absoluto, que não é termo positivo, que nada é para formar uma composição.

Portanto, o Ser Absoluto é absolutamente simples, simplissimamente simples, pois nele não entra qualquer composição, qualquer outro ser, que não seja ele mesmo.

Ele é a suprema ipseidade (*ipse* = si mesmo).

TESE 49 – O Ser Absoluto é suficiente e proficiente.

Por não lhe faltar coisa alguma para ser, pois não há outro fora dele, o Ser Absoluto é suficiente para ser. E como é a sua própria razão de ser, pois, do contrário, ele estaria no nada absoluto, o que seria contraditório e absurdo, é ele suficiente para ser.

E é proficiente, pois todo o ser é dele, e só dele pode vir, pois, do contrário, algo que surgisse, já que ele é a primordialidade absoluta, viria do nada absoluto, o que é absurdo.

Portanto, tudo quanto há tem seu fundamento no Ser, que é absolutamente proficiente, pois toda proficiência vem dele e não do nada.

E esta é absoluta e infinita, pois não tem limites, já que o Ser Absoluto, como o provamos, não é limitado.

É pois infinitamente proficiente, poderoso, porque o nada é impossível e impotente.

Dele, portanto, tem de provir todo o poder, primordialmente.

TESE 50 – O Ser Absoluto é primordialmente absoluto.
É imprincipiado, ingenerado, e absolutamente o primeiro.

Prova-se, agora, de outro modo:

O Ser Absoluto, cuja essência e existência se identificam, não recebeu o ser de outro porque então esse outro seria o Ser perfeito, o ser que é essencial e existencialmente ser.

Não vindo do nada, como já o provamos, é incriado, é primordialmente absoluto. É, portanto, imprincipiado e ingenerado, e foi, e é, absolutamente, o primeiro.

TESE 51 – A negação, considerada em si mesma, seria nada. Consequentemente, toda doutrina negativista é falsa.

A negação é a afirmação da ausência de um modo de ser. Se retirarmos da negação a referência ao modo de ser que é recusado, a negação se esvazia totalmente, e é nada. Por isso as filosofias negativistas tendem fatalmente a alcançar o nada absoluto, porque, se alcançam alguma coisa que não podem negar, terão de afirmá-la como incondicionada e absoluta, o que é a refutação do negativismo. Eis por que as filosofias negativistas são absurdas, como o são o agnosticismo, o ceticismo, o niilismo, o relativismo, etc.

TESE 52 – A unidade é o caráter de ser um. Todo ser é unidade.

Diz-se que é unidade o que tem caráter de ser *um*. O que é um não é múltiplo, enquanto considerado em sua unidade.

Em si mesmo é um, portanto indivisível em si, e distingue-se dos outros (*unum est indivisum in se et divisum ad alio*).

A unidade é o caráter do que é um, formalmente um. Quando são múltiplos os seus elementos componentes, é ela relativa, como a unidade da água, cujos elementos componentes são múltiplos.

Mas o múltiplo também é relativo, porque forma necessariamente "um" só todo.

Todo ser, ou modo de ser, é um; tem unidade. A estrutura ontológica da unidade é inseparável da estrutura ontológica do um. O conjunto é *um* conjunto de unidades.

O conjunto forma uma espécie de unidade, pois a multiplicidade é sempre relativa ao um, já que o múltiplo é múltiplo de unidades.

Onde o ser, aí está a unidade; ser é ser unidade. Só o nada não forma unidade, porque o nada não-é.

TESE 53 – Toda a realidade possui o ser da mesma maneira que possui a unidade.

Onde há unidade, há ser; onde há ser, há unidade. Consequentemente, a relação é evidentemente apodítica.

Dizer-se que algo é é dizer-se que algo é um; é dizer-se que algo é ser. A unidade é sempre função do ser.

TESE 54 – A unidade deve ser considerada sobretudo como estrutura.

Se concebemos a multiplicidade apenas como um conjunto de unidades, como o faz o atomismo primitivo, o todo do conjunto é apenas uma unidade acidental. Mas sucede que a totalidade formada nem sempre é acidental, pois revela propriedades atuais que não eram nem são atuais nas partes componentes, como sucede com a água, que tem propriedades diferentes dos elementos componentes: hidrogênio e oxigênio. Portanto, a água não é apenas um conjunto acidental de oxigênio e hidrogênio, pois ambos, nela, estão numa proporcionalidade intrínseca rigorosa, que forma uma lei que reúne coactamente (num só ato) as partes, formando um novo ser, formalmente outro, com uma estrutura própria, distinta da estrutura dos elementos componentes.

A água forma uma unidade que é, em si, indivisa, distinta de outros entes (as suas partes componentes), relativa à multiplicidade dos elementos, pois os implica, mas apresenta uma unidade substancialmente outra. A água não é apenas uma associação de determinados componentes, mas uma nova estrutura. A concepção meramente atomista – associacionista – é procedente e é positiva quanto às unidades meramente acidentais, mas é insuficiente para explicar as unidades substanciais, que formam *unum indivisum in se*, que são as estruturas tensionais, como se vê na físico-química, na biologia, em todas as esferas do conhecimento, o que é de magna importância para a compreensão das diversas modalidades de se apresentarem as unidades.

Aqui, concepções como a estruturalista, a holista (do grego *holos*, totalidade) e a henótica (do grego *henos*, unidade) são positivas.

Na estrutura há uma transcendência. A estrutura metafísica da unidade dos seres finitos exige um poder unitivo que realize a unidade, a forma coacta das partes, *assumidas* por uma nova forma, uma nova tensão em suma.

TESE 55 – A unidade absoluta é absolutamente simples.

A unidade é relativa quando tem relação com a multiplicidade dos elementos componentes, como a unidade da água, que é relativa aos elementos que a compõem.

Uma unidade absoluta não é relativa às partes, porque é plenamente ela mesma, substancial, formal, essencial e existencialmente uma, sem partes.

Para que uma unidade seja simplesmente (*simpliciter*) absoluta tem de ser ela unidade *per se*, sem dependência de outras. Portanto, para que uma unidade seja absoluta, tem de ser ela absolutamente simples.

O Ser Absoluto é absolutamente simples. Sua unidade, portanto, é absoluta.

E só ele é unidade absoluta *simpliciter*, porque é total e absolutamente ele mesmo.

TESE 56 - A causa da unidade é necessariamente uma.

O dependente real, que é o efeito, e que depende realmente de alguma coisa, que é a sua causa, não pode conter uma perfeição que não venha da causa, pois do contrário essa perfeição teria surgido do nada. Ora, o que causa a unidade, ou, em termos dialético-ontologicamente mais exatos, a dependência real da unidade, pende realmente de algo que a tenha. Consequentemente, a unidade tem de pender do que é um, próxima ou remotamente. Se é múltiplo o que causa um ser *um*, a causa dessa unidade deve primariamente ser *uma*, pois o múltiplo, em sentido absoluto, é absurdo, como já o demonstramos. Para que surjam unidades, há de haver necessariamente uma causa *uma*, e que necessariamente seja *uma*. Há, assim, a imprescritibilidade de uma causa *uma* para que alguma coisa seja *uma* unidade e, consequentemente, uma causa *uma* primeira, necessariamente *uma*, por mais remota que seja, para que possa haver unidades.

A tese é apoditicamente demonstrada, qualquer que seja a via a seguir, como uma decorrência ontológica necessária das demonstrações já feitas.

TESE 57 - Há necessariamente uma causa primária de todas as unidades.

Corolário

A causa-uma, primária e necessária, é absolutamente necessária.

TESE 58 – A causa uma primária e absolutamente necessária é única.

A unicidade absoluta da causa uma primária, absolutamente necessária, é rigorosamente exata, porque há necessidade absoluta de que a primeira causa seja uma, e só pode ser absolutamente uma se única, já que é originariamente a primeira. A primeira causa absolutamente necessária de todas as unidades tem de ser *uma unidade única.*

TESE 59 – A estrutura ontológica do "eidos" do absoluto exige que se estabeleça a distinção entre absoluto simpliciter e absoluto secundum quid.

Em sua essência, é absoluto um ser que não depende de outro para ser; cujo ser está desligado totalmente de outro; cujo exercício de ser é *per se* suficiente. O termo absoluto vem de *ab e solutum*, que quer dizer solto de outro, des-ligado de outro.

Ora, o Ser Supremo é, e tem em si a sua razão de ser, já que é um ser necessário. É assim *simpliciter*, simplesmente absoluto.

No entanto, podemos considerar ainda como absolutas as perfeições, mas dentro da sua especificidade, como a triangularidade é absolutamente triangularidade, pois é ela mesma e desligada de outro. As formalidades, que a razão constrói, são absolutas nesse sentido específico, pois o são enquanto tais, como o conceito racional de espaço é absoluto enquanto tal.

No entanto, como todas as formalidades são dependentes do Ser Supremo, o absoluto que revelam é apenas segundo a quididade; são, portanto, absolutas *secundum quid*, isto é, relativamente à espécie. Não há aqui contradição, como poderia parecer à primeira vista, porque estamos considerando a absolutuidade apenas numa linha especifica.

O Ser Supremo é absoluto absolutamente, simplesmente. Assim a perfeição do Ser Supremo é uma perfeição *simpliciter* absoluta, mas as perfeições das formalidades o são apenas enquanto tais, isto é, *secundum quid*, segundo essa mesma quididade.

A unicidade do Ser Supremo é absolutamente simples, enquanto a unicidade do ser finito é absoluta apenas na sua individualidade, que se encerra dentro de uma espécie.

O primeiro absoluto engloba todas as perfeições, enquanto o segundo, ao afirmar esta, exclui aquela. A infinitude do Ser Supremo não é a de uma espécie de ser, mas a do Ser em seu grau supremo de intensidade, como o demonstraremos a seguir.

Há conveniência nessa distinção, e para evitar as possíveis confusões, preferiríamos chamar de *absoluta simpliciter* a perfeição do primeiro, a do Ser Supremo, e de *absoluta secundum quid* a dos outros seres, aproveitando, assim, uma das mais positivas contribuições do aristotelismo e da escolástica.

TESE 60 – A unicidade pode e deve ser considerada de modo absoluto e de modo relativo.

Toda unidade em si é única. Entende-se por único o que é individual mas incomunicável, pois esta página é *esta* página.

A individualidade, aqui, carece de outro idêntico, pois os entes de natureza igual são, no entanto, outros, como aquelas páginas são *outras* que esta página.

Esta unicidade, que é o caráter de ser único, é unicidade de fato, pois faticamente esta página aqui é única; é ela mesma e não outra. Não é esta página única na sua espécie, mas é única na sua individualidade. O conceito de único, portanto, é distinto do conceito de individualidade, pois, dada uma espécie que tivesse apenas um único indivíduo, este seria necessariamente único na sua espécie.

Mas essa unicidade ainda não seria absoluta, como não seria absoluta a unicidade se a humanidade fosse apenas representada por um só homem, um único sobrevivente de catástrofe que aniquilasse todos os outros. Esse homem seria o único representante da espécie, não a *humanitas*. Nenhum indivíduo específico poderia atualizar totalmente a espécie.

A unicidade, para ser tal, implicaria que o ser que a representa se identificasse com a espécie, e, neste caso, o indivíduo seria totalmente, além da sua própria forma individual, a da espécie, e com ela se identificaria.

Não poderia ele atualizar simultaneamente o indivíduo e a espécie, porque esta contém em si as possibilidades individuais atualizáveis diferentemente, e um só indivíduo não as atualizaria. Ademais, a espécie é uma estrutura ontológica, que não poderia subjetivar-se num indivíduo, como não o poderia a triangularidade, aqui ou ali, mas apenas triângulos, estes ou aqueles.

Uma unicidade dessa espécie ainda não seria absolutamente única, porque, para ser tal, seria mister que a unicidade fosse necessariamente imposta. Ora, tal só poderia, como só se pode dar, com o Ser Supremo, que é necessariamente um e único.

Só ele alcança uma unicidade absolutamente única. Do conceito de absoluto infere-se o de unicidade, pois, como já vimos, só o Ser Supremo é absoluto *simpliciter* e, portanto, só ele é absolutamente único.

Nas coisas finitas, a presença do absoluto manifesta-se na unicidade dos indivíduos, pois o mundo real cronotópico, ou meramente existencial, é formado de indivíduos que têm certa unicidade, isto é, relativa à individualidade de cada um, à sua tensão.

Na unicidade das coisas há a presença do absoluto, e é nela que as coisas participam de uma das perfeições do Ser Infinito, embora não a tenham na plenitude da sua perfeição.

No entanto, de certo modo, considerado na sua unicidade, cada indivíduo é absolutamente único, embora o caráter desse absoluto se dê apenas dentro do limite da sua espécie, o que lhe empresta o caráter de absoluto específico ou absoluto *secundum quid*, como já estudamos.

TESE 61 – Na essência lógica do ser, todos os entes se univocam e também se univocam na unicidade.

Rejeitado o nada absoluto, e compreendido o nada relativo, que tem positividade, como já vimos, compreende-se que o ser, em sua essência e em sua existência, é positividade, e, tomado logicamente, nele todos os seres se univocam.

Mas, como o Ser Supremo é, além de positividade, o pleno exercício do ser em sua máxima intensidade, a univocidade dos entes é confusa no conceito de ser como positividade, como "aptidão para existir". Pois o ser, que é em ato, é apto para existir, e o ser possível só o é se for apto para existir. Nessa aptidão para existir, que é meramente lógica, todos os seres se univocam.

É essa aptidão real. Encontramos nela uma univocidade entre todos os seres. Se ela não fosse real, mas apenas ideal, seria meramente ficcional. E tal não se justifica, pois, neste caso, ser não seria aptidão para existir, o que é absurdo. Portanto, independentemente dos esquemas lógicos, os seres se univocam nessa aptidão, a qual não é apenas uma distinção realizada pela nossa mente, mas real *extra mentis*.

Por outro lado, não há equivocidade absoluta, pois, se houvera, dar-se-iam rupturas no ser, o que é absurdo. Nem tampouco poderia haver uma univocidade absoluta entre os entes, pois todos se identificariam. Não há, portanto, uma univocidade nem uma equivocidade absolutas, entre os seres. Mas, sim, são eles, de certo modo, unívocos e, de certo modo, distintos entre si; portanto, são análogos. A unicidade de um ser não é a do outro, mas, por serem únicos, ambos se univocam como tais.

Por isso todos os entes são análogos, pois a analogia é uma síntese da semelhança e da diferença; e onde há semelhança deve haver um ponto de identificação formal, e onde há diferença, um ponto de diferença absoluta, porque, do contrário, a diferença seria aparentemente diferença, e a semelhança, aparentemente semelhança.[12]

Todos os entes formam uma unidade, e são únicos. A unicidade implica uma certa irredutibilidade de um ente a outro.

A unicidade implica uma identidade, e é ela a mais profunda raiz da identidade. Pois ser *idem* é ser si mesmo, como um e único. É essa unicidade que diferencia absolutamente cada ser de outro ser, pois este é este, e apenas este, e não aquele. Portanto, o que identifica diferencia. O ser único se diferencia de outro, mas ambos se identificam em ser únicos, porque a unicidade é formalmente unívoca para ambos.

Na unicidade, identificam-se os contrários da identidade e da diferença absoluta, ou da alteridade. O idêntico implica o outro. O ser idêntico a si mesmo é, ao mesmo tempo, o ser outro que outro.

O conceito de unicidade é um conceito genuinamente dialético e, nele, os extremos opostos se identificam, sem deixar de ser o que são.[13]

Este é o motivo por que os racionalistas não podem compreender "racionalmente" a unicidade, e também por que o individual e o único são dificilmente racionalizáveis, salvo pela filosofia concreta, por ser esta dialética (como lógica concreta e do *também*). Temos, assim, na unicidade, o ápice, o ponto de encontro de todos os opostos.

[12] [Foi o que demonstramos, em *Ontologia* e *Cosmologia*, ao estudarmos a Analogia.]

[13] [A unicidade é objeto de uma disciplina que estatuímos, a *henótica*, a qual é exposta por nós em *Problemática da Singularidade*.] Outro livro que não existe. O tema, no entanto, é esboçado em *Noologia Geral*.

É também o vértice da pirâmide, na simbólica egípcia.[14]

TESE 62 – A unicidade é incomunicável.

Aquilo por meio do qual uma coisa singular é precisamente esta coisa (*haec*, daí *haecceitas*, heceidade) não pode comunicar-se a outra, pois comunicar é terem vários seres em comum uma mesma perfeição.

O que faz que A seja homem, podem tê-lo muitos, mas o que faz que seja *este homem*, só ele o tem.

Essa unicidade é simplicidade de singularidade.

A unicidade deste ser é incomunicável, mas os seres têm em comum a unicidade de ser cada um *este ou aquele ser*.

Têm em comum a unicidade formalmente, não porém a unicidade enquanto simplicidade de singularidade. Todos os seres que são um são, de certo modo, únicos, e entram na ordem da unidade, mas o que faz que este seja este é apenas dele.

A unicidade é assim a última determinação formal do ser, pois os seres se determinam pelo gênero, pela espécie e pela individualidade, e esta conhece a sua última determinação na unicidade.

Mas é ela ainda um conceito transcendental, pois dela participam todos os seres e modos de ser, que são únicos, e todas as diferenças de ser, que também são únicas.

[14] Daí, igualmente, a dificuldade crescente do pensamento de Mário na *Filosofia Concreta* e a necessidade de seguir a ordem das teses. À medida que os opostos convergem, as categorias de pensamento comuns com as quais se lida no cotidiano desaparecem em um primeiro plano, mas em um segundo nível as próprias categorias filosóficas se acomodam em uma tensão dialética permanente. A referência à simbólica sugere novamente que a unidade final do conhecimento, a *Mathesis*, só pode ser atingida pela via simbólica na medida em que o simbolismo comporta a significação de contrários e o próprio paradoxo de uma maneira que o raciocínio lógico-discursivo não consegue. Dito de outra maneira, o conhecimento final leva a uma mudança de plano no próprio sentido do conhecimento, como se fosse um elemento em progresso que, ao final da jornada, se transformasse em algo diferente de si mesmo. O conhecimento da *mathesis* se dá no plano simbólico, quando não apenas o conhecimento mas o próprio modo de conhecer se transforma dialeticamente em algo próprio para acolher o paradoxo – o símbolo. Finalmente, ao atingir estágios superiores do pensamento, o discursivo se transfigura em simbólico, única maneira de atingir o conhecimento do incognoscível. Uma leitura do *Tratado de Simbólica* auxiliaria sobremaneira a compreensão desta parte.

Estamos agora em face de uma antinomia entre a unicidade e a comunidade. Os seres da mesma espécie têm em comum a espécie. Mas a têm como forma de que participam ontologicamente. Como existentes são, no entanto, únicos. A unicidade da existência prova a sua distinção da essência. E o esquema concreto de cada ente é único no sentido em que é *este* (*haec*). O que neles se repete é apenas o *arithmós*, o número no bom sentido pitagórico, como a *haecceitas* de uma coisa é o seu *arithmós* individual. Vê-se deste modo quão positivo é o pensamento platônico, pois as coisas imitam as formas, permanecendo o que elas são (*haec*).

A concepção platônica facilita-nos a compreensão da unicidade da *haecceitas* ao lado do que se repete, do que é comum.

Os seres ontologicamente (no *logos* do *ente*) se repetem, mas são onticamente (como entes) únicos.

TESE 63 – O ser afirma-se por si mesmo.

O juízo *"ser é ser"* não é uma mera tautologia, como pode parecer à primeira vista.

Há aqui, logicamente, distinção entre sujeito e predicado. É uma distinção lógica; porém não se pode deixar de compreender que o predicado diz algo do sujeito, pois *o ser é ser*, e ser é *ser*.

Ademais, o ser é absolutamente ele mesmo. Sem necessidade de relacionar-se com outro. O ser afirma-se sem necessidade de outro. Coisa alguma é mister acrescentar-se à afirmação dessa identidade, pois ela é *per se* bastante e suficiente. E tanto é assim que dizer-se que ser não é não-ser é o mesmo que dizer que ser é ser.

Essa identidade do ser funda o princípio de identidade. Nos dois juízos: "isto é" e "isto é aquilo", há lugar para uma distinção importante.

No primeiro caso, temos a ideia transcendental de ser, porque dizemos simplesmente que *isto é*. Aqui o valor de ser é absoluto. No segundo, referimo-nos a um *modo de ser*, portanto é *relativo*.

Ser isto ou aquilo não é transcendental, pois o ser, aqui, tem uma extensão limitada, já que é afirmado enquanto é isto ou aquilo, o que lhe dá o caráter de relativo e não de absoluto. Assim, quando se diz que *Ser é ser*, aqui, *ser* é ademais tomado transcendentalmente e de modo absoluto.

TESE 64 – O ser, enquanto tal, não o podemos abstrair.

Se tomamos um ente qualquer, podemos abstrair as suas perfeições, uma por uma. No entanto, não podemos abstrair o ser, enquanto ser, porque em todo o ato de abstração, e no abstraído, o ser está sempre presente, porque o abstraído é ser.

É assim o ser-enquanto-ser a máxima concreção, porque sempre ele está presente.

TESE 65 – O ser é verdadeiro.

O ser só pode ser verdadeiro, pois o contrário do verdadeiro é o falso, e se o ser não fosse verdadeiro seria o inverso de si mesmo, o nada, e este, já mostramos, é absurdo.

E como não há meio-termo entre o nada e o ser, este é absolutamente verdadeiro; é a plenitude da verdade.

Corolários

O ente não pode ser explicado pelo nada.

O conceito de nada inclui contradição, e exclui tanto o ser "extra-intellectum" *como o ser no intelecto.*

Ente é o que não inclui contradição.

Ente é aquilo a que não repugna ser.

Não há proporção (proportio) *entre ser e nada.*

O Ser Supremo é intensistamente ser, porque é todo em si mesmo. E é extensistamente ser, porque só há o ser e não o nada absoluto.

Os conceitos (intensista e extensista) são usados, aqui, analogicamente.

Comentários

Na filosofia clássica, podia-se conceber o ser necessário *lógica* e *ontologicamente*. Logicamente, como o expõe José Hellín, é a ilação inevitável das premissas; ontologicamente, pode ser considerado em três ordens: na *ordem do agente*, a causa necessária, não livre; na *ordem dos meios*, aquele sem o qual não se obtêm os fins; na *ordem do ente*, aquele que não pode não existir.

Nesta última ordem, que é a mais importante, podemos considerá-lo ainda: *hipoteticamente*, como aquele que, se é, necessário é; e *absolutamente*, como aquele que assim existe de maneira absoluta, independentemente de qualquer condição, e que não pode não existir, cuja não-existência implica contradição.

O ser contingente pode ser tomado *lógica* e *ontologicamente*. Logicamente, o ser contingente surge da ilação não inevitável das premissas. Ontologicamente, pode ser tomado na ordem do agente, e é o agente livre; na ordem dos meios, e é o meio que não é o único suficiente para o fim; na ordem do ente, e é aquele que pode existir ou não existir, sem qualquer contradição, aquele cuja existência não cai sob o conceito de essência absoluta. O ser contingente é aquele cujo constitutivo é nada, e de si permaneceria nada. Se se torna alguma coisa, não se torna por si, mas impelido por outro a ser.

Em suma, o ser contingente pode não ser, sem que haja qualquer contradição na sua não-existência, enquanto o ser necessário é aquele que não pode deixar de ser, cuja não-existência implicaria contradição.

Ora, o Ser Supremo, como vimos através das demonstrações feitas, é um ser necessário, pois sua não-existência implicaria contradição. Não alcançamos, porém, a apoditicidade de sua existência fundada no princípio de contradição, mas fundada no rigor ontológico das teses desenvolvidas. Verifica-se, corroborando as nossas provas, que, ademais das razões ontológicas apresentadas, há ainda a favor delas a razão fundada nos princípios da argumentação clássica.

Fundado no princípio de causalidade, vê-se que o ser contingente necessariamente é feito, e é feito necessariamente por outro, e tem sua razão suficiente em outro. Se o ser contingente pode não ser, seu constitutivo não é a existência atual. É de si nada e de si permaneceria nada, perseveraria nada. Para ser algo necessita do que é, que é sua razão de ser.

Na filosofia clássica, encontramos, sobretudo em Tomás de Aquino, tanto na *Summa contra Gentiles* como na *Summa Theologica*, o emprego do argumento fundado nos seres contingentes para provar a existência de Deus como ser absolutamente necessário. Essa prova é de máxima importância na teologia clássica, mas, como seu ponto de partida é um tanto controverso, só deve ser aceita se for robustecida pelo apoio ontológico, como oferecemos através da filosofia concreta.

TESE 66 - Num vazio absoluto os átomos não poderiam mover-se.

Se os átomos se movessem no vazio (vácuo, *to kenon* dos atomistas adinâmicos), esse vazio não seria um vazio (vácuo absoluto), pois, caso o fosse, não haveria movimento, por faltar um termo dessa relação.

O movimento físico implica quatro termos reais: o móvel e o ponto de partida (*terminus a quo*), mas, como todo o movimento é um transitar para outro lugar, exige ademais um terceiro, *terminus ad quem*, o para onde se dirige, mas também um quarto, a *via*, onde se dá o movimento, onde a coisa está ubiquada.

Sem um termo de partida, sem o de chegada, sem a via e sem o móvel, não há movimento. No caso do vácuo absoluto teríamos ausência total da *via*, pois a distância entre os termos seria ou infinita ou nula, porque, se finita, o vazio não seria um vácuo absoluto, mas um espaço, e este com caracteres físicos acidentais, o que levaria a admitir que era ele substancial, pois como haver acidentes que não o sejam de alguma coisa que está na relação como substância?

Se infinita, como já o demonstramos, como haver combinações e interatuações entre os átomos? Se nula, haveria contiguidade e identificação num ponto, ou melhor, na superfície, o que negaria a absoluta separação entre os átomos, por sua vez fundamental na concepção atomista adinâmica, que passamos a refutar.

Refutação do Atomismo Adinâmico

Uma das concepções que tentam explicar o princípio de todas as coisas é o atomismo. Podemos considerá-lo como *adinâmico* (puro) e como *dinâmico*. O primeiro é o atomismo clássico, de Mosco de Sídon, Leucipo, Demócrito, Epicuro e Lucrécio. O segundo, o de Bacon, Descartes, Newton, Dalton, e das concepções modernas.

Para o primeiro, a matéria universal é composta de corpúsculos, de uma ou várias espécies, insecáveis, isto é, impartíveis, *átomos*.

Esses corpúsculos não têm uma origem em outro ser. São existentes *per se*, *per se* subsistentes, e sempre existiriam. A diversidade, a heterogeneidade dos corpos, surgiria das diversas figuras que formariam esses corpúsculos em suas múltiplas "combinações".

Para o atomismo dinâmico, como por exemplo o exposto por Joseph Louis Proust e Jean-Baptiste-André Dumas, a matéria-prima, de onde se originariam todos os átomos, é o hidrogênio, e segundo as diversas condensações do átomo de hidrogênio surgiriam os outros. Por esta doutrina, a vida intelectiva e a sensitiva reduzir-se-iam à mecânica. O universo seria explicável mecanicamente. A espécie seria o resultado das combinações mecânicas dos corpúsculos. Estes, por terem corporeidade, seriam extensos, resistentes, impenetráveis, com uma massa e com um peso. Todos os fenômenos seriam explicados pelas vibrações e ondulações dos conjuntos atômicos.

O atomismo adinâmico, ou atomismo puro, é ontologicamente falso e predominantemente aporético, pois em vez de solucionar as dificuldades aumenta-as, multiplica-as. Em primeiro lugar, parte da impenetrabilidade dos átomos, isto é, de sua solidão. Subitamente, sem uma razão suficiente, os átomos põem-se a formar combinações figurativas, depois de passarem um tempo sem princípio, mantendo-se em suas primitivas posições.

Neste caso, teríamos de admitir que os átomos tinham a aptidão, desde todo o sempre, de se combinar heterogeneamente com outros, o que os tornaria híbridos de atualidade e potencialidade. Não havendo uma causa eficiente que os movesse às suas combinações, seriam eles autônomos, espontâneos e semoventes. Neste caso, neles se distinguiriam o móvel e o ímpeto para o movimento, os quais se dariam neles mesmos.

Deixariam, portanto, de ser simples para serem compostos de ato e potência. Para aqueles que admitem diversas espécies de átomos, ainda teríamos a composição de forma e matéria, pois seriam eles de uma matéria diferente da forma. E, neste caso, deixariam de ser insecáveis, ou seja, insuscetíveis de seccionamento. Se se admitir a identificação da forma em diversas materialidades, e sendo estas especificamente diferentes, serão diversas também as formas. Mas, sendo cada forma sempre a mesma, cada matéria teria outra forma, para constituírem-se átomos de materialidade diversa. Ter-se-ia, afinal, de afirmar uma só matéria-prima com diversas formas, o que não salvaria o postulado da sua simplicidade absoluta.

Ademais, esses corpúsculos são móveis e, consequentemente, aptos a moverem-se, a serem movidos, por si e por outros, o que implica a hibridez de ato e potência. Seriam eles efeitos, pois todas as mutações conhecidas teriam uma causa.

Mas esta causa suficiente não é colocada pelo atomismo. Ora, o acaso ou é um ser ou é nada. Se é um ser, antecede aos átomos, e se é nada, nada pode fazer.[1]

Consequentemente, o atomismo puro tem de fazer apelos ao nada para explicar os efeitos, o que é uma queda precipitada no absurdo.

Com o examinado até aqui, verifica-se que o atomismo puro, no intuito de evitar as aporias filosóficas, criou um rosário delas, sem solucioná-las.

Poder-se-ia ainda argumentar que, os átomos sendo aptos a múltiplas combinações, e sendo estas combinações números, elas enquanto tais são imutáveis. Desta forma, os átomos, em si imutáveis, o que é princípio sem prova, seriam mutáveis, não só em suas atualizações, mas também ao constituírem combinações numéricas, enquanto tais aritmologicamente consideradas imutáveis. Teríamos, assim, uma ordem de realidade imutável e outra de realidade mutável, o que, levado até as

[1] [No fim deste livro refutamos, por outro caminho, a postulação do acaso.]

últimas consequências, num raciocínio ontologicamente bem encadeado, é a refutação completa da doutrina.

O atomismo não soluciona nenhum dos problemas filosóficos, apenas os desloca.

Os átomos, sendo simples e insecáveis, não poderiam ser extensos, pois assim seriam divisíveis em potência. Ademais os seus limites seriam dados pelo vazio absoluto, intercalado entre eles. Intercalando-se um nada, embora absoluto-parcial, a distância, o diastema entre os átomos, seria: ou infinita, e as combinações seriam impossíveis, pois onde não há nada não poderia haver nem sequer combinações, ou então finita, e neste caso o nada seria real, pois teria um atributo real. Ademais os átomos, para interatuarem-se, precisam de um meio físico, já que eles são físicos. E, neste caso, o nada deixaria de ser tal para ser um ser, e os átomos estariam imersos num ser que os envolveria. Estes argumentos decorrem das provas já por nós apresentadas.

E entre eles e esse ser haveria um limite. Mas tal limite só poderia ser formal, e não absoluto; do contrário, intercalar-se-ia outra vez o nada-absoluto-parcial.

O atomismo, deste modo, não consegue solucionar nenhum problema ontológico. Pretendendo afastar-se da metafísica, é, na verdade, uma doutrina metafísica de grau notavelmente baixo, pois não se funda nem na experiência (a qual não se daria neste caso), nem em razões ontológicas. O atomismo puro não explica a massa, nem a qualidade, nem a resistência, nem a impenetrabilidade, nem qualquer dos problemas físicos.

*

O *atomismo dinâmico*, que pertence à Ciência moderna, enquanto permanece no campo da físico-química, encontra fundamentos, mas, ao desejar tornar-se metafísico, assume a mesma posição ingênua e primária do atomismo puro. A Física moderna admite microestruturas, que são os átomos, cuja complexidade é objeto de estudo de diversas disciplinas.

O átomo moderno não é insecável, pois é desintegrável, e os elementos que o compõem podem integrar outras totalidades.

O verdadeiro físico moderno é aquele que se dedica ao estudo da teoria atômica, dentro apenas do campo da Ciência, restrito à esfera da

Física. Considerar os átomos como princípios de todas as coisas é uma afirmativa que escapa à Ciência, e o cientista que neste ponto manifesta tal pensamento afasta-se dela para penetrar no campo da metafísica.

Para a teoria eletrônica moderna, o elemento mais simples e primordial, fisicamente considerado, é o *elétron*, que é de carga negativa. A ele se opõe o elemento nuclear, que é o *próton*, de carga positiva. O primeiro move-se em torno do núcleo, não no vazio, pois intercala-se, entre ele e o núcleo, o éter, cujas qualidades não são determinadas pela Física, que apenas afirma a sua fluidez.

O éter é ainda hipotético para a ciência, e tema de estudos. Mas, de qualquer modo, entre os elétrons e o núcleo, não se intercalará o nada, e sim alguma coisa.

Além dos elementos citados, a Física moderna considera outros muitos, segundo as diversas hipóteses.

Além dos argumentos por nós expostos em contraposição à solução metafísica do atomismo de qualquer espécie, podemos acrescentar outros argumentos, que virão a seu tempo, quando examinarmos a matéria e distinguirmos a materialidade da corporeidade, etc. Ademais, o atomismo tem um vício de origem: é uma doutrina pluralista, que cai nas aporias do dualismo, que já demonstramos ser absurdo. A solução atomista, na verdade, não é uma solução, pois, em vez de diminuir as aporias, aumenta-as, multiplica-as, como dissemos no início.

A validez da concepção dinâmica cinge-se apenas à esfera físico-química, e não à que a ultrapassa. Neste sentido, em nada contradiz os postulados da filosofia concreta.

Crítica à Posição de Kant[1]

A única oposição séria que ainda pode restar ao que empreendemos nesta obra é a que se funda no criticismo kantiano. Como, para muitos, Kant "desterrou de uma vez para sempre" a "vã metafísica", como gozosamente afirmam alguns dedicados ao estudo da Filosofia, pois mostrou, "de modo definitivo", a impossibilidade de *juízos sintéticos a priori*, os únicos que podem caber à Metafísica, já que os *sintéticos a posteriori* são dados pela experiência, julgamos de nosso dever reproduzir aqui algumas páginas do que escrevemos em nosso *As Três Críticas de Kant*, onde

[1] A longa explanação crítica da obra de Kant aparece como uma interpolação na exposição das teses da *Filosofia Concreta* e se desenrola por uma dezena de páginas. Aparentemente, Mário via em Kant o momento de destruição radical da Metafísica no século XVIII. Não uma destruição a partir do ridículo e portanto sem base filosófica, mas com uma argumentação cerrada. Isso talvez explique o espaço dado à crítica de Kant em uma obra que, de resto, muito pouco teria a ver com um exame tão detalhado de um único filósofo. A argumentação das teses é interrompida para esse intercurso com a filosofia kantiana – a rigor, uma crítica de Kant a partir da Escolástica e de Aristóteles (ou melhor, de Aristóteles lido pela Escolástica). De fato, ao eliminar a Metafísica como área da filosofia, Kant abriu caminho para um tipo de pensamento exclusivamente material, e o próprio limite da coisa em si mostra-se como um limite do pensamento diante daquilo que só é pensável como categoria metafísica. Não é à toa que um século mais tarde Schopenhauer vai equiparar a coisa em si com a Vontade, reflexo de um princípio inconsciente: se o princípio da coisa em si não é transcendental, só pode residir de alguma maneira no próprio ser mas como algo separado de si mesmo. No entanto, a crítica de Mário a Kant parece se dirigir não apenas às ideias, mas também à construção dos argumentos feitos pelo filósofo de Königsberg.
Os trechos a seguir preveem alguma familiaridade de quem lê com a *Crítica da Razão Pura* e com os *Prolegômenos a Toda Metafísica Futura*, de Kant. A *Crítica da Razão Prática* e a *Crítica do Juízo* são mencionadas em menor escala, embora pareça que o filósofo brasileiro faz menções a todo o pensamento crítico kantiano.
Há indícios de que Mário tinha planejado uma tradução comentada das três *Críticas* de Kant – e pelo que está aqui exposto dá para imaginar o teor dos comentários – acompanhadas de um prefácio. Alguns dos argumentos, e eventualmente algumas passagens dos argumentos expostos aqui na *Filosofia Concreta*, são retrabalhados lá. Não existem indicações de que ele tenha sequer iniciado a tradução, mas *As Três Críticas de Kant*, uma espécie de prefácio geral, existe em manuscrito. (E este livro inédito será em breve publicado pela Editora Filocalia.)

examinamos a sua doutrina e justificamos a nossa. Pedimos ao leitor que nos perdoe a longa transcrição, mas, como é imprescindível fundamentar a nossa tese, julgamos acertada a providência.

É nos *Prolegômenos* que Kant procura responder à pergunta de como a Metafísica é possível como ciência. Na *Crítica da Razão Pura*, prossegue examinando o tema para concluir que a Filosofia só será possível quando possa estabelecer-se fundada em *juízos sintéticos a priori*, o que nega ele tenha sido feito até o momento pelos metafísicos.

Kant é inegavelmente um produto final do *Aufklärung*, do século das luzes, do Iluminismo, da Ilustração, século que mereceu tantos nomes pomposos através dos tempos. Realmente, há um progresso no saber experimental e científico do homem. Quanto ao saber filosófico, porém, fez-se um hiato perigoso e terrível entre a filosofia do passado e as novas experiências filosóficas das quais Kant é um perfeito representante.

O Iluminismo, que foi uma ascensão no campo científico, terminou por tornar-se, no campo filosófico, um período de trevas do conhecimento. Não era justo que esse hiato se prolongasse, como se prolongou até nossos dias, a ponto de ser manifesta e palmar a ignorância de muitos filósofos da obra dos medievais e até dos gregos.

Mesmo que não houvesse elementos a nosso favor, estaríamos certos de que Kant nunca leu nenhuma das grandes obras dos medievais, como por exemplo Tomás de Aquino, Duns Scot, São Boaventura e Suárez. Nem tampouco leu, senão por alto, a obra de Aristóteles e de Platão, porque, talentoso como era, não poderia, de modo nenhum, enunciar, sobre a Metafísica, as afirmativas que encontramos em seus trabalhos, tão comuns e frequentes em seu século, quando essa disciplina caíra no desfavor dos intelectuais de então, que julgavam que a obra de autores menores e os exageros de alguns metafísicos deficientes constituíam o ápice da Metafísica.

Na época de Kant, proclamar-se metafísico era atrair sobre si o riso de todos os voltairianos de então. Kant era um homem tímido e tremeria dos pés à cabeça se o chamassem de metafísico. Tudo envidou para estar no seu século, procurando tornar impossível a Metafísica. E o fez com uma habilidade satânica. Sua obra é uma armadilha bem urdida. Caindo nela, ninguém se salva. Cerca aparentemente por todos os lados as possíveis saídas em favor da tese contrária. Usando de uma sofística extraordinária e de argumentos aparentemente sólidos, consegue enlear os desprevenidos em suas malhas. Depois da sua obra só poderiam vir o materialismo vulgar, o ficcionalismo, o empiriocriticismo, o positivismo, o relativismo filosófico, o agnosticismo, o materialismo histórico, o ceticismo moderno, o niilismo de toda espécie, o desesperismo de nossos dias, etc. Kant foi menos construtivo na Filosofia que destrutivo. Não é de admirar que todos aqueles que procuram destruir o trabalho filosófico de séculos busquem, por todos os meios, difundir sua obra sem acompanhá-la da necessária crítica. Sabem muitos que o kantismo é meio caminho ao desespero e à destruição da Filosofia. Não é, pois, de admirar que receba os afagos de alguns professores de Filosofia, e que sua propagação seja tão estimulada, sobretudo pelos que têm interesses outros, muitas vezes inconfessáveis.

Vejamos algumas passagens da obra citada:

> A metafísica, como disposição natural da razão, é real, mas é também, tomada em si mesma apenas (como o demonstrou a solução analítica da terceira questão fundamental), dialéctica e enganadora. Querer, pois, tirar desta os princípios e seguir, no uso dos mesmos, uma aparência certamente natural, mas apesar de tudo falsa, eis o que nunca pode criar ciência, mas unicamente uma vã arte dialéctica, onde uma escola poderá prevalecer sobre outra, mas nenhuma delas obterá alguma vez uma aprovação legítima e duradoira.[2]
> [...] Garanto que ninguém, depois de ter reflectido e compreendido os princípios da crítica, mesmo que só nestes prolegómenos, voltará mais a essa antiga e sofística falsa ciência [...].[3]

Mas a metafísica que o sr. Kant[4] conhecia era a de Spinoza, Wolff, Leibniz, Clarke, Newton, Mendelssohn, etc. Não conhecia os escolásticos. Conhecia Wolff, e bastava. Não era ele consagrado como o "mais profundo e completo conhecedor da escolástica"? E a síntese que

[2] Immanuel Kant, *Prolegómenos a Toda a Metafísica Futura*. Trad. Artur Morão. Coleção Textos Filosóficos. Lisboa, Edições 70, 1988, p. 163 (A 188-189).

[3] Ibidem, p. 164 (A 190).

[4] É a única vez em que o "sr." aparece na obra para se referir a Kant. Não é típico do estilo crítico de Mário: é quase garantido dizer que esta é a única vez em que isso acontece.

havia feito, na exposição das doutrinas medievais, não era um "monumento de fidelidade"? Não era, pois, de admirar que Kant não perdesse seu tempo a ler aqueles volumosos trabalhos dos medievais, muitas vezes pouco inteligíveis. Bastava louvar-se em Wolff, e daí por diante era fácil o caminho. Mas, na verdade, Wolff não é considerado um autêntico expositor da obra dos medievais. Ao contrário; falsificou e não compreendeu muitas coisas, expondo-as falsamente. Quanto aos outros, no campo da Metafísica, foram levados por concepções racionalistas, ou excessivamente idealistas, sem o devido fundamento na realidade.

> Toda a arte falsa, toda a ciência vã tem o seu tempo de duração; pois acaba por aniquilar-se a si mesma e a sua mais elevada cultura constitui simultaneamente a época da sua decadência. Este momento chegou agora para a metafísica: prova-o o estado em que ela caiu em todos os povos cultivados, quando aí se estudam com todo o ardor as ciências de todo o género.[5]

Mas qual foi a época de máxima ascensão e, portanto, de início do declínio? O século XVIII? Absolutamente não. O período áureo da Metafísica foi na época de Tomás de Aquino e São Boaventura, Alberto Magno, Scot, nos séculos XIII e XIV, e depois, no século XVI com os conimbricenses e salmanticenses. O período de que fala Kant é precisamente de declínio. Aquela Metafísica era miséria da Metafísica. Estava-se em pleno período de refluxo da escolástica, e o voltairismo havia influído nas consciências ingênuas. Realmente o espetáculo na Filosofia era desolador. O que havia era o *metafisicismo*, forma viciosa da Metafísica, que Kant, na verdade, combatia. Ele confundira essa decadência com a ascensão, ou por ignorar a verdadeira Metafísica ou por má-fé. Preferimos por enquanto a primeira hipótese, mais consentânea com os fatos e com a própria obra de Kant.

E ele prossegue afirmando que metafísicos, em todo tempo, não fizeram essa ciência avançar um passo além de Aristóteles, "e isso a partir da causa inteiramente natural de que a ciência ainda não existia [...]".[6]

[5] Ibidem, p. 165 (A 191).
[6] Ibidem, p. 167 (A 194).

> Ora, até agora, a metafísica não conseguiu demonstrar validamente *a priori* nem este princípio [o da substância e do acidente], nem o princípio de razão suficiente, ainda menos alguma proposição mais complexa que dissesse respeito, por exemplo, à psicologia ou à cosmologia, em suma, nenhuma proposição sintética: portanto, nada se cumpriu, nada se produziu e se fez progredir através de toda essa análise e, após tanta agitação e ruído, a ciência continua ainda onde estava no tempo de Aristóteles [...].[7]

E prossegue:

> Se alguém se julga ofendido por isso, facilmente pode reduzir a nada esta acusação pela simples apresentação de uma única proposição sintética pertencente à metafísica, que ele se propõe demonstrar *a priori* pelo método dogmático; se o fizer, mas só então, lhe concederei que realmente contribuiu para o progresso da ciência: ainda que esta proposição fosse, além disso, suficientemente confirmada pela experiência vulgar.[8]

E ele resume a sua posição filosófica nestes termos: "Todo o conhecimento das coisas a partir unicamente do entendimento puro ou da razão pura não é mais do que ilusão, e a verdade existe apenas na experiência".[9]

Finalmente, afirma que cabe ao defensor da Metafísica:

> [...] provar segundo o seu método, mas, como convém, por princípios *a priori*, uma só que seja das proposições verdadeiramente metafísicas por ele afirmadas, isto é, sintéticas e conhecidas *a priori* por conceitos, possivelmente uma das mais indispensáveis, por exemplo, o princípio da permanência da substância ou da determinação necessária dos eventos do mundo pela sua causa.

[7] Ibidem (A 194-195).
[8] Ibidem, p. 167-68 (A 195).
[9] Ibidem, p. 176 (A 205).

Se ele não conseguir (o silêncio é uma confissão), deve admitir que, visto a metafísica nada ser sem a certeza apodíctica das proposições desta espécie, importa primeiramente estabelecer a possibilidade ou impossibilidade destas numa crítica da razão pura, por conseguinte, é obrigado ou a reconhecer que os meus princípios na *Crítica* são exactos, ou a provar a sua invalidade.[10]

E, dispensando as concessões que Kant faz, resolvemos dar a resposta em duas partes:

1. mostrando a improcedência de suas afirmativas sintetizadas na *Crítica*, quanto à impossibilidade da Metafísica;
2. e realizando, por meio de demonstrações, uma construção filosófica rigorosamente apodítica, em nossa *Filosofia Concreta*.

O defeito principal e fundamental do filosofar de Kant é o vício inerente ao racionalismo; vício que ele herdou, usufruiu e empregou em toda a sua crítica. Consiste ele no seguinte: o que é apenas *distinto*, onde apenas cabe uma distinção, Kant estabelece uma separação, um afastamento, uma diácrise, caindo, assim, em todos os erros diacríticos da razão, que salientamos em nossa *Filosofia da Crise*, que é uma análise da *crítica*, que consiste na atividade de abrir a crise por meio de diácrises e estabelecer a síntese por meio de síncrises. É natural que Kant, depois de haver separado, tenha dificuldade e afirme até a impossibilidade da síntese dos elementos que ele separou abstratamente. Vejamos alguns pontos:

Quando medita sobre a verdade do objeto pensado, Kant desdobra o pensamento e seu objeto como duas entidades real-realmente distintas, como se elas não se implicassem mutuamente.

Procura o nexo de ligação nos juízos sintéticos *a priori*, mas o que primeiramente faz é desdobrar o juízo em seus elementos, esquecendo que a separação lógica surge da linguagem e não da ideia. Depois é difícil compreender como é possível ligá-los. Esquece que o nexo de ligação se dá na natureza e não na linguagem, pois o conceito-*sujeito* e

[10] Ibidem, p. 182 (A 213-214).

o conceito-*predicado*, se gramaticalmente são isolados, e no enunciado verbal são ligados pela cópula, na realidade estão unidos, e formam uma totalidade coerente e formalmente uma.

Outro aspecto é julgar que há duas verdades: uma que é a nossa, e outra que é absoluta. Esquece que a verdade lógica, a verdade material, a verdade ontológica, a verdade concreta são distintas, e que separá-las é excesso de abstratismo.

Por outro excesso abstratista, Kant separa o fenômeno do númeno, a percepção do pensamento, como se fosse possível perceber sem pensar.

As modificações do eu, ele as separa do eu, como se pudessem existir independentemente do eu, chegando à conclusão de que da consciência do meu pensamento não posso inferir a minha existência.

Separa o atributo da substância, a perfeição e o Ser Perfeito, etc.

Kant realiza, assim, o mais perfeito ficcionalismo abstratista que o racionalismo vicioso poderia construir. Procura, depois, uma síntese na intuição ou na experiência, e alcança apenas uma síncrise, com todos os defeitos do pensamento sincrítico viciado, desde o início, pela diácrise abstratista.

A filosofia de Kant termina transformando-se numa grande armadilha, na qual quem não está devidamente preparado não consegue achar uma saída, porque todas lhe foram fechadas. Essa admirável construção, que não oculta um certo satanismo, terminou por conseguir uma presa inegavelmente notável e famosa, cujo valor é inegável, que foi Kant, prisioneiro da própria armadilha que criou.

Ele afirma que só admitiria fundamento na Metafísica se fosse demonstrado apoditicamente um *juízo sintético a priori.*

Qual a prova apodítica que exige? A que é dada pela experiência. Neste caso, a experiência provaria a validez do juízo sintético *a priori.*

Mas a experiência depende, em sua validez, das *formas puras da sensibilidade*, cuja força é subjetiva. Portanto, a experiência não pode dar validez, porque não a tem suficiente. Conclusão: a única prova que Kant admite não é prova suficiente, do que decorre, inevitavelmente, que um juízo sintético *a priori* não pode ser demonstrado apoditicamente, seguindo a linha de Kant. É notável essa posição. Ele desafia que se prove pela via que ele afirma que não prova; desafia que se encontre um objeto num lugar determinado onde ele não está, porque já o tirou de lá. Desse modo, o desafio de Kant é uma mistificação. Talvez o termo seja um pouco forte, mas, francamente, não conhecemos outro que melhor expresse o que ele revela em seu desafio.

*

Todo o sistema de Kant depende da solução que se dê aos *juízos sintéticos a priori.*

A afirmativa da sua prioridade implica:

a. que não têm sua origem apenas na experiência;
b. que sua origem está apenas na mente.

Este é o dilema colocado por Kant. Mas, se não têm sua origem *apenas* nos sentidos, não se pode ainda afirmar que tenha sua origem *apenas* na mente.

Para que tal afirmativa fosse válida, teria Kant de provar que não há um meio-termo entre a experiência isolada e a mente tomada também isoladamente.

Contudo, pela solução aristotélica, *há um conhecimento que parcialmente procede da experiência e parcialmente da mente.* Sobre essa solução silencia Kant.[11]

As categorias são para ele *vazias*, sem objeto. A intuição da sensibilidade (*Anschauung*), por apenas captar os fenômenos e não a coisa em si, é cega, nada conhece da coisa. As intuições sensíveis são, portanto, nada, porque não representam nada de real em si mesmo. Como, portanto, justificar a síntese entre sujeito e predicado?

Kant nega, na *Crítica da Razão Pura*, que os princípios sintéticos *a priori* possam ser aplicados às coisas em si, atribuindo-os apenas aos fenômenos.[12] Como o *princípio de causalidade* é um princípio sintético *a priori*, este não pode ser aplicado ao *númeno*, mas apenas ao *fenômeno.*

[11] [Kant silencia a solução aristotélica. Ou a conhecia ou não. Se a conhecia, não deveria ter perdido a oportunidade de refutá-la. Se não a conhecia (como se depreende de certas afirmações que faz em suas obras), não é perdoável essa ignorância num filósofo de seu porte.]

[12] Cf. Idem, *Crítica da Razão Pura*. Trad. Fernando Costa Mattos. 4. ed. Coleção Pensamento Humano. Petrópolis (RJ) / Bragança Paulista (SP), Vozes / Editora Universitária São Francisco, 2015, p. 95, 248: "juízos estes, contudo, que por essa mesma razão não alcançam

No entanto, em outra passagem da mesma obra, diz: "O entendimento limita a sensibilidade, [...] e, na medida em que a alerta para não arrogar-se a valer para coisas em si mesmas, mas apenas para fenômenos, ele se representa então um objeto em si mesmo, mas apenas como objeto transcendental *que é a causa* do fenômeno (portanto não é ele próprio fenômeno) [...]".[13] Ora, esta passagem contradiz diretamente a anterior.

Outra contradição de Kant está em afirmar que nada conhecemos do *númeno*.

Contudo, para explicar a heterogeneidade qualitativa dos fenômenos, a qual resulta da cooperação dos *númenos* e das minhas faculdades[14] (exemplificada pela heterogeneidade das cores, dos sons, etc.), supõe que há alguma heterogeneidade qualitativa nos próprios *númenos*, o que é afirmar que não são totalmente incognoscíveis. Admite, quando menos, sua existência. Ora, admitir a existência é afirmar que não são totalmente desconhecidos.

*

As coisas reais da nossa experiência estão a nos afirmar que não têm em si mesmas sua razão de ser. Não é possível (pois não há fundamento nenhum, para nós; e é, ainda, fundamentalmente falso) afirmar que alguma coisa finita do mundo que nos cerca independe de qualquer outra, e existe aqui e agora sem depender do que quer que seja. Ainda mais: não podemos admitir, por falta total de fundamentos, que qualquer ser finito se dê em absoluta solidão, totalmente desligado dos outros, com absolutuidade (*ab solutum*), solto de tudo o mais, afirmando a si

jamais além dos objetos dos sentidos e só podem valer para objetos da experiência possível" (B 72); "a analítica transcendental tem por importante resultado: que o entendimento nunca pode conseguir mais, *a priori*, do que antecipar a forma de uma experiência possível em geral; e, como aquilo que não é fenômeno não pode ser objeto da experiência, que ele não pode ultrapassar jamais os limites da sensibilidade, os únicos no interior dos quais objetos podem ser-nos dados. Seus princípios são meros princípios da exposição dos fenômenos, [...] não poderia haver quaisquer princípios sintéticos *a priori* para além do campo da experiência possível" (B 303-305).

[13] Ibidem, p. 272 (B 344), grifo de Mário Ferreira dos Santos.

[14] Esta paráfrase da Analítica Transcendental levanta questões importantes sobre a leitura da *Crítica da Razão Pura* que Mário Ferreira dos Santos empreende. Abordaremos essas questões na edição do livro inédito do filósofo sobre o pensamento kantiano.

mesmo. Sabemos que *perpassam* por todas as coisas, ou melhor, que *há* entre todas as coisas que constituem o mundo da nossa experiência uma lei, um *logos*, que as analoga umas às outras, que é o mesmo em muitas, e um *logos* que é o mesmo em todas. Há, assim, um nexo que conexiona, que coordena todas as coisas, um nexo geral, totalizante, que as une numa "ronda de verdadeiro amor", na frase poética de Goethe. Uma visão atomística de entidades completamente soltas umas das outras também não poderia deixar de reconhecer que há entre tantas mônadas isoladas algo em comum que as conexiona, que dá lugar ao surgimento do que é o cosmos, *a ordem*. A realidade é o nexo que reúne, coordena as coisas reais. Ora, tais nexos coordenadores, coordenados por sua vez num nexo universalizante, são algo. Portanto, têm um sentido, um ser e, como tais, uma essência, uma forma. Há, assim, um *logos do logos*, uma *ratio* que os distingue uns de outros. E essas formas, a que os gregos chamavam também de *ideai*, ideias, têm um nexo, que se chama *idealidade*. Assim, na *realidade* (que é o nexo das coisas reais), há uma *idealidade* (que é o nexo das coisas ideais, os *logoi*). Há, pois, uma *idealidade* na *realidade*. E como esses *logoi* têm uma sistência, não podemos, porém, afirmar que tenham ex-sistência; ou seja, que se deem fora de suas causas como seres subsistentes em si mesmos. Como todo ser é ser na proporção em que tem uma sistência, e como tal tem uma realidade, há, portanto, um nexo de realidade na idealidade, como há um nexo de idealidade na realidade.

Por essas razões, vê-se que, à proporção que captamos os *logoi*, perscrutados por nós na experiência que temos das coisas, experiência não só no sentido restrito de Kant, mas também no sentido amplo em que é comumente considerada, podemos afirmar, sem temor de erro e com plena adesão de nossa mente, que são eles reais desde que correspondam ao nexo da realidade, como deste nexo podemos captar o nexo de idealidade. Se nossos conceitos não possuem conteúdos suficientes para corresponderem exaustivamente ao que se dá na realidade, eles porém correspondem, intencionalmente, ao que é fundamentalmente nas coisas.

Kant, pela influência do abstratismo racionalista de sua época, pelos exageros do idealismo e da metafísica racionalista, que conhecia, cujos defeitos são imensos e cuja fraqueza é inegável, não podia compreender essa conexão, e negava objetividade ao que a nossa mente eideticamente constrói com segurança, duvidando da validez de nossos juízos quanto a uma correspondência à realidade fora de nós. Foi ele, por sua vez, uma vítima desse abstratismo, mesmo quando o combatia, porque não se libertou da sua influência, e o seu criticismo não foi capaz de alcançar a posição concreta que só hoje o pensamento humano está apto a obter.

*

Repetimos que se deve considerar Kant dentro de sua época, sob a influência da metafísica racionalista de então e ante a decadência da escolástica, que era evidente. Nessa fase do processo filosófico, inegavelmente poder-se-ia afirmar sem receio que a Filosofia não conhecia progresso e que o pensamento humano havia, em suas especulações, caído numa espécie de *impasse*, do qual não podia livrar-se. A crítica de Hume tinha forçosamente de exercer grande influência num espírito de escol como o de Kant, que, embora influído por ele, teria mais dia menos dia de se libertar do famoso pensador escocês, sem deixar, contudo, de pagar o tributo devido aos que nos libertam de uma posição ou nos concedem uma autonomia que antes não desfrutávamos, permitindo-nos invadir novos terrenos inesperados. Tentando combater as ideias de seu libertador, Kant revela sempre a profunda influência que o pensamento de Hume exerceu sobre ele, da qual jamais se libertou totalmente.

Negava ele, e com certo fundamento (desde que nos coloquemos na posição que julga que o modo racionalista de filosofar é o único que se emprega na Filosofia), que possa haver progresso na Ciência se esta se fundar apenas em juízos analíticos. Nestes, o predicado nada acrescenta de novo, mas apenas aponta o que já está contido no conteúdo esquemático do conceito-sujeito, como exemplifica com o juízo "o corpo é extenso", ou "A é necessariamente A".[15]

Já demonstramos que há excesso na afirmativa kantiana, porque a análise, como temos mostrado, permite clareamentos; e também alcançar apofanticamente (por iluminação) aspectos que idealmente se conexionam, o que favorece a concreção sobre bases seguras; bem como exigir, para a plenitude de sua compreensão, outros aspectos ideais, que

[15] Cf. ibidem, p. 51 (B 10-11).

favorecem a solidez do que é examinado, como se vê em nossas análises, nas quais se notam comprovações, dadas pelo nexo da realidade, suficientes para dar objetividade aos juízos construídos; bem como construírem-se juízos sintéticos *a priori*, apodíticos, virtualmente contidos no conceito em exame.

Também, para Kant, não poderia haver progresso se a Ciência se fundasse apenas em *juízos sintéticos a posteriori*, porque, nestes, o trânsito ao predicado do que não está contido no sujeito é dependente subjetivamente da experiência contingente, cujos exemplos são "a pedra esquenta", "o sol ilumina", "A é contingentemente B". Só pode haver progresso quando somos capazes de realizar *juízos sintéticos a priori*, nos quais, independentemente da experiência, o trânsito se realiza ao predicado, que de nenhum modo está contido no sujeito, como "o sol esquenta a pedra", em suma: "A é necessariamente B".

Que são legítimos tais *juízos sintéticos a priori* na Matemática e na Física, aceita-o Kant porque ambas se fundam nas formas puras da sensibilidade: o espaço e o tempo. Mas a sua legitimidade na Metafísica não tem tais fundamentos, porque os objetos metafísicos transcendem a toda experiência possível, no sentido restrito que Kant dá ao termo *experiência*.[16]

As suas conclusões, neste ponto, fundam-se nos seguintes postulados de sua doutrina:

a. só por meio dos sentidos temos contato com a realidade externa;
b. o que imediatamente conhecemos é um objeto interno (fenômeno), em oposição à coisa em si (*númeno*);

[16] [Quanto ao problema das ciências, Kant soluciona da seguinte maneira:
A Matemática é possível e pode construir *juízos a priori*, apoditicamente válidos, porque a intuição do espaço e do tempo, sobre os quais se fundamentam aqueles juízos, como vimos, é *a priori*.
A Física é possível porque, fundada sobre as categorias da qualidade e da relação, que são dinâmicas, pode impor leis estáveis e necessárias à natureza sensível.
A Metafísica, ao contrário, não é possível como ciência objetiva, porque teria de fundar-se em *juízos sintéticos a priori*, e estes, não se fundando no *fenômeno*, teriam de fundar-se no *númeno*, que é intelectual e sensivelmente incognoscível. Portanto, a Metafísica não tem fundamentos objetivos. Vê-se que Kant tinha uma visão muito restrita do que é Metafísica.]

c. há uma distinção entre o intelecto (entendimento = *Verstand*) e a sensibilidade (*Anschauung*), porque aquele tem um papel ativo na constituição do objeto inteligível;
d. a experiência só nos dá o que é contingente, e não o que deve ser (*sollen*).

Conclusão: o que é dado pela nossa mente como um, estável e necessário é dado *a priori*; ou seja, antecedentemente à experiência. (Tal não quer dizer que Kant não soubesse que, psicologicamente, o conceito ou a ideia de tempo e espaço tem origem num longo processo da nossa mente. Afirmava apenas a sua aprioridade em sentido lógico. Este ponto, porém, não é aceito por todos, e há diversas razões contrárias a esta tese. Contudo, nas notas que fizemos à tradução da *Crítica da Razão Pura*, chamamos a atenção para as passagens que vêm em favor de uma ou outra posição.)

A sensibilidade é manifestamente passiva em relação à coisa em si, e as sensações são constituídas pelas formas puras da sensibilidade, o tempo e o espaço, como vimos. Desse modo, as intuições sensíveis podem fundamentar *juízos sintéticos a posteriori*, mas, por si sós, não são suficientes para fundar *juízos sintéticos a priori*, porque o objeto de tais juízos é universal e necessário, o que é apenas inteligível e não sensível. Essa inteligibilidade é fundada sobre formas *a priori* do intelecto às quais Kant chama de categorias.

A Indubitabilidade dos Universais

A maior parte dos problemas propostos por Kant já estava resolvida com séculos de antecedência. Para os que desconheciam as soluções já dadas, a sua obra poderia soar como algo novo, inesperado e inédito.

Colocou ele sobre a mesa o problema dos *universais*, perguntando como se poderiam dar conceitos e juízos *universais válidos*, quando a experiência é *concreta* e *singular*. Ora, tal pergunta era constantemente usada pelos adversários do realismo na longa polêmica medieval dos universais. Contudo, cabe dizer que Kant colocou o problema sob novos aspectos. Mas a validez dessa afirmativa depende apenas de que se apontem, com evidência, os aspectos novos. Se estes são simples *revenants* do passado, a afirmativa perde a sua procedência.

A tese kantiana da dubitabilidade dos universais fora respondida por Aristóteles e pelos escolásticos através dos séculos, pela *teoria da abstração*, cujas demonstrações sintetizamos a seguir.

A falsidade não se dá em si mesma, mas no juízo. A falsidade, contudo, admite, de certo modo, graus. O verdadeiro princípio último universal e necessário da certeza natural é a evidência manifestada do objeto na mente; ou seja, a evidência objetivo-subjetiva. A evidência intrínseca é sempre necessária. Estas teses já foram devidamente demonstradas em nossos livros.

Finalmente: a cognição objetivo-metafísica é possível por abstração formal, o que torna a Metafísica possível como ciência.

A existência e o valor objetivo da abstração foram demonstrados vigorosamente e de modo apodítico pelos escolásticos.

Provada essa tese, a Metafísica, como ciência, será possível, e a tese kantiana ruirá fragorosamente.

Há, contudo, certas dificuldades. Partindo-se da posição empirista, todo conhecimento tem sua origem ou seu início nos sentidos. Ora, tal tese é acarinhada pela escolástica, sobretudo pelos tomistas e pelos que seguem a linha aristotélica. E esse problema se justifica, porque a

Metafísica dedica-se também ao estudo de entidades que escapam aos meios cognoscitivos de origem meramente sensível, já que Deus, para exemplificar, não pode ser um objeto sensível nem experimentável do modo como Kant entende experiência. Se Deus fosse um objeto dessa experiência, não seria Deus, e demonstrar a sua existência como um fenômeno, ou seja, como um objeto da intuição sensível, não seria demonstrar Deus, mas uma entidade meramente sensível. Pedir, pois, para Deus tal espécie de prova é exigir o impossível, porque, como ser espiritual, sua prova experimental é simplesmente absurda. Absurdo era, por exemplo, o argumento apofático (negativo) daquele cirurgião francês que, para *provar* a inexistência da alma, dizia não havê-la jamais encontrado na ponta de seu bisturi, como se a alma fosse um ser extenso, material, que um bisturi pudesse tocar, cortar.

A Metafísica, como definia Aristóteles, é a ciência que especula sobre o ente enquanto ente, e o que decorre deste. A Metafísica, portanto, pode ser *geral* (a *Ontologia*), quando examina o ser precisamente imaterial, e é *especial* quando especula sobre um ser positivamente imaterial, como Deus (*Teologia*).

A Metafísica é, para a escolástica, a ciência que pertence ao *terceiro grau da abstração.*

A abstração pode dar-se sobre aspectos da matéria que não podem ser concebidos como independentes desta, como a abstração que se faz da cor de um pêssego. É a abstração de primeiro grau.

Da matéria, pode-se, ainda, abstrair a *quantidade* (número, figura), abstraída ainda da sua existência, como a linha, o ponto, etc. É a abstração de segundo grau.

Pode-se ainda abstrair totalmente da matéria o ser, o existir, a lei, a forma, etc. Tais seres podem ser concebidos sem matéria, e considerá-los como sendo independentemente de toda matéria. Essa abstração é a que se chama *metafísica*, ou a de terceiro grau.

Assim, de João abstraio *homem*, de homem posso abstrair a ideia *animal*, e desta, *vivente*, e desta, *ente*. De *homem* posso ainda construir uma abstração *humanidade*. Reversivamente, temos: ente, humanidade, vivente, animal, homem, João.

Ora, as abstrações que transcendem a experiência são, por isso, chamadas de metafísicas, no sentido que sempre se deu ao termo *metafísica*.

Ante elas, foram tomadas as seguintes posições:

Os *materialistas* afirmaram que fora da matéria nada há. Ora, tais objetos da Metafísica, por serem *imateriais*, nada são ou são apenas *nada*.

Kant nega realidade ao objeto da Metafísica (entes imateriais). O único objeto real para ele é o *fenômeno sensível*, o qual, por sua vez, por fundamentar-se apenas *subjetivamente*, é sem fundamento real. Deste modo, os objetos metafísicos são puro vácuo, inanidade, ilusão.

Para os positivistas, o objeto metafísico é *incognoscível*. Só podemos conhecer como certos os fenômenos sensíveis, e o que os transcende são enigmas insolúveis.

São adversários, portanto, da Metafísica os que negam uma realidade objetiva aos objetos metafísicos. Quanto aos que julgam que é ela apenas construção falaciosa de ficções para explicar os fatos ou para explicar o que se desconhece, respondemos que tal não é a que desejamos defender neste nosso trabalho.

Para se demonstrar a validez da Metafísica como ciência, cabe provar, portanto, o seguinte:

a. que os objetos metafísicos são verdadeiramente ob-jetivos;
b. que os objetos metafísicos transcendem à experiência possível.

A prova de que os objetos metafísicos são verdadeiramente objetivos dependerá da prova da objetividade dos conceitos universais. A objetividade de um universal consiste em ser independente do sujeito cognoscente e, na atividade cognoscitiva, ter seu valor *in re*, ser com fundamento *in re*, um fundamento *extra mentis* (fora da mente humana), que é o seu valor objetivo. Subjetivamente, ou formalmente, o conceito é o ato mental que acidentalmente modifica o sujeito, e que é termo da operação cognoscitiva.

Em face do valor objetivo dos conceitos universais, as posições que o negam são as seguintes:

Nominalistas rígidos: negam que se dê a *representação universal*, quer de ordem sensível (imagem), quer de ordem suprassensível (a ideia). Negam a objetividade total dos universais. Os conceitos são meros *flatus vocis*. Tais foram os sofistas, os epicuristas e os estoicos da Antiguidade e Roscelino, na Idade Média, etc.

Nominalistas mitigados: afirmam estes que se dão *representações de algum modo universais*, mas que reduzem-se a *imagens*, e muito pouco a *ideias*.

Temos entre estes os empiristas, os positivistas, os sensualistas, e entre eles, Hume, Berkeley, Stuart Mill, Bergson, Wundt, Høffding, Taine, Ribot, etc.

Conceptualistas: dentro da heterogeneidade das posições, podemos salientar os antirrealistas metafísicos, os idealistas, os agnosticistas metafísicos e, especialmente, Kant, que é objeto de nosso exame.

O conceptualismo é uma doutrina *subjetivista*. Admite que o conceito é universalmente válido, mas nega qualquer elemento cuja *sistência* esteja fora da mente humana. É o universal uma construção subjetiva porém válida; cuja *sistência* está apenas na mente, como sustenta Kant, ou, como afirma Ockham, os conceitos são sinais, mas *naturais*, não meramente arbitrários. Os conceitos aparecem para nós como imutáveis, mas fora de Deus nada há imutável; consequentemente, os conceitos não se dão objetivamente. Contudo, a imutabilidade dos conceitos, tomados formalmente, é inegável, porque dois sempre foi e sempre será dois.

Kant é um conceptualista moderno, pois afirma categoricamente que os conceitos têm sua *sistência* total na mente humana, de onde provêm.

Quanto a outros conceptualistas modernos, suas ideias se confundem com as dos nominalistas.

Demonstrada a improcedência das posições nominalistas, automaticamente mostramos a improcedência da posição fundamental de Kant.

Teremos de demonstrar o seguinte:

a. que os universais correspondem a representações intencionais (conceitos ou ideias),
b. cuja sistência não é meramente subjetiva; antes, os universais possuem um valor com sistência objetiva, algo que está *fora do sujeito cogitante e fora da atividade cogitante*.

O universal *subjetivamente* tomado é sempre singular.

Vamos deixar de lado os exemplos que foram usados pelos filósofos medievais, e vamos considerar apenas um bem moderno, bem da nossa experiência, que nos oferecerá todos os elementos principais de prova à tese que por ora defendemos, a do realismo moderado, que consiste em afirmar que há uma sistência objetiva, fora da mente cogitante, para os *universais*.

Um engenheiro reúne um grupo de técnicos para realizar um projeto de construção de um automóvel de determinado tipo, *tipo Z*. O exemplo é pouco curial na filosofia, mas sua familiaridade favorecerá de modo pleno a consecução do fim que pretendemos alcançar. Esboça-se o projeto. Aprovado, fazem-se os cálculos de construção, escolhe-se o material a ser empregado. Equipes especiais estudam os pormenores da fabricação das peças diversas, que deverão obedecer à forma estatuída no projeto. Iniciam-se, afinal, a construção e o acabamento, e milhares de autos tipo Z acham-se prontos, iguais uns aos outros, para seguirem para o mercado de automóveis.[1]

Podemos distinguir em tudo isso o seguinte:

1. a ideia primeira do auto tipo Z, elaborada pelo seu criador;
2. o esboço figurativo do mesmo;
3. o esboço que esquematiza a proporcionalidade das partes componentes do mesmo;
4. a matéria escolhida para as diversas partes;
5. a modelação da mesma, segundo os esquemas traçados; ou seja, de modo a cada parte corresponder funcionalmente ao interesse da totalidade;
6. a integração total, final, que realiza o acabamento.

[1] [O exemplo que damos é concreto, e o aproveitamos da experiência do homem moderno. Será para muitos, acostumados à linguagem abstrata da Filosofia, um tanto rude, grosseiro. Contudo, justificamos a sua escolha pelas razões seguintes:
a) o referido exemplo é de fácil fundamento na experimentação humana;
b) possui todos os requisitos em favor da tese que defendemos;
c) facilita a melhor compreensão por parte de um espírito menos avezado à linguagem abstrata da Filosofia;
d) contém toda a validez desejada;
e) embora grosseiro, dadas as condições que oferece e a finalidade que nos orienta, está justificado;
f) ademais, a preferência aos conceitos abstratos decorre do hábito filosófico de usar conceitos de máxima abstração, o que provoca em muitos certas dificuldades, o que justifica o exemplo escolhido, pela *intuitividade* que oferece.]

Estamos agora em face dos milhares de autos tipo Z. Cada um é uma *singularidade*, uma totalidade singular. A matéria que compõe cada um é numericamente outra que a de outro qualquer. Contudo, há entre eles algo que têm em comum: a mesma forma, a mesma funcionalidade, a mesma proporcionalidade das partes, segundo a normal da totalidade.

Os termos verbais *auto tipo Z* são apenas um *flatus vocis*? Palavras vazias, sem qualquer referência a um conteúdo conceitual, como o querem os nominalistas rígidos? Não apontam as palavras *auto tipo Z alguma coisa outra* (*aliquid aliud*) do que é representado na mente?

É apenas uma imagem sensitiva?

É apenas a combinação de imagens dos diversos *autos tipo Z* singulares que se acham aí?

Não tem o *auto tipo Z* uma *sistência* fora da nossa mente, em cada um dos autos singulares?

Todas essas perguntas recebem respostas fáceis. E em defesa das respostas, podemos argumentar da seguinte maneira:

a. não é o auto tipo Z uma *imagem singular*, porque pode representar *muitos* autos, A, B, C, D... A imagem só pode representar a singularidade, a deste auto tipo Z aqui, o terceiro a contar da direita;
b. não é uma *composição de imagens singulares* (*combinatio* ou *compositium imaginum*), porque tal composição seria algo flutuante e indeterminado. Ora, o que se dá na mente é algo fixo e determinado. É distinta, pois, a imagem de um auto tipo Z da ideia de um auto tipo Z. Uma combinação não representaria propriamente o que se representa exatissimamente pela *ideia*, que representa *algo*. Assim, tanto o nominalismo rígido como o nominalismo mitigado estão refutados.
c. Não sendo uma imagem singular, nem uma combinação de imagens, é um conceito universal, pois não significa apenas um auto tipo Z singular, mas *muitos*, todos os autos tipo Z, que são tal *segundo a mesma razão* (*secundum eamdem rationem*), tanto A como B, C, D, etc. Como seria possível a ciência sem tais conceitos?
d. O conceito *auto tipo Z* é predicado univocamente por identidade de muitos singulares. Ora, o que se predica

univocamente de muitos não é um simples nome, não é apenas um conceito subjetivo, ou seja, de sistência meramente subjetiva, porque auto tipo Z não é algo que é auto tipo Z apenas na mente, porque em cada um, singularmente, há o que o torna tal e que se repete em cada um. Nem é apenas uma coleção de singularidades.

O que faz que este seja auto tipo Z, e aquele também, e também aquele outro, e todos, é *algo real* em cada, é algo que tem *sistência objetiva* em cada um. *Este* automóvel é um tipo Z, este outro também é, e aquele, e aquele outro...

Não é um conceito subjetivo porque este auto tipo Z não é a minha ideia subjetiva de auto tipo Z.

Há algo que tem *natureza* real, que tem uma sistência neste, naquele e naquele outro, e o que há em cada um deles é o *elemento ontológico*, que corresponde ao conceito *universal*. Há, em cada um, e em todos, portanto, uma lei, um *logos* de proporcionalidade intrínseca, que os faz serem auto tipo Z.

O conceptualismo de Kant é insuficiente, portanto, porque afirma que o conceito universal tem sua sistência apenas na mente, o que a própria experiência destrói.

O conceito universal, que é um em nós, aponta *intencionalmente* (*intentionaliter*) ao que há *fundamentaliter*, *fundamentalmente* na coisa.

Fisicamente e *in re*, o que há na coisa é um, mas, *formalmente* (como lei, *logos* de proporcionalidade intrínseca), está em muitos.

A dificuldade, que se poderia propor aqui, é apenas a seguinte:

O exemplo apontado refere-se a um conceito concreto, como o são os de Homem, Mesa, Cão, Pedra, aos quais corresponde um *subjectum* que os representa. A argumentação pode favorecer a posição da Ciência, porque esta trabalha com os chamados conceitos concretos. Mas a Metafísica trabalha com conceitos que são produtos de abstrações de terceiro grau. E, sem que provemos a objetividade destes, a tese kantiana será, pelo menos, parcialmente verdadeira, no tocante a este ponto.

Façamos, pois, a resposta à pergunta e ofereçamos uma solução à dificuldade. Provado, como ficou, que há no conceito *aliquid aliud*, algo outro que a mera subjetividade, e que esta, *intencionalmente*, aponta para algo que se dá *fundamentalmente* na coisa, provamos que há um valor *objetivo*, uma *sistência extra mentis*, que tal *sistência* independe da própria concepção (conceito). Podem, portanto, ser eles aplicados a coisas outras, as quais desconhecemos, como veremos.

Validez da Metafísica Geral
(Ontologia)

A forma que há nas coisas, como vimos no exemplo que citamos, não é uma imagem (subjetiva), não é um objeto mera e simplesmente da experiência, pois ultrapassa de certo modo a esta. Ora, tal demonstra, definitivamente, que a cognição objetivo-metafísica é possível.

Para que a Metafísica seja possível, temos de mostrar a validez objetiva, a sistência *extra mentis*, o fundamento sistencial dos conceitos universais e dos juízos universais. Dos conceitos, a prova já apresentamos. Resta, agora, mostrar a dos *juízos universais.*

Os juízos metafísicos surgem das comparações realizadas entre os conceitos abstratos.

Os conceitos abstratos de primeiro grau, como vimos, são os que se realizam através de uma *abstração total. Estes, porém, não transcendem a experiência possível.*

Por essa abstração, alcançamos os chamados *conceitos concretos*, como *homem*, *triangular*, etc.

Estes conceitos se referem a algo que tem uma *matéria*, um *subjectum* material, e que, portanto, não transcendem a experiência, embora não sejam imagens experimentais, mas referem-se a coisas experimentáveis. Embora tais conceitos, tomados em si, sejam *imateriais*, porque, do contrário, se singularizariam num particular e não poderiam repetir-se em muitos, não transcendem a experiência. Não são, pois, *transcendentais.*

Contudo, há conceitos que transcendem a experiência, como os conceitos de *humanidade*, *sapiência*, *triangularidade*, *eternidade*, *causalidade*, etc., os quais não têm um *subjectum material* que os represente.

Para alcançá-los, é necessária não a *abstração total*, mas uma *abstração formal.* Não se referem eles a nenhum grau de *materialidade.*

Poder-se-ia objetar que tais abstrações são puras ficções, mas a objeção seria improcedente, porque não podemos recusar-lhes uma *sistência*, como veremos ainda.

Ao compararmos tais *formas* entre si, podemos predicar alguma forma, dizer que um ou outro predicado lhes convém. Assim, podemos considerar o *ser enquanto ser*, enquanto forma pura, excluindo absolutamente *o não-ser*.

Tais juízos transcendem a toda experiência.

Tais objetos, precisamente metafísicos, têm uma *sistência*, o que demonstra que a cognição metafísica, através de abstrações formais, é possível.

Cabe-nos provar a objetividade de tais abstrações, a sistência de tais abstrações. Tomemos o conceito *contingência*. Este implica o "ter causa eficiente". Todo ser que tem causa eficiente é contingente e a experiência o comprova.

Tomemos o exemplo de um conceito que aponta a uma perfeição pura como o de *sapiência*. Sapiência é apenas sapiência, sem mescla de qualquer outra coisa que não seja sapiência. A sapiência é infinitamente sapiência, perfeitissimamente sapiência. Contudo, nos homens, observam-se graus de sapiência, mais ou menos. Como se poderia observar esse mais ou menos de sapiência de que os homens participam, se sapiência fosse um mero nada? Há, pois, uma sapiência máxima, sistente, não aqui ou ali, mas na qual participam todos os que *têm* sapiência e que não *são* sapiência. Tais perfeições não são de nenhum ser finito, assim como João, que é homem, não é humanidade, mas *tem* humanidade, ou seja, participa dela. Este triângulo *é* triangular, não é, porém, a *triangularidade*, apenas a *tem*. Essas perfeições são do *haver* e não do *ser* das coisas finitas, ou melhor, seu ser participa dessa perfeição.

Validez da Metafísica Especial

A sistência objetiva dos universais que transcendem à experiência possível está demonstrada. Resta provar a sistência objetiva de certos universais que constituem o objeto da metafísica especial.

O Ser Supremo é um desses conceitos. Nós somos capazes de construir, por abstração formal, conceitos universais, que têm sistência objetiva fora de nós, como já vimos. E entre esses, o das perfeições simples. Assim, da mutabilidade e da contingência dos seres finitos, que não têm em si mesmos sua razão de ser, alcançamos a contingência do mundo, do *cosmos*, que é a totalidade coordenada dos seres finitos, dos que não têm em si sua razão de ser. Tais entes *têm uma causa*. Se todos os entes fossem *causados*, não haveria a origem da própria causa. Ou teriam em si mesmos a sua causa (e existiriam antes de existir, o que é absurdo), ou a receberiam de outros, que, causados por outros, teriam, fatalmente, necessariamente, de ter uma causa primeira; caso contrário, cairíamos ou no círculo vicioso ou na negação da própria causa, porque cada um daria o ser a outro sem o ter, pois, recebendo um o ser de outro, um há de ser o primeiro.

Há de haver, portanto, um *perfeito existente*, cuja certeza e apoditicidade é o fundamento esquemático de todas as provas da existência de um Ser Supremo, primeiro, fonte e origem de todos os outros.

Nosso conhecimento das coisas é dependente de nossa natureza. Sabemos que nosso conhecimento é adequado à nossa natureza. Conhecemos proporcionadamente à nossa capacidade cognoscitiva.

O principal valor da concepção kantiana está em afirmar que nosso conhecimento é proporcionado à nossa esquemática. Nosso conhecimento não é exaustivo, mas, embora *total*, é apenas relativo aos esquemas que podemos acomodar para a assimilação que lhes será proporcionada. Contudo, sabemos quais são os nossos limites. Alcançar o limite já é ultrapassá-lo, porque, ao sabermos até onde podemos conhecer, sabemos que algo outro (*aliquid aliud*) há além de nosso conhecimento, que não é um puro nada. Sua objetividade é evidente. E é evidente, ainda, que nós podemos construir conceitos que se referem às perfeições puras, das quais participam os seres da nossa experiência. Tais conceitos referem-se ao que escapa à nossa experiência, mas são válidos porque os limites desta afirmam, apontam a sistência objetiva dos mesmos.

Do que há de imperfeito nas coisas podemos ascender, por abstração, às perfeições, sem que delas tenhamos uma intuição sensível, mas apenas podemos alcançá-las através de operações do nosso entendimento.

Tais conceitos são também atribuíveis às coisas da nossa experiência, não, porém, unívoca, nem equivocamente, mas analogicamente.

Se se desse a *univocidade*, o Ser Supremo e as coisas seriam o mesmo, e cairíamos no antropomorfismo, ou no panteísmo.

Se se desse a *equivocidade*, o Ser Supremo permaneceria desconhecido totalmente e cairíamos no agnosticismo.

Portanto, só resta a cognição *analógica*.

*

1. Um dos pressupostos falsos da doutrina kantiana está em considerar que, por não conhecermos exaustivamente os fatos reais, nada conhecemos deles. Ora, sabemos pela experiência que, por desconhecermos o que fica além do nosso conhecimento, o que conhecemos de uma coisa não é falso por ser incompleto. Nós mesmos nos conhecemos à proporção que os anos sucedem e sucedem as nossas experiências. Tal não quer dizer que tudo quanto conhecemos de nós, porque não conhecemos exaustivamente a nós mesmos, seja, por isso, falso.
2. Outro pressuposto falso de Kant consiste na distinção que faz dos juízos sintéticos *a priori* e dos juízos analíticos. Não há apenas as duas condições:

a. ou o predicado já está contido no sujeito, ou
b. o predicado, *de nenhum modo*, está contido no sujeito.

Há uma terceira condição que Kant esqueceu:

c. o predicado pode estar contido *virtualmente* no sujeito.

Essa virtualidade não é apenas a que pertence à imanência conceitual do sujeito, mas a que está correlacionada ao mesmo, e também aos juízos quando comparados, como vemos pela dialética concreta. É precisamente esta terceira condição que é o fundamento dessa dialética, e permite compreender a iluminação apofântica, que pode surgir pela análise dialética, como a entendemos e realizamos.

A doutrina kantiana, por não ter considerado este ponto, é irremediavelmente falsa e refutada *in limine*. Consideramos esta condição a mais importante.

3. O terceiro pressuposto falso de Kant consiste em considerar que a experiência se dá apenas com os fatos meramente contingentes, ou nos fatos meramente contingentes, porque aqui também se dá uma terceira hipótese não considerada pelo filosofo de Königsberg: a da experiência sobre entes não meramente contingentes.

Objeções Kantianas e Respostas Correspondentes

Damos algumas das famosas objeções apresentadas por Kant e pelos kantianos à Metafísica, acompanhadas das respectivas respostas.

1. É lícito duvidar metodicamente da possibilidade de uma ciência na qual não há nenhum consenso universal. Ora, a Metafísica revela não haver nela nenhum consenso universal em face da variedade de opiniões, muitas vezes contrárias, que nela se revelam. Consequentemente, é lícito duvidar da possibilidade da Metafísica.
Resposta: A premissa maior seria válida se o consenso exigido não se desse quanto ao objeto da ciência nem quanto aos seus primeiros princípios. Ora, não é esse o caso quanto à Metafísica. Pode não haver consenso universal quanto a todos, não, porém, quanto a alguns princípios e conclusões fundamentais.

2. Na Metafísica são demonstradas proposições que são simultaneamente contraditórias e antinômicas.
Resposta: Que possuam as proposições contraditórias e antinômicas a mesma solidez, absolutamente não é verdade. Realmente, algumas aparentam maior soma de evidência. As antinomias kantianas são artificiosamente construídas e apenas de validez aparente. Entre duas contraditórias, uma é apenas necessariamente falsa, e nunca ambas evidentemente verdadeiras.

3. As incoerências assinaladas no sistema kantiano podem ser corrigidas. Consequentemente, tais incoerências não podem refutar esse sistema.
Resposta: As incoerências acidentais podem ser corrigidas, mas as substanciais e fundamentais só o serão contra a sua doutrina, impedindo inelutavelmente de conservá-la como verdadeira.

Justificação dos Princípios

Segundo a posição clássica da filosofia aristotélico-escolástica, quando não se dispõe de uma evidência *imediata* do ser, resta-nos a esperança de nos servirmos de uma evidência *mediata*, que é o raciocínio. Ora, o raciocínio exige, na lógica aristotélica, pelo menos uma premissa geral, pois não é possível de duas premissas particulares concluir validamente. O velho aforismo "*Nil sequitur geminis ex particularibus umquam*" é uma das regras fundamentais do silogismo.

Como os juízos de consciência são sempre juízos sobre fatos particulares, não podem eles servir de premissas gerais. Impõem-se, portanto, para uma boa conclusão, premissas gerais, e a pergunta que logo surge é a de como é possível alcançá-las, já que todo juízo de consciência é particular, e a experiência é sempre particular. Sem chegar-se a este ponto, e justificá-lo, compreende-se que é um problema obter e fundamentar princípios universais.

Sabemos que a indução pressupõe também um juízo geral como princípio fundamental, sem o qual, fundando-se apenas no particular, não poderá existir uma regra geral, senão provável. Para se dar, portanto, um progresso no conhecimento, é mister que se deem proposições gerais imediatamente inteligíveis, as quais os escolásticos chamavam "princípios".

É mister, portanto, saber o que nos poderá dar ou fornecer juízos imediatos.

Para responder a esta pergunta, argumentam do seguinte modo os escolásticos de todos os tempos: há um princípio, que é chamado o primeiro princípio, o de contradição, que se pode formular pelo enunciado aristotélico: "é impossível que o mesmo seja atribuído e não seja atribuído ao mesmo tempo a um mesmo subjacente e conforme ao mesmo aspecto".[1] Não se entende por "mesmo" o mesmo predicado lógico,

[1] Aristóteles, *Metafísica* IV (Γ) 3, 1005b19-20 (trad. Lucas Angioni. *Metafísica - Livros IV* e *VI*. Clássicos da Filosofia: Cadernos de Tradução nº 14. Campinas, IFCH/Unicamp, setembro de 2007, p. 18).

que não pudesse ser afirmado e negado ao mesmo tempo do mesmo sujeito lógico, mas sim a mesma propriedade ou determinação real, que não pode convir e não convir ao mesmo tempo ao mesmo objeto real. O princípio de contradição aristotélico é, antes de ser lógico, um princípio ontológico; ou seja, não é apenas um princípio de pensar lógico. Sabemos que, pela lógica aristotélica, dois juízos contraditórios não podem ser ambos verdadeiros, porque não pode o mesmo objeto, ao mesmo tempo, ser e não ser. Contudo, é preciso não esquecer que este princípio compreende duas limitações, que são: "ao mesmo tempo" e "conforme ao mesmo aspecto", porque em distintos tempos, e em distintos aspectos, o mesmo pode ser e não ser. Assim o número 200 é grande e não grande. Grande quando se compara a 10 e não grande se é comparado a 5.000.

Kant opunha-se ao emprego da expressão "ao mesmo tempo", porque limitava o princípio às relações temporais. Respondem os escolásticos modernos que essa anotação é improcedente, porque o princípio de contradição também se estende ao temporal, e sem essa expressão seria válido apenas para o eterno e intemporal, como surge na enunciação de Parmênides.

Outros escolásticos modernos substituem o enunciado acima pelo seguinte: "O que é, enquanto é, não pode não ser", pois a expressão "enquanto é" compreende "no tempo em que é".

Contudo, o princípio de contradição teve seus objetores que apresentaram razões frágeis, quase sempre provenientes do desconhecimento claro do seu enunciado, e por não terem devidamente compreendido o seu alcance. Na verdade, nenhuma objeção séria foi apresentada em qualquer tempo, a não ser contra a fórmula de Parmênides, que diz: "o ente é, e é impossível que não seja", o que leva a postular a absoluta necessidade do ser, e a afirmar a imutabilidade, a invariabilidade e a unicidade do ente, o que desemboca, fatalmente, no "panteísmo".

Stuart Mill considera o princípio de contradição "uma de nossas primeiras e mais familiares generalizações a partir da experiência",[2] reduzindo-o assim a uma necessidade psicológica, que nos obriga a

[2] John Stuart Mill, *A System of Logic Ratiocinative and Inductive - Being a Connected View of the Principles of Evidence and the Methods of Scientific Investigation (Books I-III)*, livro II ("Of reasoning"), capítulo vii ("Examination of some opinions opposed to the preceding doctrines"), § 5 ("Sir W. Hamilton's opinion on the Principles of Contradiction

generalizar certos "fatos".[3] Põem em dúvida alguns autores modernos o valor ontológico desse princípio. É verdade que muitos argumentam com o *devir*, seguindo a linha de Heráclito, mas esse argumento pode valer para o enunciado de Parmênides, não para o de Aristóteles.

O conceito de *ser* e o de *não-ser* são incomparáveis, pois um exclui, logicamente, o outro. Contudo, deve-se notar que o conceito de "não" é intuitivo e claro, e indica a *recusa*, a proclamação da ausência. Considerando-se assim, o ser poder-se-ia dar ao lado do não-ser, porque este indica apenas a falta do ser. Não se define o não-ser como incompatível ao ser, pois pode-se admitir a falta de um ente sem negação do ser, tanto quanto a afirmação de ser não implica a negação do ser, a falta de um ser. Deve-se compreender que o princípio de contradição refere-se mais ao ente que, propriamente, ao conceito ser. Se o ser e o não-ser se excluem, também se exclui a afirmação simultânea do ente e do não--ente, pois não se podem predicar ambos à mesma coisa e ao mesmo tempo e sob o mesmo aspecto, porque o ente, enquanto ente, é ente e não não-ente. O conceito de ser é originalmente um conceito positivo e seu enunciado não faz oposição ao não-ser, nem este se define pela incompatibilidade ao ser, pois, originariamente, só denota falta de ser.

Não se pode dizer que todo ente não pode não ser, mas sim que, enquanto é, não pode não-ser, segundo o enunciado de Aristóteles.

Deste modo, a oposição entre um ente e o não-ser não é necessariamente uma oposição contraditória formal, uma vez que é cogitável e possível que um ente não seja; a única oposição que há é, na linguagem escolástica, a contraditória material, a que se dá entre o *subjectum habens formam* e a forma oposta.

and Excluded Middle"). Collected Works of John Stuart Mill, vol. VII, ed. J. M. Robson. Toronto / London, University of Toronto Press / Routledge & Kegan Paul, 1974, p. 277.

[3] Cf. ibidem, p. 277-78: "A fundação original [ou: o significado] disso [isto é, do princípio de contradição], eu tomo como sendo que a Crença e a Descrença são dois estados mentais diferentes, que se excluem mutuamente. Isto sabemos pela mais simples observação de nossas próprias mentes. E se trouxermos nossas observações para fora, verificaremos também que luz e escuridão, som e silêncio, movimento e descanso, igualdade e desigualdade, anterior e próximo, sucessão e simultaneidade, um fenômeno positivo qualquer e sua negativa são fenômenos distintos, nitidamente contrastados, sendo sempre um ausente onde o outro está presente. Eu considero a máxima em questão como sendo uma generalização de todos esses fatos".

Contradição haveria entre os juízos "um ser há" e "nenhum ser há", entre o juízo fundamental da filosofia concreta, "Alguma coisa há", e "Nenhuma coisa há"; não, porém, entre "alguma coisa há" e "alguma coisa não há", pois são particulares e ambos podem ser verdadeiros. Cabe aqui uma ressalva: o juízo particular "alguma coisa não há" é tomado particularmente; se tomado universalmente, no sentido de dizer "não há alguma coisa", como querendo dizer "coisa nenhuma há", deixaria de ser particular para ser um universal negativo, e neste caso seria contraditório ao "alguma coisa há".

Alegam alguns escolásticos que o princípio de contradição vale porque Deus o quer, pois se quisesse o contrário poderia ele sofrer restrições. Neste caso, não teria ele o valor ontológico necessário que se lhe dá, e que, na verdade, tem. Nós, porém, consideramos o princípio de contradição, como aqui o fazemos em *Filosofia Concreta*, pela relação opositiva de privação e posse. A afirmação indica a posse, e a negação a privação. Quando se atribui um predicado ao ser, atribui-se a presença do mesmo; quando se nega, recusa-se a presença, afirma-se a privação do mesmo no mesmo. Ora, colocado o princípio de contradição deste modo, se a contradição fosse ontologicamente possível, afirmar-se-ia o nada absoluto, porque afirmar a privação é afirmar absolutamente a não presença de qualquer predicado, o nada absoluto. Portanto, a única restrição que alguns escolásticos fizeram, de que o princípio de contradição limitaria a onipotência divina, é improcedente, porque o nada absolutamente não limita de modo algum, e *não poder* Deus criar um nada absolutamente não é deficiência de qualquer espécie.

A incompatibilidade há entre a quididade de ente e a de não-ser. Se aquela quididade se realizou alguma vez, não se pode admitir que não se realizou; se em alguma parte um ente existe realmente, não se pode admitir que não exista ao mesmo tempo. Ora, a experiência nos mostra que algo existe, e o prova de modo imediato. Consequentemente, o princípio de contradição tem absoluta validez ontológica.[4]

[4] [O princípio de contradição impõe-se por aclaramento da análise e das implicações que provoca o juízo "alguma coisa há", e a validez desse princípio é encontrada através dessa mesma análise. Não parte dele a filosofia concreta para provar as suas teses fundamentais, mas surge ele por decorrência inevitável do que é apoditicamente demonstrado.]

É importante salientar desde o início a distinção clara que faziam os escolásticos entre *ratio* (raciocínio), *intellectus* (entendimento) e *intellectus principiorum*.

Somos capazes de obter princípios imediatamente inteligíveis e de valor geral ao compararmos entre si as essências, que nos são dadas pelos conceitos abstratos. Nossa inteligência abstrai da experiência as essências, mas as relações necessárias, que se dão entre elas pela experiência, nós não as percebemos pelos sentidos, mas por um ato do entendimento, que é essencialmente distinto da experiência. Não é o resultado de um discurso, mas uma simples e imediata inteligência da relação essencial. Chamavam os escolásticos essa inteligência, que também pode referir-se à razão enquanto é capaz dela, de "*intellectus principiorum*", que corresponde ao *nous* de Aristóteles.

Como pode dar-se um progresso no conhecimento do ser? Respondem os escolásticos que, para haver um progresso além da experiência imediata, é mister aplicar um princípio geral aos casos particulares, exigindo-se, ainda, que o conteúdo total do conceito do sujeito, em suma, do princípio, verifique-se no particular dado pela experiência. Exemplificam os escolásticos da seguinte maneira: dada uma figura geométrica, desejando aplicar-lhe o princípio geral: "a soma dos ângulos de um triângulo é igual à soma de dois ângulos retos", é preciso verificar que esta figura é um triângulo, segundo o que é entendido no princípio. Deste modo, se o conceito do sujeito, no princípio geral, contém mais do que o que é cognoscível por percepção no ente dado, não pode aplicar-se este princípio a tal ente. Em suma, se a percepção (que é intelectivo-sensitiva) de um ente oferece-nos menor conhecimento do que o que está contido no conceito do sujeito do princípio geral, este princípio não pode ser aplicado a tal ente; assim, a uma figura apenas de dois lados, formando um ângulo reto, não se poderia aplicar o princípio do triângulo, chamando-a de triângulo.

Vejamos agora outro caso. Temos um princípio geral, cujo conceito do sujeito se dá na realidade, mas cujo predicado não indica nada mais do que um elemento ou vários elementos contidos no conceito do sujeito. Exemplifica-se com o seguinte princípio: "todo paralelogramo é um quadrilátero". Este princípio é de uma evidência imediata, mas inútil para o progresso do conhecimento.

Pela percepção, verificar-se-ia que a figura é um paralelogramo, e percebê-la como tal é percebê-la como quadrilátero, já que quadrilátero é um elemento do paralelogramo. Neste caso, a aplicação do princípio geral à figura dada não permite nenhum conhecimento que transcenda a percepção, e, deste modo, não se obtém nenhum progresso no conhecimento.

Para haver progresso é necessário que o predicado do princípio geral acrescente ao sujeito algo que não está contido neste. E o que é acrescentado tem de ser um outro predicado, que não é manifestado pela percepção no particular dado pela experiência; ou seja, o que se acrescenta ao conceito do sujeito não se funda nesta experiência.

Como é possível tal operação? Dizem alguns que tal se obtém por meio de uma análise do conteúdo do conceito do sujeito. Entende-se por análise a operação que consiste em reduzir em suas partes, em seus elementos, o conteúdo total do conceito do sujeito. Neste caso, a análise só pode dar o que já está incluído nele. A análise não nos pode dar, portanto, o progresso desejado no conhecimento. Necessitamos de princípios que realmente acrescentem ao sujeito predicados independentemente da experiência, o que implicaria um ultrapassar da experiência.

Esta análise já havia sido feita pelos escolásticos, Kant a retomou, colocando como principal interrogação do seu sistema a seguinte pergunta: como são possíveis os *juízos sintéticos a priori*? Já examinamos a divisão dos juízos feita por Kant. Mas o importante está nos *juízos sintéticos a priori*, nos quais a adição do predicado se dá independentemente da experiência.

Estes juízos são o tema fundamental da crítica kantiana, como vimos. Até aqui nada colocava Kant em oposição ao que os escolásticos já haviam feito. Mas onde a divergência surge está precisamente em afirmar ele que a união necessária do sujeito e do predicado é concebida como independente da experiência, e mais ainda, que os mesmos conceitos não provêm da experiência, nem podem ser comprovados como reais no sujeito, no ente. Deste modo, Kant subjetiva todo *a priori*. Os escolásticos chamavam de *juízo explicativo* o juízo em que o predicado já está contido no conceito do sujeito, e de *juízo extensivo* aquele em que o predicado acrescenta uma nova propriedade ao conceito do sujeito.

As expressões *a priori* e *a posteriori* foram de uso comum. Neste caso, poder-se-ia dizer que o juízo no qual o predicado acrescenta ao sujeito uma propriedade ou determinação, independentemente da experiência, é um *juízo extensivo a priori*.

Os neoescolásticos repeliram por muito tempo a divisão dos juízos proposta por Kant pelas seguintes razões: todos os juízos obtidos por comparação de conceitos são analíticos, e estes são os "a priori"; todos os juízos sintéticos são princípios experimentais, são "a posteriori"; neste caso não há juízos sintéticos "a priori". Tomando-se a posição racionalista, a doutrina de Kant é inaceitável, porque ela aceita que há princípios já contidos no conceito do sujeito. No entanto, a escolástica perfeitamente distinguia os *juízos explicativos* dos *juízos extensivos a priori*, embora não usasse as expressões *juízos analíticos* e *juízos sintéticos*.

Admitiam os escolásticos, o que é evidenciado pela nossa experiência intelectual, que a mera comparação dos termos sujeito e predicado permite captar um *indictium per se notum*, que revela a força do *intellectus principiorum*, o que aliás observamos de modo prático nas análises e nas concreções que realiza a filosofia concreta, ao comparar juízos entre si e conceitos entre si.

O princípio de contradição é um exemplo de juízo extensivo *a priori*. Contudo, o princípio de contradição não traz, por si só, progresso ao conhecimento, mas sim o princípio de causalidade. Pondo de lado as várias maneiras de concebê-lo, nós sabemos que o princípio de causalidade afirma a dependência real entre todo ser contingente e a atividade de uma causa, da qual ele depende. Ora, este princípio vai além da experiência. E é mister que se funde ele numa inteligência *a priori* para que tenha validez.

Aqui é onde as divergências surgem na Filosofia, e também no campo da problemática deste tema. Aristóteles enunciou o princípio de causalidade fundado no movimento (*kínesis*), no qual verificava que toda mutação de um ente requer uma causa. Não concebia Aristóteles a variação total de um ente ao ser causado, mas apenas parcial; por isso, não alcançou com clareza o conceito de criação. A filosofia cristã estende a necessidade da causa a todo ser contingente, até o seu último *substractum*. Santo Agostinho chamava: "Forma completamente imutável, através da qual absolutamente todas as coisas mutáveis subsistem".[5]

[5] Agostinho, *O Livre Arbítrio* II, XVII, 45, 174 (trad. Ricardo Taurisano. São Paulo, Editora Filocalia, 2020, p. 77). Cf. também *A Natureza do Bem* I, 1: "só ele [Deus] é imutável, todas as coisas que criou, pelo facto de as criar do nada, são mutáveis" (trad. Mário A. Santiago de Carvalho. Mediaevalia: Textos e Estudos [Gabinete de Filosofia Medieval da Faculdade de Letras do Porto / Faculdade de Teologia da Universidade Católica Portuguesa – Porto],

A expressão escolástica *omne quod fit habet causam*, ou seja, tudo o que é feito tem causa, é a expressão do princípio de causalidade.

Neste enunciado, a afirmação de que algo é feito é concomitantemente a de ser feito por outro; portanto, a própria análise permite compreender claramente a causalidade. Contudo, afirmar que todo ser contingente é feito já merece outro exame. Diz-se que é contingente o ser que não é necessário; isto é, o ser que pode ser e poderia não ser, aquele que não tem em si sua plena razão de ser. O conceito de contingente não inclui, racionalisticamente considerado, o de ser causado. É um *proprium* daquele conceito ser causado. Neste caso, estamos num juízo extensivo *a priori*.

Os racionalistas relacionavam o conceito de causa com o fundamento lógico, e Spinoza chegava a igualar *causa* com *razão*. Em suas análises, chegava a concluir não só que todo efeito tem necessariamente uma causa, mas que toda causa é uma causa que opera necessariamente: *ex data causa determinata necessario sequitur effectus*.

Fundada nessa afirmativa, a metafísica racionalista seria puramente *a priori*. Leibniz admitia esse princípio de Spinoza; contudo, não considerava como simplesmente equivalentes *razão* e *causa*. Para ele, ser causado é um caso particular de ter razão. A necessidade de uma causa, deduzia ele de um princípio de razão suficiente mais geral, formulado por ele pela primeira vez, e que pode ser enunciado deste modo: "pelo [princípio de razão suficiente] entendemos não poder algum fato ser tomado como verdadeiro ou existente, nem algum enunciado ser considerado verídico, sem que haja uma razão suficiente para ser assim e não de outro modo [...]".[6] Leibniz considerava este princípio um juízo puramente explicativo, um juízo analítico no sentido de Kant. Este, posteriormente, opôs-se a esta concepção, após conhecer as críticas que o empirismo

vol. 1. Porto, Fundação Eng. António de Almeida, 1992, p. 37); *Confissões* XIII, IX, 10: "pela eminência da divindade imutável sobre todo mutável, tanto o Pai quanto o Filho e o Espírito Santo *pairavam sobre as águas* [Gn 1.2]" (trad. Lorenzo Mammì. São Paulo, Penguin Companhia, 2017, p. 376); *Comentário Literal ao Gênesis* IV, XII, 22: "o poder do Criador e a virtude do Onipotente e do Mantenedor é causa da subsistência de toda a criatura. Esta virtude, se alguma vez cessar no governo das coisas que foram criadas, no mesmo instante desaparecerão suas espécies e toda a natureza ficará destruída" (trad. Frei Agustinho Belmonte, OAR. In: *Comentário ao Gênesis* [ePub]. Coleção Patrística, vol. 21. São Paulo, Paulus, 2005, p. 88).

[6] Leibniz, *A Monadologia*, § 32 (trad. Marilena de Souza Chaui. In: *Newton – Leibniz*. Coleção Os Pensadores. 2. ed. São Paulo, Abril Cultural, 1983, p. 108).

formulou, especialmente por Hume. Hume enunciava deste modo o princípio de causalidade: o que começa a existir tem que ter uma razão de sua existência. Afirmava que essa proposição não é analítica, porque na representação do efeito não está contida a de causa. Hume não admitia a possibilidade de um juízo extensivo *a priori*. A proposição, portanto, tinha de fundar-se na experiência. Mas, como ele repele aqui toda experiência, logicamente não se podia admitir que se justificasse a necessidade de uma causa. Para ele, é apenas uma explicação psicológica, que nos é conveniente. Nós estamos inclinados a ver um fenômeno depois de outro; daí chegamos à ideia de causa e efeito. Kant concorda com Hume em que a proposição não seja analítica, mas repele a interpretação psicológica. Por outro lado, afirma que apenas não pode fundar-se na experiência, pois há uma terceira possibilidade, que é o *juízo sintético a priori*. Para que tal juízo se dê, é mister que os conceitos que o formam sejam independentes da experiência, sejam categorias, e é mister, ainda, que se dê uma união desses conceitos *a priori* com a intuição *a priori* do tempo, conforme a lei do sujeito transcendental, pois os conceitos apenas nos podem dar juízos analíticos. O princípio de causalidade apenas diz o seguinte: que todo fenômeno supõe outro do qual ele segue necessariamente. Como Kant distingue *fenômeno* de *númeno*, a causalidade só se aplica ao primeiro, salvando assim a liberdade quanto ao outro, ou seja, o princípio de causalidade não é aplicado às coisas em si.

Não se poderia aplicar tal princípio ao que Kant chama as coisas em si?

Examine-se o conceito de contingência. Contingente é o ser cuja essência é indiferente para ser ou não ser, ou o que pode ser e também pode não ser (*quod potest esse et non esse*). O que caracteriza um ser contingente é o começar a ser ou o deixar de ser. Um ser contingente começa a ser (*incipit esse*) no precípuo momento em que começa a ser. Só se pode chamar de contingente a um ente dessa espécie. Ora, se um ente começa a ser, ele não é suficiente para ser em si mesmo, pois, do contrário, existiria antes de existir. E mesmo que viesse do nada, então o nada teria poder de realizá-lo, e do nada dependeria para ser, o que tornaria o nada sua causa, ou, então, veio de si mesmo, o que levaria ao absurdo que acima apontamos. Um ser contingente não tem em si suficiente poder de ser, exige a ação de uma causa para ser, uma causa que o faça, *exfacere*, *e-ficiente*. E essa causa eficiente é algo que, por sua atividade, determina algo a existir.

O enunciado *não há efeito sem causa* é tautológico, e a maneira concreta de enunciar a causalidade é a que fizemos acima.

Ademais a lei de causalidade não se aplica apenas aos seres materiais, objeto da nossa intuição sensível, mas a todos os entes contingentes, sejam de que espécie for. A lei de causalidade material, que afirma que na natureza (material) todo processo está univocamente determinado, de maneira que "[a] mesma causa sempre produz o mesmo efeito [...]",[7] é um enunciado parcial e regional do princípio de causalidade. Kant parece sempre referir-se a esse enunciado quando se refere ao princípio de causalidade.[8]

[7] David Hume, *Tratado da Natureza Humana*, livro I ("Do entendimento"), parte 3 ("Do conhecimento e da probabilidade"), seção 15 ("Regras para se julgar sobre causas e efeitos"), § 6 (trad. Déborah Danowski. 2. ed. São Paulo, Editora Unesp, 2009, p. 207). Ao fim do inventário de regras a que o enunciado pertence, afirma Hume: "Eis toda a LÓGICA que penso dever empregar em meu raciocínio. E talvez sequer ela fosse muito necessária, pois poderia ter sido suprida pelos princípios naturais de nosso entendimento. Nossas sumidades escolásticas e nossos lógicos não mostram, em seus raciocínios habilidosos, tanta superioridade em relação ao mero vulgo que passássemos a querer imitá-los, apresentando um longo sistema de regras e preceitos para a direção de nosso juízo filosófico. Todas as regras dessa natureza são muito fáceis de inventar, mas extremamente difíceis de aplicar. [...] Na natureza, todo fenômeno é composto e modificado por tantas circunstâncias diferentes que, para chegarmos ao ponto decisivo, devemos separar dele cuidadosamente tudo o que é supérfluo e investigar, por meio de novos experimentos, se cada circunstância particular do primeiro experimento lhe era essencial" (ibidem, p. 208, § 11, destaque no original).

[8] Cf. Immanuel Kant, *Crítica da Razão Pura*. Trad. Fernando Costa Mattos. 4. ed. Coleção Pensamento Humano. Petrópolis (RJ) / Bragança Paulista (SP), Vozes / Editora Universitária São Francisco, 2015, p. 47-48, 57, 234 (grifos no original): "É fácil mostrar, assim, que há de fato *a priori*, no conhecimento humano, tais juízos necessários e universais no mais estrito sentido, portanto puros. Caso se queira um exemplo [...] no uso mais comum do entendimento, pode servir [...] a proposição de que todas as mudanças têm de ter uma causa; e o conceito de uma causa, nesta última, contém tão nitidamente o conceito de uma necessidade da conexão com um efeito e uma universalidade estrita da regra, que ele se perderia por completo caso se quisesse, como fez Hume, deduzi-lo de uma associação frequente entre aquilo que acontece e aquilo que vem antes, e do hábito (uma necessidade meramente subjetiva, portanto) de conectar representações. [...]" (B 4-5); "*David Hume*, que dentre os filósofos foi aquele se ocupou mais de perto com esse problema [isto é, com a possibilidade de juízos sintéticos *a priori*], mas passou longe de pensá-lo de maneira suficientemente determinada ou em sua universalidade, permanecendo apenas na proposição sintética da conexão do efeito com sua causa (*principium causalitatis*), acreditou descobrir que tal proposição *a priori* seria inteiramente impossível [...]" (B 19-20); "a única existência que pode ser conhecida como necessária sob a condição de outros fenômenos dados é a existência dos efeitos a partir de causas dadas, segundo leis da causalidade. [...] Disso se segue que o critério

O contingente não pode existir por si mesmo, pelos motivos já expostos. Consequentemente, um ser que *adquire* a existência (seu pleno exercício de ser) não pode *adquiri-la* de si mesmo. Não existe um ser contingente por si mesmo, de modo nenhum. E se não pode chegar a existir por si mesmo, necessita do influxo de outro para existir, cuja dependência é real e necessária, sem a qual não pode existir. Portanto, o ser contingente só pode existir porque é causado.

Mas qual é a evidência do princípio de causalidade: uma relação analítica ou uma sintética? É um juízo explicativo ou extensivo?

Afirmar que um ser contingente não pode existir em virtude de sua essência é um juízo explicativo (analítico, para Kant); mas dizer-se que a determinação de sua existência só é possível por uma ação é um juízo extensivo (sintético, para Kant). E justifica-se isso porque no conceito *determinar-à-existência* não se contém nada do modo e da maneira como tal sucede.

O juízo "o que não existe por si tem que existir por outro" é extensivo.

Examinemos agora o princípio de razão suficiente, cujo enunciado é o seguinte: tudo o que é (ou todo objeto) tem uma razão suficiente. Que se entende por razão? Entende-se "aquilo pelo (por o) qual" o objeto subsiste. E *por* aqui aponta ao que é *por* si mesmo ou *por* outro. No primeiro caso, temos uma relação lógica da propriedade (o *proprium*) ao conceito essencial, como quando dizemos que um triângulo tem *por* si mesmo a soma de seus ângulos igual à de dois ângulos retos. No segundo caso, o *por* indica a relação real de dependência (causa). Portanto, o que não é por si mesmo é *por* outro (contingente).

E como demonstrar o princípio de causalidade, se, como diz Aristóteles, nos *Segundos Analíticos*, um princípio é precisamente o de

da necessidade reside tão somente na lei da experiência possível segundo a qual tudo o que acontece é determinado *a priori* através de sua causa no fenômeno. Por isso nós só conhecemos, na natureza, a necessidade dos *efeitos* cujas causas nos são dadas [...]. A necessidade somente diz respeito, portanto, às relações dos fenômenos segundo a lei dinâmica da causalidade e a possibilidade, nela fundada, de inferir *a priori*, a partir de uma dada existência (de uma causa), uma outra existência (do efeito). Tudo o que acontece é hipoteticamente necessário; este é um princípio que submete a modificação no mundo a uma lei, i. e., uma regra da existência necessária, sem a qual a natureza jamais existiria" (B 279-280).

que não cabe demonstração por outro, pois, do contrário, não seria um princípio?[9] Contudo, pode-se fazer por *mostração*, como aqui o provamos nesta *Filosofia Concreta*. Se não podemos do conceito *contingente* alcançar o *ser causado*, não se pode demonstrar que o "ser contingente e não ser causado" é o mesmo que "ser contingente e não ser contingente". Neste caso, o princípio de contradição auxiliaria a demonstração desejada. Tais demonstrações provariam que alcançamos juízos extensivos *a priori* imediatamente inteligíveis.

Comentando os argumentos de Tomás de Aquino, escreve Josef de Vries estas palavras:

> O modo como [...] faz a redução ao princípio de contradição demonstra que não a entende como puramente analítica. Analise-se, por exemplo, a "demonstração redutiva", que emprega Santo Tomás ao expor sua primeira demonstração da existência de Deus pelo princípio: "o que se move é movido por outro" [*Suma de Teologia* I, q. 2, a. 3]. Ver-se-á que nesta demonstração se supõe que somente pode ser reduzido algo de potência a ato por uma causa que se acha em ato [...] (*de potentia non potest aliquid reduci in actum, nisi per aliquod ens in actu*). Essa proposição é, sem dúvida, um juízo extensivo. Tem-se, portanto, de admitir, com Suárez, que toda demonstração redutiva, além de depender do mesmo princípio de contradição, depende de outro princípio, ou admitido ou inteligível por si, e, em concreto, sempre que se quer provar um juízo extensivo, depende-se de outro juízo extensivo, ou admitido ou imediatamente inteligível. O raciocínio (a *ratio* dos escolásticos) não

[9] Aristóteles, *Segundos Analíticos* I 2, 71b26-27; I 22, 84a33; II 19, 100b10-13: "É preciso proceder a partir de itens primeiros indemonstráveis, porque, caso contrário, não seria possível conhecer cientificamente sem possuir demonstração deles" (trad. Lucas Angioni. *Segundos Analíticos – Livro I*. Clássicos da Filosofia: Cadernos de Tradução nº 7. Campinas, IFCH/Unicamp, fevereiro de 2004, p. 15); "Se há princípios, não é verdade que tudo é demonstrável, nem é verdade que é possível avançar ao infinito" (ibidem, p. 57); "[...] uma vez que [...] os princípios propiciam mais conhecimento do que as demonstrações, [...] dos princípios não há ciência, mas [...] há inteligência dos princípios – para os que consideram isso e que o princípio da demonstração não é demonstração [...]" (trad. Lucas Angioni. *Segundos Analíticos – Livro II*. Clássicos da Filosofia: Cadernos de Tradução nº 4. Campinas, IFCH/Unicamp, novembro de 2002, p. 85).

pode substituir a inteligência imediata (o *intellectus*) [Suárez, *Disputações Metafísicas*, d. 3, s. 3, n. 10].[10]

Alegam ainda alguns que a "intuição das essências" tem levado a muitos erros. Realmente, tal é procedente. Mas esses erros são efeito de má aplicação dos conhecimentos lógicos e dialéticos, o que não refuta de modo algum o emprego desse método, pois, quando realizado com segurança, evitam-se os erros e abusos comuns de filósofos menores.

O que se revelou de todo esse exame é o seguinte: ser contingente não implica o ser causado, em seu conceito. Contudo, a afirmação da contingência leva necessariamente, por análise, a considerar que o ser contingente não dá suficiente razão à sua existência, pois não pode vir a ser por si mesmo, mas apenas por outro, o que, comparando os juízos, aclara definitiva e necessariamente a necessidade de ser causado por outro, e permite enunciar o princípio de causalidade com absoluta segurança. Nós, porém, nesta *Filosofia Concreta*, seguimos outros caminhos, os quais demonstram de modo patente que se pode chegar ao princípio de causalidade com a suficiente apoditicidade desejada.

Tudo isso demonstra de modo cabal que são possíveis juízos sintéticos *a priori* na Metafísica, o que justifica essa disciplina de modo definitivo, e responde aos erros de Kant, que são compreensíveis dada a sua formação filosófica e o desconhecimento que tinha do que de mais

[10] Josef de Vries, *Denken und Sein – Ein Aufbau der Erkenntnistheorie*. Mensch, Welt, Gott: Ein Aufbau der Philosophie in Einzeldarstellungen herausgegeben von Berchmans-Kolleg in Pullach, vol. 2. Freiburg im Breisgau, Herder & Company, 1937, p. 117-18; *Pensar y Ser*, trad. Jose A. Menchaca. Biblioteca de Filosofía y Pedagogía. Madrid, Razon y Fe, 1945, p. 114.
Bernard Lonergan recorre ao mesmo capítulo da obra de De Vries para exemplificar a posição que Mário Ferreira dos Santos quer documentar aqui: "No que diz respeito a proposições sintéticas *a priori*, há alguns escolásticos que admitem que elas existam, mas talvez a maioria negue que haja qualquer uma – esta é a posição escolástica geral. Josef de Vries, contudo – para fornecer um único exemplo –, sustenta que o princípio de contradição e o princípio de causalidade são extensivos (*Denken und Sein*, op. cit., p. 114 [*Pensar y Ser*, op. cit., p. 110-11]). Ele não diz 'sintéticos *a priori*', mas 'extensivos'" (*Understanding and Being – The Halifax Lectures on Insight*. 2. ed. Collected Works of Bernard Lonergan, vol. 5, ed. Elizabeth A. Morelli e Mark D. Morelli. Toronto, University of Toronto Press, 1990, p. 158). O volume *Insight – Um Estudo do Conhecimento Humano*, *magnum opus* de Lonergan e tema motivador dessas reflexões, está disponível em português, com tradução de Mendo Castro Henriques e Artur Morão: São Paulo, É Realizações Editora, 2010 (Coleção Filosofia Atual).

elevado já havia sido realizado na filosofia medieval. E demonstra, também, a validez dos *juízos virtuais*, que ele nem de leve suspeitou.

O que entretanto não se pode negar de positivo na obra de Kant é o grande papel que desempenhou para o progresso dos estudos gnosiológicos. Inegavelmente, com ele, a preocupação sobre o valor e a validez de nossos conhecimentos passou a ser tema dos mais variados estudos. Não que os resultados mais bem obtidos e mais seguros viessem modificar essencialmente o que já haviam conquistado as especulações realizadas pelos grandes filósofos do passado. Tal, na verdade, não se deu. Ao contrário: as pesquisas que se seguiram, quando robustecidas pela boa análise e pela melhor especulação, vieram em abono do que havia sido realizado. Contudo, há um contingente imenso de novas contribuições, que não podem ser menosprezadas e devem, ao contrário, receber a valorização que realmente merecem.

Os estudos esquematológicos, que preparam essa nova disciplina que chamamos Esquematologia, e que serviram de base para realizarmos nosso *Tratado de Esquematologia*,[11] devem, sem dúvida, a Kant um grande impulso.

O exame da estrutura de nossa mente, em suas funções principais, desde a sensibilidade e a afetividade até a intelectualidade, leva-nos a dedicarmo-nos ao exame dos *esquemas*, indo dos mais elementares e fundamentais do sensório-motriz até os esquemas eidético-noéticos que a intelectualidade constrói.

[11] Inédito. A noção de "esquema", para Mário, refere-se ao princípio operatório de construção do conhecimento na mente humana. Não são os dados em si, mas é o princípio estruturador a partir do qual os dados são compreendidos de maneira lógica; ele se desenvolve em espiral, de forma cumulativa, agregando o conhecimento novo a um quadro de referências formado pelos dados anteriores. Há alguma proximidade com a noção de "esquemas operatórios" de Piaget. De acordo com suas filhas, Mário foi um dos "primeiros leitores" de Piaget no Brasil, e alguma proximidade entre as concepções de mente pode ser constatada. Evidentemente qualquer analogia maior demandaria outro espaço que não este, mas era o Piaget voltado para o desenvolvimento da inteligência que interessava a Mário, e sua noção de que o ser humano é dotado de esquemas de conhecimento pode ter alguma relação com a noção piagetiana de estruturas cognitivas. É possível comparar, por exemplo, algumas noções do psicólogo suíço em seu *Epistemologia Genética* com o que é tratado por Mário aqui com o nome de "esquemas". Essas ideias são esboçadas na *Teoria do Conhecimento*, bem como na *Psicologia*. O *Tratado de Esquematologia* está entre os manuscritos inéditos de Mário e se localizaria na terceira parte da *Enciclopédia*, embora também figure como parte dos livros independentes.

Todo conhecer, desde o sensível até o mais intelectualizado, processa-se através de uma adaptação esquemática dada previamente, que se acomoda aos fatos ou às ideias para realizar as assimilações proporcionadas em parte à esquemática já existente e à capacidade assimiladora do ser cognoscente. Deste modo, todo conhecimento, seja de que espécie for, é sempre estruturado segundo esquemas prévios, que modelam os conhecimentos posteriores. Uma sensação bruta primitiva, informe, só podemos concebê-la na criança em seus primeiros momentos, quando a esquemática que preside à adaptação psicológica é constituída apenas dos primeiros esquemas do sensório-motriz de origem hereditária. Contudo, mesmo aí, ante as pesquisas já realizadas pelos mais conspícuos estudiosos, como Piaget, para citar o mais importante de nossos dias, mostram-nos que há, pelo menos, certas *leis*, certas ordenações, que presidem a toda intuição sensível, e que a sensação bruta não deve ser considerada como algo totalmente informe, porque já revela certa unidade, diferenciação, etc.; ou seja, um selecionar de aspectos que não só obedecem às normas de interesse do cognoscente, mas também são modelados pela estrutura dos próprios esquemas acomodados, que só permite uma assimilação proporcionada a eles, o que nos demonstra que o fato sensível, de qualquer forma, é sempre proporcionado à gama da esquemática acomodada. Desse modo, não há sensação bruta, informe, amorfa totalmente, mas apenas já modelada de algum modo pela esquemática acomodada.

Não chegamos ainda muito longe nos estudos esquematológicos. Ao contrário, estamos dando os primeiros passos e muito temos ainda a percorrer. Não é de admirar, portanto, que ainda possam surgir várias reviravoltas, retornos inesperados, avanços que não poderão ser confirmados, vacilações que inquietarão os observadores. Tudo isso se dá e ainda se dará. Mas o que há de certo é que já conseguimos alguma coisa. E se parece pouco a muitos, podemos, contudo, estar satisfeitos em verificar que nos promete muito mais, muito mais do que esperávamos, o que já é suficiente para nos encher de grande satisfação.[12]

[12] [Em nosso *Tratado de Esquematologia* examinamos as conquistas já obtidas e oferecemos algumas contribuições nossas, bem como análises esquematológicas que favorecem melhor compreensão das ideias de Kant e promovem novas sugestões.]

A leitura da obra de Kant nos mostra seu desconhecimento da longa elaboração da teoria do conceito construída pelos medievais. Caiu nos mesmos erros já refutados, como vimos ao tratar dos universais. Mas cabe ainda aqui algumas observações no tocante a passagens de sua obra que merecem ser esclarecidas e devidamente respondidas.

Quadro combinado das formas puras do juízo e das categorias, segundo Kant	
I. *Quantidade* dos juízos	
J. universais	(categoria: *Unidade*)
J. particulares	(categoria: *Pluralidade*)
J. singulares	(categoria: *Totalidade*)
II. *Qualidade* dos juízos	
J. afirmativos	(categoria: *Realidade*)
J. negativos	(categoria: *Negação*)
J. indefinidos	(categoria: *Limitação*)
III. *Relação* expressa nos juízos	
J. categóricos	(categorias correlativas: *Substância* e *Acidente*)
J. hipotéticos	(categorias correlativas: *Causa* e *Efeito*)
J. disjuntivos	(categoria correlativa: *Reciprocidade*)
IV. *Modalidade* dos juízos	
J. problemáticos	(categorias positiva e negativa: *Possibilidade* e *Impossibilidade*)
J. assertóricos	(categorias positiva e negativa: *Existência* e *Não-Existência*)
J. apodíticos	(categorias positiva e negativa: *Necessidade* e *Contingência*)

Afirma Kant que de modo algum as doze categorias podem ser descobertas nas sensações. Considerando-as naturalmente como subjetivamente subsistentes, a sua afirmação nada diz de novo, porque jamais nenhum grande filósofo afirmou que tivéssemos a sensação da quantidade ou da qualidade ou da relação ou da modalidade, tomadas como seres subjetivamente existentes, ou dados com subjetividade.

Como não são dadas pelas sensações, são, para ele, então, *conceitos puros*.

O dilema é sempre o mesmo: o que não é *apenas* dado pela experiência é dado *apenas* pela mente. Kant não encontra a possibilidade de uma terceira posição. Todos sabem que, na lógica, o dilema, quando mal construído, é fonte e origem de muitas falácias.

A solução aristotélica, que ele silencia ou desconhece, já dera a resposta ao dilema, mostrando que o conhecimento pode ter sua origem parcialmente nos sentidos e parcialmente na mente, sendo o resultado final uma síntese dos dois.

A conclusão de que as categorias são conceitos puros do entendimento, não procedentes da experiência, é uma decorrência do vício abstratista do raciocinar racionalístico, que Kant tanto combateu, mas que terminou por adquirir, usando-o habitualmente.

Há um famoso exemplo que usam os kantianos para mostrar a presença das categorias: duas libras (quantidade) de hidrogênio (substância) gasoso (qualidade) e uma libra (quantidade) de oxigênio (substância) gasoso (qualidade) produzem sempre (modalidade: necessidade) em conjunto (relação: reciprocidade) três libras (quantidade) de água (substância) líquida (qualidade).

Mas, por si sós, as categorias não são suficientes para determinar as leis fundamentais da experiência. Embora se lhes acrescente a intuição, é mister ainda acrescentar-se-lhes uma terceira fonte, que é a representação, que une a intuição com o entendimento.

São conceitos empíricos os que se referem a coisas de nossa experiência, e que têm representantes subjetivamente subsistentes, como casa, cão, árvore, etc. São conceitos puros as categorias. Consequentemente, para o kantismo, há esquemas empíricos e esquemas puros, conforme correspondem àqueles.

Os esquemas puros são criados pela representação quando vincula a categoria pura com o tempo, que é forma da intuição. Assim, da substancialidade como conceito puro, constrói nossa mente o esquema de *substância*, como imagem de algo que deve subsistir no tempo. Da causalidade, forma o esquema de *causa*, como o de algo que no tempo produz outra coisa, segundo determinada regra, etc.

Só há, pois, experiência humana quando trabalham juntas as três fontes do pensamento teórico: a sensibilidade, o entendimento e a representação que os une.

Do funcionar conjunto dessas três fontes, surgem, então: a sensibilidade das formas puras da intuição, as categorias puras (pelo entendimento) e, pela representação, seus esquemas. A confluência desse operar produz os princípios fundamentais do conhecimento teórico.

É possível a experiência, segundo o princípio básico kantiano, graças à representação de que todos os dados estão necessariamente vinculados entre si.

Deste princípio surgem as três "analogias da experiência", sobre as quais se baseia toda a ciência da natureza:

1. por mais que mudem os fenômenos, a substância subsiste e sua quantidade, na natureza, não aumenta nem diminui;
2. todas as modificações se produzem segundo a lei de causa e efeito;
3. todas as substâncias, enquanto podem ser percebidas simultaneamente no espaço, atuam umas sobre as outras.

Todos esses juízos estão constituídos de conceitos, que não revelam nenhum rastro da intuição sensível, afirmam os kantianos.

Repetimos que um dos pontos fundamentais dos erros de Kant consiste no desenvolvimento da teoria da gênese do conceito. Os nossos esquemas, cujo estudo fazemos em *Tratado de Esquematologia*, são dinâmicos e genuinamente históricos; portanto, suscetíveis às influências da própria historicidade. Desse modo, o conceito varia segundo os ciclos culturais, as eras, e, em suma, através das constantes mutações que sofre o homem. O que a filosofia concreta deseja é alcançar os conteúdos mais completos e seguros dos conceitos.

Todo conceito está eivado de facticidade. Na Esquematologia, ao estudar a gênese do conceito, sabemos que a sua formação atravessa fases das mais complexas, desde o anteconceito, do esquema fático singular, que é aplicado de modo geral e tende a universalizar-se, como se vê na criança, até atingir os conteúdos noemáticos mais gerais, mais abstratos, mais puros, até a conquista do conteúdo eidético puro, que é o ápice que deseja realizar a filosofia concreta.

Um conceito empírico, como casa, árvore, etc., é prenhe de facticidade e seu esquema está saturado das imagens confusas dos diversos indivíduos conhecidos. Alcançar, na definição lógica, o conteúdo eidético-noético, ou seja, o *eidos*, que nosso *nous* pode construir, é atingir, então, a universalidade. Esse conteúdo atravessa graus de purificação eidética e de afastamento constante da facticidade, até alcançar o meramente eidético, o que é possível de um modo muito mais efetivo quanto aos conceitos abstratos do que quanto aos conceitos empíricos.

Inegavelmente, a mente humana trabalha com os dados da intuição sensível, e com esses realiza a ascese eidética, de que temos falado, que se processa através de uma atividade noética, que consiste no abstrair crescentemente os conteúdos eidéticos, até a formação eidética pura do conceito, como o demonstrou Tomás de Aquino,[13] e o comprova a teoria da abstração total, na Gnosiologia.

Há, sem dúvida, *leis* da nossa mente que atuam nessa operação. Essas leis, que já foram estudadas no *Tratado de Esquematologia*, são tais que sem a sua ordenação seria impossível a formação de conceitos. Como se poderia compreender a atividade humana abstratista, no bom e genuíno sentido do termo, sem a diferenciação, sem a unidade, sem a simultaneidade, sem a sucessividade, sem a correlatividade, que são fundamentais no existir, e que atuam na mente como modeladoras do conhecimento? Realmente, há formas da sensibilidade e, também, do entendimento, mas essas formas são propriamente leis modeladoras da atividade cognoscitiva desde seus primórdios até suas mais altas funções, como o demonstramos no *Tratado de Esquematologia*. Certamente, há bastante positividade no pensamento kantiano, mas esquece-se Kant de considerar a historicidade dos esquemas e sua atuação, também histórica, na formação dos conteúdos noemáticos até alcançar os conteúdos puramente eidéticos, que são o ápice do conhecimento humano enquanto tal.

Podemos exemplificar até com a própria esquemática de Kant, analisando os conceitos que propõe.

Tome-se para exame o conceito de *substância* e veja-se como varia o seu conteúdo esquemático:

1. Etimologicamente, significa o que está debaixo, *sub*, ou o que permanece sob os fenômenos.

[13] Cf. Santo Tomás de Aquino, *Suma de Teologia* I, q. 85, a. 1-2; *O Ente e a Essência*, cap. 2; *Comentário ao Tratado sobre a Trindade de Boécio*, q. 5, a. 3.

2. Propriamente, é o que subsiste, ou o que tem subsistência própria, o que tem o ser em si mesmo e não em outro, o que o distingue dos acidentes, que não têm o ser em si mesmos, mas em outro (*inesse*). Tal subsistência da substância não nega que seu ser se deva a uma causa eficiente.
3. A substância é a portadora de acidentes. E uma substância, como tal, é uma substância finita; portanto, sua permanência não quer dizer que seja absoluta e sobretudo imutável.
4. A distinção aristotélica de *substância primeira* (a matéria da coisa, o de que a coisa é feita) e *substância segunda* (a forma, o pelo qual a coisa é o que ela é) permite que a segunda seja predicada da primeira e constitua o seu predicado propriamente dito.

Ora, Kant restringe o conceito de substância ao tempo. Quanto a admitir que a sua quantidade, na natureza, não aumenta nem diminui, é um acrescentamento seu e não um postulado da filosofia clássica, medieval, que jamais deu à substância finita essa absolutuidade. Se os princípios de conservação da matéria, da energia, etc. foram tão caros à Ciência moderna, não o foram para a Filosofia, que não encontraria razões suficientes para afirmar tais absolutuidades. O conceito kantiano de substância tem um conteúdo noemático histórico, próprio do racionalismo. Se se procura o conteúdo eidético, teremos de dizer o seguinte: na observação dos fenômenos, percebe o homem que as variações observadas são variações de algo que perdura e que é sustentáculo de tais variações. Um ser tem uma forma e suas variações e modificações são toleradas dentro dessa forma, do contrário o ser deixa de ser o que é, corrompe-se. O espetáculo do *devir* nos mostra que *algo* devém; ou seja, que algo permanece por entre as modificações. Estas são acidentais, são algo que acontece a alguma coisa que perdura. Substância é, assim, a estrutura formalmente constituída que perdura através de suas modificações acidentais. Essa perdurabilidade, contudo, não é absoluta ou, pelo menos, não se pode afirmar como absoluta.

O próprio Kant não pode deixar de considerar que caracteriza o homem essa capacidade de construir conceitos, nos quais, diz ele, não se encontram os rastros da sensação. Nem a quantidade, nem a qualidade, nem a relação, nem a modalidade são objetos de intuições sensíveis. Só são objetos da intuição sensível os seres corpóreos. A quantidade é abstrata, não é corporeidade. Os seres corpóreos *têm* quantidade, não *são*, porém, quantidade. Há uma distinção entre o *ser* e o *haver* (no sentido de ter). Assim João *é* homem e *tem* humanidade; ele não *é* humanidade, mas dela participa, ou seja, há, nele, também, o *logos* da humanidade, sem ele ser humanidade.

As coisas sensíveis revelam o que têm e o que são, mas revelam-no à nossa mente.

Não há a quantidade em si, nem a qualidade, nem a relação, nem a modalidade. Jamais afirmaram outra coisa os grandes filósofos do passado. Também não afirmaram que fossem tão-somente formas puras da nossa mente, mas, sim, estruturas noético-eidéticas, que têm fundamento nas coisas sensíveis, que estavam *confusas* nas coisas sensíveis, que a inteligência pode captar e distinguir. Se a experiência fosse apenas a sensação bruta, seria incompleta; tal experiência, podem tê-la o animal e a criatura em seus primeiros dias. A mente humana realiza, porém, um trabalho de ascese, de distinção, de esquematização noético-eidética das sensações. A quantidade é aquela propriedade que separa o ser corpóreo dos outros. É por meio dela que um corpo pode dividir-se em partes indivíduas, independentes da natureza do todo. Implica a *extensão*, a tensão que se *ex*-tende, que tende para fora de si mesma, como a qualidade é a *in-tensão*, a tensão que tende para si mesma. Se a extensão brota da criatura corpórea, não se identifica com ela, como o queria Descartes; é apenas uma propriedade da sua essência.

Não há intuição sensível da quantidade tomada isoladamente, mas há intuição sensível dela tomada confusamente nos seres corpóreos. É a mente que a abstrai do componente sensível, como abstrai a qualidade, a relação e a modalidade. Não são, pois, puras formas do entendimento sem qualquer fundamento real fora do entendimento. Se o entendimento constrói os conceitos eidético-noéticos dessas categorias, não o faz impondo-os às coisas corpóreas, mas extraindo destas, mentalmente, o que nelas está concretamente. Este ponto é o mais importante de considerar. Tais categorias não serão meras ficções, mas entes de razão com fundamento nas coisas (*cum fundamento in re*).

Como esquemas eidético-noéticos, não provêm das intuições sensíveis já estruturados como tais. Nossa mente os estrutura, fundada na própria experiência; ou seja, eles são parcialmente empíricos e parcialmente abstratos.

E por que é possível construir uma lei como a da conservação da substância?

Ela é possível desde o momento em que a mente humana constrói o conceito de regularidade das leis universais. Este conceito é uma lei é *a priori*, afirmará um kantiano, pois como poderíamos, partindo apenas da experiência, garantir que os fatos sucederão sempre obedientes a certas normas invariáveis? É esta a dúvida provocada pela indução. Como pela observação dos fatos particulares poderemos alcançar uma lei geral? A aceitação da regularidade dos fatos, ou a obediência à lei, é um imperativo; é imprescindível para que a indução possa ser válida em vez de permanecer apenas no campo da probabilidade.

Ora, a mente humana não é apenas captadora, armazenadora e coordenadora das imagens percebidas. Ela é capaz de abstrair o que ultrapassa a singularidade, a particularidade dos fatos. E tal é possível desde o momento em que é ela capaz de formar conceitos (universais); antes, não. A discussão deste ponto cabe, pois, à análise da validez da indução, o que já foi feito, e de modo definitivo, na Filosofia.

A mente humana é capaz de construir esquemas abstratos do que não está totalmente constituído da intuição sensível, do que não é apenas material e corpóreo. Essa capacidade imaterializadora implica uma atividade imaterial, porque a matéria não é capaz de abstrações, e sofre sempre determinações singulares, registrando os fatos singularmente, não universalmente.

Essa capacidade de nossa mente, da mente racional, inteligente, é algo que se opõe, fundamentalmente, à atividade meramente material, singularizadora por excelência. Mas note-se que percebemos a *repetição* de fatos, a repetição dos mesmos aspectos, das mesmas condições, que dão como resultado as mesmas decorrências; ou seja, da disposição das mesmas condições decorrem as mesmas consequências. Há, assim, uma regularidade, a presença de normas que captamos da nossa experiência. Os milharais dão sempre milho; as macieiras, sempre maçãs. Há uma legalidade nos fatos da nossa experiência. Poderíamos juntar aqui exemplos sem fim da presença dessa legalidade, da subordinação dos fatos a normas gerais. O juízo "há uma legalidade dos fatos da natureza, em que dadas as mesmas condições decorrem as mesmas consequências" é algo que a experiência ajuda a mostrar. Ora, a formação dos universais revela a presença constante dos mesmos elementos estruturais. A ideia de lei é uma ideia perfeitamente fundamentada na experiência. Aceitá-la como universal pode ser considerado como uma postulação nossa que, posteriormente, pode ser demonstrada num estágio mais alto do conhecimento humano. Mas, de qualquer forma, está fundada na própria experiência. Sua prioridade nas novas observações é uma consequência do próprio proceder da nossa inteligência, em que as conquistas obtidas presidem, depois, às novas experiências, e atuam, posteriormente, como elementos dados aprioristicamente. É verdade que Kant sabia que as formas puras do entendimento são psicologicamente construídas através de uma gênese psíquica no homem mas passam, posteriormente, a atuar aprioristicamente na coordenação das novas intuições sensíveis. Pois o mesmo se dá com a concepção de legalidade. O racionalismo-empirista dos tomistas, que seguem assim a linha aristotélica, fundava-se na racionalização da própria experiência, com o alcançar de estágios cada vez mais complexos que presidissem às novas experiências. O papel do nosso intelecto em sua atividade noética consiste em extrair os universais dos fatos singulares da experiência, a vivência sensível, imprimindo em si mesmo os esquemas (*species*), que atuariam, posteriormente, como elementos *a priori* acomodados para novas assimilações noéticas.

O princípio de causalidade não é uma imposição do espírito humano à experiência. É o que provaremos na parte em que justificamos os princípios fundamentais da filosofia clássica.[14] A inteligência humana não é algo abissalmente separado do restante do existir. O homem não é um estrangeiro no mundo cósmico, como o kantismo parece querer fazer compreender, sem justificar de modo algum essa concepção. O abismo no ser não se justifica. Nem tampouco se justifica a pretensa revolução que Kant pensa ter operado na Filosofia, que ele iguala à revolução copernicana.

Diz-se que até Copérnico era crença geral que a Terra permanecia imóvel no centro do mundo, e que os planetas e as estrelas giravam à sua volta. Na verdade, essa era a maneira comum de considerar-se a astronomia. Dizemos comum porque Tomás de Aquino, antes de Copérnico,

[14] Ver, neste volume, p. 257-65.

como ainda antes os pitagóricos, sabiam que a Terra é um planeta, uma esfera, que gira em torno do Sol. Tomás de Aquino repetidas vezes afirmou isso em seus extraordinários trabalhos. Contudo, é verdade que a opinião comum não era essa. Estávamos aí no terreno que Tomás de Aquino chamava de *opinável*. E ele o exemplificava com as estrelas, que certamente são muito maiores que a Terra, mas por falta de meios de comprovação eficazes eram admissíveis *opiniões* contrárias, ainda que não como um saber *científico*.[15]

Kant atribuía à sua obra uma verdadeira revolução copernicana na Filosofia. Até ele – dizia –, considerava-se a natureza como imóvel, e que o entendimento girava em torno dela e refletia as suas leis. Por isso, a razão não compreendia por que são necessárias as leis. Pensando-se de modo inverso, tudo se modifica. Não é a razão que gira em torno da experiência e reflete suas leis, mas sim a experiência que gira em redor da razão, e suas leis refletem nossa própria natureza, que é um produto da nossa razão. Portanto, é para nós necessário o que a nossa mente cria como necessário.

As leis da natureza são criações de nossos processos cognoscitivos, e nossas sensações nada mais são que respostas de nossa mente às impressões vindas do exterior. Neste caso, que podemos conhecer das coisas exteriores senão o que pensamos conhecer? Como são as "coisas em si" não podemos saber e, consequentemente, todas as respostas da Metafísica perdem sua validez, e a coisa em si permanecerá para sempre sendo uma incógnita para nós. E que podemos dizer da coisa em si? Se dizemos que existe, não esqueçamos que "existência" é apenas uma categoria; que é uma unidade ou uma multiplicidade, que é regida pela causalidade ou não, que é necessária ou contingente, tudo isso são categorias e nada mais. Sabemos apenas que há o outro lado da experiência, algo que nos é desconhecido, não, porém, totalmente desconhecido para o próprio Kant, que aqui se contradiz, porque sabe que o outro lado há, e que é incognoscível por nós. Esse ser, que escapa

[15] Cf. Santo Tomás de Aquino, *In Libros Aristotelis De Cœlo et Mundo* (*Comentário ao Tratado de Aristóteles sobre o Céu e o Mundo*), livro II, esp. lições 15-28. Tradução francesa, por Barbara Ferré, disponível na página do Projet Docteur Angélique: http://docteurangelique.free.fr/bibliotheque/philosophie/commentairetraiteduciel_Pr_1.htm (acesso: dezembro de 2019).

à nossa experiência, não é objeto, portanto, da experiência, e pode ser apenas pensado pelo nosso espírito, *nous*, por isso é um *número*. E é do *número* que se ocupa a Metafísica.

*

Há uma apoditicidade lógica, uma apoditicidade ontológica e uma apoditicidade ôntica.

A primeira demonstra-se pelo rigor da necessidade lógica, como o juízo "Deus existe" é apoditicamente lógico, porque na ideia de Deus está inclusa, necessariamente, a sua existência, pois é incedível, logicamente, a não-existência de Deus. Entretanto, ontologicamente, essa existência não tem apoditicidade, porque da apoditicidade meramente lógica não se conclui a ontológica imediatamente.

Consequentemente, para alcançar a apoditicidade ontológica de tal juízo, impõe-se ou uma demonstração apodítica de que a existência de Deus é necessária, é *nec*-cedível,[16] de que a sua inexistência é impossível, incedível também, ou, então, uma demonstração de sua apoditicidade ôntica. Deste modo, note-se que a apoditicidade da existência implica uma necessidade dupla:

a. necessidade da existência;
b. necessidade da recusa da não-existência.

Temos, aqui, a diferença entre a *necessidade absoluta* e a *necessidade hipotética*.

O ser cuja existência é absolutamente necessária é o ser ao qual se não pode negar nenhuma das duas necessidades: a necessidade de ser e a impossibilidade absoluta de não-ser. Ora, o conceito lógico de Deus implica, logicamente, um ser que necessariamente existe, cuja não-existência é absolutamente impossível; ou seja, recusa-se necessariamente a sua não-existência. Do contrário, Deus não seria Deus, mas um outro ser qualquer, ao qual não se poderia predicar a divindade suprema. No

[16] "*Nec*-cedível", no sentido em que explica Mário, algo que não se pode ceder, sob risco de eliminar a própria existência.

entanto, essa apoditicidade lógica não é ainda ontológica (e muito menos ôntica, pois a prova da onticidade, da existência singular da Divindade, não decorre da necessidade lógica do seu conceito). Um ser finito qualquer, que existe, mesmo que fosse ele ficcional, como poderia afirmar um criticista levado à máxima abstração da filosofia de Kant, não teria em si mesmo a sua razão de ser, porque seria uma ficção minha, tua, vossa. Tal ser, necessariamente, ou exige outro que o sustente, que lhe dê o ser, se é ficcional em outro, ou, então, ele mesmo é sua razão de ser, e necessariamente existe. Um ser contingente, porém, é aquele ao qual a segunda necessidade pode ser negada, pois a ficção que construí, ainda que exista necessariamente, poderia também não existir. Assim, se existe o efeito de uma causa, existe necessariamente a causa de sua existência, já que ser contingente é não ser necessário, e um evento ou objeto contingente é aquele cuja não-existência não implica contradição, como o cair ou não este objeto que tenho nas mãos. Sabemos que as possibilidades das coisas contingentes podem ser contraditórias, pois o que pode existir e pode não existir é potencialmente contraditório; mas, se existe, exclui, automaticamente, a não-existência. Assim, este objeto pode ser lançado ou não ao chão; posso segurá-lo nas mãos ou deixá-lo cair, sem que tais possibilidades, que são contraditórias, impliquem contradição em sentido ontológico, porque, como ser contingente, pode-lhe acontecer *isto* ou não acontecer *isto*. Mas, se esse objeto é lançado ao chão, há necessariamente causas que o levam a cair e não a suster-se. Essa necessidade, que se dá ao ato, é chamada *necessidade hipotética*. O ser absolutamente necessário é aquele cuja não-existência é impossível. A queda deste objeto seria absolutamente necessária se ela fosse necessária por uma razão ontológica, o que ela não tem. O Ser Supremo (Deus, para as religiões) tem de ser absolutamente necessário, e é impossível e absurdo admitir-se a sua não-existência.

Na filosofia concreta, "alguma coisa há" é um juízo necessário por postulação, e que tem apoditicidade ôntica, porque é absolutamente improcedente afirmarmos que "nenhuma coisa há", porque a própria enunciação desse juízo nega absolutamente validez ao mesmo. Mas como chegarmos à necessidade ontológica de que *alguma coisa necessariamente há*, ou seja, que *necessariamente há alguma coisa*?

Não poderia dar-se o nada absoluto? Em vez de julgarmos, de pensarmos, de discutirmos, de investigarmos, nos substituiria um imenso vazio, um nada absoluto. Já mostramos que em nós tudo se rebela contra essa possibilidade. É uma afirmação psicológica, afetiva, em nós, da impossibilidade do nada absoluto, da impossibilidade da substituição do ser pelo *nihilum*, pelo nada absoluto. É ele impossível antes, e é ele impossível depois. Contudo, poderia ter sido possível que nada existisse? Surge, então, a velha pergunta, que Heidegger renovou: Por que antes o ser que o nada? Por que é preferido antes o ser que o nada? Por que não há a substituição? Seria possível a substituição do ser pelo nada e, em vez de haver alguma coisa, não haver absolutamente coisa alguma?

Demonstramos neste livro que essa pergunta revela um pseudoproblema. Tal pergunta não tem validez ontológica, mas apenas uma validez psicológica em face da decepção moderna tão exacerbada pelo niilismo ativo-negativo de nossa época.[17]

Resta-nos examinar agora se o juízo "alguma coisa há" tem ambas as necessidades. Uma já demonstramos apoditicamente. Resta-nos a outra: o nada poderia substituir o ser?

Alguma coisa há tem a necessidade ôntica porque é impossível que não haja coisa alguma. A própria postulação desse juízo afirma que *alguma coisa há*. Ora, o que tem a necessidade ontológica tem, pelo menos, uma necessidade hipotética. Mas esta ainda não é suficiente. O que procuramos é a necessidade ontológica de *alguma coisa há*. Havendo alguma coisa, ou alguma coisa começou a ser, precedida pelo nada absoluto (*nihilum*), ou sempre houve alguma coisa. Ora, demonstrou-se apoditicamente que o nada absoluto não pode ter antecedido a alguma coisa, bem como foi demonstrado que sempre houve alguma coisa. Consequentemente, o haver de alguma coisa tem uma necessidade ontológica e não hipotética. Seria hipotética se fosse apenas um possível e, neste caso, seria um possível do nada absoluto (*nihilum*), o que é absurdo, como vimos. Portanto, só resta que sempre houve alguma coisa, necessariamente. Esse haver tem, portanto, a necessidade ontológica. Porque há alguma coisa, o haver do ser é ontologicamente necessário. Deste modo, encontramos a apoditicidade da necessidade ontológica de *alguma coisa há*.

[17] A preocupação com o niilismo e seu devastador efeito era uma das mais recorrentes de Mário, não apenas como questão filosófica mas muito mais como um problema grave do ser humano. Sua interpretação construtiva de Nietzsche se opunha exatamente a essa perspectiva. Cf. *Filosofias da Afirmação e da Negação*, São Paulo, É Realizações Editora, 2017.

A consequência que se obtém é a seguinte:

há necessariamente alguma coisa e necessariamente é impossível não haver alguma coisa.

Ora, tal juízo possui a apoditicidade que desejava Kant, e pode ele fundar objetivamente a Metafísica. Nenhuma crítica, nenhuma objeção, nem a do ceticismo rígido, poderia destruí-lo. E é sobre ele que se fundamenta toda a análise dialético-concreta de nossa filosofia.

*

É o juízo "alguma coisa há" um juízo analítico ou um juízo sintético *a priori*? Ante o kantismo, a pergunta é justificada e exige resposta cuidadosa.

Está contido ou não no conceito de *alguma coisa* o *haver*?

Logicamente, não; mas, ontologicamente, sim. E por que esta distinção e aparente contradição? É fácil explicar.

Alguma coisa (*aliquid*), como o mostramos, é um conceito que expressa *outro que*, o que se distingue.

Ao dizer-se *alguma coisa* não se diz que *há*, porque *haver* é dar-se, é positivar-se, é afirmar-se. Quando se diz "alguma coisa há" afirma-se que se posiciona, se positiva alguma coisa (*outro que*) e significa dizer que se recusa o não haver, recusa-se o *nenhuma coisa há*, seu contraditório.

Por sua vez, o conceito de *haver* implica *alguma coisa*, porque o haver de nada não é haver. Se o haver se dá, alguma coisa se dá. Dizer-se "alguma coisa há" é dizer-se *dá-se o haver de alguma coisa.*

O *haver* é atribuído ao *alguma coisa*. Mas alguma coisa, ontologicamente, há, porque como poderia positivar-se alguma coisa sem haver? Ontologicamente, o *alguma coisa* implica o haver, como vimos, embora logicamente não. Não há contradição aqui, porque a Lógica dedica-se ao exame dos conceitos em sua esquematização e a Ontologia examina os conceitos em sua possibilidade de ser. Eis por que a simples demonstração lógica não implica a demonstração ontológica.

A apoditicidade do juízo "alguma coisa há" é ontológica e ôntica, porque a sua postulação é necessária de qualquer modo, pois seria válido mesmo que puséssemos em dúvida seu valor, porque duvidar é provar que alguma coisa há. A mera discussão de sua validez é suficiente para dar-lhe a validez ôntica apodítica, é demonstrar apoditicamente a sua validez.

Resta-nos saber se tal juízo é um juízo sintético *a priori*.

Nossa experiência, mesmo no sentido kantiano, não nos prova que alguma coisa há?

Se somos capazes de especular sobre o que é possível de uma experimentação possível, isso não prova que alguma coisa há?

O juízo *alguma coisa há* revela-se de modo exigente e positivo. Não é um juízo analítico, é sintético sem dúvida, e comprova-se pela mais comum experiência, como o exigiu Kant. Mas, note-se, é válido aposterioristicamente e aprioristicamente. É um *juízo sintético a posteriori*, quando a experiência o revela, e é *a priori*, porque dispensa até a própria experiência kantiana, porque dispensa a nós mesmos, a nossa experiência, pois poderíamos não ser, sem que *alguma coisa há* deixasse de ser verdadeiro apoditicamente.

Queremos com isso, apenas, dar mais uma demonstração de que é possível a Metafísica, até dentro da própria posição de Kant.[18]

[18] [A doutrina de Kant é falsa em seus fundamentos, em si mesma e em sua finalidade. Em seus fundamentos, quanto à teoria cartesiana da percepção externa e quanto à maneira como concebe os juízos sintéticos *a priori*; em si mesma, porque não demonstra devidamente sua afirmativa sobre as formas puras da sensibilidade e, sobretudo, por supor a submissão total da intuição às mesmas; por fim, em seu termo, porque conduz, através do agnosticismo, ao ceticismo mais absoluto, o que é filosoficamente um erro rotundo.]

Teses Dialéticas
(Para a Fundamentação das Demonstrações já Feitas)

TESE 67 – É anterior o que de certo modo se dá antes de outro, que lhe é posterior.

É primeiro o que, de certo modo, tem prioridade.

Na ordem da eminência, das perfeições, o antecedente é mais perfeito que os posteriores, e o primeiro é o mais perfeito e o mais nobre. Ao antecedente sucede o posterior.

TESE 68 – O dependente, para ser, depende de um anterior.

O que pende de outro de-pende desse outro; exige outro do qual decorra a sua existência; outro que o *faz.*

Essa relação de dependência tem de ser real, pois do contrário ela não haveria, pois o ente não penderia de outro.

A exigência desse nexo real evita as costumeiras confusões entre *causa* e *condição.*

Na causa, há dependência do efeito com nexo real; na condição, a existência do efeito não depende por um tal nexo. Assim, a luz é condição para que alguém possa escrever, não causa do escrever. A ação de escrever não pende da ação da luz, mas da ação do escrevente.

A dependência é inerente ao dependente, e liga-se ao de que depende pelo nexo real do *fieri*, do devir. Portanto, há o agente, há o *fieri* e o resultado; há um anterior e um posterior, consequentemente.

O nexo de dependência liga-os; mas a dependência, enquanto tal, é totalmente inerente ao posterior.

TESE 69 – A dependência implica anterioridade e posterioridade.

Onde há dependência há o que depende; há o dependente, e o do qual ele depende. Este, necessariamente, é anterior, e aquele é posterior.

TESE 70 – A dependência implica abaliedade e subalternidade.

Abaliedade é o caráter do que provém de outro (*ab alio*), ou melhor: cujo ser é dado por outro; depende de outro, de outro provém. Ora, o dependente não tem em si a sua razão de ser, nem a sua origem em si mesmo; mas em outro.

Consequentemente, a dependência implica abaliedade.

É subalterno (de *sub* e *alter*, outro) o que, para ser ou existir, exige um outro que lhe dê o ser, a existência.

Ora, o dependente, sendo ordenado por outro, *é* por outro, enquanto efeito, e de outro subordinado; portanto é subalterno.

TESE 71 – A anterioridade e a posterioridade dão-se na ordem cronológica, na ordem espacial, na ordem lógica, na ordem da eminência, na ordem axiológica, na ordem ontológica e na ordem teológica.

É anterior o que precede, e posterior o que o sucede, e não há este sem haver aquele.

O posterior, para ser, não pode prescindir do anterior, embora se possa compreender, sem contradição, o anterior sem necessidade de haver o posterior.

Na ordem cronológica, o que sucede é de certo modo posterior ao anterior.

No espaço, fala-se também em anterioridade e posterioridade, mas em sentido de medida, já que espacialmente há simultaneidade e não propriamente dependência, porque o espaço medido posteriormente não é dependente do espaço medido anteriormente, e essa a razão da sua reversibilidade, pois pode-se medir tanto de A para B como de B para A.

Na ordem lógica, o gênero antecede à espécie, e esta não é sem aquele.

Na ordem da eminência, o mais perfeito antecede ao menos perfeito, como o mais antecede ao menos, pois do contrário viria do nada.

Na ordem axiológica, o valor mais alto tem de anteceder ao valor menos alto, pois do contrário viria aquele do nada, ou seja: o mais viria do menos, o que é absurdo.

Na ordem ontológica, o ser maior tem de preceder ao ser menor, pelas mesmas razões, senão o excedente do maior viria do nada.

Na ordem teológica, como decorrência rigorosa das mesmas razões, o infinito tem de anteceder ao finito, pois sem aquele este não tem razão de ser.

Esta prova será ainda robustecida por outras.

TESE 72 – O que não é posterior ao anterior não é posterior ao posterior.[1]

Esta tese é evidente *per se*. O que não depende do anterior não provém do que é posterior ao anterior, pois aquele depende do anterior.

TESE 73 – O anterior ao anterior é anterior ao posterior.

É uma decorrência rigorosa do que até aqui foi estudado.

TESE 74 – Causa é o nome que se dá à dependência real do posterior ao anterior.

O posterior segue-se necessariamente ao anterior, e não ao contrário. Sem o anterior seria impossível o posterior. Ora, este, quando depende do primeiro por natureza e essência, é posto em causa, é atualizado por aquele. Desta forma, o dependente é causado, e *o de que* depende é a sua causa.

Fundado na divisão das causas aristotélicas, Duns Scot faz a seguinte classificação:[2]

o posterior do fim (causa final) é o *finitum* (finito);
o posterior da causa material é o *materiatum* (materiado);
o posterior da causa formal é o *formatum* (formado);
o posterior da causa eficiente é o *effectivum* (efetivo);
e, em suma, o posterior de uma causa é o *causatum* (causado).

[1] Ver Duns Scot, *Tratado do Primeiro Princípio*, II, terceira conclusão, 15-16 (trad. Carlos Nougué. São Paulo, É Realizações Editora, 2015, p. 35).
[2] Ver ibidem, I, 1-11, p. 25-31; II, nona conclusão, 26-29, p. 43-45.

TESE 75 – Quanto à natureza e à essência, o anterior é apto a existir sem o posterior. O inverso não se dá.

Não há nenhuma contradição em que, existindo o primeiro, não exista depois o segundo. Já o contrário não se pode dar. Se o posterior depende, quanto à natureza e à essência, do primeiro, não pode existir sem existir este. O posterior necessita do anterior, e essa necessidade chama-se *dependência.*

TESE 76 – Um ser não depende essencialmente de si mesmo.

Se um ser dependesse essencialmente de si mesmo, seria ele anterior a si mesmo, o qual seria posterior.

Neste caso, esse ser existiria antes de existir, o que é absurdo. Ademais, se dependesse de si mesmo, sua existência seria decorrente de si mesmo, o qual já existiria. Portanto, um ser não depende essencialmente de si mesmo.

TESE 77 – Um ser não pode ser mais do que ele mesmo.

Para que um ser pudesse ser mais do que ele mesmo, teria de receber suprimento de outro. Não poderia recebê-lo de si mesmo, pois então já o seria. A razão ontológica de que um ser não pode ser mais do que ele mesmo está no seguinte: o excedente de ser, não estando nele, viria de outro, seria de outro e não dele, algo que a ele se aderiria, não algo que fosse dele mesmo. Ou então o suprimento viria do nada, o que é absurdo.

Um ser, portanto, não pode ser mais do que ele mesmo.

Esta proposição será demonstrada dialeticamente por outros meios, quando coordenada com outras proposições que, de modo apodítico, demonstrarão que um ser é sempre proporcionado à sua *emergência,* ao que já é.

TESE 78 – Um ser não pode existir sem si mesmo.

Para um ser existir é preciso que exista, e impõe-se que haja ele mesmo. Um ser existir sem si mesmo seria não existir.

TESE 79 – O ser dependente é necessariamente finito. O Ser Infinito é absolutamente independente.

Caracteriza o ser finito o não ser plenitude absoluta de ser, o não estar na plenitude absoluta do ser; o ser privado de alguma perfeição.

Se o ente finito tivesse plenitude absoluta de ser, não seria dependente, nem teria limites, porque a dependência limita o ente.

Sendo limitado, faltar-lhe-ia pelo menos a perfeição da independência.

Esta perfeição é *de ser*, porque o nada não tem perfeição, nem é perfeição. Portanto, a perfeição que lhe falta *é*; consequentemente, o ser limitado é finito e deficiente, distinguindo-se deste modo do Ser Absoluto.

TESE 80 – O que pode existir por sua própria força existiu sempre, e não foi causado.

Um ser que pode existir por sua própria força não depende de outro para ser. E se ele pode existir por sua própria força, ele tem de existir sempre, pois do contrário não poderia existir por sua própria força, pois antes de existir seria nada.

Portanto, desde o momento em que captamos um ser que é capaz de tal, devemos dizer que ele necessariamente existiu sempre.

Ora, é inevitável que algum ser exista por sua própria força, e tenha existido sempre, pois do contrário teria existido pela força de outro que o antecedeu. Como não poderíamos ir ao infinito, o antecedente seria um ser que existiu de tal modo; logo, há de haver um primeiro que existiu por sua própria força, e pela qual existiram os sucessivos, os posteriores. Esta prova é apenas subsidiária das que já apresentamos sobre o Ser Infinito.

E, ademais, esse ser existiu sempre porque do contrário seria causável, e também seria a sua própria causa, *causa sui*, o que seria absurdo ante o que já examinamos.

Neste caso, esse ser não seria o primeiro, e teria vindo do nada e não de si mesmo, pois, como poderia ele causar a si mesmo, a não ser que fosse causável e, portanto, inexistente antes de ser?

Tal nos levaria a um absurdo. Portanto, há um ser primeiro incausável e incausado, que existe necessariamente por si mesmo, e que sempre existiu.

TESE 81 – Há um ser primeiro que em si tem a sua própria razão suficiente de ser.

O que necessita de algum outro não é *per se* suficiente. E não o é porque exige outro para ser. Portanto, não tem em si sua própria e suficiente razão de ser.

Algum ser tem de ter em si a sua própria razão suficiente de ser, pois do contrário exigiria outro para ser. E como não se pode ir ao infinito, como já o mostramos em nossos livros, e ainda o demonstraremos mais adiante, há um ser que é o primeiro, e que não necessita de outro para ser, e que tem em si a sua razão suficiente de ser.

TESE 82 – O ser finito não tem em si a sua razão suficiente de ser.

O que pode não existir não tem em si a sua razão suficiente de ser, e não pode ser por sua própria força, pois depende de outro, do contrário não seria um ser que pode não existir. Portanto, o ser que pode não existir, se existe, é porque teve um princípio e não poderia ter existido sempre, porque, se existira sempre, não se poderia dizer que podia não existir, pois teria, em si mesmo, a força suficiente para existir, e existiria sempre.

Ora, vimos que o ser que tem em si a sua própria razão suficiente para existir existiu sempre e é, portanto, incausável. O ser que poderia não existir teve um princípio necessariamente e é, portanto, causável.

O ser causável é, assim, uma característica do ser finito; o ser incausável, porque é o primeiro, sempre existiu: o que é uma característica da infinitude.

O ser causável depende de outro para ser; o incausável (Ser Infinito) não depende de nenhum outro para ser; por isso sempre foi, e é.

Nas próximas proposições corroboraremos ainda mais, por outros caminhos, a apoditicidade desta tese.

TESE 83 – O que não se ordena a um fim não é um efeito.

O efeito vem de *effectum*, o que é *e-factum*. Portanto, para que algo seja um fato, é preciso ser feito. O fazer implica um termo de partida e um termo de chegada, que é uma meta, um fim a ser alcançado. Portanto, o que não se ordena a um fim não é um efeito.

Consequentemente, a inversa é verdadeira:

a. *O que se ordena a um fim é um efeito.*
b. *O que não é efeito não é um ser finito.*
c. *O que não é efeito não é um ser material.*

Não o é porque um ser material (*materiatum*) implica a causa eficiente que o faz, que determina (dá a forma) a um ser determinável (a matéria).[3]

Consequentemente:

d. *O que não é ser material* (materiatum) *não é um formado*, pois para ser material tem de receber uma determinação, que é a forma.

Portanto:

e. *O que não é um formado* (formatum) *não é um ser material* (materiatum).

Essas são cinco contribuições do pensamento de Scot que correspondem às positividades da filosofia concreta.[4]

TESE 84 – Alguma natureza é causa eficiente.

O devir mostra-nos que alguma natureza é efetuada. Portanto, alguma natureza é eficiente e causa do efetuado.

E de tal não há dúvida, porque alguma natureza *começa a ser* (*incipit esse*).

TESE 85 – Todo fato supõe algo que o antecede.

O termo "fato" vem do latim *factum*, o que foi feito, o que é feito.

[3] [Oportunamente provaremos essa afirmativa por outras vias.]
[4] Ver Scot, *Tratado do Primeiro Princípio*, op. cit., II, quarta a sétima conclusões, 17-24, p. 35-41.

O Ser Supremo não é um *factum*, porque não foi feito. Tudo quanto é feito supõe algo que o faz, o que ontologicamente o antecede, e do qual depende, que é o que chamamos causa.

TESE 86 – O que não é causado por causas extrínsecas não é causado por causas intrínsecas.[5]

Chamamos de *fatores predisponentes* (causas extrínsecas) os que antecedem e acompanham o ente. São *fatores emergentes* (causas intrínsecas) os que constituem a natureza desse ente.

Para que um ente causável surja, impõe-se um antecedente, um anterior. Do contrário seria ele produzido por si mesmo, o que, já vimos, é impossível. Portanto, um ente, para ser, não é causado ou fatorado por causas intrínsecas. A emergência do ser não é o que o cria, pois, neste caso, seria ele anterior a si mesmo.

Consequentemente, ele depende de causas extrínsecas (fatores predisponentes) para ser; do contrário, não seria.

Como decorrência rigorosa e apodítica, as causas extrínsecas (os fatores predisponentes) são anteriores, no causar (*in causando*), às causas intrínsecas (fatores emergentes), que lhes são posteriores.

TESE 87 – Entre duas causas simultâneas, uma deve ter prioridade de certa espécie sobre a outra.

Se duas causas simultâneas não têm entre si uma prioridade de certa espécie, além de serem da mesma espécie, seriam eminentemente iguais, o que as identificaria entre si, tornando-as apenas uma. Devem elas, de certo modo, distinguir-se, e essa distinção não seria apenas numérica, pois dois seres absolutamente idênticos não são *dois*, mas *um*.

Se há, portanto, duas causas simultâneas, uma deve ter certa anterioridade à outra em alguma espécie, ou na ordem da eminência, ou na ordem axiológica, ou na ordem ontológica, etc.

Comparadas entre si, uma delas será próxima e a outra remota em relação ao causado, sob alguma das ordens já examinadas.

[5] Ver ibidem, oitava conclusão, 25, p. 41-43.

TESE 88 – Nem sempre o mais imediato efeito de uma causa é causa do mais remoto efeito da mesma causa.[6]

Entre os efeitos de uma causa, estes podem ser simultâneos ou anteceder um ao outro. Mas tal antecedência não implica necessariamente um nexo de causa e efeito entre ambos.

Para que o posterior seja efeito do anterior, impõe-se a dependência real, que é o nexo de necessidade. Uma causa pode produzir efeitos diversos e sucessivos sem que os mesmos estejam ligados por um nexo de necessidade, de dependência entre si, mas apenas com a causa.

Tal é fácil verificar-se nos fatos físicos, onde os efeitos não dependem sempre uns dos outros, mas sim da causa primordial.

Quando há o nexo de necessidade entre os efeitos, o anterior é causa do posterior.

O que depende essencialmente, isso depende de uma causa ou de um mais imediato efeito de alguma causa. A primeira dependência é absolutamente necessária; a segunda, não. Assim, se B depende de A, se A não existe, não existe B. Mas, se B depende de A e C também depende de A, se B não existe, não decorre necessariamente que C não existe.

TESE 89 – Para que algo seja efetível (torne-se um efeito) é imprescindível um efetivo.

O ser efetível é o que tem possibilidade de ser feito.

Ora, o que tem tal possibilidade, se já existe, não é mais um efetível, mas feito (*fato*). Ora, o efetível não tem em si a sua razão de ser, pois do contrário não seria efetível, mas *efetivo*.

Para ser, impõe-se necessariamente um *efetivo*, que lhe seja anterior de certo modo.

Consequentemente, o possível não o é por si, mas por outro.

[6] Ver ibidem, décima primeira conclusão, 31, p. 45.

TESE 90 – Todos os seres que sucedem (em devir) são possíveis (possibilia) *que se atualizam e exigem um anterior efetivo.*

O devir é o campo da sucessão. O que devém é o que se torna, o que passa de um modo de ser para outro modo de ser.

Consequentemente, o devir afirma o efetível. E como este não pode ser tal sem um efetivo, como já o provamos, o devir implica sempre um ser efetivo, em pleno exercício de seu ser, para que o efetível se torne um efeito.

TESE 91 – Caracteriza o efetível a possibilidade de vir-a-ser (de devir).

O efetível ainda não está no pleno exercício de seu ser, pois se já estivesse seria um efeito.

Mas o que é efeito (*e-factum*) comprova a sua efetibilidade, pois não poderia ser se não fosse possível de ser.

Portanto, a estrutura ontológica do conceito de efetível implica rigorosamente a possibilidade de vir-a-ser, de devir, de ser atualizável.

Como consequência, o que é possível não o é por si, mas por outro.

TESE 92 – Algo é absolutamente o primeiro, anterior a todos.

Se o efetível depende de um efetivo para ser, um efetivo há de ser o primeiro, absolutamente o primeiro, o que já provamos. E prova-se ainda de muitas outras maneiras. Indicaremos, por ora, algumas, pois outras virão oportunamente.

Um efetível depende de um efetivo. Este pode ser um efetível que se efetuou. Mas, para tal, implicaria um efetivo anterior. Consequentemente, deve haver um efetivo absolutamente primeiro, que não é efetível. Se não houvesse esse efetivo primeiro, teríamos uma série infinita, um infinito de causas, no qual nenhuma teria por si o poder de tornar efetível a outra, pois nenhuma o teria em si mesma e por si mesma. Ademais, ter-se-ia um infinito numérico, o que é absurdo.

E a efetividade não teria princípio, pois não haveria um primeiro que a concedesse. Não vindo de algo que já é, sua origem estaria no nada, o que é absurdo.

Outras provas virão para robustecer esta.

TESE 93 – Na ordem ontológica, o mais precede ao menos, mas o inverso se dá na ordem física.

A ordem cósmica é obediente à ordem ontológica, pois do contrário aquela ordem viria do nada. Não se pode dar o que não se tem. Ora, o Ser Absoluto, Infinito, pode dar tudo, porque tem tudo. O nada nada pode dar. É uma decorrência rigorosa do que provamos que a ordem cósmica não se possa excluir da ordem ontológica.

No entanto, se na ordem ontológica o mais precede ao menos, na ordem física o mais é antecedido pelo menos, pois o mais é atingido posteriormente pelo menos, já que um todo físico, como conjunto de suas partes, é um mais, que é posterior ao menos de cada parte.[7]

A inversão dessas duas ordens não as exclui, porque a ordem física não exclui a ordem ontológica, e essa inversão mostra a harmonia existente entre ambas.

TESE 94 – O que se coloca entre os extremos é mais próximo destes do que os extremos entre si, considerados no mesmo vetor.

Se entre A e C se coloca B, este é mais próximo de A e de C do que A de C ou C de A.

A proximidade aqui pode ser considerada em qualquer via, *dentro do seu vetor*; quer na cronológica, quer na cronotópica, quer na axiológica, quer na da eminência, quer na ontológica, quer na teológica. É um postulado matemático, válido em qualquer concepção, e em qualquer ordem de realidade.

TESE 95 – Acidente é o que pode estar ou faltar em um sujeito sem corrompê-lo substancialmente.

Acidente é o que acontece com a substância.

[7] [Na ordem biológica, o todo antecede às partes, porque, naquele, as partes não são acidentais, mas substancial e formalmente do todo, que lhes dá a forma e o vetor.]

Mas impõe-se que a sua presença, ou a sua falta, não corrompa a própria substância, tornando-a outra.

Só aquém desse limite é acidente. Assim a água por ser límpida ou suja não deixa substancialmente de ser água. Mas o hidrogênio, na água, não é acidental, porque, se dela fosse retirado, a água deixaria imediatamente de ser água. Por isso o hidrogênio é um *elemento* da água.

TESE 96 – É impossível que um só e mesmo princípio específico de ação (faculdade) pertença a substâncias diversas.

Em todo ser há um princípio da sua ação. A esse princípio da ação chamavam os antigos de *faculdade*. Todos os seres da mesma espécie têm em comum o princípio da ação que convém a essa espécie. Esse princípio não é numericamente o mesmo para todos os indivíduos, mas ontologicamente é o mesmo. O que permite classificar os indivíduos em espécies é precisamente a presença do princípio da ação que eles têm em comum.

Diz-se que são substâncias diversas aquelas que pertencem a espécies de gêneros diferentes. Consequentemente, é impossível que um só e mesmo princípio de ação (faculdade) pertença a substâncias diversas, que é o que se queria demonstrar.

TESE 97 – Há, contudo, um princípio de ação que é um só em todas as coisas.

Na tese anterior, demonstramos que o princípio de ação, que têm em comum os seres da mesma espécie, é aquele que convém a essa espécie. Assim a *faculdade* dos antigos, que é o princípio dessa ação específica, é comum aos indivíduos da mesma espécie. Daí decorreu ser impossível que uma só e mesma faculdade, nesse sentido específico, pertença a substâncias diversas, isto é, a gêneros diversos.

Levada, contudo, ao extremo, essa afirmação poderia ser improcedente, por dela decorrer a afirmativa de haver rupturas no ser, o que ofenderia as proposições já demonstradas.

Mas, se considerarmos esse princípio de ação como específico, e conveniente à espécie, tomá-lo-emos distintamente de um princípio de ação que seja comum a todos os seres ativos. Necessariamente, todos os seres ativos têm um princípio de ação. O próprio princípio específico de ação tem sua razão de ser num princípio genérico de ação, e este num princípio de ação universal, pois, do contrário, o princípio de ação de todas as coisas penderia realmente do nada, o que é absurdo. Consequentemente, há necessariamente um princípio de ação universal, de onde pendem todos os princípios de ação específicos.

O Ser Infinito

TESE 98 – O Ser Absoluto é "substancial" e "adverbialmente" infinito.

Diz-se que é infinito substancialmente aquele em que o ser que é é infinitamente ser. Ora, o Ser Supremo é ser absolutamente, sem desfalecimentos, como já vimos. Portanto, ele é "substancialmente" infinito, porque é infinitamente ser. Diz-se que é "adverbialmente" infinito (sincategorematicamente infinito, como se dizia na filosofia escolástica) aquele em que o ser é modalmente sem determinações, sem limites, sem dependência. Ora, o Ser Absoluto é "adverbialmente" infinito. É infinito, portanto, de ambas maneiras.

Essa distinção entre infinito substancial e infinito sincategoremático torna-se importante para o exame posterior de outros princípios.

No entanto, para evitar confusão, queremos salientar que os termos *substancialmente* e *adverbialmente* estão sendo usados em sentido analógico, pois o Ser Absoluto não é substância, como mais adiante o provaremos.

TESE 99 – O Ser Absoluto (o primeiro eficiente) é incausável.

A possibilidade de que o Ser Absoluto (o primeiro eficiente) seja incausável justifica-se porque não é efetuado e existe independentemente de qualquer outro, como já foi mostrado.

Além das provas que oferecemos da sua incausabilidade, a possibilidade de ser incausável é ademais uma prova ontológica também da sua existência.

Se o primeiro fosse causável, só o poderia ser por si, por outro ou pelo nada. Por si é impossível, pois existiria antes de existir. Por outro, não o poderia ser, pois então esse outro seria o primeiro. Pelo nada é impossível, como já o demonstramos.

TESE 100 - Sendo o Ser Absoluto inefetível e incausável, consequentemente não é finível, nem materiável, nem formável, nem, portanto, é composto de matéria e forma.

Não é efetível porque ou o seria por si, ou por outro, ou pelo nada, como já vimos. É, portanto, incausável. E por não ser causável não é finível, nem finito. E, dados estes aspectos, não é materiável, nem formável, pois exigiria outra causa eficiente que o materializasse. E se fosse materiável seria formável, e vice-versa, como já o vimos. Ora, tal não se dá. Portanto, não é composto o Ser Absoluto (que é o primeiro eficiente), nem de matéria, nem de forma.

TESE 101 - O Ser Absoluto é absolutamente livre.

Prova-se também deste modo:

É livre o que é autônomo e não depende de outro para ser, ou para atuar. O Ser Absoluto, primordial, não depende de outro para ser, não vem de outro, já que é incausado e incausável: portanto, infinito, sem limites e sem determinação de outro que o anteceda, seja axiologicamente, seja ontologicamente enquanto ser, seja onticamente enquanto existente, seja ordinalmente enquanto antecedente.

Portanto, o Ser Absoluto é absolutamente livre em sua primordialidade.

O que não é livre é o que é determinado por outrem. Sendo absoluto o Ser, não determinado por outrem, é ele, no pleno exercício de seu ser, absolutamente livre e independente.

TESE 102 - O Ser Absoluto é "formalmente" infinito.

Chama-se de *forma* a razão intrínseca de um ser, o *pelo qual* (*quo*) o ser é o que é. Assim, este ser é homem porque tem a forma humana, a razão intrínseca do homem, a lei de proporcionalidade intrínseca da hominilidade.

O Ser Absoluto tem em si a sua razão intrínseca de ser, pois, do contrário, tê-la-ia recebido de outro, que seria o nada absoluto, o que é absurdo.

Portanto, como Ser absoluto e infinito, sua forma, sua razão intrínseca, também é infinita. Ele é, portanto, formalmente infinito, e sua forma se identifica com o seu existir.

É claro, pois, que a forma não o compõe, mas, por ser absolutamente infinita, ela é *ele mesmo*, pois ele é a própria *ipseidade*.

TESE 103 - O Ser Absoluto, por ser absolutamente simples, é indecomponível.

Um ser é decomponível quando é ele composto, pois decompor, em última análise, é separar as partes simples de uma totalidade.

Ora, o Ser Absoluto não é composto de partes, pois é absolutamente simples, como já demonstramos; consequentemente, é indecomponível.

TESE 104 - Um ser indecomponível é indestrutível.

Para que algo seja decomponível é mister, de antemão, que seja composto, pois o simplesmente simples, por não conter partes, nem atual, nem virtual, nem potencialmente, não pode ser decomposto.

Destrói-se um ser da nossa experiência quando decompomos suas partes, separando-as segundo as diversas modalidades que conhecemos da decomposição físico-química.

Um ser absolutamente simples não poderia sofrer tal destruição.

Outra destruição, e absoluta, seria a de tornarem-se nada não só o ser que é composto, enquanto tal, mas, ainda, as suas partes. De outro modo, podemos decompor uma cadeira, podemos destruir um objeto, mas as partes componentes continuam subsistindo, pois não se tornam nada senão relativamente. Deixaram de ser isto para ser aquilo, mas sem deixarem de ser.

O Ser Absoluto só poderia tornar-se nada por uma potentíssima ação destrutiva de um ser que lhe fosse superior, ou por uma ação interna, por um poder interno, que destruísse a si mesmo.

O primeiro caso é absurdo, porque já demonstramos que não há outro poder superior ao Ser Supremo.[1] E por uma razão interna também é impossível, pois, se o Ser Absoluto tivesse em si uma razão de destruição de si mesmo, não seria absolutamente simples. Ademais, a destruição exige uma ação, e esta só poderia, no caso do Ser Absoluto, vir dele, pois seria absurdo se viesse do nada absoluto.

[1] Mário caminha aqui em uma região próxima ao argumento de Santo Anselmo, que ele discutirá vários capítulos à frente. A demonstração da existência do Ser Supremo, para Mário, está vinculada ao programa de definições e demonstrações da filosofia concreta.

Mas se o admitíssemos destrutível, embora simples, dando como conteúdo do conceito de destruição a ação capaz de reduzir a nada o Ser Absoluto, teríamos de admitir que este é passível de sofrer, caso em que, portanto, não seria absolutamente simples, pois, no seu ato (o pleno exercício de si mesmo), parte estaria em potência (a possibilidade de sofrer uma ação de outro). Ora, esse outro não pode ser o nada; portanto, o Ser Absoluto só poderia estar vulnerável a uma ação exercida por si mesmo. O Ser Absoluto deixaria, portanto, de ser tal para ser determinado e determinável. Nele haveria um poder destrutivo, negativo. Ora, o ser é afirmativo, absolutamente afirmativo. Esse ímpeto destrutivo, não provindo do nada, só poderia vir dele. E o ser, para realizar a destruição, estaria afirmando todo o seu poder (um poder infinito), ao mesmo tempo que o negaria absolutamente, o que seria fundamentalmente contraditório e absurdo.

O Ser Absoluto, portanto, sempre foi, sempre é e sempre será. Para expressar o ser que é, foi e será, tinham os hebreus a palavra *Yahweh*, de onde vem o termo Iavé, *o ser que é, foi e será* dos antigos hebreus.

Nos gregos, há ainda o termo *Evohé*, que tem uma raiz etimológica semelhante e significa "foi, é e será", palavra que, já nos romanos, e sobretudo em nossa época, perdeu para muitos o seu verdadeiro conteúdo.

TESE 105 – O Ser Infinito perdura interminadamente, e é imutável. É, em suma, a imutabilidade absoluta.

Já ficou provado que o Ser Infinito é, foi e será. Consequentemente, a sua permanência, a sua perduração, é constante, contínua e absoluta, pois, do contrário, haveria quedas no nada absoluto, o que é absurdo.

Resta provar agora que o Ser Infinito é imutável. Entende-se por mutação a passagem de um termo para outro. O Ser Infinito, para sofrer uma mutação, teria de passar de ser absoluto, que é, para o não-ser absoluto, nada absoluto. Neste caso, ele seria destrutível, o que, já vimos, não é. As mutações podem ser distinguidas em vários tipos, como fez Aristóteles:

a. Mutação substancial, isto é, geração e corrupção.

Esta mutação consiste na perda de uma forma para adquirir-se outra, como de um ser que se corrompe, deixando de ser o que é para tornar-se outro, de espécie diversa.

O Ser Infinito, para corromper-se desse modo, precisaria primeiramente ser decomponível, e para ser tal, teria de ser composto. Ora, como provamos, ele não é composto, não é decomponível nem destrutível. Consequentemente, não poderia sofrer nenhuma mutação substancial, isto é, corromper-se do que é, para dele gerar-se outro.

A corrupção do Ser Infinito torná-lo-ia nada, o que provamos constituir um absurdo. Portanto, a mutação substancial não lhe cabe.

Consequentemente, ele é "substancialmente" imutável.

b. Outra mutação é a alteração, isto é, a passagem de uma qualidade para outra, sem mutação da substância. Ora, o Ser Supremo é absolutamente simples. Nele não se poderiam dar mutações qualitativas, porque ele passaria, automaticamente, do que é para o que não é. E o que não é ele só pode ser um ser finito, que dele depende e dele provém, ou o nada absoluto, o que já está afastado.

Consequentemente, nele não há mutações qualitativas, e ele é "qualitativamente" imutável.

c. Mutação de um lugar para outro.

O Ser Infinito, por não ser corpóreo, como provamos (pois não é composto de matéria e forma), não pode sofrer deslocação de um lugar para outro, como é o movimento tópico, uma das maneiras de ser da mutação. Nesse deslocamento, deslocam-se também as partes do móvel.

O Ser Infinito não tem partes, como já vimos, pois se tivesse seria composto, e ele é absolutamente simples.

Além disso, se pudesse ser transferido ou transferir-se de um local para outro, teria a potência passiva de ser deslocado.

Ora, o Ser Supremo, como provamos, não é composto de potência passiva; consequentemente, o movimento não lhe cabe.[2]

[2] "[...] e o primeiro Motor é imóvel [...]" (Aristóteles, *Metafísica* IV (Γ) 8, 1012b31 [trad. Valentín García Yebra. 2. ed. Madrid, Gredos, 1982, p. 215]). A argumentação cerrada de Mário trabalha, neste momento, com a intensificação da ideia de Ser em sua máxima atividade. É importante notar que Mário chega a essas demonstrações seguindo a lógica da filosofia concreta; ele não

d. Não está sujeito a aumento ou diminuição, ou outro modo de mutação. Se estivesse sujeito a aumento não seria o ser máximo, e se estivesse sujeito a diminuição não seria onipotente nem absolutamente simples, pois seria decomponível (afinal, o diminuído ou seria ser ou nada; se nada, não haveria diminuição de qualquer espécie e, se ser, seria ele decomponível).

Consequentemente, o Ser Infinito é absolutamente imutável, pois não sofre nenhuma espécie de mutação.

Demonstramos que o Ser, como "forma", como ser e como existir, é absolutamente simples.

O que fosse outro que o Ser Infinito só poderia ser o ser finito (que, como já vimos, daquele depende e tem o ser) ou, então, o nada absoluto.

A mutação que pudesse sofrer só poderia ser a de tornar-se nada, a qual mostramos que é absurda. O Ser Infinito é "substancial e adverbialmente" infinito, e como tal, na sua forma, é absolutamente imutável.

Mas o Ser Infinito opera e, como não pode sofrer nenhuma mutação, quando opera, permanece imutável. É o que provaremos oportunamente.

TESE 106 – O Ser Absoluto, que é, foi e será, é a fonte e origem de todos os seres.

Prova-se de outro modo. Demonstrado que o Ser Absoluto sempre foi, sempre é e sempre será, e que nenhum ser pode provir do nada, é o Ser Absoluto, consequentemente, a fonte e origem de onde provêm todos os seres.

Portanto, tudo quanto é, tudo quanto foi, tudo quanto será, dele provém, dele proveio e dele provirá.

TESE 107 – O Ser Infinito contém em si todas as perfeições e é, portanto, oniperfeito.

Perfeição de nada não é perfeição. O nada é imperfeição absoluta, porque é absolutamente nada.

parte nem de Aristóteles nem de Santo Tomás, mas passa por eles no processo de construção das teses. Daí o sentido de síntese deste capítulo, onde da vizinhança de um argumento spinozista volta-se para a segurança da demonstração aristotélica sem quebra ou ruptura.

O que se entende por perfeição é ser, e em ato, como já examinamos.

Ora, todo ser é *do* Ser Absoluto; consequentemente, toda e qualquer perfeição tem de provir dele. Portanto, todas as perfeições nele já estão contidas em grau máximo; ele é consequentemente oniperfeito.

TESE 108 - O Ser Infinito é onipresente.

Todo ser finito tem a sua origem no Ser Infinito, e o ser que o ente finito tem é dado por aquele. Consequentemente, o Ser Infinito está presente em todo o ser que há; é onipresente.

A caracterização clara desta presença virá posteriormente.

TESE 109 - O Ser Infinito é onipotente.

O nada é impossível e nada pode. Portanto, todo poder provém de um ser, e o deste do Ser Infinito. Logo, todo poder que se manifesta, de qualquer espécie que for, vem do Ser Infinito, o qual contém em si todos os poderes atuais ou possíveis.

Consequentemente, ele é onipotente.

TESE 110 - O Ser Infinito é a providência absoluta.

O termo providência vem de *pro* e *videre*, que, em latim, significam "ver com antecedência". Providenciar alguma coisa é dispor o necessário para que essa coisa seja. Ora, tudo quanto há, tudo quanto é, foi e será, tem a sua origem no Ser Infinito. Consequentemente, tudo quanto acontece, aconteceu ou acontecerá foi providenciado por ele, pois do contrário teria vindo do nada, o que é absurdo.

É neste sentido que, filosoficamente, pode-se compreender a Providência de que falam as religiões.[3]

[3] A Providência, portanto, existe fora do tempo, e Mário apresenta uma primeira pista dessa afirmação aqui. Apenas algo distante do padrão de tempo corrente pode ver antes, pode ter a pro-vidência. Assim, a própria ideia de uma Providência implica sua ação fora dos parâmetros de tempo humanos. O Ser Supremo, portanto, está igualmente fora do tempo - e o argumento de Santo Agostinho em suas *Confissões* aqui parece exercer alguma influência sobre Mário. A discussão pormenorizada se dará na Tese 132.

TESE 111 – O ser finito não é absolutamente idêntico a si mesmo.

O Ser Supremo, Ser Infinito, é absolutamente idêntico a si mesmo, já o provamos. Todo o ser finito é deficiente, e não lhe cabe a plenitude de ser. Enquanto é, *univoca-se* com o Ser Supremo, se tomamos o *ser* não prefixadamente.

Enquanto não é, pois já vimos que se compõe de não-ser, identifica-se com o nada relativo, não com o absoluto. Por isso, além de outras razões, o ser finito não pode ser *absolutamente* idêntico a si mesmo, mas apenas relativamente (formalmente, por exemplo).

Considerar o ser finito enquanto relativo é a única maneira de considerá-lo idêntico a si mesmo. Assim este livro, como livro (formalmente considerado), é idêntico a si mesmo. Materialmente, sofre mutações.

Em sua *heceidade* (em sua unicidade histórica), identifica-se consigo mesmo.[4]

TESE 112 – O ser finito não pode atingir uma perfeição absoluta nem na sua espécie.

Para que um ser finito fosse absoluto na sua espécie, deveria ele atualizar todas as perfeições adequadas à espécie. Ora, tal não se pode dar, porque o ser finito, imerso na temporalidade, sucede, devém.

Consequentemente, nunca é o ser finito a plena atualidade de sua espécie. Se formalmente pode ele alcançar o mais alto grau da sua espécie, nunca o será em sua absoluta perfeição específica, porque o análogo nunca pode alcançar a perfeição do *logos analogante* (o *eidos* = forma), que, finitizado, limitar-se-ia, deixaria de ser um *logos* para tornar-se uma substância, um ser aqui e agora, o que o limitaria e o anularia no campo da sua realidade ôntico-temporal, o que seria a negação desta, como ainda veremos.

Mas, mesmo que tal se desse (o que é absurdo), o *logos analogante* da forma do ser finito permaneceria ainda como um ser na ordem ontológica, sem um *suppositum* adequado à sua perfeição específica.

[4] [A *heceidade* escapa ao conhecimento na proporção em que escapa à definição. Esta tese é de Scot. A *heceidade* pode ser descrita, não definida.]

Este postulado demonstra de modo cabal o rigor filosófico da positividade da tese pitagórico-platônica da *mímesis* (da imitação) e da *méthexis* (da participação).[5]

TESE 113 – O que não é por si mesmo não pode ser por si mesmo.

O que não é por si mesmo é por outro, o que prova que não era possível ser por si mesmo, pois, se o fosse, seria por si mesmo.

Se não é por si, é que não pode ser por si mesmo. E se fosse possível por si mesmo, o não-ente produziria o existir de algo, o que é impossível.

TESE 114 – O ser incausável é um ser necessário por si mesmo.

Se um ser é incausável, é existente por si e, portanto, necessário, como o provamos, já que não depende de outro para ser, e o seu ser é ele mesmo, como é o caso do Ser absoluto e primeiro.

TESE 115 – Convém distinguir o conceito de necessário do de "necessitário".

Diz-se que é necessário o que não pode deixar de ser.

O Ser Supremo é necessário, por necessidade absoluta. No entanto, o ser posterior depende do anterior, e tem também um nexo de necessidade para ser, pois, se o anterior não existisse como anterioridade, deixaria automaticamente de existir o posterior. Ao anterior liga-se o posterior por um nexo de necessidade. Mas a existência do ser finito depende de um anterior, necessariamente. Essa necessidade relativa se distingue da primeira. Preferimos chamar a esta de *necessitariedade*, e de *necessitário* o ser que depende desse nexo, o que julgamos de boa conveniência. Os escolásticos chamavam-na de *necessidade hipotética*, como já vimos.

Há ainda aqui lugar para outros comentários. A necessidade relativa de que falamos acima, que preferimos chamar de necessitariedade, apresenta, contudo, aspectos escalares, cuja acentuação é de conveniência fazer-se.

[5] [Oportunamente estudaremos os fundamentos do *logos analogante*, que é uma positividade da dialética socrático-platônica.]

É o que nos sugere o exemplo da heceidade.

O ser este, precisamente este (*haec*), em sua unicidade e singularidade, tem propriedades, características, etc. que lhe são peculiares como singularidade. Ora, tais notas dependem do conjunto dos antecedentes, que são os fatores predisponentes, em sua correlação com os fatores emergentes. Mas o *arithmós* dessa singularidade é único e irredutível a outro. Este ser, como singularidade (heceidade), é idêntico a si mesmo.

Para que ele seja o que é, e não outro que ele (tomado como singularidade), exige a cooperação dos fatores que realizaram o seu *arithmós*.

De modo que, para que tal ser surja, é necessário que *tais* outros o antecedam, tomados também em seus aspectos singulares. Há aqui um nexo mais intenso da necessidade. Não só o posterior exige a antecedência do anterior para ser, como também ele é o que é, singularmente, pela necessidade que o liga a este ou aquele anterior. Há, neste caso, um grau de intensidade muito maior cuja especulação é de magna importância.

É ela matéria de uma disciplina que se impõe na filosofia, a *henótica*, cujo objeto formal é a singularidade, a heceidade, o que estudamos em *A Problemática da Singularidade*,[6] que faz parte desta *Enciclopédia*.

TESE 116 – O Ser Supremo tem a primazia na ordem da eficiência, na do fim e na da eminência.

Já provamos que há um Ser Supremo. A esse ser cabe a primazia na ordem da eficiência, porque é o primeiro, fonte de todos os outros; na ordem do fim, porque todos tendem para ele, como o veremos; e na ordem da eminência, porque formalmente todas as perfeições nele estão em grau mais elevado, e dele derivaram, senão viriam do nada.

[6] Há, no decorrer desta obra, o anúncio de uma série de títulos iniciados por *Problemática do(a)...* e por *Filosofia Concreta do(a)...* Alguns deles foram transformados em capítulos de livros da Editora Matese. Conforme, em um dos casos, Mário Ferreira dos Santos explica: "*Problemática da Analogia* foi uma obra prometida por nós, e que fazia parte da série de obras de problemática da *Filosofia Concreta*. Em face de nossos livros de Matese, e revisando sua matéria, que perfeitamente se encaixa na parte sintética dessa *suprema instrução*, resolvemos dá-la, neste volume, em apêndice, ao lado de *Problemática da Substância e do Acidente*, por serem matérias que servem de esteio aos exames futuros que a Matese empreenderá" (*A Sabedoria da Unidade*. São Paulo, Editora Matese, s.d., p. 275). A maioria dos títulos prometidos, contudo, permaneceu sem execução.

TESE 117 – O Ser Supremo é atualíssimo e perfeitíssimo.

É atualíssimo porque contém eminentemente toda atualidade; é ótimo porque contém eminentemente toda bondade, todo valor positivo; é perfeitíssimo porque contém eminentemente toda perfeição.

Sendo ele o primeiro efetivo, tudo vem dele, pois do contrário viria do nada, o que é absurdo.

TESE 118 – Toda natureza dependente é triplicemente dependente.

Toda natureza dependente é posterior ao primeiro efetivo e tem triplicemente a presença da atualidade, da bondade e da perfeição.

Da atualidade, porque sem ela é nada; da bondade, porque todo ser é um valor; e da perfeição porque tem uma forma, por menor que seja o grau em que aquela natureza se apresente. Outras provas serão oportunamente oferecidas.

TESE 119 – O que é intrínseco ao Ser Supremo o é no mais alto grau.

Sendo o Ser Supremo a perfeição absoluta, e contendo em si no mais elevado grau as perfeições, o que nele é intrínseco o é no mais alto grau, pois do contrário o mais viria do menos, o mais perfeito do menos perfeito, o que seria absurdo.

Deste modo, toda perfeição, tomada absolutamente, é predicada ao Ser Supremo, e existe necessariamente nele no mais alto grau. As formas, no Ser Supremo, são sistências que estão no poder desse ser, e são nele perfeitíssimas, porque, sendo ele absolutamente simples, no seu *Logos* estão todos os *logoi* (formas) em perfeitíssima simplicidade.

TESE 120 – É finito o ser contingente.

O ser contingente é o que depende de outro para ser, é o que não tem em si a sua razão suficiente, pois depende de outro (*ab alio*) para ser. O ser finito precisa, portanto, de outro para ser.

Caracterizam, assim, o ser finito:

a. a dependência;
b. o limite;
c. a contingência;
d. a finitude, pois tem um fim extrínseco, já que não o tem apenas em si mesmo.

Tende sempre para algo que lhe é extrínseco, e as suas causas extrínsecas (os fatores predisponentes) antecedem aos fatores emergentes (causas intrínsecas), como já vimos.

TESE 121 – Todo ser contingente preexiste de certo modo no Ser Supremo e nele perdura sempre.

Todo ser preexiste original e virtualmente, como na primeira causa, em Deus, expõe Tomás de Aquino.[7]

O ser contingente é o ser que pode ser e cuja não-existência não implica contradição. Mas o ser dependente, que é, tem sua razão de ser no Ser Supremo, onde preexistia original e virtualmente. Originalmente porque do contrário teria sua origem no nada, e virtualmente porque senão sua existência também viria do nada.

Desse modo o ser contingente pode ser nada enquanto atual, um nada atual, enquanto não é; contudo, não pode ser um absoluto nada. Sua preexistência torna-o, de qualquer maneira, alguma coisa. E prossegue sendo alguma coisa quando tenha perdido sua existência atual, quando tenha deixado de ser. Torna-se apenas um nada atual, não porém um puro nada. O que é, de certo modo, sempre foi; e o que foi, de certo modo, sempre será.

[7] Santo Tomás de Aquino, *Suma de Teologia* I, q. 79, a. 2, resp.: "Há um intelecto que se refere ao ente em geral como o ato de todo ente: é o intelecto de Deus, que é a essência divina, na qual todo ente preexiste originalmente e virtualmente, como na primeira causa" (Joaquim Pereira [ed.], 2. ed., vol. 2. São Paulo, Edições Loyola, 2005, p. 438).
Cf. também q. 4, a. 2, resp.; q. 75, a. 5, *ad* 1: "[...] o efeito preexiste virtualmente em sua causa eficiente [...]. Sendo Deus a primeira causa eficiente das coisas, as perfeições de todas as coisas devem preexistir em Deus de maneira mais eminente" (2. ed., vol. 1, 2003, p. 188); "[...] o ato primeiro é o princípio universal de todos os atos porque é infinito, *contendo virtualmente em si todas as coisas* [...]" (2. ed., vol. 2, 2005, p. 365, grifo no original).

Outras Demonstrações da Existência do Ser Supremo

TESE 122 – É impossível uma infinidade de causas essencialmente ordenadas. É impossível uma infinidade de causas acidentalmente ordenadas.

Esta demonstração, que pertence a Duns Scot,[1] sintetizamos do seguinte modo:[2]

Nas causas essencialmente ordenadas, a segunda depende da primeira, enquanto causa. É à primeira que ela deve a sua causalidade.

Impõe-se ainda a presença simultânea de todas as causas para que o efeito seja produzido, como se observa entre os seres vivos, pois os sucessivos dependem dos procedentes e um rompimento da cadeia tornaria impossível a existência do efeito.

Nas causas acidentalmente ordenadas, a segunda causa depende da primeira quanto à sua existência, não quanto à sua causalidade.

Prova-se no primeiro caso:

a. Os seres ordenados essencialmente são efeitos; portanto, causados. A causa não poderia fazer parte desse composto, porque teríamos a causa causando a si mesma, o que é absurdo.

Consequentemente, a causa de uma universalidade de efeitos essencialmente ordenados lhes é exterior e, como o efeito se refere à totalidade do ser causado, essa causa é primeira.

Viu-se que nas causas essencialmente ordenadas a totalidade delas deve ser colocada simultaneamente. Se não houvesse uma primeira,

[1] Cf. Duns Scot, *Tratado do Primeiro Princípio*, III, segunda conclusão, 46-52 (trad. Carlos Nougué. São Paulo, É Realizações Editora, 2015, p. 55-59).

[2] [Em nossa obra *Problemática da Criação*, analisamos esta tese, formulando novos argumentos.]

elas seriam de número infinito. Neste caso, teríamos um infinito quantitativo numérico. Ao infinito numérico sempre se pode acrescentar mais um, pois o último número será forçosamente par ou ímpar. O infinito quantitativo (atual) é repelido por todos os grandes filósofos por ser absolutamente sem fundamento.

Aceita-se apenas o infinito quantitativo em potência - isto é, a aptidão sem fim de sempre acrescentar-se mais um -, nunca porém atualizado.

Outro argumento é o de que a própria noção de anterior se verifica mais próxima do primeiro. Se não houvesse uma causa primeira, não poderiam existir essencialmente anteriores ou posteriores. Ademais, uma causa superior, na ordem da causalidade, é mais perfeita. Se houvesse uma série infinita de causas essencialmente ordenadas, sua causa seria infinitamente superior a ela, infinitamente mais perfeita que ela, seria, portanto, capaz de causar por si só, sem o concurso de qualquer outra causa; em suma, seria a primeira, o que se queria provar.

Esta prova, que é de Duns Scot, é sintetizada deste modo por Gilson:

> [...] o caráter de ser capaz de causar (ser um *effectivum*) não implica necessariamente *per se* nenhuma imperfeição; portanto, esse caráter pode ser encontrado em algum lugar sem nenhuma imperfeição; mas, se não se encontra em nenhum ser sem nele depender de alguma coisa anterior, não se encontra em nenhum sem imperfeição; portanto, pode encontrar-se em alguma parte sem imperfeição e, lá onde está, é absolutamente primeiro em virtude de sua própria independência. Se é assim, um poder causal absolutamente primeiro é possível [...].[3]

[3] Étienne Gilson, *Jean Duns Scot – Introduction a Ses Positions Fondamentales*. Études de Philosophie Médiévale, vol. 42. Paris, Vrin, 1952, p. 134-35; *John Duns Scotus – Introduction to His Fundamental Positions*. Trad. James Colbert. Illuminating Modernity, eds. Francesca Aran Murphy, Balázs M. Mezei e Kenneth Oakes. London, T&T Clark, 2019, p. 99. Ver também *Jean Duns Scot*, op. cit., p. 142; *John Duns Scotus*, op. cit., p. 105: "Esta [noção] de poder causal não inclui necessariamente, por si só, nenhum limite: podemos, portanto, concebê-lo como ilimitado. Mais precisamente, podemos concebê-lo como pertencente a um sujeito em que se encontra sem nenhuma dependência de algo anterior, ou seja, em uma natureza que, enquanto causa eficiente, é absolutamente primeira. Se não

b. É impossível uma infinidade de causas acidentalmente ordenadas.

Se houvesse uma infinidade de causas acidentalmente ordenadas, a causalidade de cada uma delas não dependeria, na causalidade, das que a precedem. Numa série deste gênero, uma causa posterior poderia, portanto, existir e agir até mesmo quando a causa anterior já tivesse deixado de agir e existir. Ora, haveria, neste caso, sucessão de causas, e toda sucessão pressupõe uma permanência. A permanência não pode ser uma causa próxima, pois, caso fosse, estaria na sucessão; como a sucessão depende dela por essência, ela deve ser anterior ao sucessivo e de ordem diferente.

Desta forma, uma série de causas acidentais exigiria uma primeira causa essencialmente anterior.

Duns Scot, nesta prova, coloca-se dentro de uma linha genuinamente platônica, pois não procura cingir a prova do primeiro ser, que é causa eficiente de todos os outros, fundando-se apenas na análise que podemos fazer da ligação entre causa e efeito, na qual o efeito apontaria claramente à causa eficiente, pois tal prova seria de ordem contingente e não necessária. Para dar a robustez devida ao argumento, Duns Scot quer prová-lo na ordem da necessidade. Portanto, para ele, se há uma natureza que é efetível, há alguma natureza produzível, há alguma natureza produtiva.

Há uma causa eficiente, absolutamente primeira, e ela é incausável, o que decorre de ser primeira. Por ser primeira, ela não pode depender de nenhuma outra, nem em sua existência, nem em sua causalidade. Se não for aceita esta prova, cairemos na regressão ao infinito, no círculo vicioso, em uma série de causas finitas causando umas as outras.

O princípio da causa primeira tem de ser válido não só quanto à eficiente, mas também quanto às outras causas.[4]

Ademais, já provamos, pela dialética ontológica, ao demonstrar teses anteriores, que, se não houvesse a primeira causa, toda a série cairia por falta de um sustentáculo.

há contradição nisso, e não há, um poder causal absolutamente primeiro é 'possível'". (Cf. Duns Scot, *Opus Oxoniense*, livro I, distinção 2, questão 2, artigo 1, número 14.)

[4] [Reproduzimos esta passagem (isto é, as inteiras demonstrações *a* e *b*) de nosso livro *O Homem perante o Infinito* (3. ed. São Paulo, Logos, 1960, p. 157-59).]

Comentários à Demonstração

O infinito numérico, infinito cardinal, é impossível de ser alcançado em ato, pois o número alcançado ou seria par ou seria ímpar, o que permitiria o acrescentamento de mais uma unidade.

As causas essencialmente ordenadas não poderiam ser infinitas em número, pois só é admissível o infinito potencial numérico.

Entre Duns Scot e Tomás de Aquino, há aqui uma aparente divergência: o segundo considera admissível, sem contradição intrínseca de qualquer espécie, que a criação seja *ab aeterno*, isto é: que não se tenha dado o dia um.

Nesse caso, regressando ao passado, a criação sempre foi. Para Duns Scot, há aqui uma contradição, pois, se tal se desse, a criação seria numerável cardinalmente ao infinito, o que matematicamente é absurdo.

Não é possível, nesta obra, apresentarmos todas as razões pró e contra essas duas posições. Sem que tomemos uma posição entre ambas, poderíamos dizer que encontramos nas duas a presença de um *logos* comum. Quer as causas essencialmente ordenadas sejam em número infinito, quer não, de qualquer forma a causa, ontológica e axiologicamente, seria precedente e seria a primeira. Demonstraremos da seguinte maneira: admitamos que a causa essencial de um ser agora seja z; a anterior a ela, essencialmente ordenada, seria *y*, e assim reverteríamos *in infinitum*.

Ora, o que caracteriza as causas essencialmente ordenadas é a presença formal do mesmo *logos*, pois a causa posterior exige a presença da causa anterior, exige a simultaneidade ontológica das causas anteriores.

Portanto, há, em cada causa posterior, a antecedência ontológica do *logos* da causa. Desta maneira, revertendo *in infinitum*, há sempre a antecedência ontológica desse *logos*, o que evidencia uma das positividades do pensamento platônico. De qualquer modo, portanto, há uma causa primeira, que é o *logos* das causas essencialmente ordenadas.

Restaria agora a explicação que oferecem outros filósofos de menor talhe, que é o círculo vicioso, isto é, a causa A gera a B, esta a C, esta a D..., que, finalmente, gera a A. Neste caso, diz-se, com propriedade, que cairíamos no absurdo da causa causando a si mesma, *causa sui*.

Este argumento, cuja fragilidade é inconteste, ainda afirmaria a eterna presença do *logos* da causa sempre antecedente, ontológica e axiologicamente, a cada causa em particular.

Assim, sob qualquer dos aspectos em que tomemos a prova, o que decorre desta tese é que há sempre uma causa primeira, não causada, fonte e origem de todas as outras.

Esta demonstração, que corrobora outras anteriores, oferece fundamento a uma das positividades do pensamento platônico.[1]

TESE 123 – O Ser Supremo não tem um fim fora de si.

A causa final, por exemplo, é o que move a causa eficiente a exercer a sua causalidade; é o fim ao qual ela se destina, o que a "move" (o mover aqui é metaforicamente tomado).

Ora, o primeiro eficiente não depende de nada (nenhum outro) em sua eficiência, portanto não depende de um fim extrínseco à sua essência.

O que não tem causa extrínseca não tem, ademais, causa intrínseca, pois esta, enquanto intrínseca, é parte do efeito causado. Se o primeiro eficiente não tem causa extrínseca em sua ação, não a tem em seu ser, o que dele exclui uma causa material ou formal. O primeiro eficiente é, portanto, incausável.

TESE 124 – O Ser Supremo é existente em ato.

Em *O Homem perante o Infinito*, apresentamos esta demonstração, fundando-a na obra de Duns Scot:

> O que é essência de algo é absolutamente contraditório ser por outrem; se pode ser, pode ser por si; ora, "[...] à razão [ou essência] da primeira causa eficiente repugna *simpliciter* o poder ser

[1] [Adiante tornamos a examinar este ponto, interessando-nos por outros aspectos que robustecem nossa prova e esclarecem as dificuldades que esta possa apresentar.]

por outro [...]; a primeira causa eficiente, porém, pode ser [...]; portanto, uma causa eficiente *simpliciter* primeira pode ser por si. O que não é por si não pode ser por si, porque, se pudesse, o não ente produziria algo no ser, o que é impossível; ademais, neste caso, causar-se-ia a si mesmo e não seria absolutamente incausável".[2]

Esta é, em suma, uma prova de Duns Scot, já corroborada pelas que até aqui propusemos.

Escrevemos naquela obra:

> Poder-se-ia, ainda de uma maneira mais simples, expor esta prova de Duns Scot; bastaria responder às perguntas que vamos formular. É possível um ser por outrem? A resposta evidentemente é afirmativa, porque toda a nossa experiência revela a existência de seres por outrem. Pergunta-se: é possível um ser por si? A resposta será ou afirmativa ou negativa. Se negativa, isto é, a não possibilidade de um ser por si, ter-se-ia de admitir uma série infinita de causas ordenadas, quer essenciais, quer acidentais, o que nos levaria [ou ao infinito quantitativo ou] ao círculo vicioso, que já fo[ram] suficientemente refutado[s]. Portanto, só se pode admitir a possibilidade de um ser o ser por si. E ele existe necessariamente, porque, do contrário, seria por outrem, o que já ficou refutado, ou produzido pelo nada, o que é impossível e absurdo, ou criado por si mesmo, o que [já vimos, é absurdo:] o tornaria um ser causável, portanto por outrem.[3]

[2] Mário Ferreira dos Santos, *O Homem perante o Infinito*. 3. ed. São Paulo, Logos, 1960, p. 159. O trecho entre aspas foi atualizado a partir de: Duns Scot, *Tratado do Primeiro Princípio*, III, quarta conclusão, 54 (trad. Carlos Nougué. São Paulo, É Realizações Editora, 2015, p. 61).

[3] *O Homem perante o Infinito*, op. cit., p. 160. [Examinando esta prova, Gilson tece alguns comentários, fundados na obra escotista, que vamos sintetizar. Não se deve acusar, como alguns objetores apressados poderiam afirmar, que esta prova faz surgir subitamente a existência, extraída do que é meramente lógico. Duns Scot mostra que o ser revela duas aptidões: a *effectibilitas*, que é a aptidão para ser causado, e a *effectivitas*, que é a aptidão para causar. São propriedades metafísicas do ser real, que são verificadas pela e na experiência. Duns Scot não decreta que a causa primeira, sendo possível no pensamento, exista portanto na realidade.

TESE 125 – Todas as coisas finitas atuam por um fim.

Demonstra-se por esta passagem de *O Homem perante o Infinito*, ao comentar as provas da existência de Deus, segundo Scot:

> Na *Ontologia*, verificamos que todas as coisas atuam por um fim, pois o nada não pode ser a meta de uma atuação. Toda atuação tende a alguma coisa. Duns Scot chama de *finitivum* o que é fim, e *finibile* o que [*tende* para ele]. *Finitum* é, em suma, o que *tem* um fim, o que [a ele está ordenado].
>
> Há uma causa eficiente primeira incausável, já o vimos. Todos os entes (a universalidade deles) atuam ordenados a um fim, que pode ser essencialmente ordenado, de modo que seja um fim em virtude da finalidade de uma causa superior. Deste modo, a universalidade dos entes, conexionados nessas relações de finalidade, depende de um fim que não esteja incluído nela, porque, do contrário, ir-se-ia ao infinito ou permanecer-se-ia num círculo vicioso, em que os fins fossem seus próprios fins. Há um fim exterior, portanto, ao universo, o qual por sua vez não tem outro fim. Esse fim primeiro e último é incausável na ordem da finalidade, pois o que não tem causa eficiente não tem finalidade outra, como já vimos anteriormente. Consequentemente, o *infinibile* é o *ineffectibile* por definição.
>
> Num todo orgânico, as partes do todo não podem ser consideradas apenas quantitativamente, pois o todo é [outro] que o conjunto quantitativo das partes. Se cada parte tende para um fim que lhe é intrínseco, como seja a sua conservação, tende por

Ele mostra que, se ela é possível em si mesma, é precisamente porque ela existe. Dissemos *em si mesma* porque a possibilidade da essência é ser, e trata-se precisamente de mostrar que a existência pode sozinha causar a sua possibilidade. Não se trata de metamorfosear o possível em real, por golpes dialéticos, mas, ao contrário, de mostrar no real, cuja intuição nos escapa, o único fundamento concebível da possibilidade que nós podemos observar (*Jean Duns Scot – Introduction a Ses Positions Fondamentales*. Études de Philosophie Médiévale, vol. 42. Paris, Vrin, 1952, p. 143; *John Duns Scotus – Introduction to His Fundamental Positions*. Trad. James Colbert. Illuminating Modernity, eds. Francesca Aran Murphy, Balázs M. Mezei e Kenneth Oakes. London, T&T Clark, 2019, p. 106).]

outro lado a um fim extrínseco, como seja [a] conservação do todo. Este, por sua vez, tende para um fim intrínseco, que é a sua própria conservação, e para um fim extrínseco, que é colocado fora dele. Há, assim, sempre, fins intrínsecos e extrínsecos. Entre os extrínsecos, temos o fim que é dado pela causa eficiente primeira, como já vimos.

A causa primeira não tem um fim fora de si, extrínseco, mas apenas intrínseco. Como se poderia provar a existência dessa causa primeira?

A finalidade é uma propriedade do ser. O fim último é pelo menos possível, como já vimos. Impõe-se agora, partindo dessa possibilidade, provar a sua existência.

Em primeiro lugar, não é contraditório conceber um ser que não tenha um fim extrínseco. Esse fim não poderia vir de um outro, porque ele é o último na ordem da finalidade; nem de si mesmo, porque ele é estritamente incausável; nem do nada. [E] porque ele existe como tal, [é ele] possível; portanto, o *primum finitivum est actu existens* ([o primeiro finitivo] é existente em ato).

Poder-se-ia também provar de outras maneiras: uma causa age para um fim, e esse fim é um ser superior a essa causa. O primeiro, como causa eficiente, é perfeito como causa. Atuando em vista de um fim, não poderia atuar para um fim outro que ele, porque então esse outro lhe seria superior. Não há um fim superior a ele, por isso ele é o fim último.

As formas apresentam uma hierarquia. As perfeições inerentes às totalidades das formas não podem elevar-se ao infinito, nem circularmente ser causas de si mesmas, nem provir do nada. Necessariamente há, portanto, uma natureza supremamente eminente na ordem da formalidade, o que decorre como consequência do que já foi [examinado]. A primeira causa não pode agir por um fim que lhe seja superior, porque não há nada superior a ela, nem por um fim outro que ela, porque, do contrário, ela dependeria desse fim, e não seria incausável. Ela só pode agir, portanto, para um fim último que seja idêntico a ela mesma. Em suma, a causa primeira eficiente é um fim último.

É a sua existência, portanto, que justifica a sua possibilidade.

Por ser incausável, ela é necessária por si mesma, *ex se necesse*. Já vimos como se impõe necessariamente a sua existência, pois do contrário cairíamos nas aporias do círculo vicioso ou nas aporias de sucessão infinita de causas e efeitos, cuja falsidade já foi verificada.

Se o *primum efficiens* não existe, então só pode ter sido destruído, porque ele foi necessário no início. E só poderia ser destruído por uma contradição interna (porque outro ser não existia), e neste caso não seria possível; ou, então, por uma causa externa, e neste caso ele não seria a natureza suprema, como nós vimos. Se é, não pode deixar de ser, e o *ser-que-é-e-não-pode-deixar--de-ser* é um ser necessário.[4]

TESE 126 – A causa primeira, que é o Ser Supremo, move por si mesma.

Pode-se apresentar uma demonstração como a seguinte, exposta por nós em *O Homem perante o Infinito*:

> O argumento aristotélico é sintetizado por Duns Scot[5] desta forma: a causa primeira pode mover por si mesma, sem ajuda do que quer que seja. Sendo ilimitado o seu poder, já que não requer nenhuma condição exterior, pode produzir movimento infinito. Ora, aquilo cujo efeito pode ser infinito é infinito. Logo, a causa primeira é infinita.[6]
>
> Duns Scot apresenta o argumento de Aristóteles de outras maneiras. Desde que se admita que o movimento produzido pelo primeiro ser é infinito, ele naturalmente é infinito, mas Duns Scot mostra que a infinidade de movimento não

[4] *O Homem perante o Infinito*, op. cit., p. 163-64.

[5] Cf. Scot, *Tratado do Primeiro Princípio*, op. cit., IV, nona conclusão, 116-146, p. 103-29.

[6] [Ademais, poderíamos acrescentar que o argumento de Aristóteles padece de graves erros ontológicos, pois são impossíveis um efeito infinito e um movimento infinito, salvo se tomados potencialmente, ou seja, um efeito que sucessivamente atualiza infinitamente *a parte post*, o qual está em movimento. Nesse sentido quantitativo de infinito, a tese de Aristóteles seria válida. Aliás esse era a nosso ver o pensamento dele.]

autoriza senão a concluir uma infinidade de duração e de potência motriz, o que não é a infinidade pura e simples que o cristão procura. O que se busca é uma infinidade causal, sem nenhuma [restrição, que pode] causar indefinidamente uma infinidade de espécies diferentes, simultânea ou sucessivamente, tudo quanto é causável. Esta é a razão por que Scot abandona o princípio de Aristóteles.

A prova de Duns Scot é da existência de um poder infinito, que, sendo ele mesmo, possui eminentemente a causalidade requerida para causar simultaneamente uma infinidade de efeitos.

A infinidade da Divindade é tomada [intensiva] e não extensivamente, como acontece com Aristóteles. Gilson sintetiza o argumento de Duns Scot com as seguintes palavras: "se ser infinito não repugna à sua natureza, um ser não é perfeito a não ser quer seja infinito. Com efeito, ele poderia ser infinito. Se, pois, por hipótese, ele não o é, ele não é perfeito. Daí resulta que o ser supremamente eminente na ordem do ser, consequentemente perfeitíssimo, é um ser infinito".[7]

Para [ele, pois], o ser é conhecido por si, e a infinidade não lhe é contraditória, pois é perfeitamente inteligível. Há, portanto, compatibilidade entre a infinidade e o ser, e, se a infinidade é uma perfeição *possível*, o Ser Supremo é necessariamente infinito.

E este ser é "aquele de que não podemos conceber outro maior". Estamos no argumento de Santo Anselmo, modificado na ordem da sua apresentação por Duns Scot, que assim o justifica:[8]

Não havendo incompatibilidade entre ser e infinito, o Ser Infinito existe necessariamente, porque, do contrário, cairíamos naquelas dificuldades anteriormente examinadas; ou seria produzido por outro ou pelo nada, ou então cairíamos na série infinita de causa e efeito, ou no círculo vicioso, como é fácil ver-se.[9]

[7] *Jean Duns Scot*, op. cit., p. 165; *John Duns Scotus*, op. cit., p. 123.

[8] Cf. Scot, *Tratado do Primeiro Princípio*, op. cit., III, terceira conclusão, 53, p. 59-61; IV, nona conclusão, 134-135, p. 119-21.

[9] *O Homem perante o Infinito*, op. cit., p. 166-67.

TESE 127 – O Ser Infinito é ato puro.

O que está no pleno exercício de seu ser está em ato; o que ainda pode vir-a-ser, o que é possível, está em estado de possibilidade, ou de potência.

O Ser Infinito é absolutamente simples, como já ficou demonstrado.

Como tal, ou ele é apenas ato ou ele é apenas potência, já que à sua simplicidade repugna a diversidade.

O que é possível só o pode ser fundado em outro. Se o Ser Supremo fosse apenas potência, ele seria fundado em outro, o que é absurdo.

O possível é o possível de alguma coisa. Portanto, o Ser Supremo é ato puro, pois ele é absolutamente simples.

Entretanto, deve-se distinguir entre possível de sofrer e possível de fazer, ou melhor, potência passiva, que é a aptidão ou capacidade de sofrer uma determinação, e potência ativa, que é a aptidão ou capacidade de determinar, de realizar uma ação.

Se a primeira potência, a passiva, repugna à simplicidade do Ser Infinito, o mesmo já não se poderá dizer quanto à segunda, ativa, porque, se negássemos ao Ser Supremo aptidão de determinar, nós o limitaríamos, o que seria contraditório, pois haveria modos de ser que não pertenceriam ao Ser.

TESE 128 – A potência ativa do Ser Infinito é infinita.

Está devidamente esclarecido o conceito de infinito, pois neste não incluímos o infinito quantitativo atual, o qual já provamos e ainda provaremos ser absurdo.

O Ser Infinito tem a potência ativa, a de atuar, a de operar, a qual não sofre restrições, limitações, pois, do contrário, ele teria a potência passiva, que já demonstramos não lhe ser atribuível.

O seu atuar não poderia encontrar limitações em outros, pois o nada não limita, como já vimos. Seu atuar, portanto, é sem limites.

Convém esclarecer bem o conceito de atuar sem limites. A potência ativa sem limites é a capacidade de fazer tudo quanto é possível de ser feito; no caso presente, tudo quanto pode ser.

Consequentemente, a potência ativa do Ser Infinito não é um atuar sempre no máximo, porque assim ela seria tomada apenas quantitativamente.

O Ser Supremo, como pode o máximo, pode o mínimo, e a atuação não tem limites, isto é, inclui todos os modos de atuar, porque, do contrário, estaria ele limitado a um só modo de atuar, o que seria contraditório.

Provamos que o Ser Infinito é "formalmente" infinito, porque é ele mesmo, e a "forma infinita" é a própria natureza do Ser Infinito. Ele atua segundo a sua natureza; e sendo infinito, "formal" e "naturalmente", a sua atuação será também infinita, isto é, sem restrições, nem limites. Consequentemente, um ser finito atuará finitamente, isto é, dentro dos limites da sua forma e da sua natureza, pois, se atuasse além delas, teria recebido esse suprimento de poder do Ser Supremo, do Ser Infinito, pois do nada seria impossível.

Aqui já se estabelecem as bases do postulado de que "o *agir* segue-se ao agente", é proporcionado à natureza do agente.

TESE 129 – O Ser Infinito é "substância" infinitamente considerada.

O Ser Supremo é ser, e consequentemente, por ser infinito e simples, é subsistente e consistente em si mesmo, pois, do contrário, seria nada.

Que é infinito, e "adverbial" e "substancialmente", já o mostramos, tomando tais termos analogicamente.

Mas impõe-se esclarecer: no Ser Infinito, essência e existência se identificam, o que não se dá nos finitos, onde a substância pode ser considerada de dúplice maneira.

No exemplo da parede, a substância segunda é a forma da parede ou a sua razão de parede, a lei da sua proporcionalidade intrínseca, que diz o que é (*quid*, de onde vem o termo *quidditas*, quididade, que aponta ao que a coisa é, a sua forma).

Mas a parede não subsiste apenas pela sua forma; subsiste também pela matéria (substância primeira) que a compõe: tijolos, etc.

Portanto, a substância da parede é dúplice: forma e matéria.

Assim, os seres apresentam três aspectos, que são ser, subsistir e subestar.

Ser é comum a todos os entes em ato ou em potência, mas subestar e subsistir são comuns à substância.

Substância é assim o *sub-jecto*, o que está sob a coisa que é.

No Ser Infinito, tanto o seu ser como a sua subsistência e a sua "substância" são a própria "forma", porque ele é absolutamente simples; portanto, substância, subsistir e ser, nele, estão tomados infinitamente, enquanto na parede estão tomados finitamente.

Chamam-se unívocos os termos que têm sempre o mesmo conteúdo esquemático; e análogos aqueles cujo conteúdo tem semelhanças e diferenças entre si. Os termos substância e subsistência de ser, aplicados ao Ser Infinito, não são unívocos aos aplicados aos seres finitos, mas apenas análogos. Outras provas corroborarão esta tese.

TESE 130 – O Ser Infinito não é corpóreo.

O ser corpóreo é um ser limitado por dimensões físicas.

É um ser em potência, que pode ser movido, pois ocupa um lugar e desloca-se no espaço. Ora, ao Ser Infinito repugnam todas essas propriedades; consequentemente, não é corpóreo, e sim incorpóreo.

Se a "substância" do Ser Infinito fosse corpórea, sendo ele infinito, teríamos uma infinitude quantitativa em ato, o que demonstramos e demonstraremos ser absolutamente impossível, por ser intrinsecamente contraditório.

TESE 131 – Todas as perfeições estão, infinita e absolutamente, no Ser Supremo.

Num são filosofar, perfeição é propriamente o que atinge o seu fim, a sua meta. Todo ser finito tende para algo e, desde o instante em que atualiza a sua possibilidade, alcança uma meta, embora não a última.

Ele perfaz, ele realiza assim uma perfeição. Perfeição é alcançar uma atualidade. Uma possibilidade ainda não atualizada não é uma perfeição em si, mas apenas um possível.

O Ser infinito e absoluto, como é totalmente em ato, é ato puro; é a perfeição absoluta, porque já é tudo quanto pode ser; alcança em si mesmo a sua própria meta, o seu próprio fim.

São perfeições todos os atributos e predicados que um ser tem em ato. E como há hierarquias nesses atributos e predicados, há hierarquia de perfeição.

Ao considerarmos as perfeições de mera estrutura ontológica, como a sabedoria, a justiça, o amor, para exemplificar, verificamos que não lhes correspondem sujeitos que as representem (um *suppositum*). Não há matéria para recebê-las em toda a sua intensidade ontológica, pois teríamos "ali" o amor subjetivamente representado, ou a justiça subjetivamente representada.[10]

Encontramos tais perfeições representadas alegoricamente, e os antigos, gregos e romanos, chamavam-nas de deusas, porque, sendo estruturas ontológicas, sem indivíduos que as representem, simbolizavam-nas com figuras humanas, para dar uma visão concreta do que é captável, não pelos sentidos, mas só pela inteligência.

Se examinarmos o conceito de sabedoria, verificaremos que, em sua estrutura ontológica, ela é apenas sabedoria, sem mescla do que lhe é contrário. Assim, justiça é apenas justiça, sem mescla do que lhe é contrário.

Eis por que se diz que este homem *tem* sabedoria e não que ele é sabedoria: porque não é a substância desta. Este homem é justo porque pratica a justiça; não é justiça. Justiça e sabedoria são perfeições de que certos entes participam, isto é, têm-nas em graus maiores ou menores de participação.

Ora, tais perfeições, que se atribuem aos entes, não poderiam vir do nada. E como já vimos que todas as perfeições estão dadas desde toda a eternidade no Ser infinito e absoluto, e como seres finitos participam dessas perfeições em graus maiores ou menores, o maior grau, intensistamente máximo, pertence ao Ser infinito e absoluto.

E como, neste, tudo o que é, e o que tem, é infinitamente absoluto, a sabedoria, a justiça, para simplificar, nele são infinita e absolutamente.

A negação da perfeição é privação. Ignorância é ausência de sabedoria, neste ou naquele ponto. O Ser Infinito é absoluto e, como

[10] [Empregamos "subjetivo" não no sentido psicológico, mas no lógico-ontológico. Sujeito é o *suppositium*. Se sabedoria fosse tomada subjetivamente, ela seria representada por um ser subsistente que a teria por essência.]

não está privado de perfeições, nem é deficiente, nele as perfeições são positivas e infinitas.

Consequentemente, não se lhe pode atribuir o mal, por exemplo, porque este é privativo (ausência de bem).

TESE 132 - O Ser Infinito é eterno.

O Ser Infinito é absolutamente simples; não teve princípio, nem terá término, pois sempre é, sempre foi e sempre será.

O *tempo* nos é revelado através da sucessão, das mutações.

Ora, o Ser Supremo não sofre mutações, porque se tal acontecesse seria ele passivo e, consequentemente, finito, o que é contraditório.

O Ser Infinito não é um ser temporal, porque não sucede no tempo, pois este é das coisas finitas que devêm, que se tornam isto ou aquilo.

Coloca-se além do tempo, na intemporalidade.

O infinito sempre, e fora do tempo, é o que se chama *eternidade*; por isso o Ser Infinito é eterno.

Argumento de Tomás de Aquino Sobre o Ser Necessário

José Hellín sintetiza o argumento de Tomás de Aquino do seguinte modo:

> Vemos que se dão entes contingentes ou corruptíveis; mas é impossível que todos os entes sejam corruptíveis (porque o que é corruptível em alguma ocasião não existe e, consequentemente, nada existiria agora): *portanto*, existe algo incorruptível ou necessário. Deste modo, todo necessário é necessário por si ou por outro; e por ser impossível um processo *in infinitum* de entes necessários causados, *consequentemente* é necessário chegar ao ser necessário por si: *por conseguinte*, o que é dito ser necessário por si é Deus.[1]

Acusa-se este argumento de dois vícios: primeiro, por não provar que todo corruptível de certo modo não é, e segundo, pela aceitação da impossibilidade do processo infinito de causas acidentais ordenadas, em oposição ao que ele já aceitara, e todos os tomistas com ele.

Vários filósofos tomistas procuraram defender o argumento de Tomás de Aquino, sem êxito. Para nós, o defeito do argumento decorre do vício diacrítico da nossa razão. Tomado como conceito meramente racional, um ser contingente é corruptível, isto é, passível de corrupção. Mas a corrupção não se dá em absoluto, porque uma corrupção absoluta seria uma aniquilação (*niilificação*[2] *do ser*). Onde há corrupção, há

[1] José Hellín, *Teodicea*, livro I ("La existencia de Dios"), capítulo 3 ("Demostración válida de la existencia de Dios"), artigo 3 ("Posibilidad de demostrar la existencia de Dios a partir de los seres contingentes"), tese 6 ("A partir de los seres contingentes se demuestra la existencia de Dios en cuanto que Él es el ser absolutamente necesario"), parágrafo 101, n. 2, grifos no original (disponível em: <https://mercaba.org/Filosofia/summa_05-0.htm> Acesso: janeiro de 2020). Cf. Tomás de Aquino, *Suma contra os Gentios* I, q. 15, a. 4; II, q. 15, a. 5 e *Suma de Teologia* I, q. 2, a. 3.

[2] Neologismo misturando a raiz latina de "nada", *nihil*, com o substantivo abstrato em português. Uma tradução aproximada seria "nadificação", mas estaria muito próxima do

geração; portanto, a corrupção tomada diacriticamente leva à afirmação do nada; tomada, porém, concretamente, afirma a presença simultânea de um ser que se afirma pela geração, mas que por sua vez também é corruptível.

A prova clássica da existência de Deus, que parte dos seres contingentes para afirmar um ser absolutamente necessário, embora valiosa, não é ontologicamente suficiente. Nós, pela estrutura da *Filosofia Concreta*, não a usamos senão como prova corroboradora, fundada nas teses apoditicamente demonstradas.

Não são os seres contingentes que provam a existência de um ser absolutamente necessário, nem muito menos que o justificam, mas é um ser absolutamente necessário que justifica os seres contingentes.[3]

Analisemos agora a prova apresentada por Francisco Suárez,[4] acrescentando posteriormente nossas razões. Em síntese, a prova suareziana é a seguinte: existem seres contingentes, que se fundam em outro. E este outro ou é contingente ou não é contingente. Se é contingente, tem por sua vez a razão suficiente em outro, ao qual as mesmas perguntas se podem fazer, e assim chegaríamos ou ao círculo vicioso ou ao processo *in infinitum*. Provado, como já havia sido feito, que é impossível o círculo vicioso nas causas, ou admitido o risco do processo *in infinitum*, impõe-se a aceitação de um ente necessário, que seja a razão dos outros. Não se pode duvidar da existência de seres contingentes, pois os seres que antes não existiam começam a ser, a existir, e os que existiam deixam de existir, sem que se manifeste qualquer contradição. Em tais seres, a existência não é da sua essência, e, consequentemente, *per se* eles são nada. Que o ser contingente se funda em outro é também evidente, já que o seu constitutivo é nada, e se existe é impelido a existir por outro, que é a sua causa eficiente.

francês *néatiser*, "nadificar", usado por Sartre em *O Ser e o Nada*. Dada a crítica de Mário ao existencialismo, na segunda metade desta parte da *Filosofia Concreta*, é possível que ele tenha tentado evitar o uso da mesma expressão.

[3] [Pode-se prescindir da possibilidade ou da impossibilidade das séries infinitas, não se pode porém prescindir da impossibilidade da série de coisas contingentes e feitas, se não há um ente necessário e incausado, seja esta última série finita ou infinita.]

[4] Cf. Francisco Suárez, *Disputações Metafísicas*, disputação XX, seção I, 1-30 (*Disputaciones Metafísicas*, vol. 3. Trad. Sergio Rábade Romeo, Salvador Caballero Sánchez e Antonio Puigcerver Zanón. Biblioteca Hispánica de Filosofia, vol. 24. Madrid, Gredos, 1962, p. 453-74).

É impossível o círculo vicioso, porque então algo produziria a si mesmo, o que é absurdo.

E é impossível admitir o processo *in infinitum*, porque, se todos os seres são contingentes, contingente é também a coleção deles, já que nenhum deles é suficiente *per se* para existir[5] (antes, é fundado e produzido por outro, uma vez que o contingente tem uma causa). Aceito o processo *in infinitum*, este não seria nem fundado nem produzido por outro, já que não existiria outro fora da coleção dos seres contingentes (fora da qual seria preciso supor só restar o não-ser), e tampouco o seria por outro dentro da coleção, porque então o processo penderia de si mesmo. Neste último caso, todos os seres contingentes penderiam de si mesmos, o que é absurdo. O ser necessário é, assim, para o suarezista, absolutamente necessário, já que a sua não-existência implicaria contradição. Desta maneira, são absurdas as hipóteses da sua não-existência. A razão intrínseca do ser necessário está no seguinte: se ele existe, é possível, e sua possibilidade nunca cessou, porque, do contrário, haveria contradição.

Sua existência é, portanto, atual e exercitável, e ele nunca cessou de existir, atual e exercitadamente. Esse ser necessário não pode ser acidental, porque o acidente não tem razão suficiente, em si, de ser. Se Deus fosse o devir (*fieri*), seria acidental, já que umas partes começariam a existir e outras a desvanecer. Ademais, não pode ser ele composto de partes, como se dá com seres contingentes. Deste modo, o ser necessário opõe-se a todo ser contingente.

Ora, o ente que é a razão de todo contingente nada tem de contingente, porque é a isto totalmente oposto; portanto não pode ser constituído essencialmente de nenhuma parte contingente.

Há, contudo, várias objeções a esse argumento. A primeira seria a de que a Tomás de Aquino não repugna a série das causas por acidente. Essa objeção é rejeitada, porque, nesse caso, a série das causas acidentais seria independente, o que é absurdo. Argumentariam alguns que, se por um lado os membros da coleção infinita são contingentes, a coleção, como um todo, pode contudo ser um ente necessário. O ser contingente é *per se* nada, e uma coleção de seres contingentes seria também *per se* nada.

5 [É impossível o processo *in infinitum* sem uma causa improducta, porque, fosse ele possível, toda a coleção seria improducta, e também não seria produzida por outro, nem dentro da coleção nem fora dela. Este é, em suma, o argumento suarezista.]

Na verdade, o argumento *ab aeterno*, isto é, de uma criação coeterna ao Criador, o que afirmaria uma série infinita de causas por acidente ordenadas, é apresentada por Tomás de Aquino como algo que não repugna à razão ontológica. Ele não vê nenhuma razão ontológica para que tenha existido o dia um, como também não vê nenhuma razão ontológica para que se rejeite a criação *ab aeterno*. Para ele pode ter havido um início da criação, mas também pode ela ter sempre existido, sem que tal implique contradição. Se a nossa mente tem dificuldade em compreender essa coeternalidade da criação com o Criador, deve-se debitar isto à fraqueza da nossa mente. O que é preciso salvar, e é salvo, é a antecedência ontológica e teológica do Criador sobre a criação.[6]

Contudo, escotistas e suarezistas, seguindo os argumentos de seus mestres, combatem a possibilidade da criação *ab aeterno*, por considerá-la viciada de contradição e de absurdidade, pois afirmaria um infinito quantitativo *a parte ante*, o que é absurdo. O argumento de que toda a série de causas por acidente ordenadas, por ser *per se* nada, tornaria a coleção nada é viciado pela tendência diacrítica de nossa razão, que esquece de ver o ser contingente em sua concreção de corruptível e gerável.

Por outro lado, Tomás de Aquino não afirmou apenas a série das causas por acidente, mas também a necessidade do ser absolutamente necessário, que é o Criador.

Dentre as objeções à tese suareziana, podem ser algumas ainda sintetizadas do seguinte modo: os seres contingentes sucedem por determinações necessárias. Este argumento é manejado, sobretudo, pelos materialistas, pois o exame dos fatos físicos, por exemplo, demonstra a necessidade do seu acontecer. Mas é mister não esquecer que há o ser que necessita hipoteticamente e há o ser necessário absolutamente. O primeiro é aquele que, se é, é necessário; o segundo é aquele cuja não-existência é absolutamente impossível. Os fatos físicos, se são, são necessários; não é, porém, absolutamente necessário que sejam. E a sua não-existência não implica nenhuma contradição. Outro argumento é o de que não há nenhuma conexão entre o ser necessário e o contingente, razão pela qual não se pode demonstrar o ser necessário pelo contingente. Não há, realmente, uma conexão mútua, mas há uma conexão

[6] [Mais adiante voltaremos a este tema.]

não-mútua. Assim, em relação a Deus e à criatura, por depender essencialmente esta daquele, ela não pode existir sem ele, mas daí não se pode concluir que, da existência de Deus, deve se dar a existência da criatura. Pode-se, portanto, partindo da existência do ser contingente, concluir a existência do ser necessário, mas não o inverso.

Essa objeção é passível, contudo, de uma crítica. E a principal resposta que a ela se pode dar está precisamente na demonstração das teses que fizemos, que revelam que é o ser necessário que explica necessariamente o ser contingente. Há seres contingentes porque há o ser necessário. Este seria o caminho ontológico. Mas, inegavelmente, a *via lógica* mais segura é a que parte da contingência para alcançar a necessidade. Também é necessário reconhecer, como se verifica na sucessão das demonstrações das teses, que o ser necessário impõe-se após a análise do ser contingente, pois foi partindo de que há alguma coisa, ainda não explicitamente necessária, nem contingente, que nos foi possível alcançar a revelação do ser necessário. Há, assim, dois caminhos: o ontológico e o lógico, ambos válidos, embora, para nós, seja o primeiro axiologicamente superior ao segundo, porque dá suficiente apoditicidade, que, *per se*, e isoladamente, não dá o segundo, já que este provoca o surgimento de uma problemática e das aporias que a ela se subordinam.

A filosofia concreta coloca de modo um tanto diferente essas provas. O ser contingente é o ser dependente. A dependência é do ser dependente e não do de que depende; é uma modal daquele, daquele absolutamente inseparável. O ser que é feito não tem em si sua total e absoluta razão de ser, porque, se fosse feito por si mesmo, existiria antes de existir. Se é feito, principia a ser e, como tal, tem um princípio que o antecede, um princípio que o predispõe, já que mostramos de modo apodítico que nenhum ser é fatorado pela sua emergência, mas exige uma predisponência para ser.

Usando dos conceitos ontológicos de dependência e independência, de efetível, efetivo e outros, como vimos, coloca-se de modo melhor o problema da contingência, evitando-se as aporias que geraram tantas discussões. A razão suficiente e a causalidade são justificadas e adquirem novo conteúdo através das demonstrações ontológicas por nós procedidas, que dão aos princípios clássicos maiores validez e segurança, de modo a servirem melhormente de postulados suficientemente válidos para posteriores demonstrações.

As Demonstrações *a Simultaneo* e *a Concomitante*

São inaplicáveis para a prova da existência do Ser Supremo as demonstrações *a priori, a simultaneo* e *a concomitante.* Tal é a opinião da maior parte dos filósofos escolásticos, como Tomás de Aquino e quase todos os tomistas, Suárez, muitos seguidores de Luis de Molina, além de Kant, etc. Por outro lado, admitem a suficiência do argumento *a simultaneo* Santo Anselmo, Vásquez, Leibniz, Scot, Descartes, etc.

No entanto, estão todos de acordo em que não se aplica, de modo algum, a demonstração *a priori*, porque, não tendo o Ser Supremo uma razão de ser fora dele, não poderíamos partir de uma premissa que encerrasse a causa da sua existência. Como já vimos, no argumento *a priori* a conclusão é inferida de premissas que contêm a causa real daquela, ou a razão suficiente daquela, causa ou razão que é, como tal, antecedente. Ora, tal não poderia haver no Ser Supremo, pelo menos não poderia haver uma razão suficiente adequadamente distinta dele, que fosse sua razão. Contudo, podem-se inferir os atributos *a priori*, mas estamos aí numa explicação do que já está nele contido, porque não há distinção real-física entre os atributos do Ser Supremo.

Também se nega a possibilidade de uma demonstração a *concomitante*, porque, nesta, deduz-se a conclusão de algo inseparavelmente conexionado, cujas premissas estão inseparavelmente conjugadas por dependerem de um princípio comum, como já vimos. Ora, o Ser Supremo não pode depender de nenhum outro ser, razão pela qual não cabe a demonstração *a concomitante.*

Argumentam ainda os que negam a demonstração *a simultaneo* que esta, além de não ser propriamente uma demonstração, caracteriza-se por ser a conclusão inferida, não de outra coisa que seja causa ou efeito dela, nem de alguma coisa que dela se distinga segundo uma razão de distinção perfeita, mas de alguma coisa que, implícita e formalmente, já contém a conclusão. Há ali mera explicitação, como se pode proceder quanto aos atributos do Ser Supremo.

Considera-se, assim, o argumento anselmiano (argumento *a simultaneo* ou também chamado ontológico) como inválido para o fim que pretende. E reduzem-no à seguinte forma silogística: Deus é o de que nada maior se pode cogitar, ou seja, o Máximo excogitável; ora, o Máximo excogitável existe.

Em *O Homem perante o Infinito* examinamos as razões apresentadas pelos adversários desse argumento,[1] pois acusam-no de uma ilegítima passagem da esfera meramente lógica para a ontológica, porque não se prova ainda a existência de Deus ao afirmar que é ele o que de maior se pode cogitar, pois, se não existisse, poder-se-ia cogitar outro, que existisse, e este – conquanto não mais que uma suposição lógica – seria, então, Deus. Consequentemente, é no nível lógico que se pode concluir, Deus existe.

Podemos, com efeito, sintetizar a crítica que se faz ao argumento anselmiano. A premissa maior é convencional, já que muitos podem conceber Deus não como o ser maior que existe, como se vê em certas crenças primárias, em que há povos que adoram um deus de menor poder de preferência a outros mais poderosos. Mas poder-se-ia objetar que, de qualquer forma, nessas mesmas crenças, há sempre a admissão da existência de um ser que é o maior que se pode cogitar. E, ademais, seria falha uma concepção de Deus que não lhe atribuísse tal eminência. De qualquer forma, pode--se partir de que, em qualquer pensamento culto, a ideia de Deus implica sempre a do ser de maior poder que se pode cogitar. Se fosse o caso que ele não existe, poder-se-ia cogitar um outro que existisse, e este seria maior, e, consequentemente, seria Deus. Pois, do contrário, o máximo excogitável, que seria o primeiro, não seria o primeiro, o que é contraditório.

A objeção ao argumento *a simultaneo* afirma que pelo fato de ser excogitado não se prova que se dê a existência exercitada, em seu pleno exercício, fora da mente (*extra mentis*). Prova-se meramente que a existência é excogitada, não que exista no pleno exercício de seu ser, o que exigiria outra prova. A demonstração é meramente lógica, e não prova ainda a existência *extra mentis*.

Também é inválido o argumento modificado por Descartes, que se pode reduzir silogisticamente à seguinte forma:

[1] Mário Ferreira dos Santos, *O Homem perante o Infinito*. 3. ed. São Paulo, Logos, 1960, p. 82-91.

O ser necessário necessariamente existe; Deus é o ser necessário; logo, ele necessariamente existe.

A resposta consiste na objeção de que o ser necessário necessariamente existe *se existe*: não se prova ainda sua existência.

Também é acusada de invalidez a forma leibniziana, redutível ao seguinte silogismo:

O oniperfeito existe, se é possível; ora, o oniperfeito é possível; logo, ele existe.

Se fosse impossível, não existiria. Também não pode existir nem feito por si, como já vimos, pois existiria antes de existir, nem feito por outrem, porque então não seria o oniperfeito e independente que é. O oniperfeito não contém negação de qualquer espécie, mas só perfeição, nem tem partes incompossíveis, porque é simplicíssimo, do contrário não seria o oniperfeito. Não há, pois, nenhuma contradição ou impossibilidade no conceito de oniperfeito.

A objeção sintetiza-se desta forma: que o oniperfeito é positivamente possível, não há que duvidar, mas também é possível negativamente. Impõe-se provar *a posteriori* a sua existência. O simples fato de não percebermos contradição não é ainda suficiente, pois ela pode existir ocultamente. Ademais, o silogismo peca contra as regras da lógica, porque o predicado tem mais realidade que o sujeito, o que é falso. A realidade que o sujeito tem é a meramente cogitada, e não a realidade extramental. Para afirmar esta, é preciso provar *a posteriori*.

Todos esses argumentos, o de Santo Anselmo, como o de Descartes e o de Leibniz, são assim impugnados. Nós não seguimos nenhuma dessas vias para demonstrar a existência apodítica do Ser Supremo, mas queremos, não obstante, agora, reexaminar essas provas acusadas de debilidade. Não podemos, contudo, apresentar nossas razões em favor delas sem que primeiramente examinemos as razões oferecidas contra elas através dos tempos, cuja sintetização procuraremos fazer do modo mais simples e mais claro que nos for possível.

A existência de Deus, do ser de que nada maior se pode cogitar, na forma anselmiana, é meramente cogitada, e não demonstra a sua realidade extramental. Um anselmiano poderia dizer: se julgas que o máximo excogitável só pode existir na mente, não é ele o máximo excogitável. Mas a resposta viria imediata: a existência provada é apenas a mental. Concede-se esta, sem que, por aceitar-se a sua validez, se possa afirmar a validez da existência extramental.

Mas pode-se cogitar que o máximo excogitável não existe? Que é apenas um ser fictício? Na verdade, pode-se cogitar que não existe o de que se pode cogitar que não existe. Mas o máximo excogitável não se pode cogitar que não existe. Portanto, ele existe. Mas acaso, respondem os objetores, inclui o conceito do máximo excogitável essencialmente a existência? Ademais, a contradição alegada não procede, porque não se nega a existência cogitada, mas apenas se nega a prova da existência extramental.

Também o argumento leibniziano é falho, porque, se a oniperfeição não tem imperfeição nem carência, não as tem quando cogitada, mas daí passar à afirmação da sua existência, sem prova *a posteriori*, é improcedente.

Além desses argumentos e do de Descartes, apresentam alguns neoescolásticos o seguinte:

O ente necessário existe ou não existe; ora, seria contraditório que o ente necessário não existisse; logo, ele existe.

Mas a contradição estaria em não existir enquanto cogitado. Ele só existe se existe.

Há outro argumento dos neoescolásticos, e o mais importante, que poder-se-ia sintetizar assim: repugna metafisicamente que o ser não seja; portanto, é necessário que o ser seja; ora, o ser necessário é Deus; logo, repugna metafisicamente que Deus não seja, como decorrência da consideração de que ser é ser.

Seria contraditório afirmar que ser não é ser. Os objetores desse argumento diriam que concordam que há algum ser, mas entre isso e dizer que existe absolutamente impõe-se uma distinção. Se a existência desse ser é demonstrada *a posteriori*, concordam; mas, que seja demonstrada *a priori*, negam.

Julgamos que a síntese que fizemos dos argumentos pró e contra é suficientemente clara, contudo impõem-se alguns reparos imprescindíveis. O possível, argumentam alguns, implica o necessário, pois o que venha a ser necessariamente foi um possível que não podia deixar de ser, um possível que inevitavelmente seria.

Contudo, não há coincidência entre o possível e o necessário, daí não se poder dizer que tudo que é necessário é possível naquele sentido já exposto. É verdade que o possível implica o necessário, sem o qual o possível não seria.

Impõe-se, pois, distinguir o possível ontológico do possível lógico. O possível ontológico implica, necessariamente, o necessário, e não inversamente. Ora, ontologicamente, é possível em si mesmo tudo o que não contradiz o ser. O ser que é o máximo excogitável é possível em si, pois não contradiz o ser. Se ele fosse meramente possível, e não existisse, seria possível em outro, o qual seria maior que ele. Ora, como ele está acima de tudo quanto é sua possibilidade, implica necessariamente a sua existência. Deve-se notar que é possível o que pode ser, e não propriamente o que pode ser e pode não-ser, já que o necessário prova que pode ser e repele o poder não-ser.

Considerando-se o conceito de possível, tomado ontologicamente como o que pode ser, o ser necessário pode ser porque é. Para negar-se a existência do ser necessário, ter-se-ia que provar que ele é impossível, o que é absurdo. O ser necessário não só exige a sua possibilidade, como em seu *logos* implica a existência. Ora, os possíveis são possíveis em outro; o ser absolutamente necessário não poderia ser possível em outro, pois não seria, então, absolutamente necessário, pois, para ser tal, tem de ser em si mesmo. O ser necessário não contradiz, portanto, o ser.

Quando Descartes declara que o ser necessário necessariamente existe, esta premissa já era a conclusão de uma argumentação implícita, que prova a necessidade da existência do ser necessário. Ademais, se não existisse o ser necessário, os possíveis seriam possíveis em seres possíveis, o que levaria ao absurdo. Ontologicamente, há possíveis porque há um ser necessário. A possibilidade é aptidão para ser. Ora, essa aptidão para ser não pode ser dada pelo nada, mas somente por um ser. E se os seres antecedentes, que dão a razão de ser possível aos seres possíveis, fossem, por sua vez, apenas possíveis por si mesmos, nada existiria.

A existência do ser necessário decorre de uma necessidade ontológica, e não lógica. Note-se que Santo Agostinho, pela sua filiação filosófica platônica, não construía o seu filosofar sobre razões lógicas, pois a posição platônica coloca o lógico num grau hierárquico inferior ao ontológico. É este que dá razão àquele, e não vice-versa.

Não é o homem, com seus esquemas mentais, que justifica e dá razão ao mundo, mas são as estruturas ontológicas que dão o fundamento às estruturas esquemáticas do homem. Não é porque nós podemos pensar num ser oniperfeito que esse pensamento dá existência a esse ser. A validez do nosso pensamento é dada pela inteligibilidade do ser, mas essa inteligibilidade não é um mero produto do homem, mas sim este, por participar da perfeição divina, é capaz de cogitar a oniperfeição.

E torna-se isso evidente porque a ausência do ser necessário nos colocaria em possíveis dependentes de possíveis, o que nos levaria à niilificação de tudo. Se logicamente chegamos ao necessário partindo do possível, ontologicamente a razão do possível está no ser necessário.

Ademais, se o ser necessário, que é possível à nossa mente, não existisse extramentalmente, abismar-nos-íamos no nada. A sua existência decorre de modo necessário, porque a sua possibilidade prova a não-contradição com o ser, mas simultaneamente afirma a sua existência, porque, do contrário, o ser estaria negado. A análise ontológica demonstra, *concomitantemente*, que o conceito de ser implica o do ser necessário, isto é, aquele que não pode não-ser.

Ora, aquele ser que é e não pode não-ser é o primeiro, pois sem ele nenhum outro poderia ser. Ontologicamente, chegamos à conclusão de que há necessariamente um ser necessário primeiro, independente de qualquer outro, que é a razão do ser dos outros.

O que se tem pensado sobre o Ser Supremo em todo o pensamento culto da humanidade é esse ser, o qual necessariamente existe. Logicamente, pode-se dizer que o conceito de possibilidade não inclui o de necessário ou o de necessidade. Mas temos demonstrado em nossos trabalhos que a construção lógica, realizada pelo homem, caracteriza-se pela formação de estruturas eidético-noéticas excludentes umas das outras. O homem pode pensar na possibilidade separadamente da necessidade. Mas, se a mente humana tem essa capacidade de excluir e de separar os aspectos da realidade em diversas esferas, o mesmo já não se dá quando, superando os anteriores limites da nossa razão, trabalhamos ontologicamente, pois, nessa esfera, a possibilidade é falsa sem a necessidade.

Em *Filosofia e Cosmovisão*,[2] mostramos como é imprescindível ao pensamento filosófico ultrapassar as contradições e a contingência da razão humana para alcançar uma super-razão, que é aquela que se funda na ontologia. A metamatematização do pensamento filosófico só se poderia dar libertando-se o homem dos conceitos estanques que a sua razão constrói, ao separar os fragmentos da realidade em séries abissalmente diacríticas, como distantes umas das outras, por uma contingência utilitária, para melhor compreensão do mundo.

Essa fase evolutiva da inteligência humana foi, inegavelmente, um ponto alto do pensamento humano, que teve o seu esplendor máximo na obra grandiosa de Aristóteles e na profunda análise dos escolásticos. Mas impõe-se agora que penetremos num outro estágio, que chamamos super-racional, em que a inteligência humana se debruce sobre si mesma, reexamine as suas construções eidético-noéticas, analise as estruturas esquemáticas construídas através do tempo e, volvendo os olhos para as razões ontológicas, busque dar novos conteúdos a esses esquemas. Não serão mais aqueles eivados de antropomorfismo, prenhes da nossa experiência, marcados com o sinal humano, mas agora superados por razões de ordem ontológica. Somente dando esse conteúdo ontológico à esquemática filosófica é possível ao homem ultrapassar os anteriores limites da própria razão, e invadir um terreno novo, cheio de promessas e de maior solidez.

Estas são as razões que nos levam a justificar a nossa posição, porque, se a filosofia não se metamatematizar, dentro de complexos estruturais ontológicos, fortalecidos pelo rigor que a Ontologia pode dar, a mente humana continuará separando o que está unido, esquecendo de considerar concretamente o que, por uma contingência da sua natureza, ela abstrai. A filosofia concreta só pode fortalecer-se seguindo este caminho, e é somente seguindo-o que poderá ela oferecer melhores frutos.[3]

Continuaremos, pois, a examinar a tese de Santo Anselmo.

[2] Em edição contemporânea: Mário Ferreira dos Santos, *Filosofia e Cosmovisão*. São Paulo, É Realizações Editora, 2018.

[3] A ideia de uma "matematização" da Filosofia poderia sugerir algum parentesco com uma demonstração expositiva como a *Ética*, de Spinoza, ou, em termos mais recentes, com a Filosofia Analítica e mesmo com o Positivismo Lógico. Isso parece estar bem distante das intenções de Mário, que, na ideia de "matematização", sugere os postulados da *mathesis* como demonstração do conhecimento. Distante, portanto, da matemática em seu sentido comum.

Comentários à Prova de Santo Anselmo

É possível em si mesmo tudo o que não contradiz o ser. O *quod majus est...* (aquele que é o maior) é possível em si, pois não contradiz o ser. Se fosse um meramente possível e não existisse em ato, seria um possível em outro. E esse outro ou seria o *majus* ou não o seria. Se não fosse, seria absurdo que um ser contivesse em si a possibilidade de ser mais do que a sua natureza. Ora, esse mais é ser absolutamente em ato e independente de qualquer ser. A independência, assim, viria da dependência, o que é absurdo. Ademais, a potência ultrapassaria a natureza do ser, que não é ainda o *majus*, mas que poderia sê-lo. E esse excesso de ser, se é dele, tem de nele ser em ato, pois em potência seria absurdo, e, neste caso, a potência teria mais ser que o que é em ato, e o infinito atual seria potência, o que é absurdo.

Se admitíssemos que ultrapassa a natureza do que é, teríamos um ser sobrenatural e transcendente, ao qual negaríamos a realidade de ser em plena eficienticidade, o que seria ademais absurdo. Resta apenas que o *majus* é e não pode deixar de ser; em suma, que necessariamente é, e é necessariamente. É possível em nossa mente, mas, que necessariamente é, resta-nos saber. Não podemos dizer dele que, se é, é o *majus*, mas temos de dizer dele que é, e necessariamente só é. A possibilidade está em nós, e não nele.

O argumento de Santo Anselmo era ontológico e não lógico. Se fosse apenas lógico, haveria razão de afirmar que nele havia um salto indevido de uma esfera para outra, da lógica para a ontológica. Mas, na verdade, o seu raciocínio pairava sobretudo na esfera ontológica, embora partisse, como não podia deixar de ser, da conceituação humana, mas para alcançar uma conceituação ontológica, que só pode ser o que é (monovalente, portanto).

Ademais, não podendo ser em si uma potência, a possibilidade que nossa mente capta do *majus* leva-nos a reconhecer que ele necessariamente existe. Como poderia o menos conter o mais? Partimos, não há dúvida, da não-contradição entre o *majus* e o que é contingente e dependente de nossa experiência. Restaria apenas um ponto objetável: que erramos ao admitir a sua possibilidade. O *majus* não seria possível, mas impossível. Emprestaríamos possibilidade a uma ficção nossa. Resta, então, examinar se é realmente uma ficção. Conceituamos o *majus* por oposição ao contingente, diriam. Mas, na verdade, verificamos pelas operações iterativas ontológicas que o ser independente oniperfeito é absolutamente necessário. É a nossa mente que pode julgar o que é possível, embora seja real *extra mentis*. Mas, pelos caminhos da dialética ontológica, sua necessidade esplende, não por razões nossas, mas pela própria glória do ser. Já vimos que só há contradição ao ser quando sua afirmação implica a negação da sua natureza. E a contradição do ser é o nada. Dizer-se que um ser é oniperfeito não é lhe predicar o nada. O verdadeiro conceito ontológico de possível é *o que pode ser*, e não *o que pode ser e pode não ser*.

A iteração dialético-ontológica mostrou-nos que o Ser Supremo pode ser. Não podemos dizer dele que pode ser e pode não ser, porque o não poder ser dele é absurdo, como vimos. Ele só pode ser e, porque só pode ser, é.

Sendo ele necessário, prova que pode ser, e repele o *poder não-ser*.

O *majus* é o ser oniperfeito e independente. Se se admite um ser que não é oniperfeito e independente, ele não é o *majus*. Além disso, haver um ser que contenha toda a perfeição de ser, e que não venha de outro, não é uma possibilidade (pois como possibilidade é captado num estágio ainda primário da nossa operação psíquica), mas é uma necessidade absolutamente simples, é *simpliciter*, absoluta. Não pode não-ser, é impossível que não seja, como vimos pelas demonstrações anteriores. Além de não conter contradição, a sua existência se impõe ontologicamente. Portanto, a admissão de que o *majus* é o ser oniperfeito, subsistente por si mesmo, independente portanto, não é apenas lógica, mas também ontológica.

Ora, o que se entendeu sempre por Deus?[1] No pensamento elevado e mais culto do homem, Deus é esse ser onipotente, oniperfeito,

[1] A última obra de Mário, inédita, é um tratado intitulado simplesmente *Deus*, seu exame maior do Ser Supremo esboçado em *O Homem perante o Infinito* e desenvolvido neste livro. *Deus* permanece inédito, como o ponto culminante de uma filosofia de vida inteira. Mário não chegou a terminar essa obra, o que não deixa de ser uma coincidência carregada de simbolismo.

subsistente por si mesmo, cuja essência é a sua existência, ou cuja existência é a plenitude de ser de sua essência, ou o ser cuja essência é existir plenamente. Se se conclui, como o faz Santo Anselmo, que ele existe necessariamente, não há salto do lógico para o ontológico, porque a premissa maior não é apenas lógica, mas ontológica também. E não é do seu aspecto lógico que ele conclui a existência, mas do ontológico, porque não é o lógico que afirma a existência, mas sim o ontológico. Já vimos que o juízo lógico afirma uma possibilidade de ser, mas o juízo ontológico afirma necessariamente a existência, e o faz apoditicamente. A premissa maior do silogismo de Santo Anselmo é um juízo ontológico, no sentido que expusemos. Não há, assim, nenhum salto indevido.

Deste modo, a prova ontológica de Santo Anselmo é, na dialética ontológica, absolutamente rigorosa.

Outro comentário impõe-se aqui. Rigorosamente o verdadeiro possível é o que não é realizado em ato. E possível é o que pode atualizar-se em ato. Podemos, assim, tomar especificamente o possível:

a. como o que pode ser (é o possível tomado genericamente – *generatim*);
b. o que pode vir a ser e ainda não é (é o possível distinto do ato);
c. o que é e, por isso, pode ser (é o possível junto ao ato).

O ser que, se é, é necessário, é o ser hipoteticamente (*hypotetice*) necessário. Assim, se algo, na esfera das coisas físicas, existe, podemos encontrar a necessidade de sua existência, por estas ou aquelas causas coordenadas. Se existe, é necessária a sua existência, mas *dependente*.

Mas o ser absolutamente necessário, *simpliciter*, não é aquele que pode sê-lo *se é*. A condicional não cabe, porque sua existência não é necessária por ser efetivada, mas é necessária porque, do contrário, nada é. O ser absolutamente necessário, *simpliciter*, *não pode não-ser*. É necessariamente, pois sem ele nada é. Sua existência pode, logicamente, ser alcançada *a posteriori*, partindo da contingência, como se procede na escolástica em geral, mas pode também ser alcançada pelo rigor da simultaneidade ontológica, como exemplifica a prova de Santo Anselmo. Que o ser humano possa alcançá-lo pela iteração lógica nada impede que também possa alcançá-lo pela iteração dialético-ontológica.

Já provamos que há seres contingentes porque há um ser necessário absolutamente necessário. E é este que dá a razão suficiente ontológica aos outros. Podemos partir reversivamente da nossa experiência intelectual, como se procede nas provas *a posteriori*. Mas podemos também alcançá-lo pela simultaneidade da prova ontológica, pela qual beiramos já a eternidade das razões ontológicas, que são coeternas. A primeira prova revela apenas a contingência humana, da qual decorre. É ainda o produto da razão no afanar-se em alcançar a verdade. A segunda revela um estágio mais elevado dessa razão, que já penetra no que é. É por isso que declaramos que os processos iterativos da dialética ontológica, por nós preconizada, colocam-nos num estágio mais alto da racionalidade, colocam-nos numa super-razão, e esta não desmerece a outra, mas lhe dá novos conteúdos, e a fortalece e a justifica.

Pode-se ainda dar validez ao argumento de Santo Anselmo e às variantes de Descartes e Leibniz usando as seguintes demonstrações:

Necessariamente existe o ser absolutamente necessário, porque nenhum ser contingente é razão de ser suficientemente absoluta do que é.

O máximo excogitável pelo homem é o ser absolutamente necessário, aquele sem o qual nenhum outro será possível. Ora, se nenhum outro ser poderia ser sem o ser absolutamente necessário, o máximo excogitável existe. Existe não porque é o máximo excogitável, no sentido do que é criado pelo homem, mas é o homem que, em sua máxima excogitação, alcança a necessidade da existência do ser maximamente excogitável, que é o ser absolutamente necessário.

Ora, o que se entende por Deus, na exposição anselmiana, é o que se entende por ser absolutamente necessário, que é o máximo ser excogitável pelo homem e tal que nenhum outro pode ser excogitado além dele, pois ele é a fonte de todos os outros, a razão de ser de todos os outros. Consequentemente, Deus existe, porque Deus é em todos os pensamentos cultos superiores o ser máximo excogitável, como ser absolutamente necessário para que algo haja.

Ademais, esse ser absolutamente necessário, se quiséssemos partir da lógica, pondo de lado o *logos* ontológico que dá rigor à tese de sua afirmação, não contradiz o ser, pois não contradiz o ser um ser absolutamente necessário, pois só contradiz o ser o nada absoluto, porque um afirma a posse do ser, e o outro a total e absoluta privação do ser.

Se o ser absolutamente necessário não existisse, permaneceríamos em pleno contingentismo, e teríamos que negar validez de existência ao que o homem havia alcançado em sua máxima excogitação, que é a necessidade de existência de um ser absolutamente necessário. Ora, como é imprescindível a existência de tal ser, o ser necessário, o que julgamos poder não existir não é mais o ser absolutamente necessário, mas sim um ser contingente; não é, portanto, o máximo excogitável. Estaríamos, então, falando não propriamente do que desejávamos falar. A necessidade da existência do ser absolutamente necessário não é uma criação lógica. Sua necessidade não é dada pela nossa esquemática. O que se verifica é que ele é ontologicamente necessário, e o homem, em sua excogitação, alcança a existência desse ser, que é, ademais, o máximo excogitável. Não é, pois, a existência lógica que lhe dá a existência ontológica. É a sua existência ontológica que dá validez, rigor e conteúdo à existência lógica.

Ainda poder-se-ia argumentar do seguinte modo: que, para Santo Anselmo, o máximo excogitável era o ser absolutamente necessário, depreende-se claramente dos argumentos que apresenta a seu favor em sua resposta às objeções de Gaunillon. Este havia afirmado que o simples fato de pensarmos nas Ilhas Bem-Aventuradas, onde toda a riqueza terrena pudesse existir, e que seriam assim perfeitas, não provaria em nada a sua existência. Santo Anselmo responde que não há paridade na objeção ao seu argumento, porque as Ilhas Bem-Aventuradas seriam um ser contingente, que poderia, portanto, existir ou não, enquanto o máximo excogitável não é um ser contingente. Portanto, para Anselmo, é o ser absolutamente necessário. Se somos capazes de alcançar, pela excogitação, o ser absolutamente necessário, tal demonstra que a afirmação deste é realizada através de uma especulação, de uma cogitação demorada. Deus nada mais é que o ser absolutamente necessário. Portanto, ambos se identificam. O ser absolutamente necessário tem de existir, pois, do contrário, não seria o ser absolutamente necessário. A existência de um ser absolutamente necessário não pode depender de nossa mente, pois, então, seria um ser dependente desta. Tem de ser por razão de si mesmo. Ora, se tal ser é possível para nós, e não implica contradição, tal demonstra que há, virtualmente, para nós, e que o pode alcançar a nossa mente, quando retamente conduzida. Sua existência evidencia-se por si mesma e não por nós. Qual a prova desta afirmação?

É a seguinte: a possibilidade de um ser contingente é contingente. A possibilidade de um ser absolutamente necessário é necessária. Se somos capazes de alcançá-lo pela excogitação, tal nos prova que ele existe, pois, do contrário, o ser meramente contingente conteria confusamente em si a possibilidade de um ser absolutamente necessário, o que seria afirmar que o menos contém o mais. Se a nossa especulação filosófica pode alcançar o ser absolutamente necessário, sem contradição, de onde viria a razão desse ser senão dele mesmo? Tudo quanto é possível no ser absolutamente necessário é. Se a sua existência é possível, ela é necessariamente. A captação da sua possibilidade é apenas de nossa parte, não que ele seja apenas um possível.

A prova de Santo Anselmo pode assim ser defendida, seguindo vários caminhos que patenteiam a sua validez ontológica.

A Via Existencialista

A via existencialista é a análise fenomenológica do homem como existente, e não é apta para alcançar e provar apoditicamente a existência do Ser Supremo, nem tampouco o consegue o existencialismo transcendentalista.

O existencialismo imanentista não pode desbordar os limites da contingência humana, e quando Heidegger, em sua segunda fase, alcança a transcendência de Deus, não o consegue através de argumentos apodíticos, mas apenas com razões meramente cogitadas, seguindo as vias idealistas. Os existencialistas católicos, como Gabriel Marcel, usam a via anti-intelectualista, e alcançam apenas a patência (afetiva) da existência do Ser Supremo, e não sua prova rigorosa apodítica, que ultrapasse a subjetividade. Identicamente se pode dizer da obra de todos os outros existencialistas cristãos, como Nikolai Berdiaev, Lev Shestov, Armando Carlini, Luigi Stefanini, Louis Lavelle, René Le Senne, e dos não-católicos, como Jean-Paul Sartre, Maurice Merleau-Ponty, Albert Camus, Hans Kunz, Paul Häberlin, Karl Jaspers, Peter Wust, etc., sem que tal afirmativa desmereça o que há de positivo em suas contribuições para melhores estudo e compreensão da natureza humana, visualizada do ângulo apsicológico sobretudo.

Sem dúvida, a contribuição que o existencialismo trouxe para a filosofia foi, como muito bem diz Hellín, a descrição fenomenológica da contingência, e da miséria própria do homem, que, para ele, é a única.[1]

[1] Hellín, *Teodicea*, op. cit., livro I ("La existencia de Dios"), capítulo 2 ("Posibilidad de demostrar la existencia de Dios por vía natural"), artigo 2 ("Los teistas antiintelectuales"), tese 4 ("Aunque los sentimientos y afectos contribuyen en gran manera a captar el vigor de los argumentos racionales demostrativos de la existencia de Dios, sin embargo la sola fuerza de los afectos y de la voluntad no es apropiada para la adquisición de tal certeza y, por tanto, resulta falso el sistema que presenta esta vía como la única apropiada"), seção 1 ("Sistemas antiintelectualísticos"), parágrafo 76: "*A parte positiva do existencialismo* reside no fim que se propõe e nos meios utilizados para isso. O *fim* da investigação filosófica é refletir sobre a verdadeira natureza do ser enquanto ser (*quaterus ens est*), visto

Essa novidade consiste apenas em neologismo, afirma ele, porque, na realidade, a imensa literatura ascética dos cristãos já havia examinado com exuberância, e até com maior profundidade, tais aspectos.

Na verdade, para o que pretende a filosofia concreta, a contribuição do existencialismo é quase nula, porque em nada favoreceu nem favorece a metamatematização da Filosofia, que a filosofia concreta empreende e considera como a única via hoje aproveitável para o filosofar sair das armadilhas anti-intelectuais e irracionais, de cunho naturalmente estético, que a ameaçam, tornando-a mais um produto heterogêneo da heterogeneidade criadora do homem.

Não queremos, com essa afirmativa, indicar que este seja um caminho novo. Absolutamente não. É um velho caminho que fora perdido, porque Pitágoras, em seus ensinamentos, procurou indicar e indicou sempre aos discípulos o caminho da demonstração apodítica, o afastamento do filosofar das meras evidências subjetivas, a busca de um critério matemático, no amplo e genuíno sentido desse termo, para evitar que o artista lírico em nós perturbasse a criação filosófica, embora deva ser estimulado o artista eumólpico para a criação estético-transcendental. Não se trata de criar ficções, mas de captar o que concretamente é. Consideremos, pois, a contribuição existencialista valiosa apenas na esfera que apontamos. Em relação à filosofia não representa nenhum progresso.

que até agora, dizem eles [os existencialistas], não se refletiu com determinação e retidão suficientes. *O meio* que empregam é o exame fenomenológico daquele ser que mais espontaneamente surge no decorrer de nossa observação: o homem. *O resultado* desse exame fenomenológico é ver, após um imenso esforço, que o homem é um ser contingente, e experimentar de forma vivencial a sua própria contingência. Isto pode ser alcançado ou a partir da origem do homem, que procede *ex nihilo* (do nada), ou a partir do fim da vida, que é a morte, ou, finalmente, em razão do mesmo intervalo que medeia entre o nascimento e a morte, no qual precisamente o homem deve determinar e definir, com a maior exatidão, o significado e o destino de toda a sua vida, por meio de seus próprios atos livres. Tudo isso origina uma imensa angústia – *a angústia existencial e o sentimento trágico da vida*".

A Prova das Perfeições

As perfeições podem ser ou *mistas* ou *simples*. Chamam-se de mistas as que, em seu conceito, implicam imperfeição, como *tamanho*, *cavalo*, *calor*, etc.; simples, as que não contêm em seu conceito imperfeição, e excluem toda imperfeição, como *ente*, *bem*.

Esta primeira classificação das perfeições surge ante a filosofia concreta do seguinte modo. As perfeições onticamente existentes nos seres finitos (feitos) são híbridas; são as perfeições que estão nas coisas. As estruturas ontológicas, que não têm um ser subjetivo que as represente, são perfeitas eideticamente e noeticamente, tanto na conceituação rigorosamente lógica como na ontológica.

Nos seres singulares fáticos, as perfeições são sempre híbridas ou mistas.

As perfeições são ainda *acidentais* e *essenciais*. As acidentais estão fora da essência da coisa, enquanto as essenciais são da própria essência específica, genérica ou transcendental da coisa. Assim temos *vermelho*, *pesado*, no primeiro; e *homem*, *bem*, para o segundo.

Chamam-se perfeições *predicamentais* as razões genéricas, como *corpo*, *animal*; *transcendentais* são aquelas predicáveis de todos os inferiores e de suas diferenças, como *ente*, *bem*, *unidade*, etc.

Subdividem-se ainda os transcendentais em *propriamente ditos*, como são os transcendentais *bem*, *verdadeiro*, *ente*, etc., e *impropriamente ditos*, aqueles que se predicam essencialmente de todos os inferiores e de suas diferenças, sem que os inferiores sejam, por sua vez, todos os seres. Temos o exemplo de *vivente*, que se pode predicar de toda espécie e modo de ser vivo, não, porém, de todos os entes.

São ainda as perfeições sujeitas a graus (gradatividade); são intensivas, mais ou menos intensas. Além dessa hierarquia intensista, revelam ainda hierarquia axiológica, pois umas, em certas circunstâncias, podem valer mais que outras.

É fundamentando-se nas perfeições que alguns argumentam para alcançar uma demonstração da existência de Deus, que nas religiões corresponde ao Ser Supremo da filosofia concreta.

Não se fundam eles nas perfeições mistas ou híbridas para alcançar uma perfeição infinita, já que aquelas são contingentes, e a infinita deve ser absoluta. Por maior grau de intensidade de uma perfeição mista, jamais essa poderia alcançar o grau infinito que exige máxima simplicidade; isto não se pode dar com as perfeições mistas, que sempre mistas permanecerão.

As provas que usam do argumento das perfeições para alcançar o Ser Supremo e Infinito são mais valiosas quando se reduzem ao argumento da contingência e dos efeitos, mas insuficientes quando apenas partem dos graus.

*

TESE 133 - O Ser Supremo tem todas as perfeições possíveis em ato.

De um ser ao qual nada falta do que lhe é devido para ser plenamente o que é, diz-se que é perfeito. E o nosso conceito de perfeição só pode receber esse conteúdo ontológico. No entanto, não inclui nele o conceito de perfeição absoluta, o qual implica aquele ser ao qual nada falta para ser plenamente ser, como se dá com o Ser Supremo, ao qual nada falta para ser plenamente *o ser*. No entanto, um ser pode apresentar essa plenitude segundo um aspecto específico ou genérico. Assim um ser humano, tomado genericamente nada lhe falta para ser humano, embora não seja humanamente tudo quanto humanamente o humano pode ser. Temos, então, uma perfeição relativa neste caso. Os escolásticos, seguindo a linha aristotélica, falavam em perfeição *simpliciter*, no primeiro caso, e perfeição *secundum quid*, no segundo; absolutamente simples a primeira, e apenas formalmente a segunda. Esta (*secundum quid*) é a presença da perfeição devida para ser isto ou aquilo; e a outra perfeição absolutamente simples (*perfectio simpliciter*) é ter toda a perfeição conveniente à sua natureza. Assim o homem tem a perfeição devida para ser homem, mas o Ser Supremo tem a perfeição devida à sua natureza de ser infinitamente o ser, a fonte de tudo quanto pode ser ser.

Decorre apoditicamente das teses já demonstradas que ao Ser Supremo, que é atualidade pura, nenhuma perfeição pode faltar, pois do contrário haveria algum ser fora do ser, e no nada, o que é absurdo, pois toda perfeição é positiva, como já se demonstrou. E se a perfeição possível nele fosse apenas uma possibilidade, não seria ele uma atualidade pura, o que também já foi demonstrado que é improcedente. Consequentemente, nele todas as perfeições possíveis estão em ato, na plenitude do ato infinito, não naturalmente no ato finito do ser que é isto ou aquilo, pois ser isto ou aquilo, *hic et nunc*, é já um modo deficiente de ser. Temos, aqui, fundado na dialética ontológica, o pensamento platônico em sua pureza, pois todas as perfeições arquetipicamente são absolutamente em ato, e o ser, que é isto ou aquilo, apenas o é por participação (*méthexis*), ao imitar a perfeição absoluta (*mímesis*), o que nos revela a perfeita identidade de vistas entre o platonismo retamente compreendido e o pitagorismo também retamente entendido.

Não pode haver predicado oposto (isto é, com positividade) à natureza da atualidade pura no Ser Supremo, pois se tal se desse ele careceria de ser, o que é absurdo ante o que já foi demonstrado. E se nele os possíveis não estivessem em ato, haveria nele carência. Compreende-se, pois, que a perfeição absoluta do Ser Supremo é na linha do ser, e, como tal, é ele oniperfeito, pois, do contrário, nele haveria uma perfeição com carência de certa perfeição. Por ser absolutamente ato puro, exclui ele toda potencialidade. Consequentemente, tudo quanto pode ser é, nele, absolutamente em ato. Mas, como o modo de ser temporal é deficiente, e por ser o Ser Supremo absoluto, o poder ser, neste, não é no modo de ser do ser finito. Assim a sabedoria, limitada do homem, não pode ser limitada em ato no Ser Supremo, mas nele a sabedoria é infinitamente em ato, porque tudo quanto é possível ser conhecido nele já o é.

A prova da unicidade do Ser Supremo, que já foi feita, impede, por sua vez, que algo que é esteja desligado dele. Ademais, se muitos fossem os seres primordiais, todos seriam imperfeitos. A oniperfeição prova também, por outra via, a sua unicidade, como esta prova a oniperfeição. Por ser único é oniperfeito, por ser oniperfeito é único. Na via dialético-ontológica, chegamos à unicidade pela oniperfeição, mas também ao inverso, sem quebra de coerência.

Toda perfeição é ou criada ou incriada ou meramente possível. Se é criada, provém do Ser Supremo, como provêm todas as coisas criadas, pois a causa contém a perfeição do efeito; se é incriada, está no Ser, e não em nada; e se é meramente possível, não podendo ser do nada, pois o nada é impossível sob todos os aspectos, só pode ser do Ser

Supremo. É possível o que não implica nenhuma contradição para ser. Ora, o que pode ser só pode estar no Ser Supremo, que contém todo o ser possível. Sendo ele atualidade pura, o poder ser, nele, é em ato, e nele é em ato o poder haver isto ou aquilo. Tal conclusão decorre, também, da unicidade do Ser Supremo.

TESE 134 – O Ser Supremo contém formalmente todas as perfeições absolutas, e contém as perfeições dos seres finitos não formalmente, mas intencionalmente, virtualmente e eminentemente.

Já demonstramos que o Ser Supremo contém todas as perfeições possíveis, as criáveis e as criadas, pois é ele fonte e origem de todas as positividades, visto que o nada é impossível e não pode criar.

Mas é preciso estabelecer, em bases ontológicas, e não apenas lógicas, como pode o Ser Supremo contê-las.

A perfeição é qualquer realidade ou entidade positiva, que constitui um modo positivo de ser atual ou possível. Deste modo, são perfeições atuais as que estão no pleno exercício de seu ser, e possíveis as que podem ser atualizadas. Ora, no Ser Supremo os possíveis são perfeições, pois já vimos e demonstramos que nele não há meras possibilidades, mas apenas o poder de atualizar deste ou daquele modo o que nele é.

Há perfeições que são exclusivas do Ser Supremo, como a infinitude absoluta, tomada, aqui, não no sentido etimológico, mas no positivo. São "modos" de ser imparticipados pelas criaturas e imparticipáveis em sua absoluta pujança, como a eternidade, a imutabilidade absoluta, a ipseidade. O Ser Supremo contém-nas formalmente. Chamam-se de *não exclusivas* aquelas perfeições das quais podem participar as criaturas, como já vimos, ao estudar a participação em *Ontologia e Cosmologia*.[1]

Destas últimas perfeições, podemos considerar aquelas que em sua estrutura não incluem imperfeição alguma, nem oposição de qualquer outra perfeição igual ou maior, como a sabedoria, pois a ignorância é não-ciência, é privativa, é carência e, portanto, não é perfeição, já que nenhuma perfeição pode ser uma carência, uma ausência de ser, mas somente presença positiva de ser.

[1] Cf. Mário Ferreira dos Santos, *Ontologia e Cosmologia*. 3. ed. São Paulo, Logos, 1959, p. 78.

Essas perfeições, é melhor tê-las do que não tê-las. Essas perfeições são absolutamente simples em sua estrutura eidética, e eram chamadas pelos escolásticos de *simpliciter simplex*.

Há perfeições que, embora não incluam nenhuma imperfeição, e não tenham perfeições contrárias que a elas se oponham, a sua ausência não implica um estado de inferioridade. Essas perfeições são meramente simples, como a paternidade em Deus, para os escolásticos.

Há perfeições que, em seu conteúdo eidético, implicam imperfeição, como a perfeição de ser isto ou aquilo. São perfeições corruptíveis, e que pertencem às criaturas enquanto tais. São as perfeições *mistas, híbridas*.

Pode cada um dos seres conter perfeições de vários modos:

a. *Intencionalmente*, se as intelige e ama. Assim o Ser Supremo contém todas as coisas atuais e possíveis por intelecção, como vimos e veremos;
b. *Fisicamente*, se contém a sua realidade, e esta pode ser de vários modos, que passaremos a examinar:

1. *Formalmente*, se as contém segundo a sua quididade própria, e não metafísica. Assim diz-se que tem sapiência formalmente o que tem uma notícia estrita da coisa.
2. *Equivalentemente*, se não as contém segundo a sua própria razão, nem pode produzi-las, mas tem-nas de um modo equivalente, embora inferior, de tê-las. Assim nós, homens, não dispomos da acuidade dos sentimentos que têm alguns animais, mas podemos tê-la de modo equivalente, não só por instrumentos técnicos, mas também por representações aproximadas.
3. *Virtualmente*, se temos o poder de fazer. Assim o homem tem virtualmente a perfeição de fazer isto ou aquilo, porque pode fazê-lo, mesmo que não o faça.
4. *Eminentemente*, se as temos não segundo a própria quididade, mas sim em uma ordem superior, que contenha o poder inferior. Assim o Ser Supremo contém a perfeição máxima causal, que contém eminentemente as perfeições inferiores, e pode produzi-las.

Não há dúvida, em face das demonstrações já feitas, que o Ser Supremo contém formalmente em ato as perfeições absolutamente simples, não como as têm as criaturas. As perfeições mistas ou híbridas, ele as tem em ato, mas só eminentemente e virtualmente.

Por sua natureza, o Ser Supremo é absolutamente simples e perfeito, e nele não há nenhuma imperfeição. As perfeições que ele contém formalmente são nele sem imperfeição alguma. E ele contém eminentemente as perfeições absolutamente simples, com exclusão de qualquer imperfeição. Mas, por contê-las formal e eminentemente, nada impede que as contenha também verdadeira e formalmente.

As perfeições mistas ou híbridas, não as contém formalmente, mas sim virtual e eminentemente.

Se as contivesse formalmente, seria imperfeito. E as contém *virtualmente* porque pode produzir, e só ele pode produzir tudo quanto é e pode ser, e *eminentemente* porque, contendo as perfeições no supremo grau, inclui os graus inferiores.

No Ser Supremo, nenhuma perfeição pode estar formalmente como está na criatura. Nesta é uma perfeição híbrida, mista, contingente e criada.

Objetar-se-ia que no Ser Supremo estão contidas todas as diversas perfeições das criaturas, nenhuma está fora dele e, consequentemente, essa tese seria panteística. Ele, porém, as contém eminente e virtualmente, e é origem delas. Seria panteísmo se se afirmasse que as contém física e identicamente às criaturas, o que seria ontologicamente falso.

TESE 135 – O Ser Supremo é apenas ser, e ser intensistamente máximo.

O Ser Supremo é um ser subsistente absolutamente. E nele essência e existência se identificam. Portanto, o Ser Supremo é ser e nada mais que ser, e é intensistamente o máximo que um ente pode ser.

E tal é evidente porque não há mais ser além dele, nem ele pode ser mais que ser, porque nada há mais fora do ser. Ele é, assim, somente ser (minimalmente), e o mais intensistamente ser (maximalmente).

É deste modo que podemos melhor compreender o sentido das palavras de Nicolau de Cusa, quando afirmava que o Ser Supremo é o *maximum* e o *minimum* de ser.[2] Nele, pois, os opostos coincidem, pois menos que ser é nada, já que não há meio-termo entre ser e nada, e o mínimo de ser é ser, e como ele não é mais do que ser (*minimum*), é também intensistamente o máximo de ser (*maximum*).

Como corolário desta tese:

Só o Ser Supremo é o ser por essência, enquanto o ser finito não é.

Que é ele o ser por essência já o provamos, e é só ele. O ser finito, por ser dependente, não é um ser por essência, porque, neste, a essência e a existência não se identificam, pois ser finito é ser isto ou aquilo, e não somente ser, como podemos predicar do Ser Supremo.

TESE 136 – O Ser Supremo é real, intrínseca, primordial e necessariamente o ser que é existente por essência.

Tudo quanto é o é de certo modo. O ser que nos aparece agora como sendo isto ou aquilo, nessa coordenada que mantém conosco, é, para nós, isto ou aquilo. Assim, *esta* árvore surge-nos como ela o é para nós, embora seu raio de ação possa ir até os confins do universo, e só possamos dizer que ela é o que ela é em si mesma desde e até onde tudo principia a ser e deixa de ser. A ciência moderna encontra-se agora em face deste vislumbrar a realidade de cada coisa em si mesma. O raio de ação de cada elemento cósmico deve prolongar-se em linha reta até os últimos limites do Cosmos. É, assim, cada ente corpóreo coextensivo a todo o espaço cósmico, e o campo de domínio de sua ação prolonga-se até os últimos limites. Um átomo, como bem o diz Teilhard de Chardin, "é o centro infinitesimal do próprio Mundo".[3]

Contudo, nesta ou naquela coordenada, no que se relaciona a estas ou aquelas coordenadas, esta coisa ora é isto, ora é aquilo. Assim esta árvore, unidade (*totum*) de uma multiplicidade de moléculas e de átomos,

[2] Nicolau de Cusa, *A Douta Ignorância* (trad. João Maria André. 2. ed. Coleção Textos Clássicos. Lisboa, Fundação Calouste Gulbenkian, 2008), livro I, cap. II, n. 5; cap. IV, n. 11-12; cap. V, n. 14; cap. X, n. 29; cap. XXIV, n. 77; livro II, cap. I, n. 96; cap. III, n. 107.

[3] Pierre Teilhard de Chardin, *O Fenômeno Humano*. 7. ed. Trad. José Luiz Archanjo. São Paulo, Cultrix, 2005, p. 45.

é uma unidade de um sistema (multiplicidade), que constitui um todo tensional. E observa-se, ademais, que as suas partes, que estritamente a compõem, obedecem ao interesse da totalidade, do *totum* sistemático de sua tensão, com sua coerência e com a coesão funcional de suas partes. Diz-se, assim, que esta árvore apresenta, nesta coerência, e na coesão funcional de suas partes, uma proporcionalidade intrínseca, que perdura através de todo o processo de existir, que lhe dá uma unidade não meramente quantitativa, mas específica. Ela é árvore através do fluir de sua existência. Ora, então, nela, há algo que perdura, que constitui formalmente ela mesma, e que a distingue de tudo o mais, que a torna diversa de tudo o mais. É o que nela é o que ela é, pelo qual ela é o que ela é. É a isso que se tem chamado geralmente de *essência.*

Mas essa essência que encontramos nas coisas, pela qual elas são o que elas são, escapa, em sua intrinsecidade, ao nosso conhecimento. Não sabemos, a não ser nos *artefacta*, no que é produto de nossa arte, aquilo pelo qual (*quo*) as coisas são o que elas são. Se não podemos estabelecer o esquema cósmico dessa lei de proporcionalidade intrínseca das coisas (os *eide* delas, em si mesmas), podemos, no entanto, intencionalmente (através de nossos esquemas eidético-noéticos), estabelecer um esquema de nossos esquemas, que nos permita compreendê-las (*cum prehendere*, prendê-las em nossos esquemas e classificá-las, por assimilação, às nossas estruturas esquemáticas, *conceituando-as*, portanto). Assim o pelo qual a árvore é árvore, ou esta maçã é maçã, a lei de proporcionalidade intrínseca que a faz ser maçã como ela é e não outra (*diverso ab omni*), escapa-nos ainda, contudo sabemos que, se ela é o que ela é, diversa, distinta de tudo o mais, é porque nela há algo que a faz ser outra que as outras, e se através de seu fluir ela permanece sendo maçã, é que nela há algo pelo qual é ela o que ela é através de seu fluir.

Dissemos que essa lei de proporcionalidade intrínseca é *formal* (e corresponde à *forma* de Aristóteles) porque é constituída de elementos intrínsecos, e não extrínsecos. Não é a figura da maçã que a torna maçã, embora a classifiquemos figurativamente em parte em nossas pobres classificações, mas é o que intrinsecamente coordena as suas partes numa proporcionalidade – já que a maçã é uma unidade de multiplicidade, como o é todo ser corpóreo –, o que nela é intrínseco e ainda se nos escapa.

Como decorrência dessa visão concreta da *essência*, desde logo percebemos que as coisas são o que elas são ou podem ser em si mesmas, *in re*, independentemente de nossa consideração sobre elas. Essa essência surge e sobrevive na coisa; é a essência que revela uma fisicidade (de *phyê*, nascer, surgir), é a essência física da coisa. E chama-se de *essência metafísica* a que é distinguível pela sua razão de ser no que há de comum com outros entes (*gênero*) e no que há de diferente (*diferença específica*). Essa distinção, que nos é possível captar por redução aos nossos esquemas, dá a essência metafísica, tomada própria e estritamente da coisa, e cabe em nossas definições.

Poderíamos, assim, examinar o que conceituamos do Ser Supremo, através do que podemos estabelecer aqui. Quais a essência física e a metafísica do Ser Supremo passa a ser matéria de exame das principais correntes filosóficas, e deve ser objeto de nossa pesquisa dentro dos cânones da dialética concreta, fundada na concepção que construímos.

Considerada metafisicamente, a primeira diferença seria a aseidade, o ser por si. Em ser por si (*ens a se*), o Ser Supremo diferencia-se de todos os outros. A objeção que se poderia fazer, e que muitos fazem, é que tal diferença é *negativa*, pois apenas aponta a exclusão de toda causa. E o que constitui a essência de uma coisa tem de ser positivo, pois algo é o pelo qual uma coisa é o que ela é. E se é negativo, se é algo que da coisa se exclui, ela não o é por ele. Mas a aseidade não é negativa, porque quando se diz que algo é por si mesmo afirma-se que é o seu próprio ser, que é sua própria atualidade, e afirmar que não tem uma causa fora de si é afirmar que é o que é (*Ipsum esse*). Consequentemente, tal conceito não é negativo. Desta forma, a aseidade é do Ser Supremo, e é nele algo positivo.

Para outros, o que diferencia o Ser Supremo é ser uma inteligência subsistente, como vemos entre muitos tomistas, como João de Santo Tomás. Objetar-se-ia que a intelecção pura deriva-se da espiritualidade, e que esta é derivada da simplicidade, e a simplicidade do ato puro, e este é o *Ipsum esse*, a atualidade pura, o ser por essência. Portanto, a intelectualidade não pode ser a raiz da diferença última, constituinte da essência metafísica do Ser Supremo, e sim o *Ipsum esse*, o ser que é existente por essência. Nem poderia ser o amor nem a vida, porque o amor exige intelecção, e teríamos a anterior dependência, e a vida se deriva da suprema perfeição de ser o *Ipsum esse*. Nem poderia ser a oniperfeição, porque esta não é uma essência metafísica, mas física, pois, como vimos, a essência física é aquela que é essência *a parte rei*, independentemente da nossa mente, e é distinta de qualquer acidente. Também não poderia ser a infinidade, se a considerarmos em sentido negativo, como o é em sua etimologia. O negativo tem de fundar-se em algo positivo, pois do contrário é absolutamente nada. E é esta também uma razão por que o negativo tem a positividade de referência, porque é o positivo, no qual se funda, que lhe dá conteúdo de positividade. O conceito de infinito, como negativo, não poderia ser a essência metafísica do Ser Supremo, porque assim seria ele carente, e ele de nada carece. Se tomarmos no sentido da suprema perfeição (sentido positivo), neste caso é a essência física, e não a metafísica, do Ser Supremo, porque neste a oniperfeição é realmente a essência, e não acidente, nem propriedade. A essência metafísica do Ser Supremo, portanto, é ser subsistente por si mesmo, seu próprio ser. Nela, a existência se identifica *re et ratione* com a essência e com a subsistência. Não se deve tomar aqui o termo *existência* como um modo de ser da essência, como o ato desta, pelo qual esta se distinguiria formalmente da existência, de cuja confusão nascem tantas dificuldades teóricas para alguns autores escolásticos. E a existência do Ser Supremo é uma realidade atual, que exclui toda não atualidade, que inclui toda perfeição possível, que só nele encontra a sua razão primeira de ser. O Ser Supremo é o próprio ser *per se* subsistente.

O Ser Supremo sob a parte comum é existência ou atualidade. Mas a sua diferença dos outros seres consiste em *ser existente por essência*. Como ser, é análogo aos outros seres, como existente também, com os outros que existem se analoga, mas por ser por essência de todos se distingue. Tal expressão, em suma, afirma que sua existência convém a si mesmo como toda a sua essência. Ora, a essência metafísica do Ser Supremo deve conter tanto a razão comum, com todos os outros seres, como também a razão diferencial, o que precisamente se dá no ser que é existente por essência, que é, pois, o que expressa a essência metafísica do Ser Supremo. E tal é evidente e apoditicamente provado, porque com o Ser Supremo todos os seres se analogam, e ele deles difere por ser o único que existe por essência, diferença que é positiva, real e intrínseca, e não mera modalidade ou característica, nem algo derivado de outro, mas algo necessário. O Ser Supremo é real, intrínseca e necessariamente, o ser que é existente por essência. Assim, *realmente*, a onipotência é a essência metafísica e física do Ser Supremo, porque fora dele não há nenhum outro ser, como vimos. Não, porém, o é no nosso modo de conceber, em que a essência física e a metafísica se distinguem, como o expusemos acima. Da prova apodítica desta tese decorre a próxima, cuja demonstração faremos.

TESE 137 - A essência física do Ser Supremo é a onipotência.

A essência[4] metafísica é constituída pelo que é comum e pelo que é diferencial, e obtida através da comparação de um ser com todos os outros, cujo resultado permite construir a definição ou a descrição do ser no que lhe convém e no que o difere dos outros. A essência física é o que convém à coisa considerada *a parte rei*, independentemente dos esquemas noético-eidéticos, excluindo os acidentes e as propriedades. A essência física do Ser Supremo é, portanto, o que constitui a sua totalidade concreta, e esta é a sua onipotência, que exclui acidentes e

[4] [Essência é aquilo pelo qual (*quo*) uma coisa é o que ela é. A essência sempre se ordena à existência. A que tem aptidão para existir, sem necessidade de nenhum outro ser, é uma essência absoluta.
Existência é o *pelo qual*, formal e originalmente, uma coisa se dá fora do nada, fora da possibilidade. A existência, quando distinta realmente da essência, é *relativa*; é *absoluta* quando não se distingue da essência, e ambas se identificam, como no Ser Supremo. A existência é sempre o pleno exercício de ser; é a essência exercitada, atualizada na coisa. A essência pode ser um mero possível, mas a existência é o possível atualizado. Para alguns tomistas, é a existência o *último* ato da essência; para outros é a primeira atualidade da essência, como também o predicam os suarezistas.
No Ser Supremo, essência e existência se identificam, a sua essência é a sua existência, pois ele é essencial e existencialmente ele mesmo.
E essa essência e essa existência, que nele se identificam, são atualidade pura, é a atualidade sem qualquer determinação que exclua qualquer atualidade, porque nada há atual fora dele que não seja ser, como o provamos com a demonstração das teses aqui propostas. A atualidade pura não é o ser absoluto, mas o eminentemente concreto, sem determinações restritivas, o qual exclui imperfeição e dependência de outro, e tem toda a perfeição possível, a que não contradiz o ser. É essa perfeição apenas ato, e só ato.
O ser absolutamente necessário é aquele cuja não-existência implica contradição. Ora, a existência desse ser foi provada devidamente, com o necessário rigor apodítico, por nossas demonstrações.
Não discutimos aqui as doutrinas sobre a distinção real-física ou não da essência e da existência, o que exigiria outras providências. Apenas acentuamos uma distinção real, sem que essa seja necessariamente real-física.]

propriedades, pois a onipotência perfeita a exclui, e é a realidade concreta do Ser Supremo.

Pode ele ser tudo quanto pode ser, e o que pode ser é do poder de ser e não do nada. A essência concreta do Ser Supremo é esse poder absoluto de dar ser a tudo quanto pode ser, pois tudo quanto pode ser, para que seja, depende da onipotência do Ser Supremo. Concretamente, pois, ele é onipotência.

TESE 138 – A essência metafísica do ser finito consiste em ser por dependência essencial, radical e positiva.

A essência física é aquilo pelo que a coisa é o que é considerada em si mesma. Como a essência física é a essência da coisa, segundo a qual ela é distinta dos acidentes e das propriedades, a essência metafísica é constituída pela parte comum mais a parte pela qual ela difere de todas as outras, que, segundo o nosso modo de conhecer, são o gênero próximo e a diferença específica. Portanto, o que nos cabe agora investigar é a diferença específica do ser criatural, que é, sem dúvida, a sua dependência real de outro. Essa dependência é intrínseca, é real, é primária e necessária, pois esse ser é porque necessariamente depende de outro para ser. Os mesmos caminhos dialéticos que nos levaram à prova apodítica da essência do Ser Supremo servem para apontar e alcançar a essência física e metafísica do ser criatural. Essa dependência real nos aclara a sua participação. Na essência metafísica, o ser da criatura analoga-se ao Ser Supremo, mas a sua diferença específica é a dependência real, sem a qual não é o que é. Essa dependência é essencial, quer em estado de atualidade, quer em potencialidade, porque o ser que ainda não é é dependente já, e, sendo, o é atualmente. A dependência essencial e radical é a primeira diferença que convém à criatura e só à criatura, e a todas as criaturas, e que a diversifica do Ser Supremo, pois, em ser, a ele se analoga. E se a dependência não fosse primária e original, ela seria derivada, e nesse caso a essência da criatura não teria nenhuma dependência do Ser Supremo, o que já foi provado ser impossível. Deste modo, a raiz da criatura é a dependência.

Já demonstramos que a criatura é essencialmente dependente do Ser Supremo; que é contingente, pois a sua existência ou a sua não-existência não implicam qualquer contradição; que é finita, por ser dependente, por carecer de infinitude e provir de outro, e não ter intrinsecamente a necessidade de ser; que *é potencial*, composta de ato e potência; que é temporal; que é multiplicável em muitas espécies, já que a perfeição da espécie é fundada na imitação da essência do Ser Supremo e, como esta não é exaurida por nenhum grau de imitação, são aquelas multiplicáveis, portanto. E também é multiplicável em muitos indivíduos sob qualquer espécie, o que provaremos na próxima tese.

Não se alegue que a dependência é uma modal e, portanto, não poderia constituir a essência de alguma coisa, pois, na verdade, não se trata de uma relação predicamental apenas, nem de uma mera ação, da qual mana a criatura, mas sim de uma dependência essencial e radical por imitação causal da essência do Ser Supremo, enquanto essência e existência. O participante, por imitação causal, imita o Ser Supremo. A dependência essencial corresponde a uma razão formal intrínseca, pois as notas que constituem o ente são dependentes, pois sempre pendem do ser, e também a uma razão radical intrínseca, uma raiz intrínseca de onde são derivadas.

Na dialética ontológica, o ser dependente o é porque tanto essencial como existentemente pende, na realidade, de outro e, na origem, do Ser Supremo. Na dependência impõem-se, portanto, certas distinções. Há a dependência modal e a dependência essencial. Esta afirma que a essência da criatura pende realmente do Ser Supremo, e é sobre esta dependência que queríamos falar.

A dependência da criatura decorre apoditicamente da impossibilidade do nada e da necessidade do Ser Supremo para que algo seja. Não se conclui ontologicamente a dependência a partir da contingência, mas esta a partir daquela. Há seres contingentes porque há seres dependentes, e há seres dependentes porque há seres, e estes, necessariamente, pendem do Ser Supremo. Por sua vez, por ser o Ser Supremo o ser que é existente por essência, por haver perfeita identidade entre a sua essência e a sua existência, segue-se daí que é independente de qualquer causa.

TESE 139 – A criatura é multiplicável em muitos indivíduos sob qualquer que seja a espécie.

Ora, nas criaturas, a essência distingue-se de certo modo da existência, e, por esse motivo, um ser não realiza em absoluto a sua essência, o que só pode se dar com o Ser Supremo, pois, do contrário, haveria perfeita identificação entre essência e existência, e, neste caso, o ser criatural seria absolutamente independente, e cairíamos, então, no pluralismo, o que já foi refutado.[5]

Consequentemente, por haver uma distinção real entre essência e existência, a parte comum, pelo menos, que já estudamos anteriormente, pode repetir-se, e, também, a que constitui a espécie, o que permite admitir-se a possibilidade da multiplicação dos indivíduos sob uma mesma espécie. Não há, assim, nenhuma contradição ontológica em que haja múltiplos indivíduos, ou possa haver, de uma mesma espécie.

TESE 140 – Só há um ser que é por necessidade absoluta simpliciter. Todos os outros só podem ser por necessidade hipoteticamente absoluta (necessitários).

Nós alcançamos o conceito de ato com a presença do conceito de potência, porque, para entendermos o ato (e aqui se realiza uma fase do complexo processo psíquico do entendimento), precisamos opô-lo ao de potência. O ato surge-nos como realidade presente em exercício – em oposição ao que ainda não é –, e pode ser de qualquer modo que seja. Já a potência é o que ainda não é em pleno exercício, e que pode ser. A potência não existe do mesmo modo que o ato. Aplicando a dialética ontológica ao exame desses dois conceitos, pode-se dizer que, na realidade do ser, há aquela parte da realidade que é presente em exercício de ser o que é, já determinada no que é, que é ato, eficientizada no que é, e aquela parte da realidade que pode sofrer a determinação, aquela parte determinável, que é alguma coisa, e que é, portanto, eficaz, que tem a eficacidade de ser eficientizada pelo ato determinante, que é a determinalidade potencial.

Ontologicamente, não se pode negar realidade à potência, que é real, mas se podem estabelecer os aspectos que a distinguem do ato. Deve-se distinguir *ser potência* de *ser-em-potência*. Ser potência (*esse potentiam*) é ser sujeito de algum ato, e ser-em-potência (*esse in potentiam*) é não ter ainda o ato.

Quando um ato, a realidade eficientizada, tem ainda a eficácia de receber novas determinações além das que já tem, podendo ser ainda

[5] [Seria independente porque a sua essência seria a existência, e vice-versa; neste caso, seria existente *per se*, e não por outro.]

distintamente do que é, esse ato não é puramente ato, mas um que pode sofrer determinações, um ato que tem ainda a determinabilidade de ser de outro modo. É um ato híbrido de atualidade e de potencialidade. É o que se chama, na filosofia clássica, de *ato não puro*, porque não é apenas e puramente ato. Ato puro é aquele que não recebe nenhuma determinação, que é eficientemente tudo quanto pode ser o ser, como é o ato do Ser Supremo. Não chegamos a ele através do raciocínio lógico, mas da iteração dialético-ontológica, como o mostramos nas teses anteriores. Se o nada nada pode determinar, o Ser Supremo não é determinado por nenhum outro, porque não há outro que possa determiná-lo, nem é ele determinado por decorrências necessárias da iteração dialético-ontológica, que é inegavelmente uma maneira super-racional de pensar.

Tem, assim, o Ser Supremo a plenitude da perfeição da realidade do ato, é ato puro. Chegamos a essa certeza, depois de percorrermos os caminhos que a dialética ontológica nos oferece, através das demonstrações que fizemos neste livro.

Sabemos, contudo, que há outras concepções que encontramos, por exemplo, nos panteístas, nos politeístas, nos finitistas, nos relativistas, que negam terminantemente a possibilidade lógica e ontológica do ato puro do Ser Supremo.

Ora, vimos que o Ser Supremo não carece de nenhuma perfeição, pois a perfeição é de ser, e ele é todo o ser no grau intensistamente máximo de ser. É ele o ser subsistente, é o próprio ser subsistente. Nada precisa adquirir, pois que há fora dele para adquirir? Ademais foi provado apoditicamente que não é um ser determinável. Para algo ser determinável, impõe-se que sofra uma deficiência de ser, porque a determinação é de alguma coisa. Não havendo no Ser Supremo carência de qualquer espécie, não é passível de determinação. É ele uma realidade em si mesma atual. Como ser absolutamente necessário *simpliciter* é o que é, e não pode ser outro, porque ser outro que ele seria ser nada absoluto ou ser relativo, o que seria ser dependente e, então, dependeria ele de outro independente, e não seria o Ser Supremo, e, sim, apenas um ser dependente. Ademais, as teses da relatividade dos entes finitos, válida quanto a estes, não pode ser aplicada ao Ser Supremo, como o demonstramos exuberante e decisivamente. Que o Ser Supremo é ato puro é uma consequência inevitável do exame iterativo da dialética ontológica, sem possibilidade de indecisões ontológicas. No campo da iteração dialético-ontológica, não há lugar para dúvidas, porque não se funda ela nas opiniões, mas na necessidade que esplende do ser. A indecisão, aqui, pode revelar-se, não como resultado da operação dialético-ontológica, se conduzida dentro dos seus termos, mas como resultado do operador, do homem que opera, cujas vacilações surgem de suas deficiências como operador, e não da operação ontológica, considerada em si.

Serve, ademais, o estudo que fizemos para justificar a nossa tese da eficienticidade do ato e da eficacidade da potência, que estudamos em nosso *Ontologia e Cosmologia*, para onde remetemos o leitor.[6]

TESE 141 - O Ser Supremo é essencialmente único.

Prova-se ainda do seguinte modo:

O conteúdo ontológico da *unicidade* implica o ser um, além do qual não há outro sob a mesma razão genérica ou específica. O indivíduo, considerado sob a razão do individual, é sempre único, pois outro indivíduo é outro, e não pode totalmente identificar-se com o primeiro sob todos os aspectos, pois, pelo menos numericamente, um é outro em relação a si mesmo.

Aquele que é um em sua essência (não havendo outro que tenha a mesma essência) é o único essencialmente. Ora, o Ser Supremo é o único ser cuja existência é identicamente a sua existência.

A sua unicidade decorre inevitavelmente dessa demonstração, muito embora, seguindo outras vias, já o tenhamos demonstrado. Mas também é ele o único ser que é essencialmente único, já que a sua natureza não se multiplica em muitos indivíduos, pois, se tal se desse, não seria o Ser Supremo, cuja existência é a sua essência ou, vice-versa, cuja essência é a sua existência. Tal não poderia repetir-se, porque, então, a essência não se identificaria com a existência.

Prova-se ainda a unicidade pela oniperfeição, pois, do contrário, haveria um Ser Supremo carente de alguma perfeição, como se vê no dualismo, que já refutamos.

Ademais, se houvesse dois, a sua soma valeria mais que um.

[6] Cf. *Ontologia e Cosmologia*, op. cit., p. 42-44, 159-65.

TESE 142 – Só o Ser Supremo é absolutamente subsistente.

Diz-se que é subsistente o ser que é suficiente para existir por si mesmo. E subsistente absoluto, o que, além dessa suficiência, não necessita do auxílio de qualquer outro, nem precisa de nenhum sujeito de sustentação para si. Ora, o Ser Supremo é o único ser que apresenta tais predicados. Só ele, portanto, é absolutamente subsistente.

TESE 143 – As formas não estão nem singular nem universalmente no Ser Supremo.

As formas não podem estar nem singular nem universalmente no Ser Infinito, no Ser Supremo.

Nele está o fundamento da imutabilidade das formas, que estão *in re* nas coisas. Se as formas não estivessem de modo eminente no Ser Supremo, elas, nele, seriam singulares ou universais.

As formas nas coisas (*in re*) são proporcionalidades intrínsecas das coisas que imitam potências do ser. Do contrário, as formas singularizar-se-iam na espécie e, de certo modo, seriam tópicas, como mostrava Aristóteles, o que ainda comentaremos.

As formas *in re* fundam-se analogicamente no ser eminentíssimo do Ser Supremo. A razão ontológica dessas formas está naquele, do contrário viriam do nada, o que seria ainda absurdo.

Assim, essas formas têm um *logos* e este está eminentissimamente no Ser Supremo, no qual elas se fundam analogicamente. Assim, a forma da maçã não está singular nem universalmente no Ser Supremo, mas neste está o fundamento para que as coisas imitem, analogicamente, ao formarem-se em maçãs, o que está eminente e virtualmente no poder supremo do Ser Supremo.

Assim posso levantar vinte quilos, ou dez, ou cinco, ou um. O Poder de levantar um, cinco, dez, vinte não está em mim nem singular nem universalmente; está em mim virtualmente.

Ao levantar um, cinco, dez, vinte quilos, realizo em meu ato esse poder de modo análogo, porque desde o poder de levantar um quilo até o poder de levantar vinte quilos continuam em mim. Estão, pois, *virtualiter*. Por isso as formas, no Ser Supremo, não são nem singulares nem universais.

Parece, à primeira vista, que o platonismo afirmava a existência singular ou universal das formas. Dizemos *parece* porque, para nós, através de uma análise mais cuidadosa do platonismo, revelar-se-ia qual era o seu verdadeiro pensamento. Contudo, o poder de levantar um, os de levantar cinco, dez, vinte quilos são, enquanto tais, formalmente diferentes; distinguem-se uns dos outros formalmente, sem que se individualizem nem se universalizem, como entes singulares ou universais. São entidades meramente formais. Assim são as formas no Ser Supremo, desde que as consideremos analogicamente.

As formas são ideias exemplares do Ser Supremo, para Tomás de Aquino. Se elas fossem singulares, o Ser Supremo seria um conjunto de formas singulares e, portanto, finito, pois essas formas seriam numeráveis como unidades e, portanto, como quantidades discretas, e teriam um número.

E como o número não pode ser infinito, sobretudo quando se refere às quantidades discretas, o Ser Supremo, sendo um conjunto de quantidades discretas, seria necessariamente finito, por ser quantitativamente finito, o que seria absurdo ante as teses anteriores demonstradas.

Consequentemente, por uma necessidade ontológica, as formas, no Ser Supremo, não podem ser nem singulares nem universais.

Podemos realizar uma análise, partindo da aceitação do ser singular e do ser universal, do ser que é singular e universal e do ser que nem é singular nem é universal.

A forma desta maçã é a lei de sua proporcionalidade intrínseca e, como tal, nela singularizada pelas suas partes, que imitam a lei de proporcionalidade da *forma maçã*. Esta, no Ser Supremo, é uma possibilidade de ser que, nesta maçã, se atualiza por imitação e analogicamente àquela que está eminentemente no Ser Supremo. Neste, ela, não podendo ser singular, poderia ser universal. Mas ser universal no Ser Supremo seria ser em outro, e o ser em outro só pode ser singular. De qualquer modo, então, a forma universal, no Ser Supremo, se singulariza. Desse modo, ela não pode estar contida nele, senão eminentemente. Ela é assim, nele, o fundamento da imitação analógica realizada pelas coisas, mas, nele, está eminentemente sem singularização de qualquer espécie.

Se as formas não estivessem desse modo no Ser Supremo, elas viriam do nada, o que é absurdo. Não podendo estar nele nem singular nem universalmente, nele têm de estar de outro modo, isto é, formal, eminentemente.

É do poder do Ser Supremo o poder de qualquer coisa ser o que é ou o que pode ser.

Corolários

A potência ativa infinita do Ser Supremo é a onipotência.

*

O Ser Supremo pode fazer tudo quanto de modo dependente pode ser.

*

A ação transitiva, ou criativa, que é edutiva do Ser Supremo, distingue-se dele, e distingue-se da criatura.

*

O que não contradiz o Ser Supremo é realmente possível. Ontologicamente, o que é realmente possível quanto ao Ser é.

*

O que não é seu próprio ser participa do ser de uma causa prima, que é seu próprio ser, que é o Ser Supremo.

*

Uma mesma coisa, que é uma, não pode ter dois seres substanciais.

*

Em todo ser dependente, a essência e a existência se distinguem.

Princípios Fundamentais da Demonstração na Filosofia Clássica e na Filosofia Concreta

Podemos agora examinar, dentro da dialética ontológica, esses princípios.

O verdadeiro enunciado do *princípio de identidade* não é *A é A* ou *ente é ente, ser é ser*. Se dizemos que A é A, realizamos uma mera tautologia, sem nenhuma utilidade filosófica. O melhor enunciado é o seguinte: A é A necessariamente, mas só quando é A.

O *princípio de contradição* pode ser considerado ontológica ou logicamente.

Ontologicamente, o enunciado é: é impossível que algo simultaneamente seja e não seja sob o mesmo aspecto.

Logicamente, impossível é afirmar e negar o mesmo de algo sob o mesmo aspecto, e simultaneamente.

O *princípio do terceiro excluído* enuncia-se assim: ou algo é, ou algo não-é. Também se chama *princípio de disjunção*, pois indica que, para certa coisa, é necessário que valha a afirmação ou a negação.

Se disséssemos que A é B e não é B, neste caso seria falso A ser B, como também seria falso A não ser B, o que violaria o princípio de contradição.

Esses três princípios são fundamentais para a validez da demonstração.

Em torno deles tem surgido uma grande problemática, e grande foi a disputa que provocou através dos tempos.

Pela ordem seguida em nossa demonstração dialético-ontológica, não são esses três princípios que dão validez às demonstrações, não surgem eles como sendo evidentes *per se*, sem necessidade de demonstração.

Ao contrário, seguindo as vias da dialética ontológica, que preconizamos, demos a demonstração que dá validez a tais princípios, que passam, para a filosofia concreta, a ser, não mais princípios, mas postulados fundamentais para a demonstração, já que não principia com eles a demonstração, pois foram, por sua vez, demonstrados, como vimos.

Entende-se por princípio, em linhas gerais, o ponto de partida de onde alguma coisa é (de onde principia), ou é conhecida. Os acima estudados são considerados classicamente como princípios demonstrativos, proposições comuníssimas, imediatas, que adquirimos por impulso nativo de nossa inteligência, na simples cognição dos termos. Bastou a nossa experiência, a força da nossa intelectualidade, para alcançá-los. São eles fundamentos de toda a argumentação. Sem eles teria sido impossível fundar um saber culto, e foram sempre considerados como válidos por mostração, e não por demonstração, pois a sua evidência era *per se* suficiente.

É fácil notar que, através da nossa dialética, o rigor apodítico das demonstrações ontológicas demonstra a validez apodítica de tais princípios.

Revela esse nosso proceder que tais princípios, que na filosofia concreta são postulados, são universalmente válidos, porque são apoditicamente demonstráveis. Se prosseguem na filosofia clássica como princípios, na nossa valem como postulados apodíticos, que, por sua vez, favorecem ulteriores demonstrações. Passam, assim, a ser postulados fundamentais para as demonstrações posteriores.

O Princípio da Causalidade Eficiente

Pela análise dialético-ontológica, o conceito de causa passa a ter um sentido unívoco. Ele aponta a *dependência real.*

Para compreender todo o alcance extraordinário que esse princípio da filosofia clássica oferece, é mister examiná-lo através das providências até aqui usadas, para que, finalmente, tomemo-lo dentro das providências que a nossa dialética oferece.

Que se entende por *causa eficiente*? O enunciado suarezista é claro:[1] é o princípio por si que influi ser, por sua ação, em algo adequadamente distinto. O eficiente faz a ação que se dá no paciente. Agente e paciente são adequadamente distintos. Dá aquele o ser (influi o ser).

[1] Cf. Francisco Suárez, *Disputações Metafísicas*, disputação XVII, seção I, 1-6 (*Disputaciones Metafísicas*, vol. 3. Trad. Sergio Rábade Romeo, Salvador Caballero Sánchez e Antonio Puigcerver Zanón. Biblioteca Hispánica de Filosofia, vol. 24. Madrid, Gredos, 1962, p. 48-53).

O efeito é nosso ser, o que existe pelo agir do agente; adequadamente distinto do produtor, do que o produz.

O enunciado clássico do princípio de causalidade eficiente é o dado por Aristóteles:[2] o que se move é por algo movido (na expressão escolástica: *quidquid movetur ab alio movetur*).[3]

Mas esse enunciado não abrange a totalidade do princípio, pois apenas se cinge ao efeito ou forma, que é produzido pela moção. Afirma ele que a moção não pode ser o próprio móvel, ou seja, que o móvel nunca pode ser causa de seu próprio movimento, o que afirma, por sua vez, a adequada distinção entre móvel e movente, entre paciente (*passum*) e agente. São teses controvertidas, que exigem uma análise ontológica, o que passaremos a fazer.

Para Aristóteles, a moção se dá de um estado para outro estado. Resta saber se é essa apenas a única moção que se pode dar.

Para o racionalismo filosófico, dada a causa eficiente, segue-se necessariamente o efeito, mas, nessa concepção, a causa eficiente opera necessariamente, e não inclui a causa livre, por isso o racionalismo padece de erro.

Para Hume, a causa eficiente é antecedente, e dela necessariamente segue-se algo, que é o efeito. Falta aí o nexo causal, pois atualiza-se apenas a antecedência, a consecução dos fenômenos. Para Kant, a todo fenômeno segue-se necessariamente algo, negando-se, pois, a liberdade, mas apenas à sucessão dos fenômenos.

Dizer-se que todo efeito tem uma causa é mera tautologia.

O que começa a ser (*incipiens*) tem uma causa eficiente, realmente distinta do incipiente. O que começa a ser, antes de ser, é

[2] Cf. Aristóteles, *Física* II 3, 194b29-32; 195a21-23: "denomina-se 'causa' aquilo de onde provém o começo primeiro da mudança ou do repouso, por exemplo, é causa aquele que deliberou, assim como o pai é causa da criança e, em geral, o produtor é causa do produzido e aquilo que efetua a mudança é causa daquilo que se muda"; "a semente, o médico, aquele que deliberou e, em geral, aquilo que produz, tudo isso é causa como aquilo de onde provém o começo de mudança e repouso" (trad. Lucas Angioni. *Física I-II*. Campinas, Editora da Unicamp, 2009, p. 48-49). Ver também Aristóteles, *Metafísica* V (Δ) 2, 1013a29-32; b23-25 (trad. Lucas Angioni, "*Metafísica* de Aristóteles – Livro V (Delta)". *PhaoS – Revista de Estudos Clássicos*, vol. 3. Campinas, IEL/Unicamp, 2003, p. 7-8).

[3] Cf. Santo Tomás de Aquino, *Suma de Teologia* I, q. 2, a. 3, resp.: "É preciso que tudo o que se move seja movido por outro" (Joaquim Pereira [ed.], 2. ed., vol. 1. São Paulo, Edições Loyola, 2003, p. 166).

relativamente nada disto ou daquilo. É impelido à existência por algo que não pode ser nada, mas é alguma coisa, e eis a causa eficiente. Esse enunciado, como o afirmam os suarezistas, é mais sólido do que os outros, e com razão o fazem, contudo não é suficientemente claro e verdadeiro, por não ser universal.

Porque as coisas que são *ab aeterno*, as que não tiveram nenhum princípio, excluem-se de tal enunciado. Expressa algo verdadeiro tal enunciado; não indica, porém, toda a verdade, daí propor-se esta fórmula: *o contingente tem uma causa de si mesmo realmente distinta de si.*

Esta fórmula já oferece o caráter de universalidade e de verdade. O que é contingente não tem a causa em si mesmo; isto é, não existe por força de si mesmo. Aponta a um nada atual, que permaneceria sendo nada sem o influxo de algo que o atualizasse. O que o atualizaria seria em ato, portanto realmente distinto dele. Daí Suárez substituir a primitiva fórmula aristotélica por esta: *o que é produzido o é de algo realmente distinto de si.*[4]

O que é nada perseveraria no nada, se algo que é não lhe desse o ser atual. Para ser, portanto, exige algo que lhe seja distinto realmente, que o impila à existência, o que leva a afirmar que o que é produzido necessita de algo realmente distinto que o produza, pois o que não existe não pode ter força para produzir-se.

Daí surge um corolário da filosofia concreta:

O que é produzido não tem em si a força para produzir a si mesmo, mas é produzido por outro que está em ato e que lhe é realmente distinto.[5]

[4] Cf. Suárez, *Disputações Metafísicas*, disputação XVII, seção I, 2-3: "com vistas a uma maior claridade, poder-se-ia dizer que a causa eficiente é um princípio essencial *extrínseco* pelo qual se realiza primariamente a mutação"; "[a causa eficiente] é a que influi ou move essencial e *extrinsecamente* em realidade" (*Disputaciones Metafísicas*, op. cit., vol. 3, p. 49-50, ênfases acrescentadas).

[5] [Hellín, em sua *Theologia Naturalis* (p. 147), analisa o enunciado do princípio de causalidade dado por Tonquédec, que é o seguinte: o que não existe *per se* existe por outro adequadamente distinto.

Primeiro: esse enunciado pode ser entendido de muitos modos, e pode ser entendido no sentido da contingência e em sentido formal. Hellín exemplifica: o que não existe *per se*, ou seja, por força de sua essência, porque é contingente, existe por outro, tem uma causa eficiente de ser. Embora verdadeiro, este princípio não difere da fórmula suarezista: "o contingente tem causa eficiente"; e, ademais, é equívoco, porque pode ser tomado sob vários sentidos.

Sabemos que o ser contingente é o que existe e poderia não existir, o que, consequentemente, é constitutivamente, por si mesmo, nada.

É um ser que vem a ser, um ser que não tem por si mesmo a existência. É um ser indigente de causa para existir; o ser contingente não tem em sua constituição a existência; é, em sua constituição, nada. Ora, já vimos que o que é nada em nada persevera. Necessita de outro que o impila a existir, outro já existente, que tenha a virtude de o impelir à existência. O princípio da causalidade eficiente é considerado pela filosofia clássica como de evidência imediata, portanto não exige demonstração.

Para a filosofia concreta, através das demonstrações feitas às teses já expostas, reduzimos esse princípio a uma proposição, que passa a ser hábil instrumento para demonstrações posteriores, e dizemos proposição porque foi passível de demonstração.

Torna-se desnecessário descrever aqui toda a longa polêmica que se observa entre os escolásticos ao examinar o princípio da causalidade eficiente, já que as divergências surgem da maneira diversa de se enunciar esse princípio. Não se nega validez às fórmulas apresentadas, mas apenas se nega a universalidade que a filosofia concreta exige no enunciado para que se torne apodítico e universalmente válido. Para nós, esse princípio é expresso nas teses onde examinamos a dependência. O ser contingente é aquele que pende de outro para ser; isto é, cujo existir não é absolutamente decorrente de sua essência, como se dá com o Ser Supremo.

Na filosofia clássica, os dois princípios, o de contradição e o de causalidade, são analíticos, pois o predicado enuncia algo que pertence

Segundo: "o que não existe *per se*, isto é, por força de sua essência, por ser contingente, existe por outro ou por força de existência distinta segundo a coisa ou segundo a razão" é um princípio verdadeiro, mas nada diz sobre a causa eficiente.
Terceiro: o que não existe *per se*, porque a sua essência não é a forma da existência, existe por outro; isto é, tem causa eficiente. Este princípio é verdadeiro, mas não é imediatamente verdadeiro, pois precisa primeiramente demonstrar-se que o que não existe *per se*, isto é, aquilo cuja essência não é a forma da existência, é contingente e, consequentemente, se é contingente, tem causa. Ainda neste caso, a fórmula suareziana é mais clara e mais breve.
Quarto: o que não existe *per se*, porque a sua essência não é forma da sua existência, existe por outro ou pela existência distinta da essência. O enunciado é verdadeiro, mas nada diz da causa eficiente. Para evitar a equivocidade propõem os suarezistas a fórmula: *o contingente exige causa eficiente para existir. Tem causa eficiente, se existe.*]

à constituição da própria coisa. O princípio de contradição é chamado estático, enquanto o de causalidade é chamado dinâmico. A ausência de contradição não é somente propriedade consequente da razão do ser, mas é constitutiva dele. Se não há ausência de contradição, não temos propriamente o ser, mas a quimera. A indigência de causa não indica certa propriedade do ser contingente, mas é da índole intrínseca e essencial dele.

Afirmam os suarezistas que depender atualmente da causa não pertence à essência do ser contingente, porque este pode não existir e, consequentemente, não pender de sua causa. Contudo, reconhecem que a indigência da ação da causa eficiente é o constitutivo intrínseco e é a índole essencial do ente contingente, quer em estado de potencialidade, quer em estado de atualidade. É neste sentido também que a filosofia concreta capta a dependência.

O ser contingente é sempre dependente, atual ou potencialmente; ou seja, é o que, para ser seu ser, penderá de outro. Assim, há uma dependência atual num ser contingente que existe, e uma dependência potencial num ser contingente que pode vir a existir. De qualquer forma, a dependência não é um acidente, mas é o constitutivo intrínseco desse ser.

Dos estudos feitos até aqui, podemos tirar os seguintes corolários:

a. A causa essencial adequada de algum efeito contém em ato toda a perfeição do efeito.

Uma causa contém a perfeição do efeito eminentemente ou formalmente, pois, do contrário, a perfeição atualizada no efeito viria do nada, o que ofenderia as teses já demonstradas. A justificação deste corolário, por parte da filosofia clássica, segue vias tortuosas e difíceis, devido às aporias que tem de enfrentar. Entretanto, tais aporias são superáveis, não porém com a simplicidade que oferece a filosofia concreta.

Surgem objeções como esta: que a perfeição pode ser contida apenas virtualmente e não atualmente. Se a contém apenas virtualmente, a causa essencial tem somente a virtude para causar e, neste caso, não tem a perfeição em ato, o que provoca uma contradição: se a causa não tivesse a virtude em ato, ela seria nada em relação ao ato e, neste caso, a virtude de produzir seria nada, e não conteria virtualmente o efeito. Portanto, a virtude só pode estar em ato.

Outro argumento é dado pela geração: pais estúpidos e disformes geram filhos inteligentes e belos. A resposta é que os pais não são a causa adequada de seus filhos, mas apenas causas segundas, porque cooperam outras concausas para dar surgimento aos filhos, e essas concausas superam assim os pais. Estes apenas comunicam a natureza humana aos filhos, e não impedem que surjam, nos últimos, qualidades em ato que, neles mesmos, não esplendiam em toda a intensidade.

Estas dificuldades surgem da maneira de colocar estes princípios, dificuldades que desaparecem ante o modo de serem examinados pela filosofia concreta.

b. O efeito é proporcionado à causa.

É apoditicamente demonstrado que o efeito não pode superar a causa, e que poderia ser igual a ela, mas não maior.

c. Nas causas adequadas, o efeito é sempre semelhante a elas.

Referimo-nos às causas adequadas e não às inadequadas, como, por exemplo, a instrumental. O efeito necessariamente tem semelhança com a causa quando esta é adequada. Entretanto, não há univocidade, mas sim analogia entre ambos. Há certa dissemelhança entre a causa e o efeito, porque, do contrário, o efeito seria a própria causa. Se a causa produzisse um efeito idêntico a si mesma, ela produziria a si mesma, o que é absurdo, e ofenderia a tese já demonstrada de que nenhum ser é fatorado por sua própria emergência. Assim, a causa adequada, e que é a razão suficiente de seu efeito, não produz igualmente a si, segundo a sua espécie, mas produz algo desigual e semelhante, segundo a espécie, ou seja, algo análogo.

Princípio de Razão Suficiente

Este princípio é entendido em dois sentidos: lógico e real. Em sentido lógico, expressa-se dizendo que nada se afirma, nada é afirmado, sem uma suficiente razão de conhecimento, ou sem uma suficiente prova. Afirmar-se alguma coisa sem suficiente conhecimento é afirmar-se irracionalmente, em sentido ontológico. Em sentido real: nenhuma operação há sem a razão suficiente de uma causa para agir. Em suma, nada é sem razão suficiente.

Não vamos considerar aqui outros enunciados falsos desse princípio, como o de Leibniz, etc.

A razão suficiente pode ser intrínseca ou extrínseca. A intrínseca é constituída dos elementos que compõem a coisa em certa ordem, como a da essência, a da existência, a da inteligibilidade, etc.

Quando se fala da razão suficiente de alguma coisa, é preciso considerá-la intrínseca e extrinsecamente. O Ser Supremo tem uma razão suficiente intrínseca de ser, mas o ser finito tem simultaneamente uma razão intrínseca e uma razão extrínseca de ser, como o mostramos em nossas teses.

A prova da validez do princípio de razão suficiente está nesta argumentação negativa: se o ente não tivesse razão suficiente para ser o que é, e nada requeresse para ser o que é, tanto para ser como para não-ser, evidentemente não seria o que é, o que é contraditório.

Inegavelmente há inúmeras dificuldades ao seguirem-se as vias da filosofia clássica para justificar o princípio de razão suficiente.

Tais dificuldades desaparecem totalmente ao seguir-se a via dialético-ontológica, por nós preconizada.

Princípio de Inteligibilidade

O princípio de inteligibilidade enuncia-se: *todo ser é inteligível.* Na filosofia concreta, esse princípio é obtido de modo afirmativo pela análise inversa das teses fundamentais. Sendo o nada absoluto ininteligível, e contradição do ser, o que se predica a um não se pode predicar ao outro; assim, se se predica a ininteligibilidade ao nada absoluto, predica-se a inteligibilidade ao ser. Todo ser é, portanto, inteligível. Essa inteligibilidade, contudo, é tomada em sentido amplo, pois restritamente uma inteligência pode inteligir estes ou aqueles seres e não outros. Ora, se o ser é inteligível, essa possibilidade seria nada se, de certo modo, não se atualizasse. Por um rigor ontológico tem de haver uma inteligência capaz de abranger a inteligência total do ser. E essa inteligibilidade total do ser só a pode ter o Ser Supremo. E como ele é o ser em sua absolutuidade, sua inteligência é absoluta. Consequentemente, nele ser e inteligir se identificam. É o que demonstramos e demonstraremos em nossas teses.

A Invalidez do Processo *In Infinitum* nas Causas

A repugnância ao processo *in infinitum* nas causas é fundamental nas demonstrações da filosofia clássica. Se uma causa *pende* de outra, toda a coleção consta apenas de números dependentes. Toda a coleção seria, pois, pendente e, portanto, insuficiente para existir. Nenhuma razão suficiente do efeito haveria, fosse a série finita ou infinita. Se ao processo infinito se desse alguma causa independente, da qual dependesse toda a série, essa afirmativa não repugnaria à razão da causação, mas repugnaria sob outros aspectos.

Demonstramos que repugna o processo *in infinitum* nas causas eficientes, pois, dependendo por toda a série umas das outras, sem uma causa independente, a série estaria carente de uma razão. Sendo toda a série produzida, ela seria ao mesmo tempo produzida e não produzida, e terminaríamos por afirmar que ela seria produzida por si mesma, o que ofenderia a tese de que nenhum ser é produto de sua própria emergência. A filosofia clássica encontrava bastante dificuldade na demonstração deste argumento, o que desaparece na filosofia concreta. Assim já demonstramos que não só repugna o processo *in infinitum* nas causas eficientes, como também na ordem dos fins, na ordem das causas materiais e na ordem das causas formais.

Princípio de Finalidade

O princípio de finalidade enuncia-se assim: *todo agente atua segundo o fim.* Sem o fim não poderia haver uma operação, porque a operação tende para algo. Os seres atuam proporcionadamente à sua natureza; isto é, por motivos intrínsecos e também por motivos extrínsecos.

Longa também é a controvérsia em torno deste princípio. Contudo, seguindo os caminhos da filosofia concreta, como já demonstramos, obtém ele uma robusta prova de caráter apodítico.

Esses princípios, que são os pontos de partida para a demonstração na filosofia clássica, passam, como já vimos, a ser, na filosofia concreta, postulados demonstrativos, que recebem, por sua vez, a necessária demonstração.

TESE 144 – A operação exige a precedência do ser-em-ato.

O nada não pode operar, já o provamos. Portanto, quem pode operar é o ente, mas este só o faz quando em ato, pois do contrário lhe faltaria eficiência para tal.

Impõe-se, portanto, a precedência de um ser em ato para que haja operação. Esta tese corrobora as anteriores.

Comentários à Simplicidade do Ser Supremo

É simples o que carece de partes atuais ou potenciais. Em suma, o que, de certo modo, é indivisível. Devem as partes distinguir-se entre si, ou por distinção adequada ou inadequada, ou por distinção real-real (quando as partes são uma e outra coisas reais).

Há distinção de razão quando ela apenas se fundamenta na intelecção humana da coisa, que a concebe sob diversos aspectos. Se tiver fundamento na coisa (*in re*), a distinção de razão funda-se em conotações reais na coisa, como direita e esquerda, que é uma distinção de razão mas com fundamento *in re*. Há distinção formal *ex natura rei* (defendida por scotistas e suarezistas) quando a mente distingue formalidades que podem ser na coisa concebidas e que nesta não podem ser separadas real-realmente. Deste modo, a distinção formal intercala-se entre a distinção de razão com fundamento na coisa e a distinção real-real.

Se considerarmos as partes de uma unidade, estas podem ser de diversos modos. A parte é sempre um componente, é uma unidade que advém do múltiplo componente da coisa. Ora, como pode ser diversa a componência, consequentemente é diversa a espécie das partes. São substanciais as partes essenciais, como as que correspondem à matéria e à forma, no sentido aristotélico, e acidentais as que correspondem às propriedades e ao acidente comum da coisa.

São *reais* as partes integrantes que são distinguidas realmente, como o são matéria e forma; e *de razão*, as que apenas se distinguem racionalmente, como o gênero e a espécie e a individualidade, num determinado ser.

A componência é o que resulta das partes coactas numa totalidade, que é uma unidade. Essa componência, consequentemente, pode ser substancial, se as partes são substanciais; e acidental, se são acidentais.

Pode, ademais, a componência ser real-real ou de razão, pelo modo já exposto. A componência de matéria e forma é real, mas a de gênero e espécie é de razão, embora com fundamento *in re*.

Distinguem-se no Ser Supremo diversas formalidades. Não é uma ameaça à sua simplicidade essa distinção, a qual revela ter ele partes?

Realmente esse tem sido um argumento esgrimido contra a simplicidade do Ser Supremo, que deve, por força de consequência, ser absolutamente simples. E a sua simplicidade absoluta parece ameaçada desse modo. Qual é, pois, a componência que deve ter o Ser Supremo? Se o Ser Supremo fosse composto, seria imperfeito, e seria ademais finito e dependente, pois dependeria de suas partes, e lhe seria negada a aseidade (*a se*), pois dependeria de outros.

E seria dissolúvel e destrutível, pois o que é composto de partes pode ser destruído, como já se demonstrou.

Alguns alegam que não há contradição entre o ser composto e a sua destruição e dissolução, não havendo, assim, contradição no Ser Supremo, o que salvaria a sua infinitude e, neste sentido, a sua simplicidade.

Mas é um erro, e grave. Ainda que o desaparecimento de uma parte não implique o desaparecimento de outra ou outras, que poderiam perseverar, não havendo portanto negação e afirmação do mesmo ente sob o mesmo aspecto, é preciso não esquecer que o Ser Supremo é um ser necessário por sua própria essência, pois esta é a sua existência atual e, neste caso, a falta de uma parte afetaria a sua essência, como a ausência de um dos ângulos seria contraditória para o triângulo.

Ademais, toda composição é algo feito, e tal não é o Ser Supremo, pois, do contrário, teríamos de procurar uma causa eficiente que o fizesse.

Ademais, onde há composição, há potencialidade, e cada uma das partes não teria em sua essência toda a atualidade de que é capaz, e, neste caso, nenhuma parte teria aseidade, nem consequentemente a teria o todo.

Através dessa dialética, que ora expomos, encontramos os principais argumentos que a escolástica emprega em favor da simplicidade absoluta do Ser Supremo, a qual deve ser aceita, porque implicaria contradição negá-la. As razões são, assim, ontológicas, mas a via seguida pela filosofia clássica funda-se na apoditicidade que é dada pela lógica, e não na apoditicidade oferecida pela filosofia concreta, que é fundamentalmente ontológica. Há aqui matizes que se impõem distinguir, sem que tenhamos qualquer preocupação em negar validez à forma demonstrativa usada pelos escolásticos. Mas note-se que a demonstração escolástica decorre da impossibilidade ontológica de ser de outro modo, porque isso seria afirmar uma negação, que, neste caso, seria contraditória.

A via dialética da filosofia concreta é, contudo, positiva. A necessidade decorre da positividade, o *logos* ontológico sobressai por um nexo que afirma o que *apenas pode ser*, e não pelo que *de modo nenhum não pode ser.*

Consultemos outros argumentos. Não pode o Ser Supremo ser uma composição de razão, porque, nesta, as partes são perfeitamente distintas, segundo a razão.

Na composição de razão, as partes são finitas e, consequentemente, não pode resultar alguma coisa *simpliciter* infinita, pois, se as partes são finitas, o todo é finito, finita seria a coleção das partes. Se se dissesse que tais partes são infinitas (e neste caso o seriam também em número), nem assim a coleção seria infinita, ou pelo menos não seria infinitamente perfeita, porque uma coleção infinita de homens não seria infinitamente perfeita.

É verdade que alguns escolásticos acabaram por aceitar uma composição infinita do Ser Supremo, e julgaram-na não ser impossível, mas o erro é evidente, como vimos acima. Ademais, é preciso reconhecer que a multiplicidade das distinções de razão raciocinadas está em nossa mente. As distinções que lhe emprestamos são imperfeitas, e não perfeitas, e por isso não formam uma componência real.

Os atributos são infinitos apenas na sua espécie, pois a justiça é infinitamente justiça; contudo, ela não inclui em seu atributo, quando esquematizado por nós, os outros atributos. Decorre de uma deficiência de nossa mente não poder sempre compreender a transcendência do Ser Supremo, que está acima dos próprios atributos. Se, para compreendê-lo, dividimos os atributos, nele entretanto não se dá nenhuma divisão nem composição, não apenas por impossibilidade lógica, mas por necessidade positiva ontológica, como o demonstramos.

Se as provas da escolástica, seguindo outras vias, não são suficientes, nem por isso são falsas. O que desejamos não é repeli-las, mas apenas acrescentar outras vias que servem para robustecê-las.

Cabe-nos ainda prosseguir neste ponto, pois ressaltam aqui outros argumentos, que foram muitas vezes esgrimidos e refutados, mas nem sempre suficientemente refutados. A simplicidade absoluta do Ser Supremo decorre necessariamente da impossibilidade de haver um meio-termo entre ser e nada absoluto, como o demonstramos. Contudo, a escolástica emprega outros argumentos, tais como: demonstrada a impossibilidade de que o Ser Supremo seja composto de partes, é impossível também que essas partes sejam *outras*, como matéria ou forma. Não pode ser matéria, visto que assim seria o Ser Supremo um sujeito modificável e determinável em qualquer componência, mas na verdade é ele um ato puro. Não pode ser forma natural, porque esta é substância incompleta e dependente; nem supernatural, porque então o Ser Supremo teria de adquirir as imperfeições preditas, o que negaria a sua imutabilidade.

Só a criatura é capaz de composição, porque é essencialmente dependente, e é capaz de adquirir alguma atualidade. E pode essa criatura ser material ou espiritual, porque em ambos os casos é composta, no primeiro de matéria e forma e, no segundo, de substância e suas faculdades. Só ela é capaz de todos os tipos de composição, salvando as diferenças específicas que permitem estas e não aquelas composições, também capazes não só de composições reais como também de composições de razão.

A conclusão que alcança a escolástica é a de que só o Ser Supremo é absolutamente simples, e nada mais. Na Trindade cristã, não há composição, porque cada uma das pessoas é algo totalmente íntegro em si mesmo; não são elas partes.

No cômputo das grandes controvérsias contra a concepção do Ser Supremo pela escolástica, foram manejados diversos argumentos que recebem resposta nas obras de teologia. Não nos cabe compendiá-los aqui, porque, para a filosofia concreta, a absoluta simplicidade do Ser Supremo decorre do método dialético-ontológico, que nós usamos. As dificuldades que encontra a escolástica são decorrentes do pensamento religioso e é, portanto, na Teologia Religiosa que devem ser resolvidas.

A simplicidade absoluta do Ser Supremo é, na filosofia concreta, positiva e não negativa. A simplicidade não é apenas a negação da composição. A simplicidade absoluta é a afirmação absoluta de si mesma.

No Ser Supremo, a essência é a forma da sua existência; é ele, pois, o único ser existente por essência.

Sobre a Infinidade do Ser Supremo

Na filosofia medieval, toma-se o termo *infinito* quer privativa, quer negativamente. No primeiro sentido, é infinito o que não tem término, quando, por sua natureza, deveria tê-lo. Neste sentido seria a forma sem a matéria, que seria tão-somente forma. Em sentido negativo, diz-se do que carece de limites em qualquer sentido, o que significa a carência de ulterior perfeição possível.

Considera-se ainda o infinito negativo *em absoluto* (*simpliciter*) e *em sentido relativo*. O infinito absoluto consiste, para uns, na aseidade, como para Gabriel Vásquez, ou no número das perfeições do Ser Supremo, o que é inadmissível, pois é ele simplicíssimo e, ademais, as perfeições não podem ser infinitas em número, pois, por exemplo, se algo é vivente não é não-vivente. Para outros, ainda, o infinito absoluto consiste em outros aspectos, todos dignos de serem repelidos.

A infinidade só pode ser compreendida, seguindo as normas da dialética ontológica, como afirmação absoluta que rejeita qualquer limite, dependência, finalidade em outro, abaliedade, exauribilidade, etc.

O infinito relativo (*secundum quid*) é o que carece de algum limite em alguma linha, por exemplo, na imensidade, na multidão, etc. Dividiam ainda os escolásticos o infinito *secundum quid* em *categoremático* e *sincategoremático*. O primeiro é o infinito relativo cujo ato carece de limite, nas razões que acima descrevemos, como na magnitude, no tempo. *Sincategoremático* é aquele cujo ato tem limite, mas que pode, contudo, aumentar sem fim.

Muitos dos adversários da escolástica negaram a infinitude do Ser Supremo, como os panteístas, os evolucionistas, os positivistas, os criticistas, os finitistas, etc.

Afirma a escolástica a infinitude do Ser Supremo por ser ele atualidade pura, pois, do contrário, se tivesse limites, não o seria, nem tampouco se lhe faltasse alguma perfeição; e por ser ele o único capaz de criar qualquer perfeição.

TESE 145 – O operar segue-se ao ser (agere sequitur esse).

Este postulado já está devidamente provado, pois o agir deve corresponder proporcionadamente ao agente, isto é, à sua forma e natureza, pois, do contrário, viria do nada, já que de si próprio não vem, ou então proviria de um ser mais poderoso.

Mas, neste caso, o ente, sob um poder ativo superior, realiza apenas o que é proporcionado à sua forma, pois não poderia dar mais do que tem, como já se provou.

Assim, diz-se que é natural tudo quanto se realiza proporcionadamente à natureza de alguma coisa. É natural a um homem falar inglês e a uma pedra cair, mas seria sobrenatural (além da natureza da coisa) a pedra falar inglês.

O sobrenatural é, portanto, o que é desproporcionado à natureza de uma coisa. A pedra, por sua natureza, não poderia falar inglês. Para que tal sucedesse, seria necessário um suprimento de poder, o qual viria de um ser muito superior, que ultrapassaria a natureza daquela. Estaríamos, então, em face de algo admirável (*miraculum*, milagre).

O Ser Supremo pode atuar infinitamente, mas os seres finitos atuarão finita e proporcionadamente à sua natureza.

O poder é sempre proporcionado ao agente.

TESE 146 – O resultado da operação é proporcionado ao ser que opera e ao operado.

A operação exige a precedência do ser-em-ato. Ora, a operação desse ser está proporcionada à sua natureza.

Dessa proporção decorre que o resultado da operação do ser finito não pode ser idêntico a ele, pois ela tende para um termo que se distingue do operador, pois, do contrário, seria o próprio operador.

Não pode ser igual a ele também porque, quando ele opera, não está todo no resultado da operação, pois a sua potência ativa de operar, ao realizar isto ou aquilo, não realiza tudo o que pode realizar.

Consequentemente, o resultado da operação é sempre semelhante e diferente do operador, mas sempre lhe é adequado.

Semelhante porque, na operação, o operado sofre a atuação do operador, proporcionadamente à sua proporção de ser operado, pelos mesmos motivos já expostos.

Logo, o resultado da operação será sempre menos que o operador, e se quantitativamente pode com ele igualar-se, não o pode qualitativamente, como se vê nas operações físicas.

Esse resultado, embora proporcionado ao operador, jamais pode superá-lo, pois, do contrário, o mais viria do menos. E é sempre inferior, de certo modo, ao operador, porque este, ao operar, não realiza tudo quanto poderia realizar, mas apenas o que realiza. O resultado distingue-se do operador, como se distingue do operado. Portanto, distinguem-se entre si *operador* e *operado.*

TESE 147 – O agente domina o agível proporcionado ao seu agir.

O agente atua proporcionadamente à sua natureza. Seu atuar sobre o atuado é proporcional ao agível no atuado.

Esse agível, por sua vez, é proporcionado ao agir (*agere*) do agente.

E tais afirmativas decorrem necessária e apoditicamente do que já estudamos. Um exemplo, embora grosseiro, revela a validez deste postulado.

Um ser B é atualizado por um agente A. A atua proporcionadamente à sua natureza, mas proporcionadamente também ao agível, à capacidade do atuado B de sofrer o atuar do agente.

Portanto, o agível, além de proporcionado ao agente A, é do pleno domínio deste, porque deste depende, fundamentalmente, sem esquecer-se jamais a proporcionalidade de ser atuado de B.

TESE 148 – A ação segue-se ao agente: a paixão, ao paciente.

Como decorrência dos princípios examinados, a ação segue-se ao agente, pois é ela proporcionada às suas medidas, à sua forma, à sua natureza.

Consequentemente, o sofrer uma determinação será proporcionado também às medidas do paciente, à sua forma, à sua natureza.

TESE 149 – A atuação tem um termo, e dela resulta alguma coisa.

O modo de operar de qualquer ser é proporcionado a esse ser.

Essa proporção é restrita quanto aos limites da operação; isto é, um ser pode operar até aquele limite proporcionado à sua natureza, o seu máximo de atuação. Mas tal não impede, por não ser contraditório, que atue menos do que esse máximo, pois o que pode mais pode menos. E ao realizar menos não contradiz o máximo de seu poder.

A operação, que é proporcionada ao paciente, é um realizar algo.

Portanto, tem um termo para onde tende. O operador realiza uma operação, cujo resultado é um operado.

A operação distingue-se do operador. Não se pode identificá-la com ele, pois, do contrário, aquele que pode realizar cem, ao realizar dez, seria, como operador, totalmente idêntico à operação que realiza.

Portanto, distingue-se o operador da operação, como já vimos, e, consequentemente, do operado. Quando um ser opera uma operação, esta não se identifica com ele, porque é distinta dele, ainda que proporcionada à sua possibilidade ativa; bem como não se identifica com ele o operado, o termo final do qual se realiza a operação. Veremos, adiante, que a operação é uma modal do operado, ao qual inere de modo absoluto.

TESE 150 – A operação, no Ser Infinito, processa-se proporcionadamente à sua "natureza".

A "natureza" do Ser Infinito é infinita, é "formal", "adverbial" e "substancialmente" infinita.

Ato puro, sem mescla de passividade, o Ser Infinito atua infinitamente, e consigo se identifica.

O operador é *ad extra*, e realiza outro que o operador. Consequentemente, a operação apenas cabe dentro das proporções do operador.

Em si mesmo, o Ser Infinito nunca é menos, porque é imutável, como já vimos. O proceder intrínseco é infinito como ele, mas, ao realizar uma operação *ad extra*, o fato de ser esta distinta e menor que ele em nada o contradiz.

Oportunamente provaremos a apoditicidade do operar *in intra* (em si mesmo) do Ser Infinito.

TESE 151 – Toda operação implica um em que opera, um termo da operação. O nada não pode ser termo da operação.

No Ser Infinito, o operar intrinsecamente (*in intra*) é um operar em si mesmo, como veremos; mas o operar para fora (*ad extra*) é um operar em algo, porque a operação realiza-se distintamente do operador. Impõe-se, assim, um *em que* se realize essa operação. Vimos que os seres finitos recebem o Ser Infinito, que neles está presente, e que os sustenta, como já ficou provado nas teses anteriores. Portanto, o Ser Infinito opera constantemente sobre os seres finitos. O *em que* se dá esta operação são os seres finitos (*quod*).

O paciente sofre a ação proporcionadamente à sua forma e natureza; portanto, a operação do Ser Infinito *ad extra* será sofrida pelo ser finito proporcionadamente a este.

Uma operação tem sempre um termo positivo, que é um operado; ela realiza algo. O nada não poderia ser o termo, a meta de uma operação, porque é nada, e contradiria a própria essência desta meta. Portanto, toda operação é o operar de um agente que realiza uma ação sobre um paciente, cujo resultado, cuja meta, é algo positivo.

Para maior clareza do que dissemos, pode-se acrescentar que a ação do agente se dá no *quod*, no que sofre a ação, assim como a moção, o movimento de um ser, se dá no movido (móvel) pelo ato do movente.

A moção não se dá no agente, mas sim no paciente, ou no que é paciente do agir do movente.

TESE 152 – O Ser Infinito atua e não sofre; o ser finito em ato atua e sofre simultaneamente.

Que o Ser Infinito atua, e que não sofre nenhuma ação, já ficou demonstrado.

Resta apenas demonstrar que o ser finito atua e sofre.

Se este apenas atuasse, deixaria de ser finito para ser infinito, e absolutamente simples. Já demonstramos que é ele composto, o que em ato atua proporcionadamente à sua natureza.

Híbrido como é de ato e potência, o ser finito é passível de sofrer determinações. É ademais dependente, e recebe a determinação do Ser Infinito; consequentemente, é atuado.

Portanto, sofre constantemente ação. E, por estar em ato, atua.

Logo, ele atua e sofre simultaneamente, embora o seu atuar e o seu sofrer sejam diversos.

Mais adiante veremos que o ser finito, em todo o seu atuar, sofre outras ações, além da do Ser Infinito.

TESE 153 – O ser finito sucede porque não é tudo quanto pode ser.

O ente finito caracteriza-se por não ser tudo quanto o ser pode ser, mas ser apenas o que é. Consequentemente, é possível um ser maior que ele. Singularmente considerado, ele não é tudo quanto pode ser, porque há mais ser do que ele. A possibilidade é um suprimento de ser que lhe é proporcional, porque só pode vir a ser aquilo que não o contradiz. Para que um ser finito pudesse ser mais, desproporcionadamente à sua natureza, necessitaria que outro lhe desse o que ele não tem.

Este outro lhe daria o que lhe falta; seria, portanto, uma causa eficiente. Como o ser finito não atualiza todo o ser proporcionado à sua natureza, é ele de certo modo potência, pois seu existir é um constante proceder ativo e passivo, já que é sucessivamente o que pode ser como ato e como potência. Por isso, no ser finito, há processões ativas e passivas, e tal decorre porque o suprimento de ser que lhe é dado não vem do nada, e sim de uma causa eficiente, que sobre ele atua. Se o ser finito fosse tudo quanto pode ser, nele nada sucederia, porque já seria tudo quanto pode ser. Por lhe faltar ser, por ser ele deficiente, é que ele *sucede*.

O tempo, portanto, é dos seres que podem receber suprimentos de ser, ou que podem vir-a-ser, ou que ainda não são em plenitude. Um ser que já é tudo quanto pode ser e que não tem a mínima deficiência exclui-se do tempo, e é consequentemente eterno.

Os Possíveis e o Ser

TESE 154 – Só é possível o que não contradiz o ser.

O que contradiz o ser enquanto ser é o nada absoluto, o qual é impossível. Todo modo de ser é possível, desde que não contradiga o próprio ser – e não esteja marcado com uma intrínseca contradição, como seja o círculo quadrado, pois o círculo teria sua forma e o quadrado também a sua. A conjunção é intrinsecamente contraditória, pois uma exclui a outra, o que está de acordo com o princípio de não-contradição.

Como demonstramos nas proposições anteriores, o Ser Infinito já contém em seu poder todos os seres possíveis, porque é possível o ser que tenha uma razão de ser contida naquele, pois, do contrário, o possível fundar-se-ia no nada, o que é absurdo.

Consequentemente: todos os possíveis têm a sua razão de ser no Ser Infinito.

TESE 155 – É possível o ser que pode ser real.

O que não pode realizar-se é naturalmente impossível. Para que o possível seja tal, é necessário que possa ser real.

Por si só ainda não o é, e exige um ser real anterior que o torne real.

Como já vimos, o possível não pode contradizer o ser, nem a sua ordem ontológica, e tudo quando surgiu, surge e surgirá é possível na ordem ontológica do ser, pois, do contrário, não surgiria de modo algum.

TESE 156 – Os possíveis estão contidos no poder do Ser Infinito.

É um corolário das teses já demonstradas que os possíveis têm de estar contidos no Ser Infinito, pois, ao invés, estariam no nada, o que é absurdo absoluto. Desta forma, os possíveis estão contidos no poder do Ser Infinito. Este é infinitamente poderoso, e pode tudo quanto é possível e tudo quanto é.

Este poder é ato puro; portanto o possível, na ordem ontológica do Ser Supremo, é do ato deste, e nele é infinito.

E por ser infinito não tem, nele, delimitação física. A criação, como veremos adiante, consiste em tornar reais os possíveis contidos no infinito poder do Ser Absoluto.

Realizando um possível, o poder do Ser Absoluto em nada diminui, porque o possível do seu poder continua nele, em sua infinitude.

O possível, nele, é um esquema eidético, a forma (*eidos*) de um ser possível de realizar-se.

Este *eidos* é do poder infinito do ser e, enquanto um ser finito possível se realiza, não é o *eidos* que nele se atualiza; se fosse, nele se finitizaria, e deixaria de estar na infinitude do Ser Absoluto. Portanto, o possível, quando se realiza, quando se finitiza, é uma imitação do poder do Ser Supremo, do esquema eidético que nele é ato. Assim, antes de surgirem os seres A, eram eles possíveis, com antecedência, no Ser Infinito, pois do contrário nunca surgiriam.

Na onipotência do Ser Infinito sempre esteve o possível de A.

Este ou aquele A, ao realizar-se, atualiza uma possibilidade ôntica do ser. Mas continua no Ser Infinito o poder de realizá-los. Ele nada perde desse poder; portanto, o esquema eidético de A permanece na infinitude do ser. Este e aquele atualizam o esquema concreto singular, a lei de proporcionalidade intrínseca, que faz com que A seja A e não outra coisa; a sua forma, em suma. Esta forma, que é do seu ato, não esgota o poder infinito do esquema eidético de A no Ser Supremo, pois do contrário haveria perda neste, o qual estaria sujeito a sofrer limitações, a ser privado de uma perfeição, o que seria absurdo.

Há, portanto, o esquema eidético dos possíveis na ordem ontológica do Ser Supremo; há o esquema concreto que se dá na coisa; e há o esquema eidético-noético (*nous*, espírito) na mente humana (*in intellectu*).

Assim, o esquema eidético é *ante rem*, pois se dá com anterioridade no Ser Infinito; *in re*, no esquema concreto singular das coisas; e *post rem*, *a posteriori*, pela captação humana, que constrói o esquema eidético-noético.[1]

[1] [Esta classificação não esgota as distinções sobre os diversos esquemas, cujo estudo realizamos em *Tratado de Esquematologia* e em *Teoria Geral das Tensões*.]

Se o possível não estivesse com anterioridade no Ser Infinito, ele viria do nada, e não seria mais possível.

Considera-se possível tudo quanto pode vir-a-ser, tudo quanto pode alcançar o pleno exercício do ser; por isso, a ideia de possível implica sempre o antecedente que o contém. Sem o Ser Infinito não haveria possíveis.

O Ser Infinito é necessário, como já vimos, e o é para os seres possíveis.

O ser necessário é aquele cuja não-existência é impossível porque negaria automaticamente todos os outros seres.

Chama-se de ser contingente aquele cuja existência não é marcada por esta necessidade, pois a sua não-existência não implicaria a não-existência de todos os outros, mas apenas a dos que dele dependam.

Por isso pode dizer-se que os possíveis implicam o ser necessário, como o contingente também o implica, mas a realidade da contingência é provada, como nós o fizemos, pela necessidade absoluta, e não esta por aquela, como é comum tentar-se.

A perfeição relativa, que é a do ser contingente, é por nós provada pela perfeição absoluta, que é a do ser absolutamente necessário, do Ser Infinito. Sem o ser necessário não haveria possíveis, nem tampouco seres contingentes. Necessariamente há um ser necessário. A prova feita até aqui é rigorosamente apodítica.

TESE 157 – Sem o ser necessário não haveria possíveis.

Em complemento das provas anteriores, formulamos mais as seguintes: o ser possível é aquele que ainda não é, e necessita, por conseguinte, de um sustentáculo.

Este sustentáculo não poderia ser um ser possível, pois este, por sua vez, necessitaria de um sustentáculo. Nem tampouco este poderia ser o nada absoluto.

Consequentemente, o sustentáculo dos seres possíveis é um ser positivo em ato, o qual necessariamente existe, pois do contrário os possíveis não seriam, e nada seria possível.

Estaríamos, então, imersos em pleno nada absoluto. Portanto, numa demonstração *e converso* (ao contrário), provamos a apoditicidade dos possíveis e do ser necessário.

TESE 158 – O possível só pode fundar-se no ser, não no nada.

Como demonstramos até aqui, o ser é a grande presença, enquanto o nada é a ausência absoluta de ser.

Dois conceitos se tornam definitivamente claros: o de presença e o de ausência. A presença, como a ausência, pode ser considerada total e absolutamente ou parcial e relativamente.

Como tudo quanto é ou pode vir-a-ser (devir) é ser, o ser é a grande presença, total e absolutamente. A presença de um ser finito é parcial e relativa.

O nada absoluto é a ausência absoluta. Ao nada relativo predica-se a ausência parcial e relativa. Deste modo, pode-se concluir: o possível funda-se no que tem presença.

Da ausência enquanto tal, nada pode ser retirado. O possível é ausente enquanto ato, mas presente em seu fundamento no ser.

O nada não pode ser portador de possíveis por faltar-lhe qualquer presença.

TESE 159 – O critério da possibilidade e da impossibilidade é dado pela causa e pela razão intrínseca de ser.

Se uma coisa é, ela é possível: a) por si, ou b) por outra. Automaticamente, dela excluímos a impossibilidade, pois ela *já é.*

Impossível é a coisa cuja causa é considerada como não realizada nem realizável. O ser humano pode errar na apreciação de uma coisa, ao considerá-la possível ou impossível. Mas, em si mesmo, o critério da impossibilidade é indiscutível.

Uma coisa que depende de outra causa é impossível se a causa for impossível. O ser necessário em si não procede de uma causa. Se necessitasse de uma, deixaria de ser necessário em si.

O que não é necessário em si é o possível. A existência do primeiro não decorre da existência de outro, mas a do segundo decorre necessariamente do primeiro, pois do contrário não seria um possível.

O ser finito é o ser possível que foi atualizado por outro. Nessa série, há um primeiro que atualiza os possíveis. Um ser necessário em si, como o Ser infinito e absoluto, não depende de outro. Mas sem ele não se dariam os possíveis.

O que encerra em si uma razão intrínseca contraditória não é possível, é impossível. A circunferência quadrada tem em si uma contradição intrínseca; portanto é impossível – se bem que relativamente, porque tanto o quadrado como a circunferência são possíveis, enquanto tais, tomados isoladamente.

TESE 160 – O ser finito tem a sua razão de ser no Ser absoluto ou infinito.

É uma decorrência inevitável dos postulados anteriores, porque, se o ser finito não tivesse sua razão de ser no Ser Absoluto, só poderia tê-la no nada, o que é absurdo.

Consequentemente, o ser finito não só depende, como tem a sua razão de ser no Ser infinito ou absoluto.

TESE 161 – O ser do ser finito é dado pelo Ser Supremo.

Se não o fosse, seria dado pelo nada. Ora, para dar é preciso ter. O nada nada tem; logo nada pode dar. Quem tem é o Ser Supremo; só este poderia dar o ser ao ser finito, que, nele, encontra a sua razão de ser, e dele depende.

O ser não é ente, mas é aquilo pelo qual o ente é (*Esse non est ens, sed est quo ens est*).

É o ser que dá o ser ao ente.

Prova-se ainda: É uma decorrência rigorosa dos postulados demonstrados que o ser de um ser finito só pode ser dado, em última instância, pelo Ser Absoluto, porque só ele tem o ser em plenitude. Pois o nada nada poderia dar.

Mas a experiência mostra-nos que há seres finitos que dão o ser a outros seres finitos. Vimos que só pode dar quem tem, e só poderia dar ser quem tem ser, e não poderia dar mais do que tem, porque, se desse mais, esse mais viria de outro, que seria, neste caso, o nada, o que é absurdo. Portanto, o ser finito só pode dar ser a um ser finito, na proporção do ser que tem, e como esse ser, que tem, provém do Ser Supremo, é este que, direta ou indiretamente, dá o ser a todos os seres finitos.

TESE 162 – O ser finito não pode depender do nada, e sim do Ser Absoluto.

O ser finito é um ser dependente, já o demonstramos. Se dependesse do nada, dele teria provindo, o que é absurdo, pois o nada nada pode produzir.

Portanto, o ser dependente e finito só pode provir do Ser Absoluto, do qual depende, pois o ser finito, só podendo depender dele, só dele depende.

TESE 163 – A eternidade existe toda de uma vez: o tempo, não.

Não havendo sucessão na eternidade, ela existe toda de uma vez. O Ser Supremo *é eternamente*. O tempo é o campo da sucessão e é a medida do movimento. O tempo mede apenas o que tem princípio e fim no tempo.

Na eternidade, princípio e fim se identificam.

TESE 164 – O conceito de negação implica o de afirmação. Negar é ainda afirmar, como afirmar é ainda negar.

A negação é tal pelo negado, pelo recusado. Quando se nega, recusa-se isto ou aquilo.

Se digo que A não é nada, digo que A é nada, que A, como A, não é ser.

Recuso a A a positividade de ser. O recusar é positivo, como positivo é o que foi recusado, como positiva é a recusa.

A negação afirma a ausência de uma perfeição, de uma positividade de ser. A negação, não sendo de uma positividade, seria negação de nada, e recusar ou afirmar a ausência de nada de nada priva o ser.

Portanto, a negação só é tal quando é a positiva recusa de alguma positividade. E, neste caso, vê-se que o conceito de negação não se separa do de afirmação. Em suma, negar é afirmar a ausência de alguma positividade, como afirmar é recusar a ausência de alguma positividade e *afirmar* a sua presença. Todo ato de afirmar, quando finito, é, também, um ato de negar.

Quando afirmo o ser, nego o nada absoluto. Mas afirmar o ser é afirmar a sua presença, como também que a ausência de ser só pode ser relativa, não absoluta. Afirmar o ser é negar o nada absoluto; negar o nada absoluto é afirmar o ser.

TESE 165 – A perfeição ou é relativa ou é absoluta.

Uma coisa é perfeita quando ela atinge o seu acabamento, o seu ato de ser. Portanto, há coisas mais perfeitas que outras, porque umas têm maior perfeição específica do que outras.

A perfeição, circunscrita ao campo específico, é uma perfeição relativa e gradativa.

A perfeição absoluta, só a poderia ter aquele que é total e plenamente ele mesmo, ao qual nada pode ser acrescentado nem retirado.

Este ser, pela sua singularidade e unicidade, é perfeição absoluta, e é o Ser Supremo. Nele, as perfeições estão no grau mais elevado, no grau mais extremo, pois, do contrário, estariam no nada absoluto, o que é absurdo.

Logo, o conceito de perfeição exige a distinção entre absoluta e relativa.

O Ser Supremo é perfeição absoluta (*simpliciter*). Uma forma, como a triangularidade, é perfeição na sua espécie, no seu *quid*, é, portanto, *secundum quid.*

TESE 166 – Uma magnitude não pode ser de modo algum infinita.

Não pertence ao gênero o que não pertence a nenhuma de suas espécies, pois como poderia um gênero ter uma perfeição se não a tem nenhuma das espécies?

O gênero compõe-se de espécies e, portanto, o que pertence ao gênero deve estar em alguma daquelas. Ora, nenhuma das espécies de magnitude é infinita; portanto, não pode a magnitude ser infinita.

TESE 167 – Essência e quididade devem ser distinguidas.

Já sabemos o que é essência e o que é quididade. Estes termos são muitas vezes sinônimos na obra de filósofos.

Mas podemos mostrar um aspecto que permite distingui-los. A essência do Ser Supremo é a sua existência. A essência da criatura é uma quididade, um *quid*. Mas a essência do Ser Supremo não é uma quididade, porque é uma existência *per se*. A existência da criatura é *per aliud*, é por algo que não é apenas ela, por outro que lhe é distinto, como muito bem o mostrou Avicena.

A criatura é isto ou aquilo pela sua lei de proporcionalidade intrínseca.

Essa lei é a forma pela qual se pode dizer o que a coisa é em sua espécie.

Mas, além dessa lei, há a lei da proporcionalidade intrínseca da sua singularidade, o seu esquema concreto-ôntico, analogado ao esquema ontológico da espécie, o esquema eidético, o seu *quid*.

A essência de uma singularidade distingue-se assim do seu *quid*, porque aquela é a lei de proporcionalidade intrínseca da sua singularidade.

A natureza de uma coisa é, afinal, o conjunto de todas essas leis e de sua heceidade (*haecceitas*), do *arithmós* que forma a sua singularidade.

E, dentro dela, o ser atua e sofre. Mas esse atuar e esse sofrer é proporcionado à sua singularidade; esta, à sua natureza, que é proporcionada à sua essência, e esta, à sua quididade ou forma. O atuar variante de um ente é adequado ao que o ente é. Mas esse variante é adequado e compreendido dentro do invariante específico ao qual pertence. Em suma, as variações do seu exercitar não ultrapassam nunca o invariante da sua forma, como já o demonstramos. Ademais, a essência de um ente singular, enquanto tal, é a sua própria onticidade; por isso, no ser *haec*, a existência e a essência, sob o ângulo dessa onticidade, se identificam, embora se distingam ontologicamente.[2]

A essência de um ente, enquanto considerada neste sentido,[3] é ele mesmo, mas apenas quando onticamente considerada. Neste ponto, portanto, as longas polêmicas entre existencialistas e essencialistas revelam apenas posições unilaterais.

Há positividade em ambas as posições, válidas quando o ente é tomado concretamente, porque os que admitem a distinção real entre

[2] [Identificam-se nele a essência *in re* e a existência. Esta essência aqui existe no ente (*esse in re*). Nele porém não se existencializa o *eidos*, enquanto tal. O ser repete (imita) *existentemente* a lei de proporcionalidade intrínseca de sua forma (o esquema eidético).]

[3] [Preferiríamos chamar de natureza e não de essência, porque este termo é mais formal, enquanto aquele aponta mais à existência da coisa, em sua onticidade.]

essência e existência têm razão na esfera ontológica, mas os defensores da identificação também a têm, quando se referem à esfera ôntica.

Foi o que demonstramos em nossas obras anteriores.

TESE 168 – Há para os seres finitos uma lei dos limites.

Nos seres finitos, o desenvolvimento gradual de uma intensidade, apesar do índice de sua constância, deve alcançar um limite dentro de uma ordem, além do qual, especificamente como tal, não pode ultrapassar.

Temos como exemplos a gradual ascensão da temperatura, que encontra os seus limites; a velocidade da luz; o crescimento dos seres, etc.

Servem ainda de comprovação dessa lei a de Mariotte, que não é mais aplicável se p e u atingem valores elevados, e, na teoria atômica, o limite molecular e o do átomo, os *minima* de Aristóteles, e muitíssimos outros exemplos.

A justificação ontológica da lei dos limites, que acima expressamos, decorre das proposições já demonstradas.

Um ser finito é extensista e intensistamente finito. Admitir uma intensidade física infinita em ato é tão absurdo como admitir uma extensidade infinita em ato, pois a intensidade não se separa fisicamente da extensidade, como já vimos, enquanto permanecemos nos seres finitos.

Portanto, o desenvolvimento gradual de uma intensidade tem de ter um limite, além do qual não poderá ultrapassar, dando-se, então, mudança de ordem. E esse limite deve ser dado pela espécie, pois a atuação desta é proporcionada à sua natureza. O limite deve ser dado pela natureza da coisa que conhece um desenvolvimento gradual de sua intensidade.

Cabe à Ciência estabelecer tais limites. Pode a filosofia concreta estabelecê-los apenas dentro da apoditicidade ontológica de suas proposições.

TESE 169 – Nenhum ser é mais do que é.

A tese já foi provada. Seguimos agora outra via. O Ser Absoluto é o máximo de ser. Além dele não há outro; portanto, é o máximo de ser, sem deficiência.

O ser finito, limitado, tem tanto ser quanto cabe nos seus limites. Um excedente de ser, neste caso, outra perfeição, que não as contidas em seus limites finitos, pertenceria ao Ser Absoluto.

Portanto, o ser, dentro dos seus limites, nos quais se inclui a natureza, pode e é tanto quanto é, e só poderá na proporção do que é.

TESE 170 – O ato é a realidade de sua plenitude de ser.

O ser temporalizável, o qual se dá na ordem da sucessão, tende para algo que lhe é determinado. Esta determinabilidade é a sua potência.

Ela é sempre funcional; é a potência de algo em ato. Contudo, ela tem positividade, como a tem tudo quanto é referido por algo em ato, pois este lhe dá o necessário conteúdo, como já vimos. Mas, se a potência tem positividade, não tem ela subjetividade. A potência é a potência do ato; é o que o ato pode determinar (potência ativa), ou a capacidade de ser determinado (potência passiva). Já demonstramos que o ser finito não é em ato tudo quanto pode ser, não realiza em plenitude a realidade do que pode ser, o que cabe apenas ao Ser Infinito.

A capacidade de ser que ainda resta ao ser em ato é a sua potência.

A potência passiva, a de sofrer, é da essência do ser finito; portanto, é constitutiva deste. O ato finito implica um conjunto de possibilidades que podem realizar-se em graus maiores ou menores.

Se um ato finito realizasse exaustivamente as suas possibilidades, teríamos então um ato ilimitado. O ato é, assim, limitado e ilimitado.

Este ato é um ato não-puro, misto, híbrido de atualidade, virtualidade e possibilidade.

O ato puro é simples; é puramente ato.

TESE 171 – Todo ser é unidade e toda unidade revela ser.

O teor desta tese já foi demonstrado em *Ontologia e Cosmologia*, e também nesta obra.

Entretanto, podemos apelar para outras demonstrações realizadas.

O ser é unidade, isto é, *um*, e tudo quanto é tem o caráter de *um*.

A unidade é um transcendental que se converte no ser, como este se converte na unidade. Poder-se-ia estabelecer a seguinte prova: o

Ser Infinito é absolutamente simples e *Um*, como já provamos. É ele a fonte e origem de todas as coisas.

O princípio henológico (*heis*, *henós*, em grego *um*) afirma a primazia da unidade sobre a multiplicidade. Este princípio é provado pelas demonstrações feitas até aqui, pois a multiplicidade (que é composta de muitos *uns*) pressupõe a unidade, e não poderia surgir sem ela, e levada até às suas últimas consequências implica a unidade infinita do Ser Infinito, o *Um*, do contrário afirmaria o absurdo de que o nada absoluto é a fonte de todas as coisas. Entre os diversos tipos de unidade, podemos ressaltar a de simplicidade e a específica, isto é, a daquele múltiplo que forma uma totalidade, a qual é especificamente outra que os elementos componentes, como se dá, por exemplo, com o ser vivo.

Comentários à Tese

O nada absoluto é impossível porque há o ser. Mas os entes finitos do nosso universo não são o ser, pois cada um deles é o que é ao não ser os outros.

Algo determinado é isto, e só é isto ao não ser aquilo. Portanto, o ente finito, determinado, admite, além da sua positividade, o que ele não é.

E o que é só se afirma ao não ser o que não é. Nele se dão o ser que é e o ser que não é, pois é apenas o que é porque não é o que não é.

Portanto, ser e não-ser, neste sentido, não oferecem aqui incompatibilidade, e não há contradição, porque não há exclusão, pois ambos são aqui positivos. Há apenas contrários: o que é não é, nem pode ser, o que não é.

Para que alguma coisa determinada seja, é preciso que seja o que é e não seja o que não é. A sua afirmação se faz pela *recusa*, também, do que não é.

A limitação do ser finito, a positividade do que é, inclusa em seus limites, afirma-se pela recusa de ser o que não é, que também o limita.

A positividade do não-ser facilita-nos a mais nítida compreensão do que é a *heterogeneidade*, e permite a melhor solução do problema do múltiplo, o qual surge das limitações.

Mais adiante veremos que o ser finito surge da *crise* instalada na criatura; por isso é um ser de *crise*.

TESE 172 – Só pode devir o que já é. O devir implica o ser.

O que se torna é o que é passível de passar de um termo para outro termo, segundo as diversas maneiras de mutação, que já estudamos.

Para algo tornar-se algo é mister estar em ato, pois, se ainda não está, é apenas possível, é nada relativamente e, como tal, não poderia sofrer uma ação, pois esta exige um *quod* capaz de sofrê-la.

Portanto, para que alguma coisa se torne, é necessário que primeiramente seja. Vimos que o Ser Infinito é uma perduração infinita.

O ser finito perdura proporcionadamente à sua natureza, isto é, finitamente. Para que se dê o devir, é necessário que haja graus de perduração, pois um devir absoluto seria a negação do próprio devir; ser-lhe-ia contraditório, consequentemente.

A ideia do devir implica algo que, de certo modo, estaciona, que perdura, embora finitamente. Um devir absoluto equivaleria ao nada, o que é absurdo. Desta forma, refuta-se a má interpretação que se fez da posição de Heráclito.

TESE 173 – O devir dá-se no ser finito, e não no Ser Infinito.

Vimos que o devir é a constante fluência de um modo de ser para outro modo de ser, o que não cabe ao Ser Infinito, como ficou devidamente demonstrado.

Portanto, só o ser finito, por ter potência ativa e passiva (de atuar e de sofrer), realiza e sofre as processões ativas e passivas proporcionadas à sua natureza, que constituem propriamente o que se chama *devir* (o vir-a-ser das coisas).

Como o ser finito não pode ser compreendido sem o Ser Infinito, o devir, como fluência daquele, não pode ser entendido sem o Ser infinito e imutável.

TESE 174 – O Ser Infinito não tem partes, e não é, enquanto tal, uma totalidade.

O Ser Infinito é absolutamente simples, portanto não tem partes. Se o ser finito provém dele, não é parte dele, pois, do contrário, aquele, sendo constituído de partes, não seria absolutamente simples, nem seria o *Um* absolutamente simples.

Vimos, ademais, que qualquer mutação, no Um, consistiria num passar do Ser Absoluto para o não-ser absoluto.

O ser finito, que provém do Um, não é um não-ser absoluto, mas um ser relativo, portador de alguma perfeição, em certo grau.

Desta forma, o ser finito não contradiz a simplicidade do Ser Absoluto.

Consequentemente, este, por não ser constituído de partes, não forma uma totalidade, mas sim uma unidade absolutamente simples, o que decorre das proposições já demonstradas.

Nele, a parte seria idêntica ao todo, pois não é ele quantitativo.

Num ser quantitativo, a parte, como quantidade, é menor que o todo.

Não há composição no Ser Infinito, porque este é absolutamente simples. Se fosse possível encontrar uma parte, esta seria total e absolutamente idêntica ao próprio *UM.*

TESE 175 - Toda operação, além de diádica, é triádica, e o seu resultado (o operado) alcança o decenário.

Que a operação é diádica, demonstra-se porque o operar implica o operado. O aspecto diádico leva-nos ao triádico, porque na operação há o operado, que lhe é simultâneo, e neste há privação, porque é determinado, e, consequentemente, em crise. Entre os opostos há relação, aspecto triádico. Portanto, na operação há, além do diádico, o triádico.

Há, ademais, o quaternário, pois nessa relação há uma reciprocidade entre os opostos, a interatuação. Esse processo quaternário revela uma razão, uma lei, um *logos*, que é a forma, lei de proporcionalidade intrínseca, aspecto quinário. Esse ser realizado ordena-se com outros numa ordem que, como totalidade, subordina-os pela adequação dos opostos analogados, os quais atuam em obediência à moral do todo, que é o aspecto senário da harmonia.

O ser realizado *seria-se* dentro de uma ordem e, como tal, alcança o setenário, e, da sua interatuação com outros, surge uma nova constelação estrutural esquemática, octonária, a qual se integra ao Todo, que é a estruturação de todas as coisas subordinadas às leis do ser, que é o nonário. E esse Todo, que é tudo, unifica-se, afinal, pela analogia, na ordem do *Logos* Supremo, que é a lei de todas as coisas e, ao mesmo tempo, princípio e fim de todas elas, o decenário, a década final e sagrada dos pitagóricos.

Já estudamos em *Filosofia da Crise* e no *Tratado de Simbólica* estas dez leis, as quais são ainda por nós analisadas e justificadas, sob outros aspectos, em *Pitágoras e o Tema do Número.*

Toda operação alcança assim o decenário, porque não se exclui da subordinação a essas dez leis, as quais são *logoi* supremos do platonismo iniciático e, sobretudo, do pitagorismo de terceiro grau.[4]

Na primeira operação do Ser Supremo, na criação, gera-se essa ordem suprema, cujas leis transcendem os fatos mas regulam a sua imanência, e a cujo império nenhum ser pode esquivar-se.

TESE 176 – O número quantitativamente considerado é sempre finito.

O número pode ser tomado de dois modos: segundo a espécie da quantidade, que é a comum, e como número transcendente, já dos iniciados.

Esta divisão, encontrada também em Tomás de Aquino, é a mesma dos pitagóricos, porque os números matemáticos (*arithmoi mathematikoi*) pertencem à espécie da quantidade, isto é, são abstrações desta como o são para a *logistikê*, que é a matemática vulgar, prática.

Mas os *arithmoi arkhai* são os números transcendentes, como o da Trindade, que não é apenas trino, nem triplicidade, que não pode ser compreendido senão metaforicamente no sentido dos números quantitativos e dos sensíveis. Ademais, os escolásticos distinguem, seguindo a linha aristotélica, *o número numerado* e o *número numerante.* O primeiro é o número sensível, o número da coisa; e o segundo, o número tomado abstratamente, o número absoluto.

Partamos, para provar a tese, do exame apenas do número quantitativo, deixando outras espécies para posteriores estudos. Se é absurdo o infinito quantitativo atual, não o é porém o apenas potencial. O infinito matemático atual equivale ao infinito quantitativo, que é

[4] [A justificação deste aspecto positivo do platonismo é exposta por nós mais adiante.]

noeticamente impossível, e concreta e ontologicamente inexistente, por ser absurdo.

Muitas foram as provas apresentadas através dos tempos contra tal infinito em ato. Vamos compendiar algumas delas.

Demonstrava Galileu que, numa série infinita de inteiros, supostamente realizada, o número dos quadrados perfeitos é maior, e seria infinitamente maior, que o número dos não-quadrados.

Numa circunferência, um raio é a metade do diâmetro; se a circunferência fosse infinita, o infinito do raio seria menor do que o do diâmetro.

Se o tempo fosse infinito, o número dos minutos seria menor do que os dos segundos, o que seria absurdo.

A quantidade, ademais, é um acidente, e o acidente é proporcionado à substância. Portanto, não poderia ser maior que a substância, pois, do contrário, o excedente de ser viria do nada, o que é absurdo.

A única "substância" infinita é a do Ser Absoluto, que não é propriamente substância, pois, nele, ser e substância se identificam, como já vimos. E ele não sofre acidentes, como já o demonstramos.

A extensão não pode portanto ser infinita, porque ela é especificamente finita. E uma vez que o conceito de número é quantitativo, repugna-lhe a infinitude. Admite-se apenas o infinito matemático potencial, ou seja, a capacidade de sempre receber mais um número, como se verifica com o número incomensurável, como o valor do número *pi*.

O infinito só pode ser predicado de si mesmo, e este é o Ser Absoluto.

Se o universo fosse infinito em extensão, teríamos a extensão infinita, o quantitativo infinito.

O universo é temporal, é extensão, é finito, e é matéria e força.

O Ser Infinito não é matéria nem força, pois assim seria finito, já que o conteúdo ontológico de matéria como o de força implicam finitude atual, como ainda provaremos por outras vias.

TESE 177 – O Ser Infinito é transcendente ao conjunto dos seres finitos (ao Universo).

O Universo é o conjunto ordenado dos seres finitos (Cosmos). Como totalidade, por incluir todos eles, é qualitativamente diferente das partes componentes, pois, enquanto estas sofrem as mudanças das processões ativas e passivas, o todo permanece como tal. Já demonstramos em *Filosofia da Crise* que a totalidade é quantitativamente diferente das suas partes e, ademais, é especificamente diferente.[5]

O Ser Infinito não é o universo, porque se o fosse, sendo o universo o conjunto dos seres finitos, ele seria, de certo modo, finito e quantitativo.

Ora, sendo impossível a quantidade infinita em ato, e sendo infinito o Ser Absoluto, não é ele quantidade, pois esta é apenas um acidente da substância, e o ser do Ser Infinito é imutável, e não sofre acidentes, como já provamos. Portanto, transcende ele ao universo. Este é apenas o conjunto dos resultados da operação *ad extra* da criação, como veremos.

Ademais, poder-se-ia provar esta transcendência ante os princípios até aqui demonstrados usando outra via.

A soma de seres finitos será sempre finita, e se todos são dependentes de um ser superior, a soma será consequentemente dependente. O universo, como totalidade das coisas criadas, é dependente e finito. Portanto, *ele não é o Ser Supremo, mas é do Ser Supremo.*

Ademais, as coisas finitas interatuam reciprocamente, são consequentemente híbridas de ato e de potência passiva.

O universo, como um todo, inclui esta hibridez. Se o Ser Infinito se identificasse com o universo, seria ele composto de ato e potência passiva, o que já refutamos com antecedência.

TESE 178 – O Ser Supremo não é o Todo.

O Todo é de certo modo relativo às suas partes. Se o Ser Supremo fosse o Todo, as partes existiriam ou antes dele ou simultaneamente com ele, o que seria absurdo ante os princípios já demonstrados.

[5] [Uma totalidade acidental, como o *monte de areia*, é especificamente diferente das partículas componentes. A espécie é aqui noeticamente considerada. Contudo, o *monte de areia* é de certo modo outro, *in re*, que os elementos que o compõem. Nas totalidades substancialmente diferentes, como a água, o todo é mais nitidamente outro, em sua espécie, que as partes que o compõem.]
Ver Mário Ferreira dos Santos, *Filosofia da Crise*. São Paulo, É Realizações Editora, 2017, p. 50, 188, 202.

TESE 179 – O Todo é transcendente de certo modo às suas partes.

A ordem ilimitada dos seres é o Todo. Ora, essa totalidade não é nem pode ser apenas acidental. E prova-se: para que uma totalidade o seja, como o é uma unidade *per accidens*, as partes devem estar incluídas apenas acidentalmente num conjunto, sem sofrerem uma mutação específica, isto é, substancial.

Nas totalidades orgânicas, observa-se que as partes atuam não só segundo a sua natureza, que se manifesta pelo que chamamos fatores de emergência, mas a sua atuação é subordinada à normal da totalidade, que é uma das características da harmonia. Ora, as partes são sempre componentes de totalidades, ora desta, ora daquela, mas sempre componentes de estruturas tensionais, como o provamos em *Teoria Geral das Tensões*.

Se as partes do Todo, como ordem ilimitada dos seres, não estivessem subordinadas à normal da totalidade, estariam fora da totalidade, e seriam absolutamente independentes, o que contrariaria o conceito de criatura (o ser criado). Ora, o Todo subordina as suas partes à grande lei de integração de *Tudo no Todo*, e as partes se processam em obediência a essa lei, que é a revelação da ordem universal (*to Pan* dos gregos). Do contrário, teríamos pluralismo, e as partes estariam total e absolutamente desligadas umas das outras, o que seria absurdo em face dos princípios já demonstrados.

O nosso conhecimento científico comprova essa asserção, que, ontologicamente, em face do que já demonstramos, é apodítica.

Consequentemente, o Todo forma uma tensão que ultrapassa a especificidade das partes, sendo, de certo modo, transcendente a elas, que lhe são imanentes. Mas o Todo, de qualquer forma, se é ilimitado como tal, não é infinito, nem o poderia ser, pois é composto de partes. Mas, como tensão total, é *indiviso in se*, portanto, ilimitado, apenas como tal.

Há, assim, nele, qualitativamente, mais que o conjunto quantitativo de suas partes e, por essa razão, a Integral, que ele forma, não é quantitativa apenas, mas também qualitativa, de modo que ultrapassa a imanência de suas partes, e revela uma *transimanência*, que era o que desejávamos provar.

TESE 180 – Todo ser que não é tudo quanto pode ser é um ser imperfeito.

A perfeição em um ser consiste em alcançar o término de uma possibilidade, atualizando-a, porque a atualização é o termo perfectivo de uma possibilidade.

Consequentemente, todo ser em devir é um ente que perfectibiliza suas possibilidades pelas atualizações posteriores. Todo ser em devir tende, pois, para a perfectibilização das suas possibilidades próximas e remotas, internas ou externas, que são termos para onde tende. Todo ser em devir é, pois, um ser imperfeito (*atéleis*). O *para onde* tende um ser é um fim, um final a ser atingido ou não. O devir indica o tender necessário para algo, o que indica a finalidade. Esta pode ser *interna* (*intrínseca*), se o termo para que o ser tende é uma possibilidade da sua natureza, ou *externa* (*extrínseca*), se é algo fora da sua atualidade ou da possibilidade imanente da sua natureza. Todo ser que tem uma finalidade é, portanto, um ser que ainda não é tudo quanto pode ser. Ora, um ser que ainda não é tudo quanto pode ser é, de certo modo, um ser imperfeito em si mesmo.

TESE 181 – Todo ser imperfeito tem uma dupla finalidade: intrínseca e extrínseca.

Nenhum ser imperfeito é tudo quanto pode ser, nem interna nem externamente. Nem internamente, porque não é, em sua espécie, tudo quanto a sua espécie pode ser; nem externamente, porque não é tudo quanto pode ser o ser. Consequentemente, todo ser tende a atualizar o que ainda não é atualmente; ou seja, tudo quanto a sua natureza pode atualizar de suas possibilidades, dentro das possibilidades que decorrem das próprias atualizações, pois algumas passam para o epimeteico, não sendo mais atualizáveis, enquanto outras apresentam ainda possibilidades de atualizações próximas. Todo ser tende, assim, internamente, a atualizar as possibilidades de sua natureza. Esse tender para algo, ainda não atualizado, que se perfectibiliza na atualização, é a finalidade intrínseca do ser. Todo ser é harmonizado na atuação dos seus opostos analogados segundo uma normal da totalidade, da unidade, como temos demonstrado. Essa normal é dada pela sua unidade natural (que é tensão de sua *forma* e *matéria*). É a direção da totalidade sobre as partes. Um ser imperfeito não tende apenas para as atualizações intrínsecas, porque como totalidade tende para algo fora de si, uma meta próxima ou remota. Essa finalidade é que se chama extrínseca.

O Ser Supremo, por ser absolutamente perfeito, pois é tudo quanto o ser pode ser em sua máxima intensidade, não tende para algo intrínseca ou extrinsecamente possível, como já provamos. Obtemos, aqui, de modo definitivo e seguro, o verdadeiro significado de finito e de infinito. *Finito* é o ser imperfeito que tende para um fim, e *infinito*, o ser que não tem outra finalidade que si mesmo.

Comentários

Temos, aqui, um ponto de magna importância para compreender a prática de certo ascetismo religioso, observável em muitas crenças, as quais julgam que o homem alcança a máxima perfeição quando se abstém, tanto quanto possível, do mobilismo (do devir) de sua existência, e que estacionando em determinadas situações alcança uma situação semelhante à da divindade do Ser Supremo. Mas o erro é evidente em face de postulados da filosofia concreta. A impassibilidade do Ser Supremo (não ser sujeito de modificações passivas, nem sofrer determinações, ou atualizações de possibilidades) não provém de um estacionamento de escala de suas atualizações possíveis. Não é um deter-se, mas o que decorre de ser o íntegro absoluto (a perfeição absoluta; em alemão se diz *Vollkommenheit*, isto é, a qualidade de ter alcançado o íntegro). A sua imobilidade não é estacionamento, mas plenitude ativa de um poder onipotente e absoluto. A presença dos esquemas da impassibilidade e da imutabilidade, com as suas aderências provindas da nossa experimentação, não permite compreender com facilidade a plenitude ativa absoluta do Ser Supremo, a qual nada tem que ver nem com mobilidade, nem com imobilidade, nem com passividade ou impassibilidade, mas é a onipotência em toda a sua glória de ser.

Deter o ser finito o devir, estacionando num plano de suas atualizações, seria renunciar à própria perfectibilização e à consecução das finalidades intrínsecas e extrínsecas, que determinam o tender de seu existir. É só realizando-se plenamente que o ser finito alcança o mais alto de suas possibilidades, bem como se aproxima do fim extrínseco último de seu ser.

A perfectibilização máxima do ser finito está, portanto, na plena realização das suas possibilidades, e é ao alcançá-las, realizando-as, que melhor imita a perfeição absoluta do Ser Supremo.

TESE 182 – A unidade absoluta do Ser Supremo é a razão da unidade de ser dos entes finitos.

O Ser Supremo é um ser absolutamente perfeito e, como tal, é pura e meramente ser em toda a glória de ser. É, pois, absolutamente simples, simplicíssimo. Só o ser simplicíssimo poderia criar de modo absoluto, como provaremos oportunamente, ao examinar a *criação*, porque o ser deficiente, híbrido de ser e não-ser, não tem o poder de criar senão relativamente.

Consequentemente, a unidade do Ser Supremo é uma unidade de perfeição absoluta por ser unitivamente simples e transcender toda unidade de seres híbridos, deficientes. A unidade destes analoga-se à do Ser Supremo, porque, formalmente, é unidade, porém, não se identifica onticamente à unidade suprema.

O absoluto poder unitivo do Ser Supremo nos explica a sua difusividade, pois se difunde homogeneamente em tudo quanto é, sem o quê nada seria o que é.

Sem a unidade absoluta do Ser Supremo, nenhum ente finito poderia subsistir, ou seja, constitui-se numa forma que existe subjetivamente, ou numa forma que subsiste num *subjectum*.

A unidade absoluta do Ser Supremo é a razão (o *logos*) suprema do existir de tudo quanto é.

Corolários

Do Ato

O ato é o princípio do agente, princípio da ação e termo da paixão.

*

O ato só pode ser com o que é em ato.

*

Ato é exercício de ser.

*

O que é em ato antecede ontologicamente ao que é em potência.

*

O que está em ato naturalmente move.

*

A potência ativa não se opõe ao ato, mas funda-se neste.

*

O que é em ato é uma forma subsistente ou em si mesmo ou em outro.

*

O ato do Ser Supremo é um ato puríssimo.

*

Sendo a operação proporcionada à forma, o ato desta é primeiro em relação ao ato da própria operação.

*

Assim como é pelo ato que se distingue a potência, o ato se distingue dos outros pelos objetivos.

*

Os atos de diversas potências se distinguem pelo gênero.

*

A potência ativa não se distingue contra o ato, mas nele se funda.

Da Ação

A ação é o ato do agente.

*

O ato do agente tende para algo determinado.

*

O ato do agente prossegue de um princípio que é algo determinado.

*

A ação e a paixão não são duas mutações, mas uma só (actio et passio sunt unus et idem motus).

*

A ação e a paixão diferem do sujeito apenas pela razão de que são de espécies diversas.

*

O Ser Supremo atua em todo operante.

*

Nem toda ação que se dá na criatura é criação. Contudo, toda ação da criatura é dependente do Ser Supremo, formal e efetivamente.

*

A ação pode ser transitiva ou imanente. Imanente é a operação que se dá no operante; transitiva, a que transita para a coisa exterior separada do agente. A ação imanente é ato e perfeição do agente, não a transitiva, que é apenas do paciente. A ação que produz transmutação da matéria é ação física.

*

A ação transitiva implica necessariamente a paixão, não a imanente.

*

Toda ação da criatura difere realmente dela.

*

A ação é especificamente distinta do agente.

*

Os princípios da ação são: o agente, o fim a que tende e a forma que tem.

*

Nenhum agente atua desproporcionadamente à sua natureza.

*

Quanto mais potente é o agente, mais pode difundir a sua ação.

*

Toda ação o é por alguma forma, que é princípio também *da ação.*

*

Mas a forma da ação não é a do agente, e sim a do atuado, embora penda mais do agente que do paciente.

*

A ação não tem um ser em plenitude, por ser dependente do agente e, consequentemente, não pode anteceder a este. De modo algum é válido o juízo goethiano: "No princípio foi a ação".

*

Toda processão é relativa a alguma ação.

*

Nem toda ação do Ser Supremo é criação (quando se dá nas criaturas).[6]

*

A perfeição da ação é dada mais pelo fim a que tende do que pelo princípio (o terminus ad quem *empresta maior perfeição que o* terminus quo).

Do Paciente e da Paixão

O sofrer determinações aponta a deficiência, que é real, na coisa, segundo o que é em potência.

*

Uma coisa sofre determinações na proporção das deficiências correspondentes à sua natureza.

*

Paciente é o ser deficiente que sofre a ação de um agente, e aquele é considerado tal em face deste.

6 [Esta tese será provada mais adiante por outras vias.]

Da Criação
(Teses Propedêuticas)

TESE 183 – As coisas unem-se em totalidades substanciais (unum per se), não por suas diversidades, mas por suas afinidades a uma forma que, de certo modo, lhes é extrínseca.

As coisas não podem unir-se apenas pela sua diversidade, já que por meio desta elas têm vetores diferentes, quando se trata de totalidades substanciais (*unum per se*).

Se há opostos que se aproximam e se atraem para formar tais totalidades, é porque há neles uma adequação a uma forma ainda não atualizada.

O hidrogênio une-se ao oxigênio para *formar* a água.

As afinidades, de um e de outro, tendem a um terceiro, à nova forma.

Onde as condições predisponentes não forem favoráveis ao surgimento da nova forma, o hidrogênio não se unirá ao oxigênio, ou suas uniões obedecerão a outros *números*, gerando outros seres que não a água.

A água é um possível não do hidrogênio nem do oxigênio; a água é um possível *no* e *do* ser. O que é possível ao hidrogênio e ao oxigênio é, em certas circunstâncias, combinarem-se no *arithmós* da água, que, como tal, tem uma forma tensional especificamente diferente das partes componentes.

Se diversos se unem, não é por suas diversidades, mas sim porque, de sua união, há a completação de um esquema, que não é latente nem em um nem em outro dos elementos, enquanto tais. Esse esquema é da ordem do ser, que ultrapassa de certo modo a das partes componentes.

Remotamente, as coisas diversas convêm em algo que é o *ser*.

Mais remotamente, hão de convir em algo que é o ser, mas especificamente determinado. Se essa conveniência não se atualiza, é porque as coordenadas não são favoráveis, mas tem de haver, na ordem do ser, possíveis coordenadas em que os seres diversos convenham uns aos outros.

Desse modo, há uma afinidade entre os seres para diversas combinações, mas o advento destas está subordinado ao conjunto das coordenadas.

É o que vemos nas combinações químicas. Se muitas são possíveis, umas são proximamente possíveis (prováveis em grau maior que outras) porque dependem dessas coordenadas, que lhes predispõem maior grau de conveniência.

O que une os diversos não é a diversidade, mas o grau de conveniência, de adequação, que revelam entre si, em face de uma forma possível, segundo as coordenadas ambientais. O que une, portanto, é o unitivo, e não o que diversifica. Todos os seres, de certo modo, convêm uns aos outros na ordem do ser, mas o grau de conveniência é diferente. Certamente, e com positividade, pode-se dizer que todos os seres se atraem com diferenças de graus, segundo certas coordenadas.

Ademais, esse aspecto unitivo justifica-se pelo infinito poder unitivo do ser, no qual não há separações senão específicas.

A repulsa não é fundamental do ser, mas apenas da especificidade dos seres, segundo as suas naturezas e coordenadas.

O diverso, deste modo, não nos deve levar à crise absoluta que abriria abismos, portanto rupturas. A repulsa (o "Ódio" de Empédocles, o "Anteros" dos platônicos) nunca é absoluta, enquanto o poder unitivo (o "Amor" de Empédocles, o "Eros" de Platão) o é, porque todas as coisas, apesar de suas diversidades específicas, são, quando as tomamos além de si mesmas, uma só. A unidade absoluta domina na transcendência da heterogeneidade, e é essa unidade absoluta e simples, sem diversidades, que é o Ser Supremo, pois, do contrário, haveria separações, abismos, o que nos colocaria de certo modo em pleno pluralismo.

Portanto, a diversidade não provém fundamentalmente da natureza do Ser Supremo, que é simples, infinitamente simples. Nem pode a diversidade vir de outro, porque não há o que independa do Ser Supremo.

Consequentemente, dentro da filosofia concreta, impõe-se que se explique essa diversidade sem afrontar os princípios já demonstrados; diversidade que será plenamente compreendida e justificada quando examinarmos as novas teses que se referem ao Ser Infinito no seu operar *ad extra*, o que veremos a seguir.

TESE 184 – Só relativamente se pode afirmar a imutabilidade para as coisas dependentes.

Diz-se *imutabilidade* por privação da mutabilidade. Já examinamos as espécies de mutação. Logo, a estas corresponde, por privação, a espécie da imutabilidade.

Assim, onde não há corrupção, há imutabilidade da forma ou da substância; onde não há translação, há imutabilidade quanto ao movimento; onde não há aumento, há imutabilidade quantitativa; onde não há alteração, há imutabilidade acidental. Esta última mutação chama-se também variação, e sua ausência é a invariabilidade. Chama-se *incorruptibilidade* a ausência de mutação na forma, como se chama *invertibilidade* a mutação que leva ao total desaparecimento da forma.

Se considerarmos a criatura enquanto tal, nunca poderemos atribuir-lhe a imutabilidade, a invariabilidade: a mutabilidade e a corruptibilidade podem ser-lhe atribuídas, podendo ela, contudo, não sofrê-las. As duas possibilidades são, do ângulo ontológico, suficientemente válidas.

Também não se pode predicar a imutabilidade-invertibilidade à criatura, porque, sendo esta um ser dependente e não subsistente por si mesmo, sua existência depende de outro, e não apenas de si mesmo.

Desse modo, só relativamente se pode predicar a imutabilidade às coisas dependentes, ou, pelo menos, deve-se dizer que a imutabilidade não é nunca da natureza destas, e, se acaso a apresentarem, terá de ser ela fundada no Ser Supremo, que então a terá dado de modo sobrenatural, pois ultrapassa a natureza das coisas finitas.

TESE 185 – No ser finito, essência e existência se distinguem, como se distingue sua forma da sua matéria.

A essência de um ser é o *pelo qual* o ser é o que é. A existência é o pleno exercício desse ser. Um ser finito é essencialmente finito, e se distinguirá de outro ser finito pelo conjunto das perfeições que constituem a sua natureza.

Um ser finito tem uma forma, o pelo qual ele é o que ele é. Mas um ser finito corpóreo é constituído, ademais, de alguma coisa que se chama a sua matéria.

Assim, para buscar um exemplo no mundo da nossa experiência, uma parede tem forma de parede, mas a sua matéria são os tijolos que a compõem. A parede, enquanto tal, distingue-se dos tijolos. O que compõe a matéria de um ser finito pode compor, de outra feita, a matéria de outro ser finito.

Assim o barro é a matéria do tijolo, e este, por sua vez, é matéria da parede. Esta parede, consequentemente, tem por matéria mais próxima o tijolo, e mais remotamente a matéria do tijolo.

De uma certa quantidade de barro podemos modelar um vaso ou uma estátua. O vaso e a estátua têm formas diferentes, mas têm a mesma matéria (formalmente considerada: barro).

A estátua que ora modelamos no barro, que é a sua matéria, pode ser destruída como estátua, para tornar-se, pela pressão, um monte de barro.

A matéria do monte de barro e a da estátua seriam a mesma, embora com diferentes formas.

A matéria e a forma constituem um *compositum*, um composto (*to synolon* de Aristóteles).

TESE 186 – Um ente finito compõe-se, além do ser que é, do não-ser relativo que não é.

Uma composição só se pode dar entre compostos positivos. Se um dos termos da composição é negativo, desaparece a composição, para permanecer apenas a presença do termo positivo.

Ora, o não-ser relativo não deixa de ser positivo de certo modo, como já vimos.

E, por outro lado, o ser finito caracteriza-se também por se lhe ausentar alguma perfeição (por privação), que tomada em si é positiva.

A ausência de uma perfeição determinada dá uma determinação ao ser pelo limite até onde ele é o que é, e onde inicia o que não é ele.

Consequentemente, sendo positivo, o ser finito pode formar uma composição, e caracteriza-se ele também por essa composição com o não-ser relativo (limite daquele).

Portanto, o nada relativo compõe os seres finitos, permitindo-nos compreender o que há de positivo nas filosofias que o afirmam, quando relativo, pois o nada absoluto é absolutamente impossível.

TESE 187 – O grau de realidade de "alguma coisa" é proporcionado à realidade da sua componência.

Se alguma coisa não é um ser absolutamente simples, ela é composta.

Aquilo de que a coisa se compõe, se não for real-real, também não será real essa coisa. Há, assim, uma dependência quanto aos elementos componentes.

Portanto, o grau de realidade dessa coisa será proporcionado à realidade dos elementos componentes, que é o que se queria provar.

Este postulado é válido em qualquer esfera, pois a realidade de um fato é proporcionada à realidade do que o gera ou produz.

TESE 188 – O Ser é inteligível, e a inteligibilidade é a sua verdade.

O nada, enquanto tal, é ininteligível e impossível.

Consequentemente, o ser é inteligível, pois não há meio-termo entre ambos. E a sua inteligibilidade é a sua verdade, porque é ele. No entanto, pode-se postular um limite ao conhecimento humano dessa inteligibilidade, pois o ser é por nós inteligível proporcionadamente à nossa natureza, e o conhecimento que dele podemos captar não é exaustivo, mas verdadeiro na proporção da adequação entre os nossos meios de conhecimento e o ser.

A inteligibilidade absoluta do ser é captada absolutamente pelo Ser Supremo, porque ele é idêntico à sua máxima inteligibilidade. Portanto, o seu "conhecimento" não é dual, não é diádico, mas dá-se por uma frônese absoluta, em que objeto e sujeito do conhecimento, que são termos para nós, nele constituem uma identidade.

Portanto, o seu conhecimento é proporcionado à sua simplicidade absoluta. Conhecer, nele, é ser; o que é o ápice do conhecimento, pois este é mais perfeito na proporção em que o sujeito capta *mais* e *melhor* o objeto.

No caso do Ser Supremo, essa captação é absoluta. Ademais, conhecemos na proporção dos nossos esquemas; as perfeições por nós captadas o são na proporção daqueles. Sendo o Ser Supremo infinito e idêntico consigo mesmo (e todos os entes são dele e nele), o seu conhecimento é absoluto e absolutamente unitário, sem mescla diádica de qualquer espécie.

Esta prova robustece, por sua vez, o que dissemos, no início, sobre o conceito de Ser, ao examinar o pensamento atual, tomando as opiniões de Heidegger como exemplo das tentativas malogradas de renovar a procura do Ser por caminhos que são realmente viciosos.

Dos Modos

TESE 189 – O modo distingue-se apenas modalmente do ser ao qual é inerente.

Os modos do ser não lhe acrescentam nova entidade, mas apenas o modificam. O móvel em movimento é modalmente distinto de si mesmo. Os modos são sempre atuais, e constituem eles as diversas atualizações pelas quais passa o ser no seu desenvolvimento. Atualizada uma determinação, esta é a última determinação de um ente, pois não conhecemos outra.

Este-livro-sobre-a-mesa apresenta um modo de ser do livro, que é, como modo, a sua última determinação.[1]

O modo, *per se*, não tem uma consistência fora da entidade real à qual é inerente. O movimento *deste* móvel é um ser *deste* móvel, e a sua entidade é dada por *este* móvel. Em si, o movimento não tem realidade, falta-lhe *ensidade*. O modo não se separa do ser modificado, não se distingue real-fisicamente dele, mas apenas *modalmente*, como demonstrou Suárez.

O modo é, portanto um *haver* da coisa, e fora dessa coisa é nada, pois o movimento *deste móvel*, fora dele, seria nada.

Portanto, o modo é um *haver* de outra entidade, dela absolutamente inseparável, e não tem uma estrutura ôntica independente, mas apenas ontológica.

Falta-lhe, assim, perseidade (*ens per se*), não tem ele subsistência, nem subjetividade, pois o movimento deste móvel não tem uma subsistência fora do móvel, já que existir *per se* é ter entidade fora de suas causas.

Ora, o modo não se dá fora de suas causas, por isso lhe falta a estrutura ôntica *per se*.

[1] [Que o modo é a última determinação de um ente evidencia-se *per se*, pois um ser determina-se pela sua natureza, e a última determinação é a que lhe é dada pelas modais que apresenta.]

O modo é, assim, absolutamente dependente do ser que modifica. Mas é positivo, porque a modificação é real. Consiste, portanto, no *atualizar-se* como entidade modificativa no ato de modificar, no *haver* da entidade.

É uma determinação última de uma estrutura ôntica, e é atual.

São os modos também chamados de *modais* e independentes do nosso intelecto.

Como, porém, são absolutamente dependentes da coisa modificada, distinguem-se desta apenas modalmente.

Mas essa distinção é real, ou melhor, real-modal. A união une, a inerência inere, o movimento movimenta. São modais, cuja realidade está na sua atualidade funcional, modificação do que a elas preexiste.

A modal é consequentemente posterior ao ente, e este lhe é anterior.

A entidade modificada, no curso dos seus modos, permanece como ser; a variância está na diversidade do seu *haver.*

As modais são, portanto, maneiras de ser, e não puro nada. A sua entidade é a mais tênue que se conhece; é o grau intensistamente menor de ser, para usarmos a linguagem scotista.

O ser subsistente é aquele que existe *por si*, que tem existência e perseidade. Mas todas as coisas criadas, finitas, têm um modo de subsistir incompleto. Só o Ser Infinito existe com perseidade absolutamente completa. Se as modais revelam a imperfectibilidade dos entes, não revelam a imperfectibilidade do ser.

O modo indica a imperfectibilidade, porque ele afirma o poder-ser deste ente, e se perfectibiliza, como potência, no ato, através do devir, que nos revelam os modos.

O modo aponta um limite, pois é uma determinação última; mas é ele do *sendo* e não no *ser.* Já vimos que o ser finito não nega o infinito poder do Ser Supremo, porque o menos inclui-se no mais.

Se os modos revelam a imperfeição dos entes, é porque os tomamos onticamente, mas transcendentalmente não são uma imperfeição do ser, porque este, ontologicamente, é perfeição.

Por isso o ser finito não é uma perfeição do Ser Infinito, mas surge *da* sua perfeição.

O modo é um *haver* formal em outro ser, e nesse haver está a sua entidade, que consiste num determinar em outro de outro (inaliedade e abaliedade). A união é modo enquanto une; a figura, enquanto configura; a ação, enquanto é dimanação ou *fieri* (devir), como exemplifica Suárez.

O modo não surge em estado potencial, mas só como atual determinação de outro ser, e é nesta atualização que está a sua entidade.

Portanto, o ser do modo e o modificar nele se identificam.

Suárez define o modo com estas palavras:

> [...] nas coisas criadas, além de suas entidades quase substanciais ou radicais (por assim dizer), se encontram alguns modos reais que também são algo positivo e determinam [atual e formalmente] essas entidades por si mesmos, conferindo-lhes algo que está fora da essência total enquanto individual e existente na natureza das coisas.[2]

Sendo a ação um modo, ela é *de* e *em* alguma coisa, com a qual se consubstancia; entidade de outra entidade.

A dependência *per se* não é nada, mas é apenas o ato de depender; consequentemente, é uma modal, e inerente à entidade dependente.

Assim, a dependência do efeito é uma determinação formal última do efeito.

A ação é a modal do atuado, como a figura é a modal do configurado, e a união, do unido.

Ora, os modos são inseparáveis da entidade que é modificada, e a sua entidade é proporcionada a essa entidade.

Como os modos não se identificam absolutamente com a entidade modificada, dela se distinguem. O ser do modo é a sua insistência (*in-sistentia*, ou *sistere in* outro), seu ser, portanto, é *in* outro (*in alio*, *inaliedade*).

A essência e a existência do modo são proporcionadas ao ente ao qual inerem. Tudo quanto se dá fora do nada é Ser.

Embora o modo não se separe fisicamente do ser, que ele modifica, tem uma entidade.

[2] Francisco Suárez, *Disputações Metafísicas*, disputação VII, seção I, 17 (*Disputaciones Metafísicas*, vol. 2. Trad. Sergio Rábade Romeo, Salvador Caballero Sánchez e Antonio Puigcerver Zanón. Biblioteca Hispánica de Filosofia, vol. 24. Madrid, Gredos, 1960, p. 23).

E como o modo é sempre uma determinação atual, seu ser é atual.

Surgem os modos por *edução* ou *coedução*, pelas coordenadas cooperacionais, das quais depende a constituição dos entes.

Sua origem é por *edução* (de *ducere*, conduzir) variável, gradativa e vária. Essa edução é o *fieri* (devir), processo *vial* ontológico, cuja transitividade nas modais é a modificação, e implica os termos *a quo*, de partida, e *ad quem*, meta para onde tende.

O movimento é a própria edução, como a produção é a própria ação formal e última do produzido.

Como consequência do estudo das modais, verificamos que a ação pertence ao atuado; é uma modal deste. Assim, a criação pertence à criatura, é inerente a esta, e não ao Criador.

Como a modal não se dá sem a entidade que é modificada, a criação não se dá sem a criatura. Sendo o modo proporcionado à coisa à qual ele se inere, a finitude do ente limita a modal, consequentemente.

Não há modais infinitas no ser finito. A criação é dar o ser a outro, e este é necessariamente finito, e finitas necessariamente as suas modais.

Não há, portanto, nenhuma contradição aqui, pois a criação não delimita o Ser Infinito, mas apenas o ser finito, a criatura.

O limite é inerente ao ser finito; é, portanto, uma modal deste.

O surgimento deste revela uma crise, pois é um possível que se realiza. O possível, na ordem do Ser Infinito, é infinito enquanto nele. Na ordem ôntica, o ser finito se determina pelas próprias determinações, pelo limite que o separa da infinitude. Por isso, criar é dar existência a outro.

Mas esse modo é ainda do ser, e não está absolutamente dele desligado, como o menos não se desliga do mais, sem o qual o menos não é.

Desta maneira, a criação não refuta o Ser Infinito, e o ser criatural encontra nele a sua razão de ser. É o que examinaremos a seguir.

TESE 190 – Um ato é sempre atuante. A modal do atuado é a ação, e esta é proporcionada à natureza daquele.

O ato atua, e o resultado é a ação. Mas a ação implica o atuado, o realizado, e é ela inerente ao atuado.

Ora, a modal é proporcionada ao ser ao qual se inere; consequentemente, é proporcionada à natureza do resultado em ato.

Se a modal fosse desproporcionada ao ente ao qual se inere, ela seria mais que ele, e, como consequência, o suprimento de ser viria de outro, e este outro seria o nada absoluto, o que é absurdo.

Dialeticamente, a modal é proporcionada ao ente ao qual se inere, porque a ação é proporcionada à natureza do que a sofre.

Logo, a modal é sempre proporcionada ao ser modificado.

Esta demonstração corrobora a dos princípios anteriores.

TESE 191 – A ação não é o ser, mas este, por ser perfeito, atua.

A ação é modal e, portanto, é inerente a um ser. Se a ação fosse *per se*, teria uma subjetividade, e haveria assim uma ação suspensa em si mesma, como o propõe o *dinamismo*, que é abstrato e falso.

A ação é inerente ao atuado, mas dele distinta, não porém fisicamente; é algo produzido. Se as coisas fossem pura ação, não teriam qualquer subjetividade.

Um ser só é perfeito quando atua, quando realiza a ação, pois um ser não atuante ou seria um ser inerte, sem ato, o que é contraditório, já que a última raiz do ser perfeito é ato, ou seria mera possibilidade, portanto, em outro.

Um ser é perfeito quando em ato. Atuar exige o ser em ato que atua a ação. Portanto, um ser atua proporcionadamente ao que é em ato; proporcionadamente à sua perfeição.

De qualquer forma, a ação é uma modal do atuado, porque a este é absolutamente inerente. Mas, para dar-se a ação, é imprescindível um agente que atue o atuado, no qual se dá aquela. Assim, o agente move *este* ser, mas a moção *deste* (ação) dá-se *neste*, é inerente a *este*.

TESE 192 – Nenhuma entidade finita cósmica e nenhuma entidade noético-abstrata (criada pelo homem) são subsistentes per se suficientes, nem têm em si a sua razão de ser.

Esta tese encontra sua base no que já foi demonstrado. Que nenhum ser finito tem em si a sua última razão de ser, é evidente, pois, do contrário, não seria finito, mas sim infinito, como é o Ser Absoluto, que tem em si a sua razão de ser.

Se admitíssemos que seres, como a matéria, a energia, a força, etc., embora com fundamento nas coisas (*fundamentum in re*), são *per se* a sua razão de ser, seriam eles consequentemente infinitos.

Ora, uma força infinita seria a negação intrínseca da força. E se a matéria fosse infinita nesse sentido, seria ela puro ato, o que a identificaria ao Ser Supremo, ou pura potência, o que a reduziria ao nada.

Estabelecer que o primeiro princípio de todas as coisas é um ser finito é afirmar uma absurdidade, porque esse ser seria em si, apenas em si, a sua razão de ser; seria *per se* absolutamente subsistente, seria, portanto, infinito.

Seria apenas um novo nome que se daria a um mesmo conteúdo.

Ademais, esse ser seria contraditório, pois, ao mesmo tempo que é ato puro, é também potência, e poderia receber uma determinação de um outro ser ou de si mesmo, e cairíamos nas aporias e absurdidades do dualismo, ou então teríamos de admitir que o nada é ativo, o que seria absurdo maior.

Portanto, nenhum ser finito e nenhuma entidade abstrato-noética do homem podem ser *per se* subsistentes. Só o pode o Ser Infinito, cuja explicitação para o homem decorre da primeira apreensão simples do ser, como já o demonstramos. Nessa simples afirmação de que "alguma coisa há", algo transcende ao homem, pois nela está o caminho para alcançar o Ser Absoluto, como o demonstramos.

Mais ainda, é isso uma prova em favor de que nenhum ser é totalmente separado de outro, nem, por maior razão, do Ser Absoluto, o que vem corroborar os fundamentos da filosofia concreta, que expomos neste livro. Achando o Ser, o caminho pode estar velado, mas há um para alcançar o absoluto, sem necessidade do salto de uma ordem para outra, como demonstramos, pois seguimos um vetor que jamais nos exigiu ofender um princípio de lógica nem de dialética bem fundada.

Da Operação Criadora

TESE 193 – Os seres finitos dependem do Ser Infinito e são eles produtos de um operar deste.

Já provamos que o ser finito depende do Ser Infinito, pois dele pende. Não proviesse dele, e por não ter em si mesmo uma razão de ser, viria do nada absoluto, o que é absurdo.

Consequentemente, provindo os seres finitos do Ser Infinito, e não sendo partes deste, surgem de um operar dele, o que é uma decorrência rigorosa do que até aqui ficou provado.

Resta examinar *qual* é esse *operar.*

TESE 194 – O operar do Ser Infinito, gerador dos seres finitos, é necessariamente ad extra (exteriorizador), e a operação que surge é o que se chama Criação.

O Ser Infinito é imutável, já o demonstramos. Os seres finitos dele dependem, e surgem de um operar dele.

Examinado o conceito de operar, à primeira vista consiste ele na atividade que realiza, que produz alguma coisa.

Mas os conceitos de *realizar* e de *produzir* levam-nos ao *logos* do "tornar real", do dar uma realidade a algo que é normalmente possível.

Sendo o nada absoluto impossível, o dar realidade a alguma coisa é tornar real o possível, que o é porque não contradiz o ser e pode ser real.

Produzir é levar algo (que é possível) a existir, ao pleno exercício de ser. Portanto, a estrutura ontológica do operar implica o dar existência ao que é possível.

Mas, se observarmos as operações (que são ações), veremos que há as *transeuntes* (ou *transitivas*) – as que passam de um lado para outro, em que o agente atua sobre algo, como o artista que modela o barro – e há ainda *ações imanentes*, que são propriamente as que se dão no próprio agente, que são internas, como o pensar do escultor, que planeja a modelação da matéria. Estes dois tipos de ações se interconexionam frequentemente.

Ora, a ação do agente é proporcionada e adequada a este.

Só o Ser Infinito poderia realizar um agir infinito, e um operar que lhe fosse imanente seria indubitavelmente infinito.

Se observarmos os entes da nossa experiência, verificaremos que um ser inorgânico atua apenas exteriormente. Um ser orgânico realiza ações imanentes, como as realizam a planta ao crescer e o ser humano ao pensar.

Aqui o ser atua a si mesmo. Sua ação dá-se em si mesmo.

O Ser Infinito, ao atuar imanentemente, não realizaria algo separado de si mesmo. Por sua vez, a ação imanente no ser humano é uma ação acidental.

Para que o Ser Infinito dê surgimento a seres outros que ele, é mister que o seu operar não seja apenas imanente, pois, sendo apenas tal, e sendo infinito, seria *ele* mesmo, que se identificaria com a sua ação.

Ora, o Ser Infinito, ao operar, não sofre qualquer mutação em si mesmo, porque não é ele mutável. Quanto ao operar imanente tal afirmativa é clara.

Mas o que é realizado por uma ação transeunte é outro que o operador, e dele dependente, portanto finito, limitado.[1]

Consequentemente, esse operar tem de ser *ad extra* (para fora) e não *in intra* (nele mesmo). Decorre daí que tem de haver no Ser Absoluto dois modos de operar: *in intra* e *ad extra.*

Operar *in intra* aponta a um ímpeto livre que escolhe dar existência ao que é possível de ser. Em palavras humanas: uma *vontade* que *delibera* dar ser a outro, que é possível de ser.

O Ser Infinito não sofre mutação nesse operar *deliberativo*, porque nada perde de seu infinito poder, ao agir desse modo.

Esse operar é absolutamente intrínseco. Mas tende para um termo, para *outro.*

"Vontade" é o poder infinito (ímpeto) de realizar, que á absolutamente livre.

[1] [Ação transitiva (também chamada transeunte) é a que se transmite de um sujeito a um objeto distinto dele.]

Nesse operar *in intra*, o Ser Infinito distingue-se como "vontade" e como "intelectualidade" - dois conceitos tomados analogicamente, pois nele há uma vontade que escolhe entre possíveis (*inter lec*) -, as quais são infinitas nele.

Ora, vimos que o nada não pode ser termo de uma operação. Ao termo do operar *ad extra* algo começa a ser; é esse o precípuo momento em que começa a ser.

Esse segundo operar (*ad extra*) realiza alguma coisa extrínseca, a *criação*.

Mas o Ser Infinito, quando opera extrinsecamente, não se separa de si mesmo porque é ele que opera, pois é absolutamente simples.

Consequentemente, pode-se distinguir o Ser Infinito, por um lado, como "forma de si mesmo" (vontade) e, por outro lado, como intelectualidade ao deliberar (operar *in intra*) e realizador da deliberação, o que consiste em dar ao possível uma realidade determinada, tornando-o criatura, produto do operar *ad extra*, a criação.

A criação, que surge do operar *ad extra* do Ser Infinito, é, consequente e necessariamente, exterior, que é o que queríamos provar.

A seguir, demonstrar-se-á por outras vias o fundamento apodítico desta tese.

TESE 195 - A criação não se dá ex-nihilo absoluto.

Na concepção cristã da criação, o *ex-nihilo* refere-se ao nada relativo e não ao nada absoluto. Haveria flagrante contradição se a criação se desse *ex-nihilo* absoluto, pois este teria em si a possibilidade de ser, o que é absurdo. Logo, a ideia cristã da criação só pode ser concebida como partindo do nada relativo.

E os possíveis, enquanto tais, são nada, relativamente à realidade cronotópica.

Criar, portanto, é tornar real o que é possível. A criação humana caracteriza-se por tornar real uma possibilidade já fundada em elementos reais existentes, dando-lhes nova ordem.

Já vimos que o universo, considerado como um todo, é transimanente à soma de suas partes, mas os seus atributos são os dos seres finitos, elevados ao grau máximo.

O universo, como soma dos seres contingentes, é ainda contingente, porque implica, exige um Ser Absoluto, que o crie.

Portanto, nós podemos ser o modo de ser que o Ser Supremo não é, enquanto infinito, mas que é dele.

Os atributos negativos não revelam o que Deus é, mas apenas o que não se pode dizer que é.

TESE 196 – O Ser Infinito, como forma, como operar e como unidade absoluta, é sempre UM.

Propriamente, esta tese já foi demonstrada por outras vias.

Mas cabem aqui algumas distinções importantes: o Ser Infinito, que é UM, é de poder infinito, e *nele* tudo quanto distingamos tem de ser infinito.

O proceder intrínseco e intimíssimo desse ser, que é ele mesmo, na infinitude do seu ato, é infinito.

Como dele provêm e dependem todos os seres, estes surgem dele por seu livre "assentimento", pois, como já vimos, ele é absolutamente livre.

Mas este assentimento não pode ser considerado senão analogicamente ao assentimento humano, porque não se trata aqui de apenas tolerar o surgimento de entes finitos, mas da disposição de realizá-los, o que é análogo ao que chamamos vontade.

O operar *ad extra* (exterior), que dá surgimento ao ser finito, implica a escolha (a seleção). O ato de escolher, pela vontade, revela também a intelectualidade no homem, o que permite uma analogia com o ato de escolher, que é implicado pelo operar *ad extra*. Daí poder-se falar numa *intelectualidade* do Ser Infinito.

Mas esse ato de escolher, de seleção, enquanto ato que se distingue da ação e do escolhido, não se separa do Ser Infinito e com ele se identifica.

O Ser Infinito, portanto, além de ser o que é, atua, intrinsecamente e extrinsecamente.

Quando, num ato de vontade, deliberamos realizar algo, este algo é escolhido entre outros possíveis de serem realizados.

No agir, que realiza a operação, a vontade não se fusiona com a ação, pois permanece em nós como é; a ação é que é distinta do agente, pois pertence ao operado. É uma modal deste, como já vimos.

Desta maneira, analogamente a nós, o Ser Infinito *quer* e escolhe.[2]

O papel de agente, que ele representa, implica a sua antecedência como forma (*vontade*), e como intelectualidade, que é gerada por ele.

Entretanto, como é absolutamente simples, a sua vontade e a sua intelectualidade são simultâneas e eternas. E estão tão unidas que nós, para expressar essa intimíssima e absoluta união, buscamos simbolizá-la pelo conceito de amor, que aqui une mutuamente. Deste modo, podem-se distinguir: *primeiro*, a "forma" como vontade; *segundo*, o *atuar* como intelectualidade; e *terceiro*, o poder unitivo do ser como *amor*, pois a vontade e a intelectualidade, nele, não se separam.

Na simbólica das religiões, encontramos a expressão desses três *papéis*.

Mas é na cristã que foram mais bem expressos. Estes três papéis, na linguagem escolástica, não são chamados pessoas modais, mas apenas o Ser Infinito.

Se houvesse separação entre tais papéis, haveria um abismo, e o UM não seria Um. É por ser UM que a Trindade é UM. São os três *papéis* infinitos do Ser Supremo, porque infinitas são a sua vontade e a sua intelectualidade, e infinita a sua união entre elas, o *amor*.

E o termo latino que indica papel é *persona* (de *per* e *sonare*, "soar através de...", nome que se dava às máscaras que vestiam os atores antigos, na função de protagonistas).

Daí dizer-se que a Trindade são três *pessoas*, mas que formam um só Ser, ou três *papéis* do mesmo Ser Absoluto.

TESE 197 – O Ser Infinito (Ser Supremo) tem consciência de si. O Ser Infinito é pessoa.

Consciência vem de *cum scire* e significa, etimologicamente, o saber de que se sabe, um conhecer o conhecer, um sentir o sentir.

Embora tais palavras não nos indiquem com suficiente precisão a consciência, ela caracteriza-se, no homem, que a tem num grau elevado, por saber que é, que sente, que sofre.

[2] [Ao dizer-se que são análogas a nós as funções do Ser Infinito (Ser Supremo), devem-se salvar as proporções axiológicas, pois em nós elas são deficitárias, enquanto nele elas são absolutamente perfeitas].

Desdobra-se, assim, o homem, na consciência, num saber que se sabe.

Ser pessoa é representar um papel. Esta palavra, que tem sua origem num termo de teatro, como já vimos, significa bem a personagem, aquele que desempenha um papel. O ator, que representa um papel, é *portador* deste.

Levada para a Filosofia, a palavra tomou o sentido de "portador de si mesmo", e somos pessoas quando nos sentimos como portadores de nós mesmos, e temos consciência da nossa personalidade. Quando falamos do que portamos: meu corpo, a minha vida, eu mesmo, etc., revelamos, nessas expressões, que nos sentimos como alguém que assume o seu próprio papel, alguém que é portador de si mesmo.

As coisas brutas não têm consciência de si, e nunca poderiam construir uma personalidade; não seriam pessoas. Conhecer a si mesmo, saber que se é, é atingir um grau mais alto de perfeição. Se uma pedra tomasse consciência de si mesma, ela seria uma pessoa. Se o Ser infinito e absoluto não tivesse consciência de si mesmo, seria imperfeito, o que é absurdo.

Considerá-lo como um grande inconsciente é resultado de má meditação sobre o tema da perfeição. O Ser infinito e absoluto é a plena consciência de si mesmo, porque nele o saber é absoluto, porque nele as perfeições são absolutas. Portanto, é uma pessoa personalíssima.

Não se alegue que há aqui uma valorização humana quanto à perfeição – poderia alguém argumentar que ter consciência de si mesmo vale menos do que ser um ente bruto. Pondo de lado, nessa afirmativa, a influência de certa decepção humana de caráter histórico, considerada em si mesma ela peca fundamentalmente. Uma pedra bruta tem menos perfeição do que um ser vegetal, pois este, além de ser um ente físico--químico, atualiza uma meta na natureza, a de ser vivo, o que não atualiza a pedra bruta. O animal, além de vivo, tem sensibilidade e atualiza uma perfeição que não a tem o simples vegetal, que é a de sentir. E o ser humano atualiza uma perfeição de que não têm nem a pedra bruta, nem a planta, nem o animal: a racionalidade. E, no homem, atualiza uma perfeição mais alta aquele que é uma personalidade, aquele que não é um qualquer, mas é ele-mesmo, na plena extensão deste termo.

É fácil compreender-se que a personalidade é uma perfeição de grau mais elevado, pois, para alcançá-la, é necessário ascender numa escala de perfeições. Como o Ser Supremo é o portador das perfeições infinitas, se carecesse da perfeição da personalidade, que é positiva, seria ele deficiente.

E ademais essa perfeição, de que participamos nós homens, se não viesse dele teria surgido do nada, o que é absurdo.

E é absurdo porque, se uma perfeição se atualiza, ela vem do Ser, que, na ordem da eminência, como primeiro anterior, deve tê-la no grau intensistamente maior.

No entanto, a nossa personalidade é análoga e não unívoca à do Ser Supremo, porque nós a temos em grau intensistamente menor, porque somos finitos, e o Ser Supremo é infinito.

TESE 198 - O que resulta do operar ad extra do Ser Infinito é sempre menor que o operar.

Os pontos fundamentais desta tese já foram devidamente provados; entretanto, podemos acrescentar outros argumentos.

O Ser Infinito é ato puro, portanto a sua "vontade" é livre, livre é a sua escolha, livre o seu poder de escolher; a sua intelectualidade, o *Logos* (como Princípio, Poder e Lei) dos gregos, o *Verbum* dos cristãos, que está unido à vontade pelo poder unitivo, infinito do Ser.

A intelectualidade, *Logos* (*Verbum*), realiza o operar *ad extra* da criação.

Este operar implica um operador de poder infinito, mas o seu produto, a operação, é deficiente em relação àquele.

O "produto" do operar não poderia ser infinito, porque estaríamos, então, apenas na processão intimíssima do Ser Infinito, entre ato puro e poder de escolha.

O termo da operação, o operado, é outro que o operante; portanto, daquele se distingue. Não pode ser mais (pois o excedente teria vindo do nada), mas apenas ser *menos*, por ser dependente, o que não contradiz o poder absoluto do Ser Infinito.

O operado *depende* do operante; portanto é finito. Abre-se entre ambos a *crise*, porque o ato que realiza a criação realiza a *crise*, e a criatura, por ser limitada, é necessariamente deficiente.

TESE 199 - O ser finito, que é a criatura, não pode ser maior nem igual ao Ser Infinito, e sim menor e em semelhança.

Criar é dar o ser a algo. Cria-se de duas maneiras:

1) Dos elementos de que se dispõe, constitui-se um novo ser pelo agir do agente, como o artista que realiza um quadro, dispondo de vários materiais, e dando-lhe uma ordem segundo a sua vontade.

Esta *criatura* (ou seja, o que foi criado) é proporcionada ao agente e ao material que daquele recebeu a nova forma.

2) Vimos que o Ser Infinito antecede o finito por dignidade, axiologicamente, como valor; ontologicamente, como razão de ser do ser finito; e onticamente, como ser, pois o finito lhe é, de qualquer modo, posterior.

Como o ser finito não o antecede, nem é simultâneo ao Ser Infinito, pelas razões acima apontadas, antes de ser não era o nada absoluto, mas sim um nada relativo, um possível de ser, algo que podia ser.

Apenas neste sentido se pode compreender que o Ser Supremo fez todos os seres do nada. Quer dizer: não os fez *de nada*.

O possível de ser não podia fundar-se no nada, pois só é possível o que já está num antecedente que é. Consequentemente, as criaturas, como possíveis, já estavam como tais no poder infinito de atuar do Ser Infinito.

O ser do ser finito provém do Ser Infinito. Portanto, tem com este certa semelhança, que é gradativa, pois há seres que contêm mais perfeições do que outros e, como o Ser Infinito é oniperfeito, os seres serão mais semelhantes a ele na proporção da maior soma de perfeições de que participarem.

Nenhum ente, no entanto, deixa de ter semelhança com o Ser Infinito, pois, para que nenhuma semelhança tivesse com ele, deveria não ser portador de nenhuma perfeição, o que o identificaria com o nada, o que é absurdo.

TESE 200 – O Ser Infinito é causa de todos os efeitos, e estes não podem ser infinitos.

O Ser Infinito é o *primum effectivum*, e em operar é causa de todos os efeitos, como já o demonstramos.

O efeito é o *fato*, o que é feito, o qual implica um antecedente.

Consequentemente, ao primeiro efeito, faltar-lhe-ia a perfeição de ser incausado e incausável, atributo do Ser Infinito.

Portanto, o primeiro efeito não poderia ser infinito, pois, para o ser, deveria ser incausável, o que ele não é.

O primeiro resultado da ação exteriorizadora do Ser Infinito não pode ser absolutamente infinito. Restar-lhe-ia apenas a infinitude em sentido específico, não absoluto.

De qualquer forma, o primeiro efeito carece da perfeição de ser incausado e incausável, ou de ser independente, e, ademais, de todos os atributos absolutamente infinitos, o que já tivemos oportunidade de examinar nas teses anteriores.

O ato de criar, portanto, é um ato de *crise*. Este termo significa *separar*, e, realmente, o que caracteriza o ato criador é a crise, apontada pela carência de alguma perfeição de que o primeiro efeito, por ser dependente, está privado.

O primeiro efeito do Um é o "outro". Mas esse outro participa de perfeições do Ser Infinito, pois o ser que tem lhe é dado por ele.

E como desse se diferencia, é análogo ao Um, pois a analogia é uma síntese de semelhança e de diferença.

O ser finito, criado, era um possível contido no poder infinito do Ser Absoluto. Criar é dar realidade a um ser separado, a um ser determinado, pois é ele privado das perfeições infinitas.

Por isso surge nas religiões a concepção de que a criatura é queda e traz em si esta marca.

O poder infinito do Ser Absoluto não sofre restrição nenhuma ante o resultado da operação, porque o limite da criatura é desta e não do Ser Infinito. E a finitude da criatura não contradiz a infinitude do Criador.

TESE 201 - A ação do Ser Supremo sobre todas as coisas não se dá nunca à distância em sentido absoluto.

Um dos grandes problemas que encontrou a escolástica quanto aos atributos de Deus, que é para ela o Ser Supremo, é o da *imensidade* e da *ubiquidade*.

A imensidade é da divina essência de Deus, enquanto é necessariamente presente em todas as coisas. A imensidade de Deus é fundada na infinidade, e a ubiquação é infinita e eterna, porque a sua essência é *simpliciter* infinita. Ora, não tendo a criatura uma essência *simpliciter* infinita, mas apenas Deus, só este pode ter imensidade.

A onipresença de Deus é outro postulado, e funda-se na ubiquação intrínseca, que é infinita, porque a sua essência é infinita. E a mesma razão leva a afirmar que só Ele tem a infinita onipresença.

O grande argumento a favor da imensidade de Deus está na repugnância da ação à distância, portanto está ele em toda parte (*ubique*).

Mas alegam alguns, e entre eles Suárez, que o argumento de que repugna a ação à distância, e por ser Deus agente atual do qual dependem todos os seres do mundo por ação criadora, conservadora e cooperatriz, é uma prova da sua imensidade, não, porém, *per se* suficiente. Não é *per se* suficiente, porque a razão (*ratio*) que nos leva a não admitir a ação à distância funda-se numa indução extraída da observação dos fatos corpóreos.

É uma necessidade física, e a razão dessa necessidade é relativa à fisicidade. Se um ser corpóreo atua sobre outro, há entre eles uma certa indistância, porque o agente atua sobre o paciente indistintamente.

Se há atração do Sol sobre a Terra, essa atuação se processa indistantemente, porque algo do Sol, que atua sobre a Terra, é indistante desta. Se tal se dá com os seres físicos, não se pode dizer o mesmo de Deus, que não é um ser físico.

Se as inúmeras razões e objeções clássicas criam um terreno de disputa, já na dialética ontológica a solução torna-se simples.

Nenhum ser físico pode atuar à distância, porque, se houvera um abismo entre o agente e o paciente, aquele não poderia atuar sobre este.

Mas é preciso considerar que Deus é infinito em sua operação e, consequentemente, é infinito em sua presença em todas as coisas, pois estas, se se dão fora dele, não se dão absolutamente fora dele. É um princípio que decorre do que já foi demonstrado, pois tudo quanto pode ser e é é do Ser Supremo, já que nada se dá absolutamente fora dele.

Como poder-se-ia dar um ente absolutamente fora do Ser Supremo?

Nesse caso, haveria rupturas no ser, e o abismo estaria traçado, o que é absurdo em face das teses já demonstradas.

Consequentemente, toda ação do Ser Supremo não se dá nunca à distância, em sentido absoluto, mas só relativamente.

O Ser Supremo é ubíquo e imenso para a escolástica, e filosoficamente tem-se que aceitar tal tese. Quanto à filosofia concreta, sua prova é apodítica em face do que já foi demonstrado, pois não há ser que não dependa dele e que não o tenha como seu sustentáculo, razão pela qual a sua presença é imensa e ubíqua.

A ubiquação é uma realidade positiva e não negativa. Negação haveria na não-presença (ausência). A presença é sempre afirmativa. A ubiquação do Ser Supremo não é uma relação, pois é o fundamento das relações que surgem dos seres dependentes. É uma perfeição intrínseca do Ser Supremo, e não a ele extrínseca, pois, do contrário, seria ele contido em outro, o que é absurdo ante as teses já demonstradas. Ademais, não há nenhuma imperfeição, pois essa ubiquação é absolutamente simples.

TESE 202 - Não é a ação o fundamento da indistância do Ser Supremo e das coisas fora dele, mas a imensidade daquele é que é o fundamento.

O fundamento da indistância do Ser Supremo e das coisas, que estão relativamente fora dele, é a sua ubiquação infinita em ato, a sua imensidade, em suma. Sem a ação do Ser Supremo, não haveria coisas fora dele, mas essa ação não é o fundamento da relação de presença. Assim como a ação é necessária para que haja coisas verdes mas não é ela fundamento da similitude das coisas verdes com o verde.

A ação não é, pois, o fundamento da relação de similitude; é-o, sim, o fato de serem elas verdes. Assim também quanto à relação de presença. Não é o fundamento dessa relação ser o Ser Supremo a causa eficiente primeira das coisas, mas é a imensidade do Ser Supremo o fundamento da ubiquação, da indistância.

Se a ação transitiva fosse a razão formal da presença do Ser Supremo nas coisas, não seria ele realmente indistante das coisas, mas apenas extrinsecamente, o que seria absurdo, pois negaria a real onipotência do Ser Supremo e, ademais, porque a forma extrínseca não dá uma denominação intrínseca, mas meramente extrínseca.

A ação transitiva dá apenas uma denominação extrínseca. A presença não é constituída pela ação; ela é *anterior* à ação transitiva.

Do contrário, seria *posterior*, e a presença não seria independente da ação, nem seria infinita em ato a imensidade do Ser Supremo, o que seria absurdo em face das teses demonstradas.

TESE 203 - É ontologicamente falsa a mutabilidade absoluta.

O conteúdo ontológico da *mutabilidade* implica mutação, consequentemente sucessão, trânsito de um estado para outro. O que muda é algo que transita, adquirindo ou admitindo algo.

A mutação pode ser extrínseca ou intrínseca, ou meramente terminativa.

Tais distinções impõem-se necessariamente ao nosso espírito, pelo que segue.

O que muda, no que muda, ou é extrínseco a ele, ou lhe é intrínseco, quando há alguma realidade adquirida ou admitida. Propriamente, é o que surge do trânsito de algo, já *havendo* de um certo modo, para outro modo *havendo*.

Há, contudo, mutações impropriamente ditas, que não aquelas que se dão extrinsecamente, como a de alguém ser amado ou odiado por outro.

Também podem ser estabelecidas outras espécies de mutação, como a física, a substancial, a acidental, a moral e a intelectual.

É absolutamente falsa, ontologicamente, uma mutabilidade absoluta.

Vejamos: a mutação implica sucessão. Implica um antes e um depois.

Uma mutação absoluta seria a aniquilação total e absoluta, seria a ausência de um depois, pois este, para ser predicado de alguma coisa, liga-se realmente a esse *alguma coisa*. Numa mutabilidade absoluta, o *alguma coisa* seria niilificado, total e absolutamente.

O Ser Supremo não tem antes nem depois, e é absolutamente imutável, como o provamos por outros caminhos.

Por ora, queremos apenas provar que, não havendo mutabilidade absoluta, onde há mutabilidade há imutabilidade. Consequentemente, todas as coisas mutáveis, sob certo aspecto, devem permanecer imutáveis, embora por algum tempo.

TESE 204 – A imutabilidade do Ser Absoluto é necessariamente absoluta infinitamente.

O ser mutável é o ser potencial, porque só pode mudar o que pode mudar. O Ser Supremo não é portador de nenhuma potencialidade passiva, consequentemente não muda, e é imutável. E o é porque mudar implica adquirir ou admitir intrinsecamente alguma coisa, o que, em face das demonstrações já feitas, nele não se pode dar.

O ser mutável não é absolutamente infinito, porque carece de alguma coisa que pode adquirir ou admitir. Sendo o Ser Supremo absoluta e essencialmente infinito, nele não pode haver mutabilidade de qualquer espécie.

É necessariamente imutável, já que qualquer mudança no Ser Supremo seria resultado de uma carência, e essa só poderia ser de ser, e ele, como já se demonstrou, não carece de ser.

E nenhuma das espécies de mutabilidade lhe poderia ser atribuída.

Encontram muitos filósofos dificuldade aqui, pois a imutabilidade do Ser Supremo choca-se algumas vezes com as crenças religiosas, e sobretudo por oferecerem os textos religiosos problemas que exigem soluções.

Não podemos neste livro examinar tais problemas, porque teríamos então de fazer obra de teologia, o que estenderia demasiadamente o seu âmbito.

TESE 205 – Todas as coisas, sob algum aspecto, são imutáveis.

Sendo impossível a mutabilidade absoluta, como demonstramos até aqui, inevitavelmente, em todas as coisas que são, há uma certa imutabilidade, isto é, sob algum aspecto há imutabilidade. Alguma coisa perdura nas coisas, que são idênticas, pois, a si mesmas.

Essa imutabilidade pode ser ou formal, ou substancial, ou acidental, mas tem de haver, por necessidade ontológica, ante a impossibilidade da mutabilidade absoluta.

TESE 206 – A presença do Ser Supremo é absoluta.

Prova-se ainda deste modo:

Há duas espécies de presença: a absoluta e a relativa. A absoluta é intransitiva, como a da imensidade do Ser Supremo, a ubiquação infinita que já examinamos. A relativa é uma relação de indistância resultante das ubiquações próximas ou íntimas entre duas coisas.

Essa relação exige dois termos. A presença do Ser Supremo só pode ser, por exigência ontológica, absoluta.

TESE 207 – O ser finito é sempre diádico.

O ser finito, por efeito de nele se distinguirem essência e existência, e pela hibridez de potência passiva e ato, como já tivemos oportunidade de examinar, é fundamentalmente diádico, ou seja, composto, o que implica, no mínimo, *dois.*

O ato de criar realiza a crise, a separação entre criador e criatura. Mas essa separação não pode ser absoluta, pois ter-se-ia intercalado o nada absoluto entre o Ser Infinito e a criatura, o que nos colocaria num dualismo, que é absurdo, ou na aceitação de rupturas no ser, o que também é absurdo.

A criatura analoga-se ao criador por ser portadora das perfeições que lhe dão o ser.

O ser é, em última análise, o que é, o que se "opõe" ao nada absoluto, ao nada total, como já vimos. Portanto, em seu fundamento, todo o ser, inclusive o ser determinado, prefixado, o ser finito, é, em face do nada, plenitude de ser, pois o que nele houver é apenas ser, já que, neste, enquanto tal, não há desfalecimentos, nem graus, pois, do contrário, seria uma mescla dele com o nada absoluto, o que é absurdo.[3]

É neste fundamento que os seres se univocam. Enquanto apenas *ser*, todos os entes se univocam na presença afirmativa do Ser, o "oposto" absoluto ao nada total; mas, considerados na sua essência e na sua onticidade, revelam modalidades, diversidades, pois são isto ou aquilo.

Os entes criados são diferentes e a diferença exige a díada, revelada pela crise.

TESE 208 – Na criação, o escolhido é atualizado, e o preterido é virtualizado.

No ato de criar há uma escolha, e a escolha implica o escolhido e o preterido. O preterido é, pelo menos, um possível.

O escolhido (o preferido) é o possível que foi tornado real. Mas o preterido não se reduziu ao nada absoluto, mas apenas ao nada relativo, ao que ainda não se subjetivou existencialmente (o *prometeico* criacional, que os escolásticos chamavam de *criabilia*, *futuribilia*, etc.).

Desta forma, o ato de criar realiza a *crise*, porque realiza uma separação.

O que é em ato é o preferido, e o que permanece possível é o preterido, nada relativo determinável, atualizável na realidade criatural.

[3] [O ser finito compõe-se com o nada relativo, que ainda é positividade, pois o que lhe falta e o que o limita marcam-lhe as divisas. Ele implica, para ser, todo o ser, todas as perfeições do Ser. Assim, em linguagem da matemática comum, poder-se-ia dizer, apenas em sentido quantitativo, que "o Ser = este ser + todo ser que não é este".]

Este pensamento se verifica inclusive em todas as grandes ideias religiosas, e também na filosofia aristotélica, na platônica, e em todos os grandes pensamentos filosóficos.

O ato de criar, por realizar uma operação diádica, abre a *crise*, a "separação das águas" da Bíblia hebraica.[4]

Este ato realiza a criação simultânea de *ato* e *potência*, a determinação e a determinabilidade, como o expõe Tomás de Aquino.[5]

Para os pitagóricos, a criação é diádica, fundamentalmente diádica, e com ela surge, pela determinação do ser criatural, a sucessão, porque o determinado, sendo dois, abre-se à processão ativa e passiva das determinações sucessivas. Surge, então, o "inverso" do Ser Infinito, porque o processivo, o diádico, gera a sucessão.[6]

A criação é, assim, a temporalização dos possíveis, que se atualizam e se tornam reais-temporais, obedientes às leis intrínsecas das suas formas, das suas estruturas esquemáticas intrínsecas (leis de proporcionalidade intrínseca).

O agente atua no atuado; neste é que se dá a ação, que é uma modal, como já vimos.

O conceito de ação encerra, em sua estrutura ontológica, a dualidade ato-potência. E a prova dessa afirmativa decorre apoditicamente do que vamos expor: a ação, sendo uma modal do atuado, inere-se neste absolutamente.

O atuado, como tal, é um efeito, é um ser dependente, finito portanto.

A ação é um *sendo*, pois é o partir de um termo para outro. Na ação, todo momento é, afirma a sua presença e, simultaneamente, o que virá-a-ser, a potência. É da intrinsecidade da ação a dualidade ato e potência.

[4] Cf. Gênesis 1,6-8: "Deus disse: 'Haja um firmamento no meio das águas e que ele separe as águas das águas', e assim se fez. Deus fez o firmamento, que separou as águas que estão sob o firmamento das águas que estão acima do firmamento, e Deus chamou ao firmamento 'céu' [...]".

[5] Cf. Santo Tomás de Aquino, *Suma de Teologia* I, q. 74, a. 2, *ad* 1: "[...] no dia em que Deus criou o céu e a terra, criou também todos os arbustos dos campos, não em ato, mas *antes que surgissem da terra*, isto é, em potência. Agostinho registra isso no terceiro dia; os outros, na primeira instituição das coisas" (Joaquim Pereira [ed.], 2. ed., vol. 2. São Paulo, Edições Loyola, 2005, p. 344-45, grifo no original).

[6] [Contudo, a criação implica o exame dos possíveis (o *Meon*, o não-ser pitagórico-platônico), o que será oportunamente dualizado, segundo o nosso método dialético.]

A criação é uma ação, e ela dá-se na criatura, porque é modal desta, a esta inerente.

A ação que surge da operação *ad extra*, que é a criação, é intrinsecamente dual, porque, nela, há o que atua (em ato) e o *em que* se atua (potência). Ato e potência, no exame ontológico da ação, revelam-se, não como duas substâncias separadas, como parece surgir em alguns momentos na filosofia clássica, mas apenas como dois lados positivos, os dois vetores positivos da substância universal, do Todo, que é acional, criatural (co-princípios do Ser Infinito).

O ato criador é a infinita potência ativa de determinação, à qual corresponde a infinita potência passiva da determinabilidade. Ao infinito potencial corresponde o infinito potencial passivo. Mas a determinação não tem limites para determinar o que é determinável. Fora do que é determinável, a determinação não pode determinar. Assim, a determinação não poderia realizar a determinação do Ser Infinito, porque este não é determinável (característica dos possíveis).

Portanto, a infinitude potencial ativa de determinação é capacidade sem limites de determinar tudo quanto é determinável.

Vê-se que, ontológico-concretamente, o conceito de determinação é inseparável do de determinabilidade, pois o determinante o é proporcionadamente à determinabilidade. Na criatura, o ato é o ato da potência, como a potência é a potência do ato. São pouco relativos, isto é, a realidade de um depende da realidade de outro; ou melhor, há apenas a realidade de ambos, que se distinguem sem se separarem.[7] A potência é assim eficaz, porque tudo quanto um ser pode sofrer é o que é proporcionado à sua forma, à sua natureza. Portanto, a determinação é sempre proporcionada à determinabilidade; o que pode vir-a-ser é proporcionado ao que já é. E o que pode vir-a-ser, a potência de um ser, é o poder desse ser de ainda ser. Portanto, a potência é algo eficaz, porque é a presença da capacidade de poder ser, da eficacidade para eficientizar-se.

O ato determinante é a eficientização dessa eficacidade. Deste modo, provamos, por outros caminhos, a nossa tese sobre *ato* e *potência*,

[7] [Para Pitágoras, são opostos analogados, e pertencem ao mesmo *logos*, o da substância universal, do Todo, o Um criatural. O Um gera o Um, e este o Dois. É o que examinamos em *Pitágoras e o Tema do Número* (São Paulo, Ibrasa, 2000, p. 213-18, 230-33).]

exposta em *Ontologia e Cosmologia*:[8] no ser criatural, o ato é a eficientização da eficacidade; a potência, a eficacização da eficienticidade.

Em suma: o operar *ad extra*, de onde resulta a criatura, implica um selecionar, uma escolha.

A seleção é diádica, dual, porque implica um escolhido e um preterido.

Todo operar é seletivo, portanto dual, porque escolhe o operado que, por sua vez, é determinado, e pretere o que lhe é inverso. Na ideia da criação como operar *ad extra*, está implicada a díada.

O Ser Infinito "realiza", na criação, o ser possível, que não inclua intrínseca contradição, pois isto ofenderia a ordem do Ser e *seria nada*.

Criar nada não é criar.

TESE 209 - O Ser Supremo como operar não é um mero participante do Ser Supremo como forma.

O Ser Supremo como forma é um, e como *operador* é *outro*. Mas esse outro não é um participante daquele, porque a participação implica dependência, e uma forma. No *operar*, há a comunicação de toda a essência infinita do primeiro, do Ser Supremo como *forma* (vontade). Não há uma forma distinta da essência eminencialmente idêntica, mas uma expressão dessa essência eminencialmente idêntica. É, em suma, o Ser Supremo ao operar, como operante. Consequentemente, só metaforicamente podemos chamá-lo de outro. Em suma, a operação é *outro papel* que o Ser Supremo desempenha, mas essencialmente é o mesmo. Na linguagem religiosa, são duas pessoas numa só substância, dando-se ao termo *pessoa* o sentido de *papel*, como já vimos.

O Ser Supremo como forma atua, e o seu atuar (*operatio*) é gerado (de *genere*, de fazer, executar, realizar), e tem a mesma forma, como vimos. Daí a simbólica do Pai e do Filho, porque o pai, ao gerar o filho, repete neste a mesma forma, a humana.

Como a linguagem das religiões é profundamente simbólica, compreendem-se, assim, tais símbolos e suas significações.

[8] Mário Ferreira dos Santos, *Ontologia e Cosmologia*. 3. ed. São Paulo, Logos, 1959, Tema V, Artigo 2, p. 159-68.

Corolários

A forma dá por si mesma o ser em ato a uma realidade, pois é ela por essência um ato. Ela não dá o ser por intermediário.

*

A última diferença específica é a mais perfeita no ente, porque é a mais determinada.

*

A última diferença específica é a mais perfeita no ser (ente), pois é ela que acaba a essência da espécie.

*

Só é subsistente, e per se, *o ser que não é nem acidente, nem forma material, e cujo ser não parte de um ser. Assim o é o Ser Supremo.*

*

A natureza de uma realidade é revelada pela sua operação.

*

Nenhum ser pode engendrar a si mesmo.

*

Um ser age na proporção em que está em ato, e, segundo o que está em ato, age. É pela forma que um ser age.

*

Os seres cujas atividades próprias são diferentes pertencem a espécies diferentes.

*

A diversidade na espécie é sempre acompanhada de uma diferença na essência.

*

Há uma mesma relação entre as causas universais e seu efeito universal que entre as causas particulares e seu efeito particular.

*

TESE 210 - O Ser dependente participa do infinito e da eternidade.

Não é possível a um ente participar do infinito nem da eternidade, afirmam alguns.

Se fosse impossível, haveria rupturas no ser, o que é absurdo. A participação é ilimitada enquanto tal, quanto às perfeições, mas limitada quanto à identidade, porque os idênticos não têm participação entre si.

Mas, como o conteúdo ontológico de infinito e de eternidade não permite limites formais, muitos afirmam ser impossível que a criatura participe deles.

Mas a participação é meramente formal, e não de composição, em tal caso. Ora, a infinitude, podendo ser relativa, como já vimos, é, portanto, participável pela criatura. Quanto à eternidade, impõe-se outra análise.

A eternidade é totalmente simultânea. No ente, que é isto ou aquilo, na criatura, algo há que é eterno, pois, se ora é isto, ora é aquilo, o ser isto ou aquilo, de certo modo, foi sempre algo, pois, do contrário, viria do nada. Os seres finitos, que são e deixam de ser, de certo modo sempre foram e sempre serão dentro da ordem do ser, pois foram, são e serão possibilidades eidéticas do Ser Supremo, que se atualizaram ou se atualizam deste modo. E esse modo de ser é total e simultaneamente, sempre. É o ser, que está sendo o que é, e, enquanto é o que é, participa dessa eternidade, enquanto ele mesmo é infinitamente a sua própria singularidade, porque só ele é ele mesmo. Portanto, há participação do infinito e da eternidade pelo ser finito.

TESE 211 – O nada relativo, quando contraditório, é absurdo.

Além das provas que já oferecemos sobre a positividade do nada relativo, aduziremos mais as seguintes. O nada relativo é absurdo quando ofende a razão intrínseca das coisas. A única realidade que possui é a ficcional, em nós. E como tal é pensável, ou não.

Quando o nada relativo é pensável, é de uma positividade lógica, ontológica ou possível.

O nada relativo que não é pensável, pois contradiz a razão intrínseca das coisas, é impossível, e é absurdo, como acontece com o quadrado redondo, cujas razões ontológicas se contradizem, se excluem.

Por não ter bem compreendido este ponto é que Descartes chegou ao erro de afirmar que Deus, por ser infinitamente poderoso, poderia criar o círculo quadrado.

É possível tudo o que não contradiz o ser. O que o contradiz é o *nada*. O círculo quadrado não é círculo, porque é quadrado; não é quadrado, porque é círculo; portanto, um termo anula o outro. A afirmação de um é negada pelo outro. Logo, círculo quadrado é nada. Para nada, não é preciso poder algum. Portanto, é improcedente dizer-se que Deus *pode* fazer o círculo quadrado.

TESE 212 – Há uma atualidade inversa à da determinação.

Sendo o possível alguma coisa, pois o nada absoluto é impossível, o que pode ser é de certo modo ser, e tem alguma atualidade inversa à da determinação. Seu ser é potencial, e pertence a um mundo de realidade inversa à realidade fática atual. Em relação a esta, é de uma realidade potencial.

A sucessão seria a passagem dessa realidade potencial para a realidade fática atual; portanto, de um modo de realidade para outro.

Os seres possíveis pertencem a um mundo inverso a este. Se nós, com a nossa esquemática, temos dificuldade de compreender essa inversão, tal decorre de partirem os nossos esquemas da experiência sensível.

Mas, a não ser que queiramos transformar a possibilidade em mero nada, o que seria absurdo, pois então jamais poderia algo surgir, temos de reconhecer que há uma realidade inversa à nossa esquemática sensível.

Na criação, há seleção, pois esta se processa através da processão *ad extra* do Ser Supremo como intelectualidade, como poder de escolha, como já vimos.

O escolhido está limitado pelo não-ele (crise). Instala-se, assim, a dualidade (díada). Há, portanto, positividade no que é, e positividade no que não é. Ao que é, corresponde tudo quanto pode ser, considerado quer em seu gênero, quer em sua espécie, quer em sua singularidade, pois a criatura não é singularmente tudo quanto pode ser.

Há uma positividade no que *não-é-ela*, a qual revela e justifica a primeira.

Os possíveis de um ser não se encontram, portanto, no nada, pois, neste caso, não teriam positividade, e não seriam possíveis.

Para serem, têm de ter uma positividade, e esta é "inversa" à do-que-já-é.

TESE 213 – À infinitude potencial ativa do Ser Infinito corresponde uma infinitude potencial passiva.

À infinitude potencial ativa do Ser Infinito corresponde, inversamente, a infinitude potencial passiva da potência.

É demonstrável essa afirmativa de maneira simples e apodítica.

A infinitude potencial ativa é a capacidade ilimitada de determinar.

O Ser Infinito, em sua atividade, não encontra restrições dadas por outro, pois o nada não pode delimitar.

Consequentemente, à sua capacidade acional corresponde inversamente uma infinitude potencial. Esta não lhe oferece uma delimitação, pois, se assim fosse, haveria fronteiras do Ser Infinito, o que, já vimos, é absurdo.

Ao poder infinito acional do Ser Infinito *tem de* corresponder uma infinitude potencial, isto é, uma determinabilidade sem limites, mas limitada como determinável, possível de assumir *toda e qualquer determinação* cuja razão ontológica não é intrinsecamente contraditória.[9]

Não é a infinitude potencial um nada absoluto, pois já o excluímos, e, ademais, como seria ela determinável, se o nada não pode

[9] [Em *Pitágoras e o Tema do Número* examinamos as teses que estão subordinadas a esta com novas demonstrações e o mesmo fazemos adiante, ao tratar do *Meon*.]

receber determinações, porque não é? Consequentemente, a infinitude potencial tem uma entidade, e de certo modo tem uma presença, porque é alguma coisa.

Cabe-nos, no entanto, precisar em que ela consiste.

O operar *ad extra* cria o sucessivo, portanto atualiza um possível.

Ora, o operar implica o "outro", o resultado: este é consequentemente finito, delimitado pelo operar, pois o infinito não é resultado de um operar, o infinito já-é.

Portanto, o resultado é um ser finito. E operar implica o operado, e a infinita potência acional do operador implica a infinitude potencial do operado, pois, do contrário, haveria delimitações para o operador, o que já provamos ser impossível.

Sendo a operação uma modal do operado e não do operador, como vimos ao examinar as modais, aquela é, pois, diádica, já que implica o que atua e o que é atuado; implica o inverso do que é.

O resultado é, portanto, uma hibridez de acional e potencial, de ato e potência, concepção positiva do aristotelismo, e do tomismo, e de todos os pensamentos mais elevados dos diversos ciclos culturais.

O fazer implica o que é feito, pois não é possível fazer sem fazer algo, pois um fazer que não faz alguma coisa equivale a um não-fazer, a um mero nada.

Impõe-se, aqui, uma problemática que exige análises especiais, o que faremos oportunamente. Antes, porém, é mister fazer outros exames prévios.

Corolários

Da Criação

A criação está subjetivamente na criatura; como, porém, é causada pelo Ser Supremo, é anterior a ela.

*

A criação não é uma mera mutação, mas a emanação universal do ser, partindo do nada subjetivo do ser criado.

*

A criação simples não pode ser operada por seres criados.

*

A criação é a produção da coisa, segundo toda a sua substância, sem ser dela pressuposto nada anteriormente, sem qualquer matéria prejacente, da qual algo seja feito.

*

Nenhum corpo pode criar.

*

Só o Ser Supremo pode criar, por ser simplicíssimo.

*

Criar exige uma potência ativa infinita e uma infinita potência passiva.

*

Todo ser (ontos) *fora do Ser Supremo é criatura.*

*

Criar é o produto da primeira ação ad extra *do Ser Supremo.*

*

Toda criatura é mutável.

*

Observações em Torno do Ato e da Potência

A polêmica entre tomistas e scotistas, em torno de ato e potência, passa a ser facilmente conciliável, após as teses já demonstradas.

O tomista, ao afirmar a infinitude potencial da potência, é positivo, como o é o scotista ao afirmar que há certa atualidade na potência, pois, do contrário, esta seria um mero nada.

O tomista, ao afirmar que a potência de certo modo delimita a forma, é positivo, e o scotista, ao afirmar que a forma delimita a potência, também o é.

Reconhecem os primeiros que a potência é, em última análise, inseparável do ato, pois, do contrário, haveria uma ruptura no ser, e cairíamos em pleno dualismo absoluto, o que é absurdo.

Potência e ato surgem de um só ato criador, afirma Tomás de Aquino.

E, realmente, a operação criadora implica inversamente a infinitude potencial. A infinitude potencial é o vetor inverso da infinitude acional do Ser Infinito. Inseparáveis, portanto, embora ontologicamente diferentes.

Explicam-se, assim, ambas as infinitudes sem necessidade de apelos ao absurdo. A infinitude potencial é indeterminável; não é, porém, um puro nada, porque a sua atualidade é dada pelo ser – tese scotista, que é positiva. A aceitação dessa positividade não exclui a positividade tomista, já inclusa no conceito de criação, que, para Tomás de Aquino, realiza a dualidade: ato e potência.

A potência não delimita o ato criador, por ser ela delimitável.

Ela surge do ato criador, como veremos. Mas a potência já determinada oferece uma resistência à forma, porque a próxima determinabilidade é proporcional ao que já é. Neste caso, a potência limita a forma. É o aspecto positivo do pensamento tomista.

Tomada a potência como o "outro vetor" surgido do ato criador, ela não o delimita. Mas, já determinada, delimita a forma, que é, de certo modo, finita. Desse modo, scotistas e tomistas têm razão segundo a perspectiva em que se colocam.

Conclusão

a. a infinitude potencial não é um mero nada; tem uma atualidade potencial, que lhe é dada pelo ser (positividade scotista);
b. a infinitude potencial é infinitamente potencial (positividade tomista);
c. a potência, quando já determinada, oferece limites à forma, pois esta, que é *in re* e finita, porque é forma de uma criatura, não informaria a potência infinitamente, pois isso seria uma contradição (positividade tomista).

Este aspecto é de máxima importância. A potência, ao receber uma forma, recebe uma forma criatural, não a forma do Ser Infinito, porque este não informa outro, pois, nele, essência e existência se identificam.

Portanto, a informação da potência é já determinação. Neste caso, a forma determina a potência (positividade aceita por tomistas e scotistas).

d. A potência que recebe uma nova forma já está determinada; portanto, oferece uma resistência, pois algo só é informado proporcionadamente ao que já é, como a madeira recebe as formas proporcionadamente ao que é.

Neste caso, a potência delimita a forma (positividade tomista).

Consequentemente:

A infinitude potencial da criação, a matéria primo-prima da operação criacional, é infinita potencialmente, e corresponde inversamente à potência infinita acional. É o vetor inverso desta, e está profundamente vinculada no ser. Há aqui a base positiva da divinização da matéria. Não desta (*hoc*) matéria, não da matéria física, já determinada, mas da matéria *mater*, que em certos pensamentos filosófico-religiosos é simbolizada pela Virgem-mãe.

A matéria *mater* é potencialmente infinita, pura, sempre virgem, capaz de receber a informação sem jamais perder a sua pureza, virgem antes da informação, virgem na informação e virgem depois da informação.

A simbólica cristã poder-se-ia enquadrar aqui, com o devido respeito que merece esse pensamento, que exige do filósofo – quando este realmente o é – um detido exame.

Há, assim, na filosofia concreta, um fundamento à divinização de Maria, cujo símbolo procuramos interpretar deste modo, sem a menor ofensa, pois julgamos que em nada o maculamos.[1]

TESE 214 – À realidade atual corresponde uma atualidade inversa.

Criar não é, portanto, para o Ser Infinito, destacar algo de si mesmo, mas atualizar a potência ativa dentro de outra realidade, que lhe corresponde inversamente.

Há, assim, dois mundos da realidade: o mundo dos possíveis e o mundo do que é em ato.

Um corresponde ao outro, o que dá nova positividade ao pensamento platônico, além das que já salientamos em nossas obras.[2]

[1] Completamente inesperada, esta menção não é retomada em nenhum outro trecho da obra, exceto, se também isto houver de ser considerado, quando Mário faz uma menção ao sentido da maternidade de Deus, tema pouco explorado mas presente na mística judaico-cristã, desde o livro de Isaías até as mencionadas *Revelações do Divino Amor*, de Lady Julian de Norwich. A ideia da identificação da *mater* com Maria e seu caráter consequente de presença simbólica na filosofia concreta não são desenvolvidos, mas é cabível lembrar que, para Mário, a simbólica cristã não era de caráter exclusivamente religioso no sentido institucional, mas se lhe aparecia como conclusão lógica e inevitável do pensamento. Essa proposição, altamente discutível, é exposta por Mário em *Cristianismo, a Religião do Homem*. Bauru, Edusc, 2001. A ideia da figura materna de Deus existe em uma perspectiva teológica bastante antiga, desde o Antigo Testamento, na concepção de que o absolutamente transcendental reúne em Si todas as qualidades do amor expresso em suas inúmeras formas. É nesse sentido que Lady Julian postula a ideia de uma figura maternal – evidentemente como uma noção expandida das formas simbólicas do amor, não como uma derivação das figuras humanas: apenas um amor vinculado ao absolutamente transcendental pode se afigurar nas mais diversas formas. Cf. Lady Julian of Norwich, *Revelations of Divine Love*. London, Penguin, 2005, p. 143.

[2] Cf., por exemplo: Mário Ferreira dos Santos, *Platão – O Um e o Múltiplo: Comentários sobre o Parmênides*. São Paulo, Ibrasa, 2001.

O Ser Infinito nada perde quando realiza a criação. Há sempre uma compensação das duas realidades. Há, assim, *dois mundos*, positividade do pensamento esotérico dos pitagóricos.

Observe-se na Física atual o surgimento ainda vago, impreciso, dessa concepção, a qual nos explicaria melhor a sucessão do devir, da transitividade dos seres, sem necessidade de apelos ao nada, como absurdamente procedem certos pensamentos primários, como o materialismo, que não consegue sair das suas aporias, embora tente escamoteá-las.

TESE 215 – Determinar implica a determinação, e esta a determinabilidade do determinado. À infinita potência ativa corresponde uma infinita potência passiva.

Em favor das teses expostas até aqui, propomos os seguintes argumentos:

Determinar é dar realmente uma sistência prefixada a algo. Ora, esse algo é determinável para ser determinado. Portanto, tem determinabilidade.

O primeiro ato criador é um determinar, que implica a determinação realizada pelo ato e a determinabilidade da potência.

O ato criador pode ativamente determinar tudo quanto é determinável.

Portanto, o ato criador, como potência ativa de determinar, tem a capacidade infinita de determinar todas as determinações. Mas, como poderia esse poder infinito ativo determinar sem o infinito potencial da determinabilidade?

O ato criador é diádico, e cria simultaneamente o ato determinante e a determinabilidade. Se é infinito, como potência ativa de determinar, implica a infinita potência passiva de receber determinações.

Não se trata de uma contradição, como poderia parecer à primeira vista.

À essência da potência ativa infinita, capaz de determinar, deve corresponder uma potência passiva de determinabilidade. Esta não exclui aquela. Ao contrário, uma implica a outra. Mas há uma distinção, porque a infinita potência ativa de determinar é, na ordem da eminência, anterior à segunda, embora ambas sejam contemporâneas (na ordem criatural).

Tal não quer dizer que a primeira seja simultaneamente a segunda, que nela estaria como oposto negativo, mas sim que uma está para a outra como oposto positivo. Não há contradição porque, se admitíssemos a potência infinita de determinar excludentemente, esta seria anulada pela ausência da infinita determinabilidade.

A potência é, assim, do ato; é a potência do ato. É um outro vetor que a nossa razão, por ser excludente (pois sua atividade é essencialmente excludente, como se vê no formalismo que ela gera), tem dificuldade de compreender conjuntamente como um só ato criador e, por isso, separa o que na realidade não é separável, embora seja distinto. Tomás de Aquino sentiu a verdade dessa tese quando disse que o ato criador é um só ato que cria o ato-determinante e a determinabilidade da potência, e não dois atos, que criassem primeiramente um e depois a outra.

TESE 216 – Todo atuar do agente realiza uma ação, e esta é sempre seletiva.

O agente atua, e seu atuar tem uma meta que não pode ser o nada, mas tem de ser alguma coisa. O atuar do agente atua sobre o atuado, que sofre a ação.

Assim, como agentes, erguemos este livro, mas a ação do erguimento deste livro dá-se neste livro. Quando o agente atua, realiza um *possível* seu de atuar, pois, do contrário, seu atuar viria do nada, o que é absurdo. Ao atuar deste modo, deixa de atuar daquele modo. Há, portanto, uma *escolha*, a qual pode ser livre ou não, pouco importa, mas há.

Há, assim, uma seleção entre algo que foi preferido e algo que foi preterido. O atuar é, portanto, seletivo. Nele se dá esse *lec*, essa escolha, entre (*inter*) possíveis. Portanto, o atuar do agente é, de certo modo, um ato intelectual (não no sentido ontológico), pois todo acontecer é sempre o produto de um ato seletivo.

Por outro lado, a ação, que se dá no atuado, é também produto de uma seleção, de uma escolha, pois o atuado é possível de ser atuado pelo modo como o agente atuou. E podia ser, ademais, atuado de outros modos. Este que se realizou foi escolhido entre outros (*inter lec*). A ação revela assim uma escolha, uma "intelecção". Em ambos os casos, há uma separação (*crise*) entre o preferido e o preterido. A ação, portanto, nunca é tudo quanto o ser pode ser, e, ademais, é dependente do agente e proporcionada ao atuado. Consequentemente, o ato criador cria uma ação (a criação), a qual é *crise* e, portanto, finita. Na criação, há o afirmar-se do que podia ser e do que é agora. O ato criador gera a atualização de uma possibilidade. Ao atuar o agente, atua a criação, simultaneamente, do que é determinável e do determinante. Este é ontológica e dialeticamente fusionado com aquele; pois como haver um determinante sem que haja algo determinável?

A razão, o *logos* do determinado, implica, unitivamente, o *logos* do determinável. O ato criador, ao gerar a ação, faz alguma coisa. Mas o fazer é fazer o que é feito; fazer implica o que é factível. Ao fazer, faz-se alguma coisa (ao determinar, determina-se alguma coisa). O operar *ad extra* do ser é assim o gerador de algo, que é simultaneamente determinação e determinabilidade, ato e potência.

TESE 217 – A potência passiva infinita não é o Ser Supremo, mas provém do seu operar ad extra.

Já vimos que o Ser Supremo não pode sofrer mutações, nem quando opera, pois em seu operar não deixa de ser o que é. A potência infinita passiva da determinabilidade (potência) surge do resultado do seu operar *ad extra*; não do operador ao operar, mas da operação, que é uma modal do operado.

Já vimos que a ação de determinar distingue-se do agente que opera.

Determinar implica determinação e determinabilidade. Eis por que, no ato de criar, são criados *ato* e *potência* – num só ato.

TESE 218 – Ato e potência (enérgeia e dynamis) são diferenças últimas do ser finito.

O exame do simples e do composto, como conceitos, permite inúmeras conclusões lógico-dialéticas apodíticas. Diz-se que é simples o que não é composto, mas, por sua vez, o conceito de composto implica a presença de mais de um elemento, os quais podem ser simples ou compostos, e que entram em composição. Desse modo, desde logo se nota que o conceito de composto exige a compreensão do simples, porque os elementos componentes de um ser são, por sua vez, ou simples ou compostos. E se compostos, afinal, hão de ser de elementos simples, pois, do contrário, iríamos ao infinito nessa afirmação. Se o composto é mais compreensível através da nossa experiência sensível, o simples já exige maior acuidade intelectual para estudá-lo e compreendê-lo.

Que se pode entender por *simples*, senão o ente constituído apenas de si mesmo, e que não pode ser outro senão ele mesmo? Simplicidade implica a presença de um ente só sob algum aspecto, e pode-se dizer que uma coisa é simples sob um aspecto e composta sob outro. Teríamos, assim, uma espécie de simplicidade: a simplicidade de totalidade, porque esse ser que, sob certo aspecto, é simples, é, contudo, sob outro, composto. Essa simplicidade é relativa, portanto, a um aspecto. Uma simplicidade não relativa a um aspecto, mas tomada em si mesma e sob todos os aspectos, seria uma simplicidade absoluta. Um ser absolutamente simples seria aquele que, sob todos os aspectos, é tão-somente ele mesmo, e nada mais que ele mesmo.

Ora, um ser desse modo tem necessariamente que existir, pois a sua não-existência não permitiria que se compreendesse a composição, e muito menos que esta fosse possível, porque é impossível uma composição de modo absoluto, uma vez que esta exige, pelo menos, um ente absolutamente simples, salvo se a composição fosse até o infinito, o que é absurdo, pois sempre haveria, e em ato, elementos compostos componentes, sem fim. Neste caso, seu número seria infinito, e poder-se-ia acrescentar a ele mais um, o que seria absurdo, e não seria par nem ímpar, o que também seria absurdo. Logo, deve haver um elemento absolutamente simples para sustentar qualquer ser composto. Desse modo, conclui-se, apoditicamente, que a ideia de composto implica necessariamente a de simplicidade.

O ser absolutamente simples, e que é apenas ele mesmo, tem de ser um ente em ato, porque, se não fosse em ato, como poderia ser elemento real e fundamental de uma composição, já que o ser que não é ato e é em potência é um ser em outro, e não apenas em si mesmo? Tal ser não poderia ser o fundamento de outros. Para que seja tal, é mister que seja em ato, e, como é absolutamente simples, tem que ser absolutamente em ato; ou seja, ato puro, pois qualquer mescla que tivesse indicaria que não é absolutamente simples. Sendo esse ser algo que é real e em ato, é ele o que ele é; ou seja, é ele, existencialmente, o que ele é essencialmente. Sua essência é ser ele mesmo. Nele, existência e essência se identificam.

Sendo tal ser ato puro, nele ser e ato se identificam, e ele é absolutamente ser e absolutamente ato. E como ser e existir nele são idênticos, é ele o único que é ele mesmo, e não há outro ser que seja idêntico a ele, pois esse outro ser seria apenas ele, e nada mais que ele, e não seria outro. Há, assim, um único ser que é ato puro. Ora, tal ser, sendo ato puro, não tem mescla de qualquer outra coisa, pois, do contrário, não seria ato puro. Não é composto de nenhum outro ser, mas apenas de si mesmo. É ele absolutamente eficiente e eficaz, porque, sendo ato puro, seu influxo de ser é absoluto e também primordialmente o primeiro, antes que todos os outros; pois, como poderia ser ele produzido por outro, já que o efeito não pode superar a causa? Esse outro teria que ser igualmente idêntico a ele ou superior a ele. Que seja superior é impossível, porque nenhum ser pode ser mais puro que o que é ato puro. Que seja inferior é impossível, porque como o que tem menos daria mais? Se fosse idêntico, seria ele mesmo. Consequentemente, o ente que é ato puro nunca principiou e sempre foi. E como nenhum ser pode provir do nada, todos os seres compostos posteriores só poderiam vir dele. Ele, necessariamente, é o princípio de todos os outros seres. Como nenhum ser composto tem em si mesmo sua razão de ser, ele, o primeiro, é a razão primeira do ser de todos os outros, que, sem ele, não poderiam ter iniciado a ser, nem poderiam prosseguir sendo. E por quê? Pela simples razão de não ser o nada capaz de dar surgimento a alguma coisa, nem sendo possível que uma coisa dê surgimento a si mesma, pois, neste caso, existiria antes de existir, o que é absurdo. A única solução é que o ser que é feito, como o é o composto, que implica outros para ser o que é, tinha de vir do primeiro, que é único, e que sempre existiu, o ser absolutamente simples.

Surge agora uma pergunta, e de máxima importância. De que é composto, pois, o ser composto?

Não pode ser apenas de seres compostos, já vimos. Conclui-se, então, que é do ser absolutamente simples? Também não pode ser, porque o composto é pelo menos constituído de dois. Ora, ao estudarmos o que é necessariamente da natureza do ser absolutamente simples, vimos que este não pode ser constituinte ou elemento de uma composição. O ser absolutamente simples é ato puro. É primordial e fonte de origem de todos os outros. Os seres compostos têm nele sua razão de ser, pois não a têm em si mesmos.

O ser absolutamente simples, tomado em sua primordialidade, era único, já que todos os outros só poderiam surgir dele. Consequentemente, ele era ilimitado, independente, e tinha em si mesmo sua razão de ser. Ora, diz-se que é infinito um ser que admite adequadamente tais atributos. O ser absolutamente simples é um ser infinito. Poderia ser um ente capaz de receber determinações? Não. Porque só pode receber uma determinação o ser que ainda não a tem, pois, do contrário, tendo-a, não a receberia. E, para receber uma determinação, teria esse ser de ser deficiente de alguma perfeição, que seria atualizada, depois, por outro. Ora, se tudo quanto veio a existir veio do ser absolutamente simples, e não podendo haver outro de idêntica natureza, qualquer determinação lhe seria impossível, porque ele não tinha e não tem qualquer deficiência, pois, sendo ato puro, é puramente ser, e ser apenas, em toda a compreensão infinita do termo.

Dessa forma, não pode ser ele elemento de uma composição, porque o que se compõe com alguma coisa forma com esta uma nova unidade, um novo ser, e o conjunto, de certo modo, é mais que as suas partes, pelo menos quantitativamente. Neste caso, haveria, na composição, um excedente de ser, que não teria vindo do ser absolutamente simples, mas do nada, o que é absurdo.

Poderíamos ainda percorrer muitas vias dialéticas, e em todas elas se mostraria, com evidência cristalina e meridiana, que o ser absolutamente simples não poderia ser elemento de uma composição, ou melhor, não teria validez uma postulação tal. Daí poder-se concluir que o infinito nunca é elemento de composição. Não pode ser, mas esse *não pode ser* não é um *não poder* do Ser Infinito, mas significa que *não pode ser* verdadeiro o juízo que afirma que o infinito pode ser elemento de uma composição.

Ora, se há tal impossibilidade, de que são, então, compostos os seres compostos? Afinal, se não tiverem nenhuma positividade os seus elementos, não a terá o todo, pois a realidade de uma totalidade é de certo modo proporcionada à realidade dos elementos que a compõem.

De qualquer modo, pode-se partir da certeza de que os elementos que constituem um ser composto não são infinitos, e sim, finitos. O que se entende por finito? É finito o ser dependente; ou seja, que pende de outro; cujo ser não tem em si sua razão de ser. O ser finito, sendo ato, não é ato puro, mas ato mesclado de potência, porque não é pura e simplesmente ser, mas ser deficiente, ao qual falta alguma coisa, a independência, a razão de ser em si mesmo; é, pois, finito. Esse ser é determinável, pode receber uma determinação, porque não tem em si a plenitude do ser. Como não se sustenta em si mesmo, porque não é a sua própria razão de ser, é ele dependente e sustentado pelo Ser Infinito. Portanto, um ser composto só o pode ser de seres finitos. Por sua vez, sendo todo ser finito limitado, há nele um *até onde* ele é o que é. Mas o que ele é não é plenitude de ser, mas um modo de ser limitado também. Desse modo, qualquer ser finito é o que é e o que não é, ou é o que é finitamente. É, assim, necessariamente composto do que tem; é deficiente, é algo ao qual falta algo. O ser finito é, pois, composto de sua essência formal, que o delimita, de seu ato deficiente e do que pode ser, pois pode ser delimitado de novas maneiras. Enquanto é o que é, é absolutamente o que é. Mas o que é absolutamente não é um ser pleno, mas um ser limitado pela deficiência de ser. Consequentemente, o ser finito é uma composição de ser e de não-ser. Compõem-no o que é (seu ato) e o que ainda não é e pode ser (sua potência). A última composição de um ser finito só pode ser a determinação que tem e a determinabilidade que possui, o modo de ser que é, e o que se lhe ausenta, o que ainda lhe falta. Mas esse ato e essa potência, sendo seres, são, pois, simples e absolutamente simples? – pergunta-se. E pergunta-se mais: nesse caso, como podem ser elementos de uma composição?

De que o ato do ser finito e a sua potência são os elementos últimos de sua composição, não pode haver dúvida. De que são simples, também não há dúvida, porque o ato há de ser ato, e a potência, potência. Contudo, absolutamente simples não poderiam ser, porque já vimos que só há um ser absolutamente simples. E como sair desse emaranhado de perguntas? Estamos, sem dúvida, ante uma aporia, uma dificuldade teorética.

É preciso buscar analisar melhor os conceitos expressos e procurar a solução, sob pena de tudo cair, desmoronar-se, e termos de principiar, outra vez, do ponto de partida. E temos de fazê-lo sem apelos a absurdos e sem ofensa às regras da dialética concreta.

Quando se diz *ser*, diz-se a presença de algo ao qual não se poderia atribuir o simples nada. Ser é algo eficaz, algo capaz de existir. O nada é incapaz de existir. Se ato e potência dos seres finitos são seres, têm eles aptidão para existir, e poderia existir o *ato finito*, independentemente da *potência*. Se não são seres, são nada. Nesse caso, como sair da situação?

A solução só pode ser uma. Que se entende por ato finito? Entende-se a presença efetiva de alguma coisa. Mas alguma coisa que se efetiva é alguma coisa que é efetivada, porque sabemos que o ser finito, enquanto tal, não existiu sempre, e tem uma razão de ser no ser absolutamente simples e infinito. Se não existiu sempre, uma presença efetiva de alguma coisa é a presença efetiva de uma coisa que se efetivou, de um possível que se efetivou. Ora, o possível é alguma coisa que só o é se for compatível com o ser absolutamente simples, porque, se fosse incompatível com ele, de onde teria vindo? Só poderia ter vindo do nada, o que é absurdo. Portanto, o possível é alguma coisa que não se efetivou, uma possibilidade que pode vir-a-ser. Ao efetivar-se, atualiza-se; ou seja, é ato. O ato é, assim, uma parte do ser efetivo, finito, como o é a potência, que será efetivada por ele. O ato era um possível de ser do possível. Mas, como o ato só é quando é ato, ele não é mais do que a potência determinada. A potência é determinável, e o ato é a sua determinação. Poder-se-ia confundir a potência com a possibilidade? Vimos que possibilidade é o que é compatível com o ser absolutamente simples, mas que ainda não se efetivou, que ainda não está no seu pleno exercício de ser. Mas o que ainda não se efetivou, sendo efetivado, pode deixar de ser efetivado, deixar de ser. Então a possibilidade, que era antes, foi atualizada e deixou de ser. E deixando de ser atualizada, ter-se-ia nadificado? Não se nadificou, porque continua sendo uma possibilidade que já se atualizou, porque, já vimos, é possível o que é compatível com o ser absolutamente simples, o que não o contradiz. Portanto, tal possibilidade retornou a ser apenas possibilidade.

E a potência, que se entende por tal? Entende-se por potência a aptidão de receber determinações. O ser finito é um ser que não é tudo quanto pode ser. Ora, nesse *poder ser* está incluso, pois, a capacidade de receber determinações. Neste caso, todo ser finito é uma potência para receber determinações. E, recebida uma determinação, esta está em ato. Que se vê, pois? Vê-se que nem ato nem potência são propriamente seres, mas os aspectos que compõem o ser finito. São suas *primeiras determinações*. Há ser finito onde há uma determinação e uma determinabilidade. O ser finito é, pois, composto do que é (a potência determinada pelo ato) e do que ainda não é e pode ser (as possibilidades da potência que o constitui). Sendo assim, não há lugar para confusões entre potência e possibilidade, como muitos fazem. E também se esclarece em que consiste a composição última do ser finito: nada mais são que as *últimas diferenças* que constituem o ser finito: ato e potência (*enérgeia* e *dynamis*).

Consequentemente, *enérgeia* e *dynamis* são apenas as *diferenças últimas* que compõem o ser finito.

*

Alcançado este ponto, conclui-se pela validez da tese que afirma que não há distinção real-física entre ato e potência, embora o possa haver entre *forma* e *matéria*.

Há uma distinção *real* entre ato e potência, no sentido que demos a *real*, não porém real-real, ou seja, com separabilidade de coisa a coisa, *ut res et res*. A distinção que se dá é real-formal, no sentido scotista. Há um fundamento no ser tanto do ato como da potência, mas nenhum dos dois se dá isoladamente do outro; ou seja, nenhum subsiste nem poderia subsistir *per se*, como uma coisa outra em relação ao outro, porque ambos são *diferenças últimas* do ser, e não modos de ser.

Poder-se-iam atribuir tais diferenças últimas ao ser absolutamente simples? Não, porque seu ato é absolutamente puro, e não é ele mais nem menos do que é. Não há nele deficiência de qualquer espécie e, portanto, nenhuma determinabilidade, porque, do contrário, não seria infinita e simplesmente ser.

Mas qual o fundamento, então, da afirmativa que decorre da análise dialética do ser absolutamente simples, quanto à sua onipotência? Impõe-se, aqui, uma distinção importante. A potência finita de sofrer e a potência de fazer. O ser finito não é tudo quanto pode ser, e pode ser mais (a sua *dynamis* o indica), fazendo ou sofrendo. A potência que tem é potência de receber determinações ou realizar determinações. Mas as determinações que possa realizar serão sempre proporcionadas à sua *enérgeia*. A onipotência do ser absolutamente simples não pode ser passiva, mas apenas ativa; ou seja, é a capacidade de determinar tudo quanto é capaz de ser determinado, tudo quanto não contradiz o ser.

A potência ativa do ser finito é limitada ao que o ser finito é, enquanto a do Ser Infinito é absolutamente indeterminada; pois, enquanto o primeiro pode somente o que pode, o segundo pode tudo quanto pode ser.

Por isso, a potência do Ser Infinito chama-se onipotência, enquanto a do finito é apenas potência.

Através dessa análise dialético-concreta do tema do simples e do composto nos foi possível não só provar, mais uma vez, de modo apodítico, a existência do Ser Infinito, como também que não tem validez a tese panteísta que o torna elemento de composição dos seres finitos, como, ademais, que *enérgeia* e *dynamis* nada mais são que diferenças últimas do ser, o que dá validez ao pensamento fundamental do pitagorismo, que afirma que o princípio das coisas finitas começa com a *díada indeterminada* (*dyas aoristos*), que nada mais é que o par das *diferenças últimas* do ser finito.

TESE 219 – As diferenças últimas são de criação imediata do Ser Infinito, e por elas começa a criação.

Não sendo elas senão as diferenças últimas do ser, só há ser onde elas existem.

A onipotência do Ser Infinito realiza uma determinação. É ela determinante da determinação de um determinável. Ora, realizar uma determinação é dar *termos* ao determinável. Ao criar o ser finito, o Ser Infinito criou suas *diferenças últimas*, pois, sem estas, o ser finito não é. As *diferenças últimas* são, assim, ontologicamente imprescindíveis para que o ser finito seja. Tal também demonstra, por outro caminho, a tese por nós exposta de que o ato criador é o ato de determinar o determinável. E como o fazer implica o ser feito, o ato finito foi criado, simultaneamente, com a potência, pois um não pode dar-se sem o outro. Portanto, é verdadeira a tese pitagórica de que o *Hen*, Ser Supremo, ao criar, é o *Hen-dyas aoristos*, o Um-díada indeterminada, *um* porque o criador é um que cria, *díada* porque as diferenças últimas são ato e potência, e estas são *indeterminadas* porque sempre os seres podem ser outros do que são, como nem tudo que pode ser se atualiza simultaneamente, porque só o Ser Supremo é, plena e absolutamente, ele mesmo sem deficiências.

Portanto, o primeiro ato criador foi o de dar realidade ao ato finito (*enérgeia*) e à potência (*dynamis*), *diferenças últimas* do ser finito, do ser criatural.

Desse modo, fica demonstrado que o ser composto não o é de unidades absolutamente simples, porque só há uma, e esta não compõe seres finitos, os quais são compostos, em última análise, das *diferenças últimas* do ser finito, criatura do Ser Supremo, criador de todas as coisas.

*

Tangemos, aqui, ao tema do *Meon* (do grego *me on*, não-ser), cuja especulação fazemos mais adiante. O exame do Meon (aproveitando assim o termo grego para a filosofia concreta) torna-se tema de magna importância, porque penetra em setores realmente profundos da filosofia superior.

TESE 220 – A privação é componente do ser finito.

Enérgeia e *dynamis* são diferenças últimas do ser, inegavelmente, como demonstramos. Mas, quanto ao ser finito, é preciso acrescentar ainda como elemento componente a privação (o não-ser e o não-ter), que Aristóteles anotou, mas à qual não deu a importância filosófica que merecia. Se, realmente, tivesse ele se dedicado a melhor estudo e análise do tema da privação, teria invadido terrenos novos e resolvido de modo mais consentâneo inúmeras aporias a que, posteriormente, levou de modo definitivo e inevitável o seu pensamento.

A privação é a ausência de um ser determinado ou indeterminado, é o não-ter isto ou aquilo. Ora, todo ser finito caracteriza-se por essa privação, pela ausência de uma positividade pelo menos. Uma rápida análise nos ajudará a compreender este aspecto, que é tão importante para a mais profunda visualização filosófica de temas de tão grande importância.

Tomado o ser, logicamente, como positividade e presença, pode-se dizer que é ser tudo quanto permite predicar-se-lhe alguma positividade. O nada não permite predicar-se-lhe senão apenas nada, ausência total. Portanto, nada não é ser. O ser potencial, possível, é o ser ao qual se pode predicar alguma positividade, a de poder-ser, a de poder existir, a de ser consentânea com a positividade de outros, ou seja, a de não lhe caber nenhuma contradição para ser; pois, podendo ser, a predicação positiva que se lhe faça está devidamente justificada.

O ser finito caracteriza-se por sua deficiência. Dir-se-ia que não procede tal afirmativa, porque o não-ser e o não-ter, sendo meras ausências, não servem para caracterizar, não são propriedades nem atributos, porque tais são positivos e aqueles são negativos. Mas a restrição que se acaba de propor é improcedente pelos seguintes motivos: o não-ser e o não-ter referem-se a algo positivo, porque não-ser ou não-ter nada não é negativo de modo algum. O que se diz que um ser finito não é, ou não tem, é algo sempre positivo. Esse não-ser e esse não-ter (cuja distinção se impõe, e a confusão entre um e outro tem sido a causa de muitas incompreensões da Filosofia) indicam apenas a não-presença de alguma positividade e, portanto, afirmam o limite do ser de que se fala. É o mesmo que dizer: este ser (*hic*) não tem o ser-aquilo (*hoc*), não é aquilo, é apenas o que ele é. Portanto, o limitamos pelo que lhe falta, pelo *deficiens*. A privação, o de que está ele privado, é uma positividade, porque ser privado de nada não é privação. Todo ser finito é um ser privado de alguma positividade. Todo ser finito é um ser dependente, pende de outro e não tem em si mesmo sua razão de ser, pois sua origem e sua razão estão em outro, que lhe dá o ser. A criatura, portanto, na concepção criacionista, é um ser deficiente, pois algo lhe falta. Pelo menos, por não ter em si mesmo sua razão de ser, por pender de outro, falta-lhe a plenitude de ser. Não é ser na plenitude máxima de ser, porque só o é aquele que é a sua própria razão de ser, aquele que não pende de outro, aquele que é ingenerado, eterno. Se o ser criado assim o fosse, seria idêntico ao Ser Supremo. Contudo, desde que dependente de outro, não se lhe pode atribuir o caráter eterno e infinito. A privação marca-lhe a finitude.

Volvendo, agora, à *enérgeia* e à *dynamis* como diferenças últimas do ser, podemos aplicá-las ao Ser Supremo, porque é ele ato puro, como já ficou demonstrado de modo apodítico nesta *Filosofia Concreta*, e, como potência, é a potência ativa infinita, sem limites.

Ademais, o ser finito não limita o Ser Supremo. Quando alguns dizem que tal se dá, porque, ao falarmos deste, dizemos que não é os outros (os seres finitos) e que, portanto, também lhe podemos atribuir uma ausência, enganam-se redondamente. E a razão é simples: se o ser finito é deficiente, dizer que o infinito não é o ser finito não é dizer que é ele deficiente, mas sim, que ele não tem um ser deficiente. Dele se ausenta qualquer modo de ser deficiente; portanto, afirma-se que é totalmente proficiente, no mais alto grau de proficiência. Não há, pois, nenhuma limitação em tais afirmativas, como um mau emprego da lógica e da dialética poderia levar, como tem levado, alguns a inferir tal conclusão.

No exame do tema da analogia, por exemplo, que é um dos magnos problemas da Filosofia, e que tem merecido os mais amplos estudos, vê-se que a polêmica travada entre scotistas de um lado e tomistas-suarezistas de outro, em torno da univocidade e da analogia do ser, perde, desde logo, parte de sua razão. Verifica-se que a má colocação do problema levou ambos os lados a digladiarem-se, julgando que defendiam doutrinas não só antagônicas como antinômicas, e que seria impossível qualquer conciliação. Basta que verifiquemos o seguinte: se ser é tudo quanto permite receber uma predicação positiva, o Ser Supremo e o ser do mais simples ente se *univocam* nessa concepção. Mas onde se distinguem está precisamente na *modalidade que apresentam as diferenças últimas*, pois tanto o ato como a potência de tais seres se distinguem, além de o ser finito ser deficiente e não predicar qualquer deficiência ao Ser Supremo. Nesse sentido, apenas eles se analogam. E temos, aí, também, a base da analogia. Há analogia quando há um *logos analogante*. Este, tomado em sua estrutura eidética, é absolutamente ele mesmo, enquanto os seres que o imitam (pitagoricamente considerando-se), ou dele participam (platonicamente considerando), não o têm em sua plenitude, porque nenhum ser finito é em plenitude a sua espécie. Haveria, aqui, a possibilidade de se fazer uma distinção quanto aos seres que são os únicos representantes de sua espécie, ou seja, que não são propriamente pertencentes a uma espécie, mas são individualmente eles mesmos, em sua espécie especialíssima, como o é, para exemplificar, o indivíduo tomado em sua singularidade histórica (Sócrates é apenas e exclusivamente ele mesmo), ou que são únicos, como o são os indivíduos angelicais no pensamento de Tomás de Aquino. Neste caso, nada falta a tal indivíduo para ser ele mesmo. Se realmente nada lhe faltar quanto à sua espécie especialíssima, enquanto ser não é ele tudo quanto pode ser, nem é, em sua espécie, tudo quanto sua espécie especialíssima pode ser. Sendo o que são, não simultaneamente (*toto simul*), portanto eternamente, todas as suas possibilidades, tais seres não são eternos, embora possam ser eviternos, como veremos. Não atualizam eles tudo quanto podem ser, pois, por serem finitos, são compostos de ato e potência passiva (*enérgeia* e *dynamis*), têm, pois, possibilidades atualizáveis. Deste modo, nenhum ser finito realiza em plenitude absoluta tudo quanto pode ser. Por essa razão, seu ser, considerando-se as diferenças últimas, não se univoca, mas a doutrina da univocidade e a da analogia perfeitamente se conciliam, e a polêmica, embora proveitosa pelas análises que fomentou, entre *univocistas* e *analogistas*, perde parte de sua razão de ser.

Corolários

Um ser finito, como causa, é uma causa finita e deficiente.

*

Só o ser simplicíssimo é uma causa infinita.

*

A criação simples exige um ser infinito, portanto simplicíssimo.

*

Tudo quanto não é contraditório em si, ou seja, que não é intrinsecamente nada, é possível. Todo possível é do Ser Supremo. Todo possível pode tornar-se termo de criação, pois, do contrário, afirmar-se-ia a sua absoluta inviabilidade. Ora, tal inviabilidade seria extrínseca ao Ser Supremo e, por isso, uma limitação à sua onipotência, o que seria contraditório. Impossível, de modo absoluto, só se pode predicar do que é fundamentalmente contraditório. O que é fundamentalmente contrário é absolutamente nada.

*

O ser finito caracteriza-se pela ausência das perfeições possíveis, não só do seu gênero, como de sua espécie e de sua espécie especialíssima. Nunca é tudo quanto poderia ser. Por essa razão, nunca se univocaria simplesmente com o Ser Supremo, mas apenas se analoga com ele.

Comentários

É mister distinguir ato e ato, potência e potência. Considerando-se a díada indeterminada como a determinação infinitamente possível e a determinabilidade como também infinitamente possível, não se pode confundi-las com o ato desta coisa finita e a sua potência respectiva.

A determinação é a aptidão infinitamente potencial de determinar do Ser Supremo em seu proceder *ad extra*. A determinabilidade, a aptidão infinitamente possível de ser determinado, o poder receber determinações, corresponde ao infinito poder de determinar. A esse ato e a essa potência infinitamente potenciais (infinita potência ativa da determinação e infinita potência passiva da determinabilidade), preferimos nomear pelos termos clássicos *ato* e *potência*. Contudo, o ser que já é determinado, o ser finito, tem, por sua vez, uma potencialidade, já que ele não é tudo quanto pode ser genérica, específica e especialissimamente. O ser finito em ato tem uma potencialidade relativa e proporcionada à sua natureza. Só pode ser o que está contido em seu prometeico. Ora, o ser finito em ato é a *enérgeia*, como a chamava Aristóteles, termo que preferimos para diferenciá-lo do ato da díada indeterminada, pois este é o poder indeterminado de determinar indeterminadamente, enquanto o do ser finito é o poder indeterminado de determinar determinadamente (ou seja, proporcionadamente à sua natureza). Assim, também, chamamos de *dynamis* a indeterminada potencialidade de determinação determinada do ser finito, que pode ser determinado proporcionadamente à sua generalidade, especificidade ou individualidade. A potência finitamente indeterminada não inclui contradição, porque indica que o ser pode ser indeterminadamente determinado, proporcionadamente à sua natureza. Cremos ter dado, assim, de modo claro, a distinção que há entre a potencialidade indeterminada infinitamente ativa (ato) e a potencialidade indeterminada infinitamente passiva (potência) da díada indeterminada, por um lado, e a potencialidade ativa finitamente indeterminada do ser finito (*enérgeia*) e a potencialidade passiva finitamente indeterminada do mesmo ser (*dynamis*), por outro lado. Essa distinção permite resolver, de modo definitivo, a polêmica sobre a distinção entre ato e potência, que perpassou e perpassa através do pensamento escolástico, e, ademais, permite delinear com clareza que espécies de distinção há entre eles.

O Tema do *Meon*

Verificamos que o nada absoluto seria a ausência total e absoluta de qualquer coisa; ou seja, a ausência total e absoluta de qualquer ser e a negação absoluta do ser. A esse nada chamamos *nihilum*. Verificamos, ainda mais, que tal nada é absolutamente falso porque alguma coisa há, o que é suficiente para refutá-lo totalmente.

Examinamos o *nada relativo*; o nada (ausência) de alguma coisa determinada, que verificamos não contradizer a tese fundamental da filosofia concreta, porque *alguma coisa há* não contradiz *alguma coisa não há*. Esse *nada relativo* é positivo por referência, porque se refere à ausência de algo que há ou pode haver, e distingue-se claramente do *nihilum*. Pode ser apontado ao lado de tudo quanto é finito, porque, ao lado desse ser, pode-se apontar o que ainda não é, bem como a compreensão daquele exige o nada relativo, o que se lhe ausenta, para facilitar o melhor clareamento do que é.

Outro nada que examinamos é o *vazio*, que cercaria o ser, um oceano infinito de nada cercando ilhas de ser, como se depreende das concepções atomistas adinâmicas, que já examinamos. É o *nada-vazio*, que demonstramos ser improcedente e falso.

Resta agora examinar outro nada, o não-ser, o *me on* pitagórico-platônico (do grego *mé* = não e *on* = ente), o *outro*, o *állos* de que falava Pitágoras, que se apresentou a muitos como uma afirmação dualista, assim erradamente atribuída a Platão. Sobre esse *nada*, de que ainda não falamos, desejamos agora especular, porque é ele de magna importância para o exame do tema da criação. Temos, assim, quatro espécies de nada:

1. o *nihilum*;
2. o nada relativo;
3. o nada-vazio (*to kenon*, de Demócrito);
4. o não-ser, que chamaremos daqui por diante o *Meon*.

Passemos, pois, ao seu exame, e às teses que dele decorrerão, com as respectivas demonstrações.

TESE 221 – À infinita potência ativa do Ser Supremo corresponde uma infinita potência passiva.

A onipotência do Ser Supremo indica a potência ativa infinita; ou seja, o poder de atualizar sem restrições tudo quanto é possível, tudo quanto pode ser. Ora, ao supremo poder de atualizar tem de corresponder o *tudo quanto pode ser*, a potência infinita do poder-ser que ainda não é. Tudo quanto não contradiz o ser e seus *logoi ontologikoi* pode ser.

Tudo quanto puder vir-a-ser, tudo quanto é passível de ser, é não o que é em ato, no ato do Ser Supremo, mas tudo quanto esse ato puro pode atualizar na sucessão do acontecer. A criação, ontologicamente, é um poder-ser do Ser Supremo. Este, ontologicamente tomado enquanto ato puro, é o criador, que atualiza o que é criável. Ora, o *criável* é do poder absoluto do Ser Supremo. Mas o *criável*, enquanto não é em ato, enquanto não atualizado, é apenas *criável*, uma possibilidade.

A infinita potência ativa do Ser Supremo implica, pois, o que ainda não é mas pode ser. Se houvesse alguma restrição no poder-ser, haveria restrição no poder atual do Ser Supremo, como vimos. O que pode ser é do poder, portanto, do Ser Supremo. Corresponde, assim, à infinita potência ativa do Ser Supremo uma infinita potência passiva, que ainda não é, mas que pode ser. Não é enquanto tomada em si mesma, mas é no poder do Ser Supremo. Esse infinito potencial, ou seja, esse poder-ser sem limites é *outro* que o Ser Supremo, e é, se tomado em si, não-ser, *Meon*.

Não é um outro ser, porque o *Meon* não é ser, mas o poder vir-a-ser do poder atual do Ser Supremo, que decorre da potência infinita ativa deste.

TESE 222 – O Meon não é ser, é não-ser e, como tal, potencialmente infinito.

Se o *Meon* fosse um ser, teríamos, então, o dualismo. É ele o grande reservatório *para ser* de que dispõe o Ser Supremo em sua infinita potência ativa. Se o *Meon* fosse ser, receberia apenas uma forma do Ser Supremo e, sendo assim, resistiria de certo modo, e restringiria o poder infinito deste. O *Meon* não é ser, pelos motivos já apontados, mas não-ser. Deste modo, se ao Ser Supremo podemos atribuir todas as perfeições, pois é oniperfeito, ao *Meon* não podemos atribuir nenhum predicado positivo, pois, do contrário, seria ser. O *Meon* é a infinita possibilidade de vir-a-ser do poder infinito de atuar do Ser Supremo.

TESE 223 – O Meon não é um infinito de não-ser que cerque a infinitude do Ser Supremo.

Se o *Meon* fosse tal, seria o nada-vazio, o que já demonstramos ser absurdo. Ele não cerca o Ser Supremo, porque, então, este teria fronteiras, limites, como já vimos. Da infinita potencialidade ativa do Ser Supremo decorre necessariamente uma infinita potencialidade passiva. Ao infinito poder-fazer do Ser Supremo tem de corresponder um infinito potencial de poder-ser-feito. E este é o *Meon*. É outro que ele (*állos*), não outro ser ao lado do Ser Supremo, mas outro precisamente porque não-é-ser, é *Meon*. Quando Giordano Bruno considerou a infinita potencialidade passiva como constituindo um ser no Ser Supremo, ao lado da infinita potencialidade ativa, deu ao *Meon* os atributos do ser e caiu, inevitavelmente, no dualismo, tendo sido tão severamente combatido.

O *Meon* não é ser; é não-ser. Não lhe podemos atribuir qualquer potencialidade, porque é a ausência de propriedades; não lhe podemos atribuir presença, porque é ausência de presenças; nem tampouco lhe podemos atribuir uma ausência de ser, porque esta corresponde ao ser relativo.

Encontramo-nos até aqui ante uma exigência dialética do *Meon*, e é nosso dever investigar sobre ele, visto que se impõe a nós como uma decorrência ontológica rigorosa da postulação e da existência do Ser Supremo.

TESE 224 – O Meon é outro do Ser Supremo e não outro ao Ser Supremo.

É o que decorre da demonstração anterior. O *Meon* só pode ser outro, mas pertence ao (é *do*) Ser Supremo, e não outro que se *põe ante* (*ob*) o Ser Supremo. O *Meon* não se opõe, não é um opositor, pois seria então ser. Sendo não-ser, não se lhe podendo predicar o ser, não se opõe ao Ser Supremo no sentido do que é posto *ob*, "diante de...".

Comentários

Tem sempre surgido como uma grave dificuldade (*aporia*) a compreensão da potência, da grande possibilidade de ser, em face da criação. Porque dar o ser é tornar em ser o que ainda não é. Ora, se o Ser Supremo cria, dá ele ser ao que ainda não é. Mas dar ser é, no sentido aristotélico, dar atualidade (ato) a uma potência. Consequentemente, o ato criador é dualmente criador, do ato determinante e da potência determinada, o *dyas aoristos* do pensamento pitagórico-platônico. Mas, de onde surgem esse ato determinante e essa potência determinável? Antes de ser, eram nada, e só poderiam surgir do nada, porque, se fossem ser, seriam Ser Supremo e, neste caso, ele teria dado uma determinação ativa a uma potência passiva do seu ser, evidenciando-se, assim, como um ser composto de atualidade e potencialidade, levando tal posição inevitavelmente ao panteísmo. Desse modo, a solução preconizada tornar-se-ia ainda mais aporética do que fora anteriormente, e as aporias, em vez de diminuírem, aumentariam extraordinariamente.

No criacionismo cristão, Deus fez o mundo do nada. Não é *de* nada que faz o mundo, como se o nada fosse uma espécie de matéria-prima; mas, sim, o mundo parte *do* nada antes de ser, ou seja: antes da criação a criatura era ainda nada.

São por demais conhecidas as aporias que surgem da criação, e a solução desse problema torna-se inalcançável; portanto, não é de admirar que a razão se abisme no mistério e os criacionistas, humildemente, proclamem aqui a sua ignorância, e falem do *tremendum mysterium*.

Salientar essas dificuldades não é refutar a tese criacionista, que, dentro das normas da aporética, como a entendemos, é, sem dúvida, a posição menos aporética que existe e, consequentemente, a que é mais bem fundada. Essa é a razão pela qual julgamos, portanto, que o tema do *Meon* exige esforços em sua solução, porque oferece ele outro caminho, e inaugura uma nova possibilidade de penetrar nesse *tremendum mysterium*, sem que se possa acusar tal tentativa de impiedade, nem de temeridade.

É mister, portanto, seguindo as normas de nossa dialética concreta, dispor dos elementos obtidos de modo a colocá-los favoravelmente ao surgimento de uma intuição apofântica, que possa, posteriormente, ser demonstrada, com o rigor que desejamos dar, e procuramos incansavelmente dar, às nossas demonstrações.

Precisamos, deste modo, colocar o que já há de positivo, e sobre tais positividades empreender a especulação dialética possível. É o que vamos fazer.

Temos já apoditicamente demonstrado o seguinte:

a. O Ser Supremo é a fonte e origem primeira de todos os seres.
b. Fora do Ser Supremo não há nenhum outro ser.
c. O Ser Supremo é o ser intensistamente máximo: oniperfeito e onipotente.
d. O dualismo é absurdo. Consequentemente, não há um outro ser fora do Ser Supremo.
e. Criar é dar ser ao que ainda não era ser, ao criável, ao que podia-ser, aos possíveis de ser.
f. Criar é determinar atualmente o que era potencialmente possível.
g. A finita potencialidade ativa do Ser Supremo exige a infinita potencialidade passiva. Ou seja: à potência infinita ativa tem de corresponder uma infinita potência passiva.

Em face dessas teses já demonstradas, a infinita potência passiva, que chamamos *Meon*, é necessariamente exigível pela infinita potência ativa. O Ser Supremo pode dar ser a tudo quanto pode ser, a tudo quanto não contradiz os *logoi ontologikoi* do ser. A criação, consequentemente, pode ser sucessivamente contínua, ou seja: a uma atualização pode suceder outra atualização, que é a determinação de ser atual do que é potencialmente possível. As mutações que conhecemos são mutações potenciais do que pode ser, que se atualiza no pleno exercício de ser. Não se pode dar um limite a essa atualização porque, então, o poder criador teria um limite, e o limite, como vimos, é absurdo e contraditório à infinita potencialidade do Ser Supremo, à sua onipotência.

Demonstramos ainda mais:

h. que fazer é realizar o ser-feito. Quando se faz alguma coisa, alguma coisa é feita. Se formalmente desdobramos o conceito de fazer do conceito de ser feito, concretamente o fazer é que implica o ser-feito, porque, quando se faz alguma coisa, alguma coisa é feita.

i. O agente atua uma atuação no atuado. Atuar é, portanto, dar ser a um possível. O ser atuante (agente) dá uma determinação a um determinável. Determinar é dar determinação a um determinável. A onipotência do Ser Supremo implica o poder atuar sobre um atuável. Esse atuável é imprescindível ao atuar.

Como consequência, a onipotência do Ser Supremo implica: a potencialidade atuativa infinitamente potencial (o poder sempre atuar) e a potencialidade passiva de determinabilidade (o poder ser sempre atuado). Concretamente, o poder atuar implica o poder ser atuado. O poder ser atuado é inverso ao poder atuar. Consequentemente, é proporcionado, como vimos. E decorre daí:

j. que à infinita potencialidade ativa corresponde uma infinita potencialidade passiva.

A essa potencialidade passiva chamamos de *Meon*. Neste sentido, o *Meon* é inevitável.

Mas, tomado em si mesmo, o *Meon* não pode ser *um* ser, porque se tal fosse seria *outro ser* que o Ser Supremo. Ele tem de ser *nada*. Mas, como nada, não pode ser catalogável em nenhuma das outras três espécies de nada, que já examinamos.

O que ainda não é é um possível do Ser Supremo; ou seja, o possível que está na potência infinita. A onipotência, portanto, é onipotência de fazer e de ser feito. A onipotência de fazer é a atualidade infinita do Ser Supremo e a onipotência de ser feito pertence àquela. O poder ser feito é outro que aquela. Como ainda não é, é *Meon*, não-ser. E como tal, é potencialmente infinito.

TESE 225 – O Meon é infinitamente potencial.

Diz-se infinitamente potencial o que não tem um limite, acabamento, mas pode ser constantemente realizado. O que ainda não é (*Meon*), se não fosse infinito, seria finito, limitado em ato, e, consequentemente, limitaria o atualizador. Neste caso, o poder de criar teria limites, o que é absurdo, pois, então, a onipotência não seria absolutamente onipotência, mas apenas relativamente. Desse modo, tem de corresponder ao infinito poder de atualizar um infinito potencial realizável.

Estaríamos em face de dois infinitos? Não, por uma razão muito simples: a infinitude do Ser Supremo é uma infinitude de ser, e a do *Meon* é uma infinitude de não-ser. No *Meon* não poderia haver o mínimo grau intensista de ser, porque então seria outro ser que o Ser Supremo, e cairíamos no dualismo. Consequentemente, à infinita intensidade de ser do Ser Supremo tem de corresponder uma infinita ausência de intensidade de ser. A afirmação de que é o Ser Supremo o único ser que é simplesmente ser implica, como vimos, que fora do Ser Supremo não há nenhum ser. O *Meon* não é ser de modo algum. Não há, pois, dualismo algum de ser, porque só há um ser, como vimos.

Consequentemente, a cópula *é* da tese não significa ser, mas apenas uma afirmação lógica.

TESE 226 – Ao Haver Supremo corresponde o Não-Haver.

O *Meon* consiste apenas em nada, porque, se tivesse uma consistência, seria ser. Nenhum atributo lhe pode ser predicado. Difícil se torna, pois, falar do *Meon* diretamente. Dele só se pode falar em oblíquo, obliquamente. Mas, como é exigível a sua postulação, impõe-se que especulemos sobre ele.

A onipotência do Ser Supremo *por nada* é limitada. Não tem limites. À afirmação do Ser Supremo impõe-se a negação de outro ser. Ao *Sim* supremo impõe-se o *Não* absoluto. À absolutidade de ser do Ser Supremo, impõe-se a absolutuidade do não-ser outro que ele. O *Meon* é, pois, o *Não*, a ausência absoluta de outro.

Se passarmos os olhos pela filosofia de todos os tempos, encontraremos uma especulação sobre o *Não*, bem como a fixação de intuições místicas sobre ele, como vemos no *Non* de Abelardo, no *Nein* de Mestre Eckhart, no *Nada* de São João da Cruz e, sob certo aspecto, no *Nirvana* dos budistas.

Nada há fora do Ser Supremo. Fora do Ser Supremo só podemos predicar o *Não*.

O conceito de determinar implica o atuar sobre algo que é determinado.

Mas, que é determinar senão realizar o realizado-realizável? E que é esse realizado-realizável, senão *nada*, antes de ser? Mas o realizado-realizável depende direta e absolutamente do que realiza. A onipotência de fazer do Ser Supremo exige a onipotência do ser feito, do que pode ser feito. Consequentemente, o *Meon* não é algo (porque não é) fora da onipotência do Ser Infinito. Como não se lhe pode predicar nenhum predicativo positivo, o que só se pode dizer dele é que é outro que o ser.

A afirmação do Ser Supremo implica a afirmação de que fora dele não há nada.

O Ser não se afirma sem o nada. O nada é o inverso do Ser. Ao *Sic* corresponde o *Non*. Mas o erro dos que postulam o *Non* foi considerá-lo como outro ser que o *Sic* (sim). O *Non* não é ser, mas impõe-se a sua postulação pelo ser. Afirmar que só há o Ser Supremo e o que dele depende necessariamente é afirmar que fora do Ser Supremo não há nada. O nada, portanto, corresponde inversamente ao Ser Absoluto, não como algo que há, mas como algo que não há. Ao Haver supremo corresponde o Não-haver absoluto.

Corolários

O Meon *não tem essência nem existência.*

*

O Meon *não tem forma.*

*

O Meon *não se opõe ao Ser.*

*

O Meon *é outro que ser; é não-ser.*

*

TESE 227 – A Criação exige necessariamente o Meon.

A criação é o possível atualizável que o Ser Supremo atualiza. Antes de ser efetivamente, é apenas um possível e não uma potência à espera de uma forma. Era um possível da onipotência do Ser Supremo. A criação implica necessariamente o *Meon*, pois sem ele seria apenas uma mutação no Ser Supremo, o que é absurdo. O nada, que antecede à criação no mito bíblico, o *Khaos*, que antecede ao *Khosmos* no mito grego, é o *Meon, o que pode ser feito pelo poder de fazer.*

TESE 228 – A onipotência do Ser Supremo também afirma o Meon.

O Ser Supremo afirma-se, e afirma que nada há fora dele.

Sem o *Meon*, a nossa afirmação do Ser seria incompleta. Afirmar que só há o Ser Supremo e que tudo quanto há é dele é afirmar que nada há fora dele. É também afirmar o *Meon*.

O *Meon* não é um outro fora do ser. É o Não, que concretamente corresponde ao grande Sim, pois a absoluta afirmação do Sim implica a absoluta negação do Não.

Os possíveis são da onipotência do Ser Supremo. Como tais, não estão em ato, mas poderiam estar; do contrário, seriam impossíveis. O possível implica, portanto, o poder realizar o ser em ato. O Ser Supremo pode realizar os possíveis. Estes não podem ser partes de ser, porque então o Ser Supremo seria composto. Sem o *Meon*, como seriam possíveis os possíveis? Sendo o *Meon* o poder-ser-feito (a potência determinável), são os possíveis correspondentes e proporcionais ao poder-realizar do Ser Supremo. Portanto, à infinita potência ativa (onipotência) do Ser Supremo tem de corresponder a infinita potência passiva do *Meon*. Justifica-se, assim, a passagem bíblica segundo a qual o Senhor fez o mundo do Nada (*Meon*); ou seja, do possível de ser feito, pela sua infinita potência ativa.[1]

O tema do Nada surge impositivo e exigente, contudo, na Filosofia, quando o especular alcança os temas mais elevados. Não é um tema

[1] Cf. Hebreus 11,3: "É pela fé que compreendemos que os mundos foram organizados por uma palavra de Deus. Por isso é que o mundo visível não tem sua origem em coisas manifestas".

irrelevante e ficcional, mas cheio de exigência e positividade. *Ser* e *Nada* são inseparáveis (*On* e *Meon*), não como uma imensa presença ao lado de uma imensa ausência, não como uma ilha de ser ao lado de um vazio, mas como a não-dissociação do Ser e do Nada, do nada que pertence ao Ser, o *não-ser ainda* que pertence ao *Ser-sempre*, o outro que o Ser, afirmado por este. A onipotência do Ser Supremo seria oni-impotência de fazer se não houvesse o ainda não feito possível de ser feito. O Ser Supremo, tomado em si mesmo, não é ainda o Criador, mas essa distinção é meramente formal. O Ser Supremo é criador desde todo o sempre, porque há o que pode ser criado. A criatura possível não é algo ausente do Ser Supremo, como um possível fora do ser, mas um possível do Ser. Por isso, o Ser Supremo, no seu papel criador, que é o *Verbum* (*o Logos* dos gregos, o Filho dos cristãos), é outro papel do Ser Supremo em sua eterna infinitude, outro sem alteridade, outro papel criador coeterno com ele, porque há o poder ser feito, o *Meon*.

Sem o poder ser feito, a onipotência seria incompleta. E se o poder ser feito estivesse fora da onipotência divina, esta estaria limitada. Portanto, a afirmação da onipotência divina afirma o *Meon*. E tudo isso decorre necessariamente do que foi demonstrado.

TESE 229 – O Meon não é nenhum grau de ser.

O poder ser feito acompanha a criação. É o Não imprescindível a todo Sim. E esse Não é objeto de especulação para o ser inteligente.

Sem o *Meon*, é incompreensível a inteligência. Não há saber sem o *Não*. Pois saber algo é distinguir algo de algo, é afirmar o Sim do que é *cognitum* e o Não do que é de outro que o *cognitum*, Não em face do *cognitum*. Sem o *Meon*, o saber seria confuso e um só, e as distinções seriam impossíveis. E os seres se distinguem e se diferenciam uns dos outros não apenas pelo que são e pelo que têm, mas pelo que não-são e pelo que não-têm.

Ora, todo ser finito é assim um misto de Sim e de *Não*. Nele, o Não é outro que ele, positivo por referência. No Ser Supremo, o Não não é positivo por referência, mas outro que depende da sua onipotência. Desse modo, é impossível a identificação entre o ser do *ontos* finito e o ser do *ontos* infinito. Todo ser criatural é o que é, mas limitado pelo que não é. É assim uma síntese da positividade de sua essência, e também de sua existência, quando existente, mas do seu limite também, positivo este, sem o qual o *ontos* finito seria em si mesmo absoluto, o que é absurdo. A privação - da qual Aristóteles tratou por alto - impõe-se aqui. Todo ser finito é híbrido de ato, potência e privação. A privação é a ausência da positividade que ele não tem nem é. Todos os possíveis do Ser Supremo são positivos na eminência onipotente ativa, não na onipotência passiva, pois esta não-é, é *Meon*. Os possíveis dos seres finitos são modos intensistas de ser, que participam da perfeição de ser. Por isso, nenhum ser finito é tudo quanto ele pode ser, e muito menos tudo quanto o ser pode ser. Portanto, o nada relativo, que é a privação de uma perfeição qualquer de ser, é a privação intensista, gradativa, da infinita potência ativa. É um grau perfectivo de ser. Mas o *Meon* não é um grau de ser, é o supremo grau de não-ser. Não é um nada *fora* do Ser Supremo, mas *do* Ser Supremo, como afirmamos.

Em outras oportunidades, não ainda nesta obra, mostraremos que o *Meon* é imprescindível para que se compreendam muitos mitologemas das religiões, o que exigiria trabalho especial.

TESE 230 - Os possíveis implicam o Meon.

Os possíveis implicam escalaridade, esta implica graus intensistas de ser, e estes, por sua vez, o Não, a diferença.

Porque há o *Meon*, são possíveis os possíveis. O *Meon* é a ausência de ser, de perfeição de ser. A hierarquia dos possíveis implica maior ou menor perfeição. Menor perfeição é o menor ser. Os possíveis podem ser classificados em ativos ou passivos: o possível de fazer e o possível de ser feito. Cada possível é o que é em sua forma pela positividade que tem ou que é. Ora, o que distingue um ser de outro não são apenas o que é e o que tem, mas o que não é e o que não tem. Sem o *Meon* seria incompreensível o possível. Ontologicamente, o possível exige o *Meon*, pois, se a razão de vir-a-ser do possível é a onipotência criadora, não seria ele o que é se não houvesse a deficiência que terá, sem o ser que não será. Sem o *Meon*, a criação permanece no mistério. Sem o que ainda não é, algo não poderia vir-a-ser.

Nossa razão e nosso espírito têm dificuldades em delinear logicamente o *Meon*. Mas este se nos revela apofanticamente, por iluminação, e impõe-se, pois sem ele a criação permanece sempre um *tremendum mysterium*. Ademais a postulação ontológica do *Meon* segue-se da afirmação da onipotência do Ser Supremo. É a postulação ontológica do *Meon* que dá validez ao nada relativo. Este exige o *Meon*, pois, como haver o limitado sem o limite, o ser que é isto ou aquilo sem o ser isto e aquilo que aquele não é?

Comentários Finais ao Meon

Não é o *Meon* uma potência à parte do Ser Supremo de onde este retira a matéria-prima para a realização criatural. O não se haver meditado cuidadosamente sobre o não-ser, que muitas vezes foi escamoteado, devido às dificuldades que oferece, tal impediu que muitos pudessem contribuir para a solução do *Meon*, tão necessária e imprescindível para um filosofar concreto.

Como não-ser, o *Meon* é a ausência do que é no pleno exercício de seu ser. A onipotência do Ser Supremo é onipotência de realizar. Ora, realizar é dar ser, é determinar à existência o que é possível de ser. Mas o possível de ser não pode estar fora do Ser Supremo, porque, então, ou estaria no nada, o que é absurdo, ou estaria em si mesmo, o que também é absurdo, porque assim o possível seria uma entidade fora do Ser Supremo, tendo em si mesmo sua razão de ser. O possível tem de ser possível no Ser Supremo. O possível só pode ser, portanto, o complemento de potência ativa, determinadora. Criar é dar ser ao que ainda não tem ser de modo algum, o que antes de ser era nada.

É a infinita potência ativa do Ser Supremo que cria, que dá ser. E dá como? Determinando o ser, o que implica determinar, dar termo a alguma coisa. Ora, o ato de determinar implica a determinação e o determinado, como vimos. Consequentemente, o determinar criador da potência ativa implica, automaticamente, a potência passiva infinita da determinação.

Note-se, porém, que essa potência passiva infinita não é uma potencialidade *simpliciter*, porque uma potencialidade absolutamente tal seria contraditória e um mero nada. O *Meon* não é um mero nada como o nada-vazio ou vácuo, mas um nada quanto ao que será, quanto ao que virá-a-ser. Em si, é o infinito poder de ser determinado do infinito poder determinante do Ser Supremo. Não é um outro modo de ser, mas um não-ser que virá-a-ser. Não é algo que devém, se torna isto ou aquilo.

Não é, em suma, algo, alguma coisa, da qual usa a potência ativa infinita para dar ser. O *Meon* é a inversão necessária da própria potência ativa do Ser Supremo, é o poder ser determinado sem o qual o poder determinar se anula. Sem o *Meon*, como infinita potência passiva da infinita potência ativa, esta não seria ativa potencialidade infinita.

Nos pensamentos religiosos do *Deus Pai - Deus Mãe*, há uma simbolização do *Meon*, como o há, de certo modo, no pensamento chinês do *Hu*, da harmonia suprema entre o poder ativo do *Yang* e o poder passivo do *Yin*.

Nossa concepção do *Meon* não é uma revivescência dos velhos erros filosóficos do dualismo, nem tampouco do panteísmo, porque essas doutrinas afirmam ou a dualidade de seres ou a proclamação da potência como uma parte do Ser Supremo.

O Ser Supremo em si é absolutamente simples e um só.

A infinita potência ativa, ou a potência infinitamente potencial, de realizar do Ser Supremo, portanto, exige a infinita potencialidade passiva correspondente. Não é esta um outro ser ao lado do Ser Supremo, é apenas o vetor complementar da potência ativa. Nas coisas finitas, o ato determinante determina algo já existente, que é informável, a matéria, por exemplo, ao dar-lhe uma forma. O poder determinante do Ser Supremo não dispõe de uma matéria à parte para ser determinada, como se pretendeu atribuir ao pensamento platônico, considerando-se o *ekmageion amorphon* como a *hyle* no sentido de Aristóteles.

Platão jamais foi dualista, por mais que o afirmem certas "autoridades" filosóficas.

Mas em Filosofia só há uma autoridade, que é a demonstração, e a demonstração rigorosa. E ninguém poderá demonstrar rigorosamente o dualismo platônico. Nem tampouco foi dualista Pitágoras, nem nenhum grande, realmente grande filósofo. O Não-ser de Platão era o *Meon* (e é dele que tomamos a expressão de empréstimo), não-ser, o que ainda não é; não a potência propriamente, mas o que ainda é amorfo, o que ainda não tem forma. A potência é a potência de um ato, a potência funda-se num ato, no poder-ser que resta ainda ao ato. Ao Ser Supremo não resta nenhum poder-ser, porque é o Ser absolutamente simples, e o único que é simplesmente ser. Mas resta um poder-ser ao que é deficitário, criatura. Dando-se ser a esse ser, este era um possível de ser, mas *da* determinação que o criasse. Não era um possível de ser do Ser Supremo, mas o ser possível de ser deficitário. Por isso, na simbólica cristã, o Filho é o Ser Supremo em sua atividade criadora, em seu papel de realizar a procissão *ad extra* da criação. E assim como na natureza o filho antecede à mãe, porque vem diretamente do pai para ser gerado na mãe fecundada, a mãe fecundada é a mãe de todas as coisas, o *Meon*, e o produto desse determinar é a criação (o Cristo), a encarnação do Filho, que *homo factum est*, que informa o homem, que informa um ser criatural.

É o *Hen-dyas aoristos* de Pitágoras, o Um-díada indeterminada, o segundo papel do Ser Supremo, o criador, que realiza a díada indeterminada da potência infinita ativa de determinar, sem fim, indeterminadamente, e a potência passiva infinita de ser determinada, indeterminadamente.

O poder criador não tem limites determinados; portanto, não os têm nem o poder de determinar, que pode determinar indeterminadamente, nem o poder ser determinado, que o pode ser indeterminadamente.

Um é o *Sim* e o outro é o *Não*; um é o que positiva, e o outro o que não-é ainda positivo (é negativo), mas que é positivo pelo determinante. Como todo ser criatural é necessariamente finito, como o demonstramos, há sempre um *não* que o acompanha, o que *não-é*, nada que ainda não é, e que se distingue do nada relativo de nossa experiência, que é a ausência do que já é criatura, do que já é criatural.

Ante o que já foi demonstrado até aqui, impõem-se distinções, que exigem análises dialético-concretas, pois abordamos temas dos mais controvertidos e mais difíceis sobre a criação e a sua problemática.

O conceito do *Meon* e sua explicação abrem as portas para melhor e mais sólida pesquisa no campo da *criação*.

A onipotência ativa do Ser Supremo, que é a fonte e origem de tudo quanto é, implica eminentemente a *possibilidade* de ser do ente criatural. O ente criatural é possível porque não contradiz ontologicamente o ser. Sua existencialização, seu ser no pleno exercício de ser, fora de suas causas, não conduz a nenhuma contradição, nem ofende nenhuma das teses já demonstradas. Ora, a onipotência ativa, o poder infinitamente potencial de realizar, implica inversamente uma infinita potencialidade de ser realizado. Sem a possibilidade ontológica da criatura, o poder criador seria limitado. Ora, como há a onipotência criadora ativa, *tem de* lhe corresponder uma *igual* potencialidade passiva. O termo *passivo* não pode ser entendido da mesma forma como entendemos a passividade do ser finito já em ato. Neste, o passivo é a sua aptidão a receber novas determinações, a evidenciar novas determinações sucessivas. Temos aqui a passividade do que ainda não é tudo quanto pode ser. O mesmo não se pode atribuir ao Ser Supremo. Semelhante passividade não pode ser a do *Meon*, pois a primeira se refere ao que ainda, de certo modo, se ausenta do ser, e que se existencializa progressivamente. No Ser Supremo, a potencialidade passiva é ilimitada e potencialmente infinita, e corresponde, adequadamente, ao poder ativo da determinação. Não é algo que falta, mas algo que já é do poder ativo. No ser finito, criatural, a potência é adequada à forma específica do ente, porque este só pode ser limitadamente ao âmbito do que já é; ou seja, um determinado ente tem aptidão de ser apenas o que é adequado à sua natureza. O *Meon*, ao contrário, não se limita a uma especificidade, mas corresponde ao ser, incluindo todas as especificidades possíveis.

Na filosofia clássica, tínhamos a polaridade aristotélica de *ato* e *potência* (*enérgeia* e *dynamis*, em grego). Como estamos em face de duas conceituações diferentes, podemos aproveitar os termos gregos e latinos para com eles especificar as diferenças, facilitando, assim, uma linguagem mais adequada, por oferecer uma conceituação mais segura.

O infinito poder ativo do Ser Supremo, chamemo-lo *ato criador*, e o infinito poder passivo, *potência criadora*. Deixemos, pois, os termos *enérgeia e dynamis* para nomear o ato finito e a potência finita das criaturas, como já o propusemos.

Isso posto, ressaltam as seguintes distinções:

O infinito poder ativo do Ser Supremo é a aptidão de dar ser a tudo quanto pode ser finitamente, e o *Meon*, a correspondente aptidão de vir-a-ser criaturalmente de tudo quanto pode ser criatural.

A potência ativa do ser finito (a *enérgeia*) é adequada à especificidade deste. Ou seja, este pode realizar tudo quanto é adequado à sua natureza, mas dependentemente dos graus de sua atualização, e a sua *dynamis* (sua potência), a reunião das possibilidades adequadas à sua natureza especifica, é proporcionada ao grau de atualização.

Assim, em relação ao Ser Supremo, o que pode ser criado é o criável, o possível de vir-a-ser, e, consequentemente, é *ab initio* criável tudo quanto pode vir-a-ser.

Mas, atualizado um ser finito, suas possibilidades são correspondentes à sua especificidade em face dos outros fatores dos quais depende.

Consequentemente, antes de ser, um determinado modo de ser lhe é possível, dentro das circunstâncias e condições que o envolvem, proporcionado ao que especificamente pode ser. Mas, atualizado um modo de ser, as possibilidades que daí decorrem são em número menor que o das anteriores, pois muitas já se tornam impossíveis de serem atualizadas. Poder-se-ia exemplificar com um ser humano, que, quando nasce, tem ante si as possibilidades de ser que lhe são adequadas. Mas, atualizadas algumas, muitas tornam-se impossíveis de serem realizadas, como o homem adulto já não pode mais atualizar as possibilidades que tinha quando criança. Dessa forma, o processo sucessivo de seu existir aponta as possibilidades que passam para a categoria das não atualizáveis, que são as pertencentes às fases anteriores, e que dependem estritamente da atualização anterior. A isso chamamos de *epimeteico* do *ontos* finito, e de *prometeico* o que ainda pode ser atualizado.

Também em relação aos *criáveis*, há muitos que poderiam ter sido atualizados, mas, dadas as atualizações já efetuadas, passam para o *epimeteico* criador, como o animal Y que poderia ter surgido na era primária já não surgirá mais agora na quaternária, em que vivemos.

Deste modo, não poderia acontecer que tudo quanto é possível criaturalmente fosse, na temporalidade, criado simultaneamente. Contudo, no *Meon*, todos os possíveis são simultâneos, ontologicamente. Tal não indica uma limitação do poder criador, porque esta pertence à criatura, pois poder-se-iam realizar os modos de ser ainda não realizados numa determinada ordem, pela criação de uma ordem igual, como poderia o Ser Supremo criar uma nova ordem que reproduzisse o período primário e na qual surgisse o ser Y que não surgiu. Nesta, porém, em que vivemos, tal não poderia mais realizar-se, por uma impossibilidade desse modo de ser; não se trata, contudo, de uma impossibilidade a limitar o poder criador do Ser Supremo, mas, sim, de uma limitação da criatura já realizada.

O poder criador do Ser Supremo é, assim, inexaurível. Caracteriza-se, pois, pela inexauribilidade, enquanto a possibilidade do ser finito é exaurível. O *Meon* é, portanto, inexaurível, pois os possíveis criaturais não têm limites enquanto tais, mas apenas quando se referem aos possíveis de um determinado ser já criado.

Penetramos, aqui, num ponto importante. Na onipotência do Ser Supremo, possíveis são todos os seres que não ofendem a verdade ontológica, que não implicam contradição intrínseca, cuja efetivação não se precisa atribuir ao *nihilum*. O quadrado redondo é impossível porque contradiz a ordem ontológica, pois está eivado de contradição intrínseca. Ter um ser finito mais poder do que é proporcionado à sua natureza é impossível, porque assim poderia realizar mais do que lhe é proporcionado, e esse suprimento de poder não lhe pertence, teria de vir do nada, o que é absurdo, ou, então, sendo sobrenatural ao ser, só poderia vir de um ser sobrenatural. Teríamos, então, o milagre (o admirável).

Essa impossibilidade de ser o contraditório, como vimos, não é uma impotência do Ser Supremo, mas uma impotência do ser criatural.

Deste modo, os possíveis são todos os entes ou modos de ser que são proporcionados às razões ontológicas. Ora, essas razões ontológicas são anteriores aos possíveis, no âmbito ontológico, são *logoi ontologikoi*, são razões primeiras, *arkhai*. Por isso, no pensamento pitagórico-platônico surgem como *arkhétypoi*, arquétipos, razões primeiras. A forma do ser finito, portanto, não é, no âmbito do Ser Supremo, algo primeiro, ontologicamente, mas segundo. É o que não contradiz os *logoi arkhai*. Compreende-se agora, de maneira clara, o que o pensamento pitagórico-platônico chamava de *participável* pelos seres finitos, o *imitável* dos pitagóricos.

As formas dos seres finitos (os *eídola*, as formazinhas platônicas) são adequadas às razões (*logoi*) ontológicas. Os possíveis são proporcionados às razões ontológicas do poder criador do Ser Supremo. E, como o quadrado redondo contradiz uma razão ontológica, é ele impossível como tal.

O Ser Supremo é tudo quanto pode ser como Ser Supremo. Os seres possíveis, criaturais, são os que podem ser dentro do âmbito das razões ontológicas, e os seres possíveis dos seres finitos são proporcionados ao poder-ser que é proporcionado à razão ontológica destes. Desse modo, só pode vir-a-ser, num determinado ser finito, o que não contradiz uma razão ontológica e não se opõe às razões de ser dos fatores cooperacionais que lhe permitem ser.

Assim, podemos distinguir dois âmbitos:

1. o âmbito das razões ontológicas primeiras (os *logoi ontologikoi arkhai = arkhétypoi*) do Ser Supremo;
2. o âmbito das razões ontológicas dos seres finitos criados (razões seminais, *logoi spermatikoi*, dos seres finitos).

Os primeiros *logoi* são por nós distinguidos do e no Ser Supremo; os segundos, distinguimos nos *ontoi*. Os segundos dependem, ontologicamente, dos primeiros; os primeiros são da *glória* (*Kleos*) do Ser Supremo, são *kleotypikoi*.

Onde poderíamos, então, colocar os *arithmoi arkhai* do pitagorismo de terceiro grau? Verificamos que os pitagóricos punham estes acima das *estruturas eidéticas*, e estas acima das *formas* das coisas finitas. Em suma, as *formas* possuem uma estrutura eidética, que é constituída das razões ontológicas (*logoi ontologikoi*), que dão a razão de ser eidética às formas. Estas eram, por sua vez, constituídas de *arithmoi arkhai*. Ora, sendo o *arithmós* um esquema da participação, os *arithmoi arkhai* têm de ser constituídos pelo que é participável do Ser Supremo. Como toda participação é proporcionada ao ser que participa do participável, só o poderiam ser os atributos supremos do Ser Infinito. Consequentemente, os *arithmoi arkhai* seriam os primeiros *logoi* que participam dos atributos divinos, por exemplo os de ser, unidade, verdade, justiça, beleza, harmonia, etc.

Consequentemente, a estrutura ontológica dos *eídola* é formada do que é participável no e do Ser Supremo, ou seja, o grau de participação de um ser finito é proporcionado ao grau de participação que ele tem com tais atributos, os *arithmoi arkhai* que constituem a razão ontológica de suas formas.

Permite, assim, a filosofia concreta concrecionar o que é disperso no pensamento abstrato da Filosofia. Aliás, a finalidade de toda a nossa dialética concreta consiste em jamais tomar separadamente uma formalidade sem considerar não só o que constitui a sua estrutura como também o que a esta se opõe. Por isso, se construímos juízos determinados e os juízos que lhes podem ser opostos, as aporias que surgem nos permitem facilitar o encontro do caminho que leve à verdade ontológica, pela inevitabilidade das contradições e dos absurdos que revelam as tomadas que falseiam o verdadeiro caminho (em grego, *méthodos*: método).

O que ressalta dessa análise é o seguinte: os possíveis, tomados em sua razão ontológica, são ontologicamente delimitados. Mas tal não implica haver no Ser Supremo uma soma de entidades que constituem o seu ser. Os possíveis não constituem a onipotência infinita do Ser Supremo, mas são, e apenas, o que pode essa onipotência realizar. Desse modo, quando nos encontramos em face de certo pensamento teológico que afirma que o Ser Supremo é constituído pela soma dos possíveis, desde logo ressalta o absurdo, porque não constituem estes a essência física, no sentido escolástico, daquele. São eles ontologicamente dependentes da onipotência, e não elementos desta. Considerando-se o *Meon* como o que ainda não é, o não-ser, o nada bíblico, vê-se facilmente que não é ele constituinte da onipotência, como elemento desta, mas, sim, dependente da onipotência ativa do Ser Supremo. Se alguns dizem que os possíveis são pensamentos do Ser Supremo, não se quer dizer que sejam elementos constitutivos dele, mas sim que decorrem da sua onipotência.

Vê-se que o Ser Supremo de nenhuma maneira é composto, nem sequer ontologicamente, e que é absolutamente simples sob qualquer aspecto que o tomemos. Os possíveis são *outro* que o Ser Supremo, não, porém, como um outro já existente, mas como um outro que o ser que ainda não é mas pode vir-a-ser pode tornar-se em ser pelo atuar do ato infinito, onipotente, do criador. Deste modo, o *Meon* não contradiz o Ser Supremo; ao contrário: é a onipotência ativa do Ser Supremo que o implica necessariamente, e a sua razão ontológica está no primeiro, não em si mesmo. O *Meon* é, pois, o princípio *mater* que estudamos há pouco. O exame que a filosofia concreta oferece permite, portanto, que melhor compreendamos a exigência que se impõe ao pensamento religioso de divinizar o princípio *mater* e de compreender, com maior profundidade, o símbolo de Maria e o *Mater* no pensamento de tantas religiões. Oferece-se aqui, sem dúvida, um campo de investigações novas, que esperamos interessará aos estudiosos futuros, pois ele explicará, ontologicamente, a *verdade psicológica* do arquétipo do Deus-Mãe, que é uma realidade que a psicologia profunda revelou, e que se manifesta numa simbólica psicológica vária, segundo a esquemática simbólica de várias épocas humanas.

Corolários

A potência ativa do Ser Supremo é inexaurível, como é inexaurível a potência infinita passiva do Meon.

*

O preterido na criação constitui o epimeteico criador, como o criável é constituído pelo prometeico criador.

*

Os possíveis criaturais são dependentes das razões ontológicas do Ser Supremo, e a sua natureza não consiste em outro ser que este.

*

Os possíveis não implicam haver composição no Ser Supremo, não contrariam a tese da sua infinita simplicidade.

*

Do Limite

TESE 231 - Há no limite uma limitação.

O limite marca até onde um ser é o que ele é e onde começa o que ele não é. O limite é excludente e includente. Inclui o último ponto em que um ser é o que ele é e aponta o que dele se exclui.

Mas, se o limite estabelecesse uma excludência absoluta, estabeleceria uma ruptura no ser, o que implicaria o nada-vazio (*to kenon*), que é absurdo.

Nas ordens lógica e ontológica, verifica-se que o excluído o é segundo um plano.

Na criação há crise, e, portanto, o estabelecimento do limite; mas este não é absoluto, e, desta forma, o que é ato na criação, o determinante, e o que é potência, o determinável, embora se limitem, não se separam absolutamente. Ademais, o limite, quando intrínseco à coisa, é uma modal desta.

O ato criador realiza simultaneamente a determinação do que é determinável, a potência. Ato e potência dão-se simultaneamente, pois o ato é o ato da potência; a potência, a potência do ato. São contrários relativos, pois um é com a presença do outro, e não contrários excludentes, cuja separação abriria um abismo, criando rupturas no ser, o que é absurdo.

TESE 232 - O conceito de limite é inseparável do de ilimitado.

Cada lugar no espaço limita o contíguo, mas o conjunto do espaço não é limitado, pois o que o limitaria seria ainda espaço. É o que alcança o conceito que dele constrói a nossa razão. A simultaneidade do espaço é dada como um todo, e uma só. O espaço da razão é, portanto, uma unidade ilimitada.

Também a espécie é ilimitada quanto ao indivíduo, e este, quanto a si mesmo. O indivíduo não limita a espécie, pois esta nada perde nem ganha em si mesma por ser representada por tantos indivíduos quanto forem. O indivíduo, enquanto ele mesmo, é um, e é ilimitado, porque, enquanto tal, é plenamente ele mesmo.

Desta forma, vê-se claramente que o conceito de limite não se separa absolutamente do conceito de ilimitado. A unidade, tomada em si mesma, é ilimitada.

O que a limita é o que não é ela. Portanto, *no que* é ela, não tem limites. O espaço, enquanto tal, é ilimitado em sua unidade. O que se limita nele é o lugar, aqui ou ali, que limita o outro. Em suma, o conceito de espaço refere-se à ilimitação da unidade da simultaneidade, enquanto o de lugar se refere ao limite. São dois conceitos que se distinguem mas são inseparáveis na unidade do espaço, porque o lugar é *do* espaço e, ainda, é espaço.

Assim uma coisa de cor verde é verde, e o verde, enquanto tal, é ilimitado, porque, como já vimos, o indivíduo não limita a espécie; portanto, esta coisa verde não limita o verde. Se tomamos o espaço absolutamente, torna-se ele uma unidade vazia, esvaziada de conteúdo fático, e aproxima-se do nada.

O espaço é a simultaneidade dos *ubi* diversos, e os limites se dão nele sem o limitarem, pois, enquanto tal, os pontos contíguos não o limitam, porque estes são ainda espaço, como os indivíduos verdes não limitam o verde, porque são ainda verdes.

O espaço é, assim, inseparável dos *ubi*, dos lugares, dos *ondes*, porque esses são ainda ele.

Assim, o meu braço não me limita, porque o meu braço é *meu*, é braço *de mim*, sou ainda *eu*. Eis a razão por que o indivíduo enquanto tal, por ser indiviso *in se*, é, como tal, ilimitado.

TESE 233 – O limite do ser finito caracteriza-se pela positividade.

O ser finito caracteriza-se também pelo limite. O limite do ser finito aponta o que dele se diversifica. Em suma: o finito é limitado pelo que dele se diversifica, e ele opõe-se ao que está fora dele. O ser finito é sempre um apontar a um ser positivo, que não é ele, do qual ele se diversifica. Mas o ser finito está ao lado de outros seres distintos, com os quais se limita. O Ser Supremo não se limita com outros seres, pois não há outros seres totalmente fora dele. Os seres finitos, portanto, estão no Ser, que é o seu sustentáculo.

A distinção que se pode estabelecer entre um e outro ser finito é diferente da que se pode estabelecer entre o finito e o Ser Infinito.

Entre os primeiros, o que os distingue é o ser que há em um e não há em outro. Entre o ser finito e o infinito, um é carente de um certo grau de perfeição de ser e da perfeição de um ser que não lhe pertence, pois o infinito se distingue do finito, não por carência, não por ausência, mas por máxima proficiência. O que os distingue é carência apenas para um e, ademais, não é a carência deste ou daquele modo de ser, mas sim o fato de o infinito não ser absolutamente carente de nenhuma perfeição no mais alto grau, enquanto o outro o é sempre. O que limita extrinsecamente o ser finito é, portanto, uma positividade, pois o de que carece é ser. O Ser Infinito não tem limites, pois, por ser tal, não sofre de qualquer carência. E, ademais, o que limita é positivo, pois se fosse nada não seria limite, pois o nada não limita. Portanto, caracteriza o ser finito a positividade do limite, e a positividade do não-ser relativo, que é positivo, pois se refere a uma positividade do ser.

TESE 234 – O ser finito não é tudo quanto pode ser.

O aspecto diádico da criação exige a sucessão das atualizações, das perfeições possíveis. Consequentemente, o ser finito (criatura) não é em ato tudo quanto pode ser, nem tudo quanto pode vir-a-ser, pois, se o fosse, a *dynamis* já teria sido atualizada.

Como é um ser determinado e por isso limitado, atualiza-se segundo a sua forma e segundo a relação que mantém com os outros seres. Portanto, a atualização processiva e sucessiva, o que imerge no tempo, impede-lhe que seja em ato tudo quanto pode ser, pois, por ser ativo e passivo, determinante e determinável, está sujeito às determinações provocadas e produzidas por outros.

TESE 235 – O ser é eficácia, e o ato é o ser em sua eficiência, no seu pleno exercício de ser.

O ser finito, em seu exercício, não é tudo quanto pode ser; por isso a eficiência do ato tem a eficácia de eficientizar-se de outros modos.

O ato puro primordial é eficiente e eficaz em ato, enquanto o ato não puro, misto (*enérgeia*), é eficiente, mas a sua eficácia não é totalmente em ato – por essa razão pode eficientizar-se de outros modos, como o mostramos em *Ontologia e Cosmologia.*[1]

TESE 236 – O mais perfeito tem de preceder ao menos perfeito.

Já o demonstramos. Mas novos argumentos podem ser aduzidos agora.

O mais perfeito precede ao menos perfeito, pois, se se desse o inverso, a perfeição excedente viria do nada.

A perfeição que tem o ser finito precede-o como tal, pois, do contrário, ele seria subjetivamente a própria perfeição, e dela não poderiam participar outros.

Ontologicamente, o perfeito antecede ao imperfeito, o mais ao menos, o antecedente ao consequente, o infinito ao finito.

Na ordem da temporalidade, o imperfeito pode ser anterior ao mais perfeito.

TESE 237 – Sob certos aspectos, preexistir pode ser mais perfeito que existir. Impõe-se a distinção entre perfeição ontológica e perfeição ôntica.

Preexistir na matéria é imperfeição, porque ela depende do ato que faça surgir o que nela é possível. Preexistir na causa eficiente é maior perfeição do que existir em ato, porque o agente pode ativamente o que atualizará, é ele mais perfeito que o possível ativo por ele realizado.

Em suma, preexistir na causa eficiente é mais perfeito que existir em ato, fora de sua causa. Se um ser pode fazer isso ou aquilo, o que pode fazer preexiste na causa eficiente de modo mais perfeito que quando em ato, pois, quando em ato, existe apenas deste modo, enquanto na causa estão no poder do ato todas as maneiras possíveis de serem atualizadas.

Ora, já demonstramos que o operador é sempre superior ao seu operar, e o operado é sempre inferior ao poder que tem o agente.

[1] Mário Ferreira dos Santos, *Ontologia e Cosmologia.* 3. ed. São Paulo, Logos, 1959, p. 42-43, 55-56, 161-62, 165.

Portanto, de certo modo, preexistir pode ser mais perfeito que existir, que é o que desejávamos provar.

Compreende-se agora com facilidade a positividade da tese platônica, que é genuinamente pitagórica. As formas, que estão na ordem do ser, são possíveis do ato supremo do ser. Elas preexistem no agente, que é causa eficiente, que, neste caso, é o Ser Supremo. Preexistir no poder ativo do agente é mais perfeito que existir como efeito. Por essa razão as formas, no Ser Supremo, são mais perfeitas ontologicamente que as coisas que as imitam.

A triangularidade, como tal, é mais perfeita, especificamente, do que qualquer triângulo que a imite. E, no agente, como causa eficiente, a triangularidade preexiste aos triângulos, ontologicamente, de modo mais perfeito que estes.

Há, assim, duas perfeições a salientar: a que está no agente, como causa eficiente, e a que está na coisa, já feita e acabada. A primeira é perfeição ontológica; e a existente, perfeição ôntica. Esta, porém, como não é a atualização plena de todo o poder do ser, pois é deste ou daquele modo, apresenta uma imperfeição, comparada com aquela, embora seja perfeição ôntica, pois o que existe tem plenitude de ser existente, e, ademais, some-se à perfeição da sua heceidade.

TESE 238 – O ser finito nunca é absolutamente idêntico a si mesmo.

Nenhum ser finito pode ser total e absolutamente idêntico a si mesmo.

Os seres são apenas *formalmente* idênticos a si mesmos, não enquanto *dynamis*, pois conhecem a mutabilidade, embora neles a forma (a lei de proporcionalidade intrínseca) perdure.

TESE 239 – O ser finito não poderia receber totalmente o Ser Infinito.

O agir é proporcionado ao agente, e a ação (como o sofrer) é proporcionada ao paciente (*quod*).

Consequentemente, o ser finito só poderia receber o Ser Infinito proporcionadamente à sua natureza, à sua aptidão de receber.

TESE 240 – Há proporcionalidade entre causa e efeito.

Já vimos que todo fato (*feito*) implica e exige o anterior, um ser anterior.

No mundo da nossa experiência, vemos seres que antecedem a outros, mas entre os anteriores podemos distinguir aqueles sem os quais o posterior não surgiria e aqueles cujo posterior não exige a presença de *precisamente tal* anterior.

Os anteriores sem os quais um fato não surge chamam-se *causas* do fato. Em todo o pensamento humano, podem mudar os termos e até o esquema eidético-noético de causa, mas o que é fundamental é que é causa de um fato tudo aquilo de que depende realmente o fato, e que a ele se liga por um nexo de necessidade, quanto à natureza do efeito.

O fato surgido é *e-factum, effectum*, efeito, o que é e-feito fora da causa, ou o que a causa realiza.

O efeito não pode ser mais do que as causas, pois, como já vimos, os seres posteriores não podem ser mais do que os anteriores dos quais dependem.

E a causa ou as causas têm de conter formal e totalmente o seu efeito, pois, do contrário, o excedente viria do nada.

O efeito é proporcionado à causa. Todo efeito depende da sua causa, pois dela *pende*.

Como todos os seres dependem do Ser Infinito, este é a causa primeira de todos os outros. Esta prova corrobora, por outra via, as demonstrações de proposições anteriores.

TESE 241 – Um ser é o que é em sua forma.

O que um ser é lhe é dado por sua forma. A "forma" do Ser Infinito é infinita. Os seres finitos são isso ou aquilo, segundo a sua forma, e as mutações, que sofrem concretamente, dão-se dentro do âmbito da forma, são relativas a ela.

Não é possível que um ser tenha uma forma e, simultaneamente, não a tenha, porque, se é ela, não pode ao mesmo tempo não sê-la. Este é um fundamento do "princípio de identidade".

As mutações que possa sofrer um ser em sua forma são meramente acidentais, e não a excluem; portanto, formalmente, um terceiro é excluído, o que é fundamento do "princípio do terceiro excluído".

TESE 242 – O Ser Infinito é causa eficiente primeira de todos os entes finitos.

Esta prova corrobora as anteriores. Entende-se por *causa* aquilo de que, de alguma maneira, um ente depende realmente para ser o que é. Todo ser finito é dependente de outro para ser o que é, e tantas serão as suas causas quantas forem as suas dependências. O causado, antes de ser, era causável. Mas o que não se deve esquecer, para um nítido conceito de causa, é que a dependência deve ser real, como já salientamos. Há o indispensável para que um ser (este ou aquele) seja causado e que não atua sobre o causado. É a condição necessária. É condição necessária para que eu escreva neste momento que haja luz onde estou. Mas a luz é também causa da minha visão deste papel. A distinção entre condição e causa, que é estabelecida na Ontologia, impõe-se para a boa compreensão do que pretendemos demonstrar nesta tese. Se a condição necessária não é causa, menos ainda o é uma ocasião qualquer fortuita.

É mister distinguir-se bem a causa, quando é ela princípio estrutural de um ser, como a matéria e a forma, das quais depende real e constitutivamente um ente para ser. Matéria e forma são princípios do ser; constituem-no. Chamam-se por isso causas intrínsecas ou fatores intrínsecos. Chamam-se causas extrínsecas ou fatores extrínsecos aqueles que contribuem para realizar o ente, mas que não são constituintes da sua intrinsecidade.

Assim o barro e a forma de vaso são as causas intrínsecas deste vaso. Mas, para que ele surja, impõe-se a causa eficiente, a causa que o faz, a ação do oleiro, por exemplo. O fim extrínseco de uma coisa que tende para algo é causa da ação, mas lhe é extrínseco, como o intuito de ganho do oleiro ao fazer o vaso; em suma, causa final.

Se se admite que o Ser Infinito é a causa eficiente e final de todos os entes, estamos no criacionismo; se se admite que o Ser Infinito é matéria e forma, constitutivo do ser finito, estamos no panteísmo comum.

Ora, o Ser Infinito é causa eficiente e final de todos os entes, o que é indiscutível em face do que já ficou demonstrado. Não pode ser causa material, porque não é matéria; não pode receber uma informação, porque não é passivo; nem é causa formal, porque, neste caso, o ser finito seria infinito, o que é contraditório.

O conceito de função, usado pela Ciência para substituir o de causa, e que foi aproveitado da Matemática, diz que, se as variações observadas em um ente correspondem às variações que sofre outro quando ambos estão face a face, e se essa variação é exprimível numericamente, temos uma função.

Ora, tal conceito, no campo da Física, é insuficiente para expressar todo o conteúdo da causalidade, pois, se entre seres finitos há tal comportamento, o mesmo já se não pode dar entre o Ser Infinito, princípio de todos os outros, e os que dele são dependentes.

Em face de todas as demonstrações oferecidas, o Ser Infinito é causa eficiente primeira de todos os entes finitos.

TESE 243 – A ideia do ser é a mais abstrata e a mais concreta de todas as ideias.

Se consideramos logicamente a ideia de ser, é ela a mais abstrata, pois, para alcançá-la, precisamos despojar as coisas de todas as determinações para, finalmente, permanecer a determinação de *ser*. Se excluímos todas as diferenças entre os entes, uma não poderemos excluir, que é a de *serem*, pois, se tal negássemos, seriam nada. E, neste caso, diríamos que a entidade se funda no nada, o que é absurdo. Por outro lado, se atualizarmos as determinações, as diferenças, o que distingue umas coisas de outras, a todas elas teremos de predicar o ser; do contrário, negaríamos as diferenças, as distinções, etc., pois seriam nada.

Consequentemente, a ideia de ser é a mais abstrata e também a mais concreta. A mais abstrata, porque pode excluir todas as diferenças, e a mais concreta, porque inclui a todas elas.

Como decorrência do que ficou acima exposto, é a ideia de ser a ideia de maior extensidade (logicamente), pois abrange todos os entes, e é também a de maior intensidade (compreensão), porque inclui ontologicamente todos os predicados, atributos, propriedades, peculiaridades, graus, etc.

É, ademais, o ser um máximo e um mínimo, porque *mais* que ser seria ainda ser, e *menos* que ser seria nada. Consequentemente, abrange aqueles extremos, que nele coincidem.

TESE 244 - Em serem, todas as coisas se univocam.

Mais uma prova podemos oferecer à univocidade *no* ser.

Diz-se que há univocidade quando o que predicamos de coisas diferentes é conceituadamente idêntico.

Sendo a ideia do ser a mais abstrata e a mais concreta, incluindo--se nela todas as distinções e diferenças, todas as entidades, por *serem*, recebem idêntico predicado. No predicado de ser incluindo-se todas as distinções, nele todas se confundem. O ser predicado a qualquer entidade é concreto, pois, do contrário, seria nada. Consequentemente, todas as coisas se univocam em *serem*, embora no conceito de ser estejam confusamente ("confundidas", "fundidas com") todas as modalidades de ser. Nessas modalidades surgem as distinções, as analogias e as equivocidades. Mas, em *serem*, todos os seres se univocam: o Ser Supremo e até os nossos sonhos.[2]

TESE 245 - Todo ente contingente é causado.

Podemos aduzir agora a esta tese outra demonstração. Diz-se que é contingente o ser que não é necessário, isto é, o ser que não tem em si a sua razão de ser, o que tem em outro o seu princípio. Tal ser é causado. Logo, todo ser contingente é causado.

E é nessa proposição que temos o melhor enunciado do princípio de causalidade. Todo ser contingente se revela pela exigência de outro ou outros que o antecedem, e do qual ou dos quais realmente depende, o que é fundamento também da lei da causalidade, reveladora de uma legalidade universal.

TESE 246 - O que se move é por outro movido.

O Ser infinito e absoluto não sofre mutações, já o provamos. Só sofrem mutações os seres finitos. Ora, a mutação implica três

[2] [Em nosso trabalho *A Problemática da Analogia*, reexaminamos esta tese, sobretudo a posição tomista, a scotista e a suarezista, onde apresentamos uma solução que reúne as positividades desses pensamentos, que, observados de certo ângulo, parecem inconciliáveis. Todas as entidades são logicamente unívocas em *ser*, mas análogas quando consideradas segundo a estrutura dos seus *logoi* e o *Logos* do Ser Supremo, com o qual se analogam.] O livro anunciado se tornou capítulo da obra *A Sabedoria da Unidade* (São Paulo, Matese, s.d., p. 275 ss.).

termos: o ponto de partida, o *para onde* tende e o *em que* se realiza a ação, o movido.

Temos assim os termos *a quo* (partida), *ad quem* (meta) e *o quod*, o que se move. Ora, o que se move é passivo, pois sofre uma determinação, a moção. Há, portanto, um ato que realiza uma ação, e há algo que a sofre. Não fosse assim, haveria contradição, pois teríamos de admitir que o que é passivo é simultaneamente ativo, e sob o mesmo aspecto, o da moção, o que é absurdo. Nos seres que se chamam semoventes, isto é, que movem a si mesmos, podemos distinguir o princípio ativo que produz a ação e o que a sofre. Eu movo o meu corpo, por exemplo. Há em mim forças que ponho em ação para realizar a moção de algo em mim, que é movido. Daí o fundamento do adágio: *quidquid movetur ab alio movetur*, o que se move é movido por outro.

Este princípio, próprio dos seres contingentes, chama-se princípio de movimento.

TESE 247 - Um corpo móvel, considerado abstratamente em si mesmo, sem as coordenadas da ubiquação, seria imóvel.

Um corpo em movimento move-se em relação a outro.

Onde há movimento, há um impulso, há um termo *a quo* e um termo *ad quem*, sua meta. Se retirarmos o outro ser para o qual ele se move, e considerarmos abstratamente o ser apenas em si mesmo, estará aniquilado o movimento, não haverá nenhum movimento do corpo que recebeu o impulso. Teremos então uma imobilidade enquanto ente. Portanto, tal revela que só há movimento onde há ubiquação *in fieri* (no devir), e ubiquação quanto ao termo *a quo* e ao *ad quem*, pois, do contrário, não há movimento, o que revela, por sua vez, que o movimento é uma modal em função de termos com os quais mantêm relação as coordenadas ambientais.

Consequentemente, o movimento não pode ser o fundamento dos seres corpóreos, mas sim algo que lhes é inerente (*in esse*) em relação às coordenadas, que lhe dão realidade.

TESE 248 - O devir não é o Ser, mas é produzido por este.

Se o ser fosse mero devir, conheceria ele mutações, e estas só poderiam dar-se para o nada, o que, já vimos, é absurdo. Ou, então, dar-se de um modo de ser para outro modo de ser, e, neste caso, o devir se daria *no* ser e seria *do* ser.

Consequentemente, o devir é um produto do ser. O que devém é produzido pelo que já é, pois, do contrário, viria do nada absoluto, o que é absurdo.

O devir aponta, portanto, o que é.

Ademais, o devir só pode ser concebido como a passagem do que ainda não é para o que será. Neste caso, não vindo do nada absoluto, só pode vir do ser, e consiste apenas na atualização do que é possível para o que é real.

E tanto o possível como o que é em ato exigem previamente o ser, pois, do contrário, viriam do nada absoluto. O devir, portanto, é apenas um produto do ser.

TESE 249 – O absurdo deve ser entendido como absoluto e como relativo.

O nada absoluto é um absurdo absoluto, isto é, repugna totalmente a afirmativa da sua existência. Ao se provar que a não-existência de algo é absurda, se estabelece que este algo existe necessariamente.

Foi o que mostramos quando partimos do postulado de que algo existe, pois a sua não-existência seria absurda. Portanto, algo existe necessariamente. Ao absurdo absoluto contrapõe-se, consequentemente, a existência necessária.

O absurdo relativo é aquele que o é apenas numa determinada esfera.

Um exemplo esclarecerá a nossa distinção: é absurdo uma pedra voar por si mesma. Neste caso, o absurdo é relativo, porque voar não é um absurdo, mas apenas em relação à pedra.

O absolutamente necessário é aquele que de nenhum modo e de nenhum ângulo poderia deixar de ser. O Ser Infinito é absolutamente necessário, como provamos. Ao efeito é necessária a causa; mas esta ou aquela causa, deste ou daquele efeito, não são absolutamente necessárias, porque não têm em si a razão de existir necessariamente, salvo o Ser Infinito, como causa, que é absolutamente necessária.

Impõe-se, assim, o exame de muitos outros conceitos que devem ser vistos pelos ângulos do absoluto (*simpliciter*) e do relativo (*secundum quid*), o que não cabe neste livro.

TESE 250 – O universo como totalidade implica necessariamente um ser necessário.

Provamos que o universo consiste na totalidade ordenada dos seres contingentes, e que essa totalidade, além de ser especificamente diferente das partes que a compõem, é ainda contingente.

O ser contingente é provado pela existência do ser necessário, já demonstrada.

O universo, como totalidade, é transimanente à soma dos elementos contingentes que o compõem.

O ser necessário é o Ser Infinito, e este é transcendente ao universo, como o demonstramos.

TESE 251 – A realidade implica o poder de tornar real o possível.

Este princípio é evidente ante o que já estudamos, mas podemos demonstrá-lo com novos argumentos: o possível exige um ser real que o anteceda, para que possa ele tornar-se real. A fonte e a raiz de todos os possíveis é o Ser Infinito.

A criação consiste, como já vimos, em tornar real o que é possível. O Ser Infinito, fundamento de todos os possíveis, é a primeira causa da criação, como já provamos; por isso os antigos iniciados chamavam-no de Gênio Supremo, o Supremo Criador, ou o Pai de todas as coisas, como vemos nas religiões.

Entre os homens, gênio é aquele que torna reais determinados possíveis. Mas o homem é um ser finito e, como consequência, uma causa segunda, cujo poder exige uma causa antecedente e, finalmente, uma causa primordial, de onde haure o poder da genialidade.

Esta causa suprema é o Ser Infinito, como já o mostramos.

Em suma, criar, para o Ser Infinito, é tornar efetivos os possíveis.

Para um ser contingente, como o homem, criar é tornar real apenas o que lhe é possível, pois o agir segue-se ao agente, e é proporcionado à natureza deste.

O ser contingente implica o ser possível, pois o contingente é aquele que é real sem ser absolutamente necessário. Portanto, o possível é anterior ao contingente.

E, como ele exige o ser necessário, a ordem, portanto, é a seguinte: ser necessário, ser possível, ser contingente.

O ser necessário antecede ontologicamente ao possível, e este ao contingente.

Os possíveis (*possibilia*), enquanto tais, não são criaturas, pois são do poder do ser necessário. Os realizados são seres contingentes. Quando Tomás de Aquino fala na criação *ab aeterno* (desde a eternidade), refere-se à não-existência do dia um, porque onde está o contingente há o tempo, e onde o tempo, o contingente.[3]

Os possíveis, enquanto criáveis, pertencem a outra ordem de realidade que a dos contingentes; pertencem à ordem da eternidade.

A criação *ab aeterno* significa, portanto, que não há um começo num tempo que anteceda ao próprio tempo, mas não exclui a anterioridade ontológica do ser necessário e dos possíveis criáveis.

TESE 252 – O ser finito é um composto de ato (enérgeia), potência (dynamis) e privação. Esta última é também positiva.

Que o ser finito é composto de *enérgeia* e *dynamis*, e se caracteriza pela privação de alguma perfeição, já o demonstramos.

Resta-nos agora provar que a privação é positiva. Convém distinguir positividade de negatividade, e positividade de presença.

A recusa de uma presença é positiva. O negativo, aqui, não é absoluto, e sim apenas relativo, porque a perfeição de que o ser está privado, se não fosse positiva, seria nada, e não haveria privação. Portanto, a privação não é um negativo absoluto, mas sim relativo, o que lhe empresta positividade.

O não-ser relativo afirma a recusa da presença de uma determinada perfeição. Afirma-se, assim, a ausência de uma perfeição ou a ausência de um possível que não se atualizou.

A recusa é positiva quando ela se refere à ausência de um possível.

Ela perderia a sua positividade se se referisse à ausência de um impossível, porque o impossível recusado não ofereceria o conteúdo positivo, que dá positividade à recusa.

[3] [Oportunamente examinaremos a criação *ab aeterno*.]

Exemplifiquemos: se este ente não é verde, esta recusa é positiva, mas, ao dizer que uma reta perfeita não é curva, não se lhe recusa o ser.

Assim, se se diz que este ente *não* é absolutamente nada, não há recusa de ser, mas sim afirmativa categórica de ser, que, neste caso, é negação absoluta de não-ser, a qual portanto é.

TESE 253 – A ordem dos possíveis é potencialmente infinita.

O limite à potencialidade infinita dos possíveis só poderia ser dado por um impossível, o qual não poderia delimitar, porque não é de modo algum.

Assim, os possíveis são potencialmente infinitos, porque o poder do Ser Infinito é infinito.

Os possíveis têm o seu esquema formal, pois são, na verdade, formas que ainda não informaram seres reais (em ato).

Eles estão encadeados uns aos outros por um nexo que os analoga, pois, do contrário, entre dois possíveis haveria um abismo absoluto, o que estabeleceria o nada absoluto, já refutado, e afirmaria uma ruptura no ser, o que já demonstramos ser impossível. Há, assim, uma ordem universal analogada à ordem suprema do Ser Infinito.

Os contingentes, que são os possíveis atualizados, nunca são em número atualmente infinito, mas apenas potencialmente. Esta impossibilidade decorre da impossibilidade do número atualmente infinito, o que já provamos.

Nenhum ser contingente pode dar o caráter de necessidade absoluta a qualquer afirmativa. Assim, não é absolutamente necessário que eu pense neste momento. Esta é a razão por que a Filosofia não poderia construir-se concretamente se ela se fundasse apenas em verdades deduzidas de um exame da consciência humana, porque esta não é absoluta.

Este foi o motivo principal por que não partimos da ordem antropológica, mas sim da ontológica, para a construção deste livro.

Por ser contingente, o eu não poderia ser ponto de partida para uma filosofia apodítica, pois, partindo dele, não alcançaríamos a necessidade. Nós provamos o ser contingente pelo ser necessário: o ser finito pelo Ser Infinito; o ser relativo pelo Ser Absoluto. Seguimos, portanto, por outro caminho.

TESE 254 – O ser ficcional tem de certo modo uma positividade.

O ente ficcional, se desprovido de total positividade, seria nada absoluto, o que é impossível. Portanto, o ser ficcional tem de qualquer modo uma positividade. A criação ficcional do homem é de certo modo positiva.

Em última análise, a ficção consiste em construir uma nova estrutura, como tal inexistente, com conteúdos de estruturas reais.

Se a ficção não fosse fundada sobre estruturas reais, estas teriam sido criadas por um eu, e retiradas por ele do nada, o que é absurdo. Portanto, a sua origem está em uma realidade.

A ficção é, em seus elementos componentes, real, mas irreal (ficcional) na estrutura nova que lhe dá o ser que a criou, como procede o homem, por exemplo.

TESE 255 – A inexistência deve ser considerada como relativa e como absoluta.

O ser contingente é aquele cuja inexistência não repugna.

O ser necessário é aquele cuja inexistência repugna.

Em face do que até aqui foi demonstrado, o ser necessário existe, como decorrência *a fortiori* dos mesmos princípios que estudamos.

O conceito de inexistência exige uma distinção: *a inexistência relativa*, que é a ausência de uma perfeição, de um possível, e *a inexistência absoluta*, que é aquela que predica a impossibilidade, a impossibilidade absoluta.

Possibilidade e impossibilidade podem ser consideradas em sentido relativo ou absoluto. Os possíveis, na ordem suprema do ser, são possíveis absolutos, porque, como tais, podem ser. Na ordem dos seres contingentes, os possíveis são relativos, porque somente podem ser em relação a este ou aquele ente. No Ser Supremo, eles são absolutamente possíveis. Portanto, há duas possibilidades: a absoluta e a relativa.

Também há uma necessidade absoluta e uma necessidade relativa. A necessidade absoluta é aquela cuja não-existência implicaria a não-existência total e absoluta de todo ser. O Ser Supremo é absolutamente necessário.

A necessidade relativa (necessariedade, necessidade hipotética para os escolásticos) é aquela cuja ausência não implicaria a ausência total e absoluta do ser, mas apenas parcial, deste ou daqueles entes, desta ou daquela perfeição, neste ou naqueles entes.

Consequentemente, a inexistência implica imperfeição.

A equivalência entre estes dois termos exige esclarecimentos. O inexistente, considerado relativamente, revela imperfeição, mas imperfeição relativa.

O inexistente absoluto, o nada absoluto, revelaria uma imperfeição absoluta. Esta distinção se impõe porque, quando dizemos existência, dizemos perfeição, e quando dizemos existência absolutamente necessária, dizemos perfeição absolutamente necessária; quando dizemos existência relativamente necessária, dizemos perfeição relativamente necessária; quando dizemos existência possível, dizemos perfeição possível.

Estas distinções, já expressas no que expusemos até aqui, provarão adiante a conveniência da sua prévia colocação.

O nada absoluto (*nihilum*) é imperfeição absoluta; o nada relativo é imperfeição relativa.

TESE 256 – A criação dá-se com a temporalidade.

A criação dá-se com a temporalidade, porque naquela há sucessão.

Na eternidade, não há sucessão, não há criação, porque nela tudo quanto pode ser é.

Criar é dar uma realidade fática a um possível. Mas este permanece na ordem do Ser Supremo como um poder deste. A criatura que o repete apenas tem realidade fática, determinada, contingente. Criar é do poder do Ser Supremo. A criatura, limitando a forma de um possível, é, por sua vez, um possível que se realiza, que torna real um possível. Vê-se, assim, claramente, que o Ser Supremo nada perde quando cria, nem a criatura o delimita, porque é um possível, que é dele, que se atualiza, sem que ele o perca.

A criação, portanto, revela o desenvolver dos possíveis atualizados numa sucessão. Estamos em plena temporalidade, temporalidade constante.

Se as criaturas físicas são transeuntes, o *cosmos*, enquanto tal, como totalidade das coisas criadas, perdura sempre. É eviterno, de *aevum*, que os escolásticos, seguindo o antigo pensamento, consideram o presente sem fim.

Não se deve confundir a eviternidade com a eternidade. Se aquela é um presente sem fim, a eternidade é o que fica além de toda temporalidade, de toda sucessão, de toda transitividade.[4]

Na eternidade, não há criação. O ser, enquanto ser, na sua intimíssima essência e existência, é eterno; não transita. O que transita são as criaturas, compostas, pois acontecem na temporalidade. Portanto, a criação só se poderia dar com a temporalidade, ou melhor: a criação é temporal; é a temporalização dos possíveis.

TESE 257 – A temporalidade não contradiz a eternidade. A contrariedade entre ambas é harmônica.

Na temporalidade está implicada a sucessividade. Ora, a criação se dá com a temporalidade, pois, na eternidade, não há criação, como vimos.

O ser eterno é o ser em grau mais intensista de ser, enquanto o ser finito é o ser de grau intensistamente menor. Ao ser da eternidade corresponde o ser da temporalidade. Ao ser que já é tudo quanto pode ser corresponde o ser que não é tudo quanto pode ser, o qual está incluído naquele.

Não há, portanto, contradição entre o ser eterno e o ser temporal, pois tal haveria se este excluísse aquele, ou vice-versa. O ser finito exige o Ser Infinito para ser. Há seres finitos porque há o Ser Infinito.

Há temporalidade porque há eternidade. Sendo o ser da temporalidade um possível do Ser Infinito, a sua existência revela a harmonia que há entre o Criador e a criatura, entre o Ser Infinito e o ser finito.

[4] [Os possíveis são de tantas ordens quanto os reais. Tomamos os possíveis aqui sob o aspecto geral. Um possível pode ser formal (*eidos*) ou o exemplar de uma singularidade. O exame desse complexo tema, e das hierarquias que os possíveis apresentam, é matéria que examinamos adiante e, especialmente, em nosso trabalho *Filosofia Concreta da Criação*.]

Comentários aos Princípios

Embora o formalismo lógico de Aristóteles tenha imenso valor para a Filosofia, não se podem nem se devem deixar de considerar as grandes contribuições dialéticas do platonismo, que nos oferecem meios hábeis para um melhor raciocínio na filosofia concreta, sem prescindir das contribuições do Estagirita.

Na teoria do silogismo aristotélico, vemos que, de duas premissas particulares ou duas premissas negativas, nada se pode concluir. Já o mesmo não se dá na dialética socrático-platônica, desde que entre essas premissas particulares se possa estabelecer uma proporção, isto é, quando sejam elas analogadas. Estabelecida a proporção, é possível alcançar um *Logos* analogante, como resultado final da operação.

A analogia, para Sócrates, é algo *segundo o Logos* (*anà* e *logos*).

O termo *Logos*, apesar das muitas acepções que lhe emprestam os gregos, significa, em suma, relação, lei, princípio.

O termo *lex*, *legis*, dos latinos, tem a mesma origem no radical *lec*, *loc*, *log*, colher, captar, segurar, dirigir, dominar, pois as leis, as relações, os princípios regem, dominam, orientam o que deles decorre ou o que a eles se subordina.

A ideia de lei implica a relação, pois ela é o que conexiona e correlaciona os fatos dentro de uma normal obrigatória. Para que surja um ente, impõe-se a obediência de uma normal, de uma relação que deve ser obedecida, que é a lei de proporcionalidade intrínseca, a forma desse ente.

E no conceito de proporcionalidade está a analogia, porque essa lei, que é segundo o *Logos*, o Princípio, é a analogante dos analogados; é ela, em suma, um *logos* analogante (lei).

Assim, a triangularidade é o *logos* dos triângulos. Os triângulos, semelhantes entre si, se analogam no *logos* analogante da triangularidade (a forma da triangularidade, a lei que os rege).

Tais leis (*logoi*) são procuradas pelas ciências naturais, que tendem a alcançar as constantes de relacionamento que regem os entes, e são imprescindíveis para que eles sejam o que são.

O *Logos*, como princípio, é o poder de relacionar, de colocar um em face de outro para que algo surja, para que algo suceda.

É essa a razão por que não procedemos dedutivamente *a more geometrico* neste livro, e sim empregamos a nossa dialética, que é também indutiva, pois induzimos os *logoi* analogantes à proporção que se estabelecem as proposições. Demonstramos, usando a análise das implicações, quando elas se tornam necessárias, desde que bem fundadas nas estruturas analogantes, como procedemos indutivamente, pois, partindo de que "alguma coisa há", alcançamos que "alguma coisa existe", sem que o *logos* da existência estivesse contido no do haver, como não está.

Dessa maneira, usando como oposição a impossibilidade do nada absoluto, torna-se apodítica a afirmação do ser, e de tudo quanto é, sem apelos a formalismos perigosos, como poderia proceder quem apenas permanecesse dentro dos cânones aristotélicos.

Existir é ser em si mesmo, é subsistir, é ser "um", é ser uma hipóstase, é ser um *suppositum*. "Alguma coisa há" aponta para tal; pois, para haver algo, impõe-se alguma coisa que é, que existe, que é por si mesma, porque, do contrário, aquele algo seria por outro e esse outro seria o nada absoluto, o que é absurdo, ou seria por si mesmo, o que lhe daria a plenitude da existência, o ser em si mesmo, a suficiente subsistência.

Estabelecido o ser, toda modalidade de ser é analógica sempre, porque a perfeição de ser não se pode abstrair dos seus diferentes modos, pois todos *são*. A impossibilidade do nada absoluto afirma a plenitude do ser, pois não há meio-termo entre nada e ser. Consequentemente, a existência do ser é apoditicamente demonstrada.

O ser em devir é não-ser em certo sentido, mas relativo, com alteridade, o que é inteligível, como já o mostrava Platão no *Sofista*.

"Alguma coisa há" porque alguma coisa existe. E a existência do ser é a razão suficiente de "alguma coisa", mas induzida na busca de um *logos* analogante, e não deduzida, como já o mostramos.

E o ser tem a razão de sua existência em si mesmo, *quia subsistit*, porque subsiste, porque o inverso do nada absoluto é ser, e este, por não haver meio-termo entre ambos, é ser em plenitude e, portanto, existe.

Assim, por qualquer caminho que sigamos, alcançamos sempre o ser primeiro e subsistente em si mesmo – a infinita ipseidade –, imutável em si mesmo, que não necessita de uma razão para ser, pois não depende de outro, e a si mesmo se afirma. Nele, ser e existência se identificam.

A operação é distinta do operador, mas é a ele conexionada.

A operação é do operador. E o *ser de*, o ser dependente, deve ser distinto do ser que é, do ser *de que é*. Há, aqui, a subordinação do posterior ao anterior.

O Ser Supremo, como operador, não depende; é o mesmo ser ao operar, mas a operação *ad extra* é distinta, é outra, porque o operar é diádico em seus efeitos, como o demonstramos.

Na analogia, há a síntese da semelhança e da diferença. Mas a semelhança implica igualdade parcial, não só no campo quantitativo como no qualitativo, e também no ontológico, o que não percebeu Aristóteles, mas o perceberam Sócrates e Platão.

A analogia é uma síntese da semelhança e da diferença, mas o que prepondera aqui é a semelhança, que, levada às últimas consequências, alcança o *logos* analogante, que identifica os fatos quanto às suas relações, porque estabelece uma mesma lei que eles "copiam" sem ser ela, que eles "imitam" sem ser ela, como todos os corpos que caem, sejam quais forem, analogam-se na lei da queda dos corpos e imitam essa relação, sem serem ela, pois o corpo que cai não é o supósito da queda dos corpos.

Esses *logoi* são estruturas ontológicas, porque são relações, e não têm subjetividade, não têm um sujeito que os represente.

Não se pode dizer: "Aqui vai a queda dos corpos". Não encontramos a subjetividade, a substância singular da atração, mas sim a atração que se dá aqui e ali e, por se dar aqui e ali, permite que se dê em toda parte onde essa lei da atração, esse *logos*, possa reinar, reger.

Assim, a animalidade não tem uma subjetividade, um supósito que a represente: "Ali vai a animalidade"... Mas, sim, ali vai um ser que tem animalidade, um ser no qual há o *logos* da animalidade, um ser que imita a lei de proporcionalidade intrínseca daquela, mas que não é ela subjetivamente, mas apenas formalmente, pois, no *logos* da sua individualidade, a animalidade é componente do seu *arithmós*. Ora, o *logos* é uma relação, é uma lei, é portanto um *arithmós* em sentido pitagórico, pois este implica fundamentalmente a díada e, sobretudo, a analogia, pois os opostos relacionados são analogados para que surja entre e dentre eles um ser, com o seu *logos* próprio.

Desta forma, o *katholon*, o universal, que para Aristóteles é uma substância, é para Sócrates uma relação, um verdadeiro *logos*, que determina o aspecto da semelhança, um *logos* analogante.

E como os diversos *logoi*, que ele buscava encontrar em suas constantes perguntas,[1] estão analogados ao *Logos* Supremo, que a todos analoga, esse *logos* é a lei relacional das coisas mutuamente opostas do *cosmos*, é, em suma, a lei heraclitiana da permanente evolução universal, à qual Heráclito subordinava a fluência e a oposição; a lei universal da permanência do devir, da imutabilidade do devir, que sempre devém, que portanto realiza a imutabilidade da lei da evolução universal.

Dessa forma, vê-se como a filosofia concreta sabe e pode reunir as positividades dispersas nas obras de filósofos tantas vezes contrárias, mas todas participantes de alguma verdade da concepção concreta, que é a nossa, que as reúne, não por compromissos, mas por meio dessas positividades, que são conciliáveis, e que correspondem às positividades que constituem o arcabouço da filosofia concreta.

*

De duas premissas particulares analogadas, Sócrates induz o *logos* analogante (pois a dialética socrático-platônica é predominantemente indutiva, ao invés da aristotélica).

Vejamos o exemplo clássico:

"O leão é o rei da savana."
"D. Manuel é o rei de Portugal."

Dessas duas premissas particulares nada se pode deduzir dentro dos cânones aristotélicos.

Mas dentro dos cânones socráticos é possível induzir, pela busca do *logos* analogante. Tinha razão Aristóteles ao dizer, na *Metafísica*, que Sócrates foi o criador das razões indutivas, dos *logoi* indutivos.[2]

[1] Mário Ferreira dos Santos se refere à fórmula clássica das perguntas atribuídas a Sócrates, quando tangidos conceitos fundamentais, nos diálogos platônicos – notadamente, nos considerados iniciais: τί ἐστι...; (literalmente, "que é...?"). Por exemplo: "que é o pio e o ímpio[?]", *Eutífron* 5d7; "que é o belo?", *Hípias Maior* 287d3; "que é o valor?", *Laques* 190e5 (Platão, *Diálogos I – Apología, Critón, Eutifrón, Ion, Lisis, Cármides, Hipias Menor, Hipias Mayor, Laques, Protágoras.* Trad. J. Calonge Ruiz, E. Lledó Íñigo e C. García Gual. Biblioteca Clásica Gredos, vol. 37. Madrid, Gredos, 1981, p. 224, 413, 468).

[2] Aristóteles, *Metafísica* I (A) 6, 987b1-4; XIII (M) 4, 1078b17-30: "[...] Sócrates – que se empenhou em estudar assuntos éticos, mas nada sobre a natureza em seu todo,

Essas duas premissas podem ser reduzidas a uma proporção (analogia):

Como o rei domina o seu reino, o leão domina a savana.

Mas, se há semelhança entre ambos, podemos ainda salientar as diferenças, pois o reinar do rei é diferente do reinar do leão, mas afinal, através das induções socráticas, alcançamos um *logos* analogante, que é este: o relativamente mais poderoso domina sempre no campo respectivo de suas atividades. Ora, o leão é o relativamente mais poderoso na savana, dominando nesta, no campo respectivo de suas atividades, como o rei domina no reino.

Ora, esse *logos* analogante pode, afinal, ser reduzido genericamente ao *logos* analogante segundo o qual "o agente atua proporcionadamente à sua natureza e proporcionadamente ao campo de sua atividade".

Essa proporcionalidade, por sua vez, reduz-se genericamente ao *logos* de acordo com o qual "o agente atua e o paciente sofre proporcionadamente às suas naturezas".

Por sua vez, tal se dá pela lei do Ser, já induzida pelos princípios por nós examinados, pois, se o agente atuasse além da sua natureza, o suprimento viria dele ou de outro, ou do nada. Se dele, então ele já o conteria, já seria poderoso, e, portanto, sua ação seria proporcionada à sua natureza; se de outro, sua ação seria proporcionada ainda à sua natureza e ao suprimento dado por outro, que seria, então, o agente. Que venha do nada é absurdo. Portanto, é consentâneo e congruente que

procurando naqueles primeiros o universal, e sendo o primeiro a demorar o pensamento nas definições [...]" (trad. Lucas Angioni. *Metafísica – Livros I, II e III*. Clássicos da Filosofia: Cadernos de Tradução nº 15. Campinas, IFCH/Unicamp, fevereiro de 2008, p. 21); "Sócrates ocupou-se das virtudes éticas, e por primeiro tentou dar definições universais delas. [...] buscava a essência das coisas e com razão: de fato, ele tentava seguir o procedimento silogístico, e o princípio dos silogismos é, justamente, a essência. A dialética, naquele tempo, ainda não era forte para proceder ao exame dos contrários independentemente da essência, e estabelecer se a mesma ciência trata dos contrários. Com efeito, duas são as descobertas que se podem atribuir com razão a Sócrates: os raciocínios indutivos e a definição universal: estas descobertas constituem a base da ciência" (trad. italiana Giovanni Reale, trad. brasileira Marcelo Perine. *Metafísica II – Texto Grego com Tradução ao Lado.* São Paulo, Loyola, 2002, p. 605, 607).

o agente atue proporcionadamente à sua natureza, ou seja: a atuação é analogada à sua natureza, a ele mesmo. É o *logos* da sua existência. Dá-se o mesmo com o paciente. Deste modo, o *Logos* analogante final é a Lei do Ser, a suprema Lei da identidade, de que o Ser é e o Ser Supremo é ele mesmo (ipseidade).

Não se deve acusar o juízo *o Ser é* de tautologia, pois o sujeito se reflete completamente no verbo, porque fora do ser nada pode existir no ente, como vimos. Quando se diz *o andante anda*, não se expõe toda a atualidade do sujeito, como se expõe no juízo *o Ser é*, pois o andante, quando anda, não apenas anda; já *o Ser é* é completa e infinitamente ser. Dizer-se *o não-ente é* é uma contradição *in adjecto*. Mas, quando se diz que o não-ente não é, estamos numa rigorosa correspondência com *o Ser é*, pois, sendo o ente ser, o não-ente é não-ser.

A lei do Ser, o *Logos* do Ser, é o seu próprio princípio, é ele mesmo, pois *Logos* é também princípio. Portanto, compreende-se que: "No Princípio era o *Logos*, e o *Logos* era o Princípio". E é o *Logos* o princípio que realiza a relação, por isso o *Logos* (*Verbum*) se fez carne, temporalizou-se, porque temporalizou a relação, sem que o *Logos*, como princípio, deixasse de ser o princípio, Lei Suprema de todas as leis, que é: fora do Ser nada há, não há nada.

A esse grande *Logos* analogante, o Supremo, todas as coisas se assemelham, todas são perfeitas, de certo modo, à sua semelhança, porque todas respeitam essa lei suprema, uma vez que fora dela nada há.

A analogia não está apenas baseada na semelhança, mas também na subordinação (*sub-ordinis*: na ordem dependente de outro, a saber, do *Logos* analogante), pois as relações particulares conexionam-se com ele por via de subalternação (de *sub* e *alter*, outro: por dependência de outro). É do *logos* da lei da analogia a subalternação dos analogados ao *logos* analogante, e a deste ao *Logos* Supremo, o *Logos* transcendental.

O Ser Supremo não é relação, porque é único, e absolutamente simples; mas tudo o mais é produto de relações, e as formas noético-abstratas (os conceitos, em suma) são significações delas.

O *Logos*, como princípio, domina o posterior, como o provamos.

É uma lei da própria lei. É um *logos* do *logos*. O posterior é dependente do anterior. E nessa dependência há subordinação. O Princípio, que é a lei, é o anterior, e a ele se subordinam os posteriores.

Consequentemente, todos os fatos estão subordinados a leis, a *logoi*, que, por sua vez, estão subordinadas ao *Logos* analogante supremo, à lei suprema universal.

O *Logos*, como princípio, relaciona. É essa a sua operação. Como operador, opera uma operação. A operação *ad extra* implica uma determinação e, no determinado, uma ausência de perfeição, pois o que é isto não é aquilo.

Faz parte da sua realidade a negação. O não-ente, o nada relativo, é assim real, e permite uma composição real, um relacionamento real com o ente.

A operação é relação, é pôr um em face de outro. A operação do *Logos* é a criação do Outro, porque, do contrário, seria apenas ele mesmo, e, neste caso, seria apenas a sua glória. Criar o Outro é do poder da Grande Ipseidade do Ser Supremo. Mas o Outro é privado de perfeição, é imperfeito. Sua perfeição não é infinita, porque a perfeição deste tipo pertence ao Ser Supremo.

Consequentemente, sua perfeição finita é privada *de*, é separada.

O *Logos*, ao criar, no seu operar, cria a relação que surge da oposição decorrente do estabelecimento da crise. O operador, quando opera, é distinto de si mesmo. A ideia de operação exige o dois, a díada, como já vimos.

Exige os opostos. Para que haja opostos, impõe-se a crise. A crise é o resultado do primeiro ato criacional. Criar é atualizar os possíveis. É preciso destacar, separar. A operação é dual, porque operar, neste caso, implica algo que é operado; o ativo e o passivo.

A oposição só se dá onde há separação. No ato de criar, estabelecem-se simultaneamente a crise, a oposição, a relação, a lei; em suma, o *logos* que analogará os fatos a ele análogos.

A crise não é um abismo, como já o mostramos em *Filosofia da Crise*.[3]

A crise estabelece a distinção entre vetores opostos, que mantêm relações, mas analogados ao *Logos* Analogante Supremo.

A crise é dual, e permite que um se coloque em face de outro, que se relacionem, se conexionem, permitindo, assim, o diferente, o

[3] Em edição contemporânea: Mário Ferreira dos Santos, *Filosofia da Crise*. São Paulo, É Realizações Editora, 2017.

heterogêneo, o diverso até a *haecceitas* (heceidade), a última determinação da forma. Foi o que vimos ao tratar do *Meon*.

TESE 258 – O não poder criar um ser infinito e onipotente é uma falsa atribuição ao Ser Supremo.

Só o Ser Supremo pode dar ser, pois o nada absolutamente nada dá. E quando o Ser Supremo dá ser, nada perde, porque, do contrário, o ser perderia ser ao dar ser, e o ser dado seria nada, ausência de ser, o que é absurdo. Nem dá mais ser que o ser que é, porque, do contrário, ao dar ser a algo, daria ser além do que é, o que também é absurdo.

Consequentemente, dentro da dialética ontológica, o ato criador não modifica em nada o Ser Supremo, porque qualquer modificação seria absurda.

O ser que é dado é do Ser Supremo, e só ele pode dar ser sem nada perder.

Na criação, o Ser Supremo, como operador, dá ser ao ser que será. Ora, dar ser a algo é determinar algo a ser o que ainda não é. Mas esse algo é inexistente antes de ser, pois um ser começa a ser no precípuo momento em que começa a ser. Um ser dependente é um ser determinado. Para que um ser seja determinado é preciso que haja determinação e determinabilidade, porque diz-se determinada alguma coisa que o é, e se o é, é determinável, porque a determinação confirma a determinabilidade.

O ato criador consiste em dar determinação ao determinável. O ato criador é um fazer. E como o fazer implica um ser feito, o ato criador, ao determinar, implica o que é determinado. À infinita potência ativa de determinar do Ser Supremo corresponde uma infinita potência passiva de ser determinado, ou melhor, a determinabilidade é proporcionada à capacidade determinativa. E como determinar é realizar a dependência, todo ser criatural é dependente, pois seu ser depende realmente do ser criador. Consequentemente, o Ser Supremo pode criar todo e qualquer ser determinado que não traga em si contradição intrínseca, isto é, que não implique a afirmativa de uma impossibilidade ontológica.

Não se pode dizer que o Ser Supremo *não pode criar* seres infinitos e onipotentes, pois aí não há carência. Não há seres infinitos onipotentes, mas apenas um (pois a infinitude da onipotência implica ontologicamente a absoluta unicidade). E este é o Ser Supremo. Ademais, não poderia ser dependente esse ser. Portanto a criação, realizando uma dependência real, nunca criaria um ser que fosse o infinito onipotente. Sendo este apenas um, é ele o Ser Supremo e criador.

O não-poder, aqui, é uma falsa atribuição, e sobretudo sem sentido.

TESE 259 – A aparência tem certa positividade.

Vimos que o ser ficcional tem, de certo modo, uma positividade, pois tudo quanto é, inclusive o ficcional, exige uma realidade que lhe sirva ou de suporte ou de causa.

O nada absoluto não poderia gerar a aparência, nem poderia esta vir dele.

O ficcionalismo (que afirma que tudo é ficção humana) e as doutrinas que postulam que tudo é aparência não se sustentam em seu unilateralismo.

Algo há de real, e de absolutamente real, como fundo do que aparece, pois, do contrário, viria isto de uma outra aparência, e esta, de outra. Se não houvesse uma realidade absoluta, sendo tudo ficção ou aparência, tudo seria nada, o que é absurdo.

TESE 260 – A deficiência tem um conteúdo ontológico.

Convém esclarecer previamente o conteúdo ontológico da deficiência.

Deficiente é a entidade da qual se ausenta alguma perfeição. E, portanto, finitizada pelo não-ser do ausentado, é consequentemente dual.

O ser deficiente é a criatura. Ao defini-la, nela incluímos apenas o que nela está presente. Marcamos, assim, até onde ela é ela-mesma; consequentemente, apontamos o limite. Pertence à definição dialética (que se deve distinguir da meramente formal) também o não-ser, pois não se poderia estabelecê-la sem que se apontasse o limite, isto é, onde a entidade é ela mesma e onde deixa de ser ela-mesma.

Examinemos a definição dialeticamente considerada. Para definirmos dialeticamente, precisamos de conceitos dialéticos. Os conceitos lógicos (predominantemente quantitativos, pois, além da extensão, a própria compreensão também é quantitativa na Lógica Formal) dão-nos apenas, e só, o sentido extensista do definido, enquanto os conceitos intensistas (indicadores de escalaridade) apontam-nos os graus. Como não podemos alcançar a concreção apenas com conceitos abstratos, tomados isoladamente, precisamos das categorias e dos conceitos dialéticos que nos podem oferecer os meios para uma definição mais concreta, sem que esta, em tal sentido, seja um mero delimitar, um dar limites quantitativos, mas seja, sobretudo, um caracterizar qualitativo.

Não podemos, já que fizemos tais afirmativas, furtar-nos a empreender neste campo tão difícil, tão cheio de perigos e de surpresas, uma tentativa de solução.

A classificação é produzida pela razão, impulsionada pela necessidade da síntese. A classificação tem um significado positivo, embora se construa abstratamente.

A definição surge de uma atividade analítica (mas formal, da razão, pois nos referimos à definição da Lógica Formal) e, por isso, polariza-se em oposição ao definido, como veremos.

Uma divisão parte da unidade, e é diferencial; uma classificação parte do múltiplo e o reduz à unidade, ou pelo menos ao sistema. Toda classificação é a expressão de uma síntese, isto é, o estabelecimento de um sistema, que se pensa como tal.

A classificação realiza a unidade das semelhanças. A compreensão dialética não é unilateral, e, se ela se faz por oposições, também as conserva (*Aufhebung*).

A definição de uma noção qualquer só pode ser realizada por outra, distinta da primeira. Do contrário, seria uma pura tautologia. E é esse o escolho onde naufragam as definições.

Como significação, ela é outra que o significado. Portanto, a definição não é nem pode ser o definido, mas apenas seu esquema abstrato (formalmente considerado).

A definição formal – por apenas considerar as formalidades – realiza-se pela enunciação do gênero próximo e da diferença específica.

Mas uma definição dialética deve ser mais concreta. O gênero e a espécie pertencem à emergência. Mas a predisponência é imprescindível, e deve ser tomada em conta.

Uma formalidade – como quididade – é um esquema abstrato, um *arithmós* por nós construído. Toma-se o inteligível abstrato (*abs trahere*), que é colocado fora da concreção.

Mas o contorno da predisponência é inseparável, porque as formalidades isoladas não são ainda a concreção.

Uma formalidade, como tal, pode ser apenas formalmente definida, mas um ser, como existencialidade, implica o contorno.

Sabedoria, formalmente considerada, pode receber apenas uma definição formal, mas esta ou aquela sabedoria, neste ou naquele ser inteligente, exige e implica a predisponência, na qual ele está imerso, que coopera na construção da sua realidade.

Os possíveis, no Ser, são infinitos, mas os seres que os representam precisam de outros para a sua concreção. O existir do possível é uma decorrência da cooperação. Um possível torna-se criável pela assistência de outros já em ato. Pela cooperação do que se eficientizou, os possíveis tornam-se de efetíveis em efetivos, quando, pela cooperação dos efetivos, alcançam o pleno exercício de ser. Também a forma não pode ser considerada como em si, independente da assistencialidade das outras formalidades. Uma formalidade considerada apenas em si, separada, abstrata, é uma construção nossa. A sua efetivação *in re* exige a cooperação do que está em ato.

O Ser pode tudo quanto pode ser, mas a passagem dos possíveis à existência (ser fora de suas causas) depende da cooperação de outros.

Portanto, dialeticamente, não deve uma formalidade ser considerada, quando definida, independentemente das formalidades que predispõem a sua efetivação *in causando*. A efetivação de alguns efetíveis precipita novas efetivações. Os possíveis à existência (ser fora de suas causas) dependem do supósito (a subsistência hipostática), quando se efetivam pela cooperação dos efetivos. Portanto, tudo quanto existe implica a concreção onde se dá.

Quanto à subsistência, os seres são: em si, em outros, ou em si e em outros.

O ser existencial cronotópico e subsistente é em si e em outro. Em si, subsistência hipostática, do supósito; em outro, subsistência no ser.

Os *possibilia* (possíveis) são subsistentes no ser apenas, não têm subsistência hipostática.

O ser enquanto tal é subsistente em si.

O ser enquanto mera formalidade tem o máximo de extensão e o mínimo de compreensão; ontologicamente, tem o máximo de compreensão e o máximo de extensão, pois além de único, e de incluir a si mesmo, inclui tudo.

Portanto, o Ser como supremo indivíduo, como fonte e origem de tudo, é a máxima concreção. Por isso o Ser Infinito é indefinível, pois não precisa de outro para afirmar-se.

A emergência e a predisponência nele se identificam, pois ele é sempre a *coincidentia oppositorum* dos atributos infinitos.

Assim, temos:

- *existir* cronotópico = subsistência em si e em outros;
- *ser essencial* = existir em outros (os *possibilia*, etc.);
- *existir essencial* = existir em si mesmo e por si mesmo - Ser Supremo;
- *ser conceptual* = subsistente apenas conceptualmente em outros (as ficções, os esquemas noético-abstratos, etc.).

Desta forma, a decadialética, construindo uma visão tética e antitética do cronotópico, afirma dialeticamente a sua superação, na única e verdadeira síntese do Ser Supremo, não como soma, mas como superação do dualismo antinômico dialético, como afirmação suprema da suprema concreção do Ser.

Nele, todas as formalidades, inevitavelmente polares, obedientes à lei dos opostos, têm a sua fonte, origem e fim.

Dialeticamente, o Ser Supremo é sempre ele mesmo, e pode criar, num só ato, os opostos, porque é sempre o mesmo, imutável e eterno.

Definir dialeticamente não é apenas situar o ente como o faz a Lógica Formal.

O ente é isto ou aquilo pelo esquema eidético, que é a sua lei de proporcionalidade intrínseca. Mas este *logos* inclui-se, e subordina-se com outros, pois um ente, para ser, depende de outros que o causam e também do conjunto das coordenadas que formam a sua predisponência. Conexionar o *logos* circularmente aos *logoi* que o conexionam a uma estrutura maior é ampliar o saber sobre ele.

A definição responde à pergunta *quid sit* (que é?). Uma resposta concreta não pode cingir-se apenas à sua classificação formal, mas ao que coopera para que seja. Ora, a dialética é, para nós, a lógica do concreto (ela realiza a conexão dos diversos *logoi* através das analogias), portanto ela deve se lembrar de tudo quanto é imprescindível para construir a concreção de alguma coisa que se deseja estudar.[4]

TESE 261 - Todo ser finito tem um arithmós (número).

Afirmava Pitágoras, segundo Aristóxeno, que "todas as coisas estão arranjadas segundo os números". Esta afirmativa foi tomada como se o número pertencesse apenas à espécie da quantidade.

Como provamos em *Filosofia da Crise*,[5] *Teoria do Conhecimento*[6] e *Tratado de Simbólica*,[7] e o fazemos mais amplamente em *Pitágoras e o Tema do Número*,[8] não pertence este apenas à espécie de quantidade, pois também há números qualitativos, relacionais, valorativos, vetoriais, tensionais, etc.

Em suma, para os pitagóricos, *arithmós* significa o esquema concreto das coisas finitas, porque o Ser Supremo, infinito, por sua absoluta simplicidade, não tem esquema.

O esquema implica sempre elementos que o compõem, e eis por que Pitágoras dizia que o Um não é número, querendo referir-se ao Ser Infinito.

A criatura é sempre diádica, como já vimos, pois a criação é realização dual. Toda criatura tem um número, pois toda criatura é um esquema concreto, no qual participam outros esquemas ou elementos fundamentais.

Pode-se dizer que o *arithmós*, para Pitágoras, é propriamente o esquema da participação: há número onde há participação por composição, como no todo constituído de suas partes; ou por participação formal, como a das criaturas para com o Criador, etc.

[4] [Em nosso *Métodos Lógicos e Dialéticos*, apresentamos o proceder dialético para um operar do espírito sobre a concreção, que facilite uma ampliação do conhecimento, através das diversas providências que permitam alcançar maior soma de saber.] Levando em conta que *Métodos Lógicos e Dialéticos* (3 vols., São Paulo, Logos, 1959) foi publicado depois de *Filosofia Concreta*, este trecho é um acréscimo posterior.

[5] Em edição contemporânea: Mário Ferreira dos Santos, *Filosofia da Crise*. São Paulo, É Realizações Editora, 2017.

[6] Idem, *Teoria do Conhecimento - Gnoseologia e Criteriologia*. São Paulo, Logos, 1954.

[7] Em edição contemporânea: idem, *Tratado de Simbólica*. São Paulo, É Realizações Editora, 2007. (Este livro será em breve reeditado pela Biblioteca Mário Ferreira dos Santos.)

[8] Em edição contemporânea: idem, *Pitágoras e o Tema do Número*. São Paulo, Ibrasa, 2000.

O tema da participação foi por nós examinado em *Tratado de Simbólica*.[9]

TESE 262 – Ontologicamente, o que é realmente possível quanto ao ser é.

É uma decorrência das demonstrações anteriores. Sendo possível o que não contradiz o ser e impossível o que contradiz o ser, o realmente possível já está contido, realmente também, no poder do ser, no qual ontologicamente é, embora não tenha no mundo da realidade cronotópica, ou no da realidade criatural, um representante, um supósito, um ente que o realize ou que dele participe.

Vimos que as ideias, as formas, os *eide*, os esquemas eidéticos em suma, são a *mente* do Ser Infinito, os seus pensamentos, o seu poder.

Nele tudo é infinito, e nele tudo é infinitamente possível. Estão no seu ato, como poder da sua potência ativa, o que já demonstramos.

É sobre este aspecto positivo que se funda a positividade da teoria platônica das formas, e de todos os realistas quanto aos universais.

TESE 263 – Tudo o que acontece tem uma razão de ser.

É um enunciado do "princípio de razão suficiente", que recebe aqui uma nova prova, por outra via.

Se o que acontece não tivesse uma razão de ser, uma razão que o faz ser e que permite que seja, o ente, que é um fato, que é *feito*, não viria de outro, o que é absurdo.

O Ser Infinito tem em si mesmo uma razão de ser e não precisa de outro para ser. Mas o que acontece implica os fatores do acontecido; consequentemente, uma razão de ser.

É neste ponto que é positiva a famosa proposição de Hegel, tantas vezes mal compreendida: "o que é racional é real e o que é real é racional".[10]

[9] Idem, *Tratado de Simbólica*, op. cit., Tema III.
[10] G. W. F. Hegel, *Princípios da Filosofia do Direito*. Trad. Orlando Vitorino. São Paulo, Martins Fontes, 1997, p. XXXVI.

Não se deve compreender *racional* apenas no sentido da racionalidade humana, mas no sentido do que tem uma razão, um *por que é*.

Neste caso, tudo quanto é real tem uma razão de ser real; como tudo que tem uma razão de ser tem uma realidade.

TESE 264 – A possibilidade de um ser decorre da sua essência.

Um ser é possível quando pode ser realizado. Quando o ser possível depende apenas de outros para realizar-se, ele é simplesmente possível. Quando depende de seres já realizados, ele é provável.

Um ser é possível quando a sua existência não contradiz a ordem do ser. Esta não-contradição deve decorrer da sua essência.

Do nada absoluto nada é possível, portanto o possível implica um ser no pleno exercício de ser, como o demonstramos, pois, do contrário, nunca seria. O nada não pertence à categoria dos reais.

Demonstramos ainda por outras vias:

Não poderia o ser no pleno exercício de ser, implicado pelos possíveis, ter passado da possibilidade para a realidade, porque teria sido um possível do nada absoluto, o que é absurdo.

Consequentemente, esse ser fundamental não passou da possibilidade à atualidade; era ele primordialmente atualidade.

Os possíveis são esquemas eidéticos no Ser Supremo. Este não é o conjunto dos possíveis, porque uma soma dos possíveis não perderia o caráter de possível. Portanto, ele é o portador deles, como o é de si mesmo. É neste sentido que se diz que o Ser Supremo é pessoa, por ser o portador de si mesmo. E este papel, não tomado univocamente, cabe perfeitamente ao Ser Supremo.

Considerando-se assim, evitam-se muitas aporias.

O nada absoluto não poderia conter os possíveis, por isso estes implicam a preexistência de um ser real e atual, que, como vimos, é eterno.

A possibilidade de um ente é gradativa, pois pode ser mais ou menos possível. Todo ser possível revela razões em favor da sua possibilidade.

O nada absoluto é impossível porque não apresenta nenhuma razão a seu favor. Ora, o Ser Supremo é o "oposto" absoluto do nada absoluto, portanto é aquele que tem, para nós, a maior soma de razões da sua possibilidade, e nenhuma razão da sua impossibilidade. Este argumento não é suficiente para a prova da existência do Ser Absoluto, mas corrobora as anteriormente apresentadas.

Nenhum ser finito contém em si todos os possíveis. Só o Ser Infinito os pode conter e os contém.

A razão suficiente de todos os entes finitos é, consequentemente, o Ser Infinito.

O ser necessário, como vimos, tem todas as razões para existir, e nenhuma para não existir. O ser possível é o que tem determinado número de razões para existir, e menos para não existir.

TESE 265 - O ser finito, que é, não foi um puro nada antes de ser, nem será um puro nada depois de ser.

É de grande importância a prova desta tese, cuja demonstração fundamentamos no que já ficou provado. Devido à sua não aceitação, muitas doutrinas filosóficas caíram em tremendas situações aporéticas.

O ser finito, se antes de ser fosse um simples e absoluto nada, deste teria vindo, o que é absurdo. Portanto, é um possível na ordem do Ser Infinito, e que se tornou real-existente. Depois que deixou de ser, é nada relativo, e não nada absoluto, pois, do contrário, um ser tornar-se-ia em nada absoluto, o que é absurdo.

O que teve aptidão para existir e existiu, ao deixar de ser existente, conserva algum grau dessa aptidão, desse ser. O que antecede ao que é real-existente é o epimeteico do ser, e o que sucede é o prometeico desse mesmo ser.

O que foi não é um puro nada, pois do contrário o histórico perderia sua positividade.[11]

Provemos por outras vias: todos os seres se univocam formalmente em parte na aptidão para existir. Neste ponto todos os seres se identificam, os finitos e o infinito.[12]

[11] [Essa presença do passado no presente é uma das notas mais importantes do histórico. E essa presença é positiva, do contrário a História seria apenas a descrição dos fatos passados. A estrutura ontológica do histórico é por nós estudada em *Filosofia e História da Cultura* (São Paulo, Logos, 1962).]

[12] [A identificação aqui ainda é analógica, porque a aptidão para existir do Ser Supremo é absoluta, uma vez que ele existe por necessidade absoluta, *simpliciter*. Se distinguimos as várias necessidades, como a *simpliciter* e a hipotética, a identificação desaparece em sua

Se um ser finito, depois de deixar de ser em ato, como real-existente, se tornasse num nada absoluto, o ser teria a possibilidade de tornar-se nada absoluto, o que provamos ser absurdo. Portanto, o ser que já foi continua sendo, de certo modo, na ordem ontológica e ôntica do ser, e não é um mero e absoluto nada. É a isto que chamamos o *epimeteico* do ser.

TESE 266 – O Ser Supremo pode realizar toda hierarquia de ser.

Tudo quanto finitamente é, foi e será é possível no Ser. O possível atualizado permanece no Ser Supremo como um possível do seu poder, mas o desta (*hoc*) atualização é ainda e também um possível no Ser.

É possível no Ser a maçã, como o é, nele, esta maçã. Temos assim o possível eidético e o ôntico. Esta distinção entre as *possibilia*, já a fazia Tomás de Aquino. Atualizadas as maçãs, a maçã como possível eidético permanece no poder do Ser. Atualizada esta maçã, depois de sua corrupção ou destruição não é ela mais onticamente real, mas um possível no Ser, que não se torna um mero nada, pois o ser jamais se torna nada absoluto, mas sim nada relativo. O que foi esta maçã é agora isto ou aquilo. Mas a maçã, que foi esta, não é um mero nada, porque não há o nada absoluto. É, portanto, um modo de ser, o modo de ser epimeteico, que, de certo modo, é historicamente na matéria desta maçã, que está agora informada de outro modo. Assim, o que é aqui e agora (*hic et nunc*) é historicamente, no sentido filosófico desse termo, tudo quanto foi. Se a matéria, como vimos, por receber esta ou aquela forma, não perde a sua virgindade material (pois permanece sendo matéria antes, durante e depois da informação), ganha contudo, historicamente, em cada forma que a informa, a atualização de uma possibilidade que, nela, de certo modo, é, mesmo quando já passada. Esse ser epimeteico, que é o ser histórico, como o entendemos, permite uma especulação ontológica, pois não pode ser reduzido ao mero nada, tendo portanto uma presença,

ampla pureza formal, para restar apenas o fundamento que dá o Ser Supremo ao que é apto a existir. De qualquer forma, há uma distância formal entre a aptidão para existir do Ser Supremo e a da criatura, que exige especulações de tal vulto que só podemos realizar em trabalho especial.]

que cabe estabelecer, como procuramos fazer em *Filosofia e História da Cultura*, onde estudamos a estrutura ontológica do histórico.

É possível, no Ser, o que não é eivado de contradição intrínseca.

E é tal evidente, pois a contradição estabelece uma exclusão. Na contradição, há afirmação da presença e, simultaneamente, da ausência. Do mesmo modo que não há meio-termo entre ser e nada, nem tampouco há coexistência de ambos, mas apenas há a existência de um, o que afirmasse simultaneamente a presença do ser e a sua total ausência seria contraditório e absurdo.

Consequentemente, o que nós julgamos existir, mas eivado de contradição intrínseca, não pode existir, e é ininteligível.

Posso fazer tudo quanto não contradiz a minha natureza. E tudo quanto posso, tudo quanto me é possível, é o que já é, de certo modo, de meu ser em ato. Só posso o que posso.

O Ser Supremo é absolutamente simples (*simpliciter simplex*).

É o ser na máxima intensidade de ser. Consequentemente, tudo quanto é possível é do seu poder, e pode ele tudo quanto é, pois dele é tudo quanto pode ser. Ele pode realizar toda hierarquia de ser, pois os seres, por sua participação, revelam graus, e pode ele realizar toda escalaridade de ser que não implique contradição intrínseca (exclusão).

Não se julgue que há nele deficiência de poder porque não realiza o que é contraditório intrinsecamente. Realizar o que se contradiz, o que se exclui, equivale a não-realizar, pois o que se exclui põe-se e ausenta-se simultaneamente.

Realizar o quadrado redondo é realizar o quadrado e excluí-lo simultaneamente; é realizar o redondo e excluí-lo simultaneamente. É, portanto, nada. E realizar nada é nada realizar. Não há necessidade de poder para realizar o nada; mas é o poder de mister para realizar o que pode ser.

Portanto, não realizando o Ser Supremo a contradição intrínseca, não revela ele deficiência de poder, porque para tal não há necessidade de poder; mas para realizar o que é congruente é exigível poder.

E assim como posso tudo quanto pode o meu ser, a minha natureza, e por ser finito posso finitamente, o Ser Supremo pode tudo quanto pode vir-a-ser, porque, sendo infinito e princípio de todas as coisas, pode infinitamente.

TESE 267 – Todo ser finito está necessitariamente[13] *conexionado a um antecedente, contingentemente a um consequente finito, e necessariamente sempre ao Ser Infinito.*

Todo ser finito está conexionado a um antecedente próximo, ou remotamente ao Ser Infinito. Está conexionado a um consequente, pois, não se tornando nada absoluto, ao perecer, ao corromper-se, transforma-se em outro. Se se desse a ruptura dessas consequências, haveria a cessação da criação. Ora, tal não é impossível, pois, do contrário, teríamos de aceitar que o Ser Infinito é criador por necessidade de sua natureza, o que por ora é discutível.

Mesmo se não se admitir essa necessidade, ou não se puder explicá-la, tem-se de admitir que o ser finito está conexionado a um consequente finito, pelo menos contingentemente. Mas, como o Ser Infinito sempre será, o ser finito estará conexionado necessariamente a ele, que o antecede, o acompanha e permanecerá após aquele ter deixado de ser o que é.

E, ademais, o ente finito que já foi é ainda no Ser Infinito, subjetivamente, um possível que se atualizou e, como tal, é agora epimeteicamente possível.[14]

Assim também o possível que não se atualizou não é um mero nada, mas um possível epimeteico.

O que era relativamente impossível e não pôde ser é de certo modo do poder do Ser Infinito, e é esse poder que lhe dá positividade.[15]

O nada absoluto não pode ser o termo final de um ser, como já vimos.

Estas demonstrações estão fundamentadas nas anteriores.

[13] Ver a Tese 115 para a definição deste neologismo.

[14] ["Subjetivamente" não é tomado aqui em sentido psicológico, mas sim no de subsistente, do que se *jecta sub*.]

[15] [Deve-se distinguir o relativamente possível epimeteico do relativamente impossível prometeico. O primeiro é o que foi possível e não é mais. O segundo filho de Napoleão foi possível, mas é, agora, relativamente impossível, pois a reversão do passado é relativamente impossível. Pertence, portanto, ao epimeteico, mas é relativamente impossível prometeicamente, já que ele não pode vir-a-ser existente, pelas mesmas razões. O avião era relativamente impossível na Idade Média europeia, mas era prometeicamente possível.]

TESE 268 – As coisas podem "eludir" a ordem das causas particulares, não a ordem universal.

As coisas podem "eludir" a ordem de uma causa particular, não a ordem universal. A ordem de uma causa particular pode ser eludida por outra também particular. Assim a água pode impedir que a lenha queime, sem eludir a ordem universal.

As causas particulares e suas ordens estão incluídas na ordem universal, e desta não se afastam. É casual apenas o que pode subtrair-se à causa particular; mas providenciado, quanto à universal.

A liberdade humana, por exemplo, pode eludir a ordem das causas particulares, não porém a ordem universal.

Consiste a liberdade na capacidade de eludir a ordem de uma causa particular, por uma deliberação consciente da vontade, que realiza uma escolha, em que são eludidas, por sua vez, uma ou mais causas particulares.

A liberdade, portanto, não é impossível, o que já é um passo para fundamentá-la apoditicamente.

TESE 269 – Todo ser é um bem.

O que é apetecido por outro é um bem para este, e é alguma coisa. O nada absoluto não é apetecido, porque é nada. Se um homem deseja a sua própria destruição, e até a destruição total, é porque considera um bem a cessação do estado de infortúnio em que está. Na verdade, deseja algo positivo. O nada não pode ser objeto de uma apetência, porque é nada.

O que é apetecido é, portanto, um ser, e todo ser é apetecido por si mesmo ou por um outro. Mas, quanto maior soma de perfeição tem um ser, mais é ele apetecido. E nenhum ser é mais apetecido que o Ser Infinito, para o qual todos os seres tendem naturalmente, pois todos têm apetência a mais do que são e do que têm.

O que é apetecível é bom e é ser; o ser é, portanto, bom. E todo ser é bom em si mesmo. Razão tinha, pois, a filosofia clássica ao estabelecer que "ser e bem se convertem"; mas se convertem no supósito, não formalmente, pois, como tais, se distinguem.

E como o Ser Infinito é absolutamente difusivo, porque nada há sem a sua sustentação e atuação, é ele o bem absoluto.

Prova-se ainda:

Entende-se por bem o que convém a algo, o que é apetecível por algo (de *petere*, pedir, anelar por). Melhor, e ontologicamente mais seguro, é considerar bem o que aperfeiçoa alguma coisa. O ato é o bem de um ente em potência, porque o ato é a perfeição da potência que, nele, é *per facta*. Ser é um bem, porque o que é é uma perfeição, é algo *per factum*. Se a apetecibilidade de alguma coisa é um bem, devemos considerá-lo nesse sentido mais rigidamente ontológico, porque melhor aponta o verdadeiro sentido de tal termo, que apresenta uma grande variedade de acepções, mas todas genericamente inclusas na conceituação que demos acima.

Chamavam os escolásticos de *bem absoluto* o que é conveniente a si mesmo, o que é apetecível por si mesmo. E *bem relativo*, o que é apetecível a outro. Desse modo, o bem, conforme seja absoluto ou relativo, pode ser por essência ou por participação.

Por essência é o bem que o é por si mesmo, sem nenhuma razão distinta da essência, enquanto *por participação* é o que é bem dado por outro e vindo de outro. O ser dependente tem sua perfeição dada por outro e vinda de outro, por participação.

Por existir, cada ser dependente é bom, por razão de sua existência.

O bem por participação pode ser, ademais, absoluto (*simpliciter*) ou relativo (*secundum quid*). O bem absoluto por participação dá-se naquele que tem toda a perfeição devida pela sua natureza, enquanto o relativo é aquele que não a tem na intensidade que lhe é devida.

Ora, o Ser Supremo tem o bem por bondade absoluta, porque é por si mesmo apetecível e, sobretudo, porque tem toda a perfeição de ser, por ser infinitamente perfeito e ter em si, e ser ele mesmo, sua própria razão de ser.

É um bem por essência, pois é bom por si e para si, pois não recebe de outros qualquer perfeição, já que é ele a fonte e origem de todas as perfeições possíveis.

As teses escolásticas sobre a bondade do Ser Supremo encontram, assim, perfeito fundamento na via demonstrativa da filosofia concreta.

TESE 270 – Todo ser finito apetece a um bem.

É bem o que dá uma perfeição ou aperfeiçoa um ser.

Todo ser finito está em devir, pois tende para realizar uma possibilidade.

Esta, atualizada, é uma perfeição adquirida. Consequentemente, todo ser finito apetece a um bem.

O Ser Infinito é oniperfeito, pois não lhe falta nenhuma perfeição. É, portanto, total e absolutamente bom.

Todo ser, porque é perfeição, é bom. O que o homem apetece naturalmente é um bem, embora psicologicamente a sua apetência possa dirigir-se a um bem de valor menor.

No entanto, este é ontologicamente um bem.

Todas as coisas tendem para um bem, e o Ser Infinito, que é consequentemente o bem supremo, é a maior e mais alta aspiração dos entes.[16]

TESE 271 – Todo ente finito tem uma emergência e sofre a ação da predisponência.

Prova-se ainda deste modo:

O ente é tal ao ser assumido pelo ato de ser. Um ente finito tem uma forma, e atua na proporção da sua forma, da sua natureza, como já demonstramos.

Essa natureza é também a sua aptidão para ser todas as possibilidades que lhe são proporcionadas, quer como agente, quer como paciente.

Se composto de matéria e forma, a sua emergência, o que dele emerge, é proporcionada ao composto. Mas o ser finito não é estanque, pois sofre também determinações de outros. Estas são por ele sofridas proporcionadamente à sua natureza, mas a ação daquele se exerce no paciente proporcionadamente também à natureza do paciente.

Eis por que a atuação infinita do Ser Infinito, ao criar, é infinita, mas o resultado dessa ação é proporcionado à natureza do paciente, do atuado. Assim, o paciente recebe na proporção da sua natureza.

TESE 272 – No Ser Absoluto, tudo quanto é possível é já simultânea e atualmente do seu poder.

É possível o que tem aptidão para se tornar real, para existir, ou é apto à existência real. O nada absoluto é absolutamente

[16] [A contribuição que o nosso pensamento concreto pode oferecer ao tema dos valores é exposta em *Filosofia Concreta dos Valores* (São Paulo, Logos, 1960).]

impossível, e o que padece de contradição intrínseca, como o quadrado redondo, é impossível, prometeica e epimeteicamente, porque contradiz o ser. Se os possíveis já não estivessem, simultânea e atualmente, no Ser, dar-se-iam tais aspectos:

a. nunca poderiam surgir, o que lhes tiraria o caráter de possíveis, e seriam nada, em suma;
b. se não estivessem simultaneamente contidos no poder do Ser, haveria neste a *possibilidade* de ter possíveis, o que lhe negaria a sua simplicidade onipotente;
c. se os possíveis já não estivessem no ato de poder do Ser Infinito, este deixaria de ser onipotente em ato, e seria composto de ato e potência, o que é absurdo, ante o que já provamos;
d. e se ele já não os contivesse, eles viriam do nada, o que também é absurdo.

Portanto, os possíveis estão simultânea e atualmente contidos no poder infinito do Ser Absoluto.

TESE 273 – A simultaneidade e a sucessividade nos seres finitos são relativas.

No infinito atual, o que o constitui dá-se *simultaneamente*; num infinito potencial, *sucessivamente*.

No tempo, há a presença do sucessivo, numa relação variável com o simultâneo, com o que permanece. O que permanece, o que se *simultaneíza* de certo modo, é o que se chama substância, o que sub-está.

A perduração do que sub-está não quer dizer imutabilidade senão formal, pois, se houvesse uma simultaneidade absoluta, haveria um ser finito absoluto, o que é contraditório.

A sucessão surge da relação entre uma perduração e outra. Se tomássemos a sucessão em sentido absoluto, esta também seria contraditória, pois um ser finito seria absoluto, deixando, portanto, de ser finito sob o mesmo aspecto.

Deste modo, o conceito de simultaneidade e o de sucessividade estão sintetizados no conceito de perduração.

O que perdura é a forma, como lei de proporcionalidade intrínseca do fato, o seu esquema; não o fato na sua singularidade nem, neste, o eidético que nele é o singular, a *haecceitas*.

A simultaneidade só pode ser absoluta no Ser Infinito, que por isso não é sucessivo.

A perduração, aqui, não é síntese das formas, mas a elas transcendente, por ser infinita.

Se assim não fosse, o Ser Infinito não seria tal. Eis por que ele é intemporal e, consequentemente, in-finito, eterno.

TESE 274 - A aptidão do ser finito aponta sempre a uma emergência.

Um ser finito tem "aptidão de..." e "aptidão para..."; uma aptidão para fazer, atuar, e para sofrer. Há uma aptidão inerente ao ser finito, pois, do contrário, ela lhe seria dada posteriormente. Quando criatura, o seu ser se explicita já com essa aptidão. Do contrário, surgiria sem ela, e existiria sem ter aptidão para ser, o que é absurdo. Portanto, há uma aptidão inerente ao ser, quer finito quer infinito. Mas ter aptidão é "ser apto a...", "para...", etc. Portanto, a aptidão é para realizar algo, para algo que se dará, que existirá. Todo ser, seja qual for, tem aptidão para existir (como a tem o ser possível, pois do contrário não o seria), e também para fazer ou sofrer (pois do contrário seria nada).

"Aptidão para sofrer", só a têm os seres finitos, pois, se não a tivessem, seriam absolutamente simples. E determinar e ser-determinado, determinação e determinabilidade, no ser, revelam aptidão para existir de certo modo.

O ser, portanto, tem aptidão para existir, quer seja ele finito ou infinito. Portanto, pode-se dizer que ser é ter aptidão para existir, o que é imprescindível a todo ser, como o mostrava Suárez.

Nessa aptidão todos os seres se univocam, pois os que existem provam-na e os que ainda não existem só são possíveis se há tal aptidão.

A aptidão para existir exige ausência de contradição, pois o contraditório não é possível e, por consequência, não tem aptidão para existir, por não ter ser de nenhuma espécie.[17]

[17] [A contradição deve ser tomada em sentido absoluto e excludente. Um ser ficcional tem aptidão para existir, embora lhe falte probabilidade e possibilidade para tal. Dom Quixote poderia ter existido, embora não tenha sido historicamente real. O centauro é ficcional,

O nada absoluto é a total ausência de aptidão para existir. O nada absoluto não se inclui entre os possíveis.

Deste modo, na aptidão para existir, como a estabelecia Suárez, todos os seres se univocam, porque para todos podemos, neste ponto, predicar a univocidade, por ser seu conteúdo eidético o mesmo para todos os seres.

A aptidão para existir é da emergência do ente finito. Portanto, todo ente finito já traz em si, inerente a si, uma aptidão para existir, deste ou daquele modo, o que é proporcionado à sua natureza, como já vimos.

TESE 275 – A privação não é uma negação simples (absoluta) do ser.

Quando se dá a não-existência de um estado ou propriedade numa coisa, diz-se que ela deles carece. Mas, quando não contradizem a capacidade da coisa para tê-los, diz-se que ela é deles privada; há, assim, um sujeito carente de algo que é proporcionado à sua natureza. A árvore carece de visão, mas o cego dela está privado.

Ambos os conceitos estão inclusos no conceito de ausência. Mas, no caso da privação, o que se ausenta é proporcionado à natureza da coisa, portanto não é uma negação simples, uma negação absoluta.

O nada é carente de propriedades e estados de qualquer espécie.

Estamos aqui em face de uma carência absoluta, de uma ausência absoluta.

Tal afirmativa é congruente com o que se entende por nada absoluto.

Já o mesmo não ocorre quanto ao nada relativo, pois este indica a ausência de um estado, propriedade ou perfeição que podiam se dar.

A privação, em si mesma, não é real, mas refere-se a algo real, o que lhe dá positividade.

e sua existência não tem probabilidade, desde que considerada a ordem das coordenadas da realidade cronotópica. A impossibilidade do centauro é relativa e não absoluta, porque não encerra uma contradição de modo absoluto.
A reta-curva é formalmente contraditória, e de modo absoluto, pois não seria nem reta nem curva. Como ser ficcional é irrepresentável, e apenas é um disparate, como o é "um centímetro de amor", o qual só seria usável em mau sentido metafórico.]

A privação de bem chama-se mal. O mal é assim positivo nesse sentido, não é porém real-real, pois não tem subjetividade, nem subsistência.

A ideia da privação permite-nos compreender o devir. Um corpo devém quando, privado de uma perfeição, ou estado, ou propriedade, etc., adquire outros. Mas o devir de um ente prefixado e específico faz-se dentro do âmbito da sua forma. Se esta deixa de ser para dar lugar a outra, diz-se que o ser corrompeu-se para gerar outro ser. Portanto, a ideia de privação não é uma absoluta negação.

TESE 276 – Os esquemas abstrato-noéticos são em parte ficcionais e em parte reais.

No funcionar do nosso espírito, os conceitos, que são esquemas abstrato-noéticos, são, em parte, ficcionais. Tomando-os isoladamente, e em crise, isto é, separados da realidade concreta à qual eles se referem, caímos no abstratismo, que tem sido, de certo modo, prejudicial ao desenvolvimento da Filosofia.

Ora, os princípios que foram demonstrados até aqui mostram-nos que a realidade é uma complexidade que permite ao espírito humano estabelecer distinções, que são expressas através dos nossos conceitos. Este funcionar analítico-sintético da nossa inteligência não é falso, enquanto não são tomados os esquemas como absolutamente separados.

O perigo está em praticar essa crise, não propriamente em estabelecer aqueles esquemas. Todo ser finito é um ser imerso em uma concreção e, esta, imersa na totalidade universal, que é expressa pelos pitagóricos como a lei do novenário, a *Concreção de Tudo no Todo.*

A verdadeira sistemática filosófica é aquela que dialeticamente inclui e não exclui, aquela que compreende a parte como parte de um todo.

Não há fato que seja absoluto, pois é da natureza do fato ser feito e, portanto, dependente dos fatores emergentes e dos predisponentes, que, atualizados na sua determinação, terminam por construir a emergência do próprio fato. Este se dá distinto no universo; não se dá, porém, total e absolutamente isolado, pois se assim ocorresse instalar-se-ia o nada entre ele e os outros, o que seria absurdo, além de ser contraditório com o próprio conceito de finitude, o qual implica correlacionamento. Só o Ser Infinito é absoluto, e absolutamente suficiente.

A razão humana, ao estabelecer seus esquemas, não deve esquecer esse aspecto.

A Filosofia Abstrata é aquela que se constrói implícita ou explicitamente pelo estabelecimento da crise entre os distintos, cujos graus e variedades são muitos. A Filosofia Concreta é a que inclui, é a que considera o fato dentro de uma concreção e, pelo espírito, o abstrai, sem esquecer de incluí-lo na concreção à qual se conexiona, não por um mero correlacionar, mas por uma imersão unitiva, mais próxima ou remota, que é absoluta, pois o ser é absolutamente unitivo, e nele não há rupturas.

É nessa absoluta unidade que todos os entes se univocam, pois, do contrário, cairíamos nas aporias do dualismo, o qual foi suficientemente refutado.

Portanto, os nossos esquemas abstrato-noéticos são em parte ficcionais, se os tomamos isolados e em crise, e são reais se os consideramos como aspectos distintos do ser, que não se afastam realmente da concreção da qual fazem parte.

TESE 277 – O mal é privação de bem, e é na privação que tem a sua positividade. A positividade do mal impede que haja um mal absoluto, pois este seria nada absoluto, o que é absurdo.

Já mostramos que a privação em si mesma não é real-real, porque não é subsistente.

Mas, como se refere a um estado, propriedade ou perfeição do ser, tem neles a sua positividade. Ademais, demonstramos que o mal é privação de certo bem, portanto tem positividade como toda privação, pois não é um mal o estar privado do que não é, do nada absoluto.

Se o mal, que é privação, fosse absoluto, seria privação absoluta, seria idêntico ao nada absoluto.

Portanto, o mal absoluto é contraditório.

O mal, por sua vez, não tem em si mesmo a sua razão de ser. Ele aponta sempre a não obtenção do apetecido, a obstaculização ao apetecido, ou o desvio da intensidade apetecida. O mal, portanto, é finito, e está imerso na finitude. O infinito é um bem supremo e absoluto. A própria positividade do mal, que se fundamenta no bem de que está privado o apetente, dá-lhe o caráter de finito. Consequentemente, robustece-se a prova de que não há um mal absoluto.

Sobre o Mal

Na *Teodiceia*, afirmava Leibniz que o ser criatural sofre do *mal metafísico* da criação, pois seriam males tanto a sua dependência como a sua limitação.[1]

Desse modo, o mal seria inerente à criatura. A tese leibniziana tem sido combatida de várias maneiras. Contudo, interessa-nos apenas examiná-la dentro do âmbito da filosofia concreta. E, nesta, podemos dizer: o mal em si mesmo não é um ser, pois não há o mal subjetivamente *sendo*, o *ontos* subjetivo do mal. Diz-se que é *mal* o que ofende, opõe-se, à conveniência devida à natureza de uma coisa. É devido (de dever, *de habeo*) o que *tem de haver* para a plenitude de um ser em sua especificidade. A conveniência devida é o que convém (de *cum* e *venire*), o que vem ao encontro da manutenção do bem de uma coisa, segundo a sua natureza. O existir de um ser é algo que convém à natureza desse ser, enquanto tomado como possível. Dar ser a um ente finito é determiná-lo como tal em sua natureza. É dar uma perfeição de ser, um bem. Dar ser é, pois, dar uma perfeição. Determinar um ser deste ou daquele modo é dar-lhe uma perfeição possível; ou seja, é atualizar uma perfeição possível. Consequentemente, a determinação de ser não é um mal. O mal só pode provir do que desconvém ao bem do ser; ou seja, ao que contraria a conveniência devida à natureza desse ser. A causa eficiente do mal não é, pois, o Ser Supremo, mas sim a que decorre da oposição de algo que desconvém ao ser.

O mal não é, assim, da essência do ser finito, porque, sendo privação de bem, ausência de bem, ausência do que convém devidamente à natureza de uma coisa, não pode ser da essência de uma coisa, já que toda essência é positiva. A essência de um ser, já o demonstramos, não é formada do que se lhe ausenta, mas do que lhe é presente, pois a

[1] G. W. Leibniz, *Ensaios de Teodiceia – Sobre a Bondade de Deus, a Liberdade do Homem e a Origem do Mal*. Trad. William de Siqueira Piauí e Juliana Cecci Silva. 2. ed. São Paulo, Estação Liberdade, 2015, §§ 20-21.

essência é a forma, a lei de proporcionalidade intrínseca, o que há na coisa e não o que nela não há.

A determinação dada a um ser consiste numa perfeição de ser que lhe é dada, e que em si mesma não é um mal. Se o homem, ao ter consciência do mundo, sente o que se lhe ausenta e o que se ausenta das coisas, e considera um bem possuir as perfeições que lhes faltam, tem razão. Seria melhor que tivesse tais perfeições; mas é mister distinguir as perfeições devidas das não devidas. O carecer de olhos no homem é um mal, não porém na pedra, porque não é uma perfeição devida a esta, ou seja, devida à sua natureza. O mal não é, pois, da natureza de uma coisa, mas o que lhe acontece, o que é, portanto, acidental (relacional).

TESE 278 – O universal é a unidade no múltiplo.

O *logos* do universal é o ser um em muitos, pois, como pode ser universal o que não se repete em muitos? Ontologicamente, universal é apenas o que dissemos, e nossa conceituação sobre ele não pode construir-se de outro modo, sob pena de afastar-se do seu genuíno *logos*. Sendo o universal a unidade no múltiplo, poder-se-ia considerá-lo como singularidade.

Desde o início parece surgir aqui uma contradição, pois, quando se diz universalidade, não se diz, e se exclui, singularidade; quando se diz singularidade, não se diz, e se exclui, universalidade. Mas o que é universal, sendo unidade no múltiplo, é uma singularidade, embora formal. Aquilo de que muitas coisas participam em comum é universal a elas. *Universum* vem de *uni* e *versum*, este, por sua vez, de *verto*, volver, girar em torno de, portanto, em sua etimologia, é o que volve, o um que gira em torno de muitos. O que é universal é uma unidade, o que de certo modo é um. Há, no universal, uma forma que se repete em muitos, há o repetir-se de um *logos*.

O *logos* do universal, portanto, implica uma singularidade de que muitos participam. Esse um é *singulus* sem existir singularmente, sem ser onticamente singular, mas apenas sendo formalmente singular, ontologicamente apenas.

Mas seu modo de ser não é o de ser singular nem o de ser universal.

A forma é onticamente formal, como já o mostramos. Desse modo, o universal, considerado apenas ontologicamente, não é nem singular nem universal, o é apenas formalmente.

Não há, assim, contradição em dizer que o universal é a unidade no múltiplo. Ademais, esse enunciado é ontologicamente perfeito, como vemos pelas regras da dialética ontológica que expusemos.

TESE 279 – Sendo o Ser Infinito o supremo bem, não destruiria a si mesmo.

Sendo o Ser Infinito o supremo bem (o *summum bonum* dos escolásticos), não tenderia a destruir a si mesmo. Já que o mal é negativo, é privação, e o Ser absoluto e infinito não é privação de qualquer perfeição, não pode este ser destrutivo.

Como o nada absoluto não pode destruir, porque é impossível, o Ser Supremo é indestrutível também por esta razão, embora já tenhamos provado a sua indestrutibilidade por outros caminhos.

TESE 280 – Os seres finitos interatuam-se, e às suas ações sobre outros correspondem reações proporcionadas a estes.

A ação de um ser finito efetua-se sobre a potência de outro ser finito.

Portanto, a ação, sendo proporcionada ao que atua, também é proporcionada ao atuado. A ação de determinação de um corresponde à determinabilidade do outro. Por sua vez, ao ser determinado, o determinável reage na proporção do que é, e efetua uma ação, que é determinadamente proporcionada a ele, e proporcionada à determinabilidade do outro atuado.

Ora, cientificamente se afirma que há uma equivalência entre ação e reação, o que é exposto pela lei da ação recíproca. Essa lei não repugna ao que até aqui foi demonstrado.[2]

[2] [Não cabe aqui um estudo mais aprofundado da "lei da ação recíproca", que é mais tema da Ciência que da Filosofia. Pode-se apenas salientar que a toda determinação corresponde uma determinabilidade adequada, senão aquela não se realizaria. Uma determinação realizada é inversamente adequada a uma determinabilidade sofrida.]

TESE 281 – O universo cósmico, enquanto totalidade, é uma unidade de simplicidade, sem ser absolutamente simples.

Já mostramos que todos os seres finitos em algo se univocam, tendo, portanto, próxima ou remotamente, um ponto de identificação uns com os outros.

O universo cósmico é a totalidade dos entes finitos, e é portanto finito, como já vimos. Nele está incluso todo ser finito, e forma ele uma unidade de todos os entes, em suas processões ativas e passivas.

Essa unidade não é uma mera unidade de agregação, como acontece com seres diversos que se aproximam, formando uma débil totalidade.

No universo, há coordenação e leis que conexionam intimamente os entes finitos uns aos outros, os quais se submetem a uma normal, que é dada pela totalidade, como nos mostram já suficientemente os conhecimentos científicos. Essa unidade tem uma tensão que é uma unidade de simplicidade, uma coerência simples, não porém absolutamente simples (simplicíssima), como a do Ser Supremo, porque este não tem partes, nem é constituído de partes, e transcende ao Todo. Encontramos aqui um fundamento positivo sobre o qual se apoia a concepção platônica da "alma do mundo", pois a tensão do Todo é a forma do Todo.

O universo cósmico, enquanto totalidade, é unidade de simplicidade, não porém absolutamente simples, como afirmamos nesta Tese.

TESE 282 – Por ser o universo cósmico uma unidade de simplicidade, não se pode concluir desde logo que é uma unidade necessariamente constante.

O universo forma uma unidade de simplicidade, sem ser absolutamente simples. Admitir que possa aumentar ou diminuir por suprimentos de criação, por parte do Ser Supremo, tal para muitos não repugna, por não ofender o princípio de não-contradição, salvo se se afirmasse haver no Ser Infinito aumentos ou diminuições. Para eles não é o universo cósmico necessariamente uma unidade constante. Para outros, a criação surge de um só ato, e de uma só vez; portanto, não carece de suprimentos, e o que surja posteriormente já está previamente dado. Para os defensores desta posição, a criação é uma modal da criatura, mas o ato criador é um só e de uma vez, pois, do contrário, o Ser Supremo não seria eterno, pois nele haveria um antes e um depois.

Portanto, não se pode ainda concluir que o *cosmos* seja uma unidade constante, nem que seja necessariamente tal. Há lugar aqui para outras especulações, que apresentaremos em nossa *Filosofia Concreta da Criação*, fundando-nos também nos princípios já expostos, ao empreender o exame de várias concepções. Nessa ocasião, examinaremos esta tese, cuja solução está implícita nos princípios até aqui demonstrados, mas a sua clara exposição exige diversas providências e um roteiro que é matéria das análises específicas da filosofia concreta, portanto, de outros trabalhos.

TESE 283 – O devir dos entes em nada aumenta nem diminui o Ser, sustentáculo primeiro de todos os entes.

Na constante mutação dos entes não pode haver nem aumento nem diminuição do Ser Infinito, sustentáculo de todos os entes e de toda modalidade de ser. Não aumenta, porque, se tal se desse, o suprimento de ser viria do nada, o que é absurdo; e se diminuísse, perderia ser, hipótese cuja absurdidade já demonstramos.

Consequentemente, não há aumento nem variação no Ser enquanto tal, nem diminuição de qualquer espécie, por mais variadas que sejam as mutações.

Ademais, se se considerar o universo criado como um todo, que ele é, como já demonstramos, e unidade simples, as mutações de suas partes não implicam nenhuma mudança no todo, que, como tal, pode permanecer tanto quanto é. Pode-se admitir que o Todo possa ser aumentado ou diminuído pela ação do Ser absoluto e infinito, sem que tais aumentos ou diminuições sejam até aí contraditórios. A solução deste ponto só poderá vir oportunamente, como já o salientamos.

TESE 284 – As distinções entre os entes não indicam que sejam totalmente separados uns dos outros.

Os seres distinguem-se uns dos outros por diversas distinções, por nós estudadas em *Ontologia e Cosmologia*.[3] O que distingue "separa"

[3] Mário Ferreira dos Santos, *Ontologia e Cosmologia*. 3. ed. São Paulo, Logos, 1959.

de certo modo, mas essa "separação" nunca pode ser absoluta, pois, se assim fosse, haveria rupturas no ser, e o nada se intercalaria entre os entes, o que é absurdo.

Consequentemente, por mais distinto que um ente seja de outro, jamais a separação será absoluta, pois todos estão imersos no ser, que os sustenta.

Eis por que todos os seres, remotamente, no *hypokeimenon* (substrato, sustentáculo) que é a última sistência, se univocam, embora se distingam especificamente.

TESE 285 - As oposições não contradizem a ordem do ser.

Considera-se oposição a relação formada entre dois termos antitéticos, isto é, quando à tese (posição) de um opõe-se (ob-põe-se) a de outro. Portanto, a oposição, a não ser considerada fisicamente, não é apenas um colocar-se ante outro, mas sim um colocar-se antiteticamente a outro.

Aristóteles, ao estudar as oposições, estabelecia quatro tipos:

1. a oposição de termos relativos;
2. a oposição de contrários;
3. a oposição entre privação e posse; e
4. a oposição entre afirmação e negação.

No primeiro caso, teríamos a oposição entre o dobro e a metade, os quais são termos relativos, pois o dobro é o dobro da metade, e a metade, a metade do dobro; no segundo, entre o bem e o mal; no terceiro, entre a cegueira e a visão; e no quarto, entre proposições como estar sentado e não estar sentado.

Incluíram os escolásticos uma quinta oposição, que consistiria na repugnância de uma ideia ante outra. Assim, temos um exemplo entre a ideia de ser e a ideia de nada absoluto, pois a aceitação de uma repugna totalmente a aceitação da outra. Esta oposição é, porém, não mútua, porque a aceitação da segunda é absurda.

Na Lógica, a oposição apresenta quatro aspectos: a oposição contraditória, a privativa, a contrária e a relativa.

A contraditória é a que se dá entre uma coisa e a sua negação. A privativa, entre a presença de um estado, propriedade ou perfeição e a sua carência ou ausência. A contrária, a que se dá entre ideias ou coisas pertencentes ao mesmo gênero, formando extremos ou finais. E a relativa, a que se dá entre articulados, segundo uma certa ordem.

O problema dos opostos é de máxima importância para a Filosofia, porque gira em torno das tendências à unidade e à pluralidade.

Se se admite que os opostos não encontram um ponto de identificação, a *coincidentia oppositorum*, estamos ameaçados de cair no dualismo e até no pluralismo. Portanto, toda filosofia que se oriente para a concreção, como a nossa, tem de solucionar o problema dos opostos. Embora tema de grande vastidão, que *per se* daria suficiente material para obra volumosa, contudo, em face das teses demonstradas por nós até aqui, pode-se encontrar, como provaremos, uma solução congruente com as demonstrações já apresentadas.

A oposição entre termos relativos, como o dobro e a metade, não implica nenhuma dificuldade pelo aspecto relativo que apresenta. A oposição de contrários, como a oposição entre o bem e o mal, é a que oferece maiores dificuldades. A oposição entre privação e posse já foi por nós suficientemente exposta, e voltaremos a ela para considerar outros aspectos. Finalmente, a oposição de afirmação e negação compreende-se perfeitamente entre o funcionar afirmativo, positivo, do nosso espírito, já que a negação é apenas a atitude positiva de recusa de um predicado a um sujeito.

A oposição de uma ideia ante outra, como expusemos acima, implicaria acrescentar outra possibilidade, como seja a dos conceitos em cuja intrinsecidade haja contradição. Assim, o conceito de curva e o conceito de reta são positivos, mas antitéticos, cuja coincidência se torna insolúvel dentro da sua espécie, pois uma síntese entre ambos, conservando ambas as positividades, nos dá o absurdo, nomeadamente a curva-reta. Portanto, a *coincidentia oppositorum* só se pode realizar por transcendência (neste caso, pelo menos).

Curva e reta são extremos da extensão, mas ambas são genericamente extensão, por isso esta entra na sua definição, como gênero próximo.

Ambas coincidem na ordem do ser, porque são modos de ser, transcendendo ao gênero ao qual pertencem. Mas ser e nada absoluto não são extremos de um gênero. Não há aí *coincidentia oppositorum*, porque não há uma transcendência a ambos, pois um repugna totalmente ao outro.

Desta maneira, entre curva e reta, temos mais uma contrariedade do que uma contradição. Quando se diz reta não se diz curva, e vice-versa, mas ambas são positivas. Mas, quando se diz que todos os *a* são *b*, e quando se diz que nenhum *a* é *b*, uma das duas premissas é falsa ou ambas são falsas, mas de nenhum modo são ambas verdadeiras. O tema da oposição, que verificamos até aqui, permite-nos compreender mais profundamente a ordem universal.

O Ser Infinito é infinito em ato, e a ele corresponde a infinitude em potência da criação, que, na linguagem aristotélica, seria a matéria.

A matéria é potencialmente infinita, isto é, ela pode, sem término, receber formas. É comum, entre os filósofos adversos à metafísica, dizer-se que os atributos do Ser Absoluto são negativos em relação aos atributos que nós captamos nos seres finitos, que constituem o campo da nossa experiência, pelo simples fato de, etimologicamente, serem formados com um étimo negativo, como o termo in-finito, como já vimos.

Desta maneira inoculam um germe de desconfiança e de dúvida quanto à positividade dos atributos do Ser Absoluto.

Já bastariam as provas por nós compendiadas para mostrar a improcedência dessa afirmativa. Mas, se demorarmos a nossa atenção sobre o tema da oposição, veremos que os atributos do Ser Absoluto são opostos aos atributos do ser finito, contudo com eles se harmonizam.

À infinitude em ato corresponde a infinitude potencial passiva.

O ser é, enquanto ser, infinitamente ser, o que corresponde ao Ser Absoluto. Inversamente a ele, temos um ser determinado, que pode receber determinações. O primeiro é a imutabilidade da sua própria forma, porque é sempre ele mesmo; ao segundo corresponde inversamente a mobilidade, a mutabilidade, na superveniência de formas *in infinitum*. O primeiro, por ser ato puro, sempre idêntico a si mesmo, corresponde inversamente ao segundo, potência, aptidão para receber determinações.

À eternalidade do primeiro sem sucessões, sem mutações, corresponde inversamente a temporalidade do segundo, nas suas processões passivas, através do sucessivo, das informações que recebe.

E podemos ver ainda mais: o que é em ato não admite contradição; ou é ou não é. No ato, não se pode afirmar, sob o mesmo aspecto, e simultaneamente, que é e que não é. Mas é o inverso que se dá quanto à potência, porque um ser potencialmente considerado pode ser isto e pode não ser isto. A contradição, cuja presença no ato não é admissível, já o é possível na potência. Assim, o que não pode ser contraditório em ato pode ser contraditório em potência.

E nenhum destes aspectos que até aqui examinamos contradiz a ordem do ser.

São oposições que nessa ordem perfeitamente coincidem, embora se mantenham como tais na ordem da criação.

São todas modos de ser que se incluem na ordem do ser, e congruentes com o poder dele. Portanto, ante as demonstrações por nós apresentadas até aqui, o antitético não justifica um dualismo fundamental e principial, que admita princípios absolutamente antitéticos, ambos ingenerados.

Os opostos estão inclusos na unidade, porque o conceito de dualidade implica, como anterioridade, o de unidade.

Pelo menos, de dois princípios, cada um seria, tomado isoladamente, um em si mesmo.

Consequentemente, prova-se que as oposições não contradizem a ordem do ser.

TESE 286 – Todo ser finito é contingente e necessário de certo modo.

Toda coisa em que está a possibilidade de outra coisa é a matéria desta. Portanto, a matéria precede à coisa em ato, que nela é uma possibilidade. (Neste monte de argila está em potência a possibilidade de ser modelado, de receber a forma de vaso. A argila precede-o, como matéria que é do vaso.)

Tudo quanto é corpóreo tem uma matéria, na qual reside a sua potência de existir. O que a faz existir é outro que a matéria; é a forma.

É a forma que dará à matéria a existência de ser isto ou aquilo.

A potência ativa é dúplice: ou a) atua, exclusivamente, como o calor, que sempre atua; ou b) ora atua, ora não atua, como o ver no homem.

Este papel é passível de ser escrito ou de ser rasgado. Quando eu "o escrevo", ele é necessariamente escrito. Para que alguma coisa suceda e alcance o pleno exercício de seu ato, é mister haver algo passível de ser determinado; em suma: um determinante e um determinável.

O resultado é uma síntese da cooperação do determinável e do determinante, porque aquele o é proporcionadamente ao determinante, e à sua natureza de determinável.

Por outro lado, o ato da determinação, executado pelo determinante, é algo determinável, que é determinado, consequentemente desdobrável em possibilidade e necessidade. Desse modo, prosseguindo na análise alcançaríamos um determinante primeiro não determinado, que, consequentemente, é o primeiro determinante de todas as coisas, pois a série das determinações teria nele sua origem primeira.

Dessa maneira, tudo pode ser visto como contingente e como necessário, pois há sempre necessidade (necessidade hipotética) no que acontece quando acontece, e há contingência por não ser absolutamente necessário que aconteça, por não ter o acontecimento em si a sua única razão de ser, e por ter sido uma possibilidade que se atualizou.

Chama-se de fatal a possibilidade que, inelutavelmente, em face dos fatos já sucedidos e dos fatos em ato, acontecerá inevitavelmente, por obediência às leis naturais. Só a intervenção de um poder superior poderia impedir a eclosão do fato. Nós, humanos, porém, podemos enganar-nos ao considerar algo inevitável por desconhecer causas que possam atuar desviando-lhe o rumo por nós previsto.

Ante tais intervenções, o homem sente a presença de um poder superior, algo que ele não previra, e que se coloca à parte da sua inteligência.

TESE 287 – O infinito potencial fundamenta-se no infinito ativo qualitativo.

Há quem diga que o Ser Infinito é inaceitável porque a análise matemática demonstra que uma quantidade maior, por mais alto que se considere, é sempre possível, não havendo, portanto, um termo à cadeia das quantidades. Esse argumento, esgrimido por um físico moderno, não tem a menor consistência para o fim a que se destina.

Impõe-se distinguir o infinito ativo em ato e o infinito potencial.

O infinito em ato distingue-se em infinito ativo quantitativo e infinito ativo qualitativo. O ativo quantitativo seria a extensão infinita, a quantidade infinita, que a Matemática e a Física têm de negar. Mas o infinito ativo qualitativo em ato, como o do Ser que é independente, que não precisa de outro para ser, que é necessário e primeiro, já o demonstramos apoditicamente.

Resta o infinito potencial. Ora, este infinito aponta para o que pode ser sempre mais, quantitativa e qualitativamente. Assim a numeração é infinita potencialmente, pois sempre podemos acrescentar mais um, como vimos. A própria análise matemática não pode admitir um limite para esse infinito potencial. E onde encontraria validez essa infinitude potencial? Para que ela seja possível, e também o seja uma análise sem fim, impõe-se haver um infinito ativo qualitativo, já que está excluído o infinito ativo quantitativo; do contrário, haveria um limite para o infinito potencial. E como é absurdo estabelecer um limite para este, pois é evidente que sempre pode ser mais, esse poder-ser só encontra uma razão suficiente num infinito ativo qualitativo, o que serve, por outra via, para provar as teses já demonstradas.

Da Matéria

TESE 288 – É impossível um infinito corpóreo.

Uma infinitude corpórea é absolutamente impossível pelas seguintes razões:

Se tal se desse, seria, como todo, limitada, pois, sendo finitas as suas partes, a soma delas será sempre quantitativamente finita.

Serem infinitas as partes é absurdo, porque não pode haver vários infinitos quantitativos, pois bastaria apenas haver um para ser impossível dar-se outro ao seu lado.

Ademais, um corpo é limitado por superfícies. Se apenas o universo fosse tudo, e totalmente corpóreo, seria limitado por superfícies, cercado do imenso vazio do nada absoluto, o que já provamos em nossas demonstrações que é absurdo. Ademais, sendo ele limitado por superfícies, poderia ser percorrido, e os números que lhe corresponderiam seriam finitos necessariamente, e ele não seria infinito quantitativamente, por ser já limitado por superfícies.

Ademais, tal corpo não poderia ser nem composto nem simples. Se composto, sê-lo-ia de partes finitas, e a totalidade quantitativa seria finita. Serem infinitas as partes é impossível, como já vimos. E se fosse simples, já não seria corpo, pois não teria limites.

Outrossim, um infinito corpóreo se estenderia em todas as direções, e não teria superfície, deixando de ser corpo, o que é contraditório.

Se tal infinito fosse simples, seria ele divisível ou indivisível.

Se divisível, ele se dividiria em uma multiplicidade de infinitos, o que mostramos ser absurdo, porque é impossível que diversos infinitos constituam um só infinito, pois o do todo seria maior que o da parte, e o infinito não é mais ou menos infinito. Restaria a sua individualidade.

Mas um infinito de tal modo não pode ser indivisível, porque o infinito corpóreo tem de ser uma quantidade, cuja essência é ser divisível.

O infinito não seria, portanto, uma substância, mas apenas um acidente, o que lhe exclui a dignidade de princípio.

Outros argumentos poderiam ser apostos aqui, mas os que damos são suficientes em face do que já demonstramos. Em nossa *Metafísica de Aristóteles*,[1] na parte referente à análise do infinito, teremos ocasião de examinar os argumentos aristotélicos e outros, em comentários especiais.

TESE 289 – A matéria física caracteriza-se pela dimensionalidade específica.

A matéria é universalmente considerada como aquilo de que são feitas as coisas, o que a coloca em oposição à forma.

A matéria física, que é a que nos interessa no momento estudar, revela as seguintes características:

É aquilo de que um corpo é feito. Um corpo, que é individual, tem determinada magnitude, extensão, e certa figura. Se abstraímos dele a sua extensão determinada, que é medível, e, por isso, é dimensão, e também a sua figura, reduzimo-lo a uma substância informe, abstrata, portanto. Mas a sua figura lhe é acidental, pois essa matéria poderia assumir diversas figuras, como nos revelam as nossas experiências. Deste modo, a matéria se opõe à figura (à forma extrínseca).

As ciências físico-químicas dedicam-se ao estudo da matéria corpórea, reduzindo-a a cento e poucas "matérias" fundamentais, que se chamam elementos, porque são elas partes constitutivas das totalidades corpóreas.

Esses elementos constam de átomos, partículas pequeníssimas, que, por sua vez, são constituídos de partes, como nos propõe a teoria atômica em vigor.

O tema da matéria física passa a ser um grande problema para as ciências naturais, sobretudo quando ela se apresenta heterogênea, ora como corpuscular, ora como onda. A matéria física, que é a que constitui a substância primeira dos seres corpóreos (a forma é a substância segunda), é dimensional, medível duplicemente como extensidade e intensidade. A extensidade é reduzida à tridimensionalidade do espaço;

[1] Aparentemente, trata-se de um projeto de tradução comentada da *Metafísica* – que lamentavelmente, contudo, não veio a ser realizado.

e a intensidade, inseparável daquela, é outra dimensão, mas gradativa, escalar, que pode ser considerada diadicamente, como mais ou menos, e triadicamente, como antes, agora e depois (na temporalidade).

De qualquer modo, para a ciência moderna, não estão excluídas outras dimensões que permitam medidas, quer dizer, que sejam comparáveis a unidades da mesma espécie.

Portanto, o que a Ciência considera como corporeidade é um modo de ser da matéria (como substância primeira), na sua composição com a forma (como substância segunda).

Na escolástica, os elementos componentes da matéria corpórea eram considerados, por sua vez, como modos de ser de uma matéria primeva, a *hyle*, a matéria prima, a qual não é uma substância corpórea, pois a corporeidade revela-se na dimensionalidade, a qual depende das determinações, limitações, que a matéria pode sofrer e que lhe são, portanto, acidentais.

Consequentemente, a matéria prima não é uma substância corpórea, mas sim algo que pode corporificar-se.

Não captamos essa matéria prima sensivelmente, mas apenas mentalmente. Na Física, muitas vezes, dá-se a conveniência de aceitá-la, o que é verificável no surgimento de diversas hipóteses, como a do éter, a de uma força primordial que, sob diversas informações, daria a heterogeneidade dos elementos, mas que, em si mesma, seria passiva, pois poderia sofrer determinações.

A justificação da matéria prima é fundada nas seguintes razões: não se pode dizer que ao corpo material esta ou aquela forma sejam intrinsecamente essenciais, pois a matéria caracteriza-se por seu aspecto proteico, por sua aptidão para receber determinações diversas. Não se impõe contudo a aceitação de uma matéria prima em si mesma, absolutamente separada da matéria já informada.

Nem os escolásticos defendiam tal tese. Apenas diziam que a matéria, na sua essência, é aptidão para receber determinações corpóreas, o que a reduz à potência. Neste caso, a matéria prima seria a potência de algo em ato com aptidão para receber determinações dimensionais, extensivas e intensivas.

Consequentemente, a matéria não é um ser que *per se* esteja num estado absolutamente neutro, o que a tornaria suspensa no vazio; mas apenas a aptidão acima enunciada.

Há, contudo, neste ponto, certas divergências que procuramos salientar e resolver mais adiante, dentro dos princípios até aqui demonstrados.

TESE 290 – A matéria é um ser finito e finitizável.

Em qualquer concepção, inclusive a materialista, há de se reconhecer que a matéria é finitizável, pois pode receber formas diversas.

Este caráter indica aptidão a ser determinada, ou seja, determinabilidade.

A matéria é especificamente uma potência passiva. Consequentemente, é limitável; o que a põe em oposição ao Ser Infinito.

Afirmar que a matéria é o ser primordial seria predicar-lhe os atributos infinitos. Mas o Ser Infinito, como ficou demonstrado, não é deficiente, não é finitizável, nem causável, não sofre determinações. Portanto, afirmar que a matéria é o ser primordial, princípio de todas as coisas, é absurdo.

TESE 291 – O que é dimensional é quantitativamente numerável potencialmente in infinitum.

Matematicamente, revela o cálculo infinitesimal que a dimensionalidade corpórea, geométrica, é quantitativamente mensurável potencialmente *in infinitum*. Já demonstramos que o número quantitativamente infinito em ato é absurdo.[2] Só se pode admitir o número quantitativamente infinito em potência. A matéria física, como corporeidade, é extensista e intensista, portanto potencialmente numerável, quantitativamente, *in infinitum*.

TESE 292 – A matéria física, contudo, revela certa infinitude.

Entre as diversas maneiras pelas quais se concebe o infinito, estão o infinito quantitativo em ato, que já demonstramos ser absurdo, e o infinito quantitativo em potência. O caráter desta infinitude consiste na possibilidade de acrescer algo mais sem jamais alcançar um termo

[2] [Os números infinitos em ato de Georg Cantor não são quantitativos, mas sim da ordem da eminência.]

último, como se vê nas progressões infinitas, nas séries algarismáticas infinitas, como se exemplifica na expressão geométrica de *pi*.

Ora, sendo a matéria apta a receber a forma corpórea, consequentemente dimensional, quantitativa e qualitativa, com extensidade e intensidade, é ela numerável *in infinitum*.

Portanto, ela revela certa infinitude, mas apenas cingida a este sentido. A aptidão da matéria em receber determinações não pode ser limitada, pois ela pode receber formas diversas, e repeti-las potencialmente *in infinitum*.

A matéria é "infinitamente" apta a receber determinações.

Dizer que a matéria é infinitamente determinável em sentido específico não é o mesmo que dizer que ela é apta a receber todas as formas, como pretendeu Giordano Bruno, pois, neste caso, seria apta a receber a forma divina em toda a sua intensidade de ser, o que é absurdo.

O que havia de positivo no pensamento de Giordano Bruno era o que se referia mais ao aspecto matemático: a matéria tem aptidão para receber todas as formas que lhe são proporcionais, podendo repeti-las, sem um término, o que caracteriza a sua aptidão infinitamente potencial.[3]

Em suma, a matéria pode receber todas as formas materiais, não porém todas as formas. Deste modo, a matéria revela certa infinitude, mas restrita à especificidade corpórea, isto é, dos seres corpóreos que não são todos os possíveis.

Ela tem, portanto, uma infinitude específica: a de receber formas corpóreas, ou formas de seres corpóreos, ou possíveis seres corpóreos, não porém todos os seres, o que decorre apoditicamente do que até aqui ficou demonstrado.

TESE 293 – A forma não tem a dimensionalidade da matéria física.

A tensão, de certo modo, é revelada pelo poder unitivo intrínseco que se verifica numa totalidade.

[3] Ver Giordano Bruno, *Del Infinito – El Universo y los Mundos*. Trad. Miguel A. Granada. Madrid, Alianza Editorial, 1993.

Os elementos constituintes de uma totalidade, como já vimos, estão subordinados à normal estabelecida por ela tomada como unidade.

Toda tensão, por revelar uma unidade, revela também uma lei de proporcionalidade intrínseca: a forma, que mantém coata esta unidade e lhe dá a coerência da totalidade. Numa tensão, as partes estão mais ou menos coesas e subordinadas à normal da totalidade, que é dada pela sua lei de proporcionalidade intrínseca, a sua forma.

Essa lei é positiva e em ato, pois, do contrário, o ente deixaria subitamente de ser o que determinadamente é.

Sendo positiva e em ato, não se reduz aos elementos componentes enquanto tais, pois estes, em suas processões ativas e passivas, estão em constante devir, enquanto a lei de proporcionalidade intrínseca permanece imutável.

Ora, este ser em ato, não se reduzindo aos elementos componentes, é transimanente a eles, pois ao mesmo tempo com eles se imanentiza, já que são constituintes da nova unidade, formando a totalidade à qual pertencem.

Este ser em ato não é intrinsecamente figurativo nem extensionista.

Não é figurativo, porque constitui uma proporcionalidade intrínseca, que pode ter figuras diversas, como a proporcionalidade intrínseca da triangularidade surge em triângulos heterogêneos. E, como consequência, não é extensista, porque não há uma extensão da triangularidade, como não há da forma, pois cada ser que a tem pode ser de extensão diferente.

A forma escapa, portanto, às características físicas, e por não ter as propriedades da matéria física, não tem a dimensionalidade da matéria.

O esquema da tensão é a forma da matéria, mas é imaterial, embora, por ser uma lei de proporcionalidade intrínseca de um corpo, de certo modo nele se imanentiza pela distribuição das partes componentes, que obedecem à proporcionalidade dessa lei. As coisas que constituem os elementos componentes de um ser corpóreo dispõem-se de um modo que repete a proporcionalidade de uma forma.

Como a matéria é passiva, é a forma que lhe dá esta ou aquela corporeidade determinada, e é ela que a atualiza como isto ou aquilo (*hoc*).

A forma é, portanto, o ato de ser da coisa concreta.

Se nela se imanentiza pela repetição da proporção, a ela transcende, porque a mesma proporção poderá ser realizada por outros elementos corpóreos, que formarão outra totalidade, que terá a mesma forma.

Assim, a forma está neste e naquele ser sem ter as características da corporeidade, pois, do contrário, não poderia ubiquar-se em seres diversos.

A forma, como a lei de proporcionalidade intrínseca, ultrapassa os seres que a repetem e, como tal, é um possível do Ser Infinito.

Os seres que a repetem, e têm as suas partes dispostas numa proporção que imita a proporção da forma, realizam-na de modo proporcionado aos elementos componentes. Não são estes apenas que dão atualidade ao novo ser, pois esta lhe é dada pela forma que os assume.

Assim sendo, os elementos componentes são a matéria do novo ser, que o é pela forma que tem. A esta forma chamamos esquema concreto singular, porque está de certo modo na coisa, mas se refere ao esquema eidético, o qual está na ordem do ser, que é a forma apenas como proporcionalidade intrínseca, como esquema puro e único.

Esta exposição nos mostra algumas das positividades do pensamento platônico e do pitagórico, que decorrem apoditicamente das demonstrações já feitas.

TESE 294 – Materialidade e corporeidade devem ser distinguidas.

Diz-se que é substância tudo o que não é acidente, cuja existência não subsiste em um sujeito que o porta, pois é uma essência e uma quididade, cuja existência não está numa coisa que seja o seu receptáculo, como nos mostra Avicena.[4]

Substância, portanto, é receptáculo por si mesma (recebe os acidentes que nela acontecem), e não está, enquanto tal, num receptáculo que lhe dê o ser. Assim o branco deste vestido tem no vestido o

[4] Cf. Avicena, *Livre des Définitions*. Trad. A.-M. Goichon. Al-Qāhirah, Publications de l'Institut Français d'Archéologie Orientale du Caire, 1963, p. 34-35, §§ 41-42: "Chama-se substância [...] a todo ser cuja essência não necessita concretamente de outra essência à qual se conjugue para subsistir em ato. [...] toda essência cujo ser não está em um receptáculo. E toda essência cujo ser não está em um sujeito". Ver também idem, *Livro da Alma*. Trad. Miguel Attie Filho. São Paulo, Globo/Biblioteca Azul, 2010, seção 3 ("De que a alma está inserida na categoria da substância").

seu receptáculo, pois o ser do branco é um *inesse* (um ser-em-outro), na substância vestido.

O vestido é um receptáculo do branco, mas tem ele a forma de vestido, e o que a recebeu é matéria, o linho, por exemplo. O que recebe a forma é a matéria, e o que é por esta recebido é a forma.

A substância é, portanto:

a. a matéria;
b. a forma;
c. a síntese de ambas (*to synolon* de Aristóteles): o corpo;
d. o subsistente *per se*, incorpóreo e imaterial.

Chama-se corpo o que tem superfície, apresenta a dimensionalidade espacial e se dá na temporalidade (é cronotópico).

Ora, o corpo é composto de matéria e de forma. É impossível reduzi-lo, como o faz a atomística adinâmica, ao mínimo de corporeidade, pois este seria ainda subdivisível, reduzindo-se a outro mínimo, potencialmente divisível, se considerarmos a extensão, como se observa na Matemática.

Reduzindo o corpo à síntese de forma e matéria, temos de distinguir uma de outra, como provaremos a seguir, o que nos leva a demonstrar que a corporeidade não é a essência da matéria, pois, se esta fosse apenas corporeidade, teríamos um corpo sem forma, portanto sem dimensionalidade, negando-lhe assim a própria corporeidade, o que é contraditório. Teríamos então o corpo subjetivamente considerado, como uma ensidade, o que nos colocaria nas aporias da atomística clássica. Portanto, corporeidade e materialidade se distinguem. Resta-nos saber que espécie de distinção se dá entre ambas.

TESE 295 – Potência é aptidão para receber determinações; materialidade, aptidão para receber formas.

A matéria é o receptáculo da forma. Ao que é seu receptáculo uma coisa não pode ser intrínseca, e disso se distingue realmente.

A forma corporal e suas dimensões são extrínsecas portanto à matéria, pois esta, enquanto tal, não tem uma dimensão determinada.

A tetradimensionalidade dos corpos, que são cronotópicos, pertence-lhes enquanto tais, não à matéria, porque a tetradimensionalidade é da figura e não daquela.

A justificação dessas afirmativas depende da aceitação do que seja matéria:

1. ou a matéria é uma entidade com ensidade, e subsistente, apresentando, neste caso, uma atualidade;
2. ou é apenas a aptidão do ser finito para receber determinações formais.

Mas o ser finito em ato ou é um ser que recebeu uma forma, ou é uma forma pura. No primeiro caso, implica ele uma matéria, que receba a forma; no segundo, é ele imaterial.

Vimos que não se pode reduzir a matéria à corporeidade, e que aquela pode ser por nós considerada independentemente desta, já que esta pertence à forma corpórea, que é distinta da matéria.

O ser imaterial, além de não ser corpóreo, não seria matéria, nem teria matéria. Seria apenas forma. Não se poderia negar a essa forma que ela é composta de potência e ato, pois é um ser dependente. Neste caso, ela pode sofrer determinações; seria portanto material, se considerássemos, como muitos fazem, que matéria é apenas a aptidão de receber determinações de qualquer espécie.

A concepção de que a matéria é um modo de ser, uma entidade com ensidade e subsistência – portanto, de certo modo, em ato –, nos coloca em novas aporias.

Neste caso, a matéria seria proximamente um modo de ser da substância universal; em suma, a aptidão desta de receber determinações, à qual corresponde inversamente a capacidade de determinar (ato).

A substância universal seria bivetorial (harmonização concreta de ato e potência), e estaríamos no antigo pensamento filosófico chinês do *Hu*, a harmonia entre os dois vetores *Yang* (masculino, determinante) e *Yin* (feminino, determinável).

A separação de ato e potência será apenas metafísica, pois fisicamente seriam esses os vetores do modo diádico de ser da substância universal, no seu operar, como veremos oportunamente.

Aceita essa posição, a matéria não seria mera potência, e teria, além da positividade potencial, uma positividade atual mínima, em cuja discussão em breve entraremos.

Impunha-se a pergunta: pode a matéria subsistir independentemente da forma? Este problema gera outro, consequentemente: pode a forma subsistir independentemente da matéria?

Respondendo à primeira pergunta, Aristóteles dizia-nos que não. E seguem a sua opinião Avicena e grande parte dos escolásticos.

Vamos sintetizar as razões apresentadas e criticá-las.

Se a matéria do corpo se dá isolada da forma corpórea, diz Avicena, ou ela é um ser que se pode indicar onde se encontra, ou então é um ente racional, cujo local não se pode indicar.[5]

Respondendo a esta objeção poder-se-ia dizer: há necessidade de se provar que a topicidade não é inerente à corporeidade.

Neste caso, o *topos*, ou lugar, seria independente dos seres corpóreos.

Assim se atribuiria ao espaço vazio uma ensidade *per se* subsistente, o que é contraditório, porque o espaço esvaziado dos corpos é um nada absoluto parcial, o que, já vimos, é absurdo. Consequentemente, para que algo exista *extra mentis*, não se impõe necessariamente que ocupe um lugar, pois que provamos que não há apenas um modo de ser, o corpóreo.

Todo ser corpóreo tem uma estrutura que constitui a sua estância intrínseca, revelada pela dimensão. O *topos* é a estância dessa estrutura corpórea intrinsecamente considerada, na estância que é constituída pelas outras estruturas corpóreas.

Portanto, o *topos*, o lugar, é um acidente das coisas corpóreas, como o considerou Aristóteles.[6]

[5] Cf. idem, *Kitāb al-Najāt* II, 6, § 7. In: F. Rahman, *Avicenna's Psychology – An English Translation of Kitāb al-Najāt, Book II, Chapter VI with Historico-Philosophical Notes and Textual Improvements on the Cairo Edition.* Westport, Hyperion Press, 1981 (publicação original: London, Oxford University Press, 1952), p. 38-40.

[6] Aristóteles, *Física* IV 1, 208b4-5; 2, 209b22-24; 4, 210b35–211a2; 212a2-6: "[...] [o] lugar, portanto, parece distinto de todos os corpos que chegam a estar nele e se realocam"; "[...] não é difícil ver que o lugar não pode ser alguma destas coisas, pois a forma e a matéria não são separáveis da coisa, ao passo que o lugar pode sê-lo [...]"; "[...] o lugar é o que primeiramente contém aquilo de que é lugar, e não é uma parte da coisa contida

Segundo Avicena, para que a matéria não seja um mero ente de razão, deve ter ela um *topos*, um lugar. Então teria ele necessariamente de admitir que a corporeidade é da essência da matéria, o que na tese anterior provamos não ter validez.

Consequentemente, esta objeção também não procede, e como decorrência natural não procedem outras por ele apresentadas, as quais se fundamentam na afirmativa de que a matéria, para existir *extra mentis*, deve ter topicidade, o que a tornaria corpo.

É verdade que Avicena reconhece que a matéria não é corporeidade, mas, não podendo admiti-la *extra mentis*, tende a considerá-la como um ente de razão, pela impossibilidade de aceitar, segundo o seu modo de ver, outra distinção que não seja uma das duas também aceitas pelos tomistas: ou um ser subsiste *extra mentis*, e é real-fisicamente distinto, ou a distinção é apenas mental, portanto não real-física.[7]

Prossegue Avicena: se a matéria é indivisível, a indivisibilidade vem de sua própria natureza ou de uma natureza exterior, por ela recebida.

Se a indivisibilidade viesse de sua própria natureza, ela não poderia sofrer divisões. Se a indivisibilidade viesse de uma natureza exterior, ela não seria oposta e contrária à forma corporal, apesar do fato de que esta é divisível e aquela seria indivisível.

Entretanto, conviria reconhecer que a divisibilidade é meramente quantitativa, portanto acidental, e refere-se à corporeidade e não à materialidade. A matéria, enquanto tal, é apenas matéria. A divisibilidade pertence, portanto, aos corpos.

Ora, se matéria se distingue de corpo, como aceita Avicena, não pode ele atribuir-lhe a divisibilidade quantitativa que seria própria do ser corpóreo. A indivisibilidade da matéria provém de sua própria natureza.

[...]"; "Ora, se o lugar não é nenhuma destas três coisas, isto é, nem a forma, nem a matéria, nem uma extensão que esteja sempre presente e seja diferente da extensão da coisa deslocada, o lugar terá de ser portanto a última das quatro, a saber: o limite do corpo continente que está em contato com o corpo contido" (trad. Guillermo R. de Echandía. Biblioteca Clásica Gredos, vol. 203. Madrid, Gredos, 1995, p. 222, 228, 234, 239).

[7] [Para os scotistas há ainda a distinção formal *ex natura rei*, que, embora não seja física, é real *extra mentis*, fundada na natureza da coisa, como expusemos em *Ontologia e Cosmologia* (2. ed. São Paulo, Logos, 1957, Tema II, Artigo 1, p. 73-74).]

A materialidade não tem um *topos*, porque ela está presente a todo ser finito que pode receber uma forma, enquanto pode recebê-la, pois matéria é propriamente a aptidão de receber formas ou determinações.

Assim como a atração dos corpos, para exemplificar, está onde há corpos, a matéria está onde há seres capazes de receber formas.

A capacidade de receber determinações é a potência; a capacidade de receber determinações formais é a matéria.

Esta distinção, por não ter sido claramente compreendida, permitiu tamanha confusão na Filosofia, que levou a aporias aparentemente insolúveis.

Eis por que há uma certa razão na admissão da matéria *primo-prima*, da matéria *secundo-prima* e da matéria *tertio-prima*, atribuídas a Duns Scot.[8]

A materialidade, isto é, a aptidão do ser finito de receber determinações formais, é a matéria *primo-prima*, fundamento remoto, não último, de todos os entes corpóreos (o último fundamento seria o próprio Ser).

A matéria *secundo-prima* é aquela que, já tendo recebido uma forma, é apta, por sua vez, para receber outras, mas limitada a esta aptidão restringida.

Como matéria *primo-prima*, temos a materialidade neutra, a *hyle* de Aristóteles; como matéria *secundo-prima*, a matéria corpórea físico-química, a qual é, por sua vez, matéria-prima para receber as formas heterogêneas de outros seres corpóreos.

[8] Cf. Duns Scot, *Lectura* (in: *Opera Omnia*, vols. XVI-XXI. Civitas Vaticana, Typis Polyglottis Vaticanis, 1950-2013), vol. XVII, distinção 12, questão única, número 55; idem, *Ordinatio / Opus Oxoniense* (in: *Opera Omnia*, op. cit., vols. I-XIV), vol. II, distinção 12, questão 1, número 1; vol. IV, distinção 11, questão 3, números 15 e 54. Ver também Mário Ferreira dos Santos, *Ontologia e Cosmologia*, op. cit., p. 184-86, 190.
Exposições esclarecedoras podem ser consultadas em: José Ferrater Mora, *Dicionário de Filosofia*, vol. 3 (K-P). 2. ed. Trad. Maria Stela Gonçalves, Adail U. Sobral, Marcos Bagno e Nicolás Nyimi Campanário. São Paulo, Loyola, 2004, verbete "Matéria", p. 1895-96; Étienne Gilson, *John Duns Scotus – Introduction to His Fundamental Positions*. Trad. James Colbert. Illuminating Modernity, eds. Francesca Aran Murphy, Balázs M. Mezei e Kenneth Oakes. London, T&T Clark, 2019, p. 338, n. 15 (publicação original: *Jean Duns Scot – Introduction a Ses Positions Fondamentales*. Études de Philosophie Médiévale, vol. 42. Paris, Vrin, 1952, p. 436, n. 3); Thomas Williams, "John Duns Scotus", seção 3.2. *The Stanford Encyclopedia of Philosophy* (edição: inverno de 2019), ed. Edward N. Zalta, disponível em <https://plato.stanford.edu/archives/win2019/entries/duns-scotus/>.

Estes são a matéria *tertio-prima* para a recepção de outras formas.

A madeira, por exemplo, seria uma matéria *tertio-prima*, porque ela é matéria-prima para receber a forma da mesa, mas o seu fundamento é a matéria *secundo-prima*, que é a matéria físico-química, a qual tem seu fundamento na materialidade (matéria *primo-prima*).

Esta classificação pertence aos scotistas, e é ela bem fundada, por facilitar o esclarecimento de um dos problemas maiores da Filosofia, como é este que ora examinamos.

Quando Avicena argumenta que é necessário que a forma corporal, quando se junta à matéria, encontre-a em um lugar determinado, pode-se dizer que, neste caso, a matéria estaria num lugar, e poderíamos indicá-lo, o que seria inaceitável, porque esta passaria a ser apenas corporeidade.

Avicena argumenta com as matérias *secundo-prima* e *tertio-prima*, e só assim seria procedente a sua objeção; não quanto à matéria *primo-prima*. Conclui, então, fundado nesta tomada de posição, que a matéria da forma corporal, sem a forma corporal, isto é, como materialidade pura, não é uma coisa em ato. Ela é subsistente em ato pela forma corporal que tem.

Daí concluir ele que a matéria corporal, não podendo ser uma coisa em ato por si mesma, mas não sendo a forma corporal um acidente separável daquela – pois do contrário a matéria, separada da forma corporal, seria uma coisa por si mesma –, ela (a matéria corporal) o é, consequentemente, em ato.

Então, prossegue ele, ela é corporeidade em si mesma, não acidentalmente.

Reproduzamos as suas palavras:

> Ademais, é necessário que o que não se pode indicar por si mesmo seja o suporte de uma coisa acidental e extrínseca pela qual o indiquemos, e que esta [última] coisa tenha um lugar particular. [Quanto ao que não se pode indicar por si mesmo – a saber, a matéria] – não tem receptáculo; seu receptáculo seria uma inteligência subsistente por si mesma. Este acidente subsiste pelo fato de ser por si mesmo, e [neste caso] há um lugar que é outro que este receptáculo [a matéria]; daí resultaria que esta seria receptáculo sem subsistir por si mesma.

Ora, na verdade, é pela forma que a corporeidade é tal. Entretanto, nenhuma dúvida resta de que, quando esta matéria se torna corpo por meio da forma corporal, este corpo tem um lugar particular se tu o tomas em si mesmo. Não há nenhuma dúvida de que [a sua posição neste] lugar provém de sua própria natureza específica, pois, se esta posição fosse devida a uma causa exterior, esta posição não seria a mesma em todo momento em que ela estivesse entregue a si mesma. Ora, essa natureza específica não é a forma corporal, porque esta é a mesma em todos os corpos. Mas os lugares que os corpos exigem por sua natureza não são um só e o mesmo lugar [quer dizer: "variam segundo os corpos"], pois tal corpo exige [um lugar] acima, e tal outro [um lugar] abaixo. Portanto, é preciso uma natureza [específica] diferente da corporeidade [a forma corporal], por causa da qual [o corpo] se coloca em tal lugar e não em tal outro. Por consequência, a matéria corporal exige uma forma diferente da forma corporal. É por este motivo que certo corpo que venha à existência sofre facilmente a disjunção, ou a sofre dificilmente, ou não a sofre nunca – naturezas que são diferentes da corporeidade. Ora, a matéria corporal não está desprovida da forma corporal e de uma natureza acabada pela qual ela é tal coisa entre tantas coisas sensíveis. Torna-se, portanto, evidente que uma substância é matéria; outra é forma; uma terceira, a união de ambas; [além disso], a ti restará evidente que a unidade é uma coisa separada das coisas sensíveis.[9]

Toda esta argumentação de Avicena torna necessário compreender a maneira tripartida de considerar a matéria:

1. materialidade (matéria *primo-prima*);
2. matéria corpórea (matéria sensível, com a forma da corporeidade, matéria *secundo-prima*);
3. matéria deste corpo (matéria *tertio-prima*).

[9] Avicena, *Le Livre de Science I – Logique, Métaphysique*. Trad. Mohammad Achena e Henri Massé. Paris, Les Belles Lettres, 1955 (reimpresso em: Fuat Sezgin [ed.], *Islamic Philosophy*, vol. 44. Frankfurt am Main, Institut für Geschichte der Arabisch-Islamischen Wissenschaften / Johann Wolfgang Goethe Universität, 1999), p. 107-08.

Permanece, portanto, em pé a pergunta que fizemos no início: pode a matéria subsistir independentemente da forma?

A resposta será positiva desde que se prove que a matéria pode ser sem formalidade, sem outra quididade que a mesma.

Não resta a menor dúvida, e nenhum filósofo deixará de reconhecer, que a matéria tem aptidão de receber formas variadas.

Portanto, como uma consequência inevitável, esta ou aquela forma não são imprescindíveis à matéria. A sua aptidão proteica demonstra que a forma, tomada determinadamente, não lhe é necessária.

Restaria apenas provar que há necessidade de que sempre, inelutavelmente, a matéria tenha uma forma determinada, esta ou aquela. Sem esta prova, e temos de exigi-la apoditicamente, cairia por terra a posição daqueles que negam a matéria *primo-prima* subsistente.

Vejamos, então, os argumentos daqueles que defendem esta subsistência.

Duns Scot, sem dúvida o maior defensor desta tese, apresenta em sua obra vários argumentos.[10]

A matéria, na geração e na corrupção, assume o papel de potência em relação às formas.

Mas há necessidade de se distinguir o que é potência.

Mostra-nos Duns Scot que a potência pode ser objetiva ou subjetiva.

A potência objetiva é o termo do que pode vir-a-ser. Por exemplo, o mármore é objetivamente a estátua em potência. A potência subjetiva é o próprio sujeito que está em potência em relação ao termo. Por exemplo: o mármore também é potência subjetiva da estátua.

Mas um pode dar-se sem o outro. O possível que pode ser criado, o criável, está em potência objetiva e não em potência subjetiva. Antes de ser criado, é nada de criatura.

Qual é a potência da matéria? Se faltasse à matéria potência subjetiva, ela seria nada. Consequentemente, a geração desapareceria, porque lhe faltaria a possibilidade. Não haveria seres compostos, porque um dos dois elementos da composição, sendo nada, negaria a composição.

[10] Scot, *Ordinatio / Opus Oxoniense*, op. cit., vol. II, distinção 12, questão 1, números 10-14. Cf. Gilson, *Jean Duns Scot*, op. cit., p. 432-44; *John Duns Scotus*, op. cit., p. 335-44.

Dizem os tomistas que a matéria é que limita a ação da causa formal, porque aquela adquire a forma proporcionadamente à sua aptidão.

A potência subjetiva é imprescindível para que o efeito se realize.

Se a matéria for nada, não terá nenhum papel, nem o de receber, nem o de canalizar a forma. Neste caso, diz Duns Scot, todo fogo poderia ser produzido imediatamente e nada poderia queimar.[11]

Em suas *Confissões* dizia Santo Agostinho: "Tu eras, [Senhor,] e além de ti nada havia a partir de onde fizeste céu e terra, dois algos, um próximo a ti, outro perto de nada".[12]

Santo Agostinho afirmava a ensidade da matéria, tese que Scot, na escolástica, vai defender.

A matéria é o quase nada, não o nada, porque ainda é ser, portanto positivo. Para Scot, a matéria tem o ser de sua forma e, como ela é uma causa (causa material) do ente, ela é ser, porque, do contrário, o nada seria causa do ser.

O engendrável, o que pode ser criado, não pode ser simples. É ele um composto de matéria e forma. Se matéria é nada, é ele composto de nada e alguma coisa, o que é absurdo. A matéria tem que ter uma entidade.

Para Scot, a matéria é o ser de mínima atualidade e de máxima potência. Étienne Gilson, interpretando Scot, diz que "a matéria é o ser cujo ato consiste em estar em potência em relação a todos os atos".[13]

Tomás de Aquino repele a tese de que a matéria está em ato.[14]

A objeção sintetiza-se assim: se o sujeito da geração fosse ato, não poderia nele haver verdadeira geração, mas apenas simples alteração, pois tudo quanto sobrevém ao ser em ato é, para ele, um acidente, e se a matéria é um ser em ato, ou possui uma entidade atual que a contradistingue da forma, tudo o que lhe sobrevenha constituirá, com ela,

[11] [Já demonstramos a improcedência deste exemplo, embora a tese ainda esteja em exame.] Cf. Scot, *Lectura*, op. cit., vol. XIX, distinção 12, questão única. Para uma síntese recente, ver Thomas M. Ward, *John Duns Scotus on Parts, Wholes, and Hylomorphism*. Investigating Medieval Philosophy, vol. 7. Leiden, Brill, 2014, p. 9-12.

[12] Santo Agostinho, *Confissões* XII, VII, 7 (trad. Lorenzo Mammì. São Paulo, Penguin Companhia, 2017, p. 341).

[13] *Jean Duns Scot*, op. cit., p. 436; *John Duns Scotus*, op. cit., p. 338.

[14] Cf. Santo Tomás de Aquino, *Comentário à Metafísica de Aristóteles* VII, lect. 6; VIII, lect. 1; XII, lect. 2 (trad. Paulo Faitanin e Bernardo Veiga, vol. 2. Campinas, Vide Editorial, 2017, p. 315-30, 455-61; ibidem, vol. 3, 2020, p. 355-63); *Suma de Teologia* I, q. 7, a. 2, *ad* 3 (Joaquim Pereira [ed.], 3. ed., vol. 1. São Paulo, Edições Loyola, 2009, p. 214).

uma unidade por acidente e, neste caso, haverá apenas alteração, e não mutação substancial (geração).

Mas Duns Scot conhecia estas objeções e, para ele, o problema estava em compreender a geração e a corrupção. Que há gerações e corrupções, não há a menor dúvida, mas, se a coisa engendrável fosse simples, ela não poderia ser engendrada nem corrompida. Se ela fosse composta de uma forma em ato e de uma matéria privada de toda atualidade, ela seria composta de alguma coisa e de nada, o que não teria sentido.

Portanto, todo engendrado deve necessariamente compor-se de alguma coisa e de alguma coisa (*res et res*), ou seja, matéria e forma.

Há um argumento clássico contra esta opinião de Duns Scot. É de que a união de dois atos não pode dar como resultado um *unum per se*, um por si.

Mas Duns Scot responde a esta objeção da seguinte maneira: admitindo-se que uma coisa pode ser substancialmente uma, sendo composta, nada impede que ela seja composta de entidades atuais realmente distintas. E é necessário que assim seja, pois do contrário de que seria ela composta?

Objetam com o argumento do *unum per se*, mas é preciso reconhecer que o novo ser tem uma unidade própria.

Ele é especificamente outro que as partes dos elementos componentes: é o que chamamos *tensão*.

E como tensão, ele é *unum per se*. Ele tem uma unidade própria, ele forma *unum per se*, e por quê?

A forma substancial é causada pelo *unum per se*. E a forma acidental é causada pelo *um por acidente*.

Segundo Aristóteles, se forma e matéria compõem um *unum per se*, é porque a natureza da matéria consiste em ser totalmente receptiva, enquanto a do ato consiste em informar a matéria. Um está em relação ao outro como ato e potência, e não poderiam existir um sem o outro. Assim ele exemplifica que o homem não pode existir sem a sua alma e sem o seu corpo, mas pode deixar de ser branco. Branco é o acidente. A potência material, porque é receptividade pura, pode compor com a forma um, e se fosse nada não poderia compor-se com outra.

Ainda de acordo com Aristóteles, tudo o que existe no concreto é potência num sentido, e em outro é ato. Mas, como pode ser sem atualidade? Para Duns Scot, a matéria é sem dúvida alguma a atualidade própria da possibilidade em relação à forma. Assim, para ele, há duas entidades distintas: a da materialidade e a da formalidade, de modo tal que o que pertence a uma não pertence à outra. Ambas são ser; mas a materialidade, enquanto tal, não contém traço de formalidade, e o mesmo se dá inversamente. Elas se excluem, como diz Gilson, como o ser que é apenas o determinado e o ser que é apenas o determinante.[15]

Mas, à proporção que duas coisas são formalmente distintas, mais aptas estão elas a se unir e constituir uma totalidade *per se*. A distinção radical desses dois elementos reais, em vez de se opor à unidade, funda a possibilidade dessa união.

O que vale é a conveniência dessa relação que permite a união dos opostos, dando surgimento a um ser especificamente outro, porque, do contrário, seria apenas uma união de agregação, meramente acidental.

Conclui Duns Scot que seria contraditório "que a matéria fosse uma certa essência fora de sua causa, sem ter qualquer ser pelo qual ela fosse essência".[16]

A matéria é, portanto, algo distinto da forma, e, consequentemente, tem a sua ideia ou seu esquema, embora ela não nos seja cognoscível por si; nós só a conhecemos por suas operações. Conhecemos a matéria pelas suas transmutações e, quando vemos surgir uma nova forma, sabemos que a matéria subsiste como sujeito comum dessa transmutação.

É a matéria o receptáculo da forma e, consequentemente, o fundamento do que recebe. Fundando-se em Santo Agostinho, conclui Duns Scot:

> Um absoluto distinto e anterior a outro absoluto pode, sem contradição, existir sem ele; ora, a matéria é um ser absoluto, distinto e anterior a toda forma, quer substancial, quer acidental; ela pode, portanto, existir sem um outro absoluto, quer dizer, sem forma substancial ou acidental absoluta.[17]

[15] *Jean Duns Scot*, op. cit., p. 440; *John Duns Scotus*, op. cit., p. 341.

[16] Scot, *Ordinatio / Opus Oxoniense*, op. cit., vol. II, distinção 12, questão 1, número 16. Cf. Gilson, *Jean Duns Scot*, op. cit., p. 440, n. 2; *John Duns Scotus*, op. cit., p. 341, n. 21.

[17] Scot, *Ordinatio / Opus Oxoniense*, op. cit., vol. II, distinção 12, questão 2, número 3. Ver Gilson, *Jean Duns Scot*, op. cit., p. 442; *John Duns Scotus*, op. cit., p. 343. ["Absoluto" é tomado aqui no sentido do que possui existência em si (como os acidentes absolutos), isto é, cuja existência não se reduz a uma mera relação. Fazemos este esclarecimento porque

Não há, portanto, nenhuma razão intrínseca à natureza da matéria para que esta não possa existir à parte.

Também poderia a matéria ser criada à parte, pois tudo quanto o Ser Infinito pode produzir mediatamente, por uma causa segunda, poderia – como postula o pensamento católico – ser produzido por ele imediatamente, sem tal causa, bastando apenas que essa causa segunda não esteja incluída na essência do efeito. Ora, a forma é uma causa segunda, que não é da essência da matéria enquanto tal.

Neste caso, o Ser Infinito poderia dar existência diretamente à essência da matéria, sem criar ao mesmo tempo a forma.

Este argumento, contudo, depende da aceitação da teologia católica, e nesta obra buscamos outros caminhos, independentes da fé, sem intuito de menoscabo de qualquer espécie. Precisamos encontrar argumentos apodíticos em favor da subsistência da materialidade, para que ela filosoficamente possa ser postulada.

Impõe-se, primeiramente, demonstrar que não há um vínculo de necessidade entre a matéria e a forma. Desfeito este vínculo, não só a matéria poderia sub-existir *per se*, como também, e com maior razão, a forma.

Se voltamos os nossos olhos para as demonstrações até aqui apresentadas, precisamos previamente relembrar que, toda vez que o espírito abre uma diácrise entre entidades, aprofunda-se a separação abissal, que é absurda, porque se trata de uma ruptura no ser.

Consequentemente, todos os seres se analogam em graus maiores ou menores a um analogante superior. Se meditarmos que a matéria adquire a forma proporcionadamente à sua aptidão, notaremos que esta aptidão à forma já indica a presença de uma profunda analogia entre ambas.

Usemos a linguagem aristotélica: uma causa eficiente informa a matéria que, pela causa formal, torna-a isto ou aquilo. A forma não é latente na matéria. Esta apenas tem aptidão para recebê-la, porém não se pode desconhecer que a matéria, nessa aptidão, revela uma emergência para a forma, a qual atua predisponencialmente. A matéria é a potência

na escolástica considera-se absoluto também neste sentido. Nós o chamamos de *absolutum secundum quid*, por ser específico, reservando o conceito de *absolutum simpliciter* para o Ser Supremo.]

para a forma, é uma emergência passiva quanto a ela, mas, de qualquer modo, positiva e, consequentemente, em ato, como matéria.

A matéria é a determinabilidade ainda não determinada, pois a forma é que a determina. É a aptidão de ser fecundada, aspecto feminino do ser, que é tão bem salientado nas diversas religiões.

A operação *ad extra* da criação, que já estudamos, é dual, é diádica, pois toda operação indica dois vetores: um termo de partida e um termo de chegada, e o próprio atuar é simultaneamente um partir *de* e um chegar *para*.

Não se poderia dar uma atuação sem que algo a sofresse. A própria ideia de operação implica a determinabilidade, porque o operar é um determinar, e um determinar implica um determinante e um determinável.

Quando o Ser Supremo atua, ele cria consequentemente a determinabilidade (a potência) e a determinação (o ato).

O determinável, se fosse um puro nada, não poderia ser determinável, porque o nada não é termo de uma operação.

Uma operação é algo sobre algo, portanto ela implica um determinante e um determinável. Como o determinável não pode ser o nada, ele é um ser criado na própria operação. Como ser, é positivo e eficaz e, como tal, tem uma essência.

Para que a forma possa compor-se com a matéria na construção de um todo, é necessário que uma não seja a contradição da outra, porque então haveria exclusão. Matéria e forma só podem ser opostos positivos de vetores diferentes.

Não há o que atue sobre si mesmo enquanto atuante. Na atuação, estabelece-se a distinção entre o que atua e o que sofre atuação.

A determinabilidade da matéria é potencialmente infinita.

A materialidade surge da própria operação. Uma vez que pode o Ser Infinito operar *ad extra*, a materialidade é um dos termos da operação.

Alguns poderão ver neste pensamento uma declaração panteísta, mas haveria panteísmo se a natureza da materialidade fosse a mesma do Ser infinito e absoluto. A materialidade, surgindo da operação, nunca é absolutamente em ato, mas apenas infinitamente potencial.

As distinções são tão profundas que a acusação de panteísmo cai imediatamente.

A ideia de operação implica a passagem de um termo para outro termo. Não se pode compreender uma operação *ad extra* se o resultado permanece nela mesma, como não se pode compreender uma ação que seja totalmente em si mesma.

A operação *ad extra* não poderia partir para um termo fora do ser, pois não há outro, ou então teríamos de afirmar que a operação tende, como termo, para o nada, o que é negar a própria operação.

Portanto, este termo surge da própria característica diádica da operação *ad extra*. Esta não se poderia dar sem aquilo sobre o que ela opera; ela tem um resultado, e este resultado não é algo fora do ser.

Consequentemente, uma operação do Ser Absoluto e infinito não pode ser confundida com uma operação normal do ser finito, que parte de um termo já existente para um poder-ser já contido no ato.

A operação infinita, por ser diádica, cria simultaneamente os dois termos, que são a determinação operatória e aquilo sobre o que se realiza esta determinação: o determinável.

O Ser Infinito, ao realizar a operação *ad extra*, realiza uma determinação. Esta não se pode dar nele mesmo, porque a ação é inerente ao atuado e não ao agente.

Se ela se processasse nele mesmo, ele seria composto de ato e potência.

Consequentemente, a determinação exige um determinável que a sofra.

O *logos* da determinação inclui estes dois termos. A primeira criatura que é produto da operação *ad extra* é dúplice, ato e potência, determinação e determinabilidade, ambas distintas, mas analogadas na origem, porque ambas decorrem de uma mesma causa.

Razão tinha Tomás de Aquino ao dizer que ato e potência foram criados por um só ato do Ser Supremo.

A potência, que é a determinabilidade, é materialidade quando apta a receber a forma.

Desta maneira, justifica-se a nossa tese de que potência é aptidão à determinação, é a determinabilidade; já a materialidade é a aptidão da potência para receber formas.[18]

[18] [A potência é a determinabilidade. A matéria prima é essa determinabilidade com a emergência da aptidão para receber formas corpóreas, tetradimensionais. A matéria é, assim, um modo de ser potencial.]

Deste modo, estamos certos de que captamos os aspectos positivos das diversas doutrinas, reunindo-os numa visão global, coerente e concreta, que nos liberta de muitas aporias, insolúveis quando consideradas do ângulo de posições unilaterais.

*

Depois de havermos distinguido materialidade de corporeidade, e de termos estabelecido que a essência da corporeidade é revelada pela dimensionalidade física (tetradimensionalidade cronotópica), convém examinar se a característica da matéria é realmente a resistência, como pretendem estabelecer os físicos modernos. Na Física pré-relativista, a matéria era confundida com a corporeidade, de maneira que se caracterizava pelo extenso, pelo ocupar espaço, pela massa, pelo peso, pelo movimento, pela mobilidade, pela inércia, pela resistência, pela impenetrabilidade, pela atração e repulsão, e pelas combinações decorrentes de todos estes aspectos.

Estas características da matéria não são meramente entes de razão, pois se dão *extra mentis* na coisa.

Assim, a matéria era o físico, melhor diríamos: o macrofísico, a matéria sensível, captável pelos nossos sentidos.

O desenvolvimento do pensamento filosófico leva-nos a compreender que nenhuma daquelas características constitui a essência da matéria, pois elas são propriedades relativas, e não é por nenhuma delas que a matéria é matéria.

Nenhuma delas constitui o *subjectum* da matéria, já que extensão, massa, peso, movimento são modais, portanto acidentais.

Restariam, então, a resistência, a inércia e a impenetrabilidade.

A impenetrabilidade é a não-possibilidade de ocuparem um mesmo lugar dois seres materiais diferentes.

Os cientistas modernos não consideram suficiente para caracterizar a matéria a impenetrabilidade, a qual revelaria apenas uma resistência de certo grau. Os campos eletromagnéticos são, por exemplo, penetráveis, e se a essência da matéria fosse a impenetrabilidade, tais campos não seriam materiais, seriam, pelo menos, não materiais. Contudo, os campos eletromagnéticos, embora capazes de ocupar o mesmo espaço e de se interpenetrar, oferecem resistência, isto é, a sistência quando detém outra, obstaculizando-a. Este é o motivo por que muitos físicos consideram que a resistência é a essência da matéria. Poder-se-ia dizer que a matéria é o ser que resiste. A ideia de resistência implica um poder que detém outro, a obstaculização que uma estrutura tensional oferece a outra, detendo a sua ação ou o seu processo. Não é impossível, por não ser contraditório, que seres não materiais sejam, por sua vez, resistentes. Nessas condições, não vemos razão para afirmar que a resistência é *a* essência da matéria, mas sim *da* essência, pois a resistência é intensista (gradativa, escalar: característica da intensidade), portanto acidental, algo que acontece a um ser, embora quanto à matéria enquanto corpo seja um acidente absoluto,[19] pois não há matéria corpórea sem ela.

Poderíamos, assim, considerar a resistência uma propriedade da matéria.

Todo ser finito é um ser em crise, composto de ser e não-ser, e ele é o que é enquanto não é o que não é. O ser finito é tal dentro do seu limite. Forma ele uma estrutura e, como tal, é uma sistência, uma tensão entre outras. Durante a sua perduração, revela a coerência, a coesão.

A resistência decorre como o obstáculo que o ser finito oferece a outro que ele. Desta forma, a resistência se poderia dar em qualquer ser finito, sem ser este necessariamente corpóreo, tetradimensional. Neste caso, como distinguimos materialidade de corporeidade sem separá-las, a resistência se dá *também* no ser material, e, *com maior intensidade*, no ser corpóreo.

Não há, porém, impossibilidade ontológica de que se dê em seres não materiais. Esta é a razão por que, ante os nossos atuais conhecimentos, não podemos afirmar que a resistência é a essência da matéria.

Há seres consistentes, persistentes, que não resistem, como, por exemplo, os números. Mas a estrutura ontológica de um número é relativamente infinita em sua espécie. Essa estrutura ontológica não é penetrada por outra estrutura do mesmo gênero. Os seres individuais, com *subjectum*, além de consistentes, são persistentes, subsistentes. Ora, ontologicamente, nem todos os seres subsistentes são materiais, podendo isto exemplificar-se com as formas puras, que seriam subsistentes sem serem materiais. Todo ser subsistente pode oferecer resistência gradativa; consequentemente, esta não é da essência da matéria, pois uma

[19] Cf. nota 17.

propriedade que pertença a seres vários de espécies de gêneros diversos não é a essência de nenhum deles.

As discussões que se travam aqui exigem um nítido esclarecimento da terminologia empregada, sob pena de favorecer confusões.

Se ponderarmos que a sistência se prefixa de diversos modos, veremos que a prefixação *re* indica a tensão que detém e se opõe a outra. Portanto, a resistência que se observa nos seres corpóreos é qualitativa e intensistamente diferente de outras resistências.

Neste caso, pode-se dizer que a matéria resiste, mas resiste a outra forma material corpórea, numa proporcionalidade correspondente à natureza de cada uma.

No entanto, a resistência macrofísica de dois corpos, como uma pedra e outra pedra, é de aspecto qualitativo e intensista diferente da resistência que oferecem vibrações de caráter microfísico.

Assim, na Física, verifica-se que um corpo diáfano, que oferece mínima resistência às vibrações lumínicas, pode oferecer maior resistência a vibrações de outras intensidades. Portanto, a resistência, sendo intensista, é acidental, é algo que *acontece* a alguma coisa, embora proporcionada à natureza dessa coisa, e não pode constituir a *essência* da matéria.

A resistência, portanto, revela-se heterogeneamente nos diversos campos da realidade, o que nos permite afirmar que ela é uma propriedade dos seres corpóreos. Não se deve tomar a matéria em sentido lato numa univocidade mútua com a potência. Neste caso, a matéria seria idêntica à potência, o que não é verdadeiro, como vimos, pois há distinção, sem separação, entre elas.[20]

Dentro dos postulados da filosofia concreta, o que mais seguramente se pode dizer da matéria, até agora, é que ela é a potência (determinabilidade) quando apta para receber formas, como já o provamos.

TESE 296 – Os efeitos estão na potência ativa da causa, mas esta encontra seus limites na matéria.

O efeito é o possível da causa. Como o mais não pode vir do menos, o efeito já está contido na potência ativa da causa; é virtual, e nesta.

[20] [Em nossa obra *Problemática da Matéria*, voltaremos a examinar este ponto sob outros ângulos.]

As causas podem produzir todos os seus efeitos possíveis, e os produziriam imediatamente se não houvesse um limite. Este limite é dado pela matéria. A causa pode realizar um número indeterminado de efeitos, mas estes surgem na matéria atuada pela causa. A matéria, ao receber uma forma, está apta a receber outra, posteriormente. Se a matéria recebesse simultaneamente formas diversas, estaria negando o princípio de identidade, que é formalmente verdadeiro, e o espetáculo do mundo nos mostraria coisas que, sob o mesmo aspecto e ao mesmo tempo, seriam isto e aquilo.

A experiência mostra-nos que tal não acontece, e a razão está na capacidade limitadora da matéria. Sendo ela passiva, recebe todas as formas que lhe são proporcionadas, mas sucessivamente, fundamento da temporalidade.

A matéria, *per se*, é aptidão para receber formas. A forma, considerada em si mesma, não é singular. O ser informado singulariza-se pela matéria, e se a forma enquanto tal não se singulariza, contudo a que está *in re* – digamos, neste vaso – é singular.[21]

Portanto, a matéria é um fator de singularidade, como a forma o é de universalidade, duas antinomias que se harmonizam na criação. Se a matéria não fosse fator de singularidade, e pudesse ser assumida por todas as formas simultaneamente, seria também, simultaneamente, toda a variância de entidades, dentro de uma forma.

Neste caso, a matéria deste vaso oblongo seria simultaneamente a matéria de todos os vasos possíveis. E então desapareceria a singularidade, porque a matéria seria em ato todos os possíveis de ser.

A matéria não seria matéria, não existiria; apenas estaríamos dando o seu nome ao que não é ela. É, portanto, da sua essência a capacidade de receber as formas que lhe são proporcionadas, mas singularmente em ato, e potencialmente sob aspectos diferentes.

Eis por que a matéria é o fundamento da temporalidade, e esta principia quando aquela principia.

O tempo é da matéria. Deste modo, por sua essência, e por sua aptidão, a matéria é o limitante da forma, pois a recebe

[21] [Trata-se aqui da forma *in re*, a lei de proporcionalidade intrínseca deste ser (*hoc*). A estrutura intrínseca deste ser imita a forma. Por isso se diz que a forma é um fator de universalidade, porque essa, podem-na ter em comum vários seres da mesma espécie.]

proporcionadamente à sua natureza, o que é adequado perfeitamente aos postulados demonstrados anteriormente.[22]

TESE 297 – A forma in re *é limitada pela matéria, mas formalmente considerada é ela que limita a matéria.*

A forma, tomada em si mesma, é limitada apenas formalmente, isto é, ela é o que ela é em si mesma. Uma forma não é limitável por outra, mas o é em si mesma. Seu limite é formal. Se a forma tomada em si mesma fosse delimitável, quando tal sucedesse deixaria de ser ela para ser outra, porque a forma é integralmente ela mesma, e qualquer diferença fá-la-ia deixar de ser ela para ser outra. Uma forma tomada em si, pois, não é limitada nem limitável por outra.

A matéria, ao recebê-la, recebe uma delimitação. Mas a matéria também limita. Não limita a forma enquanto tal, mas sim a forma *in re*, que está na coisa, que imita a forma em sua pureza formal. A limitação que a matéria realiza não se dá, pois, em outro ser, mas em si mesma; ou melhor, ela não limita a forma, mas a forma que está na matéria é limitada em proporção ao que a matéria é para a forma.

No ato criador, a forma, determinando a potência, dá surgimento ao ser determinado (criatura); mas a forma das coisas finitas, por ser em si limitada formalmente, é já criatura, como o é a potência, que é limitada na proporção da forma. A matéria prima é a potência já determinada a receber formas, como vimos. Essa matéria, enquanto aptidão a receber formas corpóreas determinadas, é indeterminadamente capaz de recebê-las, mas, sofrida a nova determinação, esta limita a possibilidade de receber a forma, porque já a recebe por imitação, por participação.

Não carece de positividade a tese de que a matéria é limitada pela forma, porque a matéria prima determinada é isto ou aquilo, e é delimitada nisto ou naquilo, na forma que a informou. Os que defendem que, por sua vez, a matéria limita a forma, porque a forma não é na matéria a perfeição que é formalmente considerada, têm base positiva apenas se tomada a forma *in re*, pois a última está na matéria, imitada

[22] [Não esgotamos os aspectos sobre o fator de singularidade, outros dos quais são por nós examinados em *Problemática da Singularidade*.]

por esta, por participação, na proporção do participante, como já vimos. Neste sentido, a matéria delimita a forma.

Se considerarmos a forma enquanto forma, veremos que ela é invariante, mas, enquanto informante neste ou naquele ser, é variante. A matéria limita o variante, e não o invariante. Assim Pedro é, enquanto formalmente considerado, perfeitamente *humanitas*, mas a *humanitas* de Pedro é a *petreitas*, isto é, a forma limitada pela individualidade total de Pedro, que não é, enquanto Pedro, tudo quanto a *humanitas* é.

A forma de Pedro é limitada, mas determinada, e, neste sentido individual, é perfeita, enquanto a forma da *humanitas*, de que Pedro participa, tomada formalmente, é formalmente mais perfeita do que Pedro.

Pedro é mais perfeito singularmente, mas a forma é mais perfeita formalmente.

O ser finito é limitado *pela* forma, não *na* forma. A forma como lei de proporcionalidade intrínseca do indivíduo é, neste, limitada, mas como lei é perfeita e determinante. Nenhum imitante pode imitar em plenitude o imitado no tocante às formas, já o vimos. E as razões que apoditicamente constroem a validez desse juízo servem, por sua vez, aqui, para a validez da tese que esboçamos.

Em suma:

A forma dá a limitação da estrutura ontológica de um ser, enquanto a matéria dá a limitação da estrutura ôntica. A matéria limita onticamente a forma, a qual ontologicamente não é limitável.

Opinião de Scot Sobre a Matéria como Fator de Singularidade

Se a matéria existe à parte de qualquer forma, ela é dotada de individualidade. Neste caso, é a matéria o princípio de individuação dela mesma.

Para Aristóteles, a universalidade está no cognoscente, e a singularidade na coisa em si mesma, enquanto não conhecida. Neste caso, uma coisa é universal pelo intelecto. Este é o fator de universalidade. Um ser é singular porque é um, porque é. O fator de singularidade é ele mesmo.

Duns Scot discorda dessa opinião de Aristóteles. E afirma que há lugar para um intermediário entre o universal e o singular. Entre a unidade numérica do singular e o puro universal, há outro modo de ser que exige um princípio de individuação para singularizar-se.

Não se pode comparar a unidade conceitual do gênero, comum às espécies, com a unidade real da espécie, comum aos indivíduos. A espécie é concebida como uma unidade da natureza específica. Esta não pode ser a unidade numérica do indivíduo, pois não se comparam duas unidades numéricas como tais, embora sejam comparáveis do ponto de vista da unidade da espécie. A espécie tem uma unidade real, embora menos estrita que a unidade numérica do singular.

Para que uma relação seja real é mister que tenha ela um fundamento real, dotado de uma unidade real. Para que duas coisas possam ser idênticas, semelhantes ou iguais, têm elas de se referir a um termo comum e dotado de unidade.

A unidade real não pode ser numérica, tem de ser real e menos que numérica, e não pode ser numérica porque uma mesma coisa não pode ser nem semelhante a si mesma, nem igual a si mesma. Cada ação de um dos cinco sentidos perceptivos tem um objeto, cuja unidade é real. Esta não pode ser numérica. A visão vê o branco como outro que o verde ou o vermelho, e não como um branco individual distinto de outro branco individual.

A unidade de uma classe de sensíveis não é numérica, mas é, contudo, real. Se toda unidade fosse numérica, as diferenças entre os seres seriam numéricas, e não haveria distinções específicas.

A essência não se individualiza na coisa, mas esta, no existir, em sua estrutura existencial, repete a estrutura ontológica. Essa estrutura existencial, ordenada na lei de proporcionalidade intrínseca de uma estrutura ontológica, constitui a essência singular (o esquema concreto singular) da coisa, e tem uma existência atual. Há, assim, na coisa, um elemento comum, que não é por si *isto aqui*, e ao qual, por conseguinte, não repugna *não ser isto aqui*. Não é universal em ato porque ainda lhe falta o que dele pode fazer um universal como tal, quer dizer, o que lhe confere a espécie de identidade que o torna predicável de não importa qual indivíduo e permite dizer desse indivíduo que ele o é.

Este é o pensamento de Duns Scot.[1]

[1] Cf. Duns Scot, *Ordinatio / Opus Oxoniense* (in: *Opera Omnia*, vols. I-XIV. Civitas Vaticana, Typis Polyglottis Vaticanis, 1950-2013), vol. II, distinção 3, parte 1, questões 1-6 (traduzidas ao inglês em: Paul Vincent Spade, *Five Texts on the Mediaeval Problem of Universals*. Indianapolis, Hackett Publishing Company, 1994, p. 57-113).

Da Eviternidade I
(A Discussão Escolástica)

TESE 298 – A criação ab aeterno não implica contradição ontológica.

A potência ativa do Ser Supremo, em sua *operatio*, implica a potência infinita da determinabilidade. E sem dúvida, com rigor ontológico: pois, podendo o Ser Supremo realizar tudo quanto pode ser, é possível de ser realizado tudo quanto não é intrinsecamente contraditório.

A potência infinita ativa, o poder sem limites (e sem dependência) de atuar, criando, exige uma determinabilidade correspondente, já que o fazer é, ao mesmo tempo, o ser feito, porque quando se faz algo é algo feito, quando se atua algo é atuado. Corresponde, assim, a infinita potencialidade passiva à infinita potencialidade ativa.

A infinita potencialidade passiva é, pois, ingenerável e incorruptível.

É ingenerável, porque é do poder do atuar do Ser Supremo, e incorruptível, porque, se a infinita potencialidade passiva se corrompesse, tornar-se-ia outra, contrária ao que é, e, neste caso, seria uma resistência ao poder do Ser Supremo, o que ofende as teses já provadas. Consequentemente, é ela ingenerável e incorruptível. E ainda o é mais, porque o que é corruptível vem de seu contrário, como o demonstrou Aristóteles, e a potência passiva infinita não tem o seu contrário na infinita potência ativa, como poderia parecer à primeira vista, pois, como poderia haver a infinita potência ativa sem a infinita potência passiva, e vice-versa?

Se o racionalismo encontra aqui dificuldades insuperáveis, pela oposição formal dos conceitos, não o encontra a dialética ontológica da filosofia concreta, porque a infinita potência passiva não é a privação da infinita potência ativa. A afirmação de uma exige a outra.

A presença ontológica de uma implica, necessariamente, a outra, e, onticamente, a presença de uma exige a presença da outra.

Ante as dificuldades teóricas que surgem sobre este tema, podemos examinar o pensamento de Tomás de Aquino, que é verdadeiramente cheio de sugestões. Precisamos, primeiramente, reproduzir as suas palavras para, depois, voltar aos nossos argumentos dialético-concretos.

Damos as dificuldades que surgem a Tomás de Aquino, e também as respostas que ele dá às mesmas.

Reproduzamos as suas palavras (*Suma de Teologia* I, q. 46, a. 1). Comecemos pelas dificuldades:

> [...] parece que o universo criado, que se chama "mundo", *não* começou, mas que existiu desde toda a eternidade.
>
> 1. Com efeito, tudo o que começou a ser, antes que fosse, era possível ser; caso contrário, seria impossível que fosse feito. Portanto, se o mundo começou a ser, antes que começasse, era possível ser. Ora, o que é possível ser é a matéria, que está em potência para ser pela forma, e para o não-ser, pela privação. Assim, se o mundo começou, a matéria existiu antes do mundo. Mas a matéria não pode ser sem a forma, e o mundo é a matéria do mundo com sua forma. Logo, o mundo existiu antes de começar a ser, o que é impossível.
>
> 2. [...] nada que tenha o poder de sempre ser ora é e ora não é, porque o poder de uma coisa se estende a tanto quanto essa coisa é. Mas o que é incorruptível tem o poder de sempre ser, pois não tem o poder para determinado tempo de duração. Portanto, nenhuma coisa incorruptível ora é e ora não é. Mas tudo o que começa a ser ora é e ora não é. Portanto, nenhuma coisa incorruptível começa a ser. Ora, há no mundo muitas coisas incorruptíveis [...]. Logo, o mundo não começou a ser.[1]

3. E se a matéria é ingênita, também o mundo nunca começou a existir, e existe, pois, *ab aeterno*, desde a eternidade, embora sempre heterogêneo em seus aspectos secundários, mas sempre ele mesmo em seu *hypokeimenon*, em sua última substância e suporte, diríamos. É o

[1] Joaquim Pereira (ed.), 2. ed., vol. 2. São Paulo, Edições Loyola, 2005, p. 64, grifo no original.

ponto que alcançaríamos se nos colocássemos dentro dessas dificuldades, aceitando-as.[2]

4. [...] há o vácuo onde não há corpo, mas é possível que haja. Ora, se o mundo começou a ser, onde agora está o corpo do mundo, não havia antes nenhum corpo; entretanto, poderia aí haver, do contrário, agora aí não haveria. Logo, antes do mundo, havia o vácuo, o que é impossível.

5. [...] nada começa a mover-se novamente a não ser pelo fato de que o que move ou o que é movido se encontram agora de modo diferente que antes. Ora, o que se tem agora de modo diferente do que era antes se move. Logo, antes de qualquer movimento que começa novamente, houve movimento. Portanto, o movimento sempre existiu. E consequentemente também o que é movido, porque o movimento só existe no que é movido.[3]

[...][4]

7. [...] tudo o que está sempre no começo e no fim não pode nem começar nem acabar, porque o que começa não está no fim e

[2] A terceira dificuldade elencada por Tomás de Aquino, que Mário Ferreira dos Santos reelabora conforme acima, é originalmente um argumento de autoridade: "[...] o que não é gerado não começou a ser. Ora, o Filósofo [isto é, Aristóteles] prova no livro I da *Física* [9, 192a25-34] que a matéria não é gerada, e no livro I do *Céu e do Mundo* [3, 270a12-14] que o céu também é não gerado. Logo, o conjunto das criaturas não começou a ser" (ibidem).
[3] Ibidem, p. 64-65.
[4] O autor suprime – sem omitir a resposta a ela, adiante – a sexta dificuldade compilada por Santo Tomás: "[...] tudo o que move ou é natural ou voluntário. Ora nem um, nem outro começa a mover sem um movimento preexistente. De fato, a natureza opera sempre do mesmo modo. Por isso, se não houver anteriormente uma mudança seja na natureza do que move, seja na do que é movido, não começará, tendo como causa o que move naturalmente, a existir o movimento, que antes não existiu. A vontade, por sua vez, se não houver mudança nela, retardará o que se propõe fazer. Mas isso só acontece por alguma mudança que se imagina, ao menos em relação ao tempo. Por exemplo, aquele que quer construir uma casa amanhã e não hoje espera que algo haverá amanhã que hoje não há. Pelo menos ele espera que passe o dia de hoje e chegue o amanhã, o que não acontece sem mudança, porque o tempo é a medida do movimento. Resulta, portanto, que antes de qualquer novo movimento que comece, houve outro movimento. E assim se chega ao mesmo que antes" (ibidem, p. 65).

> o que acaba não está no começo. Ora, o tempo está sempre no seu começo e fim, porque nada é próprio do tempo a não ser o *instante presente* que é o fim do instante passado e começo do futuro. Logo, o tempo não pode nem começar nem acabar. E consequentemente nem o movimento, cuja medida é o tempo.
>
> 8. [...] Deus é anterior ao mundo ou só pela natureza ou pela duração. Se é só pela natureza, como Deus é eterno, o mundo também é eterno. Se contudo é anterior pela duração, como o antes e o depois na duração constituem o tempo, o tempo existiu antes do mundo, o que é impossível.
>
> 9. [...] afirmada uma causa suficiente, afirma-se o efeito, porque a causa que não é seguida pelo efeito é uma causa imperfeita que tem necessidade de outro para que o efeito se produza. Ora, Deus é a causa suficiente do mundo: causa final, em razão de sua bondade; causa exemplar, em razão de sua sabedoria; causa eficiente, em razão de seu poder, como se demonstrou anteriormente. Logo, como Deus é eterno, o mundo existe desde sempre.
>
> 10. [...] sendo a ação de algo eterna, seu efeito também o é. Ora, a ação de Deus é sua substância, que é eterna. Logo, o mundo também é eterno.[5]

É contudo de fé que o mundo teve um princípio,[6] o que exige o esforço dialético de Tomás de Aquino para responder a essas dificuldades. E ele procede do seguinte modo:

> Nada, além de Deus, existiu eternamente. E não é impossível afirmá-lo. Mostrou-se anteriormente que a vontade de Deus é a causa

[5] Ibidem, p. 65-66, grifo no original.

[6] Segundo indica o fato de a seção "em sentido contrário" (*sed contra*), que sucede de imediato às dez dificuldades, resumir-se a citações da Escritura: "está dito no Evangelho de João: 'Pai, glorificai-me junto a Vós com a glória que eu tinha antes que o mundo existisse'. E lê-se no livro dos Provérbios: 'O Senhor me possuiu no início de seus caminhos, antes que fizesse alguma coisa desde o princípio'" (ibidem, p. 66).

> das coisas. Assim, portanto, é necessário que algo exista na medida em que é necessário que Deus o queira, porque a necessidade do efeito depende da necessidade da causa, como se diz no livro V da *Metafísica* [Δ 5, 1015a20-35]. Ora, já foi mostrado que, falando absolutamente, não é necessário que Deus queira algo a não ser a si. Não é necessário, portanto, que Deus queira que o mundo tenha existido sempre. Ora, o mundo não existe senão na medida em que Deus o quer, porque o ser do mundo depende da vontade de Deus como de sua causa. Não é necessário, pois, que o mundo exista sempre. Daí que nem se pode provar de maneira demonstrativa.[7]

Conclui aqui Tomás de Aquino que a existência ou não *ab aeterno* do mundo não entranha contradição, pois tanto poderia ser como não ser, sem que a aceitação de um ou de outro caso repugnasse ao espírito humano.

Ora, sem dúvida se vê que Tomás de Aquino se coloca numa posição em que logicamente lhe parece que tanto uma como outra hipótese podem ser verdadeiras. Mas serão ambas verdadeiras como diz? Serão possibilidades igualmente válidas?

Não haverá, numa ou noutra, maior ou menor validez? Para responder a tais perguntas, é mister continuar ainda a exposição dos argumentos de Tomás de Aquino, e só depois poderão os mesmos sofrer a análise dialético-concreta.

Examinando os argumentos de Aristóteles, Tomás de Aquino conclui: o próprio Aristóteles "diz expressamente no livro I dos *Tópicos* [11, 104b12-16] que há questões dialéticas a respeito das quais não temos argumentos, como *se o mundo é eterno*".[8]

Essa conclusão de Tomás de Aquino é, dentro do âmbito da filosofia concreta, um tanto decepcionante. O conceito de eterno, aqui, é o que dura perenemente, o que perdura através do tempo, não tendo tido um antes de ser, mas tendo sido sempre. Nesse caso, o tempo de tal mundo se identificaria com a eternidade, o que não se coaduna com as teses que já demonstramos.

[7] Ibidem.
[8] Ibidem, p. 67, grifo no original.

A eternidade é *tota simul*, e é intensistamente em si mesma. Não é algo que sucede, é algo que apenas e simplesmente é.

Ora, o tempo é, no mundo, algo que sucede, algo que transcorre, mas perdura através das transcorrências. O tempo é uma pálida imitação da eternidade, e não é ela. Se o tempo não é a eternidade, ao se afirmar que o mundo se dá num tempo que não teve princípio nem terá fim, ainda não se afirma que ele é eterno dentro da estrutura ontológica desse conceito, mas apenas de modo analógico.

Assim sendo, consideremos tal expressão apenas analógica, atitude que está certa em face do que já foi examinado. Mas há outros reparos a serem feitos, e para que sejam eles profícuos, impõe-se primeiramente examinar o resto da argumentação de Tomás de Aquino. Assim ele prossegue, em resposta direta às dificuldades:

> Quanto ao 1º, portanto, deve-se dizer que antes de o mundo ser, era possível que o mundo fosse, não por potência passiva, que é a matéria, mas por potência ativa, que é Deus. Ou ainda na medida em que algo se diz absolutamente possível, não por uma potência, mas pela simples relação de termos que não são contraditórios. É neste sentido que possível se opõe a impossível, como mostra o Filósofo, no livro V da *Metafísica* [Δ 12, 1019b22-33].
>
> Quanto ao 2º, deve-se dizer que o que tem o poder de ser sempre, pelo fato de ter esse poder, não pode ora ser, ora não ser; mas, antes de ter esse poder, não existia. É por isso que o argumento usado por Aristóteles no livro I do *Céu* [12, 281b18–282a4] não conclui absolutamente que as coisas incorruptíveis não começaram a ser, mas sim que não começaram a ser do modo natural pelo qual começam a ser os seres gerados e corruptíveis.
>
> Quanto ao 3º, deve-se dizer que Aristóteles prova no livro I da *Física* que a matéria não é gerada, porque ela não tem um sujeito do qual exista. [...][9]

[9] Em conformidade à reelaboração a que submetera a terceira dificuldade, Mário Ferreira dos Santos suprime a continuação da resposta oferecida a ela por Santo Tomás de Aquino: "No livro I do *Céu e do Mundo* [3, 270a14-22], [Aristóteles] prova que o céu não é gerado,

> QUANTO AO 4º, deve-se dizer que não basta, para a razão de vácuo, dizer que *nada há nele*. Requer-se que haja um espaço capaz de conter um corpo e que não o contenha, como esclarece Aristóteles no livro IV da *Física* [1, 208b25-29; 7, 213b30–214a9]. Nós, contudo, dizemos que não havia nem lugar nem espaço antes do mundo.[10]

O espaço seria apenas imaginário, como o que podemos imaginar agora, desde que dele retiramos, pela nossa mente, todas as coisas. Esse espaço não tem nenhuma realidade em si mesmo.

> QUANTO AO 5º, deve-se dizer que o motor primeiro sempre se encontrou do mesmo modo. Não, porém, o primeiro movido, porque começou a ser, uma vez que antes não era. Ora, isso não aconteceu por uma mudança, mas por criação, que não é uma mudança como já foi dito antes. É evidente que este argumento apresentado por Aristóteles, no livro VIII da *Física* [1, 251a16-28], vale contra aqueles que afirmavam haver movidos eternos, sem admitir um movimento eterno. Encontra-se esta opinião em Anaxágoras e Empédocles. Nós afirmamos, porém, que desde que os movidos começaram, o movimento sempre existiu.[11]
>
> E prossegue Tomás de Aquino:
>
> QUANTO AO 6º, deve-se dizer que o agente primeiro é um agente voluntário. Embora tivesse a vontade eterna de produzir um efeito, nem por isso produziu um efeito eterno. Não é necessário pressupor uma mudança, nem mesmo para nossa representação do tempo. De fato, é preciso entender de um modo o agente particular, que pressupõe uma coisa e causa outra, e de outro modo o agente universal, que produz tudo. Assim, o agente particular

porque não tem contrário do qual seja gerado. Esses dois argumentos concluem somente que a matéria e o céu não começaram por geração, como alguns afirmavam, principalmente com relação ao céu. Mas nós dizemos que a matéria e o céu foram produzidos em seu ser pela criação, como está claro pelo que precede" (ibidem).

[10] Ibidem, grifos no original.

[11] Ibidem, p. 68.

produz a forma e pressupõe a matéria; daí que é preciso proporcionar a forma de acordo com a matéria devida. É, portanto, razoável considerar que ele aplica a forma a tal matéria e não a uma outra, pela diferença entre uma matéria e outra. Mas não é razoável considerar isso em Deus, que produz ao mesmo tempo a forma e a matéria; mas é razoável considerar que ele produz uma matéria condizente com a forma e o fim. O agente particular pressupõe o tempo, como pressupõe a matéria. Dessa forma, é razoável considerar que ele age em um tempo posterior e não em um tempo anterior, conforme a representação da sucessão de um tempo depois de outro. Mas quando se trata do agente universal, que produz as coisas e o tempo, não dá para considerar que aja agora e não antes, conforme a representação de um tempo depois de outro, como se o tempo fosse pressuposto à sua ação. Deve-se considerar que ele deu a seu efeito tanto tempo quanto quis e como lhe pareceu conveniente para manifestar seu poder. De fato, o mundo, se não existiu sempre, nos leva ao conhecimento do poder divino do Criador mais claramente do que se fosse eterno. Pois é claro que o que não existiu sempre tem uma causa, enquanto isso não é tão claro para o que sempre existiu.

Quanto ao 7º, deve-se dizer que, segundo Aristóteles, no livro IV da *Física* [11, 219a22-25], o antes e o depois estão no tempo conforme estão no movimento. Assim deve-se entender o começo e o fim no tempo, da mesma forma que no movimento. Supondo que o movimento é eterno, é necessário que cada momento do movimento seja entendido como o começo e o fim dele. Isto porém não é necessário se o movimento teve começo. A mesma razão vale para *o instante presente* do tempo. Fica assim patente que a razão do *instante presente*, considerada como o começo e o fim do tempo, pressupõe a eternidade do tempo e do movimento. Daí que Aristóteles, no livro VIII da *Física* [1, 251b19-28], aduz esse argumento contra aqueles que afirmavam a eternidade do tempo, negando porém a eternidade do movimento.[12]

[12] Ibidem,. p. 68-69, grifos no original.

Comentando esta passagem, diz a nota 29 da edição Bac Maior da *Summa Theologica*:[13]

> Se o tempo fosse eterno, todos os seus instantes seriam ao mesmo tempo término do instante precedente e princípio do seguinte; se não é eterno, o primeiro instante é só princípio do seguinte, e o último é só término do anterior, sendo todos os outros instantes término e princípio ao mesmo tempo.

Prossegue assim Tomás de Aquino, respondendo às últimas objeções:

> Quanto ao 8º, deve-se dizer que Deus é anterior ao mundo em duração. Mas *anterior* não designa uma prioridade de tempo, mas da eternidade. – Ou então se pode dizer que designa a eternidade de um tempo imaginário, que não existe realmente. Da mesma forma quando se diz que *acima do céu não há nada*, *acima* designa somente um lugar imaginário no sentido de que é possível imaginar que se ajuntem às dimensões do corpo celeste outras dimensões.
>
> Quanto ao 9º, deve-se dizer que, assim como o efeito segue a causa que age naturalmente de acordo com sua forma, assim também segue o que age pela vontade de acordo com a forma que concebeu e definiu anteriormente, como está claro pelo acima dito. Portanto, embora desde toda a eternidade Deus seja a causa suficiente do mundo, não é necessário que se afirme que o mundo foi por ele produzido, a não ser o que está na predefinição de sua vontade, a saber, que o mundo tenha o ser após o não-ser para tornar mais manifesto seu Autor.
>
> Quanto ao 10º, deve-se dizer que, uma vez efetuada a ação, segue-se o efeito conforme a exigência da forma que é o princípio

[13] Versão contemporânea: Santo Tomás de Aquino, *Suma de Teología*, 5 vols. Coleção Maior. Madrid, Biblioteca de Autores Cristianos, 1998.

da ação. Ora, nos que agem pela vontade, o que foi concebido e definido anteriormente entende-se como a forma que é o princípio da ação. Portanto, da ação eterna de Deus não decorre um efeito eterno, mas um efeito tal como Deus o quis, a saber, que tenha o ser após o não-ser.[14]

Temos aqui as demonstrações de Tomás de Aquino. Tivemos de citá-las longamente, porque há nelas passagens de grande valor que podem ser utilizadas por nós para as demonstrações dialético-concretas que nos cabe fazer.

Ora, o Ser Supremo é eterno, pois é puro ato. Seu operar *ad extra* surge em sua eternalidade. Não há nela um antes nem um depois. A *operatio* do Ser Supremo é ele mesmo, idêntica a ele mesmo.

Ora, segundo a fé cristã, a criação teve um princípio. Mas revela Tomás de Aquino que não há nenhuma contradição se a criação é *ab aeterno* ou não; isto é, se teve, ou não, um princípio. Essa é a resposta da Filosofia que em nada ofende a fé, pois, ademais, há a favor desse princípio razões diversas que passaremos a expor e que foram manejadas pelos escolásticos, através das grandes discussões que este tema suscitou. Só depois de fazermos a resenha do pensamento escolástico, interessando-nos apenas pelos seus maiores nomes, faremos a análise que se impõe sob o critério da filosofia concreta.

É questão de fé, para a escolástica, que o mundo não tenha existido sempre, ou melhor, que a criação não seja *ab aeterno*. Reconhece, ademais, Tomás de Aquino que não é possível provar apoditicamente que o mundo uma vez tenha começado a ser. E a razão está em que o começo do mundo não pode ter uma demonstração tomada da natureza da própria criação. E Duns Scot justifica a sua posição, que neste ponto é idêntica à de Tomás de Aquino,[15] dizendo que jamais encontraremos uma razão necessária para justificar *a priori* um ato contingente.

[14] Ibidem, p. 69, grifos no original.

[15] Cf. Duns Scot, *Ordinatio / Opus Oxoniense* (in: *Opera Omnia*, vols. I-XIV. Civitas Vaticana, Typis Polyglottis Vaticanis, 1950-2013), vol. I, distinção 36, questão única, número 3. Ver Étienne Gilson, *Jean Duns Scot – Introduction a Ses Positions Fondamentales*. Études de Philosophie Médiévale, vol. 42. Paris, Vrin, 1952, p. 290; *John Duns Scotus – Introduction to His Fundamental Positions*. Trad. James Colbert. Illuminating Modernity, eds. Francesca Aran Murphy, Balázs M. Mezei e Kenneth Oakes. London, T&T Clark, 2019, p. 221.

Por outro lado, de uma coisa considerada em sua espécie, e enquanto tal, não se pode dizer que não tenha existido sempre, pois, de certo modo, o que é ou pode vir-a-ser já é na ordem do Ser, pois, do contrário, viria do nada, o que é absurdo.

A grande dificuldade que surge para a aceitação da criação *ab aeterno* provém do seguinte dilema: ou o Ser Supremo criou livremente ou criou por necessidade. A criação só poderia ser livre, pois já está demonstrado que o Ser Supremo é absolutamente livre. Seu ato criador é, pois, absolutamente livre.

Se a criação se dá por necessidade exige melhor análise. Se entendemos que essa necessidade é de natureza tal que o Ser Supremo é forçado a criar por ser infinito, neste caso não lhe restaria o não-criar, o que o torna não-livre.

Mas cremos haver aqui, ante os escolásticos, uma dificuldade que nos parece facilmente resolúvel, fundando-nos em argumentos apodíticos.

Não se pode atribuir a criação à necessidade. Mas impõe-se examinar o que se entende ontologicamente por necessidade.

Há a imprescindibilidade de examinar algumas teses para que alcancemos um ponto em que as nossas provas se tornem capazes de atingir o alvo desejado.

Uma criação *ab aeterno* duraria uma duração infinita *a parte ante*; ou seja, jamais haveria o *primeiro dia* (tomado aqui em sentido simbólico).

Não se encontra o nexo de necessidade para a criação *ab aeterno* partindo do contingente, que é a criatura, pois esta depende de outro, e da parte do Ser Supremo essa necessidade seria a afirmação de carência da liberdade nas ações *ad extra*, o que é absurdo em face do que já foi aceito.

A única necessidade encontrada é a da criatura que, necessariamente, para ser, pois é um ser dependente, exige o ser que lhe dá o ser. A necessidade está na criatura, não no criador. Ademais é tese já demonstrada que a ação transitiva não muda o agente enquanto tal. A criatura, por ser necessária, não implicaria a necessidade do ato criador, de o Ser Supremo operar *ad extra*, realizando a criação.

Não procedem os argumentos de que o Ser Supremo, ao criar, sofreria uma mutação, e como não pode sofrê-la, a criação deve ter sido *ab aeterno*; porque se trata de uma potência ativa e não passiva, pois é da essência do Ser Supremo o ato puro. Ademais, não cabe também a alegação, dizem os escolásticos, de que, sendo a sua essência ativa, o Ser Supremo tem de criar sempre.

O ativo é entitativo e não terminativo. Ademais, a ação eterna é a imanente, e não a transitiva. Aquela é da essência do Ser Supremo, é o próprio Ser Supremo.

Resta saber se, para a escolástica, é a criação *ab aeterno* possível.

Ora, vimos que para Tomás de Aquino ela o é, sob o ângulo filosófico.

Gabriel Vásquez e também muitos tomistas aceitam essa possibilidade. Entre os que o julgam impossível encontramos Henrique de Gand, São Boaventura, Alberto Magno, Francisco de Toledo, Gregorio de Valencia, Sylvester Maurus, Salvator Tongiorgi, Louis Billot e muitos outros.

E, entre os principais argumentos que estes apresentam, encontramos os seguintes:

É impossível a criação *ab aeterno* das coisas sucessivas porque, se ela fosse o caso, teríamos um número infinito quantitativo das coisas seriadas, o que é absurdo. Esse infinito quantitativo seria apenas o infinito numérico, porque a alegação, contrária à tese da criação *ab aeterno*, de que haveria um infinito quantitativo atual não procede, pois esse infinito quantitativo não seria atual, já que o passado não é atual. O passado não existe em ato. E assim como podemos admitir um infinito quantitativo potencial *a parte post*, pois sempre há *um outro dia após outro dia*, pode-se conceber um infinito quantitativo potencial *a parte ante*, *um dia antes de outro dia* ou, em linguagem menos simbólica, um agora depois de um agora, e um agora que já foi, que antecedeu a outro agora.

Ao que foi e deixou de ser sendo sempre o que era, chamamos de *infinito potencial epimeteico*, e o que é deixando de ser o que é para ser o que ainda não é, chamamos de *infinito potencial prometeico*.

Ora, tal infinito quantitativo potencial epimeteico é tão *possível* quanto o outro. Se o primeiro não é jamais alcançável, também não o é o segundo. E não se diga, para objetar, que havendo um início, o *dia um*, haveria um número limitado de dias, porque a análise matemática nos mostra que poderíamos dividir esses dias em agoras, e jamais atingiríamos um tempo que não fosse matematicamente divisível.

Assim, um dia reduzido a instantes teria um número quantitativo potencialmente infinito. O argumento contra a criação *ab aeterno* parece portanto frágil. Na matemática pitagórica (na genuinamente qualitativa, de grau de *teleiotes*), a criação como tal é um *arithmós* (número). Mas qualquer quantidade pode ser reduzida sempre a um número quantitativo potencialmente infinito. Já quanto à matemática qualitativa, isso não se pode, porque o número qualitativo não se presta à divisão. As qualidades revelam graus, e se esses graus são contáveis, de modo a atingir um infinito potencial quantitativo, não o é a espécie da qual os graus são graus. Na matemática aplicada aos *eide*, às espécies, já estas são perfeições absolutas, pois os graus de participação absoluta que as coisas revelam permitem uma medida com esta, que contudo é sempre a unidade de medida, o que não se verifica na matemática quantitativa, porque, nesta, a medida é um *minimum* da quantidade, enquanto, na matemática qualitativa, é um *maximum* da qualidade.

A criação é assim *uma*, mas potencialmente infinita na heterogeneidade dos graus e dos modos de ser dos entes diversos. Desse modo, o infinito quantitativo potencial *a parte ante* não é um absurdo, e fica perfeitamente clareada a sua aceitação.

Resta que entendamos bem o conceito de *ab aeterno*, usado pelos escolásticos.

Já vimos que ele significa que a criação dura uma duração infinita *a parte ante*. Na concepção da criação *ab aeterno*, entende-se que a emanação da coisa criada parte de Deus, por Deus ser Deus, ou em outras palavras: não há nenhuma prioridade do tempo entre Deus e o efeito criacional.

O nada não precedeu a criação; apenas o que se indica é que esse nada era nada do que existe agora, isto é, o que existe agora tem a sua razão de ser em Deus e, antes de ser o que é, era nada do que é. Antes da criação, não havia algo que pudesse ser informado por Deus para tornar-se a criatura.

Mas esse antes não é um antes temporal, porque antes de haver a criação não havia o tempo. Falar aqui de um antes é falar de um antes não temporal real, mas apenas imaginário. A antecedência ontológica, axiológica e divina de Deus na criação, concebida desse modo, está perfeitamente salva.

Se a visão do nosso universo, como o conhecemos, impede-nos de aceitar um criar que se perde infinitamente *a parte ante*, sentimos tal dificuldade ante nosso universo, contudo não podemos afirmar que este seja o único possível de ser.

A existência de outros universos não é uma impossibilidade, e que outros tenham existido antes de nós também não o é. Não dispomos ainda de conhecimentos suficientes para negá-los nem afirmá-los, mas dispomos do suficiente para afirmar que não há, em sua aceitação, nenhuma contradição ontológica.

Resta agora saber se, admitida a criação *ab aeterno*, e portanto como algo que emana da operação divina criadora, ela dele emana por necessidade de sua natureza ou não. Em suma, se a criação é necessária ou contingente; e se a aceitação de que a criação é necessária ofende ou não a liberdade de Deus. Para a escolástica a solução é uma só: a criação é contingente, pois o contrário ofenderia a liberdade divina.[16]

A ideia de necessidade implica o que não pode ser de outra maneira, o que inevitavelmente tem de ser, e seu oposto contraditório é o impossível, o que de modo nenhum pode ser. Mas, assim como a impossibilidade pode ser relativa, também o pode ser a necessidade, pois pode-se falar na impossibilidade disto ou daquilo, aqui e agora, sem que haja a impossibilidade total de ser isto ou aquilo, ali e depois. Se a macieira é impossível no Sol, não o é em nosso planeta. Essa impossibilidade é condicionada. Assim também a necessidade pode ser relativa, quando condicionada a coordenadas sem as quais perderia a sua inevitabilidade.

Desta forma, a necessidade absoluta seria incondicionada; assim também, pela impossibilidade absoluta do nada absoluto, é incondicionalmente necessário que alguma coisa exista, como já o mostramos.

A necessidade absoluta é chamada também de metafísica, e funda-se nas relações de essências que se incluem ou se exigem reciprocamente.

Se há criador, há criatura. Mas o nexo de necessidade liga a criatura ao criador, pois aquela exige necessariamente este, e não inversamente, pois Deus pode criar, sem ser absolutamente necessário que venha a criar. É precisamente aqui que surge a aporia que

[16] [Em nossa obra *Filosofia Concreta da Criação*, examinamos os principais argumentos escolásticos, compendiados das obras dos seus principais autores, bem como as argumentações contrárias. Nessa obra, temos oportunidade de apresentar o pensamento da filosofia concreta, que é a nossa, procurando reduzir a juízos apodíticos tudo quanto se pode dizer de seguro sobre tema de tal magnitude.]

atravessa os tempos, e que exige sempre o maior cuidado por parte dos grandes filósofos.

Criou Deus por necessidade de sua natureza? Não é por ser ele infinitamente poderoso que *devia* criar?

Por ser infinitamente poderoso, ele cria. Esta ordem é evidente, mas não o é a de que ele crie necessariamente porque é infinitamente poderoso.

Deus, não criando, nada perde de seu infinito poder, pois criação é uma *emanatio*, uma ação transitiva, não significando a sua ausência nenhuma negação à infinita potencialidade ativa de Deus, assim como o fato de eu não mover este objeto agora não implica absolutamente nenhuma diminuição na minha potencialidade ativa de poder mover.

Mas a comparação poderia ser julgada falha, porque há uma infinita distância entre criar, entre criação divina e o ato de mover ou o do criar humano, que se realiza através da ordenação de elementos já existentes, ou que antecedem a criação. No criar divino não há tal. O ato criador é só de Deus, é necessariamente só de Deus. Só ele pode criar. Necessariamente só ele pode criar; é de necessidade que a criação seja apenas dele.

Ontologicamente, a ideia de criação exige necessariamente o ser infinitamente poderoso. A criação não pode ter outra causa.

Mas, por ser Deus infinitamente poderoso, deve inevitavelmente criar? Não poderia permanecer apenas como Deus, sem criar?

Em face dos argumentos jogados logicamente, a tese de que a criação é um possível que a potência ativa de Deus livremente torna real é absolutamente segura. É rigorosamente lógica. Mas será rigorosamente ontológica, no sentido que temos exposto em nossa dialética ontológica?

A pergunta não é descabida; impõe-se e exige respostas, e temos de respondê-la dentro das nossas possibilidades.

A ação transitiva é aquela que se faz porque se pode fazer. Se se faz, é porque se pode; e, se pode fazer, faz; e o fez.

Decorre necessariamente do Ser Supremo o infinito poder de fazer.

É da essência do Ser Supremo a infinita potência de operar. Esta necessariamente decorre daquela. Ora, a criação só pode surgir de uma ação transitiva, diz-se, de uma emanação *ad extra*, e ela não contradiz o Ser Supremo.

Necessariamente, portanto, a criação é um possível que lhe pertence.

Só o Ser Supremo poderia criar, e só há criação se se parte dele. O poder de criar é ato, está fundado em seu infinito poder. Se não criasse, permaneceria ele em eternidade apenas, no ato imanente de si mesmo. Mas essa eternidade não é tempo. O tempo só surge com a criação. E se o tempo só surge com a criação, não há necessidade do dia um, como já vimos. Um antes, aqui, um antes temporal, é apenas imaginário, e não real. Portanto, se a criação é dependente, ela pode ser *ab aeterno* sem em nada modificar o Ser Supremo, que permanece, na eternidade, o que é.

Se ele necessariamente cria, essa necessidade deve ser compreendida dentro da eternidade. Para absolutamente criar, é necessário ser absolutamente infinito, onipotente. Um nexo de necessidade antes é absurdo, porque não há o antes. A pergunta, portanto, se Deus cria por necessidade de natureza é falsa, é uma *pseudo* pergunta, porque não tem sentido.

Esse nexo, que procuraríamos, seria o mesmo que procuramos nas coisas finitas e finitamente potentes. Em Deus não o poderemos encontrar, porque, sendo eterno e onipotente, não há um antes entre Deus e a criação. A criação começa quando começa: isto é, só há começo onde há finitude; no infinito onipotente não se pode falar em começo, nem em necessidade nem em contingência, porque necessidade ou contingência surgem como opostos nas coisas finitas.[17]

Não se pode inverter a ordem. Há necessidade, para que algo finito (criatura) seja, de que haja o Ser Infinito onipotente, que é necessário por isso, que não pode não ser, para que alguma coisa seja; não se pode, porém, inverter o nexo de necessidade, porque da parte de Deus não há antes ou depois, há o eterno, e o eterno não permite a prioridade disto àquilo.

Assim, no Ser Supremo, os atributos não têm prioridade real, mas apenas a prioridade que nós captamos, por sermos temporais e sucessivos.

Já vimos que os nexos ontológicos são simultâneos. Em Deus, todos os atributos, todos os seus predicados, são simultâneos.

[17] [A necessidade é revelada no dependente. A criação exige necessariamente o Ser Supremo, mas essa necessidade é da criatura, não dele. A única necessidade do Ser Supremo é a de existir. Para que a criatura exista, é necessário o criador. Aqui a necessidade é hipotética. "Porque existe o Ser Supremo, deve existir a criatura"? Para dizer-se tal, ter-se-ia de admitir que sem a criatura o Ser Supremo não seria. Neste caso, a necessidade dele seria hipotética e não *simpliciter*, o que é absurdo em face das demonstrações já feitas.]

Se a nossa operação intelectiva extrai, deduz uns de outros, essa extração, essa transdução se processa em nossa mente, porque é da natureza desta proceder assim, mas tal não quer dizer que em Deus haja antecedentes ou consequentes. Nele há apenas a eterna presença infinita da onipotência.

Por esta razão, não há um antes da criação. E esta não pode ter tido um começo no tempo. Esse tempo começou com ela, porque é algo que começa, e que não procuramos ingenuamente dividir em dias, em meses, em séculos; esse tempo, na criação, não se divide essencialmente de tal modo, ele é absolutamente divisível potencialmente, portanto é infinitamente potencial.

A criação é assim *ab aeterno*, porque ela começa *ab aeterno*, porque só o eterno a antecede sempre. Ela não teve um antes; ela começou quando começou, sem um antes temporal. Só nesse sentido ontológico podemos compreendê-la. E nesse sentido ela absolutamente não contradiz o que é de fé.

O resto, o mistério que ela encerra, desafia a nossa mente. E não caberia nesta obra, que é uma exposição geral da filosofia concreta, tentar examiná-lo. É o que fazemos, numa piedosa tentativa, em *Filosofia Concreta da Criação*.

Corolários

O ser em ato da matéria vem-lhe da forma substancial.

*

Um ser é passivo na proporção da sua matéria, e ativo na proporção da sua forma.

*

A matéria está em potência para receber todos os atos finitos, segundo uma certa progressão. O primeiro entre tais atos deve ser encontrado primeiramente na matéria, e o primeiro ato é ser finito.

*

As determinações pertencem à forma; a matéria é apenas a capacidade de mutação.

*

O princípio do sendo (ente) é a forma.

*

A matéria recebe o ser atual (finito cronotópico) porque recebe a forma.

*

Há matéria onde se encontram as suas propriedades.

*

A potência é proporcionada ao ato.

*

As dimensões são acidentes que pertencem à forma corporal, a qual convém a toda matéria já informada.

*

Só o princípio ativo é que dá à matéria o ser em ato, e é causa da unidade.

*

A forma finita cronotópica é determinada pela natureza da matéria, do contrário não haveria proporção entre esta e a forma.

*

É a forma o princípio de distinção para a matéria, considerada esta em sua simplicidade, pois diversas matérias são diversas em relação a formas diversas.

*

Se a matéria fosse o princípio da distinção, uma não se distinguiria de outra senão através das divisões da quantidade.

*

A forma dá o ser das coisas finitas sem ser o ser dessas coisas.

*

A forma determina as condições da matéria à qual está unida naturalmente.

*

A matéria está ordenada à forma.

*

O gênero é determinado segundo a matéria, e a diferença específica o é segundo a forma.

*

Toda potência receptriz, que é ato de um corpo, recebe a forma sob um modo material e individual, pois a forma é recebida segundo o modo de ser do que a recebe.

*

Corpo é o tridimensional tópico e sucessivo no tempo.

*

Nenhum corpo pode ser infinito em ato. Um corpo infinito não poderia ser movido.

*

Todo corpo é um móvel, e está sujeito a alteração.

*

O limite dos corpos são as superfícies.

*

Todo corpo está em potência.

*

Da Eviternidade II
(Desdobramento da Concepção Concreta)

TESE 299 - Há uma duração incriada e uma duração criada. Esta é ora permanente, ora sucessiva.

A eternidade é a transcendental duração que é essencialmente permanência absoluta do ser em si mesmo, portanto sem qualquer sucessão ou mutação intrínseca. E, ontologicamente, esse conceito expressa um conteúdo válido, porque o Ser Supremo, em si mesmo, permanece sempre sendo ele mesmo, sem qualquer sucessão ou mutação intrínseca. Mas há mais um aspecto que não se pode esquecer: é que esse modo de ser é transcendental em relação às coisas relativas, que compõem o *cosmos*. Ora, é assim o Ser Supremo, como já o provamos. Consequentemente, o que nele chamamos de eterno é o que acima expusemos.

O tempo é duração sucessiva, mas é próprio do movimento local sucessivo; é medível, quando espacializado, e serve de medida da duração sucessiva. Onde se dão as mutações de alteração, aumento e diminuição e o movimento local, estes se dão no tempo material ou real.

A duração é a permanência do ser em si mesmo. Cada uma das coisas que são é uma, tem unidade. E se tem unidade, permanece de certo modo em si mesma; dura, portanto. O que existe opõe-se formal e realmente ao nada, e dá-se fora de suas causas.

É da essência do Ser Supremo ser eterno. E tal é evidente e foi apoditicamente demonstrado. Não tem ele princípio nem fim; contudo, é o princípio e fim de todas as coisas. Essa a razão por que surge na simbólica das religiões como o Alfa e Ômega. Demonstrou-se que seria absurdo ter ele um princípio ou ter um fim, ter um início ou ter um término. O Ser Supremo é a própria eternidade, porque esta, sendo da sua essência, é ele mesmo, pois nele essência e existência se identificam. Ademais, nenhum ser dependente pode ser eterno, porque tem princípio e fim; início, pelo menos, o que o torna apenas durável. Mas a duração sucessiva é o tempo material. Um ser dependente que durasse sem sucessão, isto é, sem sofrer mutações, duraria permanentemente. A duração permanente manifesta-se na realidade pela permanência das substâncias dos seres dependentes, e até pelos acidentes que perduram.

A matéria prima (como materialidade pura) é sempre ela mesma, apesar da heterogeneidade que apresenta, segundo a informação recebida.

A duração da matéria prima, enquanto tal, não é sucessiva, mas permanente, contudo essa permanência não é instantânea, mas constante. A essa duração, que não é instantânea, mas constante, chamavam os antigos de *aevum* (*Eon*).

E o *aevum* da matéria prima é o *aevum* material. A matéria prima dura permanentemente em si mesma. E já vimos que, sendo ela incorruptível, o *aevum* é a duração dos seres incorruptíveis. É a matéria incorruptível porque não é composta de dois seres separáveis. A operação *ad extra* do Ser Supremo é dual, é o *Hen-dyas aoristos* (Um-díada indeterminada) dos pitagóricos,[1] pois nele o fazer é o ser feito, como já vimos: do ato criador que determina (ato) a determinabilidade (potência), surge a matéria prima, que é a aptidão para receber as formas – algo que se dá *extra* ao Ser Supremo, o que decorre ontologicamente do rigor apodítico das teses já demonstradas.

Consequentemente, além do tempo, há a duração criada, que é ora sucessiva (tempo material), ora permanente (*aevum*), e a duração incriada, que é a eternidade.

[1] [Vide *Pitágoras e o Tema do Número* (São Paulo, Ibrasa, 2000).]

Da Mente Humana

TESE 300 – À proporção que a forma é de um grau mais elevado, mais ela domina sobre a matéria corpórea, menos é imersa nela, e mais a ultrapassa por sua atividade e por sua potência.

À proporção que nos elevamos nos graus dos seres, verificamos que a capacidade da forma ultrapassa a matéria elementar. Assim a vida vegetal ultrapassa a mineral, a vida sensitiva ultrapassa a vegetal.

A mente humana é a mais elevada na nobreza das formas, sua virtude excede à da matéria corpórea. E suas operações e virtudes não se comunicam à matéria corpórea. Essa virtude é o intelecto.

Esta demonstração é de Tomás de Aquino.[1]

TESE 301 – A alma humana não é físico-material.

Chama-se de alma a forma do corpo humano. Ora, a forma, como vimos, não é em si mesma material. Consequentemente, a alma humana não é material.

Resta, porém, saber se ela é à semelhança das outras formas que já estudamos.

A forma é um *arithmós* no sentido pitagórico, é a lei de proporcionalidade intrínseca da entidade.

A alma humana, em primeiro lugar, seria a forma do ser humano e, enquanto tal, é incorpórea e imaterial. Mas a forma, tomada em si mesma, é uma substância segunda, que informa a substância primeira, a matéria.

Para as religiões, como a cristã, a alma humana, além de imaterial, é uma substância espiritual incorruptível, porque é ato puro, imortal

[1] Cf. Santo Tomás de Aquino, *Compêndio de Teologia*, cap. 52 (trad. Richard J. Regan. New York, Oxford University Press, 2009, p. 42-44).

consequentemente, pois não é decomponível, e é substancialmente subsistente *per se*.

A prova da existência da alma não cabe a este livro, mas apenas assinalamos que a sua aceitação em nada contradiz os princípios até aqui demonstrados.

Vimos que o ser corpóreo, em sua substância, no seu substrato, é material, mas o *hypokeimenon* deste, a matéria prima, que recebeu a figura corpórea, é incorpórea. A incorporeidade é própria de outros modos de ser, como já provamos. Entre estes modos de ser, admitem algumas crenças que há modos de ser simples, não de simplicidade absoluta, mas compostos de ato e potência, que são os seres espirituais. Entre estes seres, estaria a alma humana. A existência de seres intermédios, entre os seres corpóreos e o Ser Infinito, não é absurda, e até é mais congruente com a hierarquia que se observa na ordem cósmica, que se ordena com escalaridade.

A existência de seres espirituais, isto é, de substâncias incorpóreas, completaria a escala incluída na distância entre o ser corpóreo e o Ser Infinito. Como ponto de partida, temos a matéria prima, que como tal não é corpórea, mas apenas apta a corporificar-se, como já vimos.

Consequentemente, a alma humana não é de corporeidade físico-química, já que é forma.[2]

TESE 302 – O entendimento humano não percebe as coisas segundo o modo de ser delas, mas segundo o modo de ser dele.

O ato de entender é uma operação. Portanto, é proporcionado ao operador. Mas o ato de entender as coisas é proporcionado ao operador e ao que das coisas é proporcionado ao entendimento.

Para que o entendimento humano entendesse total e absolutamente as coisas, teria de ser infinito, o que não é.

Logo, entende proporcionadamente à sua natureza.

Mas as coisas são inteligíveis na proporção da inteligibilidade delas ao entendimento.

Consequentemente, o entendimento entende as coisas na proporção dele e na proporção do que é inteligível das coisas pelo intelecto.

[2] [Em *Problemática da Alma* discutiremos a tese da espiritualidade da alma, e alinharemos as mais positivas razões favoráveis e contrárias a esta tese.]

O resultado das operações do entendimento é, portanto, verdadeiro dentro dessa proporção.

TESE 303 – O intelecto humano é sempre ativo-passivo em sua funcionalidade.

Um ser sofre:

1. por perder algo que lhe convém naturalmente;
2. quando se lhe tira algo;
3. quando recebe um ato, sem nada lhe tirarem.

Portanto, todo ser que passa da potência ao ato sofre. Consequentemente, nosso ato de compreender é de certa maneira sofrer.

Há entre ato e potência duas relações:

1. a da potência que é proporcionada ao ato;
2. outra que nem sempre é em ato, mas na qual há o progresso da potência ao ato (os seres sujeitos à geração e à corrupção).

A inteligência humana guarda com os inteligíveis uma relação de potência a ato. Nós estamos em potência para compreender.

Compreender é sofrer do terceiro modo acima apontado; portanto, a inteligência, de certa maneira, é potência passiva. É a esse intelecto que os escolásticos, seguindo Aristóteles, chamavam de *intellectus passibilis* (intelecto passivo).

Como nada passa da potência ao ato senão por meio de um ser em ato, e como não vemos as formas nem as sentimos, mas apenas o sensível, a captação das formas exige uma atividade da inteligência, que as abstrai das coisas.

A essa atividade da nossa mente é que chamavam de *intellectus activus* (intelecto ativo).

Não é a inteligência a essência da nossa alma, mas uma potência dela.

O processo intelectivo do homem exige sempre uma atividade e uma passividade contemporâneas e simultâneas. O intelecto ativo e o intelecto passivo não se distinguem real-fisicamente, como duas coisas diacriticamente separadas, mas apenas como funções distintas de uma mesma potência.

Das Tensões

TESE 304 – Nas tensões, há o surgir de algo novo que não contradiz a ordem ontológica.

Uma tensão, como já examinamos em trabalhos anteriores, consiste em uma unidade que é especificamente diferente dos seus elementos componentes.

A água não é uma espécie do oxigênio, nem do hidrogênio, nem corresponde a uma fase do desenvolvimento destes, porque ela surge de um correlacionamento *aríthmico*, numérico no sentido pitagórico, sem o qual a água não seria água. Esse *arithmós*, esse número, é aquilo *pelo qual* a água é o que ela é. É o esquema da tensão da água. É o que Aristóteles entendia por *causa formal*, e também por *forma* das coisas físicas. Os correlacionamentos (cujo conceito está expresso na tríada pitagórica menor, a tríada da série) mostram-nos que, em suas atualizações correlacionais, os entes sofrem uma interatuação que modifica total ou parcialmente o *arithmós* de cada ser componente, permitindo o surgimento de um novo *arithmós*, especificamente outro, dando-se, assim, ou a geração relativa ou a simples (a absoluta).

A primeira dá-se quando há modificação apenas entre o *minimum* e o *maximum* do variável do *arithmós* (como, por analogia, no triângulo, cujo *arithmós* invariável é a triangularidade, mas o ser ele isósceles ou escaleno são "variantes", que não se afastam da invariância *aríthmica*, pois a proporcionalidade intrínseca é a mesma).[1] Fisicamente, por exemplo, o homem tem um limite no seu conjunto: matéria e forma. Até para a monstruosidade – tomada etimologicamente (do latim *monstrum*), como um desmesuramento da natureza

[1] [O triângulo isósceles tem, por sua vez, uma proporcionalidade intrínseca específica, que é inclusa na da triangularidade, é uma espécie desta. A proporcionalidade extrínseca é a da figura deste ou daquele triângulo, e esta é variável. A variância dá-se "compreendida" na forma, que é invariante.]

– haverá sempre um limite. Consequentemente, a variância figurativa tem limites.

A geração será simples, absoluta, quando os elementos componentes (a causa material) sofrerem uma mutação na própria natureza. Na água, há uma geração relativa, segundo a físico-química, porque o hidrogênio e o oxigênio sofrem transformações permissíveis dentro de seus *arithmoi*, de modo que, nela, permanecem virtualizados, podendo retornar ao estado atual anterior. Quando, porém, há mutação formal da natureza, como na assimilação biológica, em que o ser assimilado deixa totalmente de ser o que era, como o vegetal que se torna carne, como nos mostrou Aristóteles, os elementos transformam-se também.

Nesse caso, no vegetal e na carne, os elementos químicos apenas sofriam mutações relativas, enquanto o vegetal *tornou-se* carne.

Vê-se ademais que, na natureza, a geração absoluta o é segundo uma certa esfera da realidade, não segundo todas, pois noutras é relativa, como se depreende do exemplo acima examinado.

Há numa unidade de mera agregação, como num monte de lenha, um esquema concreto de singularidade, e ele corresponde ao que esquematizamos por monte de lenha, mas a sua lei de proporcionalidade é extrínseca, figurativa.

Num ser vivo, o esquema concreto é uma lei de proporcionalidade intrínseca singular, adequada ao *arithmós* daquele ser. Este ser, desta espécie, e aquele, da mesma espécie, o são porque a lei de proporcionalidade intrínseca invariante de ambos é a mesma, concretamente neles. O correlacionamento intrínseco do ser (pois ambos o reproduzem) é idêntico à mesma lei de correlacionamento. Contudo, ambos apresentam, concretamente, diferenças *arithmológicas*, devidas a outros relacionamentos, até a desmesuramentos, que, no entanto, cabem no *arithmós* eidético do ser, que é revelado concretamente pelo que é, em ato, neste ou naquele indivíduo, desta ou daquela espécie.

É o variante do *arithmós* do esquema concreto singular, que não contradiz o esquema eidético, que é a lei de proporcionalidade intrínseca.

O esquema concreto do ente é a sua *haecceitas*, heceidade (*haec*, isto: istidade), o *arithmós* da individualidade, da sua singularidade. Mas esse esquema concreto singular é composto do esquema eidético, que é imitado pelo ser, cuja lei de proporcionalidade intrínseca imita (assim como este triângulo, aqui, feito entre este canto da mesa e este livro) a triangularidade, que é um ser eidético, meramente formal, que jamais está singularmente na coisa, pois, se estivesse, nela se individualizaria.

O esquema eidético é um modo de ser que não é nem singular nem universal, é apenas formal (*eidos*) na ordem do ser. É um *logos* possível de ser imitado, mas que, no ser, não é apenas uma possibilidade, mas é da atualidade do Ser infinito e absoluto. Por isso surgem entidades que o copiam, como este triângulo, o relacionamento intrínseco de cujas partes repete a proporcionalidade intrínseca da triangularidade infinita, que é um *logos* no Ser infinito e absoluto.

Vê-se bem claramente a positividade do pensamento platônico, que pode perfeitamente ser conciliado ao aristotélico e ao aristotélico-tomista, graças à teoria dos esquemas, exposta em nossos livros.

Mas este triângulo, que está aqui, é ademais proporcionado aos seres que o imitam. Não tem a perfeição do esquema eidético, porque é um esquema aqui, concreto, realizado por seres materiais, que não podem atingir aquela perfeição. Portanto, é um triângulo imperfeito.

E note-se aqui a positividade da "teoria da relatividade", que estabelece que as figuras geométricas reais, *in concreto*, não atingem a perfeição que pode ser expressa matematicamente. Não há na natureza, *in concreto*, nenhum triângulo perfeito, nem pode haver. E a razão está em que este (*haec*) triângulo imita apenas a triangularidade invariante e o seu variante eidético, pois é qualitativamente isósceles ou escaleno, etc., mas é um triângulo de pedra, de madeira, isto é, a madeira, a pedra *imitam* a triangularidade, pois são esta pedra e esta madeira, e não *são* a triangularidade, da qual apenas participam formal e figurativamente.

Portanto, este triângulo de pedra ou de madeira tem o seu *arithmós* concreto, o seu esquema concreto – que é uma síntese imitativa do esquema eidético, incluindo invariante e variante, é a proporcionalidade imitativa intrínseca deste ser. O esquema concreto é a *haecceitas*, é este ser singular, que não nega, mas afirma o esquema eidético, que é da ordem do ser, imitado por aquele. Nós, porém, captamos, proporcionadamente à nossa intencionalidade psicológica, o esquema concreto pela intuição concreta da coisa, e pela nossa mente realizamos a operação de destacar, de modo intencional, o esquema eidético, e construímos o esquema formal abstrato, que é eidético-noético, porque já traz a marca do nosso espírito (*nous*).

Desta forma, há o esquema eidético na ordem do ser (positividade dos realistas na disputa dos universais); o esquema eidético imitado pelo ente singular, esquema concreto (*in re*) no ente individual (positividade dos realistas moderados e dos que aceitam a teoria da projeção, etc.); e o esquema posterior, *post rem*, em nossa mente, que reproduz, com adequação proporcionada ao nosso espírito, o esquema eidético e o concreto (positividade dos nominalistas).

Pela teoria dos esquemas se conciliam todas essas positividades citadas, e ainda mais a teoria da abstração dos tomistas, pois a mente tem o papel ativo de realizar a separação dos esquemas, e também a teoria da projeção dos scotistas, porque há realmente uma adequação da mente ao esquema concreto e ao esquema eidético, que ela pode captar verdadeiramente, no sentido clássico da verdade lógica, que é uma adequação da mente ao objeto (*adaequatio intellectum et rei*).

A teoria dos esquemas concreciona, assim, o que há de unilateral nas diversas posições filosóficas, e permite uma visão mais clara da realidade do nosso conhecimento, além de facilitar a melhor compreensão de *Teoria Geral das Tensões*, obra que se inclui nesta *Enciclopédia*.[2]

O importante é agora salientar o advento da tensão. Quando os elementos componentes se correlacionam de certo modo, há o surgimento de um novo esquema, que é especificamente diferente das partes componentes.

Há aí um salto, o surgimento de um novo ser. Este não é apenas a soma *arithmética* das partes, porque as partes sofrem mutações diversas, virtualizando-se para dar surgimento à atualização do novo ser. Há tamanhas mutações qualitativas e correlacionais, que seria um erro reduzi-las apenas ao quantitativo, como o faz uma filosofia primária como o materialismo vulgar.

Há o surgimento de algo novo, de um novo ser. A água é algo novo que surge do hidrogênio e do oxigênio, que sofreram mutações e são outros no novo composto, que é unitariamente um. Os elementos componentes tinham aptidão para correlacionar-se desse modo, e ao surgir a nova lei de proporcionalidade intrínseca surge um novo ser, uma nova tensão, com a sua esquemática completa. Há aqui um salto, algo

[2] A *Teoria Geral das Tensões* seria um dos últimos volumes da *Enciclopédia*, em sua última parte. Está entre os inéditos de Mário.

que tem desafiado a argúcia do pensamento humano, e que tem sido solucionado de diversas maneiras, sem que qualquer delas nos satisfaça senão ocasional e provisoriamente.

Mas as bases elementares da teoria dos esquemas por nós já exposta, que serão completadas pela *Teoria Geral das Tensões*, nos permitem compreender com nitidez o tema. Os elementos componentes da nova unidade podem ter e têm aptidão para diversos correlacionamentos, inclusive o que se deu, mostrado pela própria experiência, justificado pelo próprio advento. Em suma, os elementos componentes tinham aptidão para ser assumidos por uma nova proporcionalidade, uma proporcionalidade que é atualizada, que é concrecionada, no novo ente.

Essa aptidão dos elementos de se correlacionar era um esquema que estava na ordem do ser, pois do contrário teria vindo do nada, o que é absurdo. Portanto, o que se deu era possível na ordem do ser, e tanto o era que se deu. Mas há aí algo que transcende aos elementos, porque nenhum deles, tomado isoladamente, tinha o esquema, mas apenas a aptidão para correlacionar-se desse modo com o segundo, que, por sua vez, só tinha a aptidão de correlacionar-se com o primeiro. O que surge é algo que se dá fora de suas causas, algo que *ex-siste*. Há aqui um transimanente, um transcender à imanência dos elementos componentes, que se virtualizam na nova totalidade, para ser da totalidade, para estar em função da totalidade.

Ademais, esse todo não pode ser reduzido a uma simples soma das partes, porque é especificamente diferente, apresentando caracteres e propriedades que emergem da totalidade, e não das partes, pois nenhuma delas tinha, na sua emergência, tais propriedades ou caracteres, mas apenas a aptidão de unir-se com outro para surgir uma nova emergência.

Essa nova emergência é diferente e independente das partes componentes; é outra. O novo ser é emergentemente novo. Temos, aqui, um salto importante, que uma visão puramente mecanicista não pode explicar. Esse fato admirável que surge é uma assunção, pois o ente novo é assumido por uma forma que não é a dos componentes, uma possibilidade do correlacionamento, e não dos correlacionantes, algo novo que vai repetir, por imitação, um possível da ordem do ser, que está contido em ato no seu poder, senão viria do nada, o que é absurdo.[3]

[3] [O tema da assunção, que aqui esboçamos, exige estudo especial, o que fazemos em *Teoria Geral das Tensões*.]

Deste modo, a teoria dos esquemas e a teoria geral das tensões permitem colocar sob um novo ângulo o tema dos universais e dar-lhe uma solução concreta, por reunir, numa concepção harmônica e unitária, as unilaterais visões da Filosofia através dos tempos, bem como permitir, desse modo, a concreção do pensamento filosófico com o científico e com o religioso, permitindo que o saber epistêmico alcance aquela unidade que é o ideal da *Mathesis* superior.

Nas tensões há, portanto, o surgir de algo novo sem necessidade de tomar a sua origem em empréstimo do nada, mas tomando-a, sim, do ser.

TESE 305 – Se o Ser Infinito fosse apenas o Todo, assim mesmo em algo o transcenderia.

Como o demonstramos na tese anterior, a tensão que surge de uma nova totalidade tem um esquema que ultrapassa os dos elementos componentes.

Se o Ser infinito e absoluto fosse apenas o Todo, o *To Pan* dos gregos, o Tupã dos nossos indígenas, o Grande-Todo dos panteístas, seria transimanente às partes por ser tensionalmente outro que as suas partes. Mas, como as partes são finitas, o todo estaria qualitativamente além do conjunto da finitude. Portanto, ele em algo transcenderia as suas partes. Tudo no Todo (*To Pan*) tem uma forma tensional (a "alma do mundo" dos pitagóricos e dos platônicos), como o demonstramos, e essa tensão é transimanente ao finito. Mas o todo é quantitativamente o conjunto de suas partes, e qualitativamente diferente delas. E a transcendência do Ser Infinito é absoluta, porque este não é nem substância, nem qualidade, nem quantidade, como o demonstraremos a seguir.

TESE 306 – O poder unitivo do ser é absoluto.

O amor humano serviu de símbolo do poder unitivo absoluto do ser transcendente (o *Eros* dos gregos), pois neste não há rupturas, por ser ele absolutamente simples e absolutamente difusivo.

Portanto, todos os entes, embora separados, embora em crise, apenas o estão relativa e não absolutamente. O poder unitivo absoluto e infinito do ser reúne numa grande concreção o Todo, apesar das aparentes e relativas separações. Foi o que demonstramos com exuberância em *Filosofia da Crise*.[4]

TESE 307 – Necessariamente, há uma substância separada, per se subsistente.

Para o idealismo absoluto, não há substâncias separadas da própria idealidade, pois o mundo exterior é apenas uma projeção do mundo interior. Mas, para o mesmo idealismo absoluto, o mundo interior das ideias é uma substância, ou tem substâncias separadas, porque alguma coisa há que, considerada em si, é algo que se afirma, independentemente de outros.

Se todos os entes, tomados individualmente, fossem em outro, ou seja, sem perseidade (não *ens per se*, mas em outros), a totalidade dos entes que há, tomada como um todo, teria perseidade, e seria um ser em si, e não em outro. De qualquer forma, haveria sempre pelo menos uma substância separada, *per se* subsistente: o Todo – sem que tal signifique que o ser que tem não lhe tenha sido dado por influxo de uma causa eficiente, que, em tal caso, é o Ser Supremo.

A substância, comparada ao acidente, é um ser em si. Tem ensidade, enquanto o acidente é um ser em outro.

Se o Todo fosse o princípio de todos os seres seria uma substância separada, *per se* subsistente. De qualquer forma, há necessariamente uma substância separada *per se* subsistente.

TESE 308 – Há, necessariamente, substâncias separadas.

Que há pelo menos uma substância separada, um ser que é *esse per se* e não *inesse* (ser em outro), é evidente até para a posição idealista absoluta e até para o mais extremado solipsismo. Resta agora saber se há mais de uma substância separada, e a prova deve ser dada apoditicamente.

No idealismo, as ideias distinguem-se entre si por distinção específica, e no âmbito ideal de uma não está a outra, pois onde há uma

[4] Em edição contemporânea: Mário Ferreira dos Santos, *Filosofia da Crise*. São Paulo, É Realizações Editora, 2017.

diferença específica tem de haver uma ideia especificamente una, que não é a outra, o que exige a admissão de uma separação, bem como de uma substancialização qualquer, sob pena de a ideia aniquilar-se totalmente, enquanto fora da mente (*extra mentis*).

Mas a prova que dá o idealismo absoluto, levado avante em sua análise, não goza de apoditicidade, razão pela qual devemos procurar outras provas mais congruentes, e dentro dos métodos e da rigidez que exige a dialética concreta, como a compreendemos.

Até o mais rígido e extremado solipsismo teria de aceitar a existência de substâncias separadas, pois teria de distinguir o ser que pensa do que é pensado, já que as ideias são heterogêneas e especificamente distintas, enquanto o sujeito, que as pensa, permanece, de certo modo, idêntico.

A heterogeneidade, que é evidente, postula a presença de substâncias separadas. Desde que não se confunda substância com subsistência, como o fizeram Descartes e Spinoza, dando ao conceito de subsistência a conotação de absoluta independência, a tese é facilmente provada de modo apodítico.

Onde há uma substância completa, há uma subsistência, pois entende-se por tal o haver um ser em si mesmo, e uma substância que não a tenha não é ainda completa. A separação é contrária à unidade. Há separação onde há quebra da unidade sob determinado aspecto. A substância *esta* distingue-se *daquela*, e há entre elas uma diferença específica, ou numérica pelo menos.[5]

TESE 309 – As tensões esquemáticas, tomadas separadamente e em crise, incluem-se em conjuntos esquemáticos.

Se podemos considerar uma tensão isoladamente, em crise, por outro lado sabemos, pelo que demonstramos, que não há rupturas no ser. Portanto, as separações são relativas à natureza das coisas, ou às suas formas, ou aos seus esquemas concretos, não porém absolutamente, pois assim cairíamos no pluralismo.

Consequentemente, a conjunção das tensões em conjuntos tensionais obedece à grande lei de integração, a lei unitiva do ser, que

[5] [Sobre as substâncias separadas, voltaremos a tratar em breve.]

é a lei da Década dos pitagóricos. Assim, a célula, que é tensionalmente uma, conjuntura-se na tensão da fibra, e esta na tensão do nervo, que se conjuntura na inervação do órgão, que por sua vez se conjuntura no sistema nervoso, e, este, na universalidade corpórea do ser humano. O homem conjuntura-se com diversos conjuntos. Todos os seres, afinal, conjunturam-se mais próxima ou mais remotamente uns com os outros, inclusive os esquemas eidético-noéticos, o que dá a grande unidade, a Grande Integral do Universo, a lei da Década, simbolizada em todas as crenças pelo número 10.

Do Fundamento do Universo

TESE 310 – O fundamento do universo não pode ser a qualidade.

A primeira determinação que sofre uma substância é a qualidade.

E o que é substancial tem uma qualidade. A quantidade pode ser compreendida como o *quantum* cabível dentro de uma determinação, e esta é qualitativa.

Por isso, Aristóteles terminou por considerar a qualidade como logicamente antecedente à quantidade.[1] O Ser Infinito não tem qualidades porque não lhe acontecem determinações. Consequentemente, a qualidade, que não é *per se* subsistente, nem tem em si a sua razão de ser, não sendo subjetiva, *haec* ("aqui está a qualidade, toda em si mesma"), não pode ser o fundamento de todas as coisas, nem a fonte de todas as coisas.

A qualidade, portanto, é ontologicamente posterior. E com menor razão ainda poderia ser o fundamento ou a fonte de todas as coisas a quantidade, que ontologicamente implica a anterioridade da qualidade.

TESE 311 – O fundamento do universo não pode ser a quantidade.

Um ser olhado quantitativamente é tomado homogeneamente quanto à sua extensão ou quanto à sua numerabilidade.

No primeiro sentido, mede-se o corpo; no segundo, é ele contado.

Em ambos os casos, abstraem-se as heterogeneidades para considerar-se apenas o homogêneo. Quando medimos uma extensão, reduzimo-la a uma unidade, virtualizando os aspectos qualitativos.

Quando contamos indivíduos ou estágios (como se dá com o caso intensista), tomamo-los homogeneamente, embora em si mesmos não o sejam.

[1] Alusão ao fato de o tratado das *Categorias* elencar a qualidade anteriormente à quantidade. Para uma edição do opúsculo em português, ver Aristóteles, *Categorias / Da Interpretação*. Obras Completas, ed. António Pedro Mesquita. Trad. Ricardo Santos. Lisboa, Imprensa Nacional Casa da Moeda, 2016.

Qualidade e quantidade, como categorias, são esquemas noético-abstratos do homem, que têm fundamento na realidade. Quando numeramos indivíduos (tantas coisas), não os tomamos em sua homogeneidade extensista, mas em sua homogeneidade específica ou genérica. Portanto, necessariamente, a quantidade não está apenas ligada à extensão, como o pretendia mostrar Descartes. Considerar, no entanto, a quantidade subjetivamente, subsistente *per se*, independentemente de uma substância, se não é contraditório, não é contudo explicável.

Pode-se dizer que a extensão é sempre quantitativa, mas o quantitativo pode ser considerado à parte da extensão.

A quantidade pode ser considerada como contínua e como descontínua, ou discreta. É descontínua a extensão composta de partes separadas umas das outras. Do contrário, é contínua. Quando o limite das partes é o mesmo, tanto de umas como de outras, de modo a estarem unidas, a extensão é contínua.

Na quantidade contínua não há limites interiores; ela se difunde em toda a extensão. Todo contínuo pode ser mentalmente dividido indefinidamente. Por isso, a quantidade contínua é infinitamente divisível em potência, como se vê na Matemática. Mas essa divisibilidade é apenas abstrata e não concreta, porque os entes quantitativos, como os corpóreos para a Física atual, não oferecem essa divisibilidade senão abstratamente considerada. Ora, a quantidade é a quantidade de algo. Reduzir o universo ao quantitativo, como o pretendem certos filósofos, seria atribuir a um acidente, ao que não tem subjetividade, a raiz de todas as coisas, pois a quantidade não existe, enquanto tal, separada (com perseidade), nem tem em si mesma a sua razão de ser. E, ademais, tal afirmativa contradiria os princípios até aqui demonstrados, e padeceria de absurdidade.

TESE 312 – O Ser Infinito não é substância.

O Ser Infinito é total e absolutamente ele-mesmo; é a sua própria heceidade; sendo absolutamente simples, essência e existência nele se identificam. Deste modo, ele é essencialmente a própria heceidade.

Demonstramos que o Ser Infinito não é suscetível de mutações.

Demonstramos, ademais, fundados na sua absoluta simplicidade, que a quididade do Ser Infinito não é causa da sua heceidade, de outro modo haveria nele algo causável, o que negaria a sua absoluta simplicidade, pois esta seria causada pela quididade.

Numa substância existente, a existência da quididade não está no sujeito. O corpo, por exemplo, é uma substância, mas o corpo pode existir ou não. Poder-se-ia perguntar se a sua existência está ou não no sujeito.

A substância é o que tem uma quididade, como dizia Avicena, como a humanidade no homem, que é a quididade deste.

Não se pode saber se a quididade, enquanto não se encontra no sujeito, tem uma heceidade. Portanto, só há substância quando há uma quididade, e onde esta não corresponda à heceidade não há substância, porque nada subestá. A heceidade caracteriza-se pela singularidade, pela unicidade do indivíduo. Diz-se que um ser tem substância quando a heceidade se distingue da quididade.

O indivíduo é a última atualidade de uma forma, mas o Ser Supremo não é a última atualidade de uma forma; é a sua própria forma em ato.

Nele, a heceidade e a quididade são idênticas, são ele mesmo. Portanto, ele não é uma substância sobre a qual se deem acidentes, sobre a qual aconteça alguma coisa.

A substância é, logicamente, o gênero de todas as coisas que são substanciais. O Ser infinito e necessário não é um gênero. Ele não está num receptáculo, nem num sujeito. Consequentemente, ele não é uma substância.

Na concepção vulgar, confunde-se substância com subsistência (com o que tem uma positividade, perseidade: uma existência, por exemplo). Mas devemos considerar o termo no seu verdadeiro conteúdo filosófico: o que subestá.

Se o Ser Infinito fosse uma substância, o universo seria um acidente dele; neste caso ele seria mutável, o que é absurdo e nos levaria ao panteísmo.

Só se poderá dizer que o Ser Supremo é substância se tomarmos o termo analogicamente, nunca univocamente, como já o demonstramos.

TESE 313 – A substância não pode ser o fundamento último do universo.

Como decorrência da demonstração anterior, a substância não pode ser o fundamento último do universo.

Poder-se-ia, entretanto, admitir uma substância universal – criada pelo Ser Infinito –, sustentáculo próximo do universo, não porém seu fundamento último, o qual só pode ser um Ser infinito e criador.

TESE 314 – Os valores podem ser relativos ou absolutos, mas os desvalores só podem ser relativos, nunca absolutos.

É na *Filosofia Concreta dos Valores*[2] que examinamos o tema do valor, que exige providências especiais. Mas, sem ainda delimitar devidamente todo o âmbito em que podem os valores ser estudados, podemos, em face dos princípios já demonstrados, dizer que um valor pode ser relativo (o valor que algo é para outro) ou absoluto (como o valor do Ser Supremo).

Mas o desvalor é carência de alguma coisa, pois, se fosse carência de nada, não seria desvalor. E um desvalor absoluto ou infinito é impossível porque seria nada absoluto, o que, já vimos, não há, por ser ontologicamente absurdo.

TESE 315 – As perfeições, enquanto estruturas ontológicas, não são individuais.

Se as perfeições, enquanto estruturas ontológicas, fossem individuais, teriam um *suppositum* que as representaria. Neste caso, haveria a sabedoria individualmente, a justiça individualmente, e seriam estas subsistentes em si mesmas. Ora, ficou demonstrado que é impossível terem essas formas uma subsistência outra que a formal; consequentemente as perfeições só possuem uma estrutura ontológica, e não ôntica.

TESE 316 – O universo não será aniquilado.

Já demonstramos que o nada não pode ser a meta de uma atividade, de uma atuação. O Ser infinito e absoluto não tende para o nada, porque é ativo. Nenhuma atividade pode ter como meta o nada, pois atuar é realizar algo. O universo é fruto de uma atividade, consequentemente

[2] Mário Ferreira dos Santos, *Filosofia Concreta dos Valores*. São Paulo, Logos, 1960.

não será aniquilado. Sua aniquilação, além de absurda, negaria a atividade do Ser infinito e absoluto. Este não atua por ser movido a atuar, pois, se assim fosse, seria passível de uma determinação. Atua pela exuberância de seu poder infinito. Criar não é nele uma necessidade imposta por outrem, mas, por ser necessário, infinito e absoluto, cria. Com a demonstração feita até aqui desvanece certo mistério da criação. O Ser infinito e absoluto cria porque pode, e o faz livremente, não só em seu atuar como no seu escolher, entre os possíveis de seu poder, os que serão.

Com as demonstrações feitas até aqui, a possibilidade da criação, e o porquê, o como e o para quê da criação, passam a ter clareza.[3]

TESE 317 – O universo não pode ser obra do acaso.

Já provamos suficientemente que o universo só pode ser obra do Ser Infinito. Também não pode ser obra do acaso, pois, já que a infinitude quantitativa do universo é absurda, teríamos de admitir que ele subitamente surgiu do nada. Neste caso, como se explicaria a passagem de um estado para outro, sem a intervenção de uma causa eficiente?

A teoria do acaso, tão grata a materialistas, termina por ser uma introdução sub-reptícia do nada absoluto, que passa a ter um papel de causa eficiente, o que é absurdo.

Se se admitisse que no universo estava em latência o poder de tornar-se o que é, teríamos então a potência transformada em ato, o que levaria à aceitação de um ato prévio, criador de tudo, mas cego, o que é absurdo, além de não favorecer em nada a posição dos materialistas.

TESE 318 – O niilismo e a acosmia moderna são apenas ficcionais.

Há uma ordem universal e sem exceções, porque as disposições processionais estão unidas de maneira necessária, uma vez que o agente atua proporcionadamente à sua natureza e proporcionadamente ao campo respectivo de sua atividade, e o mesmo se dá com o paciente, que sofre na mesma proporção.

[3] [Em *Problemática da Criação*, examinamos as principais doutrinas sobre tema de tal vulto. Teremos então oportunidade de retornar aos argumentos já por nós expostos, e oferecer a nossa contribuição para a solução de problemas por muitos considerados insolúveis.]

A obediência a esse *logos* universal da operação não permite exceções, porque tudo está submetido à lei do ser, ao *logos* supremo analogante de todas as coisas, e não pode fugir ao seu império, como já o demonstramos. No entanto, não é absurdo admitir uma exceção na atividade dos seres, desde que essa superação seja realizada por uma causa sobrenatural, isto é, acima da natureza do *sendo*. Mas esta causa deve ser, ademais, extranatural, fora da natureza total, portanto provinda do Ser Supremo, já que a Natureza obedece ao império dessa lei imutável e absolutamente necessária.

Ademais, para alcançar as leis naturais (os *logoi* analogantes), que regem a natureza, o caminho é o da indução, que leva a captar o *logos* analogante de um conjunto de fatos particulares para depois alcançar o *logos* analogante superior, que analoga os diversos *logoi* inferiores.

Dentro dessa ordem ontológica, deve a ciência natural descobrir as leis, que não poderão de modo nenhum ofender as leis ontológicas já estudadas e demonstradas apoditicamente até aqui.

No entanto, o ser humano pode pensar na destruição dessa ordem e na sua inversão. Mas apenas pode pensar, e não realizá-la; salvo de modo estético, pela arte. Pode assim o homem realizar a acosmia, mas apenas ficcionalmente, não realmente. Essa possibilidade do ser humano deve ser visualizada de modo cuidadoso, pois é um símbolo bem adequado da sua liberdade, se levamos avante uma especulação simbólica da sua significação, como nos ensina a dialética respectiva, por nós exposta em *Tratado de Simbólica*.[4]

Deste modo, a acosmia humana, o niilismo em todos os seus aspectos, pode alcançar a destruição de entes determinados, pois o homem pode destruir isto ou aquilo, dentro dos limites do seu poder. Mas o seu poder destruidor é impotente ante o ser e a sua ordem, porque o seu niilismo terá sempre de usar, para efetivar-se, para realizar a destruição relativa, os próprios analogados às leis supremas. Tudo o mais, nele, é ficção. E essa ficção está a apontar-lhe as marcas da sua liberdade, mas também da sua limitação e da sua impotência.

Pecam os niilistas contra a ordem cósmica, porque a odeiam e querem destruí-la, mas, na morbidez do seu gesto, encontram a pena

[4] Ver Mário Ferreira dos Santos, *Tratado de Simbólica*. São Paulo, É Realizações Editora, 2007. Este livro será em breve reeditado pela Biblioteca Mário Ferreira dos Santos.

de seus próprios erros, porque, impotentes, cabe-lhes apenas o desejar destruir o que ultrapassa a inferioridade de suas forças.

O acosmismo da nossa época tem sua origem social e, se é destrutivo entre os homens, é ineficiente e ineficaz ante as leis cósmicas.

TESE 319 – Algo tinha de ser e não o nada. Resposta à pergunta heideggeriana: "Por que antes o ser do que o nada?"

A pergunta, para muitos, é inaudita. No entanto, não foi Heidegger quem primeiro a proferiu, pois ela acompanha passo a passo o desenvolvimento da Filosofia, implícita ou explicitamente.

Entretanto este "por quê?" é uma pergunta humana, não uma pergunta ontológica; é uma pergunta que parte de nós, da nossa grande decepção e da nossa acosmia. Por não podermos compreender, negamos ou desejamos negar, como uma criança que destrói o objeto que ela não pode dominar.

O "por quê?" não procede, pois, se em vez do ser houvesse o nada, não haveria "porquê", pois o nada não teria uma razão de ser em si mesmo.

Há o ser, e este não tem porquê. Caberia a colocação de um "por quê?", de um "para quê?", de um "qual a razão?", de um "qual o motivo?", se houvesse um antes do ser que pudesse ser interrogado.

Mas o Ser Infinito é eterno, e não cabe perguntar por um antes, porque não há um antes. A pergunta é descabida de positividade; é uma pseudopergunta. Repetimos: ela tem o seu fundamento apenas na acosmia, no desejo de não ser isto que está aí, na decepção ante o desenvolvimento histórico, que gera o esquema de tender para o não-ser. E eis o que leva alguns a exclamar perguntando "por que não antes o nada do que o ser?".

TESE 320 – O conhecimento por um ser finito é consequentemente finito.

Nesse conhecimento, há um ato vital, no qual o sujeito cognoscente de certo modo se dá conta de um objeto. Esse ato é uma perfeição ontológica imanente do sujeito ao dar-se conta de "outro", o objeto.

Como demonstramos em nossos livros, apresenta o conhecimento características que o distinguem de outras operações que com ele apresentam certa analogia.

Examinemos alguns pontos importantes:

a. para que algo se dê conta de outro, impõe-se primeiramente uma aptidão para tal.

O cognoscente, portanto, tem de ser apto a conhecer, o que implica algo dado previamente para que a operação se verifique, o que leva a estabelecer certa prioridade do cognoscente no ato de conhecer. Como não se dá no conhecimento a incorporação do objeto ao sujeito, a operação de "dar-se conta" verifica-se através de modificações do próprio sujeito.

Este é estimulado pelos fatos do mundo exterior a modificações de potencial, que são proporcionadas à sua natureza de cognoscente, e proporcionadas ao objeto na relação com o sujeito;

b. a modificação que se opera é imanente ao sujeito, já que não se dá incorporação do objeto, incorporação biológica. Na intuição sensível, que é um conhecimento da singularidade da coisa, o que se dá no cognoscente é uma diferença de potencial, proporcionada ao objeto, mas proporcionada, sobretudo, à constituição do cognoscente.

Os sentidos do cognoscente são conjuntos de esquemas que captam os fatos do mundo exterior apenas dentro da gama da sua esquemática, como a visão só apanha o que se encaixa numa faixa relativamente estreita das vibrações lumínicas. Esse *fantasma* (em grego e latim, "aparência", "imagem") do objeto não encerra a totalidade da cognoscibilidade do mesmo, mas apenas da cognoscibilidade proporcionada ao cognoscente. Este conhece dentro dos limites da sua aptidão de conhecer, portanto limitado à sua esquemática. O objeto que ele constrói é, sem dúvida, produto da coordenação das diversas captações, através da sua esquemática, da assimilação que realiza, tendendo a coordená-las de modo a formar uma totalidade. Portanto, o objeto conhecido é intencional, pois revela a intencionalidade, o tender do cognoscente ao *cognitum*.

O produto do conhecimento é o conteúdo da operação imanente, realizada pelo sujeito cognoscente, e corresponde à sua intencionalidade. Tal não implica que, pelo conhecimento, se capte o fato do mundo exterior em toda a gama de sua cognoscibilidade, mas apenas daquela que é proporcionada ao cognoscente.

Sendo assim, o conhecimento é relativo, sem dúvida, mas nem por isso falso, pois, se não apanha totalmente o objeto do mundo exterior, na objetivação que dele faz, apanha-o *totum*, como todo, e esse apanhar pode ser verdadeiro dentro da proporção que há entre cognoscente e *cognitum*.

Revela assim esse tipo de conhecimento a hibridez de ato e potência, pois o cognoscente sofre o estímulo do objeto, e realiza uma ação ao esquematizar o dado conhecido, tornando-o uma totalidade.

A operação cognoscitiva tende sempre a unificar os aspectos diversos, coordenando-os num todo esquemático. Esse produto da atividade encerra, ademais, o papel passivo do cognoscente, pois este conhece proporcionadamente à sua natureza. E, como esta é finita, híbrida de ato e potência, também o seu conhecimento revela essa hibridez. Um Ser Infinito, cujo conhecimento não é esquemático, portanto sem implicar acomodação e assimilações proporcionais, capta o fato exaustivamente.

É um conhecimento total e absoluto, como o é o do Ser Infinito, sem grau de comparação, senão analógico, ao conhecimento de seres vivos, como o homem, para exemplificar.

Tais limites do conhecimento humano não implicam que ele não possa ser verdadeiro. A prova em favor da positividade do conhecimento humano, já a fizemos em *Teoria do Conhecimento*.[5]

Apenas desejamos salientar aqui a justeza da tese. Mas tal demonstração não implica que *nada* possamos saber do Ser Infinito. Se não podemos conhecer um ser, nem finito, nem infinito exaustivamente, entretanto nada impede que possamos saber *que* é infinito, sem que tenhamos o conhecimento exaustivo da infinitude, a sua visão frontal. Podemos saber que isto é uma maçã, sem que a conheçamos exaustivamente. Nosso conhecimento, portanto, não resulta falso, mas apenas incompleto.

TESE 321 – Há seres imateriais e seres espirituais finitos.

O único ser que é puramente ser é o Ser Supremo. Também é ele o único que tem ipseidade, porque é essencialmente o que é existentemente, pois essência e existência nele se identificam.

[5] Mário Ferreira dos Santos, *Teoria do Conhecimento*. 3. ed. São Paulo, Logos, 1958.

A matéria não tem ipseidade, porque, se tivesse, seria em si mesma a sua razão de ser, e seria um ser à parte do Ser Supremo. Se o afirmássemos, cairíamos no dualismo, com todas as suas aporias e absurdidades.

Considerar a matéria como um ser subjetivamente em ato, subsistente *per se*, é próprio das concepções materialistas, que chegam ainda a considerá-la como ipseidade e como fonte e origem de todas as coisas.

Ora, vimos que a matéria é a potência com a aptidão para receber formas.

Em Filosofia, chama-se informação à recepção de uma forma por um sujeito.

É mister que se distinga, na informação:

a. a que consiste na recepção subjetiva da forma, na qual o ser se torna outro, como o barro ao receber a forma do vaso, e
b. a que consiste em receber uma forma sem se tornar o que ela é, como a informação de ordem noética. O espírito humano recebe a informação sem se tornar o que ela é. Por sabermos algo de alguma coisa, não nos tornamos essa coisa.

Quando a informação leva ao surgimento de um novo ser, que é a primeira informação, ela chama-se geração; gera-se um ser, dá-se uma informação generativa. A segunda informação é a pura e simples.

A matéria é informada da primeira maneira; pois, ao receber uma forma, a que tinha anteriormente deixa de ser, no grau ou aspecto em que essa informação se dá. Uma segunda forma não informa junto com a primeira, porque a matéria, que é isto pela forma que tem, deixa de ser o que é para ser outra coisa, pela nova forma que recebe.

O mesmo já não se dá noeticamente, porque o espírito humano pode receber várias formas, e até contrárias, sem deixar de ser o que é. Como estamos aqui num ponto de magna importância para o estudo do espírito humano, queremos indicar que é em *Tratado de Esquematologia*[6] que nos dedicamos ao exame da diferença dessas duas informações,

[6] As fichas manuscritas que compõem o original desse livro inédito estão preservadas no Arquivo Mário Ferreira dos Santos / É Realizações Editora. Também essa obra será futuramente publicada.

que vai servir de base para as demonstrações de teses concretas sobre o funcionamento psíquico e noético do homem.

Desse modo, a matéria, como se pode ver, é um modo de ser da potência universal. Mas a potência, como o demonstramos, é um diferente último do ser criatural. A subsistência universal criatural é uma *potensão*. Este termo, que criamos, impôs-se-nos por uma série de razões. Se nos reportamos ao que dissemos ao estudar o *Meon*, o ato e a potência, podemos concluir uma série de corolários, que se fundamentam nas teses já apoditicamente demonstradas, e que terminam por justificar o que entendemos por *potensão*, ou seja, a *tensão que pode*, ativa e passivamente; a substância universal dos pitagóricos, o *dyas aoristos* do *Hen Deutera* (*Hen-dyas aoristos*), do Ser Supremo enquanto criador.

Ao infinito poder criador do Ser Supremo, que pode realizar tudo quanto pode ser, corresponde um poder ser realizado de tudo quanto pode ser. Os possíveis de ser encontram seu fundamento no infinito poder ativo do Ser Supremo, na sua capacidade infinita de determinar, pois o correspondente poder ser determinado, a determinabilidade, também indeterminável, é o *Meon*. O Ser Supremo, naquele papel, pode realizar, formalmente, tudo quanto é possível, mas o realizado só tem um ato correspondente à sua forma e uma potência proporcionada à mesma. A criatura só atua e sofre proporcionadamente à sua natureza. A potencialidade criatural é distinta, pois, da potencialidade que corresponde à primeira díada do Ser Supremo, porque aquela é proporcionada à forma finita que tem, enquanto a outra é proporcionada à infinitude do Ser Supremo.

A potência deste se distingue da *dynamis* dos seres criaturais, como o ato dele se distingue da *enérgeia* dos mesmos seres.

A *enérgeia* criatural, finita, não é, em seu ato, tudo quanto pode ser, pois é um ente deficitário, carente, do qual se ausentam possibilidades, que se atualizarão ou não, e que constituem a sua *dynamis*, revelada na dinâmica do seu existir.

A capacidade da *enérgeia* de receber formas determinadas torna-a mãe (porque é gerada nela a forma): *mater*, matéria.

Matéria é isso e apenas isso, dentro dos cânones da filosofia concreta. Não é um ser com ensidade, com subjetividade, que estivesse aqui ou ali, mas apenas uma capacidade do ser energético, a de receber formas determinadas. Quando a Física moderna chega à descoberta da antimatéria, de uma *enérgeia* capaz de des-determinar o que é corpóreo ou tridimensional, cronotópico, tornado nada aos meios intuitivos sensíveis – como acontece com os *anti* que, na microfísica, destroem o que é tridimensional –, ela capta o que a filosofia concreta afirma quanto à matéria. A matéria é, assim, um modo de ser de um modo de ser imaterial. Matéria, como estabelece a Física, é o ser cronotópico, sensível. Contudo, esse conceito é incompleto, porque, para a filosofia concreta, como já o era para a escolástica, essa matéria da Física é apenas um, não o único, modo de ser da matéria. Sendo esta a aptidão da potência em receber formas determinadas, a forma que constitui a matéria da Física moderna, a sensível, é um modo de ser determinado, mas des--determinável pela ação de um ato (*enérgeia*), que lhe é *anti*, a antimatéria, que preferiríamos chamar de anticronotópica, ou des-determinadora das determinações cronotópicas. Essa antimatéria é uma *enérgeia* com a capacidade de des-determinar. É ativa, e por isso atua sobre o já cronotopicamente determinado. Quais as determinações dessa *enérgeia*, escapam elas à verificação e à experimentação física por enquanto, mas tal não impede que o conhecimento da Física do futuro, que gostaríamos de chamar de *eônica*, porque se dedicará ao exame dos *eons*, dos modos de ser que ficam além da matéria sensível, acabe por estabelecer suas características e propriedades.

Contudo, a Filosofia pode contribuir na especulação da antimatéria, e o desejamos fazer em trabalho especial, embora aqui já possamos estabelecer algumas decorrências do que surge do examinado por nós.

A determinação do ser material sensível é que se manifesta na limitação por superfícies. O resultado do choque entre um próton e um antipróton é o desaparecimento de ambos. Nada mais resta à sensibilidade, nem são manifestas as propriedades que se atribuem comumente à matéria. Ora, há matéria onde se verificam as suas propriedades. Desde que estas se ausentam, ausenta-se aquela. O resultado é, para a sensibilidade, nada; ou seja, não apresenta nenhum estímulo aos sentidos. Como são impossíveis o nada-vazio, o nada absoluto parcial, o que daí resulta, não podendo ser nenhum deles, é um outro modo de ser, que, não tendo as propriedades da matéria, foi, pelos físicos modernos, chamado de *antimatéria*. Não pode a Física moderna afirmar que seja nada de modo absoluto, mas afirma ser algo que é nada desta matéria, da matéria da nossa atual experiência.

Que o *anti* é um ser em ato, uma *enérgeia*, é evidente, e que é ele um possível de deixar de ser como é, prova-o o resultado, ou seja, o que decorre do choque entre o próton e o antipróton. Portanto, tem ele uma *dynamis*, que indica uma des-determinação, pois sua *enérgeia* cronotópica se manifesta até o choque, resultando daí a des-determinação de ambos, que deixam de ser cronotopicamente existentes. Tornam-se em nada absoluto? Impossível, já vimos. Só pode restar uma mutação que, no caso, é uma *corrupção*. Corrompem-se como tais. Mas essa corrupção não é apenas a que se verifica na forma, mas a que se verifica no modo de ser da matéria. A corrupção é, aqui, integral, diversa da que se dá com um ser cronotópico, como com a folha de uma árvore que se corrompe como tal para tornar-se elemento do *humus* ou alimento de um animal.

Esta corrupção integral é de *forma* e *matéria*. O que se gera não é mais a matéria (da Física, pelo menos), é *imaterial*. Se a matéria, como a concebe a Física, fosse subjetivamente um ser subsistente e com ipseidade, tal não poderia acontecer. E como tal acontece, o que se considerou até aqui matéria é um modo de ser de um modo de ser que é necessariamente imaterial, porque a matéria cronotópica surge ou desaparece. E como o nada absoluto e o nada-vazio são impossíveis, ela deve tornar-se totalmente outra coisa, que é, desde já, imaterial, pelo menos em relação ao que até aqui se considerou matéria.

O *anti* é ativo, ou nele há um agente, pelo menos, pois realiza a des-determinação da matéria (cronotópica). Nos casos em que da junção de dois entes *eônicos* se produz um novo ser, de massa inferior à soma dos dois componentes, há, também, *desaparecimento* da massa, diminuição da massa. Em tais casos, há uma anulação da matéria cronotópica, pois parte da componência dos entes é des-determinada como tal, e passa a ser outra que a matéria, passa a ser *imatéria*, já que o nada-vazio e o nada absoluto estão descartados. Passa a ser um novo modo de ser, que não o material-físico. Ora, para que tal se dê, é necessário um agente, porque há aí uma ação. E o agente é antimatéria, des-determinador das determinações materiais e determinador das imateriais. Algo permanece sendo de um modo que não o material (cronotópico).

Mas dizer imaterial não é ainda dizer espiritual, porque, se todo ser espiritual é imaterial, nem todo imaterial é espiritual. O ser espiritual é o ser inteligente e criador. Só há espírito onde há criação. Há seres imateriais que não são inteligências puras, como não o são as relações, as fórmulas (*eídola*), que a inteligência humana capta.

Há, assim, dois princípios ativos, que se apresentam para nós e para a nossa experiência: um, determinador cronotópico, e outro, des-determinador cronotópico e determinador de outro modo de ser imaterial. O primeiro manifesta-se nas determinações que conhecemos das coisas corpóreas; o segundo, na des-determinação destas, e realiza um modo de ser imaterial. Ora, se o que é aqui é matéria (cronotópica), e pode desmaterializar-se pela ação de um poder ativo *anti* a ela, conclui-se, naturalmente, por não ser possível o tornar-se em nada-vazio ou em nada absoluto o que há aqui com as propriedades da matéria, que o que é matéria é um modo de ser de um *ontos* que não é material, ou que o modo de ser material (cronotópico) é um modo de ser de uma substância que não é material em si mesma, mas que pode manifestar-se materialmente.

O modo de ser material não poderia, pois, ser o ponto de partida e a fonte de todas as coisas, como desejou afirmar o materialismo, que, julgando-se apoiado pela Ciência, hoje cai ante os golpes que lhe dá a própria Ciência, que ele tanto ufanamente elogiou.

A certeza da existência de um poder ativo negativo ao modo de ser material (cronotópico) afirma um poder que não tem topicidade, pois não é mais colocado num *ubi*, e que se exclui da medida temporal, já que não possuímos ainda medidas para descrever suas dimensões. Se as tem, elas são outras que as que conhecemos na matéria física.

Mas o que conhecemos através das experiências físicas vem apenas confirmar o que a filosofia concreta já colocava. O poder ativo da substância universal, a *enérgeia* determinadora, especificamente determinada, que é a *enérgeia* do ser finito, é determinadora do modo de ser material (cronotópico) e de um modo ser inverso a este, imaterial (*ácronos* e *átopos*). Portanto, o modo de ser material e o imaterial já eram possibilidades dessa substância em suas duas diferenças de ato e potência (*enérgeia* e *dynamis*).

Já demonstramos que a *enérgeia* e a *dynamis* são *diferenças últimas* do ser finito.[7] Do mesmo modo como não pode haver um ato finito

[7] [A potência pode, assim, ser considerada de três modos: 1) A potência infinita passiva (o *Meon*), que corresponde à potência infinita ativa (ato e potência). 2) A potência passiva finita, que corresponde à potência ativa finita dos entes criaturais (a *dynamis* em face da

puro (uma *enérgeia* pura), não há uma potência finita pura (uma *dynamis* pura). Contudo, na obra de grandes filósofos fala-se em potência pura, como notamos em Tomás de Aquino. A potência pura seria o *Meon*, e não a potência dos seres finitos, a *dynamis*, a não ser quando tomada formalmente (em sua pureza formal).

A *enérgeia* finita é determinadora e des-determinadora da determinabilidade possível da *dynamis*, do poder-ser-finito. Como tal, é positiva quando a visualizamos do lado do que é determinado e consideramo-la opositiva e negativa quando des-determina o que é visualizado do mesmo ângulo. Como partimos, em nossas experiências, do ângulo da corporeidade, do cronotópico, no qual estamos imersos – não totalmente, porém, porque participamos também do que ultrapassa o tempo e o espaço –, toda determinação cronotópica é positiva para nós, e toda des-determinação de tais aspectos parece-nos negativa, e realmente o é no referente a esse ângulo. Assim, a atuação da *enérgeia* antimaterial apresenta-nos como um poder negativo, que o é em relação à determinação cronotópica. Mas essa des-determinação cronotópica é uma determinação acrônica e atópica, pois a niilificação não se pode dar de modo absoluto, visto o nada-vazio e o nada absoluto (o *nihilum*) estarem já descartados por absurdos. É essa *enérgeia* des-determinadora do cronotópico um poder determinador de outro modo de ser, que não o material-físico. Ora, o modo de ser material não é necessariamente o único que pode ser. Já havíamos demonstrado filosoficamente que era impossível essa exclusividade, que hoje a Ciência também verifica experimentalmente.

O princípio de *conservação da matéria* perde sua força, como o perde também o princípio de *conservação da enérgeia*. O que resta em pé é o *princípio de conservação do ser*, já que a nadificação absoluta é impossível. Contudo, filosoficamente se conclui que o existir do ser finito é relativo, porque é sustentado pelo poder infinito do Ser Supremo. Como é contingente o seu existir, poderia deixar de sê-lo desde que perdesse ou lhe faltasse tal sustentáculo. O que foi passaria para o potencial

enérgeia). 3) A potência passiva dos entes criaturais, que consiste na aptidão de receber formas corpóreas (possibilidade de ser outra coisa, de receber outra forma, gerando outra coisa), que é a matéria. Assim, um ser pode ser: material ou imaterial. O imaterial pode ser: imaterial apenas ou intelectual, espiritual.]

epimeteico do Ser Supremo, como vimos. Mas essa nadificação seria relativa e não absoluta, porque o que já foi não é puro nada, porque, para ser tal, não poderia ter sido.

O poder des-determinante (a *enérgeia* negativa ao modo de ser cronotópico) era perscrutado pelo pensamento de muitas doutrinas religiosas, ao conceberem o poder destrutivo, satânico, acósmico e até anticósmico, que não é apenas um opositor, um obstaculizador, mas um aniquilador. Na verdade, em face das teses já demonstradas, esse poder não é nadificador da criação, mas apenas do cósmico cronotópico de nossa experiência sensível. O fenomênico (para nós) desaparece, não, porém, o ser criatural, porque nenhum poder finito poderia destruir o ser, senão um modo de ser. E só poderia, portanto, destruir o destrutível, o que é composto de entidades subsistentes reais-reais, pois o que é simples é indestrutível. Essa possibilidade de destruição do que é forma e matéria, do que é composto de forma e matéria cronotópica, não sendo um poder de nadificação absoluto, como vimos, afirma, por sua vez, que há algo que ultrapassa o modo de ser hilemórfico (o *synolon* aristotélico de forma, *morphê*, e matéria, *hylê*). E afirma, ainda, o ser espiritual finito, a certeza de sua existência, como uma decorrência necessária ontológica. Senão, vejamos:

É impossível pela *enérgeia* finita a nadificação absoluta, porque o nada absoluto e o nada-vazio são impossíveis.

Ora, a nadificação cronotópica, para um modo de ser acrônico e atópico, é evidente em face das experiências atuais. A nadificação integral que se dá é a de *forma e matéria*, e não a de *ato e potência*, porque, se tal se desse, o ser se nadificaria totalmente, o que é absurdo.

Decorre daí que o modo de ser acrônico e atópico é um modo de ser finito, evidentemente demonstrado pela experiência e com apoditicidade ontológica.

Além de um modo de ser composto de *matéria e forma* (hilemórfico), há um modo de ser não-hilemórfico, o modo de ser *imaterial*.

Se esse modo de ser fosse o único modo de ser finito que há após o material, seria ele apenas composto de ato e potência. Ora, o que é em ato tem uma forma, porque tem uma unidade, e toda unidade tem uma forma. Há, portanto, um modo de ser em ato que tem uma forma. Como é finito, não é tudo quanto pode ser, e é, portanto, também potencial, tem uma potência. Há, pois, modos de ser que são apenas ato e potência, além do modo de ser forma-matéria (hilemórfico). O ser espiritual finito é o ser que é ato e potência, que é ato sem ser tudo quanto pode ser. Mas, como é criador e inteligente, resta provar, com razões ontológicas, e com nexo de necessidade, que tem de ser ato-e-potência inteligente, criador. Que há um modo de ser ato-e–potência não-hilemórfico, é evidente ante as demonstrações já feitas e ante a experiência científica. Não se provou, contudo, que ele seja inteligente e criador.

Que se entende por inteligência? Não se pode reduzi-la apenas à maneira como se manifesta em nós. Ademais, o que há no efeito tem de estar de modo eminente em suas causas. Se há uma manifestação de inteligência em nós, para exemplificar, e não podendo esta ser explicada pelo ser cronotópico, tem ela sua origem além desse ser, porque, do contrário, teríamos uma perfeição no efeito que não estaria eminentemente em suas causas, o que afirmaria, ademais, que uma perfeição de tal espécie viria do nada, o que é absurdo. Há, desse modo, uma inteligência acronotópica, sem dúvida, porque o cronotópico não é o único modo de ser.

É evidente, portanto, que tem de haver um modo de ser espiritual. Entende-se por inteligência a aptidão de *inter lec*, de escolher entre, ou de *intus lec*, de penetrar no que ultrapassa o fenomênico, no transfenomênico, de captar as formas em sentido eidético, os *eide*, proporcionadamente à natureza desse ser inteligente.

Essa capacidade é evidente em nós, e ela ultrapassa o *synolon* hilemórfico.

Ora, sendo ato e potência diferenças últimas do ser, e não sendo real-realmente distintas, porque são coprincípios do ser finito, a sua separação é impossível, pois com ela teríamos um ato finito *simpliciter* absoluto, o que é absurdo, ou uma potência finita *simpliciter* absoluta, o que também é absurdo. Portanto, há um modo de ser ato-potência indestrutível, porque é finitamente simples, indecomponível e, desde que criado, eviterno.

Além de imaterial, é espiritual algum ser finito, inteligente; portanto, capaz de receber informações. Como não é matéria, tais informações não são iguais às que se dão no composto hilemórfico. As informações recebidas pela nossa inteligência não são hilemórficas, porque quando pensamos no mármore não nos tornamos um composto marmóreo. É evidente, pois, que há em nós um princípio que ultrapassa o hilemórfico, que é imaterial, acrônico e atópico e que é, consequentemente, espiritual, porque é criador e inteligente. Não é material, porque a matéria, ao receber uma forma, é por esta determinada, e não pode, simultaneamente e sob o mesmo aspecto, ser duplamente informada, como já vimos. Nem muito menos poderia receber as formas contrárias, o que ofenderia o princípio de contradição. Mas nosso *nous* pode ser informado pelos contrários atualmente, porque podemos, simultaneamente, pensar sobre P e não-P. Não sendo esse princípio em nós material, não pode conhecer ele a des-determinação que o ser material pode sofrer. E como é simples, não pode ser decomposto em suas partes; é, pois, indestrutível e consequentemente eviterno. Desde que surge, não pode morrer (destruir-se, decompor-se); é, evidentemente, imortal e transcendente ao mundo material. Ora, tal princípio é o que nas religiões se chama a alma racional. Há, portanto, em nós algo que ultrapassa a destruição do corpo, o qual é um *synolon* hilemórfico. Tudo isso decorre apoditicamente do que já foi demonstrado, e é, ademais, consequente à experiência científica hodierna.

Prova-se, ainda, por outra via. O poder ativo des-determinador do cronotópico, por não ser hilemórfico em seu resultado, é, inegavelmente, um modo de ser não-hilemórfico, não composto de matéria e forma. Como ser finito, só pode ser composto das diferenças últimas do ser: ato e potência (*enérgeia* e *dynamis*).

Quanto a ser ele destrutível, só o poderia ser se composto de matéria e forma, o que ele não é. Há, portanto, um poder finito não destrutível enquanto tal, porque não é decomponível. Se admitíssemos que ato finito e potência finita são separáveis, teríamos um ato finito puro e uma potência finita pura, que são absurdos. Tal ser é indestrutível, portanto.

E é inevitável a existência de um ser espiritual, porque a perfeição do efeito deve estar contida eminentemente em suas causas. Se há manifestações de inteligência que se dão em seres cronotópicos, tem de haver inteligência no acrônico e no atópico. E como ela se manifesta em entes finitos (como nós, homens), tem de haver um ente finito inteligente acrônico e atópico, espiritual, portanto.

TESE 322 – A filosofia só é sólida quando concreta.

Entende-se comumente por concreta a representação que corresponde a algum ser real, captado pela intuição sensível. Mas o termo não pode ser empregado apenas nesse sentido tão comum. Etimologicamente, *concretum*, de *crescior*, com o aumento *cum*, que lhe dá o significado simples do que cresce *junto*, significa o que cresce com outros. Quando se toma algo da realidade, pela representação, separado pela mente, quando na realidade se dá com outros, diz-se que se abstrai, de *abstrahere*, de trazer para o lado. Quando algo é considerado dentro da sua realidade, com as coordenadas que tem, algo é tomado concretamente. Para Tomás de Aquino, concreto é o que é reunido, unido sob um mesmo princípio ou sob um mesmo ato.[8] A Filosofia, se paira apenas dentro do campo dos esquemas noético-abstratos do homem, sem reuni-los aos que com eles se concrecionam, torna-se abstrata, e periga cair na forma viciosa do abstratismo. A filosofia concreta é, para nós, a Filosofia dialeticamente construída, sem esquecer o que une, o que está incluso, o que exige para ser, o que implica, o que, enfim, se correlaciona, se entrosa e se analoga.

Os princípios que ora temos demonstrado servem-nos de meio de concreção, pois o Ser Supremo, infinito e absoluto, por ser o máximo de realidade, dá o *logos* suficiente para a conexão dos fatos, que dele dependem e nele encontram a sua razão de ser.

[8] A síntese oferecida por Mário Ferreira dos Santos pode ser corroborada pela leitura de passagens em que o Aquinate discute a dupla natureza de Cristo. Cf. Santo Tomás de Aquino, *Suma de Teologia* III, q. 2, a. 3, resp.; q. 16, a. 1, resp.; q. 16, a. 1, *ad* 2; q. 16, a. 5, resp.; q. 17, a. 1, *ad* 4; q. 35, a. 4, resp.: "É apenas à hipóstase que se atribuem as operações e as propriedades da natureza, e tudo o que pertence concretamente [*in concreto*] à razão da natureza [...]" (Joaquim Pereira [ed.], 2. ed., vol. 8. São Paulo, Edições Loyola, 2009, p. 83); "o nome que significa uma natureza comum é concretamente [*in concreto*] empregado para designar qualquer dos indivíduos contidos sob a natureza comum. [...] A qualquer supósito de alguma natureza pode ser atribuído o nome que significa concretamente [*in concreto*] aquela natureza [...]" (ibidem, p. 283); "[...] no mistério da encarnação, as naturezas, sendo distintas, não se atribuem uma à outra segundo sua significação abstrata, pois a natureza divina não é humana; mas, uma vez que convêm ao mesmo supósito, se atribuem uma à outra concretamente [*in concreto*]" (ibidem, p. 284); "o que pertence a uma natureza, enquanto é significado abstratamente, não pode ser atribuído a outra. Já os nomes concretos [*Nomina vero concreta*] designam a hipóstase da natureza. Assim, o que pertence a ambas as naturezas pode ser atribuído indiferentemente aos nomes concretos [*nominibus concretis*]" (ibidem, p. 291); "quando se diz: 'o Filho é algo que o Pai não é', o termo 'algo' refere-se não à natureza humana enquanto significada em abstrato, mas enquanto significada em concreto [*in concreto*]; não segundo o supósito distinto, mas segundo o supósito indistinto; enquanto subjaz à natureza e não às propriedades individuais" (ibidem, p. 308); "todo nome que significa uma natureza concreta [*in concreto*] pode designar qualquer hipóstase dessa mesma natureza" (ibidem, p. 512).

Costuma-se considerar como pensamento concreto aquele que não esquece de meditar com as representações e os conteúdos fáticos que são dados pela intuição sensível. Mas há pensamento concreto quando um exame de algo, tomado isoladamente pela análise, é devolvido ao conjunto de que faz parte, e este aos conjuntos que o conjunturaram.

A filosofia concreta tem, assim, a sua justificação. E, ademais, parte de uma consideração importante. Não há rupturas no ser; consequentemente, tudo está integrado no Todo, que o é pela dependência absoluta que o cinge ao Ser infinito e absoluto. A análise jamais deve esquecer este ponto importante, e eis por que o verdadeiro dever do filósofo concreto é jamais desdenhar (ao contrário, obstinar-se em procurar) o nexo de concreção, o que une, o que liga, o que conexiona. Na nossa "Criteriologia", parte do volume intitulado *Teoria do Conhecimento*,[9] oferecemos um método para alcançar a verdade concreta, que é uma cooperação da verdade lógica, da ontológica, da metafísica, da material, todas reunidas numa totalidade.

TESE 323 – Sistema é uma multiplicidade de conhecimentos conexionados e subordinados à normal de uma totalidade.

O conteúdo noemático do termo *sistema*, que é de origem grega, implica uma totalidade. Um conhecimento isolado é apenas um conhecimento desligado de outros. Não há porém conhecimentos totalmente desligados, pois em todo ato de conhecer há sempre uma complexidade de esquemas coordenados.

Para se construir uma esquemática coordenada do universo é preciso submetê-la à normal da totalidade. Esta é dada pelo vetor, pela direção que a totalidade toma. Um sistema de anatomia tem de obedecer à normal anatômica, como um físico à normal física. Um sistema de Filosofia só pode ser construído quando obedece à normal do Ser Infinito, ou da totalidade do universo. Impõe-se, para que um sistema tenha solidez, que apresente coerência (de *cum haerens*, de *haeso*, juntar com ligação, daí "herança"). Consequentemente, um sistema forma uma tensão esquemática, constituída de um universo de constelações esquemáticas, que

[9] Mário Ferreira dos Santos, *Teoria do Conhecimento.* 3. ed. São Paulo, Logos, 1958.

abrangem a totalidade do saber humano, sob a normal da totalidade. Um sistema filosófico é válido na proporção em que obedece a tais normas.

A sistematização impõe-se até no campo das ciências particulares.

Podemos iniciar a exploração de um campo do conhecimento reunindo apenas materiais, como procedemos para a construção de um prédio. É preciso descobrir e revelar os nexos, que interconexionam, que interligam os diversos fatos, segundo a sua significabilidade, para estabelecer a normal de uma totalidade, que é a teoria. Posteriormente, tais teorias são conexionadas numa síntese, que é a hipótese. Esta não pode nem deve contradizer a normal genérica a que pertença o sistema regional.

A reunião num todo coerente do saber epistêmico impõe-se ao homem como uma necessidade de origem mais profunda no espírito humano. Sendo este um construtor de totalidades esquemáticas, a reunião de todo saber em um sistema é uma imposição constante do seu espírito.

Não há, portanto, sistema sem a subordinação dos conhecimentos parcelados à normal da totalidade esquemática.

TESE 324 – Há um sistema da razão e um sistema da natureza.

Que a natureza, o que é nascido (de *natura*), o que pode surgir, tenha um sistema, é evidente em face das teses já demonstradas. A totalidade universal forma um coerente sistema. A razão humana procura captá-lo, e graças à sua esquemática constrói um saber mais ou menos coerente da natureza.

Como o saber humano é sempre proporcionado ao homem, esse saber é intencional, e funda-se nos esquemas por ele construídos, que são referidos pelos fatos, mas que, por sua vez, se referem aos esquemas eidéticos da ordem ontológica. Rigorosamente não se pode dizer que a nossa esquemática reflete a ordem ontológica, senão que a reflete proporcionadamente à natureza humana. Não se pode porém negar ao homem capacidade para a construção coerente de uma esquemática correspondente à realidade, universal e proporcional ao espírito humano. Se ela não reflete toda e totalmente (*tota et totaliter*) a realidade, pode refleti-la como um todo, e ser, assim, verdadeira dentro do seu âmbito. O conhecimento exaustivo não poderia pertencer a um ser finito como o homem, mas não se pode dizer que o conhecimento alcançável por ele seja falso pelo simples fato de não ser total e absolutamente verdadeiro.

TESE 325 - A Ciência busca o "como" e o "como" do "porquê" próximo das coisas, mas a Filosofia é um afanar-se pelo "porquê" do "como" e pelos últimos "porquês" dos "porquês".

A Ciência diz-nos *como* se dão os fatos e procura dar ao homem o poder de dominá-los. A Filosofia, quando realmente é tal, busca saber o *porquê* dos fatos, o *porquê* do *como* e dos próprios *porquês*, pois busca a razão ontológica dos fatos, transcendendo-os portanto, e não permanece apenas na imanência, como o faz a Ciência.

TESE 326 - Se a Filosofia tem vários métodos para alcançar a sua meta, uns são indubitavelmente mais hábeis que outros, e um há de haver que será o mais hábil para ser usado pelo homem.

Se a esquemática humana pode refletir *totum et non totaliter*, isto é, pode dar um conhecimento sistemático do todo, segundo essa esquemática, não porém total e exaustivamente (pois um tal saber exigiria uma mente infinita), e como têm surgido vários sistemas, é, pois, evidente que há vários caminhos (*hodoí*, em grego), e bons, para alcançar essa *meta* (*methodos*).

Mas, como a verdadeira e absoluta ciência de todo o ser já está contida no próprio ser, há de haver, indubitavelmente, um caminho mais hábil que outros para ser alcançado pelo homem. Se uns são mais hábeis que outros, há de haver um que será o mais hábil.

Em todos os tempos considerou-se que o ponto de partida deve ser um ponto arquimédico, apodítico, de validez universal. Propusemos um que é de validez universal ("alguma coisa há"), sobre o qual não pode pairar nenhuma dúvida séria, pois ultrapassa até a esquemática humana. Consequentemente, a análise dessa proposição apodítica revela-se como um caminho hábil. E, como não conhecemos outro melhor, propomo-lo como o mais hábil até prova em contrário.

TESE 327 - Filosofar é ação.

Filosofar é a ação que consiste em conexionar, de certo modo, um fato ou fatos à totalidade do universo, e transcendê-los ou não, ao refletir sobre eles, e sobre os diversos nexos hierárquicos que têm com os outros fatos e entidades antecedentes e consequentes, inclusive transcendentais, a fim de alcançar uma visão humana da Verdade.

A Filosofia é ação; é o afanar-se para alcançar a *Mathesis Suprema.*

Se esta é ou não alcançável pelo homem, este, como um viandante (*homo viator*), deve buscá-la sempre, até quando lhe paire a dúvida, de certo modo bem fundada, de que ela não lhe está totalmente ao alcance.

Esse afanar-se acompanhará sempre o homem, e, estabelecido um ponto sólido de esteio, devemos esperar por melhores frutos.[10]

[10] Mário, após encerrar a *Filosofia Concreta*, faz no primeiro apêndice uma nova exposição da necessidade e das condições do ato de filosofar. Sua exposição aqui é ao mesmo tempo metodológica e valorativa: Filosofia não é um esporte, mas um rigoroso treino do pensamento que se objetiva na vida cotidiana. Em um diálogo inexistente com uma academia que o ignorava – pelo menos até onde se sabe, embora o assunto ainda mereça maior discussão –, Mário mostra que a Filosofia não é um elemento à parte no cotidiano, mas uma tarefa essencial para qualquer pessoa. O *logos* está associado à *aletheia*, na visão de Mário; assim como o bem está vinculado ao bom e ao certo, no caminho da verdade. A *Filosofia Concreta* conclui, portanto, no ponto mais alto de ligação entre a vida cotidiana e a mentalidade filosófica.

Apêndices[1]

[1] Os apêndices constam apenas da edição em três volumes da obra. Há uma espécie de problema de sistematização dos três itens: uma conclusão sobre o ato de filosofar a partir da filosofia concreta, um excurso sobre Duns Scot, uma enorme citação de *Métodos Lógicos e Dialéticos*. Se o primeiro apêndice parece uma explicação lógica do final da *Filosofia Concreta*, o paralelo com Scot não é senão um entre os milhares possíveis, e sua presença surpreende porque a *Filosofia Concreta* não é um livro sobre sua obra. A rigor, esta passagem longamente citada de um de seus próprios livros é uma exceção única na obra de Mário. Se bem que as referências cruzadas fossem constantes, a extensão desta aqui sugere que o trecho foi colocado tendo em vista uma edição posterior ou mesmo uma aglutinação das obras, o que não seria de estranhar. A bem da verdade, não há uma explicação plausível para a existência deste último trecho.

A Filosofia Concreta é o Modo Mais Seguro de Filosofar

Os exames feitos até aqui evidenciam que a filosofia concreta não se funda num especular meramente *a priori*, como poderia parecer aos olhos de pessoas desavisadas. Desde o ponto arquimédico de partida do nosso filosofar, até aqui, temos sempre procurado, nos fatos da nossa experiência, elementos suficientes para servir de apoio às teses que apresentamos e às demonstrações que oferecemos.

É mister nunca esquecer que a filosofia concreta só concebe o filosofar que se funda em demonstrações apodíticas, com o nexo de necessidade ontológica manifesto, e foge, deste modo, de toda *doxa*, evitando, tanto quanto possível, os juízos meramente assertóricos. Mesmo quando consideramos tais juízos, buscamos a apoditicidade correspondente, salientando o nexo de necessidade ontológica, sem o qual o filosofar permanece no terreno das meras apreciações. Ademais, fundando-nos no contingente, não podemos sair do terreno das hipóteses, e é esta a razão pela qual a Ciência, como é entendida ainda hoje, por permanecer no terreno das contingências, não se livra das hipóteses, e está constantemente sujeita a retificações de toda espécie, que podem derruir, de uma hora para outra, as suas mais caras afirmações.

O filosofar que permanece no campo da contingência só pode concluir apreciações orientadas ao sabor das valorizações e desvalorizações eminentemente afetivas ou, quando intelectuais, fundadas apenas em juízos assertóricos, ou juízos prováveis, que não têm a seu favor a apoditicidade imprescindível que o verdadeiro filosofar deseja.

A filosofia concreta não se coloca no terreno da opinião (*doxa*). E justificamos nossa posição por razões de ordens lógica, ontológica e histórica.

A Filosofia é Ciência, porque é um saber culto e, como tal, é um saber fundado em demonstrações, como vimos. Ora, entre as demonstrações, aquela que oferece a maior segurança é a apodítica, porque esta dá um nexo de necessidade. Não o nexo de necessidade hipotética que a Ciência alcança. Examinando um fato do acontecer cósmico, podemos estabelecer os fatores, causas, condições, sem os quais o fato não se daria. Assim, se algo acontece, sabemos que, necessariamente, acontece pelas causas que o geraram; não que seu acontecer seja necessário, porque poderia ser frustrado o seu evento, pela conjunção de outros fatores, causas e condições. Assim, o que é contingente pode suceder ou não, mas, se sucede, necessariamente sucede por razões suficientes para assegurar o seu evento. A Ciência pode alcançar essa necessidade hipotética, e deve procurá-la. Mas essa necessidade é de um grau axiológico inferior à necessidade ontológica, aquela que assegura a impossibilidade de ser de outro modo senão o que ela estabelece. Se é certo que não somos ainda capazes de alcançar em tudo o nexo ontológico de necessidade, sem dúvida temos de reconhecer que, quando o alcançamos, atingimos um ponto mais alto e mais seguro do filosofar. E também não se poderia deixar de admitir que esse deve ser o ideal de toda filosofia que deseja alcançar a máxima concreção, porque o saber humano culto é de grau mais elevado quanto maior é a apoditicidade que pode oferecer aos seus postulados.

Consequentemente, tanto no campo lógico como no ontológico, esse proceder é o que assegura maior soma de fundamento e também o máximo fundamento possível, e, por essa razão, o filósofo que não quer ser apenas um especulador de ideias ao sabor das valorações, muitas vezes suspeitas, deve buscá-lo afanoso e exigente.

Historicamente, essa posição é a mais consentânea com a Filosofia. É costume afirmar-se que esta, no sentido que a temos no Ocidente, inicia-se através das especulações de Tales de Mileto. Em favor dessa tese, aproveita-se a afirmativa de Aristóteles na *Metafísica*, onde declara que *esse modo de filosofar* se inicia com aquele filósofo. Na verdade, Aristóteles diz que "esse modo de filosofar" é o naturalista, o modo fisiológico do especular, fundado nos fatos do acontecer cósmico. Propriamente afirma que Tales inicia esse modo específico de filosofar.[1]

[1] Cf. Aristóteles, *Metafísica* I (A) 3, 983b6-19: "Entre os que primeiro filosofaram, a maior parte julgou que eram princípios de todas as coisas apenas os princípios em forma de matéria. [...] Tales, o iniciador desse tipo de filosofia, [...]" (trad. Lucas Angioni. *Metafísica – Livros I, II e III.* Clássicos da Filosofia: Cadernos de Tradução nº 15. Campinas, IFCH/Unicamp, fevereiro de 2008, p. 14).

Se Aristóteles, posteriormente, silencia sobre a paternidade do modo de filosofar apodítico, que busca os nexos de necessidade ontológica, que ele procurava afanosamente, devemos, contudo, lembrar que ele é iniciado por Pitágoras. Este afirmava aos discípulos, e é uma tomada de posição clássica do pitagorismo, que não há ciência sem demonstração, e a melhor demonstração é a que se funda em juízos apodíticos. O testamento filosófico de Pitágoras aos discípulos foi esse: buscar os nexos de necessidade ontológica, o que necessariamente tem de ser e não pode ser de outro modo.

Com Pitágoras se inicia, na Grécia, o filosofar no sentido genuinamente concreto, que é prosseguido, depois, por Sócrates e Platão, dois genuínos discípulos do pitagorismo, e por Aristóteles, que, nesse proceder, foi mais platônico do que julgava e, consequentemente, mais pitagórico do que podia suspeitar.

Ao estudar as substâncias imateriais, Aristóteles induz mais probabilidade que necessidade. Ao perceber que não alcançou esta, exclama: "enunciar a necessidade disso, deixemos para os mais fortes",[2] visto sentir que seus argumentos não alcançavam a apoditicidade que desejava. A leitura da obra de Aristóteles desde logo nos revela que é esse o seu desejo constante. É ele mesmo quem proclama que, *na Filosofia, a única autoridade é a demonstração.* É um erro palmar que se perpetuou

[2] Aristóteles, *Metafísica* XII (Λ) 8, 1074a16-17 (trad. Lucas Angioni. *Cadernos de História e Filosofia da Ciência.* Campinas, série 3, vol. 15, nº 1, janeiro-junho de 2005, p. 215). A concessão feita nesse ponto por Aristóteles chama a atenção de outros intérpretes, como Giovanni Reale: "O método de investigação metafísica no restante do Livro Λ é caracterizado pela 'necessidade', enquanto em Λ 8 Aristóteles está contente com a 'probabilidade', deixando de lado a necessidade demonstrativa" (*The Concept of First Philosophy and the Unity of the* Metaphysics *of Aristotle.* Trad. John R. Catan. Albany, State University of New York Press, 1980, p. 366). Quanto a uma possível oscilação no critério aristotélico para demonstrações, comenta, numa perspectiva mais ampla, Jaakko Hintikka: "[...] Aristóteles não tem uma concepção clara da necessidade lógica como distinta de uma necessidade factual ou mesmo de uma verdade factual completamente geral. Além disso, a análise estatística da necessidade pode não satisfazer completamente a Aristóteles. Ainda que ele nunca abandone oficialmente (muito menos nas passagens em que tem sido alegado que ele o faz) essa concepção, ela foi ocasionalmente submetida a considerável distensão" (*Analyses of Aristotle.* Jaakko Hintikka Selected Papers, vol. 6. Dordrecht, Kluwer Academic Publishers, 2004, p. 231. Publicação original: "Socratic questioning, logic, and rhetoric". *Revue Internationale de Philosophie*, vol. 47, nº 184 [1], 1993, p. 21). Cf., por exemplo, *Metafísica* VI (E) 1, 1025b10-16.

o de julgar que o *autos ephas* ("ele mesmo fala"), que muitos traduziram indevidamente pelo famoso *magister dixit*, significasse, para os pitagóricos, que as opiniões do mestre fossem definitivas, como se vê, por exemplo, no campo religioso. Absolutamente não. O mestre é símbolo do que possui a verdade, e só possui a verdade aquele cujos postulados se fundam em demonstrações apodíticas. E toda vez que alguém a alcança, é o mestre que fala, é ele mesmo (*autos*) que fala (*ephas*). É a própria Ciência que fala.

Portanto, a verdadeira filosofia concreta é aquela que se funda, não na contingência, não na probabilidade, não na condicionalidade, mas na necessidade ontológica.

É por essa razão que, enquanto as ciências em geral (tanto as naturais como as culturais) se fundarem apenas no contingente, ver-se-ão os estudiosos envoltos nas malhas das opiniões, da *doxa*, e da heterogeneidade das ideias de fundamentos precários, e não conseguirão estabelecer pontos seguros, critérios irremovíveis, que lhes permitam palmilhar o caminho do conhecimento com a segurança desejada. Não é, pois, de admirar que, em setores como a Política, a Estética, a própria Sociologia, a História e outros, as opiniões sejam as mais várias, as controvérsias as mais agudas e a disparidade a mais extrema. Sem estabelecer-se que é mister procurar os nexos de necessidade ontológica, e encontrá-los, esses setores serão sempre pródigos de heterogeneidade, de confusões, de disparidade e de insegurança.

Não podemos deixar de considerar que é difícil a busca da apoditicidade. Ela exige o máximo do esforço mental humano e, sobretudo, uma cautela tão grande, que desanima muitos que tentam encontrá-la. Ademais, muitas vezes, a apoditicidade encontrada não resiste a uma análise lógica em profundidade, e cai ante os golpes de algumas distinções empregadas com mãos de mestre. Essa é também a razão por que nunca como hoje a lógica e a dialética exigiram tanto estudo, tanta acuidade mental, um grau prodigioso de sutileza, para que se evitem as confusões tão frequentes.

Partindo-se de tais posições, que são as mais seguras, o processo filosófico do Ocidente permite que dele se extraiam algumas conclusões valiosas.

Aqueles que hoje em dia julgam que o filosofar é condicionado pelo histórico, que afirmam que as diversas tomadas de posição dependem dos temperamentos e caracteres, ou das condições das classes sociais, têm realmente um fundamento quanto ao filosofar contingente, ao filosofar apenas opinativo, ao filosofar apenas assertórico, ao filosofar eminentemente probabilístico. Esse modo de filosofar é temporal, histórico, condicionado aos fatores transeuntes dos diversos modos de ser do homem no domínio histórico-social.

Mas quem pode, por exemplo, pôr em dúvida que há um saber que ultrapassa as condições históricas? Por acaso a aritmética depende do predomínio de uma classe social sobre outra? As regras fundamentais do silogismo são dependentes dos fatores econômicos? A apoditicidade ontológica funda-se nas opiniões políticas ou nas cosmovisões dependentes do histórico-social? Por acaso as teses que demonstramos no decorrer desta obra estão sujeitas às perspectivas de classe?

Ora, tais conquistas, já obtidas, não indicam que há um campo que ultrapassa o transeunte histórico e a condicionalidade do *status* humano na sociedade? Que se afirme que a Filosofia eminentemente dominada pela *doxa* tem esse caráter, ninguém poderá negar a validez de tal tese. Mas que se afirme que não há possibilidade de um filosofar que ultrapasse essas condições e essas contingências, demonstramos nesta obra que tal afirmativa padece de validez.

O atual espetáculo do mundo é um exemplo dos estragos que a opinião pode oferecer à Filosofia. Revela mais: que fundar-se apenas no contingente não nos leva a mais do que hipóteses, mais ou menos bem fundadas. E nos mostra ainda que só podemos superar tais contingências e a ditadura das opiniões diversas se o filosofar se apoiar, e apenas, em demonstrações rigorosas, e as mais rigorosas, que são, afinal, as que se fundam em nexos de necessidade ontológica, isto é, as demonstrações apodíticas.

*

No referente ao tema da *matéria*, temos ainda uma sequência de conclusões que podem ser formuladas:

A *matéria*, como a Física pré-relativista, a relativista e a pós-relativista conceberam, não pode ter como essência a corporeidade.

Ademais, não pode ser o princípio primeiro de todas as coisas que são; nem a fonte e origem primeira de todas elas.

Considerada metafisicamente, a matéria é puramente matéria, simplesmente matéria.

O que de mais seguro alcançou o filosofar concreto é que é ela um modo de ser, o qual consiste no seguinte:

Um ser finito em ato é um ser dependente e, consequentemente, não é tudo quanto pode ser nem em sua espécie. Há, sempre, um saldo de possibilidades. E estas consistem em determinações possíveis, que pode ele realizar e sofrer. Entre essas determinações, temos que considerar as meramente acidentais e as formais. As meramente acidentais, pode as sofrer todo ser finito em ato. Quando um ser dessa espécie pode sofrer uma determinação formal, de modo que passe a ser formalmente outro ser, com sua especificidade, temos o que chamamos de *informação generativa*, a geração de um novo ser, especificamente outro. Todo ser enquanto apto a tal informação é matéria. Em suma, matéria é um determinado modo tensional de ser do ente finito em ato (substancial, portanto), que o torna apto a receber determinações formais. Neste caso, passa a ser ele a *substância primeira* (no sentido aristotélico) do que surge de novo, que tem uma nova forma, que é a *substância segunda* do novo ser, cujo composto é o *synolon* aristotélico.

Todo ser dessa espécie caracteriza-se por ser limitado por superfícies, o que é a essência da corporeidade. É corpo, portanto.

A matéria é, assim, a forma tensional que é apta a receber determinações formais (corpóreas, portanto).

Conforme já demonstramos, nenhum ser finito pode ser tudo quanto pode ser, nem tudo quanto o ser finito pode ser em sua especificidade. Esse poder-ser que não é (relativamente à sua especificidade ou à especificidade que pode obter por informação generativa) constitui a sua possibilidade, a sua potência prometeica; posterior, portanto.

A potência de um ser é, pois, um coprincípio de todo ser, porque dele não se separa, e constitui seu ser possível. É, assim, a potência do seu ato.

Como o modo de ser material não é o único possível, segundo até as novas experiências da Física moderna verificam, e o especular filosófico concreto já o havia demonstrado de modo apodítico, verifica-se que, inevitavelmente, há modos de ser que não o corpóreo nem o meramente material.

Se há seres finitos em ato que são capazes de serem determinados por determinações formais, há atos finitos que são apenas aptos a receber determinações de outras espécies. Ora, filosoficamente, os entes finitos em ato são aptos a receber determinações como também a determinar. São, portanto, compostos de ato e potência, que preferimos chamar *enérgeia* e *dynamis*, a fim de evitar a confusão que se possa fazer com o ato e a potência quando visualizados do ângulo do *Hen-dyas aoristos*, que já estudamos.

Como todo ente finito em ato tem uma forma, tem uma lei de proporcionalidade intrínseca e, quando não é ele composto de matéria e forma, mas apenas tem uma forma, esta é ele mesmo. Neste caso, seu ser consiste em uma forma em ato, em uma forma separada; subsistente, portanto. É um ser que apresenta persistência, insistência, subsistência. Desse modo, o especular em torno das substâncias separadas, que encontramos em Pitágoras, em Platão, em Aristóteles, em Averróis, em Avicena, em Avicebron, em Tomás de Aquino e em toda a especulação escolástica, tem seu fundamento não só ontológico como também na verificação científica.

É mister, aqui, esclarecer o sentido do termo *verificação*. Verificar é ver se é *vero*, se é verdadeira alguma postulação. A verificação não é apenas experimental, como pensam alguns, julgando que só no campo da experimentação e da observação científicas se podem dar tais providências. Há, também, uma verificação lógica, uma verificação ontológica. E os postulados acerca de substâncias separadas tinham uma verificação lógica e ontológica, e têm agora uma verificação científica.

Demonstramos também, nas páginas anteriores, que, além da evidência da existência de substâncias separadas, há também substâncias separadas intelectuais, que, na linguagem clássica, chamam-se espirituais.

Se perpassamos com os olhos o processo filosófico dos gregos até os nossos dias, vê-se claramente que a filosofia concretamente fundada permitiu estabelecer teses com suficiente apoditicidade, a que as verificações de ordem científica terminaram por oferecer uma cooperação probativa muito importante, sobretudo se consideramos que, durante séculos, no Ocidente, tem prevalecido, entre muitos filósofos, a impressão de que a Ciência não só se afastava constantemente da Filosofia como a golpeava de modo a desterrá-la totalmente, tornando-a coisa obsoleta e superada. Quando consideramos a predominância do opinativo no filosofar de tantos, não é de admirar que alguns se demitam, e até proclamem que não se consideram mais filósofos.

Por que surgem tais tomadas de posição? Surgem apenas de um ponto errado de partida: como jamais conseguiram sair do terreno da contingência, julgam que a Filosofia só nesse terreno pode ser exercida. Ora, a contingência, o empírico, é o campo da Ciência. Portanto, como desmerecer a contribuição científica tão segura nesse campo (pelo menos é o que parece a tais olhos), preterindo-a por um especular que só pode levar a abstrações perigosas? Mas o erro consistia em pensar que o homem somente tivesse contato com o contingente e o empírico, que ao homem estivessem negados os roteiros que permitem penetrar no ontológico. Esse erro tem sido de funestas consequências, e não tem permitido que o filosofar moderno encontre pontos de apoio seguros, o que levou ao desfalecimento e até à desesperança tantos espíritos, dignos de melhor sorte.

Também tem sido esse preconceito a causa de se ter instalado um abismo entre o filosofar eminentemente moderno e as grandes contribuições da escolástica. A afirmativa de que esta "engenha [o conceito de natureza] de ideias *a priori* e assenta em deduções sutis, eloquentes mas inverificáveis",[3] foi apenas um preconceito desmentido pelos próprios fatos. A verificação científica não é a única, repetimos. Em seus fundamentos, a escolástica baseou-se em ideias verificáveis, lógica e ontologicamente, e muitas delas encontram o esteio, também, da Ciência.

É mister fazer justiça ao grande trabalho de vinte e cinco séculos do especular filosófico. A escolástica é uma fase desse grande processo, fase maravilhosa, construtiva. Caracterizou-se, sobretudo, pela análise em profundidade, que já se havia conquistado, e representa um grande progresso do pensamento sem afastar-se do que é seguro e evidente. Por isso não é sem justificativa que se fala numa *filosofia perene* (numa filosofia que atravessa os anos, *per annus*). E essa filosofia perene é a que se funda na apoditicidade, é a que se funda no que chamamos filosofia concreta, que não só tem seu esteio nos nexos de necessidade ontológica, mas também, por outro lado, separa sem esquecer de concrecionar,

[3] Rui Barbosa, "Reforma do ensino secundário e superior" (1882). In: *Obras Completas*, vol. 9, tomo 1. Rio de Janeiro, Ministério da Educação e Cultura, 1942, p. 106.

não abstratiza as análises isoladas sem recordar que o separado tem de ser restituído à concreção de que faz parte. E mais ainda: afana-se em jamais esquecer os aspectos contrários, dentro de uma dialética que considera as oposições, que examina o que se afirma na estrutura de uma coisa sem esquecer o que se alheia a essa estrutura mas é imprescindível para uma compreensão global.

E essa é a filosofia concreta como a concebemos, cuja justificação não é fundada em outra autoridade que a da demonstração. Por isso, para finalizar, queremos repetir o que dissemos no prefácio da 1ª edição: o valor de nossa filosofia é proporcionado às demonstrações que ela usa e emprega: "Como construção filosófica, ela valerá na medida em que valerem as suas demonstrações".[4]

[4] Mário Ferreira dos Santos, *Filosofia Concreta*. 1. ed. São Paulo, Logos, 1957, p. 13.

Algumas Teses de Duns Scot Corroboradas pela Filosofia Concreta

Damos a seguir algumas teses de Duns Scot que são corroboradas pelas demonstrações realizadas pela filosofia concreta, o que demonstra que, seguindo por outras vias, alcançamos as teses fundamentais do scotismo, que constituem parte do tesouro das conquistas da escolástica. Conservamos, tanto quanto possível, a terminologia de Scot. Deixamos de comentar as teses reproduzidas, que são apenas parte do grande manancial scotista, por já terem recebido comentários e demonstrações nas provas que oferecemos às nossas teses.

1. Tudo quanto tem o ser em qualquer sentido e em qualquer grau é uma *entidade*.
2. O contrário da entidade é o nada absoluto.
3. Logicamente, tudo quanto admite a atribuição de um predicado positivo é ser.
4. O ser é inteligível; consequentemente é inteligível toda entidade.
5. Todo conhecimento começa pelo ser, que é a primeira noção concebida pelo nosso intelecto para que concebamos alguma coisa determinada ou não.
6. O ser real, objeto de conhecimento, que existe apenas no intelecto, é o ser de razão, que é objeto próprio da Lógica.
7. O ser real, objeto de nosso conhecimento, que existe também fora de nossa mente, tomado segundo diversos graus de abstração, constitui o objeto das diversas ciências, outras que a Lógica.
8. O *quid* das coisas é uma entidade, é um ser quiditativo. Este é o objeto da Metafísica. O ser real-existente é o objeto das diversas ciências.
9. Entre dois seres, a realidade de sua distinção é proporcionada à realidade dos seres comparados. Se os seres são reais-reais,

a distinção é real-real; se reais-ficcionais, a distinção é real--ficcional; se reais-formais, a distinção é real-formal.

10. A distinção entre entidades quiditativas é formal.
11. Onde há entidade, há ser; onde há ser, há unidade. Onde há um ser quiditativo, há uma entidade quiditativa, há uma unidade quiditativa. A unidade quiditativa é de ordem distinta da unidade real-real.
12. Predicar a quididade (essência) é predicar *in quid*. A unidade da quididade é quiditativa e indeterminada quanto à individualidade e à universalidade, mas determinável de tais modos. Por essa razão a predicação meramente quiditativa, enquanto tal, é unívoca. Na coisa (*in re*) a quididade é, porém, análoga. Ou seja, a quididade é ontologicamente unívoca, mas onticamente análoga.
13. O ser, tomado quiditativamente, é unívoco; tomado, porém, onticamente, é análogo. A quididade só se existencializa onticamente pela individualização subjetiva. Esta, *per se*, não confere existência, mas é a condição formal última da sua possibilidade.
14. O ato individual é, na forma, sua última atualidade.
15. A existência é sempre individual.
16. A causalidade existencial de um ser ativo é proporcionada à sua forma.
17. Na ordem das causas, há uma hierarquia proporcionada à hierarquia das causas próximas e remotas.
18. A causalidade e a efetibilidade são propriedades metafísicas do ser.
19. A efetibilidade (ou seja, a possibilidade de que sejam produzidos efeitos) implica, necessariamente, um ser efetivo não efetível, primeiro; pois, do contrário, a efetibilidade seria impossível.
20. A efetibilidade não prova apenas a possibilidade de uma causa primeira e por si, mas a implica necessariamente.
21. A admissão da possibilidade de uma primeira causa incausada pressupõe a sua existência.
22. A Teologia é a ciência do ser singular cuja essência é individualizada pelo modo da infinidade (definição de Scot).

23. Tudo é infinito no Ser Infinito, e nele tudo é realmente idêntico.
24. Por ser infinito, o Ser Primeiro compreende em si a infinidade dos seres quiditativos possíveis; esses seres são, nele, quiditativamente distintos, mas a realidade de sua distinção quiditativa não introduz nele nenhuma distinção de existência atual; ao contrário, as entidades quiditativas, formalmente distintas, existem em Deus pela existência, identicamente a mesma em todas, do Infinito atualmente existente.
25. O Ser Infinito, no qual as entidades quiditativamente distintas são identicamente um mesmo existente atual, é absolutamente simples; a infinidade implica a simplicidade, a finitude implica a composição.
26. A univocidade metafísica do ser enquanto tal não se estende do ser finito e composto ao Ser infinito e simples; não há nenhuma comunidade real, nem de ser quiditativo nem de ser de existência, entre "ser-finito" e "Ser-Infinito".
27. Em Deus, a essência é absolutamente primeira, e é em relação a ela que tudo se situa na divindade.
28. A primeira moção divina é aquela pela qual a essência de Deus se move por assim dizer a conhecer a si mesma a título de intelecto; sendo infinito, Deus é intelecção infinita da infinidade dos seres quiditativos eternamente presentes em seu intelecto a título de objetos conhecidos.
29. Esses seres quiditativos chamam-se Ideias; a título de objeto de um ato de intelecção formalmente distinto, cada Ideia divina possui um ser quiditativo distinto, mas nenhuma delas tem existência distinta e própria; todas juntas existem da existência simples do Infinito atualmente existente.
30. O ato pelo qual o Ser Infinito conhece as Ideias não depende, nele, senão da essência e do intelecto cognoscente da infinidade das entidades quiditativas possíveis com todas as relações possíveis; natural e necessário, esse ato precede a todo movimento da vontade.
31. Os possíveis não dependem senão da essência de Deus e de seu intelecto, mas, ao escolher livremente aqueles dentre os possíveis que serão criados, sua vontade transforma-os em

criáveis; um criável é, pois, uma entidade quiditativa individualizada, que a vontade divina escolheu para ser criada. A escolha livre dos criáveis não afeta em nada o ser quiditativo dos possíveis, não causa neles senão a criabilidade.

32. A contingência inicial de toda vontade de Deus *ad extra* é a causa de tudo o que há de contingência no mundo; da mesma forma que o princípio de contingência radical do ser finito em relação ao Ser Infinito só pode ser suplantado pelo amor, não o será senão pelo Ser Infinito como finalidade.

33. A execução da vontade divina *ad extra* chama-se criação. Ela é a obra da essência divina como potência; a potência do Ser Infinito é infinita, por isso a chamamos de onipotência. Onipotência é o poder de produzir do não-ser ao ser todo ser possível, imediatamente e sem o concurso de nenhuma causa segunda interposta.

34. A composição dos seres finitos imita proporcionadamente a simplicidade do ser divino, mas, enquanto no Ser Infinito as entidades quiditativas são identicamente a existência infinita, as entidades quiditativas no ser finito tomam sua existência da existência do todo de que fazem parte. Em suma, o finito é, por definição, composto.

35. Cada existente possui, pois, uma dupla unidade: uma quiditativa, outra de existência. A unidade quiditativa inclui todas as formas distintas que entram em sua composição, desde a forma da corporeidade até a alma intelectiva, sem que essas formalidades percam aí sua distinção, ou constituam existências distintas. A unidade de ser da existência é a do ser de existência do todo, que implica a coexistência simultânea de todas as entidades quiditativas distintas que entram na sua estrutura.

36. Cada ser não sendo o que é senão por sua forma substancial, é por ela que ele é tal ser e que é um ser atualmente existente.

37. Já que só o indivíduo existe, tudo, no indivíduo, está individualizado.

Um Exemplo do Raciocinar Dialético-Concreto

De nosso *Métodos Lógicos e Dialéticos*, reproduzimos esta passagem:

> A dialética concreta, por nós apresentada para realizar o exame e a análise filosóficos, consiste propriamente em estabelecer, com o máximo rigor, em primeiro lugar, a terminologia e a conceituação filosóficas, que devem fundar-se na apoditicidade dos juízos ontológicos necessários.
>
> Após a precisão de alguns termos, podem ser estabelecidas as providências dialéticas, que se fundam na axiomática exposta em *Filosofia Concreta*, pois é fundado na apoditicidade daquelas teses que será possível palmilhar com segurança a Filosofia.
>
> Esta, de uma vez por todas, tem de afastar-se do campo da *doxa*, das opiniões, das meras asserções fundadas em convicções, do pensamento subjetivo, vário e heterogêneo, de sabor mais estético. A autoridade, na Filosofia, é a demonstração. E seguindo a linha pitagórica: não há filosofia onde não há a demonstração. O resto são ensaios de filosofar, e não filosofar. O que não se pode demonstrar não se pode afirmar, senão hipoteticamente. As convicções pertencem ao campo da crença, como a revelação ao campo da religião. Aí elas são autoridades. Na Filosofia, não. Nesta, como na Ciência, a demonstração é fundamental. E as hipóteses são aceitáveis na proporção em que não contrariam o que já está demonstrado, mas, acrescentemos, o que já está demonstrado com apoditicidade ontológica.
>
> Para que possamos saber aplicar a *dialética ontológica* (que chamamos de *dialética concreta*), aproveitando as providências oferecidas em nossos trabalhos sobre dialética, impõe-se

que se parta do início, que é a formação de uma terminologia rigorosamente filosófica e apoditicamente bem fundada, com conteúdo ontológico. É mister alcançar o conteúdo *que é o único que pode ter o conceito ontologicamente considerado*, não historicamente, pois pode um conceito sofrer modificações de acepção no decorrer do tempo e através dos indivíduos. Estas acepções não interessam fundamentalmente à *dialética concreta*, pois só se poderá operar com segurança quando os conceitos forem rigorosamente fundados em conteúdos ontológicos. Temos que alcançar a fórmula: *S só pode ser P*. O definido deve sobrevir à definição. Esta, alcançada ontologicamente, com o rigor apodítico, passa a ser o conteúdo do conceito e não pode ser ele usado com outra acepção, no processo analítico dialético-concreto, sob pena de afastarmo-nos do caminho concreto que seguimos para encontrar os pontos arquimédicos para o filosofar.

*

Procedamos, pois, no emprego de nosso método analítico, e façamos as justificações que se tornam necessárias.

Ante a *presença* e a *ausência*, notamos que a presença e a ausência são tais de alguma coisa. Uma *presença* que não é de alguma coisa não é *presença*; uma *ausência* que não é de algo não é *ausência*.

A presença implica necessariamente algo que é (*ser*), porque presença de nada é nada.

Do que se diz presença *é*.

O conceito de presença é afirmativo; indica algo afirmativo, porque o que é presente afirma-se *sim*, e não *não*.

A presença afirmativa é ser. A afirmação da ausência é afirmar nada.

Mas afirmar é afirmar alguma coisa, pois uma afirmação que não afirma alguma coisa recusa qualquer coisa em sua afirmação. Afirmar a recusa de alguma coisa é negar. Negação é, pois, a recusa de uma afirmação de algo.

E é necessariamente assim, porque, do contrário, a negação seria, em si, alguma coisa. Ora, o que se pretende dizer quando se nega? Ausência é a resposta. A negação afirma, então, a recusa da presença de algo. Em si, a negação não é, por ser negativa, nada. A negação é, portanto, a ação de afirmar a recusa da presença de alguma coisa.

Provamos, apoditicamente, em *Filosofia Concreta*, que a afirmação deve preceder à negação. Também, consequentemente, a presença tem de preceder à ausência. A positividade da ausência é dada pela recusa da presença. Portanto, é dada pelo que tem ou pode ter presença, porque recusar a presença do que é nada é nada recusar. Deste modo, compreende-se que há uma positividade na negação, no negativo, mas essa positividade não está na negação em si mesma, pois negar apenas é nada dizer. Se digo *não*, digo-o de alguma coisa. Se for um *não* apenas, suspenso em si mesmo, digo apenas a voz, sem referência qualquer. Recuso quando digo não isto ou não aquilo. Então, aqui, há recusa de algo positivo, o que dá positividade à negação. A negação pura, portanto, seria negar nada, e é nada. A negação é, pois, relativa, porque, quando se nega, recusa-se a presença a algo. O valor de positividade da negação é dependente, assim, da positividade do que é recusado.

Portanto, a *negação necessariamente é a afirmação que recusa a presença de algo.*

A afirmação é positiva, e antecede a negação. Esta se fundamenta, se positiva por aquela.

A presença do afirmativo é o que chamamos ser. Dentro das normas da dialética ontológica, só podemos chamar de ser a presença de uma afirmação. Sendo o nada negativo, o ser é afirmativo. Neste caso, a negação, sendo a afirmação que recusa a presença de algo, ela recusa a presença de ser. Portanto:

a negação é necessariamente a afirmação que recusa a presença de ser.

Mas a presença é afirmativa. E como afirmação é ser, e a afirmação é anterior à negação, o ser é anterior ao nada. E, ademais, para haver afirmação, é necessário que haja algo, um ser. Portanto, necessariamente, o ser antecede ontologicamente à afirmação e a fundamenta, porque, sem o ser, não poderia haver afirmação. Sendo assim, há primeiro o ser, o qual se afirma. A presença do ser afirma a presença e a afirmação. *Afirmação é, pois, a positividade do ser, como negação é a ausência do ser.*

Portanto, *o que afirma a si mesmo em sua pureza ontológica é o ser.* E não é difícil demonstrá-lo apoditicamente.

Ser é afirmação, é positividade, necessariamente. Se afirmasse outro, esse seria ser. Consequentemente, ser é a afirmação de si mesmo. E por que dizemos que o é em sua pureza ontológica? O que não tem mescla com outro, diz-se que é puro. A razão de ser é ser, porque o nada não poderia dar razão de ser ao ser. A razão *logos* do *ontos* afirma ser, afirma a si mesma; portanto, o que afirma a si mesmo em sua pureza ontológica é o ser.

Ser é a afirmação ontologicamente pura de si mesmo. Há ser onde há essa afirmação ontologicamente pura de si mesmo.

Perguntar-se-ia se *potência, possibilidade, possível* seriam *ser* também. Embora ainda não tenhamos alcançado o conceito ontológico desses termos, diríamos, por ora, fundados no que já foi demonstrado em *Filosofia Concreta*, que são ser também. Uma possibilidade, um possível são afirmações ontologicamente puras de si mesmos, porque a possibilidade que não é possibilidade é nada de possibilidade. Se o possível ainda não é em pleno exercício atual de ser, contudo é algo positivo que afirma a si mesmo enquanto possível. É ser, portanto.

Mas, antes de penetrarmos mais analiticamente no tema da *potência*, que exige o exame do tema do *ato*, preferimos permanecer na análise que vínhamos fazendo, para fundamentarmos ontologicamente, com rigor apodítico, a terminologia da *dialética concreta*.

Quando se afirma algo a algo, o que é afirmado diz-se *pre-dicado* (de *pre* e *dicere*), e aquilo a que se dirige a predicação diz-se *su--jeito* (de *sub* e *jectum*). Ou se afirma a adequação, a conveniência, em suma, a presença do predicado, ou se recusa a sua presença. No primeiro caso, é-se afirmativo; no segundo, é-se negativo. O enunciado dessa predicação de algo a algo é a proposição, e quando há assentimento da mente se dá o juízo, o julgamento, pois há aí um ato de julgar, o julgamento. Os juízos são, assim, afirmativos ou negativos, consoante à divisão acima descrita.

Quando se dá a algo algo que é de seu direito, diz-se que se dá um tributo (de *tribuere*, de dar o que é de direito, o que pertence a alguma coisa de pleno direito). Assim, quando se predica, dando a um sujeito algo que lhe é devido, diz-se que se *atribui* o predicado. *Atributo* é o predicado que é devido ao sujeito. Neste caso, o atributo não é um favor que é dado; é o que pertence já, de pleno direito, ao sujeito. Quando, no juízo, predicamos o atributo, não estamos concedendo algo que nesse instante passa a pertencer ao sujeito, mas estamos *descobrindo* algo que o sujeito já possui de pleno direito.

Assim, *a presença e a afirmação são atributos do ser, porque são de seu pleno direito.*

Só é *atributo* o predicado que é de pleno direito do ser ao qual é predicado.

Como há antecedência do ser ao nada, sempre houve ser, pois não seria admissível uma antecedência da negação, pois esta, em si mesma, não é nada, e teríamos assim afirmado a antecedência do nada absoluto. Foi demonstrado em *Filosofia Concreta* que sempre houve o ser e *um* ser. Seguimos ali um caminho ontológico que nos permitiu uma demonstração apodítica. Mas o caminho dialético-concreto permite alcançar a mesma apoditicidade pela análise dos conceitos, quando fundamentados com rigor ontológico.

A negação, em si mesma, é ausência absoluta de ser, é nada absolutamente. A negação é positiva quando é a recusa de uma positividade. E só há negação quando há essa recusa da positividade. Ora, a positividade é a afirmação (e a recusa implica a afirmação, porque recusar é realizar o ato de afirmar a ausência de algo positivo), o que implica necessariamente o ser. O ser, necessariamente, é antecedente absoluto. Sempre houve necessariamente o ser. A predicação da presença constante ao ser é um *atributo* deste, pois o ser é a afirmação, em sua pureza ontológica, de si mesmo.

O Ser sempre afirmou em sua pureza ontológica a si mesmo.

Sempre houve uma afirmação absoluta.

Ora, sendo o ser afirmação e positividade, estes atributos implicam a presença de si mesmo. Ora, o modo como for o ser em si mesmo indicará o modo de ser de tal positividade.

Tudo a quanto se pode atribuir o ser é ente, que vamos substituir pelo termo grego *ontos*, em vista da deformação dos conceitos latinos, por influência das asserções da filosofia através dos tempos.

Assim, usemos para a terminologia da *dialética concreta* os seguintes termos, para expressar os conceitos que já tivemos oportunidade de examinar:

Para *Ser*, usaremos o conceito clássico *ser* quanto ao verbo, e *Esse* quanto ao substantivo.

Para *Ente* usaremos *ontos.*

Atributo e *predicado.* Conservaremos tais termos, bem como o de *sujeito.*

Nada. Empregaremos em sentido relativo nada relativo, e *nihilum* em sentido absoluto (nada absoluto, a ausência total de tudo quanto é). Na *Filosofia Concreta*, vimos que o nada relativamente considerado tem positividade, e o nada absoluto é impossível, porque *alguma coisa há. Nihilum* seria a negação total e absoluta do *Esse*, o que é absurdo, porque *alguma coisa há.*

Ontos *predica-se atributivamente do* Esse, *porque o* Esse *necessariamente é* ontos.

Sendo *Esse* a afirmação de si mesmo em sua pureza ontológica, assim como um *ontos* é em si mesmo, desse modo será seu *Esse.*

Consequentemente, todo *ontos* é, em si mesmo, ele mesmo.

Mas há *onta* que afirmam a sua presença *em*, ou seja, num lugar, no tempo, no presente, no passado, no futuro, em outro *ontos.*

O *ontos*, ao afirmar a si mesmo, afirma o que é seu *Esse.* Atribui-se ao *ontos* o *Esse*, mas este apresenta aspectos que se distinguem dos de outros *onta.*

Podemos predicar a um *ontos* algo que não podemos predicar a outro. Os predicados, já vimos, são positivos por afirmação ou por recusa, porque o que se predica predica-se afirmando a presença ou recusando-a.

Quando se diz que a um *ontos* se predica isto ou aquilo, predica-se a presença disto ou daquilo. Quando se predica negativamente, predica-se a recusa, a não-presença disto ou daquilo. Assim, a S predicamos P ou a S negamos P.

Ontos *é tudo a quanto predicamos algum atributo.*

Ao nada (e não esqueçamos que se trata [agora] do nada relativo), predicamos a não-presença de algo positivo. Ao *nihilum* predicamos a ausência total de qualquer predicado. Ao *nihilum* não cabe nenhuma atribuição, porque não pode ter nada de direito o que não é. Ao *nihilum* nada se atribui. Consequentemente, ao *ontos* algo se atribui, porque *ontos* é o inverso de *nihilum.*

Se dizemos que algo é *ontos*, é porque algo se lhe pode atribuir.

Consequentemente, *tudo a quanto podemos atribuir alguma coisa é* Ontos.

Só ao *nihilum* nada podemos atribuir; ao *nihilum* recusamos totalmente qualquer atribuição.

Portanto, *tudo a quanto não podemos predicar que é* Nihilum *é* Ontos.

Consequentemente, *podemos atribuir ao* Ontos, *necessariamente, o* Esse, *e dizer que tudo a quanto podemos atribuir alguma positividade é* Ontos.

Por consequência, necessariamente todo Ontos é.

Em *Filosofia Concreta* já examinamos a distinção entre *finito* e *infinito.*

Necessariamente é infinito o *ontos* que não depende de outro para ser, ou cujo *Esse* não depende de outro *ontos.* Consequentemente, pela impossibilidade da antecedência do *nihilum*, um *Ontos* Infinito antecedeu a todos os outros. E esse *ontos*, que não pendeu de nenhum outro para ser, pois é o primeiro, não pode ter sido gerado por outro.

Só se pode, portanto, chamar infinito, ou predicar a infinitude, ao *ontos* que não pendeu de outro para ser, ou o *ontos* cujo *Esse* é ele mesmo. Tal *ontos* tem, pois, ipseidade; ou, seja, a ele se pode predicar atributivamente a ipseidade (de *Ipsum*, si mesmo).

Houve um *ontos* cujo *Esse* consistiu em ser *Ipsum*, ou seja, *Ipsum Esse*, ao qual se pode atribuir *Ipsum Esse* (ser o seu próprio ser).

Em *Filosofia Concreta* demonstramos haver o *Ipsum Esse*, que houve, há e sempre haverá, cuja prova apodítica dispensamos repetir, fazendo apenas as inferências que a dialética concreta oferece.

Daí decorre necessariamente que todo *ontos* ao qual não se pode atribuir o *Ipsum Esse* é finito, porque depende, pois seu *Esse* pende de outro. E como aquele *Ipsum Esse* foi o primeiro, todo *ontos* finito, direta ou indiretamente, dele pende, pendeu ou penderá.

[*O* Ipsum Esse *é, pois, independente absolutamente.*]

E temos de atribuir-lhe absolutuidade.

Diz-se *ab solutum* do que é solto de (o que é solto, *so-lutum*, de algo, *ab*). O *Ipsum Esse* é *ab solutum* de outro. Sua independência é solta de outro *ontos*; é ele, pois, absolutamente independente.

Decorre necessariamente que, no *ontos* finito, o seu *Esse* não é *Ipsum Esse*. Portanto, há, no *ontos* finito, a afirmação de si mesmo em sua pureza ontológica, que é o *Esse*, mas há algo que não é dele, que é outro que ele. Consequentemente, tem de se atribuir ao *ontos* finito o *Esse* que é dele, que é *Ipsum Esse*, e o que não é dele, que é de outro.

E chega-se a esta conclusão, dialeticamente, da seguinte forma: o *Ontos* Infinito é *Ipsum Esse*, e apenas *Ipsum Esse*. É um *ontos* que é apenas ele mesmo. O *Ontos* Infinito é absolutamente *Ipsum Esse*, e apenas tal. É, consequentemente, *o* Ontos *ao qual se atribui apenas* Esse.

[*Esse* é a afirmação de si mesmo, em sua pureza ontológica. A que *ontos* se poderia predicar plena e exclusivamente a afirmação de si mesmo, senão ao primeiro *ontos*, do qual os outros dependem?]

Portanto, o *Ipsum Esse* é apenas *Esse*; é o atributo principal do *Ontos* Infinito.

E poder-se-ia predicar esse atributo a outro, como o faz o dualismo, que afirma haver mais de um *Ipsum Esse*?

Já demonstramos, em *Filosofia Concreta*, pelo caminho da análise ontológica, que tal é impossível.

A prova de que necessariamente há apenas um *Ipsum Esse* decorre da própria dialética dos conceitos já examinados. Senão, vejamos:

Esse é a afirmação, em sua pureza ontológica, de si mesmo. O *Ipsum Esse* é o que é apenas si mesmo (*Ipsum*). O primeiro *ontos*, necessariamente, é *Ipsum Esse*. Se houvesse outro *Esse*, este também seria *Ipsum Esse*, também seria apenas a afirmação de si mesmo em sua pureza ontológica; ou seja, sua razão de ser (o *logos* desse *ontos*) seria ser em si mesmo, e apenas por si mesmo. Ora, o outro que também seria *Esse* em sua absoluta pureza ontológica, sendo o outro a afirmação de si mesmo, indicaria que ele, em si mesmo, não é nada do outro. Como o outro é puramente afirmação da presença positiva, o segundo não poderia ser afirmação de presença positiva de si mesmo, pois, neste caso, ambos teriam atributos, ou pelo menos um atributo, que o outro não teria, pois, do contrário, seriam idênticos, e um só, o mesmo, em sua absoluta mesmidade.

Há de haver, para que haja dois *Ipsum Esse*, um atributo que um tem e o outro não. E esse atributo tem de ser tal, ou seja, de pleno direito. Ora, se ambos são *Ipsum Esse*, qual atributo poderia ter um que o outro não tivesse? Se ambos são apenas *Esse*, e qualquer atributo, por ser positivo, pertence ao *Esse*, ambos o têm. Sendo assim, nada diferenciaria um do outro, o que os tornaria absolutamente o mesmo, idênticos; um só, em suma.

O *Ontos* que é puramente *Ipsum Esse* é apenas *Esse*, do contrário não é puramente *Ipsum Esse*. O segundo *Ontos* seria *Ipsum Esse*, e apenas *Esse*. Então, ambos seriam absolutamente o mesmo, idênticos, *um só e o mesmo*.

Não pode haver dois. Consequentemente, e apoditicamente: *há apenas um só* Ontos *que é* Ipsum Esse *e apenas* Ipsum Esse.

Decorre, dialeticamente, que há apenas um *ontos* que é absolutamente infinito; é aquele ao qual se atribui o *Ipsum Esse* (a ipseidade).

Precisão Dialética da Conceituação Oferecida Aqui

[Cabe propriamente à dialética ontológica demonstrar que] tais conceitos são necessariamente como foram propostos, e não podem ser de outro modo. Vamos mostrar melhor este ponto:

Esse só pode ser o que afirmamos, como todos os conceitos [aqui] afirmados *só podem ser* o que afirmamos.

O *ontos finito* é necessariamente, e só, o *ontos* dependente.

O *Ontos Infinito* é necessariamente, e só, o *ontos* independente e imprincipiado.

O *Ontos Infinito* é necessariamente, e só, aquele ao qual se pode atribuir o *Ipsum Esse*.

O *Ontos Infinito*, necessariamente, e só, é *um e* único. É *um e* único o *ontos* que recebe *atributos* que não podem ser atribuídos em sua intensidade a nenhum outro.

Diz-se que é *um* o que tem unidade. Diz-se que é *unidade* o que é, enquanto em si mesmo, si mesmo. Não se pode dizer unidade de outra coisa, porque o conceito de unidade implica o ser si mesmo. O que é *si mesmo* é outro que outro. Ser *outro* é do *ontos* que é si mesmo, distinto de um *ontos* que é si mesmo. Todo *ontos* é um, tem unidade, porque é si mesmo e distinto de outro, o que, em si mesmo, é si mesmo distinto do *ontos* que não é ele, mas que é si mesmo.

Todo *ontos* é, portanto, um, porque é si mesmo, e distinto dos outros.

Unidade é, pois, o atributo que se dá ao que é um.

O *ontos* que é *Ipsum Esse* é um; pois, enquanto tal, não há outro. No entanto, ao *ontos finito* que é um já não se pode predicar o não haver outros, pois há *onta* que são outros que ele. Mas, como o atributo de *Ipsum Esse* só se pode predicar de um e de nenhum outro, *o* Ontos *Infinito é o único* ontos *que é absolutamente e apenas si mesmo, e nada mais que si mesmo.*

Assim, do *ontos* a que se atribui um atributo que só e apenas a ele pode ser predicado, diz-se que é único, enquanto há tal atributo.

Quanto ao *Ontos Infinito* tal se dá. Portanto, é ele o único *ontos*, e só, ao qual se pode atribuir o *Ipsum Esse*.

E é ele apenas *Esse*. E se é ele apenas *Esse*, é o único *ontos*, e só, do qual se pode dizer que é plena e absolutamente *Esse*. Ao *ontos* finito não se poderá atribuir o ser apenas, o só *Esse*. Ao *ontos finito* tem de se predicar, portanto, algo que a ele recuse; e o que é recusado, para ser positivo, tem de ser um *Esse*.

Sendo assim, ao *Ontos Infinito* é atribuído apenas *Esse*, e ao *ontos finito* é atribuído o *Esse* e também o que não é *Esse* nele. Consequentemente, no *ontos finito* ausenta-se algo que é *Esse*. O *ontos finito* é, portanto, falho de alguma positividade. Ao *ontos finito* tem de se predicar alguma recusa de *Esse*.

No *Ontos Infinito* tal não se pode dar, pois, se se lhe recusasse alguma positividade de *Esse*, tal *Esse* estaria fora dele no princípio, pois o *Esse* não pode ter vindo do *nihilum*. E, então, ele não seria apenas *Esse*, pois haveria um *Esse* que não era ele, o que vimos ser impossível. Consequentemente, ao *Ontos Infinito* nada falta para ser *Esse*. É, pois, o *ontos* ao qual se tem de atribuir necessariamente a plenitude de *Esse*.

Consequentemente:

O Ontos *Infinito é plenamente* Esse *sem deficiências.*

Dialeticamente, só se poderá chamar de *Ontos Infinito* o *ontos* ao qual não falta *Esse*; em outras palavras, no qual há absoluta presença de *Esse*.

E do *ontos finito* tem de se dizer que é o *ontos* tal que, necessariamente, falta algo em seu *Esse*.

O *Ontos* Infinito é plenitude de *Esse*; o *ontos* finito é deficitário de certo modo. Então, o *ontos* finito é *Esse* e não é *Esse*. Como não se poderiam predicar simultaneamente a presença e a ausência do mesmo, ter-se-á de conceder que, no *ontos* finito, há algo presente e algo ausente, mas o que é presente, nele, não pode ser o mesmo que lhe é ausente.

E daí decorre com absoluta necessidade que o *Esse* do ser finito não é o *Esse* em plenitude, que é apenas *Esse*. Seu *Esse* é semelhante ao *Esse* do *Ipsum Esse*, não idêntico a ele, pois, neste caso, o *ontos* finito seria *Ipsum Esse* e mais algo que não pertence ao *Ipsum Esse*, o que é absurdo. Portanto, no *ontos* finito, o *Esse* que se lhe pode atribuir é um *Esse* ao qual falta a plenitude, é um *Esse* deficitário. E como faltar nada é nada faltar, o que lhe falta tem de ser positivamente *Esse*. Portanto, o *ontos* finito é o *ontos* ao qual se atribui o *Esse* e ao qual se recusa algo que é, por sua vez, *Esse*.

Se o *Esse* que falta fosse o mesmo *Esse* que é presente, tornar-se-ia nada. Logo, o que falta é outro que este. Sendo o primeiro *Esse* deficitário de um *Esse*, é aquele carente de alguma positividade. Consequentemente, o *Esse* presente não é o *Esse* do *Ipsum Esse*.

Estamos, agora, em face de dois modos de *Esse*, o infinito e o finito. O infinito é *Ipsum Esse*, o finito é outro que aquele. Ora, só se pode chamar ao caráter de ser outro *alteridade*. Sendo assim, o *Ontos* Infinito caracteriza-se por ter *ipseidade*, e o finito por ter também *alteridade*. Mas, nessa alteridade, tem de haver uma positividade, pois, se o ser finito fosse apenas caracterizado pela ausência, tornar-se-ia *nihilum*. Nele tem de haver algo positivo, um *Esse*, e nada; presença e ausência. Mas, presença de quê? Não pode ser a presença do *Ipsum Esse*; tem de ser de outro modo de *Esse*. Como precisá-lo e como estabelecer confrontos entre um e outro?

Não pode haver univocidade entre ambos. Diz-se *unívoco* o que aponta ao mesmo conteúdo conceitual. Ora, o *Esse* do *ontos* finito não é o mesmo *Esse* do *Ontos* Infinito. Não há, pois, univocidade.

Diz-se que é *equívoco* o termo que, embora verbalmente o mesmo, refere-se a conteúdos diversos. O *Esse* de cada um daqueles dois *onta* não pode ser diverso, vertido para extremos, porque de um se atribui a presença como se atribui também a presença do outro. De um se atribui a afirmação, e do outro também. Ambos têm positividade. Há, em ambos, atributos que são o mesmo. Portanto, não se pode dizer que sejam equívocos.

Diz-se que são *análogos* os termos verbais cujo conteúdo conceitual apresenta semelhança. E este é o nosso caso. Entre ambos, há analogia. Mas, como precisar tal analogia? Afinal esta, como se vê, implica semelhança e diferença, e semelhança de certo modo afirma mesmidade e diversidade, e mesmidade afirma identidade e diferença absoluta, como o demonstramos em *Ontologia e Cosmologia*. Entre o *Ontos* Infinito e o finito tem, pois, de haver semelhança (ambos são; há positividade em *ambos*); tem de haver uma mesmidade (a presença da afirmação), mas diversidade também (a presença absoluta e independente de um e a relativa e dependente do outro); uma identidade (o *Esse*) e uma diferença absoluta (o *Esse* que é absolutamente *Ipsum Esse* e o *Esse* que é deficitário). Mas o *ontos* finito é uma unidade que é esta ou aquela, outra que as outras. Também se lhe pode predicar a unicidade, porque é o *Esse* que é ele mesmo. A ipseidade de certo modo lhe pode ser predicada e atribuída. O *ontos* finito é o seu *Ipsum Esse* finito (deficitário), este ou aquele. Mas este *Ipsum Esse* não é plena e exclusivamente *Ipsum Esse*, porque já vimos que o *ontos* finito está privado de algo que é *Esse*. Ele é o seu *Ipsum Esse* deficitário, não *Ipsum Esse* na plenitude do *Esse*. Poder-se-ia negar que é ele absolutamente ele mesmo? Não é o *ontos* finito seu próprio *Ipsum Esse* deficitário? Não é absolutamente ele mesmo como *ontos* deficitário? Não há nele um atributo que é único e exclusivo? Não é ele o único *ontos* ao qual se pode atribuir que é ele mesmo? Este livro aqui não é o único *ontos* ao qual se pode atribuir o ser este livro aqui? É a sua unicidade, pois, o seu diferente absoluto. O *ontos* finito apresenta um atributo: o de ser o único que é ele mesmo. Neste ponto, há, pois, uma identificação, que precisaremos dialeticamente assim:

A todo Ontos *individual pode-se atribuir, de modo absoluto, o ser si mesmo.*

E essa atribuição é unívoca ao *ontos* finito e ao *Ontos* Infinito.

E a diferença, onde está? Está no *Esse* de cada um. O *ontos* finito é o seu *Esse* deficitário, e o *Ontos* Infinito o seu *Esse* em plenitude.

Há, assim, univocidade de atribuição, e não univocidade de atributo. A analogia está, portanto, justificada.

Portanto, todos os onta *se univocam pela atribuição de uma positividade, mas se diferenciam pelo caráter dessa positividade.*

Assim, há univocidade de atribuição ontológica, não de atributo (ôntico).

Todos os *onta* se univocam em lhes caberem atribuições, mas se distinguem e diferenciam nos atributos, pois, como o demonstramos, *ontos* é tudo a que podemos predicar uma positividade e, portanto, um atributo (positivo). Como ser é afirmação da pureza ontológica de si mesmo, toda positividade afirma um *Esse*. Consequentemente,

os onta *se univocam no lhes caber uma atribuição, e se distinguem nos atributos que lhes cabem.*

E isso por quê? Porque só ao *nihilum* nada se pode atribuir.

Deste modo, a *dialética concreta* resolve, de modo positivo e apodítico, a polêmica sobre a univocidade e a analogia, afirmando esta sem negar aquela, e vice-versa, e sem o perigo de cair na afirmação de que só há o *Ontos* Absoluto, e que tudo é apenas ele (como faz o panteísmo). Deste modo, a afirmação da univocidade não nos arrasta ao monismo absoluto, desde que compreendida dentro das normas da nossa dialética concreta.

Contudo, pode dizer-se que a atribuição é a mesma, pois ao *ontos* finito e ao *Ontos* Infinito se atribuiu o mesmo atributo, a unicidade. *Realmente*, há a mesma atribuição do mesmo atributo, se tomamos este ontologicamente, porque ontologicamente a unicidade de um *ontos* é unicidade como a do outro. Mas, tomada na sua onticidade, a unicidade de um é outra que a unicidade do outro. Vê-se, pois, como se impõe a necessidade da distinção entre ontológico e ôntico. Ontológico refere-se ao *logos* do *ontos*, pois vários podem ter o mesmo *logos*, uma vez que todos os seres que são apresentam, ontologicamente, a unicidade; mas essa unicidade considerada onticamente é a de cada um, que é outra que as dos outros.[1] O conceito de unicidade, portanto, participa simultaneamente da universalidade

[1] [O *Ipsum Esse* absoluto é o que é em plenitude ontológica, enquanto o finito é o que é não em plenitude ontológica, porque, sendo o que é, não é plenamente si mesmo.]

e da singularidade. É um conceito universal, porque muitos o têm em comum, mas, apontando a um conteúdo ôntico, participa da singularidade e, portanto, permite a diferença entre a unicidade do *Ontos* Infinito e a do *ontos* finito, o que salva a univocidade sem ofender a analogia.[2]

[2] Mário Ferreira dos Santos, *Métodos Lógicos e Dialécticos*. 3. ed., vol. 3. São Paulo, Logos, 1963, p. 167-83.

Bibliografia

AGOSTINHO, Santo. *A Cidade de Deus*, vol. 2. Trad. Oscar Paes Leme. Petrópolis: Vozes, 1990.

______. *A Natureza do Bem*. Trad. Mário A. Santiago de Carvalho. Mediaevalia: Textos e Estudos (Gabinete de Filosofia Medieval da Faculdade de Letras do Porto / Faculdade de Teologia da Universidade Católica Portuguesa – Porto), vol. 1. Porto: Fundação Eng. António de Almeida, 1992.

______. *A Trindade*. Trad. Agustino Belmonte. São Paulo: Paulus, 1994.

______. "Comentário Literal ao Gênesis". Trad. Frei Agustinho Belmonte, OAR. In: *Comentário ao Gênesis* (ePub). Coleção Patrística, vol. 21. São Paulo: Paulus, 2005.

______. *Confissões*. Trad. Lorenzo Mammì. São Paulo: Penguin Companhia, 2017.

______. *O Livre Arbítrio*, vol. 2. Trad. Ricardo Taurisano. São Paulo: Editora Filocalia, 2020.

AQUINO, Santo Tomás de. *In De Caelo*. Trad. Fabian R. Larcher e Pierre H. Conway. Columbus: College of St. Mary of the Springs, 1964.

______. *Suma de Teología*, 5 vols. Coleção Maior. Madrid: Biblioteca de Autores Cristianos, 1998.

______. *Suma de Teologia*. Joaquim Pereira (ed.), 2. ed., vol. 1. São Paulo: Edições Loyola, 2003.

______. *Suma de Teologia*. Joaquim Pereira (ed.), 2. ed., vol. 2. São Paulo: Edições Loyola, 2005.

______. *Suma de Teologia*. Joaquim Pereira (ed.), 2. ed., vol. 8. São Paulo: Edições Loyola, 2009.

______. *Compêndio de Teologia*. Trad. Richard J. Regan. New York: Oxford University Press, 2009.

______. *Comentário à Metafísica de Aristóteles*, vol. 2. Trad. Paulo Faitanin e Bernardo Veiga. Campinas: Vide Editorial, 2017.

______. *Comentário à Metafísica de Aristóteles*, vol. 3. Trad. Paulo Faitanin e Bernardo Veiga. Campinas: Vide Editorial, 2020.

______. *In Libros Aristotelis De Cœlo et Mundo*. Trad. Barbara Ferré. Disponível na página do Projet Docteur Angélique: <http://docteurangelique.free.fr/bibliotheque/philosophie/commentairetraiteduciel_Pr_1.htm> (acesso: dezembro de 2019).

ARISTÓTELES. *Metafísica*. Trad. Valentín García Yebra. 2. ed. Madrid: Gredos, 1982.

______. *Física*. Trad. Guillermo R. de Echandía. Biblioteca Clásica Gredos, vol. 203. Madrid: Gredos, 1995.

______. *Metafísica II – Texto Grego com Tradução ao Lado*. Trad. italiana Giovanni Reale, trad. brasileira Marcelo Perine. São Paulo: Loyola, 2002.

______. *Segundos Analíticos – Livro II*. Trad. Lucas Angioni. Clássicos da Filosofia: Cadernos de Tradução nº 4. Campinas: IFCH/Unicamp, novembro de 2002.
______. "Metafísica de Aristóteles – Livro V (Delta)". Trad. Lucas Angioni. *PhaoS – Revista de Estudos Clássicos*, vol. 3, Campinas, IEL/Unicamp, 2003.
______. *Segundos Analíticos – Livro I*. Trad. Lucas Angioni. Clássicos da Filosofia: Cadernos de Tradução nº 7. Campinas: IFCH/Unicamp, fevereiro de 2004.
______. "Metafísica XII (Λ)". Trad. Lucas Angioni. *Cadernos de História e Filosofia da Ciência*. Campinas, série 3, vol. 15, nº 1, janeiro-junho de 2005.
______. *Metafísica – Livros IV e VI*. Trad. Lucas Angioni. Clássicos da Filosofia: Cadernos de Tradução nº 14. Campinas: IFCH/Unicamp, setembro de 2007.
______. *Metafísica – Livros I, II e III*. Trad. Lucas Angioni. Clássicos da Filosofia: Cadernos de Tradução nº 15. Campinas: IFCH/Unicamp, fevereiro de 2008.
______. *Física I-II*. Trad. Lucas Angioni. Campinas: Editora da Unicamp, 2009.
______. *Categorias / Da Interpretação*. Obras Completas, ed. António Pedro Mesquita. Trad. Ricardo Santos. Lisboa: Imprensa Nacional Casa da Moeda, 2016.
AVICENA. *Le Livre de Science I – Logique, Métaphysique*. Trad. Mohammad Achena e Henri Massé. Paris: Les Belles Lettres, 1955 (reimpresso em: Fuat Sezgin [ed.], *Islamic Philosophy*, vol. 44. Frankfurt am Main: Institut für Geschichte der Arabisch-Islamischen Wissenschaften / Johann Wolfgang Goethe Universität, 1999).
______. *Livre des Définitions*. Trad. A.-M. Goichon. Al-Qāhirah: Publications de l'Institut Français d'Archéologie Orientale du Caire, 1963.
______. "Kitāb al-Najāt". In: RAHMAN, F. *Avicenna's Psychology – An English Translation of Kitāb al-Najāt, Book II, Chapter VI with Historico-Philosophical Notes and Textual Improvements on the Cairo Edition*. Westport: Hyperion Press, 1981 (publicação original: London, Oxford University Press, 1952).
______. *Livro da Alma*. Trad. Miguel Attie Filho. São Paulo: Globo/Biblioteca Azul, 2010.
BARBOSA, Rui. "Reforma do ensino secundário e superior" (1882). In: *Obras Completas*, vol. 9, tomo 1. Rio de Janeiro: Ministério da Educação e Cultura, 1942.
BRUNO, Giordano. *Del Infinito – El Universo y los Mundos*. Trad. Miguel A. Granada. Madrid: Alianza Editorial, 1993.
CARVALHO, Olavo de. "Guia breve para o estudioso da obra filosófica de Mário Ferreira dos Santos". In: SANTOS, Mário Ferreira dos. *A Sabedoria das Leis Eternas*. São Paulo: É Realizações Editora, 2001.
CHARDIN, Pierre Teilhard de. *O Fenômeno Humano*. 7. ed. Trad. José Luiz Archanjo. São Paulo: Cultrix, 2005.
CUSA, Nicolau de. *A Douta Ignorância*. 2. ed. Trad. João Maria André. Coleção Textos Clássicos. Lisboa: Fundação Calouste Gulbenkian, 2008.
ESMIRNA, Teo de. "Sobre a Natureza", trad. Ísis L. Borges. In: SOUZA, José Cavalcante de (ed.). *Pré-Socráticos*. Coleção Os Pensadores. São Paulo: Nova Cultural, 1996.
GILSON, Étienne. *Jean Duns Scot – Introduction a Ses Positions Fondamentales*. Études de Philosophie Médiévale, vol. 42. Paris: Vrin, 1952 (tradução inglesa: *John Duns Scotus – Introduction to His Fundamental Positions*.

Trad. James Colbert. Illuminating Modernity, eds. Francesca Aran Murphy, Balázs M. Mezei e Kenneth Oakes. London: T&T Clark, 2019).
HEGEL, G. W. F. *Princípios da Filosofia do Direito*. Trad. Orlando Vitorino. São Paulo: Martins Fontes, 1997.
HEIDEGGER, Martin. *Introdução à Metafísica*. 4. ed. Trad. Emmanuel Carneiro Leão. Rio de Janeiro: Tempo Brasileiro, 1999.
HELLÍN, José. *Teodicea*. Disponível em: <https://mercaba.org/Filosofia/summa_05-0.htm> (acesso: janeiro de 2020).
HINTIKKA, Jaakko. *Analyses of Aristotle*. Jaakko Hintikka Selected Papers, vol. 6. Dordrecht: Kluwer Academic Publishers, 2004 (publicação original: "Socratic questioning, logic, and rhetoric". *Revue Internationale de Philosophie*, vol. 47, nº 184 [1], 1993).
HUFFMAN, Carl A. *Philolaus of Croton, Pythagorean and Presocratic – A Commentary on the Fragments and Testimonia with Interpretive Essays*. New York: Cambridge University Press, 1993.
HUME, David. *Tratado da Natureza Humana*. 2. ed. Trad. Déborah Danowski. São Paulo: Editora Unesp, 2009.
KANT, Immanuel. *Prolegómenos a Toda a Metafísica Futura*. Trad. Artur Morão. Coleção Textos Filosóficos. Lisboa: Edições 70, 1988.
______. *Crítica da Razão Pura*. 4. ed. Trad. Fernando Costa Mattos. Coleção Pensamento Humano. Petrópolis (RJ) / Bragança Paulista (SP): Vozes / Editora Universitária São Francisco, 2015.
LEIBNIZ, G. W. *A Monadologia*. Trad. Marilena de Souza Chaui. In: *Newton – Leibniz*. Coleção Os Pensadores. 2. ed. São Paulo: Abril Cultural, 1983.
______. *Ensaios de Teodiceia – Sobre a Bondade de Deus, a Liberdade do Homem e a Origem do Mal*. 2. ed. Trad. William de Siqueira Piauí e Juliana Cecci Silva. São Paulo: Estação Liberdade, 2015.
LONERGAN, Bernard. *Understanding and Being – The Halifax Lectures on Insight*. 2. ed. Collected Works of Bernard Lonergan, vol. 5, ed. Elizabeth A. Morelli e Mark D. Morelli. Toronto: University of Toronto Press, 1990.
______. *Insight*. Trad. Mendo Castro Henriques e Artur Morão. São Paulo: É Realizações Editora, 2010.
MORA, José Ferrater. *Dicionário de Filosofia*, vol. 3 (K-P). 2. ed. Trad. Maria Stela Gonçalves, Adail U. Sobral, Marcos Bagno e Nicolás Nyimi Campanário. São Paulo: Edições Loyola, 2004.
NIETZSCHE, Friedrich. *Twilight of the Idols*. Trad. Duncan Large. Oxford World's Classics. New York: Oxford University Press, 1998.
______. *Der Fall Wagner / Götzen-Dämmerung / Der Antichrist / Ecce Homo / Dionysos-Dithyramben / Nietzsche contra Wagner*. 2. ed. Friedrich Nietzsche: Sämtliche Werke, Kritische Studienausgabe, eds. Giorgio Colli e Mazzino Montinari, vol. 6. Berlin: Walter de Gruyter, 1999.
PLATÃO. *Diálogos I – Apología, Critón, Eutifrón, Ion, Lisis, Cármides, Hipias Menor, Hipias Mayor, Laques, Protágoras*. Trad. J. Calonge Ruiz, E. Lledó Íñigo e C. García Gual. Biblioteca Clásica Gredos, vol. 37. Madrid: Gredos, 1981.
REALE, Giovanni. *The Concept of First Philosophy and the Unity of the Metaphysics of Aristotle*. Trad. John R. Catan. Albany: State University of New York Press, 1980.
RIZEK, Ricardo. "Prefácio". In: SANTOS, Mário Ferreira dos. *Pitágoras e o Tema do Número*. São Paulo: Ibrasa, 2000.

SANTOS, Mário Ferreira dos. *Teoria do Conhecimento - Gnoseologia e Criteriologia*. São Paulo: Logos, 1954.
______. *Ontologia e Cosmologia*. 3. ed. São Paulo: Logos, 1959.
______. *Filosofia Concreta dos Valores*. São Paulo: Logos, 1960.
______. *O Homem perante o Infinito*. 3. ed. São Paulo: Logos, 1960.
______. *Filosofia e História da Cultura*. São Paulo: Logos, 1962.
______. *Métodos Lógicos e Dialécticos*. 3. ed., vol. 3. São Paulo: Logos, 1963.
______. *Pitágoras e o Tema do Número*. São Paulo: Ibrasa, 2000.
______. *Platão - O Um e o Múltiplo: Comentários sobre o Parmênides*. São Paulo: Ibrasa, 2001.
______. *Cristianismo, a Religião do Homem*. Bauru: Edusc, 2001.
______. *Tratado de Simbólica*. São Paulo: É Realizações Editora, 2007.
______. *Lógica e Dialética - Lógica, Dialética, Decadialética*. São Paulo: Paulus, 2007.
______. *Filosofia da Crise*. São Paulo: É Realizações Editora, 2017.
______. *Filosofias da Afirmação e da Negação*. São Paulo: É Realizações Editora, 2017.
______. *A Sabedoria da Unidade*. São Paulo: Matese, s.d.
SCOT, Duns. *Lectura*, vol. XVII. In: *Opera Omnia*, vols. XVI-XXI. Civitas Vaticana: Typis Polyglottis Vaticanis, 1950-2013.
______. *Ordinatio / Opus Oxoniense*, vol. II. In: *Opera Omnia*, vols. I-XIV. Civitas Vaticana: Typis Polyglottis Vaticanis, 1950-2013.
______. *Tratado do Primeiro Princípio*. Trad. Carlos Nougué. São Paulo: É Realizações Editora, 2015.
SPADE, Paul Vincent. *Five Texts on the Mediaeval Problem of Universals*. Indianapolis: Hackett Publishing Company, 1994.
STUART MILL, John. *A System of Logic Ratiocinative and Inductive - Being a Connected View of the Principles of Evidence and the Methods of Scientific Investigation (Books I-III)*. Collected Works of John Stuart Mill, vol. VII, ed. J. M. Robson. Toronto / London: University of Toronto Press / Routledge & Kegan Paul, 1974.
SUÁREZ, Francisco. *Disputaciones Metafísicas*, vol. 2. Trad. Sergio Rábade Romeo, Salvador Caballero Sánchez e Antonio Puigcerver Zanón. Biblioteca Hispánica de Filosofía, vol. 24. Madrid: Gredos, 1960.
______. *Disputaciones Metafísicas*, vol. 3. Trad. Sergio Rábade Romeo, Salvador Caballero Sánchez e Antonio Puigcerver Zanón. Biblioteca Hispánica de Filosofía, vol. 24. Madrid: Gredos, 1962.
VITA, Luís Washington. "Mário Ferreira dos Santos (1907-1968)". *Revista Brasileira de Filosofia*, vol. 18, nº 70, segundo trimestre de 1968.
VRIES, Josef de. *Denken und Sein - Ein Aufbau der Erkenntnistheorie*. Mensch, Welt, Gott: Ein Aufbau der Philosophie in Einzeldarstellungen herausgegeben von Berchmans-Kolleg in Pullach, vol. 2. Freiburg im Breisgau: Herder & Company, 1937 (tradução espanhola: *Pensar y Ser*. Trad. Jose A. Menchaca. Biblioteca de Filosofía y Pedagogía. Madrid: Razon y Fe, 1945).
WARD, Thomas M. *John Duns Scotus on Parts, Wholes, and Hylomorphism*. Investigating Medieval Philosophy, vol. 7. Leiden: Brill, 2014.
WILLIAMS, Thomas. "John Duns Scotus". *The Stanford Encyclopedia of Philosophy* (edição: inverno de 2019), ed. Edward N. Zalta. Disponível em: <https://plato.stanford.edu/archives/win2019/entries/duns-scotus/>

Textos Críticos

Filosofia Concreta: Uma Obra--Prima em Elaboração

João Cezar de Castro Rocha[1]

Algo existe: passo a passo

A obra-prima de Mário Ferreira dos Santos, *Filosofia Concreta*, principia com uma fórmula que se deseja apodítica:

Alguma coisa há e o nada absoluto não há.

Eis a Tese 1, "o ponto arquimédico", motor do projeto de uma metafilosofia, com precisão matemática e ambição metafísica. O pensador brasileiro pretendeu reconciliar os termos dessa improvável equação numa complexa arquitetura, estruturada com base numa leitura muito particular da tradição filosófica.

(Mário Ferreira dos Santos é bem o artífice de uma *filosofia da emulação.*[2])

[1] Professor Titular de Literatura Comparada da Universidade do Estado do Rio de Janeiro.

[2] Tratarei dessa possibilidade num ensaio futuro, mas, de imediato, ofereço uma passagem-chave: "Se algumas vezes nosso pensamento coincide com o escolástico, é porque, naquele, há possibilidades que são do patrimônio cultural da humanidade, e que só a ignorância e a influência de uma mentalidade burguesa, *sequiosa de originalidade, que domina infelizmente o pensamento moderno*, poderiam levar a esquecer ou menosprezar. Essas positividades se identificam com as da filosofia concreta, como se identificam com ela as do pensamento genuinamente pitagórico, do socrático-platônico, do aristotélico, do plotiniano, do de Tomás de Aquino, do de Duns Scot, do de Suárez, etc." Ver, neste livro, p. 9-10, grifos meus. À recusa decidida de uma ingênua noção de "originalidade", corresponde o projeto de incorporar, concretamente, as *positividades* de sistemas filosóficos anteriores à elaboração da filosofia concreta. Na observação certeira de Luís Mauro Sá Martino: "A habilidade de Mário em reunir ideias e evidências de várias fontes filosóficas era em si uma atitude filosófica". Ver, neste livro, p. 9, n. 9.

Em nota, o autor acrescentou um esclarecimento: "Empregamos 'alguma coisa' no sentido neutro de 'algo'".

Portanto, em princípio, a Tese 1 poderia afirmar:

Algo há e o nada absoluto não há.

E não pode haver dúvida, dada a ressalva do filósofo, mas não se esqueça da filigrana: *no sentido neutro*. Uma pergunta, porém, permanece, isto é, a Tese 1 poderia afirmar:

Alguma coisa existe e o nada absoluto não existe.

Ou:

Algo existe e o nada absoluto não existe.

Tais formas seriam equivalentes? Diriam o mesmo? Responder adequadamente à pergunta é o primeiro passo para a compreensão do projeto enciclopédico do filósofo.

A pergunta, assinale-se, não é extrínseca às preocupações de Mário Ferreira dos Santos. Em seu romance de juventude, *Homens da Tarde*, no drama de Paulsen, ao ser confrontado com o falecimento de sua mãe, chega-se a cogitar a hipótese de um *nada absoluto* além da vida. Contudo, a reação de dois personagens, o próprio Paulsen e Pitágoras, *alter ego* não do autor, mas do futuro pensador, antecipa o ponto arquimédico da filosofia concreta, num exercício de pensamento que contém o núcleo de sua obra:

> – ... Me diga uma coisa, Paulsen... – e fitando-o sério: – Você já imaginou se o mundo não existisse? – Paulsen não respondeu, mas tinha toda a atenção e seu olhar voltado para Pitágoras. E este prosseguiu: faça uma coisa. Imagine que o mundo não existe e nós não *existimos*, portanto. Vá além. Pense que *não existem* também os planetas nem as estrelas, nem os cometas, nada do mundo sideral. O todo é um imenso nada. *Nada existe*. Tudo desapareceu. Nem tempo, nem espaço. É tudo um imenso não-ser que é nada porque não tem dimensões nem qualidades,

> nada. Tudo é nada. Nada é nada. Diga, imagina isso? Imagine bem; nada... nada...
> – Impossível, Pitágoras! Até arrepia a gente. Tudo em mim... as minhas carnes, os meus músculos, não concordam, protestam, reagem. Impossível o nada... impossível!
> – Aí está a primeira verdade. Você já sentiu isso ante a morte de sua mãe. O nada não acreditamos. Se choramos é por medo. Tememos o nada. Tudo teme o nada, porque há algo que teme o nada, e desse algo nós fazemos parte. [...] Mas *existe* essa verdade: *algo existe*, e nesse algo aquilo que consideramos o nosso "eu" está incluído, eu, você, todos. Paulsen parta dessa verdade que lhe dá suas carnes.[3]

Se for aceitável a datação que propus,[4] o romance, que permaneceu inédito durante a vida do autor, foi esboçado na década de 1930. Por sua vez, a *Filosofia Concreta* foi redigida na década de 1950. Nesses vinte anos, uma sutil transformação se verifica na escrita do filósofo: o verbo *existir* é decididamente substituído pelo *haver*.[5]

Pois bem: shakespearianamente, podemos indagar: o que *há* num verbo e sobretudo em sua mudança?

Começo pelo segundo termo da Tese 1: o nada absoluto. Sabemos, pela Tese 2, que, "por ser impossível, nada pode". E ele é impossível porque, como esclarece a Tese 1, "não há".

A mera exclusão do "nada absoluto" conduziria à aporia de Parmênides, cujo poema *Da Natureza* engendrou os "três princípios lógicos que a tradição instituiu como tutelares do pensamento".[6] Você sabe muito

[3] Mário Ferreira dos Santos, *Homens da Tarde*. São Paulo, É Realizações Editora, 2019, p. 142-43, grifos meus.

[4] "Bem pesadas essas circunstâncias, parece seguro localizar o enredo de *Homens da Tarde* entre julho-agosto de 1936 e março-abril de 1937, isto é, um pouco depois da eclosão da guerra e um pouco antes do bombardeamento de Guernica." João Cezar de Castro Rocha, "Um romance de problemas: a ficção filosófica de Mário Ferreira dos Santos". In: *Homens da Tarde*, op. cit., p. 194.

[5] Nesse mesmo posfácio, associei a pergunta de Pitágoras à indagação de Leibniz, "Pourquoi y a-t-il quelque chose plutôt que rien?", e à tradição daí derivada, que levou Martin Heidegger a inquirir: "Warum ist überhaupt Seiendes und nicht vielmehr Nichts?". Ibidem, p. 209-11.

[6] Parmênides, *Da Natureza*. Tradução, notas e comentários de José Trindade Santos. São Paulo, Edições Loyola, 2002, p. 67. Consulte-se, também, a tradução comentada de Fernando Santoro, *Filósofos Épicos I – Parmênides e Xenófanes*. Rio de Janeiro, Fundação Biblioteca Nacional / Hexis Editora, 2011. Para o Poema de Parmênides, ver p. 77-111.

bem quais são: identidade, contradição e o terceiro excluído. Este último, o *tertium non datur*,[7] implicava a impossibilidade de meio termo entre os princípios de identidade e de contradição, o que gerava uma aporia que foi devidamente explorada por Górgias, em seu *Tratado do Não-Ente*, que inaugurou na cena filosófica a tripla negação: "Que se algo existisse, ele seria incognoscível e inconcebível pelo homem. [...] Mas mesmo que possa ser apreendido, é incomunicável ao outro".[8]

Por isso, no diálogo *Sofista*, Platão enfrentou o dilema, estabelecendo mediações necessárias entre o Ser e o Nada. Mencione-se ainda outro diálogo platônico, dedicado ao fundador da escola eleática, *Parmênides*. Diálogo, aliás, traduzido e comentado por Mário Ferreira dos Santos.[9] Na ausência de mediações, de graus entre os extremos, o dinamismo de todo vivente seria reduzido a uma concepção estática, hierática até. As palavras do Estrangeiro não poderiam ser mais claras:

> Que, para defender-nos, teremos de necessariamente discutir a tese de nosso pai Parmênides e demonstrar, pela força de nossos argumentos, que, em certo sentido, o não-ser é; e que, por sua vez, o ser, de certa forma, não é. [...] Essa é a razão por que é chegada a hora de atacar a tese de nosso pai [...].[10]

Mário Ferreira dos Santos contribuiu para esse debate, central na tradição filosófica. Numa seção de grande importância para assinalar

Pode-se, ainda, ler a tradução de Mário Ferreira dos Santos, incluída em *Platão – O Um e o Múltiplo: Comentários sobre o Parmênides*. São Paulo, Ibrasa, 2001, p. 27-29.

[7] O discurso que séculos depois seria chamado de ficcional não deixa de ser um resgate do *tertium non datur*.

[8] Górgias, *Tratado do Não-Ente*. Tradução e apresentação de Maria Cecília de Miranda N. Coelho. In: *Cadernos de Tradução*, 4. Departamento de Filosofia da Universidade de São Paulo, 1999, p. 13-14.

[9] Mário Ferreira dos Santos, *O Um e o Múltiplo*, op. cit. Em breve, reeditaremos esta tradução. Os comentários têm grande importância para esclarecer a centralidade de Pitágoras no filosofar concreto.

[10] Platão, *Sofista*. Tradução e notas de Jorge Paleikat e João Cruz Costa. In: *Os Pensadores*. São Paulo, Abril Cultural, 1983, p. 160-61. Na seção "Definição do não-ser como alteridade", o ponto é aprofundado. O Estrangeiro segue com a palavra: "[...] necessariamente, que há um ser do não-ser, não somente no movimento, mas em toda a série dos gêneros; pois, na verdade, em todos eles a natureza do outro faz cada um deles outro que não o ser e, por isso mesmo, não-ser". Ibidem, p. 181.

a potência da reflexão desenvolvida em *Filosofia Concreta*, "O tema do *Meon*", o pensador arriscou o pulo do gato. Em suas palavras:

> Resta agora examinar outro nada, o não-ser, o *me on* pitagórico-platônico (do grego *mé* = não e *on* = ente), o *outro*, o *állos* de que falava Pitágoras, que se apresentou a muitos como uma afirmação dualista, assim erradamente atribuída a Platão. Sobre esse *nada*, de que ainda não falamos, desejamos agora especular, porque é ele de magna importância para o exame do tema da criação.[11]

O resgate do conceito de *meon* permite retornar à Tese 1 com novo vigor.

Passo a passo, porém.

Nesta seção, o filósofo propõe uma distinção refinada, e resgatar essa diferenciação é fundamental para o entendimento aprofundado de seu projeto:

1. o *nihilum*;
2. o nada relativo;
3. o nada-vazio (*to kenon*, de Demócrito);
4. o não-ser, que chamaremos daqui por diante o *Meon*.[12]

Como se vê, a questão não se cinge ao nada absoluto – o *nihilum* –, pois o filósofo distingue "quatro espécies de nada", e dessas o *meon* é o conceito decisivo para a arquitetura da filosofia concreta.

(Nada menos.)

Eis o que anuncia a Tese 222:

O Meon *não é ser, é não-ser e, como tal, potencialmente infinito.*

O anúncio adquire pleno sentido ao se introduzir uma modalidade na noção de *potencialmente infinito*.

[11] Ver, neste livro, p. 354, grifo do autor.
[12] Ver ibidem.

Vamos lá?

O *meon*, porque *é* não-ser, já exclui o *nihilum*, pois, por si só, ser não-ser desautoriza a hipótese do nada absoluto. De igual modo, ele não é o nada relativo, pois não é ser, porém não-ser. Muito menos o *meon* se confunde com *to kenon* de Demócrito, porque, como não-ser, não pode, por assim dizer, rodear ilhas de ser – e isso para não mencionar que tal concepção implicaria um pluralismo ontológico que se afasta, e muito, do projeto filosófico de Mário Ferreira dos Santos.

Como então o não-ser pode ser potencialmente infinito, *e como tal*? Ou seja, precisamente *enquanto* não-ser?

A resposta ilumina a diferença entre o uso dos verbos existir e haver, estabelecendo uma ponte entre as Teses 1 e 222, como se fossem as vigas mestras do edifício filosófico de Mário Ferreira dos Santos.

Volto à pergunta: como o não-ser, como tal, pode ser potencialmente infinito?

O filósofo ofereceu uma resposta esclarecedora na mesma Tese 222:

> O *Meon* é a infinita possibilidade de vir-a-ser do poder infinito de atuar do Ser Supremo.[13]

Na tese seguinte, o esclarecimento prossegue:

> Da infinita potencialidade ativa do Ser Supremo decorre necessariamente uma infinita potencialidade passiva. Ao infinito poder-fazer do Ser Supremo tem de corresponder um infinito potencial de poder-ser-feito. E este é o *Meon*. É outro que ele (*állos*), não outro ser ao lado do Ser Supremo, mas outro precisamente porque não-é-ser, é *Meon*.[14]

Hora de retornar à Tese 1 e à substituição do *existir*, da década de 1930, pelo *haver*, da década de 1950. Nessa mudança, reside a força da concepção de Mário Ferreira dos Santos, assim como se evidencia o percurso de sua reflexão. O verbo haver não supõe a conotação da

[13] Ver, neste livro, p. 356.
[14] Ver ibidem.

passagem da potência ao ato, que se encontra no verbo existir, como a própria etimologia o sugere: *ex-sistere*, estar fora, manifestar-se, mostrar-se. Em termos aristotélicos, *haver* está para a potência como *existir* está para o ato, pois o verbo existir indica a possível exteriorização de atos determinados.

É perfeitamente concebível que algo *haja*, enquanto potência, mas não *exista*, enquanto ato – ou que não *exista ainda*, podendo vir a ser num momento futuro. Para isso, é necessário que se conceba uma *potência infinitamente ativa* – pois tudo que venha a existir pode sê-lo porque já há em potência – e uma *potência infinitamente passiva* – de modo que tudo o que possa vir a ser venha a sê-lo pela capacidade ilimitada de receber determinações.

***

Uma pausa.

Melhor: uma aproximação.

Pense na obra fundamental de Franz Weissmann e sobretudo nas instigantes estruturas do *Cubo Vazado* e do *Cubo Aberto*, com ênfase para a primeira. Experiência materializada em 1951, e que acompanhou toda a reflexão do artista, o *Cubo Vazado* é uma peça filosofante, um autêntico filosofema escultórico, que pode ser associado à noção de *meon*.

Uma retrospectiva de Franz Weissmann recebeu o significativo título de *O Vazio como Forma*, isto é, o vazio como potência infinita de criação de formas imaginárias, projetadas para a imaginação do participante da exposição – e a redundância se impõe.[15]

É bem isso: o *meon* não é a forma do vazio, ocorrência da ordem do existir, mas o vazio como forma, potência da ordem do haver. E, nesse sentido, *sempre houve* o vazio como forma – ou processo algum de formação seria possível.

Arrisco outra aproximação:

[15] *Franz Weissmann – O Vazio como Forma*. Concepção e realização: Itaú Cultural, 2019. Curadoria: Felipe Scovino. No catálogo, lemos o seguinte esclarecimento: "Em suas primeiras obras, especialmente nas duas últimas citadas, estão contidas as ideias do vazio como volume, mas também a quebra de uma perspectiva frontal e a aparição de uma visão múltipla de escultura por causa de uma dupla repetição (e associação) de cubos". Ibidem, s/p.

Penso na obra fundamental de Clarice Lispector e sobretudo nas instigantes palavras de *A Hora da Estrela*:

> Tudo no mundo começou com um sim. Uma molécula disse sim a outra molécula e nasceu a vida. Mas antes da pré-história havia a pré-história da pré-história e *havia o nunca e havia o sim. Sempre houve*. Não sei o quê, mas sei que o universo jamais começou.[16]

***

Em momentos diversos do texto, a escrita de Mário Ferreira dos Santos autoriza minha interpretação.

Vejamos alguns casos.

Na Tese 110, afirma-se:

> Ora, tudo quanto há, tudo quanto é, foi e será, tem a sua origem no Ser Infinito. Consequentemente, tudo quanto acontece, aconteceu ou acontecerá foi providenciado por ele, pois do contrário teria vindo do nada, o que é absurdo.[17]

A questão é sutil: se *tudo quanto é, foi e será* serve de aposto explicativo a *tudo quanto há*, as duas expressões são coextensivas, sem que se tenha de estabelecer o paralelismo: "tudo quanto há, houve e haverá". Em palavras diretas: o *haver* difere do *existir*, pois o *haver* inclui: o que existe; o que existiu e não existe mais; e o que não existe mas ainda existirá. Pura potência, portanto.

(Clarice Lispector, leitora de Mário Ferreira dos Santos: *Sempre houve*.)

Nos "Comentários à prova de Santo Anselmo" o caráter fático do *existir*, pelo contrário, vem à superfície, mostrando-se inteiro:

[16] Clarice Lispector, *A Hora da Estrela*. Rio de Janeiro, Livraria Francisco Alves, 1990, p. 25, grifos meus.

[17] Ver, neste livro, p. 197.

Assim, se algo, na esfera das coisas físicas, existe, podemos encontrar a necessidade de sua existência, por estas ou aquelas causas coordenadas. Se existe, é necessária a sua existência, mas *dependente*.[18]

A existência de algo é dependente porque determinada, limitada necessariamente pelas próprias determinações que asseguram seu *existir*: ato singular, ôntico, não mais potência ontológica, traço exclusivo do *haver*.

Nos "Comentários aos princípios", que se seguem à Tese 257, a distinção é tornada tão cristalina quanto sintética: "[...] partindo de que 'alguma coisa há', alcançamos que 'alguma coisa existe' [...]".[19]

Tal operação somente é possível pela categoria do *meon*, o ser do não-ser.

No vocabulário de Mário Ferreira dos Santos, a relação dinâmica entre Ser Supremo e *meon* mimetiza a operação mesma do cosmos, e a proporcionalidade intrínseca a esse dinamismo remete o pensamento do brasileiro à apropriação intensa e inovadora do legado pitagórico, associado à hermenêutica platônica. Aqui, também se destaca a leitura pioneira que o brasileiro fez do filósofo romeno-francês Stéphane Lupasco, cuja "logique dynamique du contradiction" e cujo "principe d'antagonisme" já inspiravam o Mário Ferreira dos Santos de *Filosofia e Cosmovisão* (1952).[20] Recorde-se somente uma passagem expressiva desse livro:

> [...] ver essa pulsação em toda a existência, esse antagonismo em todo o existir, permite que se abra um novo caminho para novas investigações, ao mesmo tempo que nos permite visualizar o pensamento humano de um ângulo superior e compreender as divergências, e ultrapassar o estreito de uma concepção unívoca, e

[18] Ver, neste livro, p. 232, grifo do autor.

[19] Ver, neste livro, p. 392.

[20] Stéphane Lupasco, *Le Principe d'Antagonisme et la Logique de l'Énergie*. Paris, Éditions Hermann, 1987. A primeira edição é de 1951. Anotei o diálogo entre os filósofos em "Conjecturas e refutações: a intuição de Mário Ferreira dos Santos". In: Mário Ferreira dos Santos, *Filosofia e Cosmovisão*. São Paulo, É Realizações Editora, 2018, especialmente p. 300.

> permite que nosso espírito, conhecendo outra sutileza, possa *invadir novos terrenos*, sem medo de afrontá-los. Viveram os pensadores procurando ocultar, escamotear, conscientemente ou não, tudo quanto vinha perturbar a doce tranquilidade de uma concepção homogênea e estável. A *nova filosofia* que há de surgir não temerá mais penetrar pela *selva das antinomias e as aceitará como constitutivas da existência finita*, para, por meio delas, efetivar uma visão mais ampla, mais geral e mais concreta da realidade.[21]

Lançada em 1952, *Filosofia e Cosmovisão* foi o primeiro momento de afirmação autoral de Mário Ferreira dos Santos no tocante a um projeto filosófico próprio. É notável perceber que ele já vislumbrava o horizonte de um filosofar concreto, *a nova filosofia*, que não somente valorizaria a *selva das antinomias*, como também, e sobretudo, delas faria a via real de acesso para o entendimento das partes *constitutivas da existência finita.*

Retorno, pois, à *Filosofia Concreta*, ponto de fuga das intuições apresentadas em *Filosofia e Cosmovisão.* No pensamento de Mário Ferreira dos Santos, a categoria de Ser Supremo equivale à potência, necessariamente infinita, de determinação de tudo que possa vir a ser. Daí a afirmação que consta na Tese 228:

> O Ser Supremo é criador desde todo o sempre, porque há o que pode ser criado.[22]

Se há o que pode ser criado é porque ainda não o foi, ou seja, não *existe* de uma forma determinada, não veio *ainda* a ser, mas *há* enquanto potência de uma futura determinação. Para que o dinamismo do Ser Supremo não seja limitado pela existência, sempre contingente e singular, é indispensável que haja sempre alguma coisa ainda por vir a ser, pois, em caso contrário, a potência ativa logicamente não seria infinita. Entenda-se: tudo que existe existe numa forma necessariamente limitada, porque concretamente determinada desta e não de uma outra forma qualquer. Na redação elegante e epigramática da Tese 230:

[21] Mário Ferreira dos Santos, *Filosofia e Cosmovisão*, op. cit., especialmente p. 246, grifos meus.
[22] Ver, neste livro, p. 363.

> Porque há o *Meon*, são possíveis os possíveis.[23]

Precisamente por ser não-ser, pura potência infinitamente passiva, o *meon* permite supor tudo que *ainda* possa vir a ser, determinado pela potência infinitamente ativa. Na Tese 228, a inspiração pitagórica vem à tona na explicitação da proporcionalidade intrínseca que estrutura o dinamismo do pensar concreto:

> O *Meon* não é um outro fora do ser. É o Não, que concretamente corresponde ao grande Sim, pois a absoluta afirmação do Sim implica a absoluta negação do Não.[24]

(Outra vez: Clarice leitora de Mário: "Mas antes da pré-história havia a pré-história da pré-história *e havia o nunca e havia o sim*".)

Proporcionalidade intrínseca: noção que atravessa o texto de *Filosofia Concreta*, autêntica marca d'água da concepção de Mário Ferreira dos Santos, baixo contínuo que confere ritmo à complexa trama de sua metafilosofia. Além de assinalar a reinvenção do lugar de Pitágoras na história da filosofia, a noção permite superar os limites de uma formulação exclusivamente lógica, como veremos na próxima seção. Como se dialogasse com o Jorge Luis Borges de "Kafka y sus precursores", o filósofo jogou ousadamente com a cronologia: "Vê-se, desse modo, que o pensamento de Pitágoras antecedeu o de Platão e o de Aristóteles *e os incluía*".[25] Reescrita por Mário Ferreira dos Santos, a célebre frase de Alfred North Whitehead sofreria uma alteração significativa: "A caracterização geral mais segura da tradição filosófica europeia é que ela consiste numa série de notas de rodapé a *Pitágoras*".[26]

[23] Ver, neste livro, p. 364.
[24] Ver, neste livro, p. 362.
[25] Mário Ferreira dos Santos, *Filosofias da Afirmação e da Negação*. São Paulo, É Realizações Editora, 2017, p. 245, grifo meu.
[26] "The safest general characterization of the European philosophical tradition is that it consists of a series of footnotes to Plato." Alfred North Whitehead. *Process and Reality*. New York, Free Press, 1979, p. 39.

Na Tese 102, o princípio da proporcionalidade intrínseca é exposto meridianamente:

> Chama-se de *forma* a razão intrínseca de um ser, o *pelo qual* (*quo*) o ser é o que é. Assim, este ser é homem porque tem a forma humana, a razão intrínseca do homem, a lei de proporcionalidade intrínseca da hominilidade.[27]

Por *razão*, entenda-se *ratio*, isto é, a relação proporcional de elementos intrínsecos que define uma *forma*. Encontramo-nos, como você se deu conta, no universo dos *arithmoi* (ἀριθμοί), segundo a doutrina pitagórica. Num comentário ao *Parmênides*, o filósofo-tradutor sintetizou com brilho seu entendimento do conceito de número:

> Toda forma, que é intrínseca a cada ser, é uma proporcionalidade interna, que não é apenas quantitativa, mas também qualitativa, relacional, funcional, etc. O *pelo qual* a coisa é o que é e não outra, que é a sua essência, é essa proporcionalidade, que é uma harmonia dos opostos intrínsecos de um ser. Portanto, a essência das coisas finitas, para Pitágoras, implica sempre a cooperação dos opostos.[28]

Eis outro modo de afirmar a oportunidade de uma filosofia das antinomias, vale dizer, de um pensamento que incorpore as contradições como método. Sobretudo, trata-se de elaborar uma reflexão na qual lógica e ontologia não se oponham, antes sejam complementares. Perspectiva que favorece uma leitura forte da Escolástica.

Ontologizar a Escolástica?

O autor de *Lógica e Dialética* (1954) sempre atribuiu ao edifício lógico da Escolástica uma importância decisiva, pois, segundo Mário Ferreira dos Santos, muitos dos dilemas e das aporias da filosofia moderna

[27] Ver, neste livro, p. 192, grifos do autor.
[28] Mário Ferreira dos Santos, *O Um e o Múltiplo*, op. cit., p. 70.

já teriam sido adequadamente equacionados pela lógica escolástica. No entanto, tais soluções não foram consideradas, simplesmente porque os pensadores modernos deixaram de ler os escolásticos com a minúcia devida! E isso seria válido mesmo para autores como René Descartes e Immanuel Kant.[29] Um exemplo dessa "falta" de leitura - ou de consulta apressada, numa fórmula mais diplomática - se evidencia na querela dos universais. Ora, em lugar de investir numa resposta seja objetiva, seja subjetiva - e a oposição dessas opções engendra aporias que dificilmente permitem levar adiante a reflexão –, a Escolástica já havia antecipado uma alternativa mais fecunda, isto é, uma resposta subjetiva-objetiva. Resgatar a potência da análise lógica dos escolásticos é um dos eixos decisivos da obra de Mário Ferreira dos Santos.

Ao mesmo tempo, porém, o filósofo buscou dar uma contribuição própria, cujo alcance ajuda a iluminar o cerne das teses que articulam a escrita da *Filosofia Concreta.*

Eis: numa frase brutalmente sintética: *trata-se de ontologizar a lógica escolástica.*

O ponto é decisivo: Mário Ferreira dos Santos estava convencido de que sua contribuição à Escolástica possibilitaria superar aporias clássicas de toda a tradição filosófica.

(Nada menos do que isso.)

Nos comentários à Tese 65, o filósofo mencionou pela primeira vez essa possibilidade:

> Na filosofia clássica, encontramos, sobretudo em Tomás de Aquino, tanto na *Summa contra Gentiles* como na *Summa Theologica,* o emprego do argumento fundado nos seres contingentes para provar a existência de Deus como ser absolutamente necessário. Essa prova é de máxima importância na teologia clássica, mas, como seu ponto de partida é um tanto controverso, só deve

[29] Em seu livro de diálogos, o tema é abordado com franqueza: "- Mas por que filósofos como Descartes, Leibniz, Hegel, Kant, Spinoza e tantos outros desprezaram a escolástica? - perguntou Vítor. / - Simplesmente porque não a conheciam - respondeu Pitágoras." Idem, *Filosofias da Afirmação e da Negação,* op. cit., p. 135.

ser aceita se for *robustecida pelo apoio ontológico, como oferecemos através da filosofia concreta.*[30]

Isto é, a ontologização da lógica implicaria a precedência da ontologia, o que, por sua vez, favorece a preocupação com a metafísica - uma metafísica matematizada, não se esqueça. Nesse sentido, Mário propôs o resgate do argumento ontológico de Santo Anselmo precisamente por entendê-lo não como uma demonstração puramente lógica, mas, pelo contrário, como sobretudo uma demonstração ontológica.

Nas palavras do filósofo, nos "Comentários à prova de Santo Anselmo":

> O argumento de Santo Anselmo era ontológico e não lógico. Se fosse *apenas lógico*, haveria razão de afirmar que nele havia um salto indevido de uma esfera para outra, *da lógica para a ontológica*. Mas, na verdade, o seu raciocínio pairava sobretudo na esfera ontológica, embora partisse, como não podia deixar de ser, da *conceituação humana*, mas para alcançar uma *conceituação ontológica*, que só pode ser o que é (monovalente, portanto).[31]

Os limites da Escolástica estariam concentrados no caráter *apenas lógico* de seus argumentos: ainda que logicamente eles fossem dotados de enorme sofisticação, nalguns faltaria a passagem *da esfera lógica para a ontológica*, esta necessariamente superior àquela. O resgate da operação de Santo Anselmo é fundamental, porque o autor do *Proslogion* compreendeu pioneiramente a centralidade da ontologia, nos termos propostos pelo filósofo brasileiro.

Uma segunda hierarquia, e que retomarei na próxima seção, distingue *conceituação humana* e *conceituação ontológica*. As consequências dessa dupla hierarquização são fundamentais para o projeto de uma filosofia concreta.

[30] Ver, neste livro, p. 116-17, grifos meus. Passagens similares são frequentes no livro. Cito um trecho expressivo: "Se as provas da escolástica, seguindo outras vias, não são suficientes, nem por isso são falsas. O que desejamos não é repeli-las, mas apenas acrescentar outras vias que servem para robustecê-las". Ibidem, p. 269.

[31] Ver, neste livro, p. 230, grifos meus.

De um lado, o desenvolvimento de uma matematização da filosofia, com vistas à formulação apodítica da metafísica, tinha como base a primazia da ontologia em relação à lógica e também em relação à condição humana.

(Isso mesmo! Espere um pouco e explicarei.)

De outro lado, esse projeto precisava superar a crítica kantiana das antinomias. Compreenda-se o desafio: a tradição da filosofia ocidental, na perspectiva do pensador brasileiro, cometeu um erro grave, no caso, o esforço para superar as antinomias levou ao predomínio da lógica. Passo tornado possível, mesmo necessário, em virtude da afirmação kantiana do caráter inacessível da coisa em si (*Das Ding an sich*). E a *coisa em si*, como se sabe, não pertence ao campo da razão pura, logo, a metafísica não tinha condições de propiciar uma área própria de conhecimento – muito menos de constituir a base de uma filosofia apodítica.

Entende-se, assim, que uma longa seção da *Filosofia Concreta* seja dedicada à crítica minuciosa da obra kantiana, especialmente à recusa da crítica das antinomias; sem essa refutação, reitere-se, o projeto de uma matematização da metafísica seria obviamente inviável.[32]

Não é tudo.

Mário Ferreira dos Santos formulou um pensamento original que não partia do princípio da necessidade de superação das antinomias. Num caminho diametralmente oposto, ele apostou numa filosofia que incorporasse a própria antinomia como forma de pensamento.

Ainda mais.

Mário Ferreira dos Santos tudo arriscou numa equivalência ousada: a realidade físico-química, ela mesma, conheceria sua estruturação profunda por meio duma série de antinomias. Respeitada essa equivalência, entende-se a dedução que o filósofo propõe: "[...] a validez da Metafísica como ciência [...]".[33] De igual sorte: "A Filosofia é Ciência, porque é um saber culto e, como tal, é um saber fundado em demonstrações".[34]

[32] No Arquivo Mário Ferreira dos Santos / É Realizações Editora encontramos o datiloscrito de um livro inédito, *As Três Críticas de Kant*, que em breve lançaremos.
[33] Ver, neste livro, p. 137.
[34] Idem, p. 516.

Aqui, como assinalei, a obra de Stéphane Lupasco foi particularmente importante para o filósofo brasileiro, propiciando uma alternativa às soluções tradicionais da história da filosofia, pois, no fundo, não se pode "fugir ao dualismo, ao antagonismo da existência, essa *estrutura dualística antinômica do nosso espírito como do mundo tempo-espacial*".[35]

A correspondência entre ontologia e lógica, desenvolvida pela filosofia concreta, seria a mais completa tradução desse fenômeno.

Filosofar pós-humano?

A riqueza das 327 Teses permitiria abrir muitas outras frentes de reflexão. Dados os limites deste posfácio, contudo, e à guisa de conclusão, limito-me a sublinhar uma das mais originais e provocadoras hipóteses de Mário Ferreira dos Santos, que, salvo melhor juízo, não foi suficientemente destacada pelos seus leitores.

Eis: *o filosofar concreto independe do sujeito humano*, pois, como vimos, a *conceituação humana* nem sempre alcança o nível apodítico da *conceituação ontológica.*

A filosofia concreta, ou qualquer perspectiva filosófica, naturalmente, só pode ser formulada pelo sujeito. Contudo, mesmo na eventual (e possível, se não provável) ausência do humano no planeta, ainda assim os pressupostos da filosofia concreta permaneceriam válidos.

Consequência linguística dessa ousada hipótese: muito rapidamente, o filósofo deixa de se referir ao sujeito humano para referir-se à *criatura* – o vivente, pois.

Acompanhemos parte do percurso.

Nos "Comentários finais ao *Meon*", que se seguem à Tese 230, a expressão é cortante: "resta um poder-ser ao que é deficitário, criatura".[36] Na Tese 260, a sinonímia se repete: "O ser deficiente é a criatura".[37] Nos "Argumentos correlatos a favor da Tese", logo após a Tese 10, o sujeito já tinha sido despojado de qualquer onipotência, mera criatura entre outras:

[35] Mário Ferreira dos Santos, *Filosofia e Cosmovisão*, op. cit., p. 300.

[36] Ver, neste livro, p. 366.

[37] Ver, neste livro, p. 399.

> Ora, o homem é um ser híbrido e deficiente, e não poderia captar direta e imediatamente o ser em toda a sua pureza, e todo o seu conhecimento, pela hibridez de seus esquemas, é, consequentemente, híbrido.[38]

Nos "Comentários dialéticos", que se seguem à Tese 17, Mário Ferreira dos Santos levanta uma *questão prenhe de questões que nos levariam longe.*

Muito longe.

Prepare-se para a leitura de um excerto generoso e provocador:

> [...] A filosofia concreta impõe-se *per se*, independentemente do homem.
>
> Se o homem não existisse, as teses haveriam de se impor independentemente dele. Elas o antecedem, o acompanham e o sucedem. *O homem é apenas um instante histórico do universo*, mas as verdades ontológicas, por nós captadas, fogem, alheiam-se, separam-se de toda historicidade. Elas são alheias à história, e por isso, virgens das sedimentações decorativas do espírito humano através da sua historicidade.
>
> Os conteúdos conceituais impõem-se *per se*. E cada conteúdo é assim, e não pode ser de outro modo, e revela-se necessariamente assim como é exposto.
>
> Esta é a fundamental razão por que a filosofia concreta é uma matematização do conhecimento. Traz a marca humana, apenas no elementar dos termos verbais, *mas os conteúdos ultrapassam o homem*. A filosofia concreta, deste modo, transcende o campo antropológico, para revelar-se como genuinamente ontológica.[39]

Essa ousada concepção permitiu uma resposta ainda mais inesperada à pergunta heideggeriana, assim traduzida por Mário Ferreira dos Santos na Tese 319, "Por que antes o ser do que o nada?". Ancorado na

[38] Ver, neste livro, p. 42.

[39] Ver, neste livro, p. 54-55, grifos meus.

hipótese concreta, eis seu comentário: "este 'por quê?' é uma pergunta humana, não uma pergunta ontológica".[40]

Corrijo, pois, o título desta última seção: a filosofia concreta não implica um filosofar pós-humano: só o sujeito humano pode formular as 327 Teses que compõem a obra-prima de Mário Ferreira dos Santos, mas, ao mesmo tempo, "o que conhecemos através das experiências físicas vem apenas confirmar o que a filosofia concreta já colocava",[41] como se assinalou na Tese 321. Vale dizer, a filosofia concreta independe da *conceituação humana* porque encontra seu núcleo na *conceituação ontológica*, e, ainda que nem sempre se possa aceder a esse nível, a filosofia é a história da travessia em sua busca.

Para concluir, *comme il faut*, recordemos o fecho deste livro:

> A Filosofia é ação; é o afanar-se para alcançar a *Mathesis Suprema*. Se esta é ou não alcançável pelo homem, este, como um viandante (*homo viator*), deve buscá-la sempre, até quando lhe paire a dúvida, de certo modo bem fundada, de que ela não lhe está totalmente ao alcance.
> Esse afanar-se acompanhará sempre o homem, e, estabelecido um ponto sólido de esteio, devemos esperar por melhores frutos.[42]

Claro: a *Filosofia Concreta*: fruto desse afanar-se e, assim acreditava Mário Ferreira dos Santos, *o* ponto sólido de esteio.

Esta edição

Em primeiro lugar, deve-se destacar o árduo trabalho de pouco mais de um ano envolvido nesta reedição de *Filosofia Concreta*. Vale a pena enumerar, muito rapidamente, os principais momentos do longo processo de preparação da obra-prima de Mário Ferreira dos Santos.

Graças à organização do Arquivo Mário Ferreira dos Santos / É Realizações Editora, localizamos dois datiloscritos do texto, denominados D1 e D2, respectivamente, Datiloscrito 1 e Datiloscrito 2. A datação

[40] Ver, neste livro, p. 498.
[41] Ver, neste livro, p. 505.
[42] Ver, neste livro, p. 514.

foi possível pela comparação dos textos com as três edições de *Filosofia Concreta* lançadas pelo próprio autor, e com revisões abundantes. Portanto, o texto desta reedição é o resultado do cotejo minucioso, parágrafo a parágrafo, linha a linha, palavra a palavra, da versões D1 e D2 com as três edições publicadas em vida pelo autor.

Naturalmente, seguiremos atentos e dispostos a aperfeiçoar o texto em futuras reedições, mas o texto que você tem em mãos é a edição mais cuidadosa jamais apresentada de *Filosofia Concreta.*

O apuro editorial incluiu outro cuidado que exigiu muitos meses de trabalho.

Mário Ferreira dos Santos não tinha o hábito de esclarecer as inúmeras referências bibliográficas dos muitos autores discutidos em seus livros. E é mesmo possível que, aqui e ali, tenha citado textos clássicos da tradição filosófica recorrendo à memória.

André Gomes Quirino realizou um trabalho verdadeiramente beneditino e localizou praticamente todas as citações empregadas pelo filósofo. É a primeira vez que a *Filosofia Concreta* será lida com esse aparato.

Aliás, o mesmo André Gomes Quirino escreveu um brilhante e alentado ensaio, a fim de esmiuçar as mudanças internas do texto. E foram muitas: Mário Ferreira dos Santos reescreveu obsessivamente sua obra-prima. André iluminou o complexo labirinto dessas revisões, supressões e acréscimos. Seu ensaio desde já é uma das contribuições mais importantes à fortuna crítica do autor de *Métodos Lógicos e Dialéticos.*

De igual modo, reproduzimos o estudo fundamental de Luís Mauro Sá Martino, "Em busca de uma região desconhecida", que localiza a *Filosofia Concreta* no conjunto da obra do filósofo.

Por fim, na seção dedicada ao Arquivo Mário Ferreira dos Santos / É Realizações Editora oferecemos ao público leitor uma seleção rigorosa de documentos-chave para a apreciação do laborioso esforço do autor na formulação de sua obra-prima.

Hora, pois, de passar à leitura de *Filosofia Concreta.*

Em Busca de uma Região Desconhecida: Introdução à *Filosofia Concreta*

Por Luís Mauro Sá Martino[1]

Alguns trechos escritos em guardanapos de papel comum, daqueles encontrados no balcão de qualquer bar ou padaria, parecem ser os primeiros esboços da *Filosofia Concreta.* Mais do que um detalhe casual, isso explica alguma coisa sobre o autor, Mário Ferreira dos Santos. Ao longo de dezesseis anos de trabalho, escreveu mais de dez mil páginas a respeito de praticamente todos os temas filosóficos, e deixou ainda outras cinco mil inéditas. Para produzir tanto, não é de estranhar que a qualquer momento ele precisasse anotar alguma coisa, até mesmo tomando um café em uma padaria – algo que, as referências indicam, ele gostava de fazer.

Esses esboços são linhas esparsas, no máximo um ou dois blocos de texto, anotações, comentários e projetos. É possível encontrar desde um pensamento detalhado de dois parágrafos sobre proposições até simples anotações relativas aos próximos passos de trabalho. E isso lembra que qualquer momento de tempo era útil para se dedicar ao pensamento.

O objetivo deste texto é apresentar alguns pontos básicos da *Filosofia Concreta* e de seu autor. "Apresentar" é a palavra: um trabalho biográfico completo, bem como uma análise detalhada do livro, demandaria um espaço além deste ensaio.

I – Alguns detalhes biográficos

As anotações em guardanapos de papel mostram também a capacidade de concentração do autor. De acordo com recordações de suas filhas, Nadiejda e Yolanda, Mário conseguia passar de uma preocupação cotidiana para o mais elaborado pensamento filosófico

[1] Professor de Comunicação Comparada da Faculdade Cásper Líbero e doutor em Ciências Sociais pela PUC-SP.

em poucos segundos, o que lhe permitia escrever literalmente em qualquer lugar. Essa capacidade de concentração, Mário explica em sua correspondência, foi aprendida dos padres jesuítas com quem estudou na infância. Mas isso não é, nem de longe, sinal da religiosidade da família. Ao contrário.

Francisco Santos, seu pai, era português. Diretor de uma companhia teatral itinerante pelo interior do Brasil, estava na cidade de Tietê, em São Paulo, quando Mário nasceu, em 3 de janeiro de 1907. De fato, os jornais da época na cidade mencionam o sucesso das apresentações teatrais, e tudo indica que Francisco estava no palco enquanto, do outro lado da cidade, seu filho estava nascendo. A companhia ficou na cidade mais alguns dias e seguiu seu caminho.

A história continua algum tempo depois em Pelotas, no Rio Grande do Sul, onde Francisco resolveu se estabelecer. O grupo de teatro foi transformado por conta de uma novidade então recém-chegada ao Brasil, uma máquina capaz de projetar fotografias em movimento chamada "cinematógrafo", pela qual Francisco Santos se encantou logo de saída. Em pouco tempo o grupo de atores se tornou uma das primeiras produtoras cinematográficas do país, e Francisco Santos pode muito bem ter sido um dos primeiros diretores de cinema do Brasil – o que hoje seria pensado como um "produtor independente". Em 1913 rodou o que é considerado um dos primeiros filmes de ficção brasileiros, *Os Óculos do Vovô*, curta-metragem com a participação de Mário, seu filho, então com seis anos. Para sorte da filosofia, o garoto não enveredou pela carreira de ator.

No ano seguinte, seu pai o matriculou em um colégio jesuíta na mesma cidade. Francisco Santos era ateu, mas reconhecia a qualidade da educação dada pelos religiosos e, embora deixando clara sua firme oposição à religião, matriculou o filho na escola. Sob a direção dos padres, Mário teve acesso a uma sólida base científica e filosófica, e o ambiente parece ter favorecido o espírito reflexivo e especulativo dele. Em um caderno de juventude, por exemplo, Mário questiona-se qual é o melhor divertimento possível para um jovem e conclui, uma página depois, que são o estudo e o pensamento. No entanto, uma dimensão igualmente ativa estava em jogo: há indícios de que Mário participava da vida estudantil não apenas como representante do grêmio dos alunos, mas também colaborando em publicações e escrevendo, sempre. Uma de suas peças de teatro foi montada no ano de sua formatura, em 1925. O texto dessa peça se perdeu, assim como qualquer outro detalhe sobre a produção, mas é um indício da atividade intelectual do autor. A literatura manteve-se como um polo de atração durante toda a sua vida: vários de seus primeiros ensaios filosóficos são inegavelmente literários, e pelo menos um de seus livros filosóficos, *Filosofias da Afirmação e da Negação*,[2] é escrito na forma de um diálogo entre vários personagens.

Mas ao ingressar na Faculdade de Direito de Porto Alegre, em 1926, Mário não parecia ainda se preocupar com filosofia. A carreira de advogado era uma das poucas escolhas para quem demonstrava inclinação para o pensamento e a reflexão. Na faculdade, não há registros de grandes atividades políticas ou intelectuais, e Mário parece ter desenvolvido seu raciocínio o suficiente para começar a incomodar. Em sua defesa de tese final, por exemplo, um examinador reclamou de que o pensamento de Mário não era fundado em nenhuma autoridade. Mário respondeu que sim, que havia citado vários pensadores para complementar uma síntese original. O examinador retrucou: "Pois eu sou uma autoridade e você deveria ter me citado!". Aparentemente nenhuma outra pessoa se lembrou de citá-lo. Mário recorda-se desse episódio em alguns de seus escritos particulares e via nisso uma indicação do que o esperava. Ainda durante a faculdade, trabalhou como repórter no *Diário de Notícias*, de Porto Alegre. Após a formatura, em 1930, decidiu-se rapidamente por não seguir a carreira de advogado. Sua atuação profissional resumiu-se, de acordo com o próprio Mário, a uma única ação a respeito de uma questão familiar. O ambiente de disputa forense e a prática jurídica não o atraíram, ele passou a procurar novos trabalhos e logo arrumou emprego de tradutor da Livraria e Editora Globo.

O desenvolvimento intelectual de Mário estava a pleno vapor nesses anos. Falava francês, latim, grego, inglês e alemão, além de já estar familiarizado com grande parte do pensamento ocidental. Na Livraria Globo, de Porto Alegre, iniciou a tradução direta do alemão das obras de Friedrich Nietzsche.

[2] Já reeditado: Mário Ferreira dos Santos, *Filosofias da Afirmação e da Negação*. São Paulo, É Realizações Editora, 2017.

Publicou também um de seus primeiros ensaios filosóficos da maturidade, "O homem que foi um campo de batalha", um prefácio-comentário à *Vontade de Potência*, de Nietzsche. "Maturidade", aliás, mais intelectual do que em qualquer outro sentido: o ensaio escrito por alguém de vinte e sete anos mostra uma compreensão de Nietzsche não como um filósofo estritamente niilista, mas sobretudo como um pensador preocupado em ultrapassar os domínios da modernidade. A interpretação de Nietzsche feita por Mário destaca os elementos construtivos e analíticos do filósofo alemão, sublinhando as possibilidades de usar os conceitos do filósofo alemão para compreender o mundo contemporâneo. Mário propõe mesmo uma interpretação cristã de Nietzsche, mostrando que o autor de *O Anticristo*, paradoxalmente, não tinha uma postura anticristã. Para o filósofo brasileiro, a crítica nietzschiana tem como alvo as formas assumidas pelo cristianismo institucionalizado e dissociado da existência humana como um conjunto formal de práticas. Nesse sentido, o Nietzsche de Mário é sobretudo um restaurador, mais do que um destrutor. No entanto, nos escritos mais simples de Mário – o livro *Páginas Várias*, por exemplo, reunião de textos dispersos de juventude – é possível notar alguns traços do pessimismo de Nietzsche em relação ao mundo, uma postura pessoal que Mário vai ultrapassar em pouco tempo em termos filosóficos e, no entanto, manterá de maneira residual pelo resto de sua vida.

Nessa época também houve suas leituras de Pitágoras, e essa improvável síntese de filosofia pré-socrática com Nietzsche, passando pela leitura e domínio dos conhecimentos da filosofia medieval, daria resultado anos depois na construção de um pensamento próprio na análise do mundo contemporâneo. A influência pitagórica atinge um de seus pontos culminantes na *Filosofia Concreta*, e será discutida nos próximos itens.

Ainda na faculdade, Mário conheceu Yolanda Duro Lhullier, com quem se casou em 1929. Foi o início de uma convivência em harmonia que durou toda a vida do filósofo.

Profissionalmente, no início dos anos 1930, embora continuasse a escrever artigos e ensaios para vários jornais, a filosofia ainda era uma atividade secundária. Após a morte de Francisco Santos, Mário passou a cuidar dos negócios do pai, nessa época dono de uma cadeia de cinemas além da produtora. Ao contrário do estereótipo do filósofo como alguém desligado das trivialidades cotidianas, Mário se revelou um bom administrador e manteve a rede de cinemas por mais alguns anos, até desistir e se mudar para São Paulo, onde passou a se dedicar exclusivamente à filosofia.

Usando algumas de suas economias, estabeleceu-se na capital do Estado e novamente passou a trabalhar como jornalista, ao mesmo tempo que iniciou seus cursos livres de filosofia. Foi quando esbarrou em um problema: a ausência de livros de filosofia acessíveis. Os que existiam, segundo conta, eram em sua maioria estrangeiros – no máximo, traduções portuguesas e um ou outro livro brasileiro.

Se esse argumento, exposto em uma carta a Augusto Meyer, então diretor do Instituto Brasileiro do Livro do Ministério da Educação,[3] é questionável quando se pensa que é possível encontrar edições de clássicos da filosofia datados de antes de 1950, e se a qualidade desses textos é igualmente discutível, o que de certa maneira justifica a preocupação do filósofo quanto à ausência de material, no entanto, em pelo menos um ponto Mário estava absolutamente certo: faltavam livros brasileiros sobre filosofia, escritos por brasileiros e lidando com questões específicas da realidade do país. Não se tratava de nacionalismo, mas sobretudo da percepção de que, sem matéria-prima para o pensamento, não seria possível uma discussão de questões filosóficas de maneira mais aprofundada.

Essa percepção levou Mário a pensar na possibilidade de escrever ele mesmo os livros que estavam faltando, criando uma espécie de manual ou livro-texto de filosofia. Não seria uma história da filosofia, mas uma introdução ao pensamento do ponto de vista da filosofia. No entanto, havia um segundo problema: a resistência dos editores a publicar qualquer coisa que não fosse claramente popular, e certamente isso não incluía tratados sobre o conhecimento. A percepção generalizada era de que não havia mercado para filosofia no Brasil, e os poucos interessados poderiam resolver suas questões usando os trabalhos disponíveis.

Essa recusa, à qual Mário se refere no prefácio à primeira edição da *Filosofia Concreta*, levou-o a pensar em algo mais prático: criar

[3] A carta está citada numa biografia inédita escrita pelas filhas do filósofo. Para uma reprodução do trecho, ver neste volume a seção "Arquivo Mário Ferreira dos Santos / É Realizações Editora".

sua própria editora para publicar seus livros de filosofia. A ideia de escrever esses livros ganhou forma quando um grupo de suas alunas, vindas de famílias da alta sociedade paulistana, resolveu financiar o projeto e, em pouco tempo, foi criada a Editora e Livraria Logos. A partir daí, sua vida tomou os contornos definitivos: dono e editor-chefe da Logos, autor de livros de filosofia, ainda encontrava tempo para dar cursos particulares sobre qualquer assunto dentro das Humanas – e de vez em quando expandia suas preocupações para a filosofia da Matemática – e, mais do que isso, começou a escrever sua obra. Curiosamente, o carro-chefe da Editora Logos eram o *Curso de Oratória e Retórica* e o *Técnicas do Discurso Moderno*, livros sobre a arte de argumentar. Não eram, no entanto, livros de filosofia no sentido que a palavra tomaria em sua obra anos depois. A rigor, nunca deixou sua atividade como ensaísta, e várias de suas obras foram escritas com pseudônimos estrangeiros, recurso encontrado para fazer seus trabalhos serem mais conhecidos no Brasil. O sucesso dos livros sobre retórica, bem como seu tino comercial na administração da Editora Logos, em pouco tempo permitiram que sua vida entrasse em uma rotina de muito trabalho, mas com tempo para se dedicar a escrever os livros de filosofia que, em sua opinião, faltavam para o público brasileiro.

A escrita filosófica de Mário tem início em 1952, quando publica *Filosofia e Cosmovisão*,[4] primeiro de uma série de livros que, em dezesseis anos, percorreriam todos os caminhos do conhecimento humano. Há evidentemente traços de um discurso filosófico anterior, e seria possível mesmo situar o início de sua produção já no imediato pós-guerra. No entanto, *Filosofia e Cosmovisão* inaugurou sua coleção de escritos da maturidade – pelo menos é como o próprio Mário classifica a obra retrospectivamente.

Ao que parece, Mário não tinha em mente escrever uma coleção de livros, mas apenas o material para seu trabalho como professor e, ao mesmo tempo, explicar alguns de seus pontos de vista. Em algum momento, no entanto, Mário deixa de *explicar* a filosofia e passa a *criar* um pensamento filosófico próprio. Sua primeira contribuição, nesse sentido, é o livro publicado logo depois de *Filosofia e Cosmovisão*, intitulado

[4] Reeditado na Coleção Logos: idem, *Filosofia e Cosmovisão*. São Paulo, É Realizações Editora, 2018.

Lógica e Dialética. O livro, um manual de disciplina do pensamento, traz em suas últimas páginas a decadialética, isto é, um conjunto de dez séries de regras para a integração do pensamento em categorias inclusivas com vistas ao alcance de planos mais altos na esfera do raciocínio rumo ao conhecimento das coisas, a *Mathesis,* expressão pitagórica a respeito do saber, e que se tornará um de seus principais objetivos pessoais e filosóficos. Ao que parece, é a partir de *Lógica e Dialética* que Mário de fato inicia seu caminho como um filósofo independente.

"Independente" em termos: Mário não tinha como objetivo romper com a tradição filosófica. Ao contrário, em seus livros há uma constante apropriação e diálogo com o passado. A ilusão do pensamento livre não parece ter sido muito cultivada por ele: em toda a sua obra, há um expressivo diálogo com o pensamento anterior, sem negar ou aceitar nada à primeira vista, mas também sem se deixar levar pelas modas filosóficas da época. Assim, é possível pensar a obra de Mário como sincronicamente aberta, mas ligada diacronicamente a uma História da Filosofia que ele não tentava negar, mas sobre a qual parecia interessado em construir uma síntese do conhecimento humano. Esse caminho original de diálogo com o passado levaria à criação da *Filosofia Concreta.*

Não é o objetivo aqui oferecer uma interpretação do livro, mas apresentá-lo. Isso demanda, de um lado, localizar a *Filosofia Concreta* no conjunto das obras de Mário e, de outro, precisar brevemente como o livro se encaixa na tradição filosófica.

II - A *Filosofia Concreta* na obra de Mário Ferreira dos Santos

A *Filosofia Concreta* é o décimo volume de um trabalho intitulado *Enciclopédia de Ciências Filosóficas e Sociais,* o projeto de vida de Mário, resultado de sua intenção declarada de criar livros de filosofia para o público brasileiro. A primeira vez em que ele menciona a necessidade de uma coleção de livros desse tipo é ainda na carta a Augusto Meyer.

A ideia de Mário era a de uma coleção de fascículos sobre filosofia, que ele mesmo se incumbiria de escrever, apresentando temas, ideias e escolas da filosofia ao público brasileiro. Não fica claro, pelo menos nessa carta, se o autor pretendia uma exposição sistemática da filosofia ou se havia a possibilidade de um trabalho original sobre as fontes mostradas.

No entanto, ao longo dos anos, o projeto passou por várias transformações, ganhou livros, perdeu títulos e continuava inacabado quando Mário morreu, em 1968. Aparentemente, Mário não sabia que estava escrevendo a *Enciclopédia* mais ou menos até a publicação do *Tratado de Simbólica*. Além de sua correspondência e das referências internas em sua obra, uma das maneiras de verificar a evolução do plano editorial da *Enciclopédia* é acompanhar as várias listas de "Obras publicadas" e "A sair" que Mário colocava no início de cada livro publicado pela Editora Logos. Essas listas mudam de livro para livro, sem necessariamente obedecer a uma ordem. Assim, por exemplo, o que aparece entre as "Obras publicadas" em um livro de 1952 pode ser incluído em "Obras a sair" em outro livro de 1953. Apesar disso, essa fonte permite ver a distribuição dos títulos dentro da *Enciclopédia*, e mesmo aferir algumas de suas alterações em relação ao plano original. De certa maneira, isso reflete igualmente alguns dos pontos relativos à montagem da obra do autor e sua posição em relação aos trabalhos publicados e a publicar.

(a) O caminho até a Filosofia Concreta

O desenvolvimento das concepções filosóficas de Mário, bem como a velocidade com que escrevia, o levaram a um constante trabalho de reconstrução de sua obra. Aliás, uma obra aberta, na qual um trabalho posterior modificava o sentido de um anterior. *Análise Dialética do Marxismo*,[5] por exemplo, publicado em 1952, é tirado de circulação pelo autor, que o transforma em *Análise de Temas Sociais* no início dos anos 1960; alguns livros são modificados antes mesmo de serem escritos: *Problemas da Arte e do Símbolo*, prometido na lista de "A publicar" da edição de 1952 de *Filosofia e Cosmovisão*, não chegou a ser escrito nessa forma, mas se tornou o *Tratado de Simbólica*. Assim, a obra de Mário está em constante reconstrução, com os livros anteriores se adaptando conforme seu pensamento explora novos domínios e atinge terrenos até então desconhecidos.

[5] Também reeditado: idem, *Análise Dialética do Marxismo*. São Paulo, É Realizações Editora, 2018.

Não fica claro, porém, *quando* Mário decidiu que sua exposição da Filosofia estava se convertendo em uma gigantesca análise dos fundamentos de todo o conhecimento humano a partir de um conjunto relativamente pequeno de definições que encontrariam sua expressão na *Filosofia Concreta*. A apresentação dos temas filosóficos nos primeiros livros torna-se progressivamente a busca por um princípio do conhecimento humano.

Dessa maneira, se *Filosofia e Cosmovisão* ainda oscila entre o livro-texto e a apresentação, *Lógica e Dialética* já apresenta uma quantidade substancial de material novo, e os livros seguintes – *Teoria do Conhecimento, Filosofia da Crise*,[6] *Noologia Geral* – vão combinar material familiar da História da Filosofia com terrenos inexplorados, chegando a uma primeira e magistral síntese no *Tratado de Simbólica*, indispensável, como veremos, para a compreensão da *Filosofia Concreta*. No mesmo sentido, a *Filosofia da Crise* é um primeiro resultado de suas questões sobre o ser, o nada e os limites do conhecimento humano, largamente explorados neste livro.

A essa altura, no entanto, Mário tinha plena consciência do que estava fazendo, e a menção a uma *Enciclopédia de Ciências Filosóficas e Sociais* aparece plenamente desenvolvida no índice de suas obras.

Assim, é possível encontrar dois principais eixos na obra de Mário, ao redor dos quais a maior parte de seus livros se orienta:

- Apresentar a filosofia para o público a partir da exposição dos temas filosóficos mais importantes;
- Examinar o fundamento dos conhecimentos específicos de todas as áreas do saber humano a partir de um critério filosófico irrefutável.

Definir com rigor se existe uma solução de continuidade ou uma ruptura entre esses dois elementos é tarefa da interpretação futura de sua obra. A leitura de suas obras em sequência, porém, permite ver uma mescla dos dois elementos na medida em que Mário reconstruía *a posteriori* suas obras antigas, conforme atingia, nas novas, outros rumos.

[6] Ver idem, *Filosofia da Crise*. São Paulo, É Realizações Editora, 2017.

É possível ver, portanto, uma linha de unidade de acordo com a possibilidade, vislumbrada pelo autor, de *expor* a filosofia exatamente a partir de sua prática como atividade mental – proposta, aliás, de *Filosofia e Cosmovisão* – ao examinar os fundamentos de todo o conhecimento. Dessa maneira, para Mário, a filosofia é uma atividade cotidiana do pensamento – a última tese da *Filosofia Concreta* indica isso, mas deixando claros os parâmetros em que isso pode/deve ser feito. Não parece existir uma região do pensamento humano chamada "Filosofia": para Mário, um pensamento que não seja filosófico não é uma atividade mental digna desse nome.

Seu trabalho de reconstrução dos próprios livros pode gerar algum tipo de dúvida nos leitores, sobretudo por conta das referências cruzadas. Em seus trabalhos, Mário não se refere apenas aos livros já escritos, mas também aos que pretende publicar. No entanto, como muitas vezes ele mudava esses planos, essas obras "a publicar" se transformavam em outras ou eram abandonadas, de maneira que seus livros às vezes têm referências a obras que não existem, pelo menos não na forma apresentada. A expressão comum de Mário é "Isso é discutido em nosso livro *x*", e não há nenhum título com esse nome nem entre os publicados nem nos manuscritos. Aliás, essa é outra característica: Mário faz referência a obras inacabadas ou que, uma vez manuscritas, tornaram-se capítulos de outras.

Nas várias edições de seus trabalhos ele também não poupava alterações. Dessa maneira, é necessário prestar atenção a *qual* edição de seus trabalhos está sendo lida, bem como sua posição na coleção de obras. Uma obra escrita em 1952, mas reeditada em 1954, por exemplo, pode se referir a um livro escrito em 1953. Com isso, se o leitor tem em mente apenas o ano de publicação, pode imaginar que algo está muito errado quando um texto de 1952 cita um título publicado no ano seguinte. Mário tinha inúmeras qualidades, mas ver o futuro não estava entre elas, de modo que a atenção ao ano *e* à edição é necessária na leitura de suas obras.

Mário publica a primeira edição da *Filosofia Concreta* em 1957. Nesse mesmo ano, publica *Sociologia Fundamental e Ética Fundamental*, e vem do ano anterior com a publicação de *Noologia Geral*, *O Homem perante o Infinito* e dois livros que seriam fundamentais para este aqui, o *Tratado de Simbólica*, de um lado, e *Pitágoras e o Tema do Número*, de outro. Apesar das inúmeras diferenças de forma, conteúdo e objetivo, esses dois livros formam uma espécie de base conceitual direta para a leitura da *Filosofia Concreta*, abrindo caminho para a necessidade do pensamento simbólico como forma de se chegar ao conhecimento e estabelecendo as relações formais entre esse tipo de atividade mental e a percepção da realidade última em um *continuum* dos níveis mais altos do espírito à sua complementaridade material na dimensão formal-simbólica do universo como abstração inapreensível senão pela mente educada na atividade do pensamento, a *Mathesis*, ensinamento mais alto do pitagorismo. Os limites do pensamento racional, para Mário, não conduzem ao irracional ou ao a-racional, mas ao simbólico.[7] Apenas na simbólica é possível ultrapassar as fronteiras do pensamento discursivo comum, baseado nas articulações da linguagem, e chegar ao *logos*, ao mesmo tempo razão e discurso, e a partir daí à sua integração dialética com as formas simbólicas no crescente da *Mathesis Megiste*, o conhecimento absoluto, isto é, à unidade do real em várias dimensões.[8]

Assim, depois de apontar esses dois caminhos, e de examinar as várias atividades do pensamento humano nos primeiros volumes da *Enciclopédia*, Mário chega à necessidade de uma síntese como ponto de partida para uma mudança de grau em seus estudos. É o momento da *Filosofia Concreta.*

(b) Gênese e estrutura da Filosofia Concreta

Mário conta alhures, em um dos 180 CDs com gravações de cursos e aulas, que a ideia da *Filosofia Concreta* lhe ocorreu durante uma aula. Interrompeu sua exposição, escreveu várias das teses de uma vez só e, depois disso, passou vários dias organizando o material. Seja como for, o pensamento que orienta a filosofia concreta parece ser o resultado inevitável de seus estudos imediatos até então.

Não há registros de que tenha escrito a obra antes de 1956, e mesmo os manuscritos – os guardanapos de boteco, por exemplo – não

[7] Cf. A. Bancroft, *The Luminous Vision*. London, Allen & Unwinn, 1982, p. 1-10.

[8] "O intelecto lida com os objetos inteligíveis de uma maneira mais universal do que os sentidos lidam com os objetos sensíveis. Quanto mais nobre a capacidade, mais indivisível é sua atividade." Santo Tomás de Aquino, *Commentary on the Nicomachean Ethics*. Chicago, Regnery, 1964, p. 541.

estão datados. No entanto, dada a velocidade com que trabalhava, é possível presumir que o livro tenha sido escrito entre o final de 1956 e o início do ano seguinte.

A primeira edição, de 1957, consiste em um único volume de aproximadamente 250 páginas, média das obras de Mário até então. Esse volume único é composto da introdução e das primeiras teses, mas não inclui o desenvolvimento posterior das várias asserções. No entanto, Mário de imediato parece ter começado a rever a obra. Foi como se essa primeira edição tivesse sido apenas um registro imediato de uma ideia a desenvolver mais para frente, enquanto suas aplicações imediatas se fizeram ver em *Filosofia Concreta dos Valores*, aplicação no campo axiológico do que este livro propõe em termos cognitivos, e em *Métodos Lógicos e Dialéticos*, síntese procedimental das teses de *Lógica e Dialética* com o rigor conceitual desta obra. Os anos 1957-1961 viram também uma série de estudos, traduções e comentários a Platão - seus *O Uno e o Múltiplo em Platão - Comentários ao Parmênides* e também *Filosofias da Afirmação e da Negação*. A destacar outra vez, é na *Filosofia da Crise* que são expostos e discutidos os temas do ser e do nada, bem como as implicações disso para uma teoria do conhecimento, explorada no livro de mesmo nome.

A reformulação, publicada em 1961, ampliava o livro de um para três volumes, com o acréscimo de dezenas de teses, comentários e excursos a respeito de temas apenas esboçados na primeira versão. O núcleo do pensamento se mantém rigorosamente o mesmo, mas seus desenvolvimentos posteriores foram aumentados consideravelmente, sobretudo com comentários e demonstrações inexistentes na primeira versão.

A versão final da *Filosofia Concreta* apresenta pelo menos quatro formas de texto.

A mais importante são as *teses*, numeradas, várias delas com corolários e demonstrações. Começa com a *TESE 1 - Alguma coisa há* e termina com a *TESE 327*. Essas teses são pretendidas pelo autor como afirmações apodíticas que estruturam o edifício do conhecimento, e a partir das quais é possível desenvolver todo o conjunto dos saberes humanos. Como se fosse o aparato de colunas de um prédio em construção, ao redor das quais todos os outros elementos são criados. As teses se encadeiam uma a uma, e não há como pular alguma sem evidente prejuízo para o todo. Os corolários e demonstrações não estão presentes em todas as teses, e é possível que Mário tenha deixado de lado deliberadamente por conta da autoevidência de algumas.

O segundo tipo de texto são os *comentários*, às vezes referidos como "análises" ou "demonstrações", onde Mário explica alguns pontos mais difíceis das teses e, se necessário, aplica-as ao exercício do pensamento. É possível ver nisso algum reflexo de sua atividade como professor: esses comentários em grande parte explicam os temas das teses, interrompendo o encadeamento lógico para algum tipo de descrição suplementar ou específica do que se está falando.

Há um espaço reservado às *críticas e refutações*. No primeiro volume, por exemplo, mais de um terço é dedicado a uma análise crítica da filosofia de Kant, e Mário não parece nem um pouco em bons termos com o filósofo de Königsberg. É de certa maneira inexplicável a razão pela qual interrompe uma obra propositiva como a *Filosofia Concreta* para esse tipo de refutação. Não é aqui o lugar de julgar o erro ou acerto dessa posição, mas, pensando exclusivamente na estrutura da obra, esse tipo de texto parece encontrar lugar em uma obra autônoma. No entanto, dado o caráter de permanente reconstrução da obra de Mário, é possível que esse e outros trechos similares pudessem ser transformados no futuro.[9] Nesta versão, mantém-se como o autor os deixou.

Finalmente, as *notas*. Mário escreveu várias notas de rodapé referindo-se a obras publicadas ou a publicar. Esses comentários geralmente não comportam nenhuma indicação exceto o nome da obra em questão. Além disso, há notas explicativas, com comentários e desenvolvimentos dos temas expostos no texto normal. Não são muitas, e seu caráter é mais de explicação do que de referência. As notas de Mário, nesta edição, estão identificadas entre colchetes.

Na imensa estrutura da *Filosofia Concreta*, é possível identificar alguns blocos temáticos referentes às teses. Note-se que esta identificação não é nem de longe conclusiva, e os vários temas se cruzam, vão

[9] O inédito *As Três Críticas de Kant* foi encontrado e em breve será publicado pela Editora Filocalia.

e voltam em inúmeros desenvolvimentos internos à obra. De qualquer maneira, apenas como um primeiro guia, pode ser encontrada uma divisão de temas:

TRECHO DA OBRA	TEMAS E DISCUSSÕES PRINCIPAIS
• Prefácio • Introdução • O ponto arquimédico	• Introdução. Necessidade do exercício do pensamento e de encontrar uma definição apodítica a partir da qual é possível erguer o exercício do conhecimento como um elemento concreto – no sentido de "crescer junto".
• Argumentos correlatos a favor da tese • Comentários dialéticos • Conceitos lógicos e conceitos ontológicos • Prova • Da demonstração • Do valor do nosso conhecimento • Comentários subordinados	• Exposição sobre a necessidade de um fundamento do conhecimento e exposição da tese fundamental "Alguma coisa há".
• Refutação do agnosticismo, do relativismo e do niilismo • Comentários às teses • Comentários às proposições examinadas • Comentários às teses • Comentários • Refutação do atomismo adinâmico	• Demonstração, sob os diversos aspectos possíveis, da necessidade absoluta do Ser em relação ao Nada; impossibilidade do nada absoluto; possibilidade do nada relativo mas afirmação do Ser.
• Crítica à posição de Kant • A indubitabilidade dos universais • Validez da metafísica geral (ontologia) • Validez da metafísica especial • Objeções kantianas e respostas correspondentes • Justificação dos princípios • Quadro combinado das formas puras do juízo e das categorias, segundo Kant	• Crítica da doutrina kantiana das categorias, com ênfase na crítica de Kant à possibilidade de um pensamento metafísico. Mário mostra que a própria existência dessa questão é um dado metafísico que não pode ser negado.

• Teses dialéticas	• Exposição dos atributos do Ser.
• O Ser Infinito • Outras demonstrações da existência do Ser Supremo • Comentários à demonstração • Argumento de Tomás de Aquino sobre o ser necessário • As demonstrações a *simultaneo* e a *concomitante* • Comentários à prova de Santo Anselmo • A via existencialista • Prova das perfeições • Corolário • Princípios fundamentais da demonstração na filosofia clássica e na filosofia concreta • O princípio da causalidade eficiente • Comentários à simplicidade do Ser Supremo • Sobre a infinidade do Ser Supremo • Os possíveis e o ser • Comentários à tese	• Uma vez afirmada a existência do Ser, neste trecho se abre espaço para a demonstração da existência e dos atributos do Ser Supremo como necessários logicamente à afirmação anterior. • Exame detalhado do caminho que leva da consideração do Ser ao Ser Supremo. Características e definições do Ser Supremo. Demonstrações de sua existência e apresentação da validade das demonstrações anteriores, bem como discussão das provas específicas.
• Da criação (teses propedêuticas) • Dos modos • Da operação criadora • Observações em torno do ato e da potência • Comentários	• O Ser Supremo é pensado como existente em sua criação; discussão sobre o movimento e sua relação com o Ser e com a existência.
• O tema do meon • Comentários • Corolários • Comentários finais ao *meon* • Corolários	• Exposição e discussão do meon, o não-ser, e as questões relativas à sua existência em contraste com o Ser, e mesmo como forma de limitação marginal do Ser.
• Do limite • Comentários aos princípios	• O Ser-em-relação, finito, é exposto na questão do limite do Ser e na existência do nada relativo. Questões sobre a materialidade do Ser.
• Sobre o mal	• O mal como imperfeição e a positividade da imperfeição no ser finito.

• Da matéria • Opinião de Scot sobre a matéria como fator de singularidade • Da eviternidade I • Corolários • Da eviternidade II	• Relação entre a materialidade e a existência. Apresentação dos argumentos concernentes ao Ser em relação com o tempo, com o espaço e com o próprio mundo. A finitude do ser material em sua relação com o eterno. Questões sobre a possibilidade ou impossibilidade de o eterno ser apreendido pelo ser finito.
• Da mente humana • Das tensões • Do fundamento do universo	• Princípios do funcionamento da mente humana pensados a partir da possibilidade de esquemas cognitivos nos quais os elementos em tensão se inter-relacionam dialeticamente no exercício do conhecimento como uma relação. Estabelecimento dos limites do conhecimento e da possibilidade do ato de conhecer o infinito por parte do ser finito.
• A filosofia concreta é o modo mais seguro de filosofar • Apêndices • Algumas teses de Duns Scot corroboradas pela filosofia concreta • Um exemplo do raciocinar dialético-concreto • Precisão dialética da conceituação oferecida até aqui	• O exercício da filosofia como atividade do cotidiano, derivado da Tese 327. Possibilidades, necessidades e aplicações do conhecimento filosófico como prática diária do pensamento. Comparação com a doutrina de Scot e exemplos complementares.

Os temas seguem uma ordem de exposição das teses que cresce em complexidade, construindo afirmações mais e mais elaboradas a partir de um número mínimo de princípios. Os blocos se encadeiam de maneira mais ou menos direta conforme o caso. Os excursos e explicações, no entanto, são em sua maioria adições da segunda versão da obra que definem melhor alguns termos ou explicam a origem de alguns dos conceitos usados.

É necessário ter em mente, como de certo modo parece que o autor tinha, que Filosofia é uma tarefa cotidiana, e o leitor da *Filosofia Concreta* é visto como uma pessoa interessada em atingir um nível de conhecimento que só é possível pela disciplina de raciocínio e pela lógica, esboçadas em outras das obras de Mário. Mais do que isso, é um leitor familiarizado com o próprio vocabulário filosófico, bem como com as noções conceituais explicadas pelo autor em seus livros preliminares. Nesse sentido, o leitor moderno pode se orientar pela leitura de *Lógica e Dialética*,[10] *Platão - O Um e o Múltiplo: Comentários sobre o Parmênides*,[11] *Tratado de Simbólica*[12] e *Filosofia da Crise*:[13] os livros básicos para se chegar à *Filosofia Concreta* estão no mercado editorial moderno.

A *Filosofia Concreta* ocupa na obra de Mário Ferreira dos Santos um espaço ao mesmo tempo de síntese e de recomeço. Após percorrer os dez degraus da primeira parte da *Enciclopédia*, este livro propõe sua contribuição talvez mais original à Filosofia, algo que será necessário para o acompanhamento dos argumentos, mais e mais elaborados, dos livros seguintes. Vale lembrar que o crescimento dessa obra se dá em espiral: os livros de Mário não seguem um caminho contínuo, mas, nos livros seguintes, por exemplo, ele voltará a temas prévios da *Enciclopédia*. A *Filosofia Concreta*, no meio desse volume de escritos, pode ser lida como obra isolada por aqueles interessados em encontrar a essência do fundamento do ato de pensar. Como várias vezes em Mário, uma explicação direta dos princípios do conhecimento.

III - A *Filosofia Concreta* na tradição ocidental

O nome "Filosofia Concreta" engana. O adjetivo "Concreta", aqui, não é usado no sentido do senso comum para se referir a algo firme, sólido, consistente ou real. A ideia de "materialidade" e a evocação de "realidade" na palavra "concreta" está distante do sentido aplicado pelo autor a essa palavra. "Concreta" é usada em seu sentido original do latim, *cum crescior*, "crescer junto". Mário usa os derivados "concreção" para indicar o processo, e "con-crescer" eventualmente. Em todos

[10] Mário Ferreira dos Santos, *Lógica e Dialética - Lógica, Dialética, Decadialética*. São Paulo, Paulus, 2007.
[11] Idem, Platão - O Um e o Múltiplo: Comentários sobre o Parmênides. São Paulo, Ibrasa, 2001.
[12] Idem, *Tratado de Simbólica*. São Paulo, É Realizações Editora, 2007. O título será em breve republicado pela Biblioteca Mário Ferreira dos Santos.
[13] Idem, *Filosofia da Crise*, op. cit.

os casos, o sentido é de uma concepção dinâmica de algo que está em ação, que se relaciona com outro elemento e está em pleno desenvolvimento múltiplo e uno com esse outro. A ideia de "crescer junto" está ligada à noção de uma estrutura dinâmica a partir da qual dois – ou mais – elementos estão em relação não apenas entre si, mas igualmente no sentido de um progresso ou desenvolvimento. Se é possível uma metáfora, a hélice do DNA, em seu movimento perpétuo, unido e dinâmico, cheio de detalhes e ainda assim unido em sua diversidade, poderia dar uma pálida ideia do que significa "crescer junto" ou "crescer com". A ideia do *movimento* de "crescer com" parece estruturar a percepção. O elemento concreto é ao mesmo tempo único em essência e imutável em sua ligação, mas igualmente fluido em sua existência. Dessa maneira, "concreto" significa algo dinâmico, em movimento, e não "fixo" ou "real" como a palavra pode sugerir à primeira vista – se bem que a noção de "concreto" pode ser pensada como termos da realidade quando se considera que para Mário a realidade criada está em movimento constante. Dessa maneira, sem jogar muito com os sentidos da noção, o ponto de definição ontológico do concreto é fluido. E essa é a primeira questão com a qual o leitor se depara. Uma "Filosofia Concreta" é aquela que "cresce junto" com alguma outra coisa. E o que seria essa outra coisa? A rigor, todas as aplicações do pensamento humano, das quais a Filosofia é o fundamento e garantia.

Dessa maneira, uma "filosofia concreta" é aquela que examina os princípios de todas as outras formações de conhecimento humano ao mesmo tempo que examina a si mesma como elemento de garantia da validade desses princípios e, nesse movimento, modifica não apenas a área que tocou mas também a si mesma, trazendo junto os elementos dessa área em uma síntese dos conhecimentos humanos em um novo patamar de saberes, em uma lógica rigorosamente inclusiva, no ato de "crescer com" o conhecimento específico. Assim, a "filosofia concreta" é o elemento abstrato que tem como objetivo prover de argumentos irrefutáveis as possibilidades de compreensão de todos as outras áreas do conhecimento, em uma dupla modificação. Daí a ideia de "concreção", "crescer com".

A existência dessas estruturas dialéticas está vinculada às potencialidades de conflito entre os elementos, e é exatamente dessa tensão – palavra bastante cara a Mário – que o conhecimento tende a surgir na forma de uma análise filosófica mais abstrata, aliás, em progressiva abstração, própria para dar conta dos elementos envolvidos diretamente na compreensão de cada um dos campos do saber. É como se a Filosofia, como um eixo, crescesse de maneira vertical, associando as outras áreas do conhecimento como platôs horizontais nesse crescimento, e a cada associação houvesse uma mudança para um plano mais abstrato do próprio conhecimento filosófico. Em uma palestra, já no final de sua vida, Mário explica por que sua obra trata de temas distantes como Economia, Linguística e Psicologia se ele é um filósofo. Sua explicação inverte os termos da questão: *justamente* porque ele é um filósofo sua tarefa é examinar os fundamentos epistemológicos de todos os campos do saber; uma filosofia que não tenha condições de fazer esse exame não é uma filosofia, mas apenas um conjunto de doutrinas.[14] A *Filosofia Concreta* é o trabalho de construção de uma filosofia desse tipo.

Em outras palavras, é uma obra de Metafísica.

Em uma época na qual as ciências explicam o universo em equações, por que alguém ainda deveria se importar com a Metafísica, uma das regiões mais áridas da Filosofia?

Porque as explicações racionais muitas vezes tomam caminhos exclusivos e unilaterais, deixando de lado a unidade do Ser, a totalidade da experiência e de sua compreensão. Perguntar a finalidade das coisas, por exemplo, é uma das tarefas da Metafísica. A Ciência pode encontrar as respostas, mas as perguntas nascem no terreno da Filosofia. A ideia de *realidade* do sujeito que conhece é própria da base metafísica do conhecimento.[15]

As perguntas mais simples, e ao mesmo tempo mais complicadas, são feitas pela Metafísica, na definição clássica, *aquilo que está além da Física*, isto é, as questões mais amplas, que não podem ser

[14] Santo Tomás, no *Comentário à Física de Aristóteles*, propõe algo semelhante: o conhecimento dos fundamentos de uma ciência não pode existir nessa ciência em si, mas deve ser pensado a partir de fora, com uma ciência do fundamento cujos princípios não precisem – nem comportem – uma demonstração. É essa a ideia subjacente não só à *Filosofia Concreta* mas à filosofia de Mário. Cf. Santo Tomás de Aquino, *Commentary on Aristotle's Physics*. London, Routledge, 1968.

[15] "O conceito de realidade (no sentido de algo independente da consciência cognitiva) não pertence à ciência racional, mas à metafísica." Rudolf Carnap, *The Logical Structure of the World*. London, Routledge, 1967, p. 281.

respondidas pelas ciências particulares. É possível explicar, em termos de sinapses e estudos cognitivos, todas as etapas de um grande amor – mas isso não explica por que alguém se apaixona por *aquela* pessoa. As questões sobre a finalidade da vida, as razões da existência, a vontade de saber estão no terreno da Metafísica.

Os temas principais têm raízes em várias outras obras de Mário. Seu principal tema é derivado da própria noção da *Metafísica* de Aristóteles, o estudo das causas últimas, o estudo do Ser enquanto Ser, o estudo do mais alto Ser, o estudo do Universo.[16] Assim, Mário parte da primeira tese sobre a existência do Ser para terminar, quinhentas páginas depois, com um tratado sobre o Universo do ponto de vista da existência.

O desenvolvimento do espírito científico relegou a Filosofia Especulativa ao terreno das questões além da matéria; no contexto de um pensamento em que qualquer coisa além da matéria era vista como inexistente e portanto inútil, a Metafísica, por lidar com questões sem importância como a finalidade da vida humana, foi colocada de lado na mesma medida.[17] Metafísica passou a se referir a qualquer coisa obscura, ininteligível, difícil e, principalmente, sem aplicação prática, algo que, por se referir ao próprio pensamento, deixava de lado a realidade.[18]

No século XX, mesmo dentro da Filosofia, a Metafísica só foi retomada a partir da Fenomenologia de Husserl, e ainda assim em um desenvolvimento concorrente com a Filosofia da Linguagem, de um lado, o Positivismo Lógico derivado dela e o Neokantismo, além do Existencialismo, de outro, e as várias formas da desconstrução do pensamento filosófico a partir dos anos 1960.

Ao longo das páginas, Mário mostra o processo de criação de uma filosofia que possa ser aplicada a qualquer estudo do conhecimento.

[16] Aristóteles, na *Metafísica*, descreve-a como a "ciência do ser enquanto ser", a "ciência da mais alta forma do Ser", a "ciência dos primeiros princípios", ou seja, na linguagem da filosofia, ontologia, teologia e ciência universal. Cf. Bruce Aune, *Metaphysics – The Elements*. Minnesota, University of Minnesota Press, 1985, p. 4.

[17] Um retrato bem-humorado, acompanhado de uma fina refutação, desse estado de coisas está em Winston H. F. Barnes, *The Philosophical Predicament*. London, Adam & Charles Black, 1950.

[18] Louis Millet, *La Métaphysique*. Paris, PUF, 1996, p. 7.

Se a Filosofia é o exercício do pensar sobre o pensamento, deve ser provida de um instrumental necessário para isso no próprio pensamento. O exame de categorias de um tipo requer a existência de categorias de outro que possam enquadrar, analisar e explicar as primeiras. A explicação do específico requer, aqui, o geral, e a busca do geral leva Mário a um movimento de retrogradação para chegar ao princípio mais geral possível, o elemento mais básico que a apreensão e a lógica mostrem como apodíticos, para a partir desse fundamento irrefutável chegar aos planos mais elevados da atividade mental.

Por tratar das questões últimas do pensamento e da própria realidade, de fato a Metafísica não tem nenhuma utilidade prática – exceto afirmar as bases lógicas de unidade para todos os outros desenvolvimentos do pensamento.[19] As próprias concepções científicas, bem como a própria imaginação científica, não se fundamentam senão em concepções metafísicas – definir a noção de causa e efeito, por exemplo, é uma tarefa da Metafísica. O significado da Metafísica como algo além do material tornou-se equivalente a algo além do que pode ser conhecido, erro que levou a uma visão equivocada da metafísica.[20]

Um detalhe que o leitor deve ter notado é que o livro *Filosofia Concreta* é a primeira exposição sistemática da filosofia concreta, nome que Mário dá a seu sistema filosófico. O livro expõe o conhecimento que servirá como base para a elaboração posterior de vários textos.

A partir daí, Mário inicia um trabalho de distanciamento do tema. Como alguém que toma impulso para correr. Nas primeiras páginas da *Filosofia Concreta* ele mostra a necessidade de encontrar uma formulação apodítica a partir da qual possa ser construído um conhecimento de base lógica, próxima da demonstração matemática irrefutável. Essa limpeza de terreno, no entanto, não é uma crítica da Filosofia anterior: Mário não pretende encontrar esse fundamento apontando a insuficiência das filosofias anteriores, mas construindo sobre elas, usando suas

[19] "Uma atitude negativa a respeito da metafísica tornou-se particularmente enfática nos primeiros anos de nosso século [XX] quando os positivistas lógicos viam a palavra 'metafísica' como sinônimo de '*nonsense* filosófico' e insistiam que as assertivas eram inócuas." Aune, *Metaphysics*, op. cit., p. 4.

[20] Cardinal Désiré-Joseph Mercier, *A Manual of Modern Scholastic Philosophy*. London, Routledge, 1960, p. 409.

boas ideias – que ele chama de "positividades" – e a partir daí chegando ao conhecimento da essência primeira de um fundamento.[21]

Essa jornada se desenvolve por duas dúzias de páginas, onde rapidamente Mário mostra que não existe um fundamento do conhecimento com o caráter de certeza. E, nesse momento, ultrapassa a própria dúvida cartesiana: o *cogito, ergo sum*, para Mário, encontra um problema lógico: a relação de causa e efeito não procede. Não há nenhum tipo necessário de relação entre a dúvida e a existência do sujeito duvidante. Inferir que se existe a partir do pensamento, da dúvida, é tirar uma conclusão no mínimo apressada, e nesse sentido a questão deixa de ser quais são as condições de existência do Ser cartesiano, mas é a possibilidade de existência de *qualquer* coisa além do nada.

Dialogando com Heidegger, nem sempre de maneira explícita ou exclusiva, Mário mostra que o *cogito* cartesiano não foi uma prova da existência do Ser, mas um passo no caminho de mostrar a impossibilidade do Nada; assim, a pergunta da *Introdução à Metafísica* "Por que o Ser em vez do Nada?" encontra sua resposta em si mesma: porque o Nada não pode existir como entidade absoluta no momento em que se coloca a pergunta.[22] Daí mesmo Heidegger deixa a questão[23] e o caminho abertos na medida em que não se pode dizer que "eu existo" ou mesmo que "o Ser existe" a partir da negação do Nada, mas a única evidência se apresenta na fórmula de uma extrema simplicidade como constatação fundamental e única da origem de qualquer elemento, ponto alto da *Filosofia Concreta* e provavelmente a essência do fundamento de toda a obra de Mário: *Alguma coisa há.*

A simplicidade da afirmação pode desconcertar o leitor menos atento à argumentação de Mário. É claro que *alguma coisa há*. Mas isso

[21] Essa relação entre autoridade do raciocínio e tradição fica patente, por exemplo, neste trecho de João Escoto Erígena: "A autoridade procede da razão verdadeira, mas a razão certamente não procede da autoridade. Pois qualquer autoridade que não proceda da razão verdadeira é vista como fraca, enquanto a razão verdadeira se mantém firme e imutável por seus próprios poderes e não requer a anuência de nenhuma autoridade". E, logo após, Erígena equipara a verdade com a tradição: os Pais da Igreja simplesmente escreveram essa autoridade. John Scotus Erigena, *Periphyseon* [Da Divisão da Natureza]. Dublin, Dublin Institute for Advanced Studies, 1986, p. 199.
[22] Martin Heidegger, *Basic Writings*. London, Harper, 1993, p. 51-75.
[23] Jacques Derrida, *De l'Espirite – Heidegger et la Question*. Paris, PUF, 1986.

é ultrapassar o *cogito* e chegar à própria essência do Ser: o ser *há*, e nada garante que ele exista. Aliás, Mário diferencia o ato Ser, que pode implicar o imóvel, e a noção de *Existir*, que significa uma dinâmica com algo fora do Ser, mesmo que esse algo seja o próprio Não-Ser. Portanto, a *Filosofia Concreta* abre com um chute na porta da Metafísica, mostrando que o primeiro e mais importante princípio a partir do qual se constrói todo o conhecimento é justamente a prova irrefutável do Ser em seu caráter metafísico – o Ser há – e, dessa maneira, qualquer tentativa de se romper com um sistema transcendental nada mais fará do que reforçar o aspecto de existência desse Ser, o que, por si só, reforça a noção de que *alguma coisa há*. Não é possível negar sem cair na alucinação: o ato de negar implica uma contradição lógica. Não posso afirmar que não sou: minha afirmação designa minha presença.[24] O Ser, essa "alguma coisa que há" não é sequer ainda o Ser como presença transcendental de Heidegger, mas é apenas um "há". Antes de ser uma filosofia da existência, a filosofia concreta é uma ciência do Ser, retornando aos princípios necessários dos pré-socráticos quanto às propriedades e manifestações do Ser. Único, em um primeiro momento de análise; Múltiplo, em sua concreção; Relacional, em sua existência.[25]

A busca desse princípio metafísico imutável e irrefutável é o ponto de chegada de um pensamento de Mário: demonstrar de forma matemática o grau zero de uma análise filosófica. Esse grau zero é o saber apodítico de um teorema que não requer demonstração, por conta de sua validade ontológica e pela irrefutabilidade lógica de sua proposição, a partir da qual todas as outras proposições podem ser construídas sem nenhum tipo de dúvida quanto aos parâmetros de seu estabelecimento e/ou validade.[26]

[24] Ser é a coisa concreta que se estabelece em nossos sentidos e se torna o primeiro elemento do conhecimento. Cardinal Mercier, *A Manual*, op. cit., p. 439.
[25] Nos comentários à Ética de Aristóteles, Santo Tomás explica que "Os primeiros princípios de uma demonstração são indemonstráveis; de outro modo, procederíamos até o infinito. [...] Princípios devem ser mais certos do que as conclusões necessárias. Da mesma maneira, é claro que a sabedoria não trata desse princípio. A razão é que pertence à pessoa sábia enquadrar uma demonstração sobre as coisas, e princípios são indemonstráveis". *Commentary on the Nicomachean Ethics*, op. cit., p. 564.
[26] Santo Tomás, no *Comentário à Física de Aristóteles*, afirma a propriedade da Matemática como uma ciência intermediária que "lida com as coisas que dependem da matéria sensível para sua existência mas não para sua definição", enquanto a Física lida com as

Há dois caminhos que partem daí, a partir dos quais é possível situar a *Filosofia Concreta* em outras dimensões históricas.

O primeiro é o aspecto de síntese da filosofia concreta: "crescer com" significa também crescer com as filosofias anteriores, e não há nada na obra de Mário que mostre algum tipo de ruptura: mesmo as refutações não são em bloco, e há espaço para o aproveitamento de ideias. Isso não significa ecletismo em medida nenhuma: as ideias das filosofias anteriores interessam enquanto possam ajudar na formulação da filosofia concreta e nada mais. Não é um exercício de refutação e crítica, é um ato de elaboração filigranada de uma tradição.

O segundo é a necessidade de uma demonstração de caráter matemático, e o que essa prática significa para Mário. Isso remete ao problema pitagórico da *mathesis* e à necessidade do estabelecimento de uma linguagem simbólica para as operações do pensamento. Não é possível pensar, a partir de certo momento na escalada rumo à abstração, se não for a partir de formas, símbolos e figuras. Essa apreensão é um exercício de síntese magistral do pensamento em alturas onde o próprio discurso se mostra limitado para descrever uma abstração que pode ser sentida, não explicada. Daí a irredutibilidade da lógica simbólica a qualquer linguagem específica.

(a) *"Crescer com" a filosofia*

Mário usa a expressão "positiva e concreta" para descrever sua Filosofia. As conotações de "positiva" devem ser ignoradas: nada tem a ver com uma escola de certo sucesso do final do século XIX. Positivo: aquilo que afirma. Afirmativo, no sentido em que o próprio Mário explica em *Filosofias da Afirmação e da Negação*. Uma filosofia afirmativa é aquela que reúne das outras os principais elementos e, a partir daí, constrói suas demonstrações sem perder tempo com a vista negativa. A crítica de Mário a qualquer trabalho de crítica pela crítica é

coisas "que dependem da matéria para sua existência e definição". O que foge a esses dois elementos – portanto, o que trata de "Deus e outras substâncias" ou coisas que "não existem universalmente na matéria, como substância, potência e ato, ou do Ser em si mesmo" – pertence aos domínios da Metafísica. Santo Tomás de Aquino, *Commentary on Aristotle's Physics*, op. cit., p. 3.

sua negatividade: uma filosofia só pode ser criticada se a partir dela for possível extrair algo de positivo. Criticar pelo prazer de criticar não é um trabalho filosófico senão em seu grau mais baixo: o pensamento crítico de complementar com a possibilidade de re-construção de si mesmo em um pensamento afirmativo a partir da crítica: nos termos de Mário, a única crítica possível é aquela con-creta, que na crítica negativa de um sistema filosófico adquire seus elementos positivos para um grau superior do pensamento.[27]

Ao criar a filosofia concreta, por exemplo, Mário não hesita em circular por praticamente toda a história da filosofia para encontrar o que precisa. No entanto, não se trata de citações: Mário *usa* as ideias anteriores para reforçar a sua. Não é possível, nesse sentido, enquadrá-lo em qualquer categoria: não está entre os neo-escolásticos, porque dificilmente um deles aproveitaria os trabalhos de Nietzsche, mas também não é um filósofo no sentido heideggeriano, porque sua preocupação com o Ser está mais ligada ao pensamento de Santo Tomás de Aquino e São Boaventura do que às concepções de Husserl, com quem mantém alguma afinidade nas questões da consciência. Então é um fenomenólogo? Dificilmente, porque vai encontrar algumas respostas às questões do Ser na *Metafísica* de Aristóteles, de um lado, e nos estudos da consciência de Jean Piaget, de outro. Dessa maneira, classificar a filosofia concreta como um elemento derivado de *uma* filosofia pode ser apressado.

A perspectiva de síntese de Mário e seu estilo de exposição às vezes têm algo de escolástico, mas sua visão do Ser, em particular suas demonstrações sobre um Ser Supremo, remontam ao Aristóteles da *Metafísica* e das *Categorias*, enquanto sua perspectiva da *Mathesis* é uma leitura de Pitágoras e uma aproximação de Platão, mas com as lentes de Plotino - cujas *Enéadas* Mário traduziu. É possível encontrar até mesmo ecos de Spinoza e Hegel em algumas de suas concepções, e o diálogo com Descartes, em particular no início da *Filosofia Concreta*, é patente.

A crítica de Kant ocupa um lugar à parte no primeiro volume da obra. De certa maneira, o ponto principal dos argumentos de Mário

[27] Cf. também, em uma chave de análise diferente em alguns aspectos, Stanislavs Ladusãns, *Gnosiologia Pluridimensional*. São Paulo, Loyola, 1991.

refere-se à tentativa de destruição da Metafísica por Kant. Evidentemente uma exposição mais detalhada dessa crítica demandaria um espaço diferente deste, mas é necessário assinalar alguns pontos. A noção de Categorias e a presença de um Ser no mundo à parte de qualquer predicação metafísica que não fosse subjetiva perturbavam Mário, e sua crítica a Kant pode ser pensada nesses termos. Kant, para ele, elaborou sistemas metafísicos a respeito do conhecimento, da ética e do juízo que negavam a sua própria base metafísica, tornando-se contraditórios em si mesmos e perdendo, portanto, a validade de aplicação. Mário procura reconstruir isso na *Filosofia Concreta*.

Um detalhe adicional, de caráter prático.

Um exame da biblioteca pessoal de Mário mostra não apenas a existência de uma grande quantidade de livros – mil, segundo suas filhas –, mas também a diversidade de suas leituras. Tratados de pensadores da Idade Média como João Escoto Erígena, Duns Scot e São Boaventura, além de Santo Tomás, estão lidos e grifados. Em latim. Assim como obras de Aristóteles e Platão, em grego ou latim, estão cheias de comentários nas margens. Seus livros de filosofia moderna se perderam, mas é possível ainda assim identificar, pela leitura, a síntese das afirmações em uma construção estrutural dinâmica, ao mesmo tempo seu método e objetivo. A *Mathesis Megiste*, o último nível de conhecimento da mente humana.

(b) *O nível simbólico da* mathesis

De certa maneira, a obra de Mário é um caminho pessoal compartilhado para se chegar à *Mathesis Megiste*, à Sabedoria. Essa trilha é percorrida pela consciência individual no conhecimento da realidade exterior, "crescendo junto" com ela e elevando-se de nível de quando em quando. Esse conhecimento tende a chegar na essência das coisas, quando então ele mesmo passa por uma transformação: saindo do mundo das aparências, procurando a essência dos elementos, é necessário também deixar para trás uma linguagem preparada para descrever uma realidade fenomênica mas que sem dúvida encontraria problemas para lidar com o que está além dessa realidade. A compreensão final da realidade em seu nível o mais abstrato, das formas ou *arkhé*, é também o nível de uma manifestação mental em um nível no qual o *logos* se tornava forma pura

– e os pitagóricos identificavam a *arkhé* ao número,[28] não como quantidade, mas como forma simbólica.[29, 30] É por isso que o caminho real para a *Mathesis* é a *via symbolica*.[31]

Mário desenvolve esse argumento com idas e voltas ao longo de várias obras na primeira parte da *Enciclopédia*, em *Filosofia da Crise*, *Teoria do Conhecimento*, *Noologia Geral* e, sobretudo, *Tratado de Simbólica*. O conceito do número como forma simbólica e não como uma entidade matemática está em *Pitágoras e o Tema do Número*. A partir desses livros, é possível tecer o pano de fundo presente como base da *Filosofia Concreta*.

A partir de um certo nível, o pensamento se transforma em imagem pura. Forma. A dupla natureza discursiva e imagética do pensamento humano tem sido trabalhada por pesquisadores das mais variadas áreas, da Filosofia e da Psicanálise às Ciências Cognitivas, sem um resultado conclusivo a respeito da interação entre esses dois aspectos. Não é isso, no entanto, que está em jogo: é a *expressividade* de cada um desses tipos de atividade mental para representar e compreender – trazer para dentro de maneira intrínseca – o mundo exterior.[32] Os limites dessa expressividade causados pela linguagem é um dos temas mais discutidos da Filosofia Moderna, sobretudo a partir da chamada "virada linguística", e a afirmação de Wittgenstein ao apontar que do outro lado dos limites da linguagem estava o inexprimível não é errada.[33]

De fato, além dos limites da linguagem está o simbólico, que não é em si uma linguagem organizada na medida em que não está

[28] "O número é entendido como o protótipo do que pode ser conhecido. Nada é mais determinado e certo do que uma relação numérica como 2+2=4." Carl Huffman, "The Pythagorean Tradition". In: A. A. Long, *The Cambridge Companion to Early Greek Philosophy*. Cambridge, Cambridge University Press, 1999, p. 81.
[29] Vincent Foster Hopper, *Medieval Number Symbolism*. New York, Cooper Square, 1969, p. 33.
[30] "Como todos sabem, a noção de *Arithmós* para os gregos tinha um alcance muito maior do que nossa palavra número. *Arithmós* incluía todo o campo da Matemática. Quando Ésquilo representa Prometeu como o descobridor do *Arithmós* para a espécie humana, torna-o também fundador da Matemática usando um termo familiar aos gregos da época. Com Platão, a Geometria e os Números continuam juntos. A própria terminologia, como visto nas expressões "superficial" e "números sólidos", prova a junção indissolúvel entre os números e a geometria. William Ridgeway, "What led Pythagoras to the doctrine that the world was built of numbers?" *The Classical Review*, vol. 10, nº 2, março de 1896, p. 93.
[31] Mário Ferreira dos Santos, *Tratado de Simbólica*, op. cit., p. 42.
[32] Luís Mauro Sá Martino, *Estética da Comunicação*. Petrópolis, Vozes, 2007, p. 46.
[33] Ludwig Wittgenstein, *Tractatus Logico-Philosophicus*. London, Routledge, 1995, p. 86.

vinculado a nenhum tipo de ordem específica, fator primeiro de relação concreto-diferencial entre os componentes de uma determinada estrutura linguística. O símbolo, nesse sentido, distingue-se de outras imagens mentais por uma diferença de gênero, não de grau; o símbolo não é necessariamente a imagem do devaneio, embora esteja ligado a ela, e não precisa sequer ser uma imagem no sentido de uma figura.[34] A rigor, o símbolo está mais para uma *forma* do que para uma imagem quando se pensa que o símbolo é uma representação que, ao contrário da imagem, não pretende ter com o real senão uma relação de *participação*, não necessariamente de *representação* ou mesmo de imaginação.[35]

Pensado em termos de *forma*, o símbolo é a representação gráfica do inexprimível em termos discursivos: o símbolo não é um texto, e seus componentes apresentam-se de maneira sincrônica como um conjunto de representações únicas de elementos da realidade que não poderiam ser expressos por palavras pela própria insuficiência das palavras de dar conta de uma realidade que não possa ser encaixada dentro dos parâmetros linguísticos – a noção de simultaneidade, por exemplo, é difícil de ser representada em uma frase: pode ser descrita, não mostrada; não posso escrever duas frases ao mesmo tempo, e, embora esse exemplo seja simples, é um primeiro elemento que mostra a insuficiência da linguagem para representar operações mentais que lidem com categorias para-além da linguagem, como o simultâneo e, em outro nível, o paradoxal.[36]

[34] Não deixa de ser útil pensar que a revelação dos elementos místicos requer sempre uma linguagem altamente simbólica, "imagens formadas diretamente em minha mente", como descreve em seu estilo didático Lady Julian of Norwich, explicando como recebeu o conhecimento desenvolvido por ela em suas *Revelações do Divino Amor*, ou pelo anônimo autor de *The Cloud of Unknowing*, dois dos principais tratados da mística medieval inglesa. A *via symbolica*, com a qual Mário trabalha, pensa o místico como esse elemento da imagem que se revela – ou desvela, no sentido de algo que subitamente deixa seu véu – no sentido explicado por Julian ao receber suas Revelações. Vale lembrar que o "místico", neste sentido, é um tipo específico de conhecimento atingido pela mente em seu sentido mais amplo. Lady Julian of Norwich, *Revelations of the Divine Love*. London, Penguin, 2005, p. 154; Anonymous, *The Cloud of Unknowing*. London, Penguin, 2003.

[35] Louis-Bertrand Geiger, *La Participation dans la Philosophie de S. Thomas d'Aquin*. Paris, Vrin, 1953.

[36] "No mundo do simbólico existe apenas o processo. Mitos e símbolos são ferramentas que usamos para construir um mundo genuinamente humano. Mas, por conta do simbólico, o mundo humano se torna infinito, onde o sentido de um é o sentido constante dos

Daí que o símbolo é um tipo de expressão formal de categorias do pensamento, ou melhor, de atividades mentais, que *não podem ser ditas* mas podem ser expressas como uma *forma* ou imagem. O símbolo, por prescindir de uma natureza discursiva, tende a ser compreendido com maior facilidade. No entanto, é de sua natureza representar ação, dinâmica, movimento em sua própria dialética de contradições. O símbolo está sempre na tensão dinâmica entre seus próprios elementos, e é exatamente por isso que ele é um meio de expressão do que não pode ser dito com palavras pela natureza linear da fala/escrita. O *syn-bolos*, do grego "aquilo que está junto", um objeto de conhecimento em duas partes que permitia o duplo reconhecimento de quem os tinha.[37]

O plano simbólico vai além do *logos* no sentido de compreender não apenas a racionalidade lógico-discursiva (*logos*, lógica, linguagem) mas também o sensível e o intuitivo, aquilo que não pode ser descrito mas pode ser sentido e compreendido sem descrição própria. Uma apreensão imediata de significados que, separadamente, seriam contraditórios. O símbolo dá conta de representar dialéticas que a linguagem cotidiana não conseguiria. O absurdo se dissolve na continuidade da participação.

Assim, na tradição cristã, a natureza do *Criator Spiritus* como o princípio criador adquirido pela criatura e que impele para a ação em uma natureza duplamente contraditória de ação/reação ou de natureza in-tensa e ex-tensa não pode ser explicada mas sentida senão em sua forma simbólica de ação; na tradição muçulmana o mesmo princípio da criação reflete-se em todos os cenários da vida cotidiana pelo enquadramento místico do cotidiano nas orações;[38] as tradições indianas seguem no mesmo sentido de ligar em um *continuum* os elementos dis-postos (em oposição à "com-postos");[39] a tradição judaica igualmente realiza a

estados potenciais de fases e transições ainda por atravessar." George B. Hogenson, "What are symbols symbols of? Situated action, mythological bootstrapping and the emergence of the Self". *Journal of Analytical Psychology*, vol. 49, 2004, p. 67-81.

[37] Baudouin Decharneux e Luc Nefontaine, *Le Symbole*. Paris, PUF, p. 18. Cf. também o *Tratado de Simbólica*, do próprio Mário, onde ele explica a origem da palavra.

[38] A perspectiva desenvolvida da simbólica islâmica está em vários trabalhos de Nasr, mas especialmente em Seyyed Hossein Nasr, *Islam and the Plight of Modern Man*. London, Longman, 1975.

[39] Na mesma linha, um estudo da simbólica em seus vários planos aplicados à arquitetura está em Ananda Kentish Coomaraswamy, *Symbolism of Indian Architecture*. Jaipur, Historical Research Program, 1983.

transformação mística do cotidiano como algo vinculado, pela prática, a um princípio mais elevado do que comum; o transcendental nesse sentido é a expressão simbólica da realidade imediata, sem linha de ruptura mas na solução de continuidade entre o simbólico e o cotidiano – o cotidiano *se torna* simbólico em sua prática.[40]

É nesse sentido que o conhecimento místico, do grego *mystos*, na mesma raiz de *mistério*, é aquele que se revela, não se apreende com a consciência racional, mas se adquire no princípio simbólico da participação com o elemento simbolizado: o símbolo é o grau de construção do pensamento no qual se participa do conhecimento em seu aspecto mais próximo da abstração, a *forma*.[41, 42]

Aos olhos contemporâneos, a associação entre números e formas pode parecer estranha. Essa impressão se dilui quando se recorda a interconexão entre a álgebra, a geometria e a lógica, na demonstração de que uma ciência dos números é igualmente uma ciência das formas e das relações lógicas entre os elementos.[43]

Quando se pensa na "forma" como representação abstrata de algo, chega-se a um nível mínimo de detalhes representado na intersecção dos elementos e, portanto, na própria relação entre unidades simples na formação de um todo.[44] Essa associação pode ser resumida

[40] Hopper, *Medieval Number Symbolism*, op. cit., p. 33 ss.

[41] "O misticismo no conhecimento e na compreensão nasce da necessidade, inerente ao ser humano, de encontrar os segredos do universo não em partes, mas em sua totalidade. Este aspecto do misticismo aparece em um grande número de definições. [...] Misticismo é definido como a experiência da sabedoria ou mesmo a experiência do conhecimento de Deus, isto é, um conhecimento baseado na experiência direta com Ele; como uma intuição intelectual ou uma especulação sem forma definida; como o esforço, pelo ser humano, de encontrar a essência divina ou a realidade última das coisas; como asserção da consciência que transcende as categorias formais do entendimento; como pensamento integrado, juntando as coisas em uma nova forma. [...] O filósofo igualmente tenta descrever a realidade completa sobre as formas específicas da realidade, de maneira a compreender o universo como um todo e não em fragmentos." F. C. Happold, *Mysticism*. London, Penguin, 1963, p. 41.

[42] "O símbolo é um ensaio de definição de toda e qualquer realidade abstrata." Olivier Biegbeder, *La Symbolique*. Paris, PUF, 1988, p. 3.

[43] "Os olhos espantados dos gregos abriram-se subitamente para o sugestivo espetáculo de uma uniformidade universal regendo a natureza e derivado dos números: e se esse princípio fosse de fato o formal, o quase-material?" Theodor Gomperz, *Greek Thinkers*. London, John Murray, 1901, p. 104.

[44] W. A. Heidel, "The Pythagoreans and the Greek Mathematics". In: R. E. Allen e David J. Furley (eds.), *Studies in Presocratic Philosophy*. London, Routledge, 1970, p. 365.

em termos numéricos não apenas representando a quantidade, mas também simbolizando os elementos geométricos representados em cada número. Assim, o "1" não se limita a representar a unidade, mas igualmente o ponto; o "2" não representa apenas a ideia de "duas coisas", mas também a forma da linha na relação entre dois pontos, uma relação que, no "3", estica-se para o plano e, no "4", ganha uma dimensão tridimensional de forma piramidal.[45]

Assim, números não representam apenas quantidades, mas igualmente formas – a abstração em seu nível máximo equivale a forma com o número, como vimos, não somente por seu valor quantitativo mas também e principalmente por conta de seu valor simbólico. O pensamento treinado abstrai a forma sem perder de vista a própria limitação de qualquer representação, e mantém sob o exame da mente as formas e possibilidades dessa representação. Um exemplo no limite da simplicidade pode auxiliar esse paralelo. Imagine-se a representação estilizada de um objeto qualquer. Este livro, digamos. Ele pode ser resumido a um conjunto de oito pontos em dois planos α unidos por outros quatro planos β na forma de uma caixa. Oito pontos, doze retas, seis planos. Relações entre seis, oito e doze. Um cubo-livro.[46]

É em um sentido tremendamente mais elevado que se podem imaginar as relações entre números e séries geométrico-formais. Essa dupla natureza da representação numérica, como quantidade e como forma, não deixou de ser percebida pela filosofia posterior a Pitágoras, e o conteúdo simbólico dos números como um exercício de abstração do pensamento rumo à essência foi um objeto privilegiado de trabalho de vários outros filósofos. Nem sempre, no entanto, a dimensão simbólica

[45] "Todo corpo sólido é circunscrito por superfícies planas." Ridgeway, "What led Pythagoras...", art. cit., p. 95.

[46] "É uma abstração na qual os limites da extensão estão ligados à extensão em si. Os pontos eram identificados por Pitágoras com a Unidade, o próprio elemento do número. O número aparecia aos gregos como uma espécie de princípio fundamental, não apenas no qual o mundo objetivo era dissolvido pelo pensamento, mas do qual ele também procedia. Ele era composto e construído a partir do número, de maneira que a linha era constituída de dois pontos representando a dualidade, o plano seria a concepção do três, o corpo a representação do quatro. [...] Se hoje em dia não falamos mais em números oblongos ou circulares, ainda temos números quadrados e cúbicos." Gomperz, *Greek Thinkers*, op. cit., p. 104.

do número foi levada em consideração, eliminando-se um dos componentes essenciais da fórmula pitagórica.[47]

No grau máximo de abstração do pensamento, quando na região dos fundamentos específicos da realidade, a atividade mental deixa o plano discursivo e se articula em estruturas simbólicas primeiras da realidade, a partir das quais é possível compreender os demais elementos. Nesse plano da abstração geral, o conhecimento se apresenta como *forma*, como algo a ser apreendido no plano simbólico.[48] A simbolização da realidade atinge sua forma última quando o pensamento dialético permite a dissolução de conceitos contraditórios na continuidade do real, agora como forma simbólica. Essas formas são expressão da abstração da realidade no *arithmós*, o número pensado como símbolo, não como representação semiótica da quantidade, mas como forma simbólica da qualidade.[49] Daí a matematização do universo na perspectiva pitagórica: não se trata da "matematização" no sentido corrente de "matemática" como ciência das operações com quantidades, mas como elemento da *mathesis*, a Sabedoria, de onde deriva a palavra "matemática" como uma de suas operações. O caminho da *mathesis* é simbólico na medida em que as abstrações se tornam mais e mais gerais para chegar ao fundamento lógico último. Desse modo, a *Mathesis Megiste*, o conhecimento superior pitagórico, seria a forma pura mais alta do pensamento. É o caminho para essa sabedoria que Mário convida a trilhar na *Filosofia Concreta*.

Agradecimentos

Um detalhe final, que não poderia deixar de ser dito e repetido.

Na Universidade de East Anglia, com cuja bolsa de estudos foi possível aproveitar o tempo para este trabalho, a compreensão de

[47] Não por acaso, a percepção dos números como símbolos e formas teve larga descendência no mundo antigo e medieval. Em *Sobre a Oração*, o monge eremita Evágrio, o Solitário, escrevendo no século VI, define as várias qualidades simbólicas do número 153 a partir das formas geométricas relacionadas a ele. Cf. Evagrius, "On Prayer". In: G. E. H. Palmer et al. (eds.), *The Philokalia*, vol. 1. London, Faber & Faber, 1983, p. 142.

[48] Morton W. Bloomfield, "Symbolism in Medieval Literature". *Modern Philology*, vol. 56, nº 2, novembro de 1958, p. 73-81.

[49] Hopper, *Medieval Number Symbolism*, op. cit., p. 33 ss.

algumas questões sobre os aspectos simbólicos e discursivos do conhecimento não teria sido possível sem o diálogo com a professora Marion Houssart, responsável pela capela católica, com o padre John Shannon, com o Reverendo Neil Walker, da Igreja Batista, com o Reverendo Darren Thorthon, da Igreja Anglicana, e com Salman Ali Karim, muçulmano. As ideias de compreensão e tolerância eles me mostraram na prática.

Algumas questões de trabalho, texto e prática não teriam sido possíveis sem a ajuda, em ordem alfabética, dos jornalistas Daniel Barembeim (nas questões de mística judaica), Fábio Camarneiro (no estilo), Renata de Albuquerque (na escrita), Ricardo Senise (na criação da página de Mário na internet) e Thais Arantes (pelas questões). Aos meus pais, Antonio Carlos e Vera Lúcia, pelo apoio logístico nas remessas de livros. À Anna Carolina Fagundes, que se tornou Anna Carolina Fagundes Martino nos meses de preparação desta edição, pelo incentivo nos caminhos metafísicos.

Norwich, Reino Unido, 7 de julho de 2008[50]

[50] Este ensaio foi originalmente escrito como texto de apresentação de: Mário Ferreira dos Santos, *Filosofia Concreta*. São Paulo, É Realizações Editora, 2009.

Uma Filosofia em Construção: Lendo a *Filosofia Concreta* através de Suas Mudanças

Por André Gomes Quirino[1]

§ 0. Cavando os alicerces

Aos positivistas lógicos, por quem Mário Ferreira dos Santos estava longe de nutrir apreço,[2] devemos uma das mais estimulantes metáforas da filosofia contemporânea: a empreitada do conhecimento assemelha-se, para eles, à reforma de um barco em alto mar.[3] O palpite em que se sustenta a imagem é que sempre supomos um conjunto de opiniões já assentadas, as quais, embora sejam o que nos apoia e o que nos move, é o que precisamente deve ser reajustado a cada novo entendimento adquirido.

Equipado para a marcenaria o filósofo brasileiro seguramente está. Se acertamos Ian Rebelo Chaves e eu, em posfácio a *Filosofias da Afirmação e da Negação*, o admirador do filósofo do martelo dispunha da régua – aquilo com que se mede a tradição e se assimila o cânon – como ferramenta própria.[4] O autor desta *Filosofia Concreta* chega a descrever seu esforço com uma semântica afim, digamos, à engenharia: "Este foi o motivo principal por que não partimos da ordem antropológica, mas sim da ontológica, para a *construção* deste livro".[5] A que Mário Ferreira dos Santos se refere? Ao fato de a consciência humana ser contingente e nenhuma

[1] Graduado e mestrando em Filosofia pela Universidade de São Paulo (USP), graduando em Teologia pela Universidade Presbiteriana Mackenzie e pesquisador, na É Realizações Editora, do Arquivo Mário Ferreira dos Santos e do Arquivo José Guilherme Merquior.
[2] Cf. Mário Ferreira dos Santos, *Grandezas e Misérias da Logística*. São Paulo, Matese, 1966.
[3] Cf. Otto Neurath, "Foundations of the social sciences". In: O. Neurath, R. Carnap e Ch. Morris (eds.), *International Encyclopedia of Unified Science*, vol. 2, nº 1. Chicago, University of Chicago Press, 1944, p. 47.
[4] "Impressões sobre *Filosofias da Afirmação e da Negação*". In: Mário Ferreira dos Santos, *Filosofias da Afirmação e da Negação*. São Paulo, É Realizações Editora, 2017, p. 274.
[5] Ver, neste livro, p. 387 (grifo meu).

de suas intuições ser absoluta, o que complementa o dito definidor da tese 253, a cujo propósito todas essas ponderações são feitas: "A ordem dos possíveis é potencialmente [ainda que não efetivamente] infinita". É isto o que obriga à construção desta obra fundamentar-se na ordem ontológica.

E é a fundamentação ontológica o que permite a Mário tanto fazer alegações contundentes como propor ilustrações tangíveis. Por exemplo: na tese 60, "A unicidade pode e deve ser considerada de modo absoluto e de modo relativo", a primeira frase, "Toda unidade em si é única", é seguida por uma autorreferência esclarecedora: "Entende-se por único o que é individual mas incomunicável, pois esta página é *esta* página".[6] Autorreferência esclarecedora e relativizável, como o enunciado da tese antecipa. Pois, se como exemplar a página é única, como espécie de um gênero (digamos: página da terceira edição de *Filosofia Concreta*) ela é um indivíduo entre centenas. E poderíamos acrescentar que, como gênero (digamos: página que contém a tese 60 de *Filosofia Concreta*), ela comporta não só diferentes exemplares, mas diferentes espécies, cada uma determinando um tipo particular de exemplares do mesmo gênero. Sendo direto, a página que contém a tese 60 de *Filosofia Concreta* em sua terceira edição é a 123ª do primeiro volume, a página que contém a tese 60 de *Filosofia Concreta* em sua segunda edição é a 115ª do primeiro volume e a página que contém a tese 60 de *Filosofia Concreta* em sua primeira edição é a 67ª, correspondendo à tese 60 neste caso a tese 39.

Vale dizer: a construção de *Filosofia Concreta*, baseada que está na infinitude potencial dos possíveis, envolve mudanças, acréscimos e cortes numa cadeia de proposições com que entretanto se pretende descrever a armadura ontológica do mundo. Superando em radicalidade os positivistas, Mário Ferreira dos Santos tanto caracterizou o conhecimento quanto conduziu sua própria obra como um barco que se reforma durante a navegação. Paradoxo instrutivo, visto constituir o cerne do pensamento ferreiriano a aceitação da antinomia como elemento do real e como maneira de filosofar.[7]

[6] Ver, neste livro, p. 110 (grifos no original).

[7] Cf. Mário Ferreira dos Santos, *Filosofia da Crise*. São Paulo, É Realizações Editora, 2017; João Cezar de Castro Rocha, "Conjecturas e refutações: a intuição de Mário Ferreira dos Santos". In: Mário Ferreira dos Santos, *Filosofia e Cosmovisão*. São Paulo, É Realizações Editora, 2018, p. 297-302.

Uma nova comparação. Ludwig Wittgenstein – em quem os positivistas disseram se inspirar, e que no entanto alegava ter sido incompreendido por estes – publicou em vida somente o *Tractatus Logico-Philosophicus*. A razão da escassez de textos editados é que o autor os compunha compilando e reordenando aforismos, demorando a convencer-se de que chegara a uma disposição adequada. O rigor e a complexidade na enumeração das teses do *Tractatus* impressionam, e tornam compreensível que o austríaco tenha julgado responder com seu livro todas as perguntas da filosofia de uma vez para sempre. Ironicamente, porém, são seus escritos póstumos que hoje gozam de especial prestígio nas disciplinas acadêmicas, com o detalhe de este "último Wittgenstein" questionar as bases mesmas daquilo que fora postulado pelo "primeiro". Ora, se não há "primeiro" e "último" Mário Ferreira dos Santos, isso se deve a que o brasileiro divergiu do outro já quanto ao método empregado: antes que o resultado, ele deixa-nos ver o *processo* cumprido por sua reflexão – não se furtando a congregar descobertas aparentemente contraditórias. Esse é um aspecto já reconhecido por Luís Mauro Sá Martino: "De certa maneira, a obra de Mário é um caminho pessoal compartilhado para se chegar à *Mathesis Megiste*, a Sabedoria".[8]

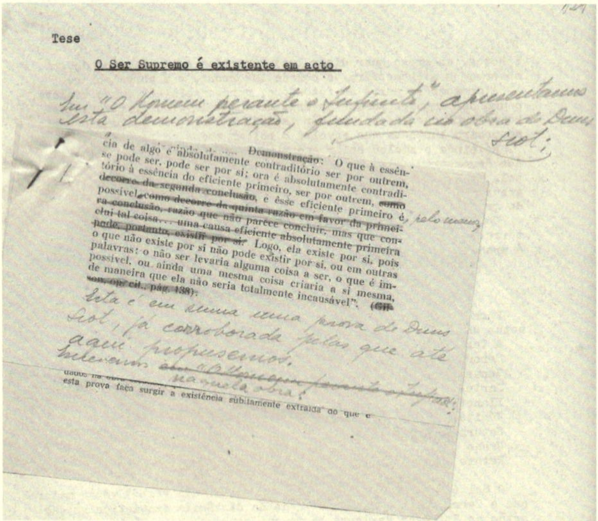
Tese

O Ser Supremo é existente em acto

Em "O Homem perante o Infinito", apresentamos esta demonstração, fundada na obra de Duns Scot;

... Demonstração: O que à essência de algo é absolutamente contraditório ser por outrem, se pode ser, pode ser por si; ora é absolutamente contraditório à essência do eficiente primeiro, ser por outrem, decorre da segunda conclusão, e êsse eficiente primeiro é possível, como decorre da quinta razão em favor da primeira conclusão, razão que não parece concluir, mas que conclui tal coisa... uma causa eficiente absolutamente primeira pode, portanto, existir por si. Logo, ela existe por si, pois o que não existe por si não pode existir por si, ou em outras palavras: o não ser levaria alguma coisa a ser, o que é impossível, ou ainda uma mesma coisa criaria a si mesma, de maneira que ela não seria totalmente incausável". (Cf. ... op. cit., pág. 138).

Esta é em suma uma prova de Duns Scot, já corroborada pelas que até aqui propusemos.

esta prova faça surgir a existência sùbitamente extraída do que é

Datiloscrito 1, p. 129: Mário incorpora trecho de outro livro, *O Homem perante o Infinito*, e o modifica, no primeiro original desta *Filosofia Concreta*

[8] Ver, neste livro, p. 596.

Se há portanto um trabalho a ser feito por nós que revisitamos a obra de Mário Ferreira dos Santos, esse não é o de dar-lhe a forma definitiva que o próprio autor teria sido incapaz de conceder. Trata-se, antes, de reconhecer em sua escrita e reescrita a atividade de um pensamento vivo. E note-se a centralidade do caráter *escrito* dessa obra: parece que, ante o dilema platônico quanto a se escrevemos para não esquecer ou esquecemos porque escrevemos,[9] nosso filósofo responde apontando à necessidade de *escrevermos a fim de apurar o que precisa ser lembrado.*

Há preservadas no Arquivo Mário Ferreira dos Santos / É Realizações Editora cinco versões sucessivas de *Filosofia Concreta*: um datiloscrito, repleto de emendas manuscritas, datado de 11 de fevereiro de 1956; outro datiloscrito, sem data, que incorpora as alterações indicadas no primeiro e traz muitíssimas novas, à mão; a primeira edição publicada, de abril de 1957, com o exato texto estabelecido pelas intervenções no segundo datiloscrito, apenas lhe acrescendo corolários e seções independentes (predominantemente refutativas); a segunda edição, publicada em agosto de 1959, alterando drasticamente a exposição anterior; e a terceira edição, de setembro de 1961, que conta com diversas mudanças. De um volume com 284 páginas e 258 teses, a *Filosofia Concreta* passou a dois volumes que somavam 473 páginas e 311 teses e, por fim, a três volumes totalizando 623 páginas e 327 teses. Na segunda e na terceira edições, o "Prefácio da 1ª edição" se encerra com a seguinte nota de rodapé: "Este prefácio pertence à 1ª edição. Esta, que ora apresentamos, traz novas contribuições, e muitas teses novas foram acrescentadas, bem como muitas sofreram novas demonstrações. Ademais, as teses foram novamente numeradas".[10] Há uma quarta edição, impressa em novembro de 1961, mas esta reproduz *ipsis litteris* o conteúdo da anterior. Nos exemplares há eventuais marcas de revisão manuscritas, em cada caso incorporadas na edição subsequente.

[9] Cf. Platão, *Fedro*, 275a-b.

[10] Mário Ferreira dos Santos, *Filosofia Concreta*. 2ª ed., vol. 1. São Paulo, Logos, 1959 (doravante referida por "2ª ed." seguida do número do volume), p. 13; Ibidem, 3ª ed., vol. 1. São Paulo, Logos, 1961 (doravante referida por "3ª ed." seguida do número do volume), p. 13. Ver, neste livro, p. 10, n. 12.

Este ensaio pretende ser uma leitura da *Filosofia Concreta* por intermédio de suas modificações. Investigaremos o que nos tem a ensinar *a construção* de que resultou a obra-prima de Mário Ferreira dos Santos. Para examinar o edifício inconcluso, como que escalaremos (com a devida vênia ao poeta de Bilac) seis andaimes. Primeiro o da *história da filosofia*: como se formulam as remissões de nosso autor aos grandes filósofos? Como se vinculam a sua escrita, a sua leitura e o seu trabalho editorial? Em segundo lugar, as regras subjacentes ao método. Quais elementos de uma *lógica* são identificáveis nas hesitações e nos avanços dessa escrita? Por terceiro, a epistemologia – que *teoria do conhecimento* deixam ver as modificações no texto de Mário e as menções que ele faz às ciências? Quarto: a *estética*. Quais preocupações (vale dizer: quais sensibilidades) são reveladas pelo padrão de reescrita adotado pelo filósofo? Em quinto lugar, a *ontologia*. Com o decorrer das versões, o que se admite e de que se abdica na disciplina que é o coração do sistema ferreiriano? Por fim, a *teologia filosófica* – como o autor retoca o quadro (já que também aí ocorrem mudanças) da paisagem a que, segundo ele próprio, seu pensamento está orientado a chegar?

As perguntas são várias; as respostas, hipotéticas. Este posfácio é também um convite: vamos aprender com Mário Ferreira dos Santos a *construir*?

§ 1. *Filosofia Concreta* e história da filosofia: será possível reformar o passado?

Convocado por sua própria argumentação a conferir um estatuto ontológico às circunstâncias presentemente possíveis, por um lado, e às circunstâncias que no passado foram possíveis, por outro lado, Mário Ferreira dos Santos recorre a uma tipologia do *Protágoras* de Platão.[11] Este apela a duas figuras da *Teogonia* de Hesíodo e distingue o prometeico, que é o que se dirige ao futuro, o que hoje é possível que aconteça então, e o epimeteico, que é o que visto retroativamente se revela um ex-possível, mesmo nos casos em que não se tenha

[11] Cf. Platão, *Protágoras*, 320c-324d.

efetivado. Todo possível epimeteico foi um possível prometeico, como presto se vê. Mais interessante, porém, é o que é mencionado por Mário:[12] que há um sentido (relativo) de impossível coincidente a outro sentido (relativo) de possível – a saber, o impossível prometeico e o possível epimeteico. Numa palavra: há coisas que não se podem hoje mas que se puderam um dia.

Se voltarmos ao já mencionado diálogo filosófico de Mário Ferreira dos Santos, lembraremos que é uma crise o que torna necessárias a revisita ao passado e a coleta, nele, de positividades uma vez concebidas.[13] A impossibilidade prometeica impele que se recuperem as possibilidades epimeteicas: o editor de *Zaratustra* deveria mesmo se tornar o autor de *Filosofia Concreta*.[14]

João Cezar de Castro Rocha destacou, em posfácio a *Filosofias da Afirmação e da Negação*, a excepcional força da cronologia filosófica de Mário Ferreira dos Santos.[15] De acordo com esta, um pensamento pode *incluir* outro que lhe *sucederá*.[16] Como se vê, isso acontece porque muita vez uma filosofia conta com possibilidades que estarão interditadas ao pensamento posterior. O que permite a quem olha para trás uma atitude dupla: assimilar o que de positivo se fez ante tal potencialidade e denunciar cada recusa deliberada do que foi então prometeicamente possível. Não por acaso, a maior parte das reprimendas dirigidas por Mário a pensadores do passado acusa-os de não terem se inteirado do que ensinaram seus antecessores.[17] Quanto às ideias daqueles, estão carentes de conserto. O périplo ferreiriano pelo tempo pretérito é portanto criativo. Depois de lidos os clássicos, não apenas nós mudamos; também eles. Construir *no* presente e reformar *o* passado são atitudes simultâneas e que se requerem mutuamente.

[12] Ver, neste livro, p. 409, n. 15.
[13] Mário Ferreira dos Santos, *Filosofias da Afirmação e da Negação*, op. cit., "Prólogo", p. 9-16.
[14] Ver idem, *Filosofia da Crise*, op. cit., seção "Arquivo Mário Ferreira dos Santos", p. 276-78.
[15] João Cezar de Castro Rocha, "Arqueologia de um pensamento e de um estilo". In: Mário Ferreira dos Santos, *Filosofias da Afirmação e da Negação*, op. cit., p. 265.
[16] Mário Ferreira dos Santos, *Filosofias da Afirmação e da Negação*, op. cit., p. 245.
[17] Ver e.g. ibidem, p. 136.

A orientação positiva da *Filosofia Concreta* obriga-a, assim, à busca ininterrupta de um equilíbrio: nomeadamente, entre a concreção inventiva e a estima pela tradição. Uma leitura comparada das alterações por que passou esta obra dará a ver suas idas e vindas perante o desafio. (E investigar o que foi para ela prometeicamente possível não será para nós uma obrigação epimeteica?)

Comecemos pelo positivo: não é que o criador de Pitágoras de Melo,[18] como num ato falho, chegou a qualificar como apodítico o que, relendo, ele notou ser em princípio apenas pitagórico?

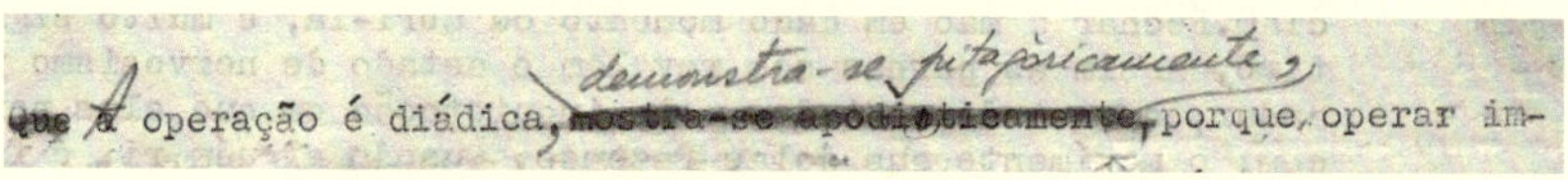
que A operação é diádica, ~~mostra-se apoditicamente~~ demonstra-se pitagoricamente, porque operar im-

Datiloscrito 2, p. 164: a emenda altera "mostra-se apoditicamente" para "demonstra-se pitagoricamente"

Mas Pitágoras não é o único de quem por pouco Mário não deixou escapar a referência – acostumado que estava a dialogar com os grandes, e distinguir suas vozes. No datiloscrito anterior, primeiro original, a alusão indeterminada a "uns" é já substituída pelo sujeito adequado: Suárez.

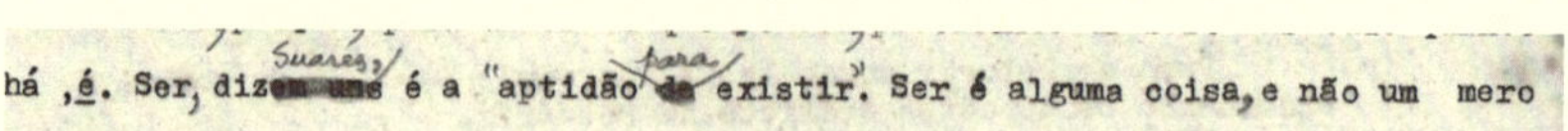
há ,é. Ser, ~~dizem uns~~ diz Suarez, é a "aptidão ~~da~~ para existir". Ser é alguma coisa, e não um mero

Datiloscrito 1, p. 20

Duns Scot é um caso especial: desde a primeira hora parece ter ficado clara a Mário Ferreira dos Santos a importância que aquele teria para o seu sistema. Também no datiloscrito 1 anuncia-se que o valor de Scot será ressaltado adiante. Meia centena de páginas depois, um acréscimo manuscrito atribui ao escolástico os créditos de certa demonstração. Curiosamente, o datiloscrito 2 traz riscado o anúncio do futuro reconhecimento de Scot; mas não o elimina, é evidente: meia dúzia de páginas depois, ali figura o medieval, referido como fonte. Correm as edições publicadas de *Filosofia Concreta*

[18] Ver ibidem, p. 16; idem, *Homens da Tarde*. São Paulo, É Realizações Editora, 2019.

e, na versão final, reproduzida por este exemplar, inserem-se mais de trinta páginas de apêndice, das quais cinco constituem a segunda de três seções, intitulada “Algumas teses de Duns Scot corroboradas pela filosofia concreta” – como que cumprindo a promessa de 1956. Na mesma edição, há pelo menos outros dois acréscimos, de uma nota e de uma seção, inseridos com o fim de citar o autor do *Tratado do Primeiro Princípio*.

São aproveitadas
~~Aproveita-se~~ para a Filosofia Concreta as grandes contribuições de Dun
Scot, [redacted] cuja valor mais adiante se [redacted] ressaltado.

Datiloscrito 1, p. 72: promete-se o destaque às contribuições de Scot

~~são aproveitados para a Filosofia Concreta as grandes contribuiçõe~~
~~de Duns Scot, cujo valor mais adiante será ressaltado.~~

Datiloscrito 2, p. 95: a promessa é suprimida

... formado (formatum) não é um ser material (ma-
teriatum). [São cinco contribuições do pensamento de Scot que correspondem às positivi-
da Filosofia Concreta.

Datiloscrito 2, p. 101: as contribuições continuam a ser registradas

Esta demonstração pertence a Duns Scot, que sintetizamos do seguinte modo (1): segunda

Datiloscrito 1, p. 122: assim como os créditos foram referidos quando necessário

Em sua *heceidade* (em sua unicidade histórica), identifica-se consigo mesmo.

2ª ed., vol. 1, p. 149 (comparar com trecho a seguir)

Em sua *heceidade* (em sua unicidade histórica), iden
tifica-se consigo mesmo (1).

(1) A **heceidade** escapa ao conhecimento na proporção que es
capa à definição. Esta tese é de Scot. A **heceidade** pode ser des
crita, não definida.

3ª ed., vol. 2, p. 18: ainda no texto de 1961, insere-se uma nota para creditar a Scot uma afirmação

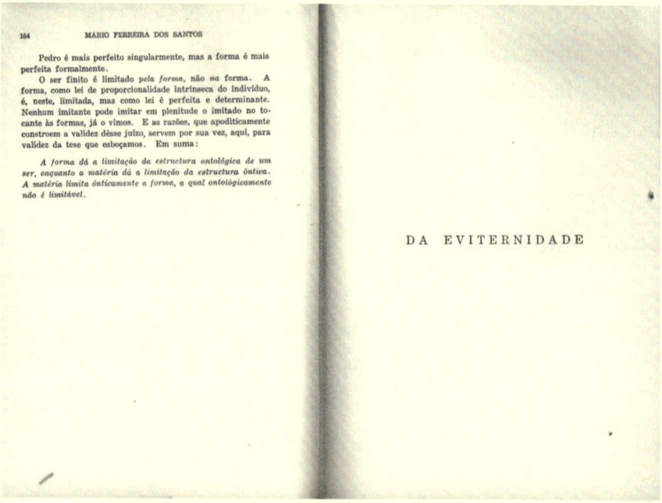

164 MÁRIO FERREIRA DOS SANTOS

Pedro é mais perfeito singularmente, mas a forma é mais perfeita formalmente.

O ser finito é limitado *pela forma*, não *na* forma. A forma, como lei de proporcionalidade intrínseca do indivíduo, é, neste, limitada, mas como lei é perfeita e determinante. Nenhum imitante pode imitar em plenitude o imitado no tocante às formas, já o vimos. E as razões, que apoditicamente constroem a validez dêsse juízo, servem por sua vez, aqui, para validez da tese que esboçamos. Em suma:

A forma dá a limitação da estructura ontológica de um ser, enquanto a matéria dá a limitação da estructura ôntica. A matéria limita ônticamente a forma, a qual ontològicamente não é limitável.

DA EVITERNIDADE

2ª ed., vol. 2, p. 164-65: à tese "A forma *in re* é limitada pela matéria, mas formalmente considerada é ela que limita a matéria" seguia-se o capítulo "Da eviternidade"

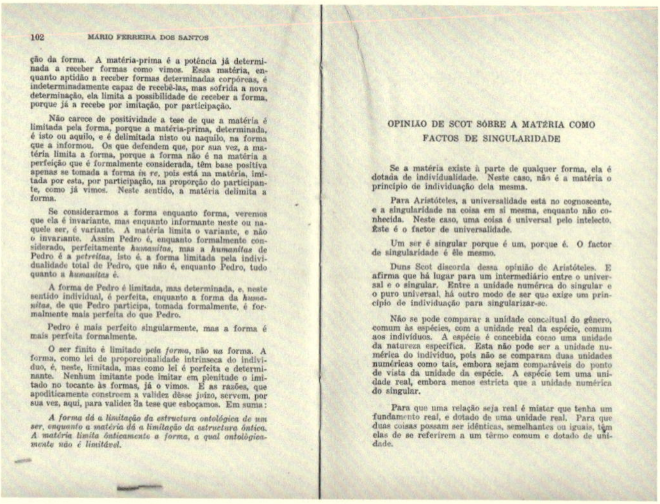

102 MÁRIO FERREIRA DOS SANTOS

ção da forma. A matéria-prima é a potência já determinada a receber formas como vimos. Essa matéria, enquanto aptidão a receber formas determinadas corpóreas, é indeterminadamente capaz de recebê-las, mas sofrida a nova determinação, ela limita a possibilidade de receber a forma, porque já a recebe por imitação, por participação.

Não carece de positividade a tese de que a matéria é limitada pela forma, porque a matéria-prima, determinada, é isto ou aquilo, e é delimitada nisto ou naquilo, na forma que a informou. Os que defendem que, por sua vez, a matéria limita a forma, porque a forma não é na matéria a perfeição que é formalmente considerada, têm base positiva apenas se tomada a forma *in re*, pois está na matéria, imitada por esta, por participação, na proporção do participante, como já vimos. Neste sentido, a matéria delimita a forma.

Se considerarmos a forma enquanto forma, veremos que ela é invariante, mas enquanto informante neste ou naquele ser, é variante. A matéria limita o variante, e não o invariante. Assim Pedro é, enquanto formalmente considerado, perfeitamente *humanitas*, mas a *humanitas* de Pedro é a *petreitas*, isto é. a forma limitada pela individualidade total de Pedro, que não é, enquanto Pedro, tudo quanto a *humanitas* é.

A forma de Pedro é limitada, mas determinada, e, neste sentido individual, é perfeita, enquanto a forma da *humanitas*, de que Pedro participa, tomada formalmente, é formalmente mais perfeita do que Pedro.

Pedro é mais perfeito singularmente, mas a forma é mais perfeita formalmente.

O ser finito é limitado *pela forma*, não *na* forma. A forma, como lei de proporcionalidade intrínseca do indivíduo, é, neste, limitada, mas como lei é perfeita e determinante. Nenhum imitante pode imitar em plenitude o imitado no tocante às formas, já o vimos. E as razões, que apoditicamente constroem a validez dêsse juízo, servem, por sua vez, aqui, para validez da tese que esboçamos. Em suma:

A forma dá a limitação da estructura ontológica de um ser, enquanto a matéria dá a limitação da estructura ôntica. A matéria limita ônticamente a forma, a qual ontològicamente não é limitável.

OPINIÃO DE SCOT SÔBRE A MATÉRIA COMO FACTOS DE SINGULARIDADE

Se a matéria existe à parte de qualquer forma, ela é dotada de individualidade. Neste caso, não é a matéria o princípio de individuação dela mesma.

Para Aristóteles, a universalidade está no cognoscente, e a singularidade na coisa em si mesma, enquanto não conhecida. Neste caso, uma coisa é universal pelo intelecto. Êste é o factor de universalidade.

Um ser é singular porque é um, porque é. O factor de singularidade é êle mesmo.

Duns Scot discorda dessa opinião de Aristóteles. E afirma que há lugar para um intermediário entre o universal e o singular. Entre a unidade numérica do singular e o puro universal, há outro modo de ser que exige um princípio de individuação para singularizar-se.

Não se pode comparar a unidade conceitual do gênero, comum às espécies, com a unidade real da espécie, comum aos indivíduos. A espécie é concebida como uma unidade da natureza específica. Esta não pode ser a unidade numérica do indivíduo, pois não se comparam duas unidades numéricas como tais, embora sejam comparáveis do ponto de vista da unidade da espécie. A espécie tem uma unidade real, embora menos estricta que a unidade numérica do singular.

Para que uma relação seja real é mister que tenha um fundamento real, e dotado de uma unidade real. Para que duas coisas possam ser idênticas, semelhantes ou iguais, têm elas de se referirem a um têrmo comum e dotado de unidade.

3ª ed., vol. 3, p. 102-03: após a tese "A forma *in re* é limitada pela matéria, mas formalmente considerada é ela que limita a matéria" insere-se a seção "Opinião de Scot sobre a matéria como fator de singularidade"

Outra personagem do medievo que tem a fortuna crítica ampliada na terceira edição deste livro é Santo Anselmo. Somando-se à exposição de seu argumento ontológico, que já constava do escrito, no segundo volume é incluído um parágrafo sobre a objeção que lhe dirigiu Gaunilo.

existência ontológica que dá validez, rigor e conteúdo à exi
tência lógica.

A prova de Santo Anselmo pode assim ser defendida, s
guindo vários caminhos que patenteiam a sua validez ontológic

2ª ed., vol. 1, p. 188: assim se encerrava o texto "Comentários sobre a prova de Santo Anselmo"

sua existência ontológica que dá validez, rigor e conteúdo
existência lógica.

Ainda poder-se-ia argumentar do seguinte modo: qu
era o máximo excogitável, para Santo Anselmo, o ser absc
lutamente necessário, depreende-se claramente dos argu
mentos que apresenta a seu favor em sua resposta à
objecções de Gaunillon. Êste havia afirmado que o simple
facto de pensarmos nas Ilhas Bem-aventuradas, onde tôd
a riqueza terrena pudesse existir, e que seriam assim pe
feitas, não provaria, em nada, a sua existência. Sant
Anselmo responde que não há paridade na objecção ao se
argumento, porque as Ilhas Bem-aventuradas seriam um se
contingente, que poderia, portanto, existir ou não, enquant
o máximo excogitável não é o ser contingente. Portant

3ª ed., vol. 2, p. 57: antes do fim, um novo parágrafo

Via de regra são escolásticos os principais filósofos a que Mário recorre quando faz adendos substanciais a seu ensaio. Na versão do texto de 1959 há três adições de dezenas de páginas em que os medievais aparecem. Ao primeiro volume acrescenta-se o capítulo "Argumento de Tomás de Aquino sobre o ser necessário", que no curso de cinquenta páginas inclui comentários ao existencialismo e ao argumento de Santo Anselmo, as teses 132-42, uma lista de corolários e uma comparação entre a filosofia concreta e a tradição.

TESE 107 — *O Ser infinito é eterno.*

O Ser infinito é absolutamente simples; não teve princ
pio, nem terá término, pois sempre é, sempre foi e semp
será.

O *tempo* nos é revelado através da sucessão, das mutaçõe

Ora o Ser Supremo não sofre mutações, porque se t
acontecesse seria êle passivo, e conseqüentemente finito, o q
é contraditório.

O Ser infinito não é um ser temporal, porque não suce
no tempo, pois êste é das coisas finitas que devêm, que
tornam isto ou aquilo.

Coloca-se além do tempo, na intemporalidade.

O infinito sempre, e fora do tempo, é o que se chan
eternidade; por isso o Ser infinito é eterno.

TESE 108 — *A operação exige a precedência do ser-em-act*

O nada não pode operar, já o provamos. Portanto, que
pode operar é o ente, mas êste só o faz quando em acto, pc
do contrário lhe faltaria eficiência para tal.

Impõe-se, portanto, a precedência de um ser em acto pa
que haja operação.

1ª ed.,[19] p. 118

[19] Mário Ferreira dos Santos, *Filosofia Concreta.* 1ª ed. São Paulo, Logos, 1957.

TESE 131 — *O Ser infinito é eterno.*

O Ser infinito é absolutamente simples; não teve princí-o, nem terá término, pois sempre é, sempre foi e sempre rá.

O *tempo* nos é revelado através da sucessão, das mutações. Ora o Ser Supremo não sofre mutações, porque se tal ontecesse seria êle passivo, e, conseqüentemente, finito, o que contraditório.

O Ser infinito não é um ser temporal, porque não sucede tempo, pois êste é das coisas finitas que devêm, que se rnam isto ou aquilo.

Coloca-se além do tempo, na intemporalidade.

O infinito sempre, e fora do tempo, é o que se chama *ernidade;* por isso o Ser infinito é eterno.

ARGUMENTO DE TOMAS DE AQUINO SÔBRE O SER NECESSÁRIO

Hellín sintetiza o argumento de Tomás de Aquino do seguinte modo:

Vemos que se dão entes contingentes ou corruptíveis; mas é impossível que todos os entes sejam corruptíveis (porque o que é corruptível, de certo modo não é, e, conseqüentemente, nada é, ou nada seria): portanto, dá-se algo incorruptível ou necessário. Mas o que é incorruptível ou necessário é necessário por si ou por outro; e por ser impossível o processo *in infinitum* de causas accidentais, conseqüentemente há um ser necessário por si, que é Deus.

Acusa-se êste argumento de dois vícios: primeiro, por não provar que todo corruptível de certo modo não é, e, segundo, pela aceitação da impossibilidade do processo infinito de causas accidentais ordenadas, em oposição ao que êle já aceitara, e todos os tomistas com êle.

Vários filósofos tomistas procuraram defender o argumento de Tomás de Aquino, sem bom êxito. Para nós, o defeito do argumento decorre do vício diacrítico da nossa razão. Tomado como conceito meramente racional, um ser contingente é corruptível, isto é, é passível de corrupção. Mas a corrupção não se dá em absoluto, porque uma corrupção absoluta seria uma aniquilação (*nihilificação do ser*). Onde há corrupção, há geração; portanto, a corrupção, tomada diacriticamente, leva à afirmação do nada; tomada, porém, concretamente, afirma

FILOSOFIA CONCRETA 221

Longa também é a controvérsia em tôrno dêste princípio. Contudo, seguindo os caminhos da *filosofia concreta*, como já o demonstramos, obtém êle uma robusta prova de carácter apodítico.

Êsses princípios, que são os pontos de partida para a demonstração na filosofia clássica, passam, como já vimos, a ser, na *filosofia concreta*, postulados demonstrativos, que recebem, por sua vez, a necessária demonstração.

TESE 143 — *A operação exige a precedência do ser-em-acto.*

O nada não pode operar, já o provamos. Portanto, quem pode operar é o ente, mas êste só o faz quando em acto, pois do contrário lhe faltaria eficiência para tal.

Impõe-se, portanto, a precedência de um ser em acto para que haja operação. Esta tese corrobora as anteriores.

2ª ed., vol. 1, p. 169, 171, 221: entre as teses "O Ser Infinito é eterno" e "A operação exige a precedência do ser-em-ato", insere-se o "Argumento de Tomás de Aquino sobre o ser necessário"

No segundo volume são inseridas as teses 283-85, sobre eviternidade, baseadas em Tomás de Aquino e em outros escolásticos, acompanhadas de seus corolários.

Tese 238 — *A alma humana não é físico-material.*

Chama-se de alma a forma do corpo humano. Ora, a forma, como vimos, não é em si mesma material. Conseqüentemente, a alma humana não é material. Resta, porém, saber se ela é à semelhança das outras formas que já estudamos.

A forma é um *arithmós* no sentido pitagórico, é a lei da proporcionalidade intrínseca da entidade.

1ª ed., p. 263: a tese "A alma humana não é físico-material" dava início à sua seção

Tese 285 — *À proporção que a forma é de um grau mais elevado, mais ela domina sôbre a matéria corpórea, menos é imersa nela, e mais a ultrapassa por sua actividade por sua potência.*

À proporção que nos elevamos nos graus dos sêres, verificamos que a capacidade da forma ultrapassa a matéria elementar. Assim a vida vegetal ultrapassa a mineral, a vida sensitiva ultrapassa a vegetal.

A alma humana é a mais elevada na nobreza das formas, sua virtude excede à da matéria corpórea. E suas operações e virtudes não se comunicam à matéria corpórea. Essa virtude é o intelecto. Esta demonstração é de Tomás de Aquino.

Tese 286 — *A alma humana não é físico-material.*

Chama-se de *alma* a forma do corpo humano. Ora, a forma, como vimos, não é em si mesma material. Conseqüentemente, a alma humana não é material.

Resta, porém, saber se ela é à semelhança das outras formas que já estudamos.

A forma é um *arithmós* no sentido pitagórico, é a lei da proporcionalidade intrínseca da entidade.

A alma humana, em primeiro lugar, seria a forma do ser humano e, enquanto tal, é incorpórea e imaterial. Mas a forma, tomada em si mesma, é uma substância segunda, que informa a substância primeira, a matéria.

2ª ed., vol. 2, p. 189: só após a tese 285 é que aparece "A alma humana não é físico-material"

Ainda no primeiro volume houve outra adição, e esta, que traz à luz treze novas teses (da 17ª à 29ª, tendo sido a 16ª apresentada já na primeira edição como tese 17), é acompanhada de comentários e provas, em que se recorre a Agostinho, Anselmo e Scot, mas também a Aristóteles, Descartes, Leibniz, Nietzsche e Bergson, fazendo considerações sobre o budismo, o agnosticismo, o relativismo, o niilismo e o existencialismo.

E êsse Ser, que sempre foi, também sempre é. E sempre é, porque, do contrário, tendo o Ser desaparecido, ter-se-ia dado o nada, e o ser *agora* teria vindo do nada, o que é absurdo, como já vimos.

Portanto, não houve rupturas nesse Ser, nem intercalações de nada, no perdurar do Ser, que sempre foi e que sempre é.

Restar-nos-á saber se sempre será, o que examinaremos mais adiante.

TESE 14 — *O Ser, que sempre foi e sempre é, é plenitude absoluta de ser.*

O que contradiz o ser é o nada absoluto, ausência total e absoluta de ser. Qualquer reducção no ser seria nada absoluto, porque do contrário ainda seria ser. (1)

O ser, enquanto tal, é plenamente ser. Não pode surgir de uma composição de ser e de *nada absoluto*, porque êste não pode compor, porque é impossível, e o têrmo positivo da composição, que seria o ser, seria plena e absolutamente ser. Se êste não fôsse plenitude absoluta de ser seria nada, o que é impossível.

Portanto, Ser é plenitude absoluta de ser. Ora, o Ser que sempre houve e sempre foi, se não fôsse plenitude absoluta de ser teria composição com o nada absoluto, o que é absurdo.

1ª ed., p. 41: "O Ser, que sempre foi e sempre é, é plenitude absoluta de ser" era a tese 14

TESE 29 — *A verdade ontológica prescinde do rigor psilógico.*

Há distinção, sem dúvida, quando não há reciprocidade verdadeira. Entre o rigor ontológico e o rigor psicológico, há distinção, embora muitos afirmem que não há, reduzindo-se aquêle a êste. Há distinção porque o rigor psicológico exige o ontológico, mas êste não exige aquêle.

Uma verdade psicológica é tal realmente, quando ontològicamente é verdadeira, mas uma verdade ontológica pode prescindir do rigor psicológico.

TESE 30 — *O Ser, que sempre foi e sempre é, é plenitude absoluta de ser.*

O que contradiz o Ser que sempre foi e sempre é, seria o nada absoluto, ausência total e absoluta de ser. Qualquer reducção no ser enquanto tal, seria nada absoluto(1).

2ª ed., vol. 1, p. 86: "O Ser, que sempre foi e sempre é, é plenitude absoluta de ser" apenas surge após a tese 29

Uma alteração menor no primeiro volume discute, com comentários e duas novas teses, se há ou não um sentido para "ser". Ao debate são convocados não só o medieval Suárez, mas também os antigos Platão e Aristóteles e os modernos Hegel, Nietzsche e Heidegger.

Portanto, alguma coisa existe, pois se não existisse seria possibilidade de alguma coisa que existe, do contrário seria o nada absoluto, o que é impossível.

ESE 9 — *Alguma coisa existe.*

Prova-se ainda do seguinte modo: Não se conclui por aceir que *alguma coisa há* que, conseqüentemente, *alguma coisa* xiste.

1ª ed., p. 34: "Alguma coisa existe" era a tese número nove

44 MÁRIO FERREIRA DOS SANTOS

círculo quadrado. E, contudo, há essa contradicção: o ser concebido como o plenamente indeterminado que é determinado."

Na verdade, o ser lògicamente considerado é a máxima intedeterminação, mas ontològicamente é a máxima determinação real. Só haveria contradicção se fôsse na mesma esfera. E aí ser está tomado em esferas diferentes. Ser, como entidade lógica, é o *sumum genus*, o gênero supremo ao qual se reduzem apenas *lògicamente* tôdas as coisas. Mas ser, ontològicamente, não é o gênero supremo, mas a razão que dá o ser a tudo que é, a razão que dá a afirmação a tudo o que é. E o ser, ônticamente considerado, não é nem determinado, nem indeterminando, porque ultrapassa a todos os pares de contrários que a mente humana cria. É a afirmação plena de si mesmo, a eterna presença de si mesmo. É o que afinal iremos demonstrar no decorrer das teses, a fim de uma vez mais esclarecer um tema que já fôra esclarecido, mas que, modernamente, está envolto, outra vez, nas sombras da confusão.

Quanto ao argumento primário dos que querem tomar o ser nas suas mãos para pesá-lo, para certamente determinar sua dureza, sua resistência, etc., ou que desejam transformá-lo num objecto óptico ou auditivo é tão ingênuo que nem pode ser levado em consideração. Quanto, porém, aos que afirmam que não conhecemos o ser directa e imediatamente, convém dizer-lhes que todo conhecimento se processa através de uma assimilação, e depende, pois, de esquemas acomodados, que assimilam o conteúdo objectivo. Ora, o homem é um ser híbrido e deficiente, e não poderia captar directa e imediatamente o ser em tôda a sua pureza, e todo o seu conhecimento, pela hibridez de seus esquemas, é, conseqüentemente, híbrido. Mas se não pode conhecer o ser *totaliter*, o que o poria em estado de beatitude completa, pode, no entanto, conhecê-lo *totum*, em tôdas as suas experiências, porque, na heterogeneidade destas, êle esplende sempre, porque há sempre uma experiência de ser na heterogeneidade dos factos, que se torna a matéria bruta da sua especulação filosófica, que é reduzida a esquemas intelectuais construídos posteriormente.

FILOSOFIA CONCRETA 45

TESE 11 — *Alguma coisa existe.*

Prova-se de vários modos: Não se conclui por aceitar que se alguma coisa há que, conseqüentemente, alguma coisa existe.

Existir não é pròpriamente incluso no haver, pois entende-se por existir a realidade *exercitata in re*, o ser real, ser em si, o ser no pleno exercício de ser.

Ora, se alguma coisa há, o nada absoluto não há. Se alguma coisa existe. A *existência* de alguma coisa decorre, não porque em si, mas em outro. E êsse outro, não podendo ser o nada absoluto, é algum ser que existe, algum ser que está no pleno exercício de ser. E se não fôr êsse, será outro. De qualquer forma, alguma coisa existe para ser o portador do que não existe ainda.

Porque alguma coisa há, e o nada absoluto não há, alguma coisa existe. A *existência* de alguma coisa decorre, não porque "alguma coisa há", mas porque o nada absoluto não há.

Portanto, "alguma coisa há" e "alguma coisa existe".

Ademais, a razão ontológica do existir implica algo que é, uma existência, que se dá *ex*, fora, como já o mostramos em "Ontologia e Cosmologia".

A sistência existe quando se dá fora de suas causas. Ora, o existir não pode vir do nada absoluto, porque êste já está total e absolutamente negado por "alguma coisa há". A existência de alguma coisa é o exercício do ser dessa coisa, que é uma sistência *ex*, que se dá fora de sua causa. Se alguma coisa não existe, nada se daria fora de sua causa. Nenhuma sistência se daria *ex*. Como o nada absoluto não é qualquer coisa, alguma coisa existe, pois, do contrário, haveria uma sistência que não se daria *ex*, dando-se, portanto, em outro, o qual existiria. Alguma sistência, que há, tem de existir, porque, não sendo causada pelo nada absoluto, dá-se *ex*, no pleno exercício de ser, pois, do contrário, se daria apoiada no nada absoluto, o que é absurdo. Portanto, alguma coisa há que existe, alguma coisa se dá no pleno exercício de ser, alguma sistência se dá *ex*.

Pode-se ainda demonstrar:

2ª ed., vol. 1, p. 44-45: com os acréscimos, a mesma tese se torna a 11ª

Mário Ferreira dos Santos reconhece positividades na filosofia moderna. No segundo volume da mesma versão de 1959, um novo parágrafo de abertura é posto na tese 248, aparentemente com o fim exclusivo de registrar uma menção ao princípio de razão suficiente. Com isso nosso autor se associa deliberadamente a uma tradição que tem como ícone máximo Leibniz.

TESE 205 — *Tudo o que acontece tem uma razão de ser.*

Se o que acontece não tivesse uma razão de ser, uma razão que o faz ser e que permite que seja, o ente, que é um facto, que é *feito*, não viria de outro, o que é absurdo.

1ª ed., p. 213

TESE 248 — *Tudo o que acontece tem uma razão de ser.*

É um enunciado do "princípio de razão suficiente", que recebe, aqui, uma nova prova, por outra via.

Se o que acontece não tivesse uma razão de ser, uma razão que o faz ser e que permite que seja, o ente, que é um facto, que é *feito*, não viria de outro, o que é absurdo.

2ª ed., vol. 2, p. 106

O filósofo brasileiro, por sinal, defende corajosamente um sentido adequado para o dito tão criticado de Hegel segundo o qual o real e o racional coincidem.[20] Há alguma afinidade de espírito entre sua obra e os sistemas que caracterizaram a filosofia moderna. Assim como Kant na *Crítica da Razão Pura*, Mário oscila entre nomear sua criação como título de livro e referir-se a ela como a uma maneira de pensar. Também como o filósofo de Königsberg, o autor concede um nome a seu antípoda: fazendo as vezes do dogmatismo está a Filosofia Abstrata – aliás grafada assim, com maiúsculas, pelo menos na segunda edição deste livro. (Sem contar o fato óbvio, sobre o qual estamos nos movendo, da diversidade de edições: como não se lembrará o leitor da primeira *Crítica* das variações textuais que há entre as versões A e B?)

> ísico-química, e não à que a ultrapassa. Neste sentido, em
> ada contradiz os postulados da "Filosofia Concreta".

1ª ed., p. 78

> físico-química, e não à que a ultrapassa. Neste sentido, em nada
> contradiz os postulados da Filosofia Concreta.

2ª ed., vol. 1, p. 127: retiram-se as aspas de "Filosofia Concreta"

> A Filosofia abstracta é aquela que se constrói implícita
> ou explìcitamente, estabelecendo a crise entre os distintos,

1ª ed., p. 225

> A Filosofia Abstracta é aquela que se constrói implícita
> ou explìcitamente pelo estabelecimento da crise entre os dis-

2ª ed., vol. 2, p. 121: transforma-se em substantivo próprio o nome Filosofia Abstrata

A boa vontade do filósofo ante o pensamento moderno leva-o a preservar no prefácio, até a segunda edição, os nomes de Hegel e Kant entre os que têm ideias eventualmente corroboradas pela Filosofia Concreta. Com o passar das edições a alusão se torna inverossímil, e mesmo, no texto de 1961, insustentável. Ao tempo da terceira edição, o autor substitui aqueles dois nomes pelo de Suárez.

[20] Ver, neste livro, p. 404.

> *esquecer ou menosprezar. Essas positividades se identificar com as da Filosofia Concreta, como se identificam com ela a do pensamento genuìnamente pitagórico, do socrático-platônic do aristotélico, do plotiniano, do de Tomás de Aquino, do d Duns Scot, do de Hegel, do de Kant, etc.*

2ª ed., vol. 1, p. 13

> *poderia levar a esquecer ou menosprezar. Essas positivida des se identificam com as da Filosofia Concreta, como s identificam com ela as do pensamento genuìnamente pita górico, do socrático-platônico, do aristotélico, do plotiniano do de Tomás de Aquino, do de Duns Scot, do de Suarez etc*

3ª ed., vol. 1, p. 13

Também pudera: nessa versão (e imediatamente antes das "Teses dialéticas, para a fundamentação das demonstrações já feitas", epítome deliciosa a que ainda voltaremos), acrescenta-se o capítulo "Crítica à posição de Kant", incorporando-se longos trechos do livro que permaneceu inédito *As Três Críticas de Kant*. Somando mais de cinquenta páginas, ali se agrupam as seções "A indubitabilidade dos universais", "Validez da metafísica geral (ontologia)", "Validez da metafísica especial", "Objeções kantianas e respostas correspondentes", "Justificação dos princípios" e "Quadro combinado das formas puras do juízo e das categorias, segundo Kant".[21]

> TESES DIALÉCTICAS
>
> (PARA A FUNDAMENTAÇÃO DAS DEMONSTRAÇÕES JÁ FEITAS)
>
> TESE 67 — *É anterior o que de certo modo se dá antes de outro, que lhe é posterior.*
>
> É primeiro o que, de certo modo, tem prioridade.
>
> Na ordem da eminência, das perfeições, o antecedente é mais perfeito que os posteriores, e o primeiro é o mais perfeito e o mais nobre. Ao antecedente sucede o posterior.
>
> TESE 68 — *O dependente, para ser, depende de um anterior.*
>
> O que pende de outro, de-pende dêsse outro; exige outro do qual decorra a sua existência; outro que o *faz*.
>
> Essa relação de dependência tem de ser real, pois do contrário ela não haveria, pois o ente não penderia de outro.
>
> A exigência dêsse nexo real evita as costumeiras confusões entre *causa* e *condição*.
>
> Na causa, há dependência do efeito com nexo real; na condição, a existência do efeito não depende por um tal nexo. Assim, a luz é condição para que alguém possa escrever, não causa do escrever. A acção de escrever não pende da acção da luz, mas da acção do escrevente.
>
> A dependência é inerente ao dependente, e liga-se ao de que depende pelo nexo real do *fieri*, do devir. Portanto, há o

2ª ed., vol. 1, p. 128-29

[21] A preponderância que Kant tem na modernidade, Heidegger a tem na contemporaneidade, entre os autores que Mário considera necessitados – mas também, portanto, dignos – de objeção. Não apenas a segunda edição (vol. 2, p. 19; cf. 1ª ed., p. 152) recebe um novo parágrafo que o cita, mas ainda, como verificou o leitor (neste livro: p. 496-98), esse filósofo e o niilismo têm o privilégio de ser confrontados, além de no corpo do texto, em *enunciados* de teses!

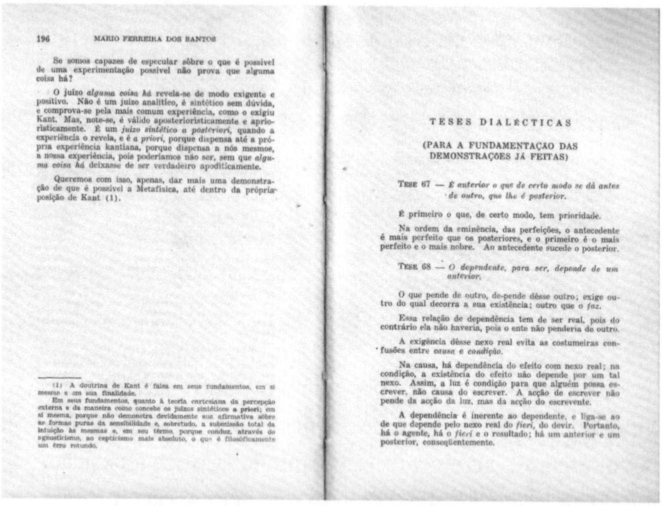

196 MARIO FERREIRA DOS SANTOS

Se somos capazes de especular sôbre o que é possível de uma experimentação possível não prova que alguma coisa há?

O juízo *alguma coisa há* revela-se de modo exigente e positivo. Não é um juízo analítico, é sintético sem dúvida, e comprova-se pela mais comum experiência, como o exigiu Kant. Mas, note-se, é válido aposterioristicamente e aprioristicamente. É um *juízo sintético a posteriori*, quando a experiência o revela, e é *a priori*, porque dispensa até a própria experiência kantiana, porque dispensa a nós mesmos, a nossa experiência, pois poderíamos não ser, sem que *alguma coisa há* deixasse de ser verdadeiro apoditicamente.

Queremos com isso, apenas, dar mais uma demonstração de que é possível a Metafísica, até dentro da própria posição de Kant (1).

(1) A doutrina de Kant é falsa em seus fundamentos, em si mesma e em sua finalidade.

Em seus fundamentos, quanto à teoria cartesiana da percepção externa e da maneira como concebe os juízos sintéticos a priori; em si mesma, porque não demonstra devidamente sua afirmativa sôbre as formas puras da sensibilidade e, sobretudo, a submissão total da intuição às mesmas e, em seu têrmo, porque conduz, através do agnosticismo, ao cepticismo mais absoluto, o que é filosòficamente um êrro rotundo.

TESES DIALÉCTICAS

(PARA A FUNDAMENTAÇÃO DAS DEMONSTRAÇÕES JÁ FEITAS)

TESE 67 — *É anterior o que de certo modo se dá antes de outro, que lhe é posterior.*

É primeiro o que, de certo modo, tem prioridade.

Na ordem da eminência, das perfeições, o antecedente é mais perfeito que os posteriores, e o primeiro é o mais perfeito e o mais nobre. Ao antecedente sucede o posterior.

TESE 68 — *O dependente, para ser, depende de um anterior.*

O que pende de outro, de-pende dêsse outro; exige outro do qual decorra a sua existência; outro que o *faz*.

Essa relação de dependência tem de ser real, pois do contrário ela não haveria, pois o ente não penderia de outro.

A exigência dêsse nexo real evita as costumeiras confusões entre *causa* e *condição*.

Na causa, há dependência do efeito com nexo real; na condição, a existência do efeito não depende por um tal nexo. Assim, a luz é condição para que alguém possa escrever, não causa do escrever. A acção de escrever não pende da acção da luz, mas da acção do escrevente.

A dependência é inerente ao dependente, e liga-se ao de que depende pelo nexo real do *fieri*, do devir. Portanto, há o agente, há o *fieri* e o resultado; há um anterior e um posterior, conseqüentemente.

3ª ed., vol. 1, p. 196-97: das 68 páginas do deslocamento sofrido pela seção "Teses dialéticas", 56 se devem à interpolação do capítulo "Crítica à posição de Kant"

A utilização do texto inédito é, por si só, instigante. Parece que um aspecto da relação entre a escrita de Mário Ferreira dos Santos e a bibliografia filosófica diz respeito, enriquecedoramente, ao processo criativo *dos seus próprios livros*. Diferentemente d'*As Três Críticas*, cujo original se conhece e que chegou a ter a publicação anunciada,[22] títulos como *Problemática da Singularidade*, *Problemática da Matéria*, *Problemática da Alma*, *Problemática da Criação* e *Filosofia Concreta da Criação* nunca foram produzidos. Ao que tudo indica, uma discussão em andamento levava o autor a comprometer-se a escrever novos livros, para neles detalhar dificuldades específicas[23] – o que nem sempre, evidentemente, ele teve tempo de efetuar. Um caso em que o plano foi realizado é a *Metodologia Dialética*, tornada *Métodos Lógicos e Dialéticos* – e o título chega a ser atualizado em passagens que o mencionam na terceira edição. As referências àqueles títulos de obras não produzidas foram removidas de algumas passagens da mesma versão desta *Filosofia Concreta*, mas não de todas.

[22] O inédito será em breve publicado pela Editora Filocalia.

[23] Hábito que poderia chegar longe: não apenas livros são anunciados, mas uma nova ciência é criada – a henótica, disciplina concebida para estudar a unicidade (ver, neste livro, p. 112, n. 13).

dade, o que estudamos em "A Problemática da Singularidade", que faz parte desta Enciclopédia.

—

2ª ed., vol. 1, p. 152

qualquer forma, há uma distância formal entre a aptidão para existir d Ser Supremo e a da criatura, que exige especulações de tal vulto, que s podemos realizar em trabalho especial, como o fazemos em "Filosofia Con creta da Criação" e "Problemática da Analogia".

dá o Ser Supremo ao que é apto a existir. De qualquer forma, há uma distância formal entre a aptidão para existir do Ser Supremo e a da criatura, que exige especulações de tal vulto, que só podemos realizar em trabalho especial.

2ª ed., vol. 2, p. 109, n. 2 • 3ª ed., vol. 3, p. 49, n. 1

(1) Em nossa obra "Problemática da Criação", analisamos esta tese formulando novos argumentos.

2ª ed., vol. 1, p. 155, n. 1

senta em sua obra argumentos que nós iremos sintetizar, dei xando a discussão de certos pormenores para o nosso livro "A Problemática da Matéria".

Duns Scot, sem dúvida o maior defensor desta tese, apresenta em sua obra vários argumentos.

2ª ed., vol. 2, p. 150 • 3ª ed., vol. 3, p. 89

(1) Em "Problemática da Alma" discutiremos a tese da espiritualidade da alma e alinharemos as mais positivas razões em favor e contra essa tese.

1ª ed., p. 264, n. 1

(1) Em nossa "Metodologia Dialéctica" apresentamos o proceder dialéctico para um operar do espírito sôbre a concreção que facilite uma ampliação do conhecimento, através das diversas providências que permitam alcançar a maior soma de saber.

(1) Em nosso «Métodos Lógicos e Dialécticos», apresentamos o proceder dialéctico para um operar do espírito sôbre a concreção, que facilite uma ampliação do conhecimento, através das diversas providências, que permitam alcançar a maior soma de saber.

2ª ed., vol. 2, p. 105, n. 1 • 3ª ed., vol. 3, p. 44, n. 1

O trabalho de Mário Ferreira dos Santos como editor igualmente deve desempenhar papel relevante aqui. Sugestivamente, entre a primeira e a segunda edições deste livro houve o lançamento de *O Um e o Múltiplo em Platão*, além de uma reedição de *Aristóteles e as Mutações*, outra de *O Homem que Nasceu Póstumo* (antes esgotado) e outra da tradução comentada de *Assim Falava Zaratustra*. Como vimos, Platão, Aristóteles e Nietzsche estão entre os autores aludidos pelos trechos adicionados na versão de 1959. É tentador imaginar que, relendo um livro prestes a ser reimpresso, o filósofo-editor percebia a pertinência do tema ao que fora discutido em outra obra escrita por ele mesmo.

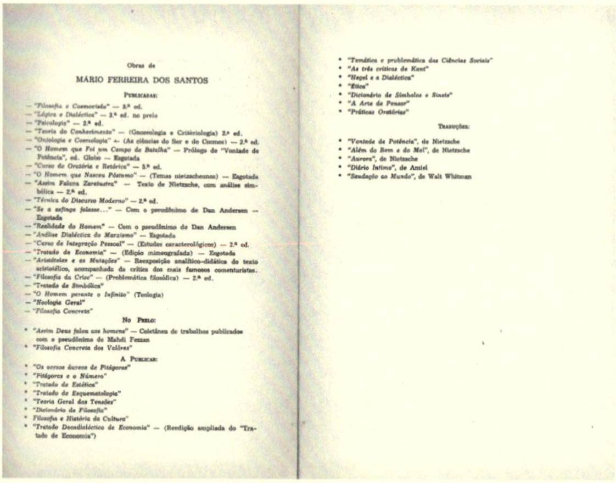

Obras de

MÁRIO FERREIRA DOS SANTOS

PUBLICADAS:

— "*Filosofia e Cosmovisão*" — 3.ª ed.
— "*Lógica e Dialéctica*" — 3.ª ed. no prelo
— "*Psicologia*" — 2.ª ed.
— "*Teoria do Conhecimento*" — (Gnoseologia e Critériologia) 2.ª ed.
— "*Ontologia e Cosmologia*" — (As ciências do Ser e do Cosmos) — 2.ª ed.
— "*O Homem que Foi um Campo de Batalha*" — Prólogo de "Vontade de Potência", ed. Globo — Esgotada
— "*Curso de Oratória e Retórica*" — 5.ª ed.
— "*O Homem que Nasceu Póstumo*" — (Temas nietzscheanos) — Esgotada
— "*Assim Falava Zaratustra*" — Texto de Nietzsche, com análise simbólica — 2.ª ed.
— "*Técnica do Discurso Moderno*" — 2.ª ed.
— "*Se a esfinge falasse...*" — Com o pseudônimo de Dan Andersen — Esgotada
— "*Realidade do Homem*" — Com o pseudônimo de Dan Andersen
— "*Análise Dialéctica do Marxismo*" — Esgotada
— "*Curso de Integração Pessoal*" — (Estudos caracterológicos) — 2.ª ed.
— "*Tratado de Economia*" — (Edição mimeografada) — Esgotada
— "*Aristóteles e as Mutações*" — Reexposição analítico-didática do texto aristotélico, acompanhada da crítica dos mais famosos comentaristas.
— "*Filosofia da Crise*" — (Problemática filosófica) — 2.ª ed.
— "*Tratado de Simbólica*"
— "*O Homem perante o Infinito*" (Teologia)
— "*Noologia Geral*"
— "*Filosofia Concreta*"

NO PRELO:

* "*Assim Deus falou aos homens*" — Coletânea de trabalhos publicados com o pseudônimo de Mahdi Fezzan
* "*Filosofia Concreta dos Valôres*"

A PUBLICAR:

* "*Os versos áureos de Pitágoras*"
* "*Pitágoras e o Número*"
* "*Tratado de Estética*"
* "*Tratado de Esquematologia*"
* "*Teoria Geral das Tensões*"
* "*Dicionário de Filosofia*"
* *Filosofia e História da Cultura*"
* "*Tratado Decadialéctico de Economia*" — (Reedição ampliada do "Tratado de Economia")
* "*Temática e problemática das Ciências Sociais*"
* "*As três críticas de Kant*"
* "*Hegel e a Dialéctica*"
* "*Ética*"
* "*Dicionário de Símbolos e Sinais*"
* "*A Arte de Pensar*"
* "*Práticas Oratórias*"

TRADUÇÕES:

* "*Vontade de Potência*", de Nietzsche
* "*Além do Bem e do Mal*", de Nietzsche
* "*Aurora*", de Nietzsche
* "*Diário Intimo*", de Amiel
* "*Saudação ao Mundo*", de Walt Whitman

Lista de obras disposta nas páginas iniciais da primeira edição

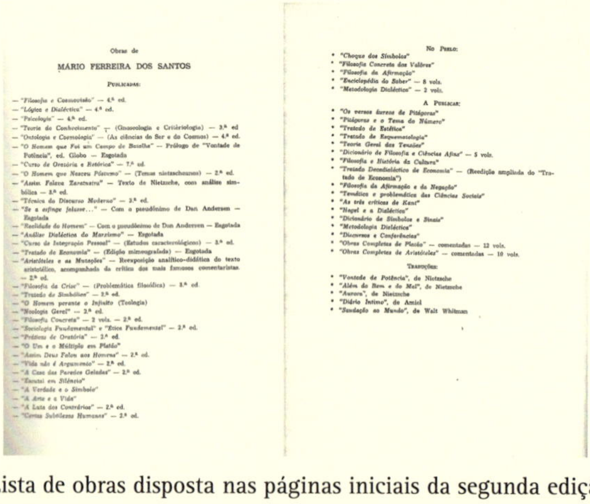

Obras de

MÁRIO FERREIRA DOS SANTOS

PUBLICADAS:

— "*Filosofia e Cosmovisão*" — 4.ª ed.
— "*Lógica e Dialéctica*" — 4.ª ed.
— "*Psicologia*" — 4.ª ed.
— "*Teoria do Conhecimento*" — (Gnoseologia e Critériologia) — 3.ª ed
— "*Ontologia e Cosmologia*" — (As ciências do Ser e do Cosmos) — 4.ª ed.
— "*O Homem que Foi um Campo de Batalha*" — Prólogo de "Vontade de Potência", ed. Globo — Esgotada
— "*Curso de Oratória e Retórica*" — 7.ª ed.
— "*O Homem que Nasceu Póstumo*" — (Temas nietzscheanos) — 2.ª ed.
— "*Assim Falava Zaratustra*" — Texto de Nietzsche, com análise simbólica — 3.ª ed.
— "*Técnica do Discurso Moderno*" — 3.ª ed.
— "*Se a esfinge falasse...*" — Com o pseudônimo de Dan Andersen — Esgotada
— "*Realidade do Homem*" — Com o pseudônimo de Dan Andersen — Esgotada
— "*Análise Dialéctica do Marxismo*" — Esgotada
— "*Curso de Integração Pessoal*" — (Estudos caracterológicos) — 3.ª ed.
— "*Tratado de Economia*" — (Edição mimeografada) — Esgotada
— "*Aristóteles e as Mutações*" — Reexposição analítico-didática do texto aristotélico, acompanhada da crítica dos mais famosos comentaristas. — 2.ª ed.
— "*Filosofia da Crise*" — (Problemática filosófica) — 3.ª ed.
— "*Tratado de Simbólica*" — 2.ª ed.
— "*O Homem perante o Infinito* (Teologia)
— "*Noologia Geral*" — 2.ª ed.
— "*Filosofia Concreta*" — 2 vols. — 2.ª ed.
— "*Sociologia Fundamental*" e "*Ética Fundamental*" — 2.ª ed.
— "*Práticas de Oratória*" — 2.ª ed.
— "*O Um e o Múltiplo em Platão*"
— "*Assim Deus Falou aos Homens*" — 2.ª ed.
— "*Vida não é Argumento*" — 2.ª ed.
— "*A Casa das Paredes Geladas*" — 2.ª ed.
— "*Escutai em Silêncio*"
— "*A Verdade e o Símbolo*"
— "*A Arte e a Vida*"
— "*A Luta dos Contrários*" — 2.ª ed.
— "*Certas Subtilezas Humanas*" — 2.ª ed.

NO PRELO:

* "*Choque dos Símbolos*"
* "*Filosofia Concreta dos Valôres*"
* "*Filosofia da Afirmação*"
* "*Enciclopédia do Saber*" — 8 vols.
* "*Metodologia Dialéctica*" — 2 vols.

A PUBLICAR:

* "*Os versos áureos de Pitágoras*"
* "*Pitágoras e o Tema do Número*"
* "*Tratado de Estética*"
* "*Tratado de Esquematologia*"
* "*Teoria Geral das Tensões*"
* "*Dicionário de Filosofia e Ciências Afins*" — 5 vols.
* "*Filosofia e História da Cultura*"
* "*Tratado Decadialéctico de Economia*" — (Reedição ampliada do "Tratado de Economia")
* "*Filosofia da Afirmação e da Negação*"
* "*Temática e problemática das Ciências Sociais*"
* "*As três críticas de Kant*"
* "*Hegel e a Dialéctica*"
* "*Dicionário de Símbolos e Sinais*"
* "*Metodologia Dialéctica*"
* "*Discursos e Conferências*"
* "*Obras Completas de Platão*" — comentadas — 12 vols.
* "*Obras Completas de Aristóteles*" — comentadas — 10 vols.

TRADUÇÕES:

* "*Vontade de Potência*", de Nietzsche
* "*Além do Bem e do Mal*", de Nietzsche
* "*Aurora*", de Nietzsche
* "*Diário Intimo*", de Amiel
* "*Saudação ao Mundo*", de Walt Whitman

Lista de obras disposta nas páginas iniciais da segunda edição

Fato é que, chegada a terceira edição da *Filosofia Concreta*, surge na lista de obras a sair um ensaio de nome não menos provocativo do que este: *A Origem dos Grandes Erros Filosóficos*. Há aqui uma possibilidade epimeteica que não deixa de ter o seu sabor. E se foi a revisita à história da filosofia no processo de reescrita desta *Filosofia Concreta* o que indicou a Mário a necessidade de produzir semelhante livro? A hipótese faz jus, pelo menos, à atitude que parece orientar o procedimento historiográfico do autor: construir no presente, reformar o passado.

§ 2. A lógica da concreção

No exato período em que Mário Ferreira dos Santos escrevia e reescrevia sua *Filosofia Concreta*, outro gênio brasileiro, Maurício Matos Peixoto, formulava a chamada estabilidade estrutural de sistemas dinâmicos.[24] Falecido em 2019, o premiado cientista demonstrou que fenômenos submetidos à variação no tempo têm os atributos geométricos preservados mesmo que o padrão de suas mudanças sofra alguma perturbação. Digamos que o nosso pitagórico se entusiasmaria com o Teorema: reconhecendo o dinamismo do ser tanto quanto seu caráter tensional, o que ele pretendia era descrever o Logos – a proporcionalidade intrínseca de cada coisa e a *estrutura* de inteligibilidade do real. Não somente no sistema que constrói, mas no percurso mesmo de edificá-lo, o filósofo delineia uma lógica para tal concreção; um esteio sobre o qual congregar o paradoxo.

Lógica concreta cuja agudeza é demonstrada novamente de modo performático. Já no primeiro original, uma *mudança* no datiloscrito, que portanto (em certo sentido) alterava sua identidade, é o que se precisa fazer à mão para melhor abordar o tema da heceidade – e o exemplo discutido é, ironicamente, o do livro:

[24] O Teorema de Peixoto, nomeado em homenagem ao matemático cearense, remonta a cerca de dez artigos publicados entre 1955 e 1968, incluindo um em parceria com Marília Chaves Peixoto e outro com a colaboração de C. C. Pugh. Os *papers* foram editados em periódicos como os *Proceedings of the National Academy of Sciences*, os *Annals of Mathematics*, o *Journal of Differential Equations*, os *Anais da Academia Brasileira de Ciências* e *Topology*. Suas descobertas motivaram o desenvolvimento de uma teoria geral dos sistemas dinâmicos, em particular por Stephen Smale, laureado em 1966 com o "Nobel" da Matemática, a Medalha Fields. Este é também o campo de pesquisas do brasileiro Artur Avila, tornado em 2014 o primeiro latino-americano e o primeiro lusófono a receber aquele mesmo prêmio.

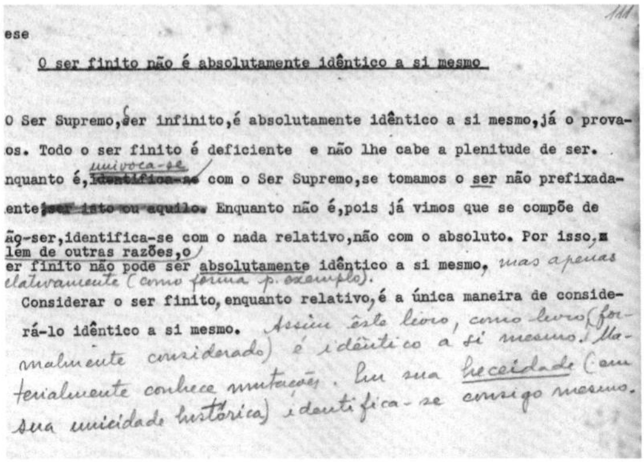
ese

O ser finito não é absolutamente idêntico a si mesmo

O Ser Supremo, ser infinito, é absolutamente idêntico a si mesmo, já o prova-
os. Todo o ser finito é deficiente e não lhe cabe a plenitude de ser.
nquanto é, ~~identifica-se~~ univoca-se com o Ser Supremo, se tomamos o ser não prefixada-
ente ~~ser isto ou aquilo.~~ Enquanto não é, pois já vimos que se compõe de
ão-ser, identifica-se com o nada relativo, não com o absoluto. Por isso, a
lem de outras razões, o
er finito não pode ser absolutamente idêntico a si mesmo, mas apenas
elativamente (como forma p. exemplo).
Considerar o ser finito, enquanto relativo, é a única maneira de considerá-lo idêntico a si mesmo. Assim êste livro, como livro (formalmente considerado) é idêntico a si mesmo. Materialmente conhece mutações. Em sua heceidade (em
sua unicidade histórica) identifica-se consigo mesmo.

Datiloscrito 1, p. 111: "Assim este livro, como livro (formalmente considerado) é idêntico a si mesmo. Materialmente conhece mutações. Em sua *heceidade* (em sua unicidade histórica) identifica-se consigo mesmo", diz o acréscimo manuscrito

Ironia que não é solitária: o título da seção "Os possíveis e o ser" foi por um instante uma possibilidade não efetivada, até que Mário a concretizasse por uma intervenção manual no mesmo datiloscrito.

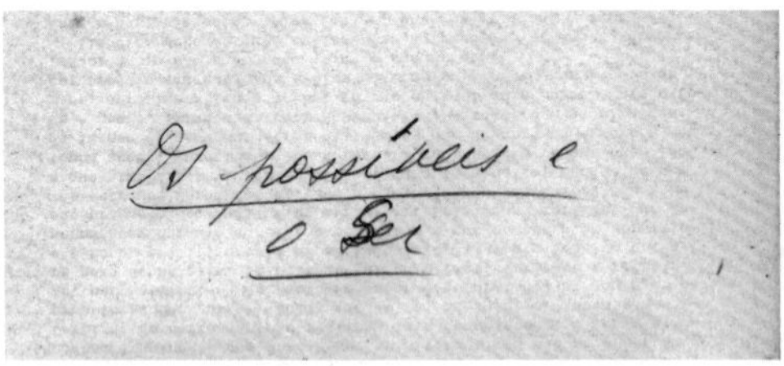
Os possíveis e
o Ser

Datiloscrito 1, p. 150

A bem da verdade, o primeiro original parece concebido para estar aberto à mudança. Nele apenas a primeira tese é numerada, todas as demais trazendo em branco o espaço reservado a atribuir-lhes um número. Diferentemente, o datiloscrito seguinte traz a ordem estabelecida, se bem que repleta de rasuras: considerando-se as emendas, temos as 258 teses que figuram na primeira edição publicada desta obra.

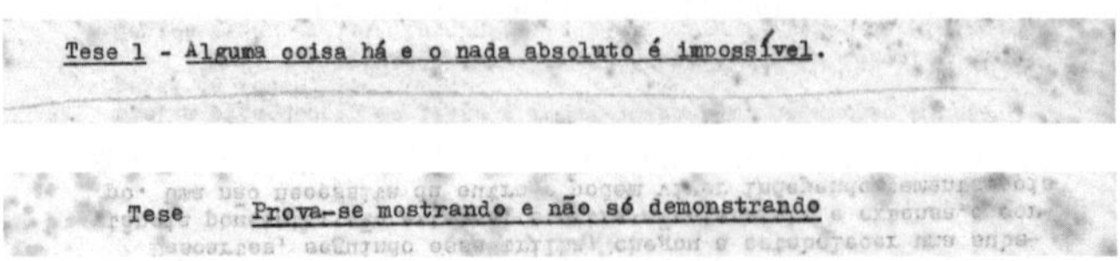
Tese 1 - Alguma coisa há e o nada absoluto é impossível.

Tese Prova-se mostrando e não só demonstrando

Dois exemplos de cabeçalho de tese no datiloscrito 1

258

Tese - Filosofar é acção.

Cabeçalho da última tese do datiloscrito 2

Há corolários do primeiro datiloscrito que são transformados pela revisão do autor em teses independentes.

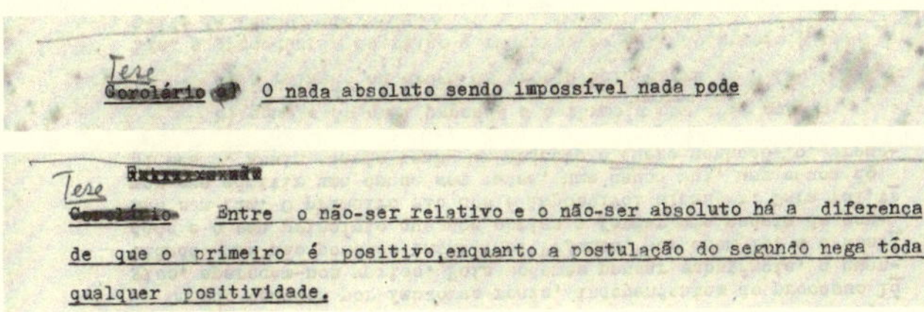

Tese

~~Corolário~~ O nada absoluto sendo impossível nada pode

Tese

~~Corolário~~ Entre o não-ser relativo e o não-ser absoluto há a diferença de que o primeiro é positivo, enquanto a postulação do segundo nega tôda qualquer positividade.

Datiloscrito 1, p. 13, 39

E ao que parece esses componentes do argumento se mantiveram até a última hora passíveis de reformulação. Na versão de 1961, um simples par de páginas incorpora uma sequência de modificações significativas, comparado ao par de páginas correspondente na segunda edição. Ali: corrige-se um lapso do primeiro corolário, detalha-se o terceiro, encurta-se o oitavo e ao fim, como se fosse pouco, acrescentam-se novos cinco!

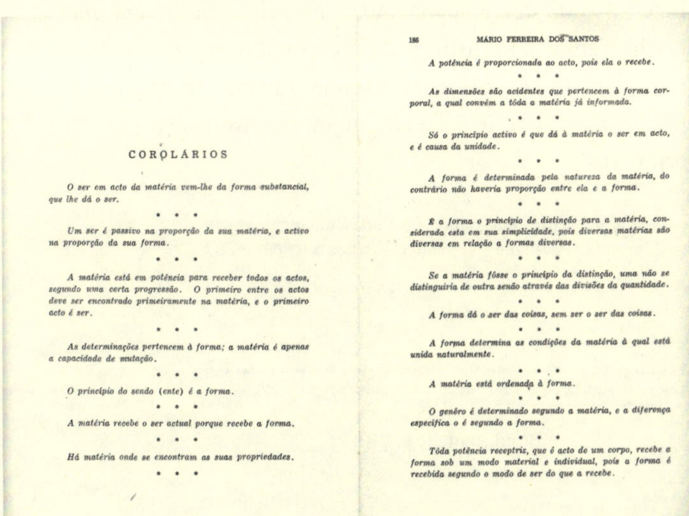

COROLÁRIOS

O ser em acto da matéria vem-lhe da forma substancial, que lhe dá o ser.

* * *

Um ser é passivo na proporção da sua matéria, e activo na proporção da sua forma.

* * *

A matéria está em potência para receber todos os actos, segundo uma certa progressão. O primeiro entre os actos deve ser encontrado primeiramente na matéria, e o primeiro acto é ser.

* * *

As determinações pertencem à forma; a matéria é apenas a capacidade de mutação.

* * *

O princípio do sendo (ente) é a forma.

* * *

A matéria recebe o ser actual porque recebe a forma.

* * *

Há matéria onde se encontram as suas propriedades.

* * *

186 MÁRIO FERREIRA DOS SANTOS

A potência é proporcionada ao acto, pois ela o recebe.

* * *

As dimensões são acidentes que pertencem à forma corporal, a qual convém a tôda a matéria já informada.

* * *

Só o princípio activo é que dá à matéria o ser em acto, e é causa da unidade.

* * *

A forma é determinada pela natureza da matéria, do contrário não haveria proporção entre ela e a forma.

* * *

É a forma o princípio de distinção para a matéria, considerada esta em sua simplicidade, pois diversas matérias são diversas em relação a formas diversas.

* * *

Se a matéria fôsse o princípio da distinção, uma não se distinguiria de outra senão através das divisões da quantidade.

* * *

A forma dá o ser das coisas, sem ser o ser das coisas.

* * *

A forma determina as condições da matéria à qual está unida naturalmente.

* * *

A matéria está ordenada à forma.

* * *

O genêro é determinado segundo a matéria, e a diferença específica o é segundo a forma.

* * *

Tôda potência receptriz, que é acto de um corpo, recebe a forma sob um modo material e individual, pois a forma é recebida segundo o modo de ser do que a recebe.

2ª ed., vol. 2, p. 185-86

COROLÁRIOS

O ser em acto da matéria vem-lhe da forma substancial.

* * *

Um ser é passivo na proporção da sua matéria, e activo na proporção da sua forma.

* * *

A matéria está em potência para receber todos os actos finitos, segundo uma certa progressão. O primeiro entre tais actos deve ser encontrado primeiramente na matéria, e o primeiro acto é ser finito.

* * *

As determinações pertencem à forma; a matéria é apenas a capacidade de mutação.

* * *

O princípio do sendo (ente) é a forma.

* * *

A matéria recebe o ser actual (finito cronotópico) porque recebe a forma.

* * *

Há matéria onde se encontram as suas propriedades.

* * *

A potência é proporcionada ao acto.

* * *

As dimensões são accidentes que pertencem à forma corporal, a qual convém a tôda a matéria já informada.

* * *

Só o princípio activo é que dá à matéria o ser em acto, e é causa da unidade.

* * *

122 MÁRIO FERREIRA DOS SANTOS

A forma finita cronotópica é determinada pela natureza da matéria, do contrário não haveria proporção entre ela e a forma.

* * *

É a forma o princípio de distinção para a matéria, considerada esta em sua simplicidade, pois diversas matérias são diversas em relação a formas diversas.

* * *

Se a matéria fôsse o princípio da distinção, uma não se distinguiria de outra senão através das divisões da quantidade.

* * *

A forma dá o ser das coisas finitas, sem ser o ser dessas coisas.

* * *

A forma determina as condições da matéria à qual está unida naturalmente.

* * *

A matéria está ordenada à forma.

* * *

O genêro é determinado segundo a matéria, e a diferença específica o é segundo a forma.

* * *

Tôda potência receptriz, que é acto de um corpo, recebe a forma sob um modo material e individual, pois a forma é recebida segundo o modo de ser do que a recebe.

* * *

Corpo é o tridimensional tópico e sucessivo no tempo.

* * *

Nenhum corpo pode ser infinito em acto. Um corpo infinito não poderia ser movido.

* * *

Todo corpo é um móvel, e está sujeito à alteração.

* * *

O limite dos corpos são as superfícies.

* * *

Todo corpo está em potência.

3ª ed., vol. 3, p. 121-22

Como o autor explica, seu método não é apenas dedutivo-silogístico, mas também indutivo-analógico;[25] somam-se ao *more geometrico* a dialética idealista, a *reductio ad absurdum*, o pensamento circular de Raimundo Lúlio, além, é claro, da pentadialética, da decadialética e da dialética simbólica.[26] Assim, não é apenas nos corolários que se tem uma dinâmica inesperada. Também ao listar certas teses subordinadas, Mário Ferreira dos Santos primeiro as apresenta dizendo que elas "surgem aqui", fórmula que só na última revisão ele julgou preciso trocar por "decorrem das primeiras".

a algo, em qualquer esfera que tomemos, e sob qualquer espécie que a consideremos. Algumas teses subordinadas surgem aqui:

TESE 18. — *O que tem prioridade é alguma coisa.*

2ª ed., vol. 1, p. 73

ra que tomemos, e sob qualquer espécie que a consideremos. Algumas teses subordinadas decorrem das primeiras.

3ª ed., vol. 1, p. 78

[25] Ver, neste livro, p. 391-98.
[26] Ver, neste livro, p. 18-25.

No volume seguinte, o que fora visto como "não *passível* de demonstração" é reconsiderado como algo que "não *exige* demonstração" – a despeito de que, supõe-se, na verdade ela até poderia ser fornecida.

> já existente, que tenha a virtude de o impelir à existência. O princípio de causalidade eficiente é considerado pela filosofia clássica como de imediata evidência, portanto não passível de demonstração.

2ª ed., vol. 1, p. 216

> impelir à existência. O princípio de causalidade eficiente é considerado pela filosofia clássica como de imediata evidência, portanto, não exige demonstração.

3ª ed., vol. 2, p. 87

Em alguns casos, o rigor obriga Mário a, reconsiderando uma alegação, derivar daí uma adaptação terminológica. Tendo em conta, por exemplo, que para ele o que pode ser demonstrado, e somente isto, é proposição,[27] há pelo menos quatro passagens em que ele passa a chamar desse modo o que antes denominou "postulado":

> COMENTÁRIOS AOS POSTULADOS EXAMINADOS
>
> Com muita razão dizia Avicena, e posteriormente Duns Scot, que todos os filósofos estão de acôrdo quanto à existência do Ser.

> COMENTÁRIOS ÀS PROPOSIÇÕES EXAMINADAS
>
> Com muita razão dizia Avicena, e posteriormente Duns Scot, que todos os filósofos estão de acôrdo quanto à existência do ser.

1ª ed., p. 49 • 2ª ed., vol. 1, p. 94

> Nos próximos postulados corroboraremos, por outros caminhos, a apoditicidade desta tese.

> Nas próximas proposições corroboraremos ainda mais, por outros caminhos, a apoditicidade desta tese.

1ª ed., p. 87 • 2ª ed., vol. 1, p. 135

[27] Ver, neste livro, p. 261.

Cabe à ciência estabelecer tais limites. Pode a filosofia concreta estabelecê-los apenas dentro da apoditicidade ontológica de seus postulados.

Cabe à ciência estabelecer tais limites. Pode a filosofia concreta estabelecê-los apenas dentro da apoditicidade ontológica de suas proposições.

1ª ed., p. 134 • 2ª ed., vol. 1, p. 244

Como todos os sêres dependem do Ser infinito, êste é a causa primeira de todos os outros. Essa prova corrobora, por outras vias, as demonstrações de postulados anteriores.

Como todos os sêres dependem do Ser infinito, êste é a causa primeira de todos os outros. Essa prova corrobora, por outras vias, as demonstrações de proposições anteriores.

1ª ed., p. 185 • 2ª ed., vol. 2, p. 75

Na verdade, o termo "postulado" tem seu emprego ostensivamente alterado na passagem da primeira edição à segunda. Além da troca por "proposição" nos casos acima, houve substituições por "princípio" e por "tese", além do simples corte e da manutenção em outros casos.[28]

Já no capítulo em que o filósofo opõe o procedimento analógico ao silogístico o título "Comentários aos princípios" substitui o que antes fora "Comentários aos postulados":

[28] Para as trocas por "princípio": cf. 2ª ed., vol. 1, p. 142, 4º parágrafo; vol. 2, p. 27, antepenúltimo parágrafo; p. 82, 3º parágrafo; p. 85, penúltimo parágrafo; p. 120, 4º parágrafo; p. 216, penúltimo parágrafo. Para as trocas por "tese": cf. 2ª ed., vol. 1, p. 167, 7º parágrafo; vol. 2, p. 36, 9º parágrafo; p. 42, 4º parágrafo. Para os simples cortes: cf. e.g. 2ª ed., vol. 2, p. 35, antepenúltimo parágrafo. Para as manutenções: cf. 2ª ed., vol. 1, p. 230, antepenúltimo parágrafo; vol. 2, p. 160.

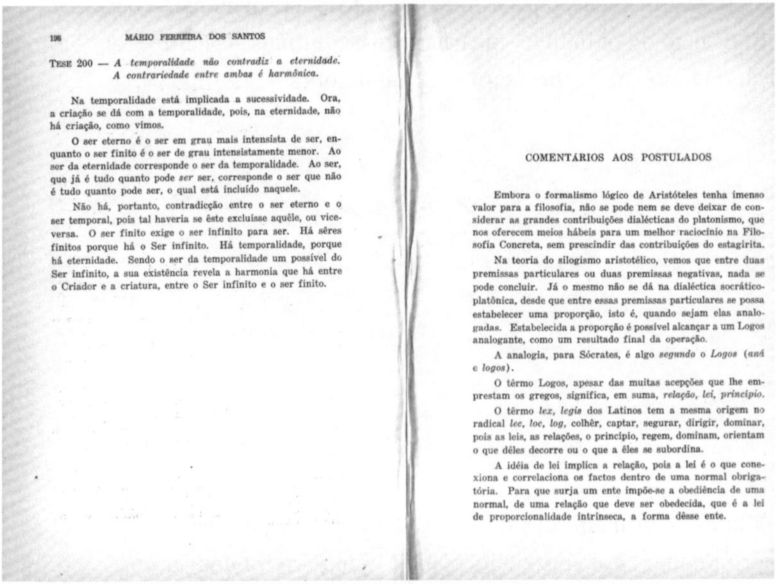
198 MÁRIO FERREIRA DOS SANTOS

TESE 200 — *A temporalidade não contradiz a eternidade. A contrariedade entre ambas é harmônica.*

Na temporalidade está implicada a sucessividade. Ora, a criação se dá com a temporalidade, pois, na eternidade, não há criação, como vimos.

O ser eterno é o ser em grau mais intensista de ser, enquanto o ser finito é o ser de grau intensistamente menor. Ao ser da eternidade corresponde o ser da temporalidade. Ao ser, que já é tudo quanto pode *ser* ser, corresponde o ser que não é tudo quanto pode ser, o qual está incluído naquele.

Não há, portanto, contradicção entre o ser eterno e o ser temporal, pois tal haveria se êste excluísse aquêle, ou vice-versa. O ser finito exige o ser infinito para ser. Há sêres finitos porque há o Ser infinito. Há temporalidade, porque há eternidade. Sendo o ser da temporalidade um possível do Ser infinito, a sua existência revela a harmonia que há entre o Criador e a criatura, entre o Ser infinito e o ser finito.

COMENTÁRIOS AOS POSTULADOS

Embora o formalismo lógico de Aristóteles tenha imenso valor para a filosofia, não se pode nem se deve deixar de considerar as grandes contribuições dialécticas do platonismo, que nos oferecem meios hábeis para um melhor raciocínio na Filosofia Concreta, sem prescindir das contribuições do estagirita.

Na teoria do silogismo aristotélico, vemos que entre duas premissas particulares ou duas premissas negativas, nada se pode concluir. Já o mesmo não se dá na dialéctica socrático-platônica, desde que entre essas premissas particulares se possa estabelecer uma proporção, isto é, quando sejam elas analogadas. Estabelecida a proporção é possível alcançar a um Logos analogante, como um resultado final da operação.

A analogia, para Sócrates, é algo *segundo* o *Logos* (*aná* e *logos*).

O têrmo Logos, apesar das muitas acepções que lhe emprestam os gregos, significa, em suma, *relação, lei, princípio*.

O têrmo *lex, legis* dos Latinos tem a mesma origem no radical *lec, loc, log*, colhêr, captar, segurar, dirigir, dominar, pois as leis, as relações, o princípio, regem, dominam, orientam o que dêles decorre ou o que a êles se subordina.

A idéia de lei implica a relação, pois a lei é o que conexiona e correlaciona os factos dentro de uma normal obrigatória. Para que surja um ente impõe-se a obediência de uma normal, de uma relação que deve ser obedecida, que é a lei de proporcionalidade intrínseca, a forma dêsse ente.

1ª ed., p. 198-99

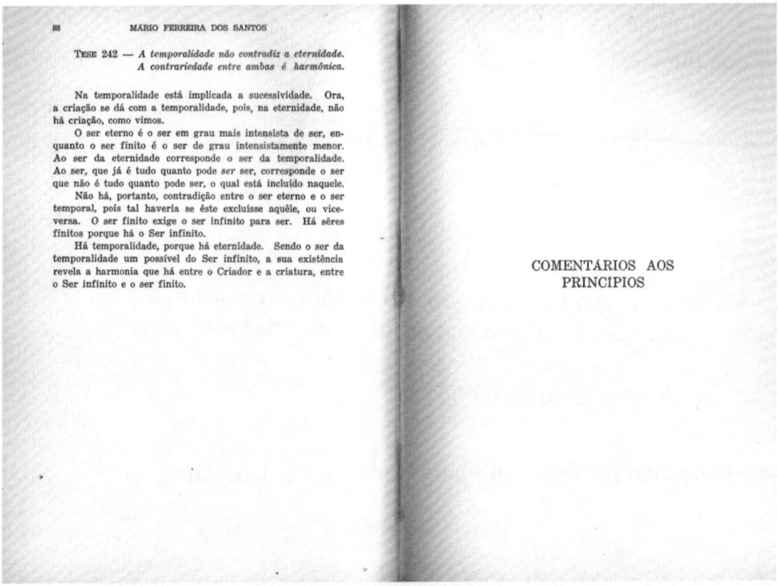
88 MÁRIO FERREIRA DOS SANTOS

TESE 242 — *A temporalidade não contradiz a eternidade. A contrariedade entre ambas é harmônica.*

Na temporalidade está implicada a sucessividade. Ora, a criação se dá com a temporalidade, pois, na eternidade, não há criação, como vimos.

O ser eterno é o ser em grau mais intensista de ser, enquanto o ser finito é o ser de grau intensistamente menor. Ao ser da eternidade corresponde o ser da temporalidade. Ao ser, que já é tudo quanto pode *ser* ser, corresponde o ser que não é tudo quanto pode ser, o qual está incluído naquele.

Não há, portanto, contradição entre o ser eterno e o ser temporal, pois tal haveria se êste excluísse aquêle, ou vice-versa. O ser finito exige o ser infinito para ser. Há sêres finitos porque há o Ser infinito.

Há temporalidade, porque há eternidade. Sendo o ser da temporalidade um possível do Ser infinito, a sua existência revela a harmonia que há entre o Criador e a criatura, entre o Ser infinito e o ser finito.

COMENTÁRIOS AOS PRINCIPIOS

2ª ed., vol. 2, p. 88-89

Mas esse não é o título mais intrigante das seções que expandem a argumentação de *Filosofia Concreta*. Como aludido, há um capítulo denominado "Teses dialéticas, para a fundamentação das demonstrações já feitas" - que, além de paradoxo encarnado, descobrimos ser outro caso de adição manuscrita ao primeiro original da obra:

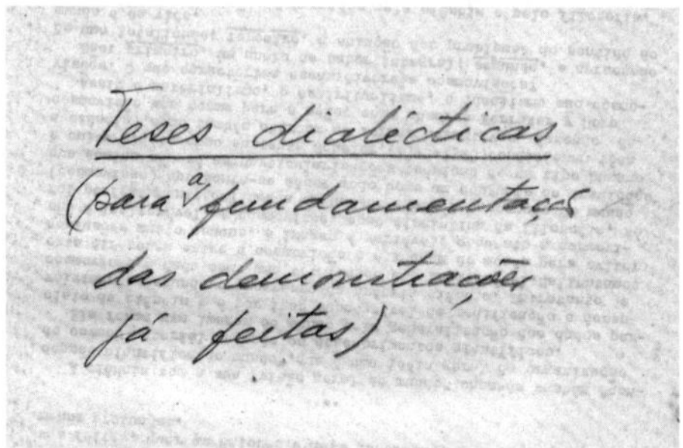
Teses dialéticas
(para a fundamentação
das demonstrações
já feitas)

Datiloscrito 1, p. 64

E há mais. A primeira das tais teses dialéticas versa precisamente sobre anterioridade.[29] Foi com lucidez que Mário Ferreira dos Santos sugeriu ser possível fundamentar o que já está realizado. Esse tipo de relação é instanciado em ainda outras partes do livro.[30] Na segunda edição, por exemplo, é adicionada ao fim de uma tese a afirmação de que ela corrobora as que lhe vieram antes.

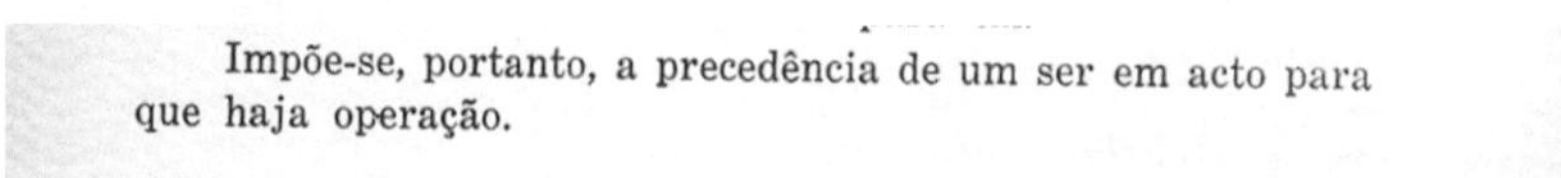
Impõe-se, portanto, a precedência de um ser em acto para que haja operação.

1ª ed., p. 118

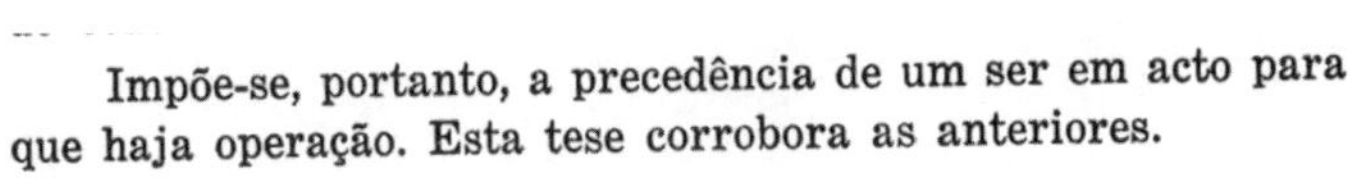
Impõe-se, portanto, a precedência de um ser em acto para que haja operação. Esta tese corrobora as anteriores.

2ª ed., vol. 1, p. 221

Como pode algo prover o solo para o que existe desde antes dele mesmo?

[29] Ver, neste livro, p. 178.

[30] A respeito dos universais, afirma o autor, no decorrer de suas objeções a Kant: "Sua prioridade nas novas observações é uma consequência do próprio proceder da nossa inteligência, em que *as conquistas obtidas presidem, depois, às novas experiências, e atuam, posteriormente, como elementos dados aprioristicamente*" (ver, neste livro, p. 171, grifo meu).

É que, sendo as teses da *Filosofia Concreta* expressão de positividades – o que, no limite, significa dizer: expressões de que "algo há" –,[31] novas descobertas podem advir do ponto arquimédico mesmo que antes não se tivessem insinuado. Como reforça um acréscimo inserido na terceira edição, o fato de que "algo não há" é subcontrário, e não incompatível, ao fato de que "algo há".

> Postulado o segundo (o não-ser relativo), não se negaria total e absolutamente, que alguma coisa há, mas apenas que esta ou aquela alguma coisa não há.
>
> Mas aceito que alguma coisa há, não negamos total e categòricamente que alguma outra coisa não há.
>
> O nada absoluto é impossível, *não-pode*, pois, para poder, é-lhe necessário ser alguma coisa. Para que algo possa alguma

1ª ed., p. 34

> Postulado o segundo (o não-ser relativo), não se negaria, total e absolutamente, que alguma coisa há, mas apenas que esta ou aquela alguma coisa não há.
>
> Mas, aceito que alguma coisa há, não negamos total e categòricamente que alguma coisa não há, "alguma coisa há" e "alguma coisa não há" são dois juízos particulares, sub-contrários, e a verdade de um não implica necessàriamente a falsidade do outro. Ambos podem ser verdadeiros, como realmente o são.
>
> O nada absoluto é impossível, *não-pode*, pois, para poder, é-lhe necessário ser alguma coisa. Para que algo possa

3ª ed., vol. 1, p. 34-35: atente-se ao acréscimo no segundo parágrafo da passagem

Contrário ao ponto arquimédico seria antes o nada absoluto. Quanto a este, sua absurdidade é cada vez mais enfatizada pelo texto deste livro. Enquanto na primeira edição ele é tido como impossível mas logicamente real, na edição de 1959 se ressalta que ele nem é possível, tampouco é real.

> Do nada absoluto nada é possível, portanto o possível implica um ser no pleno exercício de ser, como o demonstramos, pois, do contrário, nunca seria.
>
> Êste não pertence à categoria dos possíveis, e sim (e apenas na Lógica) à categoria dos reais.
>
> Demonstramos ainda por outras vias:

1ª ed., p. 213

[31] Cf. "Impressões sobre *Filosofias da Afirmação e da Negação*", op. cit., p. 274-75.

Do nada absoluto nada é possível, portanto o possível implica um ser no pleno exercício de ser, como o demonstramos, pois, do contrário, nunca seria. Êste não pertence à categoria dos reais.

Demonstramos ainda por outras vias:

2ª ed., vol. 2, p. 107

Na versão de 1961 uma simples menção ao "nada absoluto" mereceu ser eliminada. Parece que cada vez mais foi sentida a força do que é evocado pela tese 277[32] como razão de o mal não ser absoluto: a saber, que a ideia de nada absoluto é absurda.

sível, e a *inexistência absoluta,* que é aquela que predica a impossibilidade, a impossibilidade absoluta, o nada absoluto.

2ª ed., vol. 2, p. 86

tência relativa, que é a ausência de uma perfeição, de um possível, e a *inexistência absoluta,* que é aquela que predica a impossibilidade, a impossibilidade absoluta.

3ª ed., vol. 3, p. 27

A *Filosofia Concreta* persegue o que é absolutamente necessário, e, a julgar por este corte na terceira edição, necessidade e absurdo não podem ser associados, nem sendo uma e outro relativos:

Um exemplo esclarecerá a nossa distinção: é absurdo uma pedra voar por si mesma. Neste caso, o absurdo é relativo, porque voar não é um absurdo, mas apenas em relação à pedra. No absurdo relativo, a existência não é absolutamente necessária, mas relativamente necessária.

O absolutamente necessário é aquêle que, de nenhum modo e de nenhum ângulo, poderia deixar de ser. O Ser infi-

2ª ed., vol. 2, p. 81

Um exemplo esclarecerá a nossa distinção: é absurdo uma pedra voar por si mesma. Neste caso, o absurdo é relativo, porque voar não é um absurdo, mas apenas em relação à pedra.

O absolutamente necessário é aquêle que, de nenhum modo e de nenhum ângulo, poderia deixar de ser. O Ser

3ª ed., vol. 3, p. 22: elimina-se a frase "No absurdo relativo, a existência não é absolutamente necessária, mas relativamente necessária"

[32] Ver, neste livro, p. 417.

Talvez por intuição semelhante, Mário abdicou, na segunda edição da obra, das duas ocorrências de uma ressalva segundo a qual a tese "algo há" é não-tautológica. Embora a cláusula tenha sido originalmente inserida à mão, no primeiro datiloscrito, o que pode ter sido notado é que "algo há" deve, sim, ser tautológico, no sentido de ser analítico (verdadeiro em função do significado de seus termos) e, portanto, no de ser *necessário*.

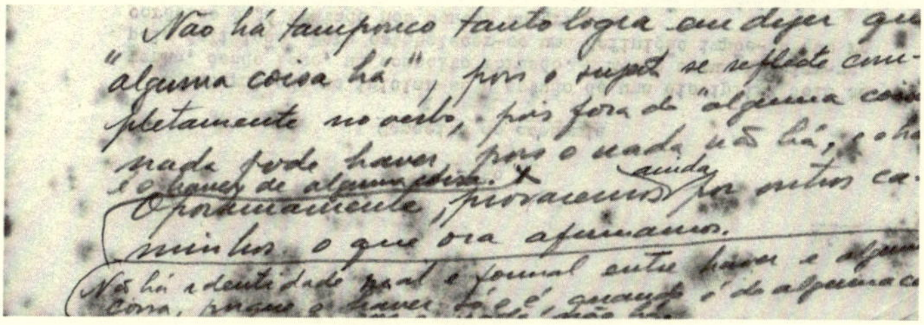

Datiloscrito 1, p. 14

Alguma coisa há, acontece, dá-se. Em que consiste êsse "alguma coisa" é o que nos cabe examinar a seguir.

Não há tampouco tautologia em dizer que "alguma coisa há", pois o sujeito se reflecte completamente no verbo, pois

Alguma coisa há, acontece, dá-se. Em que consiste êsse "alguma coisa" é o que nos cabe examinar a seguir.

Em "alguma coisa há", o sujeito se reflete completamente no verbo, pois fora de "alguma coisa" nada pode haver, pois o

1ª ed., p. 30 • 2ª ed., vol. 1, p. 31: exclui-se "Não há tampouco tautologia em dizer que 'alguma coisa há'"

O juízo "*ser é ser*" não é uma mera tautologia, como pode parecer à primeira vista. (O mesmo se dá com o juízo "alguma coisa há").

Há aqui, lògicamente, distinção entre sujeito e predicado.

O juízo "*ser é ser*" não é uma mera tautologia, como pode parecer à primeira vista.

Há aqui, lògicamente, distinção entre sujeito e predicado.

1ª ed., p. 72 • 2ª ed., vol. 1, p. 119: exclui-se "(O mesmo se dá com o juízo 'alguma coisa há')"

O que não significa que no universo do existente – pertencente ao algo que há – não ocorram surpresas. Como o argumento e a atividade de escrita do autor demonstram, os possíveis podem se efetivar até mesmo para servir de fundamento ao que antes deles próprios foi tornado real. Que eles por um período *não fossem* não contradizia o fato perene de que algo *há*. Segundo o filósofo nota já no segundo datiloscrito da obra, seria cair em armadilha atribuir a ser e não-ser uma incompatibilidade *tout court*:

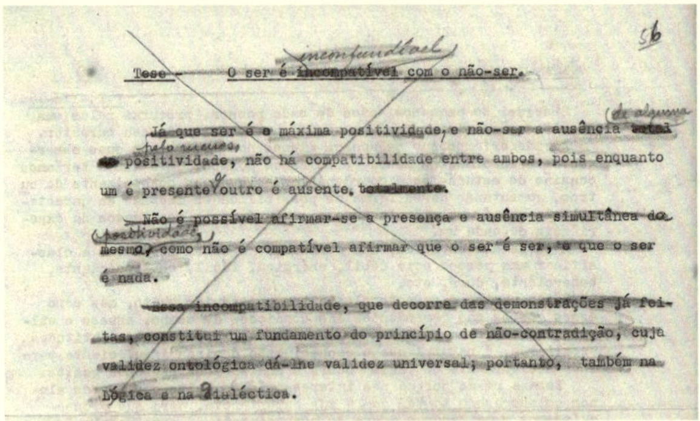
56

Tese — O ser é incompatível com o não-ser. (incompreensível)

Já que ser é a máxima positividade, e não-ser a ausência total (de alguma) (pelo menos,) da positividade, não há compatibilidade entre ambos, pois enquanto um é presente o outro é ausente, totalmente.

Não é possível afirmar-se a presença e ausência simultânea do mesmo, (positividade,) como não é compatível afirmar que o ser é ser, e que o ser é nada.

Essa incompatibilidade, que decorre das demonstrações já feitas, constitui um fundamento do princípio de não-contradição, cuja validez ontológica dá-lhe validez universal; portanto, também na Lógica e na dialéctica.

Datiloscrito 2, p. 56: apaga-se uma tese que enunciava: "O ser é incompatível com o não-ser"

A esse sistema dinâmico subjaz, todavia, uma estrutura estável. Coroando a lógica da concreção, e homenageando o matemático cearense, uma tese como a 285[33] bem poderia ser chamada, com o perdão do gracejo, o Teorema de... Pitágoras de Melo: "As oposições não contradizem a ordem do ser".

§ 3. Epistemologia, ciência e(m) movimento

O ponto arquimédico da *Filosofia Concreta*, verdade sobre a qual não se pode duvidar, todos o sabemos – algo há. Entre o ponto arquimédico, porém, e nós que nele catapultaremos o saber, pode haver vínculos mais estreitos do que sonham as vãs filosofias. As vãs, não a de Mário: o filósofo brasileiro preveniu-se contra a armadilha de fazer do mundo algo descontínuo à consciência. Já na primeira versão desta obra, o datiloscrito sofre uma emenda reveladora:

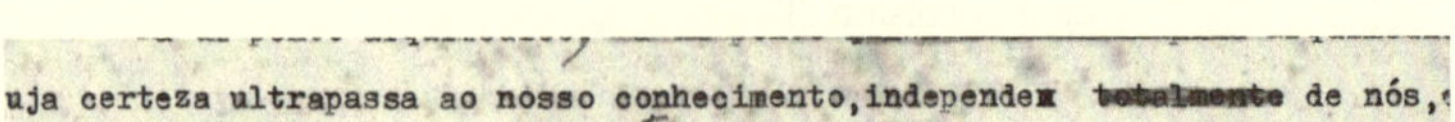
uja certeza ultrapassa ao nosso conhecimento,independe totalmente de nós,

Datiloscrito 1, p. 12: sob o risco havia o advérbio "totalmente"

[33] Ver, neste livro, p. 423.

De fato: que "algo há" independe de nós, no sentido em que continuaria havendo algo mesmo dada a ausência de cada um de nós. Mas não se deve inferir daí que o haver algo seria o mesmo que o dizemos ser caso não fôssemos nós que o soubéssemos. Descrevê-lo como o haver de algo é próprio ao nosso modo de conhecer. As implicações de que algo há são proporcionadas a nós, inclusive porque nós contamos entre os efeitos desse fato mesmo, de que algo há. Por sinal, é uma questão aberta se há, além de nós, algum tipo de ser capaz desse ato mental particular, a certeza. Portanto: a certeza de que algo há independe de nós, mas não totalmente.

Aliás, na busca da certeza são inevitáveis inclinações, e estas são voláteis. Mário Ferreira dos Santos empreende uma abordagem integrada do conhecimento humano, pondo em linha de continuidade a filosofia e as ciências naturais. E também aí se mantém atento ao caráter condicionado que há até mesmo no saber seguro. Enquanto na segunda edição ele pôde invocar a ciência como modelo de superação do contingentismo, representado na filosofia pela corrente existencialista, passados dois anos ele teve por bem não ratificar esse retrato.

dora do homem. Assim como a ciência, pelos caminhos que segue, tende a libertar-se totalmente do contingentismo, também o deve a filosofia.

Não queremos, com essa afirmativa, indicar que êsse seja

2ª ed., vol. 1, p. 190

heterogeneidade criadora do homem.

Não queremos, com essa afirmativa, indicar que êsse seja um caminho novo. Absolutamente não. É um velho

3ª ed., vol. 2, p. 60: elimina-se toda a frase "Assim como a ciência, [...] também o deve a filosofia"

Não que o filósofo antes não estivesse consciente da instabilidade das explicações acadêmicas. Na mesma versão de 1959, em que primeiro endossou a tendência vigente nas ciências duras, ele atenuou a alusão a uma área da Física a que reservara a pesquisa de um dos conceitos surgidos em sua análise. Trata-se da noção de matéria corpórea, atribuída à teoria atômica – que, em vez de "revelar" o que quer que fosse, como se disse no texto de 1957, passa a "propor" de acordo com um modelo datável.

> Êsses elementos constam de átomos, partículas pequeníssimas, que, por sua vez, são constituídos de partes, como nos revela a teoria atômica.

1ª ed., p. 237

> Êsses elementos constam de átomos, partículas pequeníssimas, que, por sua vez, são constituídos de partes, como nos propõe a teoria atômica em vigor.

2ª ed., vol. 2, p. 137

A consideração pelos consensos científicos – e, claro, pelas rupturas que neles acontecem – está demonstrada em *Filosofia Concreta* desde a sua primeira edição. Já ali o autor reconhece algo que será preservado até a versão final da obra: que a Física relativista marca o fim de uma confusão indesejável, entre matéria e corporeidade.[34] Esta parece ser uma positividade (segundo a terminologia ferreiriana) da Ciência contemporânea, que de fato Mário concreciona (de novo, conforme seu vocabulário) de maneira consistente. Aludindo ao esquema einsteiniano de três dimensões espaciais unidas a uma dimensão temporal, o filósofo reconhece a tetradimensionalidade como um atributo dos corpos, e qualifica-os como cronotópicos – emprestando uma noção da teoria da literatura que pode *grosso modo* ser reduzida a "espaço-temporal".[35] Essa descrição aparece em todas as edições,[36] e na terceira é até reforçada:

> Chama-se corpo o que tem superfície e apresenta a dimensionalidade espacial e dá-se na temporalidade.
> Ora, o corpo é composto de matéria e de forma. É im-

2ª ed., vol. 2, p. 143

> Chama-se corpo o que tem superfície e apresenta a dimensionalidade espacial e dá-se na temporalidade (cronotópico).
> Ora, o corpo é composto de matéria e de forma. É im-

3ª ed., vol. 3, p. 83: observe-se o acréscimo de "(cronotópico)"

[34] 1ª ed., p. 257. Ver, neste livro, p. 450.
[35] Ver Stephen Hawking, *Uma Breve História do Tempo*. Trad. Cássio de Arantes Leite. Rio de Janeiro, Intrínseca, 2015, p. 27-54, 231-32; Mikhail Bakhtin, *Teoria do Romance II – As Formas do Tempo e do Cronotopo*. Trad. Paulo Bezerra. São Paulo, Editora 34, 2018. Quanto à noção motivada pela teoria da relatividade, vale anotar que esta fundamentou também, entre os anos 1960 e 1980 – por meio de desdobramentos concebidos por C. W. Rietdijk, Hilary Putnam e o laureado Nobel de Física em 2020 Roger Penrose –, a posição que é em filosofia do tempo denominada, precisamente, *four-dimensionalism*.
[36] 1ª ed., p. 244; 2ª ed., vol. 2, p. 143; 3ª ed., vol. 3, p. 83. Ver, neste livro, p. 436.

Proveitosamente, a assimilação de um dado científico pela filosofia pode ocasionar novos problemas *filosóficos*. Assim, se por um lado fica estabelecido que todo corpo é tetradimensional e cronotópico, por outro lado a simetria dessa relação permanece passível de questionamento. Que tudo quanto está na tetradimensionalidade cronotópica seja corpo é afirmado na primeira edição, mas retirado da segunda. (A possível razão, nós a veremos ao falar sobre ontologia.)

> Chama-se corpo o que apresenta a tridimensionalidade espacial e dá-se na temporalidade. E tudo quanto se pode encontrar, no qual se possa estabelecer a tetradimensionalidade cronotópica (tempo-espacial), é corpo.
>
> Ora, o corpo é composto de uma matéria e de uma forma.

1ª ed., p. 243

> Chama-se corpo o que tem superfície e apresenta a dimensionalidade espacial e dá-se na temporalidade.
>
> Ora, o corpo é composto de matéria e de forma. É im-

2ª ed., vol. 2, p. 143: excluem-se as três últimas linhas do primeiro parágrafo

Não é um exercício descabido imaginar o impacto que a morte de Albert Einstein em 1955, com a consequente repercussão de sua biografia e de suas ideias, teve sobre o pensamento de Mário Ferreira dos Santos nos dias que se seguiram – sendo o primeiro original da *Filosofia Concreta* datado do início do ano seguinte: fevereiro de 1956. De igual modo, não será despropositado lembrar que no ano da terceira edição deste livro ocorreu o feito histórico da primeira viagem espacial, realizada por Yuri Gagarin. A investigação do universo físico era vista por nosso filósofo em estreita associação com o desbravamento da metafísica, como destaca o título *Ontologia e Cosmologia*.[37] É, então, significativo que na edição de 1961 ele tenha reformulado o enunciado da tese 316, transformando o que era uma fria preceituação teórica numa ousada (e talvez tranquilizadora) asseveração sobre o futuro:

> TESE 301 — *O universo não pode ser aniquilado.*
>
> Já demonstramos que o nada não pode ser a meta de uma actividade, de uma actuação. O Ser infinito e absoluto não

2ª ed., vol. 2, p. 209

[37] Mário Ferreira dos Santos, *Ontologia e Cosmologia*. São Paulo, Logos, 1954.

TESE 316 — *O universo não será aniquilado.*

Já demonstramos que o nada não pode ser a meta de uma actividade, de uma actuação. O Ser infinito e abso-

3ª ed., vol. 3, p. 143: troca-se "não pode ser" por "não será"

Um exemplo de explicação científica coincidente à explanação ontológica é, como Mário acrescenta à terceira edição desta obra, a composição de uma substância por elementos químicos determinados, em paralelo à constituição do sujeito metafísico por propriedades não acidentais, ou seja, por características essenciais.

pida ou suja, não deixa substancialmente de ser água. Mas o hidrogênio, na água, não é accidental, porque, se dela fôsse retirado, a água deixaria imediatamente de ser água.

2ª ed., vol. 1, p. 140

Mas o hidrogênio, na água, não é accidental, porque, se dela fôsse retirado, a água deixaria imediatamente de ser água. Por isso o hidrogênio é um *elemento* da água.

3ª ed., vol. 1, p. 208: a última frase constitui uma inserção

Novamente distanciando-se de qualquer forma de ingenuidade, o autor adiciona páginas antes dessa mesma edição – quando recorre à Física atômica para refutar o atomismo dinâmico – a ressalva de que diferentes hipóteses científicas podem reconhecer a existência de diferentes elementos.

O éter é ainda hipotético para a ciência, e tema de estudos. Mas, de qualquer modo, entre os eléctrons e o núcleo, não se intercalará o nada, e sim alguma coisa.

Além dos argumentos por nós expostos em contraposição

2ª ed., vol. 1, p. 126

O éter é ainda hipotético para a ciência, e tema de estudos. Mas, de qualquer modo, entre os eléctrons e o núcleo, não se intercalará o nada, e sim alguma coisa.

Além dos elementos citados, a física moderna considera outros muitos, segundo as diversas hipóteses.

Além dos argumentos por nós expostos em contraposi-

3ª ed., vol. 1, p. 138: note-se o acréscimo do segundo parágrafo

Ao empregar um caso científico como instância de um modelo metafísico de explicação, é prudente – a julgar pela alteração a seguir – distanciar-se o mínimo possível da descrição objetiva do fato:

> O hidrogênio une-se ao oxigênio para *formar* a água, não pelo que os diversifica, que os dirige para um afastamento.
>
> As afinidades, de um e de outro, tendem a um terceiro, à nova forma.

2ª ed., vol. 2, p. 13

> O hidrogênio une-se ao oxigênio para *formar* a água.
>
> As afinidades, de um e de outro, tendem a um terceiro, à nova forma.

3ª ed., vol. 2, p. 133: elimina-se a segunda linha do primeiro parágrafo

O que não significa que a explanação ontológica não implique, ela mesma, requisitos para o modelo científico. A "lei da ação recíproca", por exemplo, deve ser investigada pelas ciências naturais, mas de partida o estudo da causalidade entre seres finitos estabelece que, metafisicamente, "uma determinação realizada é inversamente adequada a uma determinabilidade sofrida".[38]

Como indicou a alteração no trecho sobre a certeza do ponto arquimédico no primeiro datiloscrito, portanto, o "algo há" está assegurado independentemente de nós, mas não em absoluto. O que apreendemos é assimilado em proporção à nossa maneira de conhecer. Com efeito, a nosso entendimento são concedidos "esquemas eidéticos-singulares", formas pelas quais inteligimos a natureza de cada uma das coisas. Ainda assim, as próprias coisas não são *apenas* isso que delas capta a nossa cognição. Conforme ensina ainda esta modificação reveladora, intrínsecas às substâncias há verdadeiras "estruturas esquemáticas", a proporção que lhes concede razão e que deste modo é nada menos que o que as faz ser – independentemente de nós:

> A criação é assim a temporalização dos possíveis, que se actualizam e se tornam reais-temporais, obedientes às leis intrínsecas das suas formas, dos (seus) esquemas eidéticos – singulares.

Datiloscrito 2, p. 190: a emenda manuscrita estabelece "seus esquemas eidéticos-singulares"

[38] Ver, neste livro, p. 420, n. 2.

> A criação é assim a temporalização dos possíveis, que se actualizam e se tornam reais-temporais, obedientes às leis intrínsecas das suas formas, dos seus esquemas eidéticos-singulares.

1ª ed., p. 168: o texto reproduz o que indicou o segundo original

> A criação é, assim, a temporalização dos possíveis, que se actualizam e se tornam reais-temporais, obedientes às leis intrínsecas das suas formas, das suas estruturas esquemáticas intrínsecas (leis de proporcionalidade intrínseca).

2ª ed., vol. 2, p. 49: substitui-se "seus esquemas eidéticos-singulares" por "suas estruturas esquemáticas intrínsecas (leis de proporcionalidade intrínseca)"

§ 4. Pedagogia-e-arquitetura: a *Filosofia Concreta* como obra de professor e obra de escritor

De um filósofo estritamente cognitivista poderia ser esperado que as alterações em seu escrito visassem a unicamente apurar conceitos e dirimir dúvidas. Maneira repaginada de dissociar forma e conteúdo – traço característico aliás de uma leitura *abstrata*, no sentido mesmo da postura combatida por Mário –, é-se tentado a imaginar que a apresentação de um pensamento engenhoso não convive com o reparo cuidadoso do estilo. O desmentido da suposição quase literalmente salta aos olhos: tão abundantes quanto as clarificações na abordagem e as retificações no raciocínio são os retoques puramente estéticos, desde os originais datilografados até as edições publicadas. Nos primeiros, uma profusão de emendas manuscritas; nas segundas, centenas de mudanças que uma leitura comparada permite verificar.

Trata-se de correções atentas e consistentes. Houvesse Mário Ferreira dos Santos solucionado às pressas problemas que percebeu apenas acidentalmente, dificilmente se lembraria de atualizar remissões internas, indicando que o que numa edição estivera para ser visto "em breve" já se encontrava examinado na nova organização do livro.

> julgamos de boa conveniência. Os escolásticos chamavam-na de *necessidade hipotética*, que em breve examinaremos.

2ª ed., vol. 1, p. 151

> dêsse nexo, o que julgamos de boa conveniência. Os escolásticos chamavam-na de *necessidade hipotética*, como já vimos.

3ª ed., vol. 2, p. 20

No percurso das reedições, é patente a preocupação do filósofo com o rigor. Caso evidente é a inserção, no texto de 1961, da nota a que o leitor moderno já está habituado:

Alguma coisa há..

2ª ed., vol. 1, p. 29

Alguma coisa há... (1)

(1) Empregamos **alguma coisa** no sentido neutro de **algo.**

3ª ed., vol. 1, p. 29

O esclarecimento não constava das primeiras edições – se bem que muitos outros tivessem sido inseridos desde as versões mais antigas do ensaio. Um exemplo pedagógico (com toda a amplitude do termo): no primeiro original, há uma página em que o autor deixou em branco o espaço de algumas linhas, para que posteriormente acrescentasse à mão a definição do termo latino que o texto datilografado tão-somente anunciava.

o nada absoluto. O têrmo alguma (e), cuja origem latina (áliquid) nos revela o sent[ido]
de aliud (outro) e quid (que), outro que se distin-
gue, que se não confunde, que é algo (fillius de
~~outra que nós, ... cujo significado é~~
algo, fidalgo, que não é de qualquer, mas de
se distingue),
mostra-nos afinal que se entende por alguma coisa tudo quanto se põe,
que não se pode predicar como mero nada.
se dá. Ora, o nada absoluto não se põe, não se dá, não tem positividade, é

Datiloscrito 1, p. 14

Indo às edições publicadas, por um momento nos perguntamos se o procedimento não se repetiu, por um feliz acidente, até numa das provas submetidas à gráfica. Pois em uma página da primeira edição há o espaço em branco de duas linhas, que na segunda edição é preenchido por um novo parágrafo, ocupando exatamente aquele espaço, o qual opera a transição entre o tema anterior e o posterior.

E que nesse "alguma coisa" haver, ser e existir são êle mesmo.

Essência é o que *pelo qual* uma coisa é o que ela é. Ora, o

1ª ed., p. 38

anterior). E que nesse "alguma coisa" haver, ser e existir são êle mesmo.

Alguma coisa é o que ela é *por algo* que a apresenta como ela é. É a sua essência.

Essência é o que *pelo qual* uma coisa é o que ela é. Ora,

2ª ed., vol. 1, p. 48

Para lidar com a separação entre unidades de sentido, a segunda edição insere novos asteriscos triplos. Quanto à passagem de um capítulo a outro, nos originais há indicações a lápis "Abre página", sendo o segundo datiloscrito mais preciso, por fazer a especificação editorial "Abre página ímpar". Outro padrão observado pelas primeiras versões diz respeito às notas: quase todas que Mário Ferreira dos Santos escreveu foram adicionadas originalmente à mão.

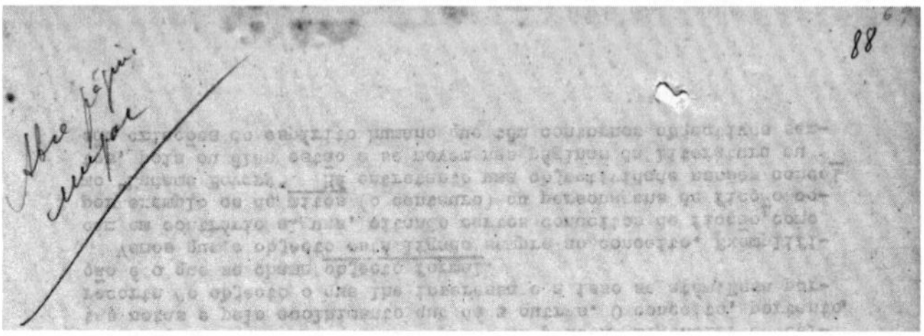

Datiloscrito 2, p. 88

Apenas uma minoria das mudanças nas edições publicadas está indicada, de punho do autor, nos exemplares disponíveis em nosso Arquivo. Ainda assim, esses são registros instrutivos, pois há casos em que a edição subsequente incorpora a correção solicitada *e ainda outras alterações*, ou em que a emenda não é mais que um risco expressando insatisfação, o que resulta numa frase inteiramente reformulada na edição seguinte. Mais: pode ser que a segunda edição corrija uma passagem da primeira, receba em sua própria versão uma nova emenda manual, e esta segunda modificação seja incorporada na terceira edição do livro.

Portanto, dialècticamente, não deve uma formalidade ser considerada, quando definida, independentemente das formalidades que predispõem a sua efectivação *in causando*. A efectivação de alguns efectíveis precipita novas efectivações. Os possíveis à existência (ser fora de suas causas, depened da supósito (a subsistência hipostática), quando se efectivam pela cooperação dos efectivos. Portanto, tudo quanto existe implica a concreção onde se dá. de

Portanto, dialècticamente, não deve uma formalidade ser
considerada, quando definida, independentemente das formalidades que predispõem a sua efectivação *in causando*. A
efectivação de alguns efectíveis precipita novas efectivações.
Os possíveis à existência (ser fora de suas causas) dependem
do supósito (a subsistência hipostática), quando se efectivam
pela cooperação dos efectivos. Portanto, tudo quanto existe
implica a concreção onde se dá.

1ª ed., p. 210 • 2ª ed., vol. 2, p. 103: corrigem-se a grafia de "dependem" *e ainda* o gênero de "supósito" e os parênteses precedentes

res de escalaridade) apontam-nos os graus. Como não pode-
~~nos a~~ empreender neste campo, tão difícil, tão cheio de peri-
muitas, as categorias e os conceitos dialécticos podem oferecer-
nos meios de uma definição mais concreta, sem que esta, em

(indicadores de escalaridade) apontam-nos os graus. Como
não podemos alcançar a concreção apenas com conceitos abstractos, tomados isoladamente, precisamos das categorias e
dos conceitos dialécticos que nos podem oferecer os meios para
uma definição mais concreta, sem que esta, em tal sentido,

1ª ed., p. 208 • 2ª ed., vol. 2, p. 101: a segunda linha, riscada no texto de 1957, torna-se as linhas 2 e 3 do recorte inferior

coisa, é preciso ser alguma coisa. O que há, acontece, não o
chamamos nada, mas alguma coisa, ser. Portanto o que há é,
e só o que é, há.

Portanto, alguma coisa há, porque alguma coisa é.

Não sabemos ainda em que consiste *êsse ser*, mas sabemos
que *é*.

coisa, é preciso ser alguma coisa. O que há, acontece, não o chamamos nada, mas alguma coisa, ser. Portanto, o que não há, é; não
e só o que é, há.

Não sabemos ainda em que consiste êsse ser, mas sabemos
que é.

alguma coisa, é preciso ser alguma coisa. O que há, acontece, não o chamamos nada, mas alguma coisa, ser. Portanto, o que não há, não é; e só o que é, há.

Não sabemos ainda em que consiste êsse ser, mas sabemos que é.

1ª ed., p. 33-34 • 2ª ed., vol. 1, p. 35 • 3ª ed., vol. 1, p. 35: a segunda linha da primeira versão é reformulada na versão seguinte, em que recebe uma emenda manuscrita, e esta é incorporada na versão final

O apuro do texto cresce a cada nova versão de *Filosofia Concreta*, sendo por sinal na terceira edição que surge entre as páginas de abertura a "Advertência ao leitor". Presente em vários outros títulos, esse texto trata da preservação de consoantes mudas na grafia de certas palavras. O propósito alegado pelo autor é indicar a etimologia dos termos e assim *facilitar* a compreensão de seu sentido. Essa intenção precisa ser enfatizada, pois seria um engano atribuir a Mário Ferreira dos Santos uma atitude esnobe ou preciosista. Várias das mudanças entre as edições deste livro sugerem exatamente o contrário. Em mais de uma ocasião, o filósofo abdica de uma escrita arcaica ou latinizada – até mesmo num caso em que ele próprio instituíra manualmente a grafia:

TESE 28 — *Ao ser absoluto não lhe falta cousa alguma para ser.*

TESE 43 — *Ao ser absoluto não lhe falta coisa alguma para ser.*

1ª ed., p. 59 • 2ª ed., vol. 1, p. 104: troca-se "cousa" por "coisa"

também seria o ser, e o ser não seria absoluto, nem o nada, nada, pois neste aconteceria o ser, e seria alguma cousa.

vastidão de nada. O nada seria então espacial, como espacial também seria o ser, e o ser não seria absoluto, nem o nada, nada, pois neste aconteceria o ser, e seria alguma coisa.

1ª ed., p. 62 • 2ª ed., vol. 1, p. 108: troca-se "cousa" por "coisa"

TESE 148 — *O grau de realidade de "alguma cousa" é proporcional à realidade da sua componência.*

ESE 183 — *O grau de realidade de "alguma coisa" é proporcionado à realidade da sua componência.*

1ª ed., p. 151 • 2ª ed., vol. 2, p. 17: troca-se "cousa" por "coisa"

surge das limitações. Mais adiante veremos que o ser finito surge da *crisis* instalada na criatura; por isso é um ser de *crisis*.

Mais adiante veremos que o ser finito surge da *crise* instalada na criatura; por isso é um ser de *crise*.

1ª ed., p. 138 • 2ª ed., vol. 1, p. 247: troca-se "*crisis*" por "*crise*"

Os entes criados são diferentes, e a diferença exige a díada, revelada pela *crisis*.

Os entes criados são diferentes e a diferença exige a díada, revelada pela *crise*.

1ª ed., p. 167 • 2ª ed., vol. 2, p. 49: troca-se "*crisis*" por "*crise*"

agente que actue o actuado, no qual se dá a acção. Assim o agente m[ove] êste ser, mas a moção dêste (acção) dá-se neste, é inherente a êste.

Datiloscrito 2, p. 177: grafa-se, na intervenção manuscrita, "inherente"

[redacted] inhere-se neste absolutamente.

tura, porque é [redacted] modal desta, a esta inherente. A acção que surge da

Datiloscrito 2, p. 191: insere-se manualmente o "h" em "inere-se" e em "inerente"

O nexo de dependência liga-os; mas a dependência, enquanto tal, é totalmente inerente ao posterior.

2ª ed., vol. 1, p. 130: na segunda edição publicada, contudo, simplifica-se a grafia

se dá aquela. Assim o agente move *êste* ser, mas a moção *dêste* (acção) dá-se *nêste*, é inerente a *êste*.

2ª ed., vol. 2, p. 28: "inerente", em lugar de "inherente"

Outra alteração dessa natureza é o acréscimo da tradução de alguns dos termos latinos:

é estrictamente incausável; nem do nada. E porque êle existe como tal, é êle possível; portanto o *primum finitivum est actu existens*.

Poder-se-ia também provar de outras maneiras: uma causa

1ª ed., p. 111

é estrictamente incausável; nem do nada. E porque êle existe como tal, é êle possível; portanto o *primum finitivum est actu existens* (o primeiro finitivo é existente em acto).

Poder-se-ia também provar de outras maneiras: uma causa

2ª ed., vol. 1, p. 162: atente-se à terceira linha do trecho

Algo que está longe de significar, por óbvio, qualquer desprezo pela linguagem clássica. Há passagens em que Mário julgou preciso *acrescentar* algum termo latino ou, logo após suprimir uma expressão, adicionar uma clarificadora menção aos escolásticos.

repetem a proporcionalidade de uma forma.

Como a matéria é passiva, é a forma que lhe dá esta ou aquela corporeidade, e é ela que a actualiza como isto ou aquilo.

A forma é, portanto, o acto de ser da coisa concreta. Se

1ª ed., p. 242

porcionalidade de uma forma.

Como a matéria é passiva, é a forma que lhe dá esta ou aquela corporeidade determinada, e é ela que a actualiza como *isto* ou *aquilo* (*hoc*).

A forma é, portanto, o acto de ser da coisa concreta.

2ª ed., vol. 2, p. 141: na quarta linha, insere-se um termo latino

Diz-se que é necessário o que não pode deixar de ser (*nec esse*).

O Ser Supremo é necessário, por necessidade absoluta. No entanto, o ser posterior depende do anterior, e tem também um nexo de necessidade para ser, pois se o anterior não existisse com anterioridade, deixaria automàticamente de existir o posterior. Ao anterior liga-se o posterior por um nexo de necessidade. Mas a existência do ser finito depende de um anterior, necessàriamente. Essa necessidade relativa se distingue da primeira. Preferimos chamar a esta de *necessitariedade*, e de *necessitário* o ser que depende dêsse nexo, o que julgamos de boa conveniência.

Há aqui ainda lugar para outros comentários. A necessi-

1ª ed., p. 101-02

Diz-se que é necessário o que não pode deixar de ser.

O Ser Supremo é necessário, por necessidade absoluta. No entanto, o ser posterior depende do anterior, e tem também um nexo de necessidade para ser, pois se o anterior não existisse com anterioridade, deixaria automàticamente de existir o posterior. Ao anterior, liga-se o posterior por um nexo de necessidade. Mas a existência do ser finito depende de um anterior, necessàriamente. Essa necessidade relativa se distingue da primeira. Preferimos chamar a esta de *necessitàriedade*, e de *necessitário* o ser que depende dêsse nexo, o que julgamos de boa conveniência. Os escolásticos chamavam-na de *necessidade hipotética*, que em breve examinaremos.

Há aqui ainda lugar para outros comentários. A necessi-

2ª ed., vol. 1, p. 151: a primeira linha suprime uma expressão latina, mas o segundo parágrafo acrescenta uma menção aos escolásticos

Fazer-se entender era a principal preocupação do filósofo, que assim optou, num trecho em que propunha uma mera especulação para fins de argumento, enfatizar que ele não se comprometia com aquela possibilidade:

aquêles, pois do contrário teriam vindo do nada, o que é absurdo.

Um dêles poderia ter deixado de existir, e não teria transmitido o ser a outro.

Mas, de qualquer forma, a existência de entes prova que

1ª ed., p. 40

aquêles, pois do contrário, teria vindo do nada, o que é absurdo.

Admitamos, só para raciocinar, que um dêles pudesse ter deixado de existir, e não tivesse transmitido o ser a outro.

Mas, de qualquer forma, a existência de entes prova que

2ª ed., vol. 1, p. 50: inserção de "Admitamos, só para raciocinar, que"

Assim como, numa revisão necessariamente atenta, ele identificou e corrigiu lapsos mais sutis:

tôdas genèricamente inclusas na conceituação que demos assim.

Chamavam os escolásticos de *bem absoluto* o que é con-

riedade de acepções, mas tôdas genèricamente inclusas na conceituação que demos acima.

Chamavam os escolásticos de *bem absoluto* o que é con-

2ª ed., vol. 2, p. 114 • 3ª ed., vol. 3, p. 54: corrige-se "que demos assim" para "que demos acima"

TESE 214 — *Todo activar do agente realiza uma acçã e é sempre selectiva.*

TESE 216 — *Todo actuar do agente realiza uma acçã e esta é sempre selectiva.*

2ª ed., vol. 2, p. 67 • 3ª ed., vol. 2, p. 178: corrige-se "Todo ativar do agente" para "Todo atuar do agente"

da matemática vulgar, da *Logistikê* como a chamavam os pitagóricos, que trabalha apenas com as abstracções de terceiro grau da quantidade.

Um rápido exame é suficiente para a boa clareza do que

tido da matemática vulgar, da *Logistikê* como a chamavam os pitagóricos, que trabalha apenas com as abstracções de segundo grau.

Um rápido exame é suficiente para a boa clareza do

2ª ed., vol. 1, p. 21 • 3ª ed., vol. 1, p. 21: corrige-se "abstrações de terceiro grau" (em referência à Matemática) para "abstrações de segundo grau"

Mas, como dissemos, as mudanças impostas pelo autor afetam a forma tanto quanto o conteúdo; são de um escritor não menos que de um professor. Na concreção das duas figuras, aliás, há instantes em que para a voz de um ser ouvida a voz do outro é momentaneamente calada:

uma contradição (positividade tomista).

Observe-se êste ponto que é importante. A potência, ao receber uma forma, recebe uma forma criatural, não a forma

1ª ed., p. 175: "Observe-se este ponto que é importante" (linha 2)

uma contradição (positividade tomista).

Êste aspecto é de maxima importância. A potência, ao receber uma forma, recebe uma forma criatural, não a forma

2ª ed., vol. 2, p. 64: "Este aspecto é de máxima importância" (linha 2)

E há instantes em que o único meio de compreender uma modificação é reconhecer nela a ação de um escritor que, ao se reler, empreende uma autocrítica: e por isso percebe que, ao dizer que os átomos se mantêm "em suas primitivas e eternas posições", o segundo adjetivo torna o conteúdo da frase desnecessariamente impalpável; e por isso percebe que "nada é nada" é uma formulação analiticamente mais eficaz do que a quase sentimental "apenas é nada, nada"; e por isso percebe que iniciar dois parágrafos seguidos com "Portanto" é uma deselegância corrigível pela substituição de uma das ocorrências por uma conjunção equivalente...

passarem um tempo sem princípio, mantendo-se em suas primitivas e eternas posições.

Neste caso, teríamos de admitir que os átomos tinham a

vas, depois de passarem um tempo sem princípio, mantendo-se em suas primitivas posições.

Neste caso, teríamos de admitir que os átomos tinham

2ª ed., vol. 1, p. 124 • 3ª ed., vol. 1, p. 136

ma coisa, se êle é impossível e ineficaz, pois se apenas é nada, nada?

Não era possível, portanto, que se desse uma ruptura. Al-

coisa, se êle é impossível e ineficaz, pois se nada é nada?

Não era possível, portanto, que se desse uma ruptura.

1ª ed., p. 37 • 3ª ed., vol. 1, p. 136

Portanto, sua mente se analoga ao ser, e em algo terá uma identificação com êle, pois, do contrário, o pensamento humano, estando desligado do ser, e sendo outro que o ser, seria nada.

Portanto, o reto pensar é capaz de nos dar êsse fio de Ariadna, que nos levaria a alguma certeza, e essa certeza está às mãos até dos cépticos, se quiserem procurá-la.

Portanto, sua mente se analoga ao ser, e em algo terá uma identificação com êle, pois, do contrário, o pensamento humano, estando desligado do ser, e sendo outro que o ser, seria nada.

Assim, o reto pensar é capaz de nos dar êsse fio de Ariadna, que nos levaria a alguma certeza, e essa certeza está às mãos até dos cépticos, se quiserem procurá-la.

1ª ed., p. 51 • 2ª ed., vol. 1, p. 96

Pois é: as melhorias de estilo – acompanhadas da sistemática correção de falhas tipográficas – são numerosas, e o posfácio poderia prosseguir a exibi-las indefinidamente. Mas não será necessário: a esta altura está claro que não incidiu o autor desta obra no abstracionismo que ele mesmo combateu.

§ 5. A ontologia da antiabstração

Se há maneira tradicional, e aliás intuitiva, de descrever o objeto do pensamento metafísico, ela consiste em qualificá-lo como abstrato. De fato, concebê-lo demanda o esforço de remover, na mente, diversas características particulares do que é obtido pelo entendimento e pela percepção. Quanto ao mais genérico dos conceitos da disciplina – o ser –, Mário Ferreira dos Santos reconhece-o como a mais abstrata ideia, mas acrescenta se tratar ao mesmo tempo da ideia mais concreta.[39] A formulação antinômica é possivelmente inédita, todavia o que ela expressa é, na

[39] Ver, neste livro, p. 381.

verdade, milenar. O filósofo o explicitou na segunda edição do livro, como uma nova tese.

O mal, por sua vez, não tem em si mesmo a sua razao ae ser. Êle aponta sempre a não obtenção do apetecido, a obstaculização ao apetecido, ou o desvio da intensidade apetecida. O mal, portanto, é finito, e está imerso na finitude. O infinito é um bem supremo e absoluto. A própria positividade do mal, que se fundamenta no bem de que está privado o apetente, dá-lhe o carácter de finito. Conseqüentemente, robustece-se a prova de que não há um mal absoluto.

TESE 220 — *Sendo o Ser infinito o supremo bem, não destruiria a si mesmo.*

Sendo o Ser infinito o supremo bem (*summum bonum*, dos escolásticos), não tenderia a destruir a si mesmo. Já que o mal é negativo, é privação, e o Ser absoluto e infinito não é privação de qualquer perfeição, não pode ser êste destructivo.

Como o nada absoluto não pode destruir, porque é impossível, o Ser Supremo é indestructível também por esta razão, embora já tenhamos provado a sua indestructibilidade por outros caminhos.

1ª ed., p. 226: ao parágrafo "O mal, por sua vez, [...] um mal absoluto" seguia-se a tese "Sendo o Ser Infinito o supremo bem, não destruiria a si mesmo"

122 MÁRIO FERREIRA DOS SANTOS

O mal, por sua vez, não tem em si mesmo a sua razão de ser. Êle aponta sempre a não obtenção do apetecido, a obstaculização ao apetecido, ou o desvio da intensidade apetecida. O mal, portanto, é finito, e está imerso na finitude. O infinito é um bem supremo e absoluto. A própria positividade do mal, que se fundamenta no bem de que está privado o apetente, dá-lhe o caráter de finito. Conseqüentemente, robustece-se a prova de que não há um mal absoluto.

TESE 263 — *O universal é a unidade no múltiplo.*

O *logos* do universal é o ser *um* em muitos, pois como pode ser universal o que não se repete em muitos? Ontològicamente, universal é apenas o que dissemos, e nossa conceituação sôbre êle não pode construir-se de outro modo, sob pena de afastar-se do seu genuíno *logos*. Sendo o universal a unidade no múltiplo, poder-se-ia considerá-lo como singularidade?

Desde o início parece surgir aqui uma contradicção, pois quando se diz universal não se diz, e se exclui, singularidade; quando se diz singularidade, não diz, e se exclui, universalidade. Mas o que é universal, sendo unidade no múltiplo, é uma singularidade, embora formal. O de que muitas coisas participam em comum é universal a elas. *Universum* vem de *uni* e *versum*, êste, por sua vez, de *verto*, volver, girar em tôrno de..., portanto, em sua etimologia, é o que volve, o *um* que gira em tôrno de muitos. O que é universal é uma unidade, o que de certo modo é *um*. Há, no universal, uma forma que se repete em muitos, há o repetir-se de um *logos*.

O *logos*, portanto, do universal implica uma singularidade de que muitos participam. Êsse um é *singulus*, sem existir singularmente, sem ser ônticamente singular, mas apenas formalmente singular, ontològicamente apenas.

Mas seu modo de ser não é o do ser singular nem do ser universal.

A forma é ônticamente formal, como já o mostramos. Dêsse modo, o universal, considerado apenas ontològicamente, não é nem singular nem universal, o é apenas formalmente.

FILOSOFIA CONCRETA 123

Não há, assim, contradicção em dizer-se que o universal é a unidade no múltiplo. Ademais, êsse enunciado é ontològicamente perfeito, como vemos pelos regras da dialéctica ontológica que expusemos.

TESE 264 — *Sendo o Ser infinito o supremo bem não destruiria a si mesmo.*

Sendo o Ser infinito o supremo bem (*summum bonum*, dos escolásticos) não tenderia a destruir a si mesmo. Já que o mal é negativo, é privação, e o Ser absoluto e infinito não é privação de qualquer perfeição, não pode ser êste destructivo.

Como o nada absoluto não pode destruir, porque é impossível, o Ser Supremo é indestructível também por esta razão, embora já tenhamos provado a sua indestructibilidade por outros caminhos.

TESE 265 — *Os sêres finitos interactuam-se, e às suas acções sôbre outros correspondem reacções equivalentes.*

A acção de um ser finito efectua-se sôbre a potência de outro sér finito.

Portanto, a acção, sendo proporcionada ao que actua, também é proporcionada ao actuado. A acção de determinação de um corresponde à determinabilidade do outro. Por sua vez, ao ser determinado, o determinável reage na proporção do que é, e efectua uma acção, que é determinante proporcionada a êle, e proporcionada à determinabilidade do outro actuado.

Ora, cientìficamente se afirma que há uma equivalência entre acção e reacção, o que é exposto pela *lei da acção recíproca*.

2ª ed., vol. 2, p. 122-23: entre o parágrafo "O mal, por sua vez, [...] um mal absoluto" e a tese "Sendo o Ser Infinito o supremo bem, não destruiria a si mesmo", surge a tese "O universal é a unidade no múltiplo"

O universal é a unidade no múltiplo, portanto podem ser dispensadas as demais maneiras de encontrar o um no diverso. Por exemplo, o texto de 1957 destacava, afirmando-o duas vezes, que o associacionismo – quer dizer, a hipótese segundo a qual o que percebemos como uno não é mais que um aglomerado de partes – é uma posição legítima para lidar com o problema das unidades acidentais. Já no texto de 1959 o autor diminuiu a dose da colher de chá, preservando a concessão apenas em sua forma mais discreta, no interior do parágrafo prévio.

> em tôdas as esferas do conhecimento; o que é de magna importância para se compreender as diversas modalidades de se apresentarem as unidades.
>
> A posição associacionista não é totalmente falsa. Tem a sua positividade, mas apenas quando se trata das unidades por
>
> accidente (*per accidens*), não quando quer explicar outras unidades, em que a estructura é manifesta. Aqui, concepções como a estructuralista, a holista e a henótica são positivas.
>
> Na estructura há uma transcendência. A estructura metafísica da unidade dos sêres finitos exige um poder unitivo que realize a unidade, a forma coacta das partes, assumidas por uma nova forma, uma nova tensão em suma.

1ª ed., p. 65-66

> em tôdas as esferas do conhecimento, o que é de magna importância para a compreensão das diversas modalidades de se apresentarem as unidades.
>
> Aqui, concepções como a estructuralista, a holista e a henótica são positivas.
>
> Na estructura há uma transcendência. A estructura metafísica da unidade dos sêres finitos exige um poder unitivo que realize a unidade, a forma coacta das partes, assumidas por uma nova forma, uma nova tensão em suma.

2ª ed., vol. 1, p. 112: excluem-se as quatro primeiras linhas do segundo parágrafo

As orações finais do trecho removido reiteram por contraste qual a lição da tese 54. Diziam elas que "não [é válido o associacionismo] quando quer explicar outras unidades, em que a estrutura é manifesta". Sim, pois é "sobretudo como estrutura", conforme reza o enunciado da tese, que as unidades relativas (e, a rigor, somente o Ser Supremo é uma unidade absoluta)[40] precisam ser compreendidas. Na junção de estrutura e forma, associação e essência, é que se tem o ser das entidades individuais. Como ensinou-nos a lógica da concreção, deve ser estável a estrutura de cada ente – sem que com isso se implique uma vulnerabilidade do ser aos opostos, uma sua incompatibilidade afinal ao não-ser. Segundo conclui a mesma tese 54, a forma que atua sobre a estrutura consiste antes numa *tensão*.

Duas sequências de modificações incorporadas no texto de 1961 cumprem o fim de precisar de que maneira tal modelo se efetiva.

Uma está presente no terceiro volume, abarcando da página 70 à 96. Nesse espaço há cinco mudanças que ressaltam a passividade da matéria, a qual se torna ato à medida que recebe da forma certas determinações.

À infinitude em acto corresponde a infinitude potencial
a matéria.

À infinitude em acto corresponde a infinitude potencial
)assiva.

2ª ed., vol. 2, p. 129 • 3ª ed., vol. 3, p. 70: troca-se a locução "da matéria" pelo adjetivo "passiva"

2) ou é apenas a aptidão do ser finito em acto, de poder
ser determinado, de receber determinações.

2) ou é apenas a aptdão do ser finito para receber
determinações formais.

2ª ed., vol. 2, p. 144 • 3ª ed., vol. 3, p. 83: as determinações recebidas são detalhadas como sendo formais

Assim como a atração dos corpos, para exemplificar, está
)nde há corpos, a matéria está onde há sêres capazes de re-
:eber determinações formais.

Assim como a atração dos corpos, para exemplificar,
stá onde há corpos, a matéria está onde há sêres capazes
e receber formas.

2ª ed., vol. 2, p. 147 • 3ª ed., vol. 3, p. 86: já aqui, a ideia de "formas" substitui a noção de "determinações formais"

[40] Ver, neste livro, p. 108.

Quando o Ser Supremo actua, êle cria automàticamen
a determinabilidade (a potência) e a determinação.

Quando o Ser Supremo actua, êle cria automàticamer
te a determinabilidade (a potência) e a determinação (acto)

2ª ed., vol. 2, p. 155 • 3ª ed., vol. 3, p. 94: assim como a determinabilidade era equiparada à potência, passa a se identificar a determinação com o ato

(1) A potência é a determinabilidade. A *matéria prima* é essa dete minabilidade com a emergência da aptidão para receber formas corpóre tetradimensionais.

(1) A potência é a determinabilidade. A *matéria prima* essa determinabilidade com a emergência da aptidão para recebe formas corpóreas, tetradimensionais. A matéria é assim um mod de ser potencial.

2ª ed., vol. 2, p. 157 • 3ª ed., vol. 3, p. 96: explicita-se, com um acréscimo, o fato de a matéria consistir em potencialidade

A outra sequência contempla o problema mais amplo de determinar como a efetivação de possibilidades se dá sem que se contamine o ser com contradições. Presente no segundo volume (entre a página 162 e a 171), ela é sucedida por uma nova sequência, desta vez de acréscimos: da página 179 à 218 incluem-se as teses 218 a 230, além de três seções de comentários e três seções de corolários.

O escolhido (o preferido) é o possível que foi tornad(real. Mas o preterido, não se reduziu ao nada absoluto ma: apenas ao nada relativo, ao que não se subjectivou existencial- mente.

O escolhido (o preferido) é o possível que foi tornad(real. Mas o preterido, não se reduziu ao nada absoluto ma: apenas ao nada relativo, ao que ainda não se subjectivoı existencialmente (o *prometeico* criacional, que os escolásti- cos chamavam de *criabilia, futuribilia*, etc.).

2ª ed., vol. 2, p. 49 • 3ª ed., vol. 2, p. 162: uma inserção parentética introduz o conceito de "prometeico criacional", equivalente aos *futuribilia*, ou *criabilia*, dos medievais

(1) Contudo, a criação implica o exame dos possíveis (o **Meon** o não-se pitagórico-platônico), o que será oportunamente dualisado, segundo o nosso método dialéctico.

3ª ed., vol. 2, p. 163: a nota 1, prenunciando o conceito de *meon*, não existia até o texto de 1959

A acção, que surge da operação *ad extra*, que é a criação, é intrìnsecamente dual, porque, na acção, há *o que* actua (em acto) e *o em que* actua (potência). Acto e potência, no exame ontológico da acção, revelam-se, não como duas substâncias separadas, como parece surgir em alguns momentos na filosofia clássica, mas apenas como os dois lados positivos, os dois vectores positivos da substância universal, do Todo, que é accional, criatural.

Esta substância, que surge do acto criador, é dual como infinita potência activa de determinação, à qual corresponde a infinita potência passiva da determinabilidade. Ao infinito potencial activo corresponde o infinito potencial passivo. Mas a determinação não tem limites para determinar o que é determinável. Fora do que é determinável, a determinação não pode determinar. Assim, a determinação não poderia realizar a determinação do Ser infinito, porque êste não é determinável.

Portanto, a infinitude potencial activa de determinação é capacidade sem limites de determinar tudo quanto é determinável.

Vê-se que, ontològicamente, o conceito de determinação é inseparável do de determinabilidade, pois o determinante o é proporcionadamente à determinabilidade. Assim o acto criatural é híbrido de potência. O acto é o acto da potência, como a potência é a potência do acto. São opostos relativos, isto é, a realidade de um depende da realidade do outro; ou melhor, há apenas a realidade de ambos, que se distinguem sem se separarem [1]. A potência é assim eficaz, porque tudo quanto um ser pode sofrer é o que é proporcionado à sua forma, à sua natureza. Portanto, a determinação é sempre proporcionada à determinabilidade; o que pode vir-a-ser é proporcionado ao que já é. E o que pode vir-a-ser, a potência de um ser, é o poder dêsse ser de ainda ser. Portanto, a potência é algo eficaz, porque é a presença da capacidade de poder ser, da eficacidade para eficientizar-se.

A acção, que surge da operação *ad extra*, que é a criação, é intrìnsecamente dual, porque, nela, há *o* que actua (em acto) e *o em que* actua (potência). Acto e potência, no exame ontológico da acção, revelam-se, não como duas substâncias separadas, como parece surgir em alguns momentos na filosofia clássica, mas apenas com os dois lados positivos, os dois vectores positivos da substância universal, do Todo, que é accional, criatural (co-princípios do ser infinito).

O acto criador é a infinita potência activa de determinação, à qual corresponde a infinita potência passiva da determinabilidade. Ao infinito potencial corresponde o infinito potencial passivo. Mas a determinação não tem limites para determinar o que é determinável. Fora do que é determinável, a determinação não pode determinar. Assim, a determinação não poderia realizar a determinação do Ser infinito, porque êste não é determinável (possíveis).

Portanto, a infinitude potencial activa de determinação é capacidade sem limites de determinar tudo quanto é determinável.

Vê-se que, ontológico-concretamente, o conceito de determinação é inseparável do de determinabilidade, pois o determinante o é proporcionadamente à determinabilidade. Na criatura, o acto é o acto da potência, como a potência é a potência do acto. São pouco relativos, isto é, a realidade de um depende da realidade do outro; ou melhor, há apenas a realidade de ambos, que se distinguem sem se separarem (1). A potência é assim eficaz, porque tudo quanto um ser pode sofrer é o que é proporcionado à sua forma, à sua natureza. Portanto, a determinação é sempre proporcionada à determinabilidade; o que pode vir-a-ser é proporcionado ao que já é. E o que pode vir-a-ser, a potência de um ser, é o poder dêsse ser de ainda ser. Portanto, a potência é algo eficaz, porque é a presença da capacidade de poder ser, da eficacidade para eficientizar-se.

2ª ed., vol. 2, p. 50-51 • 3ª ed., vol. 2, p. 164-65: acréscimos e modificações marcam estes parágrafos na passagem de uma versão do texto à outra

A diversidade na espécie é sempre acompanhada de uma diferença na essência.

* * *

Todo movente movido é corpo.

* * *

A acção da causa motriz pertence ao móvel apenas como um instrumento.

* * *

Há uma mesma relação entre as causas universais e seu efeito universal, que entre as causas particulares e seu efeito particular.

A diversidade na espécie é sempre acompanhada de uma diferença na essência.

* * *

Há uma mesma relação entre as causas universais e seu efeito universal, que entre as causas particulares e seu efeito particular.

2ª ed., vol. 2, p. 54 • 3ª ed., vol. 2, p. 167: o segundo e o terceiro corolários da versão de 1959 desaparecem na versão de 1961 poderoso, poderia criar o círculo-quadrado.

TESE 208 — *Há uma actualidade inversa à da determ nação.*

Sendo o possível alguma coisa, pois o nada absoluto é in

tamente poderoso, poderia criar o círculo-quadrado.

É possível tudo o que não contradiz o ser. O que contradiz é o *nada*. O círculo quadrado não é círculo por que é quadrado; não é quadrado porque é círculo; portantc um anula o outro. A afirmação de um é negado pelo ou tro. Logo, círculo quadrado é nada. Para nada, não é pre ciso poder algum. Portanto, é improcedente dizer-se qu Deus *não pode* fazer o círculo quadrado.

TESE 212 — *Há uma actualidade inversa à da deter minação.*

Sendo o possível alguma coisa, pois o nada absoluto

2ª ed., vol. 2, p. 56 • 3ª ed., vol. 2, p. 168: a tese 211 (antiga 207) ganha um novo parágrafo final, discutindo os conceitos de possibilidade e contradição

(1) Em "Pitágoras e o Tema do Número" examinamos as teses qu estão subordinadas a esta com novas demonstrações.

(1) Em "Pitágoras e o Tema do Número" examinamos as teses que estão subordinadas a esta com novas demonstrações e o mesmo fazemos mais adiante, ao tratar do **Meon**.

2ª ed., vol. 2, p. 58 • 3ª ed., vol. 2, p. 170: a nota 1 é expandida a fim de mencionar a ideia de *meon*

Ao poder infinito accional do Ser infinito *tem de* corres ponder uma infinitude potencial, isto é, uma determinabilidad sem limites, mas limitada como determinável, possível de as sumir *tôda e qualquer determinação*, cuja razão ontológica nã é intrìnsecamente contraditória(1).

TESE 210 — *A infinitude potencial tem uma presença.*

Não é a infinitude potencial um nada absoluto, pois já excluímos, e, ademais, como seria determinável, se o nada nã pode receber determinações, por que não é? Conseqüentement a infinitude potencial tem uma *entidade*, e de certo modo ter uma presença, porque é alguma coisa.

Cabe-nos, no entanto, precisar em que ela consiste.

TESE 211 — *A infinitude potencial da determinabilidad é positiva.*

O operar *ad extra* cria o sucessivo, portanto actualiza u possível.

Ora, o operar implica o "outro", o resultado; êste é co seqüentemente finito, delimitado pelo operar, pois o infinit não é resultado de um operar, o infinito já é.

Portanto, o resultado é um ser finito. E operar implic o operado, e a infinita potência accional do operador implic a infinitude potencial do operado, pois, do contrário, haver delimitações para o operador, o que já provamos ser impo sível.

Sendo a operação uma modal do operado e não do oper dor, como vimos ao examinar as modais, aquela é, pois, di dica, já que implica o que actua e o que é actuado; implica inverso do que é.

Ao poder infinito accional do ser infinito *tem de* cor responder uma infinitude potencial, isto é, uma determina bilidade sem limites, mas limitada como determinável, possí vel de assumir *tôda e qualquer determinação*, cuja razã ontológica não é intrìnsecamente contraditória (1).

Não é a infinitude potencial um nada absoluto, pois j o excluímos, e, ademais, como seria determinável, se o nad não pode receber determinações, por que não é? Conseqüen temente, a infinitude potencial tem uma *entidade*, e de cert modo tem uma presença, porque é alguma coisa.

Cabe-nos, no entanto, precisar em que ela consiste.

O operar *ad extra* cria o sucessivo, portanto actualiz um possível.

Ora, o operar implica o "outro", o resultado; êste conseqüentemente finito, delimitado pelo operar, pois o in finito não é resultado de um operar, o infinito já é.

Portanto, o resultado é um ser finito. E operar im plica o operado, e a infinita potência accional do operado implica a infinitude potencial do operado, pois, do contrário haveria delimitações para o operador, o que já provamos se impossível.

Sendo a operação uma modal do operado e não do ope rador, como vimos ao examinar as modais, aquela é, pois diádica, já que implica o que actua e o que é actuado implica o inverso do que é.

2ª ed., vol. 2, p. 58 • 3ª ed., vol. 2, p. 170: as antigas teses 210 e 211 têm o conteúdo incorporado na tese 213, com a supressão de seus enunciados

FILOSOFIA CONCRETA 171

Impõe-se, aqui, uma problemática que exige análises especiais, o que faremos oportunamente. Antes, porém, é mister fazer outros exames prévios.

COROLÁRIOS

DA CRIAÇÃO

A criação está subjectivamente na criatura, como, porém, é causada pelo Ser Supremo, é anterior àquela.

* * *

A criação não é uma mera mutação, mas a emanação universal do ser, partindo do nada subjectivo do ser criado.

* * *

A criação simples não pode ser operada por sêres criados.

* * *

A criação é a produção da coisa, segundo tôda a sua substância, sem ser dela pressuposto nada anteriormente, sem qualquer matéria prejacente, da qual algo seja feito.

* * *

Nenhum corpo pode criar.

* * *

Só o Ser Supremo pode criar, por ser simplicíssimo.

* * *

Criar exige uma potência activa infinita e uma infinita potência passiva.

* * *

Todo ser (ontos) *fora do Ser Supremo é criatura.*

* * *

Criar é o produto da primeira acção ad extra *do Ser Supremo.*

* * *

Tôda criatura é mutável.

3ª ed., vol. 2, p. 171: tanto o parágrafo conclusivo como os dez corolários são exclusivos desta versão do texto

68 MÁRIO FERREIRA DOS SANTOS

possível de ser actuado pelo modo como o agente actuou. E podia ser, ademais, actuado de outros modos. Êste, que se realizou, foi escolhido entre outros (*inter lec*). A acção revela assim uma escolha, uma "intelecção". Em ambos os casos, há uma separação (*crise*) entre o preferido e o preterido. A acção, portanto, nunca é tudo quanto o ser pode ser, e, ademais, é dependente do agente e proporcionada ao actuado. Conseqüentemente, o acto criador cria uma acção (a criação), a qual é *crise* e, portanto, finita. Na criação, há o afirmar-se do que podia ser e do que é agora. O acto criador gera a actualização de uma possibilidade. O agente, ao actuar, actua simultâneamente a criação do que é determinável e do determinante. Êste é ontológica e dialècticamente fusionado com aquêle; pois como haver um determinante sem que haja algo determinável?

A razão, o *logos* do determinante, implica, unitivamente, o *logos* do determinável. O acto criador, ao gerar a acção, faz alguma coisa. Mas o fazer é fazer o que é feito; fazer implica o que é factível. Ao fazer, faz-se alguma coisa (ao determinar, determina-se alguma coisa). O operar *ad extra* do ser é assim o gerador de algo, que é simultâneamente determinação e determinabilidade, acto e potência.

TESE 215 — *A potência passiva infinita não é o Ser Supremo, mas provém do seu operar* ad extra.

Já vimos que o Ser Supremo não pode sofrer mutações, nem quando opera, pois em seu operar não deixa de ser o que é. A potência infinita passiva da determinabilidade (potência) surge *do* resultado do seu operar *ad extra*, não do operador ao operar, mas da operação, que é uma modal do operado.

Já vimos que a acção de determinar distingue-se do agente que opera.

Determinar implica determinação e determinabilidade. Eis porque, no acto de criar, são criados *acto* e *potência* num só acto.

DO LIMITE

TESE 216 — *Há no limite uma limitação.*

O limite marca até onde um ser é o que êle é, e onde começa o que êle não é. O limite é excludente e includente. Inclui o último ponto em que um ser é o que êle é, e aponta a exclusão do que êle não é.

Mas se o limite estabelecesse uma excludência absoluta estabeleceria uma ruptura no ser, pois implicaria o nada absoluto, o que é absurdo.

Na ordem lógica e ontológica, verifica-se que o excluído o é segundo um plano.

Na criação há crise, e, portanto, o estabelecimento do limite; mas êste não é absoluto, e, desta forma, o que é acto na criação, o determinante, e o que é potência, o determinável, embora se limitem, não se separam absolutamente. Ademais o limite, quando intrínseco à coisa, é uma modal desta.

O acto criador realiza simultânamente a determinação do que é determinável, a potência. Acto e potência dão-se simultâneamente, pois o acto é o acto da potência; a potência, a potência do acto. São contrários relativos, pois um é com a presença do outro, e não contrários excludentes, cuja separação abriria um abismo, criando rupturas no ser, o que é absurdo.

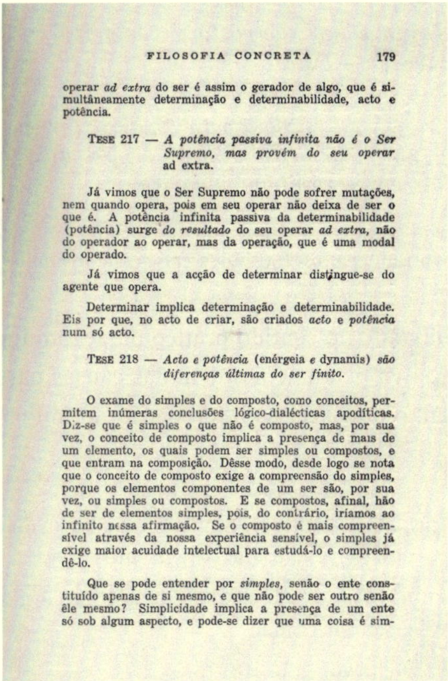

FILOSOFIA CONCRETA 179

operar *ad extra* do ser é assim o gerador de algo, que é simultâneamente determinação e determinabilidade, acto e potência.

TESE 217 — *A potência passiva infinita não é o Ser Supremo, mas provém do seu operar* ad extra.

Já vimos que o Ser Supremo não pode sofrer mutações, nem quando opera, pois em seu operar não deixa de ser o que é. A potência infinita passiva da determinabilidade (potência) surge *do resultado* do seu operar *ad extra*, não do operador ao operar, mas da operação, que é uma modal do operado.

Já vimos que a acção de determinar distingue-se do agente que opera.

Determinar implica determinação e determinabilidade. Eis por que, no acto de criar, são criados *acto* e *potência* num só acto.

TESE 218 — *Acto e potência* (enérgeia *e* dynamis) *são diferenças últimas do ser finito.*

O exame do simples e do composto, como conceitos, permitem inúmeras conclusões lógico-dialécticas apodíticas. Diz-se que é simples o que não é composto, mas, por sua vez, o conceito de composto implica a presença de mais de um elemento, os quais podem ser simples ou compostos, e que entram na composição. Dêsse modo, desde logo se nota que o conceito de composto exige a compreensão do simples, porque os elementos componentes de um ser são, por sua vez, ou simples ou compostos. E se compostos, afinal, hão de ser de elementos simples, pois, do contrário, iríamos ao infinito nessa afirmação. Se o composto é mais compreensível através da nossa experiência sensível, o simples já exige maior acuidade intelectual para estudá-lo e compreendê-lo.

Que se pode entender por *simples*, senão o ente constituído apenas de si mesmo, e que não pode ser outro senão êle mesmo? Simplicidade implica a presença de um ente só sob algum aspecto, e pode-se dizer que uma coisa é sim-

2ª ed., vol. 2, p. 68-69 • 3ª ed., vol. 2, p. 179: à tese 215 (tornada 217) se seguia o capítulo "Do limite"; na nova versão, as teses 218 a 230 são acrescentadas, acompanhadas de três seções de comentários e três seções de corolários

Como se vê, conceitos cruciais aproveitados por essas mudanças são os de *dynamis* (potência), *enérgeia* (ato) e, sobretudo, *meon* (uma potência infinita passiva). De fato, desde o primeiro volume essas noções vão sendo empregadas em adendos e reformulações do texto, desempenhando papel de destaque na nova versão do argumento:

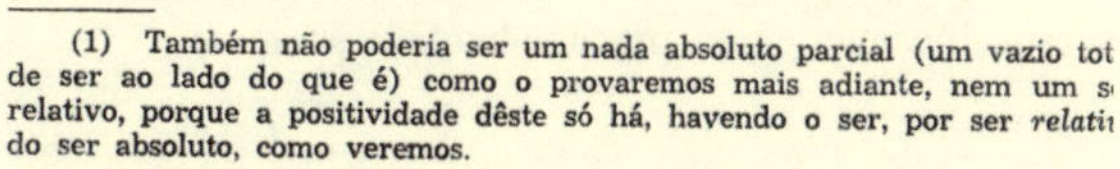

(1) Também não poderia ser um nada absoluto parcial (um vazio tot de ser ao lado do que é) como o provaremos mais adiante, nem um s relativo, porque a positividade dêste só há, havendo o ser, por ser *relati* do ser absoluto, como veremos.

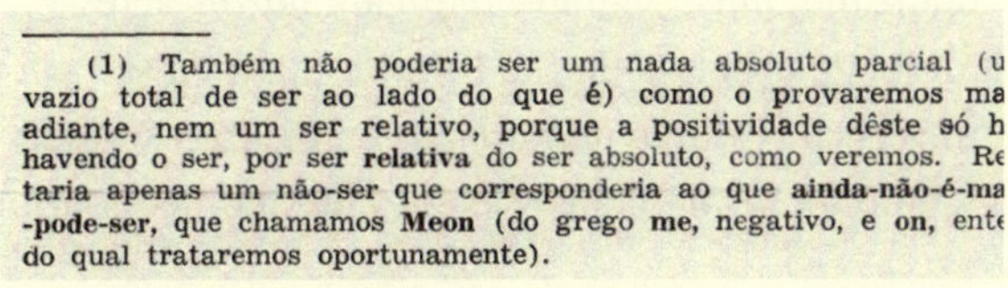

(1) Também não poderia ser um nada absoluto parcial (u vazio total de ser ao lado do que é) como o provaremos ma adiante, nem um ser relativo, porque a positividade dêste só h havendo o ser, por ser **relativa** do ser absoluto, como veremos. Re taria apenas um não-ser que corresponderia ao que **ainda-não-é-ma -pode-ser**, que chamamos **Meon** (do grego **me**, negativo, e **on**, ent do qual trataremos oportunamente).

2ª ed., vol. 1, p. 86 • 3ª ed., vol. 1, p. 92: a nota 1 recebe um acréscimo que traz ao debate a noção de *meon*

ESE 237 — *O ser finito é um composto de acto, potência e privação. Esta é positiva.*

ESE 252 — *O ser finito é um composto de acto (enérgeia), potência (dynamis) e privação. Esta última é também positiva.*

2ª ed., vol. 2, p. 83 • 3ª ed., vol. 3, p. 24: o enunciado da tese 252 (antes, 237) é esclarecido, e nele se introduzem os vocábulos *enérgeia* e *dynamis*

Ao pensar a possibilidade no sentido prático da ação humana livre, Mário robustece a ressalva de que é a ordem das causas particulares, e não a ordem universal, o que a nossa intervenção no mundo tem a capacidade de afetar.

A liberdade humana, por exemplo, pode eludir a ordem as causas particulares, não porém a da ordem universal.

A liberdade, portanto, não é impossível, o que já é um asso para fundamentá-la apodìticamente.

2ª ed., vol. 2, p. 113

A liberdade humana, por exemplo, pode eludir a ordem as causas particulares, não porém a da ordem universal.

Consiste ela na capacidade de eludir a ordem de uma ausa particular, por uma deliberação consciente da vontae, que realiza uma escolha, em que é eludida, por sua vez, ma ou mais causas particulares.

A liberdade, portanto, não é impossível, o que já é um asso para fundamentá-la apodìticamente.

3ª ed., vol. 3, p. 52-53: insere-se um parágrafo intermediário na inferência, a partir da liberdade especificamente humana, da liberdade em geral

O lembrete é oportuno, pois, segundo reforçam outros acréscimos dessa edição, a unidade absoluta do Ser Infinito (na qual se fundamenta a ordem universal) é o que permite aos entes finitos serem – relativamente – unos, como vimos há pouco ser-lhes mesmo necessário:

FILOSOFIA CONCRETA 253

uma totalidade o seja, como o é uma unidade *per accidens*, as partes devem estar inclusas apenas accidentalmente num conjunto, sem sofrerem uma mutação específica, isto é, substancial.

Nas totalidades orgânicas, observa-se que as partes actuam não só segundo a sua natureza, que se manifesta pelo que chamamos factôres de emergência, mas a sua actuação é subordinada à normal da totalidade, que é uma das características da harmonia. Ora, as partes são sempre componentes de totalidades, ora desta ora daquela, mas sempre componentes de estructuras tensionais, como o provamos em "Teoria Geral das Tensões".

Se as partes do Todo, como ordem ilimitada dos sêres, não estivessem subordinadas à normal da totalidade, estariam fora da totalidade, e seriam absolutamente independentes, o que contrariaria o conceito de criatura (o ser criado). Ora, o Todo subordina as suas partes à grande lei de integração de *Tudo no Todo*, e as partes se processam em obediência a essa lei, que é a revelação da ordem universal (*to Pan* dos gregos). Do contrário, teríamos o pluralismo, e as partes estariam total e absolutamente desligadas umas de outras, o que seria absurdo em face dos princípios já demonstrados.

O nosso conhecimento científico comprova essa asserção, que, ontològicamente, em face do que já demonstramos, é apodítica.

Conseqüentemente, o Todo forma uma tensão que ultrapassa a especificidade das partes, sendo, de certo modo, transcendente a elas, que lhe são imanentes. Mas o Todo, de qualquer forma, se é ilimitado como tal, não é infinito, nem o poderia ser, pois é composto de partes. Mas, como tensão total, é *indiviso in se*, portanto, ilimitado, apenas como tal.

Há, assim, nêle, qualitativamente, mais que o conjunto quantitativo de suas partes e, por essa razão, a Integral, que êle forma, não é quantitativa apenas, mas também qualitativa, de modo que ultrapassa a imanência de suas partes, e revela uma *transimanência*, que era o que desejávamos provar.

TESE 179 — *As coisas unem-se em totalidades substanciais* (unum per se), *não por suas diversidades, mas por suas afinidades a uma forma que, de certo modo, lhes é extrínseca.*

As coisas não podem unir-se apenas pela sua diversidade, já que estas têm vectores diferentes, quando se trata de totalidades substanciais (*unum per se*).

Se há opostos que se aproximam e se atraem para formar tais totalidades, é porque há nêles uma adequação a uma forma ainda não actualizada.

O hidrogênio une-se ao oxigênio para *formar* a água, não pelo que os diversifica, que os dirige para um afastamento.

As afinidades, de um e de outro, tendem a um terceiro, à nova forma.

Onde as condições predisponentes não forem favoráveis ao surgimento da nova forma, o hidrogênio não se unirá ao oxigênio, ou suas uniões obedecerão a outros *números*, gerando outros sêres que não a água.

A água é um possível não do hidrogênio nem do oxigênio; a água é um possível *no* e *do* ser. O que é possível ao hidrogênio e ao oxigênio é, em certas circunstâncias, combinarem-se no *arithmós* da água, que, como tal, tem uma forma tensional especìficamente diferente das partes componentes.

Se diversos se unem, não é por suas diversidades, mas sim porque, de sua união, há a completação de um esquema, que não é latente nem em um nem em outro dos elementos, enquanto tais. Êsse esquema é da ordem do ser, que ultrapassa de certo modo a das partes componentes.

2ª ed., vol. 1, p. 253–vol. 2, p. 13: ao parágrafo "Há, assim, [...] o que desejávamos provar" seguia-se a tese "As coisas unem-se em totalidades substanciais [...]"

126 MARIO FERREIRA DOS SANTOS

em obediência a essa lei, que é a revelação da ordem universal (*to Pan* dos gregos). Do contrário, teríamos o pluralismo, e as partes estariam total e absolutamente desligadas umas de outras, o que seria absurdo em face dos princípios já demonstrados.

O nosso conhecimento científico comprova essa asserção, que, ontològicamente, em face do que já demonstramos, é apodítica.

Conseqüentemente, o Todo forma uma tensão que ultrapassa a especificidade das partes, sendo, de certo modo, transcendente a elas, que lhe são imanentes. Mas o Todo, de qualquer forma, se é ilimitado como tal, não é infinito, nem o poderia ser, pois é composto de partes. Mas, como tensão total, é *indiviso in se*, portanto, ilimitado, apenas como tal.

Há, assim, nêle, qualitativamente, mais que o conjunto quantitativo de suas partes e, por essa razão, a Integral, que êle forma, não é quantitativa apenas, mas também qualitativa, de modo que ultrapassa a imanência de suas partes, e revela uma *transimanência*, que era o que desejávamos provar.

TESE 180 — *Todo ser, que não é tudo quanto pode ser, é um ser imperfeito.*

A perfeição em um ser consiste em alcançar ao têrmo de uma possibilidade, actualizando-a, porque a actualização é o têrmo perfectivo de uma possibilidade.

Conseqüentemente, todo ser em devir é um ente que perfectibiliza suas possibilidades pelas actualizações posteriores. Todo ser em devir tende, pois, para a perfectibilização das suas possibilidades próximas e remotas, internas ou externas, que são têrmos para onde tende. Todo ser em devir é, pois, um ser imperfeito (*atéleis*). O para onde tende um ser é um *fim*, um final a ser atingido ou não. O devir indica o tender necessário para algo, o que indica a finalidade. Esta pode ser *interna (intrínseca)*, se o têrmo para que tende é uma possibilidade da sua natureza, ou *externa (extrínseca)*, se é algo fora da sua actualidade ou da possibilidade imanente da sua natureza. Todo ser que tem uma finalidade é, portanto, um ser que ainda não é tudo

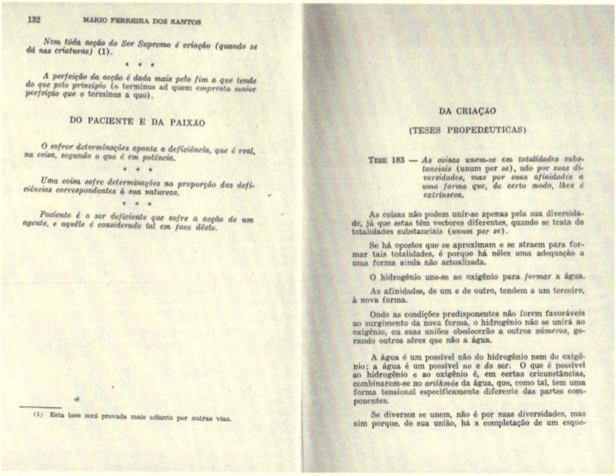

Nem tôda acção do Ser Supremo é criação (quando se dá nas criaturas) (1).

* * *

A perfeição da acção é dada mais pelo fim a que tende do que pelo princípio (o terminus ad quem *empresta maior perfeição que o* terminus a quo).

DO PACIENTE E DA PAIXÃO

O sofrer determinações aponta a deficiência, que é real, na coisa, segundo o que é em potência.

* * *

Uma coisa sofre determinações na proporção das deficiências correspondentes à sua natureza.

* * *

Paciente é o ser deficiente que sofre a acção de um agente, e aquêle é considerado tal em face dêste.

(1) Esta tese será provada mais adiante por outras vias.

DA CRIAÇÃO

(TESES PROPEDÊUTICAS)

TESE 183 — *As coisas unem-se em totalidades substanciais* (unum per se), *não por suas diversidades, mas por suas afinidades a uma forma que, de certo modo, lhes é extrínseca.*

As coisas não podem unir-se apenas pela sua diversidade, já que estas têm vectores diferentes, quando se trata de totalidades substanciais (*unum per se*).

Se há opostos que se aproximam e se atraem para formar tais totalidades, é porque há nêles uma adequação a uma forma ainda não actualizada.

O hidrogênio une-se ao oxigênio para *formar* a água.

As afinidades, de um e de outro, tendem a um terceiro, à nova forma.

Onde as condições predisponentes não forem favoráveis ao surgimento da nova forma, o hidrogênio não se unirá ao oxigênio, ou suas uniões obedecerão a outros *números*, gerando outros sêres que não a água.

A água é um possível não do hidrogênio nem do oxigênio; a água é um possível *no* e *do* ser. O que é possível ao hidrogênio e ao oxigênio é, em certas circunstâncias, combinarem-se no *arithmós* da água, que, como tal, tem uma forma tensional especificamente diferente das partes componentes.

Se diversos se unem, não é por suas diversidades, mas sim porque, de sua união, há a completação de um esque-

3ª ed., vol. 2, p. 126, 132-33: entre o parágrafo "Há, assim, [...] o que desejávamos provar" e a tese "As coisas unem-se em totalidades substanciais [...]" inserem-se as teses 180-82, com comentários e corolários

O que esse ensino adianta é que a realidade finita precisa estar abrigada, de algum modo, na existência do Ser Absoluto. A noção-chave que então surge para possibilitá-lo é a de *analogia*, como uma modalidade de *participação.* Já na edição de 1959 foram inseridos estas teses e corolários, prenunciando que haveria de ser teorizada semelhante forma de envolvimento:

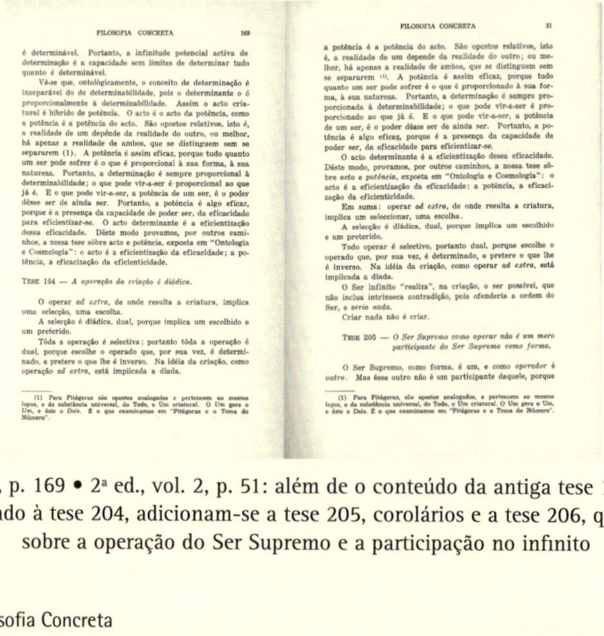

é determinável. Portanto, a infinitude potencial activa de determinação é a capacidade sem limites de determinar tudo quanto é determinável.

Vê-se que, ontològicamente, o conceito de determinação é inseparável do de determinabilidade, pois o determinante o é proporcionalmente à determinabilidade. Assim o acto criatural é híbrido de potência. O acto é o acto da potência, como a potência é a potência do acto. São opostos relativos, isto é, a realidade de um depênde da realidade do outro, ou melhor, há apenas a realidade de ambos, que se distinguem sem se separarem (1). A potência é assim eficaz, porque tudo quanto um ser pode sofrer é o que é proporcional à sua forma, à sua natureza. Portanto, a determinação é sempre proporcional à determinabilidade; o que pode vir-a-ser é proporcional ao que já é. E o que pode vir-a-ser, a potência de um ser, é o poder dêsse ser de ainda ser. Portanto, a potência é algo eficaz, porque é a presença da capacidade de poder ser, da eficacidade para eficientizar-se. O acto determinante é a eficientização dessa eficacidade. Dêste modo provamos, por outros caminhos, a nossa tese sôbre acto e potência, exposta em "Ontologia e Cosmologia": o acto é a eficientização da eficacidade; a potência, a eficacização da eficienticidade.

TESE 164 — *A operação da criação é diádica.*

O operar *ad extra*, de onde resulta a criatura, implica uma selecção, uma escolha.

A selecção é diádica, dual, porque implica um escolhido e um preterido.

Tôda a operação é selectiva; portanto tôda a operação é dual, porque escolhe o operado que, por sua vez, é determinado, e pretere o que lhe é inverso. Na idéia da criação, como operação *ad extra*, está implicada a díada.

(1) Para Pitágoras são opostos analogados e pertencem ao mesmo logos, o da substância universal, do Todo, o Um criatural. O *Um* gera o Um, e êste o *Dois*. É o que examinamos em "Pitágoras e o Tema do Número".

a potência é a potência do acto. São opostos relativos, isto é, a realidade de um depende da realidade do outro; ou melhor, há apenas a realidade de ambos, que se distinguem sem se separarem (1). A potência é assim eficaz, porque tudo quanto um ser pode sofrer é o que é proporcionado à sua forma, à sua natureza. Portanto, a determinação é sempre proporcionada à determinabilidade; o que pode vir-a-ser é proporcionado ao que já é. E o que pode vir-a-ser, a potência de um ser, é o poder dêsse ser de ainda ser. Portanto, a potência é algo eficaz, porque é a presença da capacidade de poder ser, da eficacidade para eficientizar-se.

O acto determinante é a eficientização dessa eficacidade. Dêste modo, provamos, por outros caminhos, a nossa tese sôbre *acto* e *potência*, exposta em "Ontologia e Cosmologia": o acto é a eficientização da eficacidade; a potência, a eficacização da eficienticidade.

Em suma: operar *ad extra*, de onde resulta a criatura, implica um seleccionar, uma escolha.

A selecção é diádica, dual, porque implica um escolhido e um preterido.

Todo operar é selectivo, portanto dual, porque escolhe o operado que, por sua vez, é determinado, e pretere o que lhe é inverso. Na idéia da criação, como operar *ad extra*, está implicada a díada.

O Ser infinito "realiza", na criação, o ser possível, que não inclua intrínseca contradição, pois ofenderia a ordem do Ser, e *seria nada*.

Criar nada não é criar.

TESE 205 — *O Ser Supremo como operar não é um mero participante do Ser Supremo como forma.*

O Ser Supremo, como forma, é um, e como *operador* é *outro*. Mas êsse outro não é um participante daquele, porque

(1) Para Pitágoras, são opostos analogados, e pertencem ao mesmo logos, o da substância universal, do Todo, o Um criatural. O Um gera o Um, e êste o Dois. É o que examinamos em "Pitágoras e o Tema do Número".

1ª ed., p. 169 • 2ª ed., vol. 2, p. 51: além de o conteúdo da antiga tese 164 ser incorporado à tese 204, adicionam-se a tese 205, corolários e a tese 206, que versam sobre a operação do Ser Supremo e a participação no infinito

Mais do que isso. Desde os datiloscritos o conceito de analogia é manuseado pelo autor como uma espécie de atenuante da univocidade, mas também, e sobretudo, como um anulador da total equivocidade:

tensistamente maior.

No entanto a nossa personalidade é ~~analógica à~~ [análoga e não unívoca à] do Ser Supremo, po

Datiloscrito 2, p. 221: substitui-se "analógica à" por "análoga e não unívoca à"

entre os sêres. Mas, sim, são êles, de certo modo, unívocos e de certo modo ~~equívocos~~ [distintos], entre si; ~~Na unicidade os sêres se equivocam porque a~~ [portanto são análogos.] unicidade de um [ser] não é a ~~unicidade~~ do outro, mas por serem únicos, se univocam como tais.

~~Assim quando dizemos que um ser é ser, tomamo-lo unívoca e equivocamente, não apenas unívoca mas equivocamente.~~

Datiloscrito 2, p. 78: todas as intervenções visam a dispensar a noção de equivocidade e substituí-la, quando necessário, pelo conceito de analogia

Como propõe a tese 244, as coisas são unívocas pelo fato de que *são*; portanto, mais que uma univocidade *do* ser, o que há é uma univocidade *no* ser. Em vista disso estabelecera a tese 61 que, em vez de absolutamente equívocos ou absolutamente unívocos, os seres são entre si análogos.[41]

Outro filósofo que no século XX buscou conciliar a ideia de univocidade e a ideia de analogia foi o francês Louis Lavelle.[42] Sua análise e a ferreiriana convergem em não poucos tópicos, inclusive na preocupação com alguns de seus resultados teóricos. Por exemplo, na segunda edição de *Filosofia Concreta* nosso autor elimina a afirmação de que em um sentido todos os seres se unificam.

> Ademais êsse aspecto unitivo justifica-se pelo infinito pc
> der unitivo do ser, no qual não há separações senão específica:
> Assim, nenhuma coisa é total e absolutamente indiferent
> a qualquer outra, e, de certo modo, todos os sêres se unifican
> A repulsa não é fundamental do ser, mas apenas da espe
> cificidade dos sêres, segundo as suas naturezas e coordenada:

1ª ed., p. 150

[41] Cf. também a tese 112.

[42] Cf. Louis Lavelle, *Do Ser – Dialética do Eterno Presente, vol. I.* Trad. Carlos Nougué. São Paulo, É Realizações Editora, 2019, p. 14.

Ademais, êsse aspecto unitivo justifica-se pelo infinito oder unitivo do ser, no qual não há separações senão espeíficas.

A repulsa não é fundamental do ser, mas apenas da esecificidade dos sêres, segundo as suas naturezas e coordenadas.

2ª ed., vol. 2, p. 14: suprime-se o segundo parágrafo que há na versão anterior

Pode ser que a mudança se relacione ao esclarecimento que o filósofo brasileiro faz, no curso da tese 296, de que a sua conceituação não implica uma concepção panteísta da realidade.[43] Também Lavelle viu-se obrigado a declarar-se afastado desse modelo metafísico.[44] Seja como for, a proximidade entre os dois não é íntima, pois Mário Ferreira dos Santos vincula o francês a um existencialismo em que ele enxerga limitações.[45]

Quanto aos conceitos de participação e analogia, embora nosso autor remeta ao *Tratado de Simbólica* como obra em que se faz uma apreciação adequada da primeira noção,[46] tanto a esta como à outra a *Filosofia Concreta* parece ter o solo preparado no decorrer das edições.

Uma alteração no primeiro volume da versão de 1959 parece questionar a possibilidade de que algo esteja com o Ser Absoluto numa relação de exterioridade.

ESE 27 — *Ao Ser absoluto, por ser infinito, repugna a admissão de outro ser infinito, ou de outro ser qualquer fora e independente dêle.*

1ª ed., p. 57: do predicado "fora e independente dele"...

ESE 42 — ***Ao Ser absoluto, por ser infinito, repugna a admissão de outro ser infinito, ou de outro ser qualquer independente dêle.***

2ª ed., vol. 1, p. 101: ... preserva-se apenas o trecho "independente dele"

[43] Distância sobre a qual, de resto, não poderia deixar dúvidas uma tese como a 178: "O Ser Supremo não é o Todo". Para o esclarecimento: ver, neste livro, p. 448.

[44] Lavelle, *Do Ser*, op. cit., p. 19, 220-21.

[45] Ver, neste livro, p. 236.

[46] Ver, neste livro, p. 404.

No segundo volume da mesma edição, a retirada de uma cláusula condicional tem o efeito de dar como certo que todo ser finito é dependente do Ser Absoluto.

TESE 154 — *Se os sêres finitos dependem do Ser infinito, sã êles produtos de um operar dêste.*

1ª ed., p. 158

TESE 189 — *Os sêres finitos dependem do Ser infinito são êles produtos de um operar dêste.*

2ª ed., vol. 2, p. 33

Por fim, na terceira edição, uma concessão ao uso não rigoroso da ideia de analógico, que acabava por identificá-lo ao mero metafórico, é suprimida.

êle é eterno dentro da estructura ontológica dêsse conceit
mas apenas de modo metafórico, ou seja analógico.

Assim sendo, consideremos tal expressão apenas metaf
rica, atitude que está certa em face do que já foi examinado

2ª ed., vol. 2, p. 171

não se afirma que êle é eterno dentro da estructura ont
lógica dêsse conceito, mas apenas de modo analógico.

Assim sendo, consideremos tal expressão apenas anal
gica, atitude que está certa em face do que já foi exam

3ª ed., vol. 3, p. 109: atente-se à mudança ocorrida na segunda linha

Com isso, o ponto a que a argumentação caminha é teológico: trata-se da demonstração de um "Logos Supremo do Ser" – conforme a emenda manuscrita que Mário inseriu no primeiro datiloscrito (e curiosamente suprimiu no segundo), em que anuncia nada menos que o "objeto primordial desta obra":

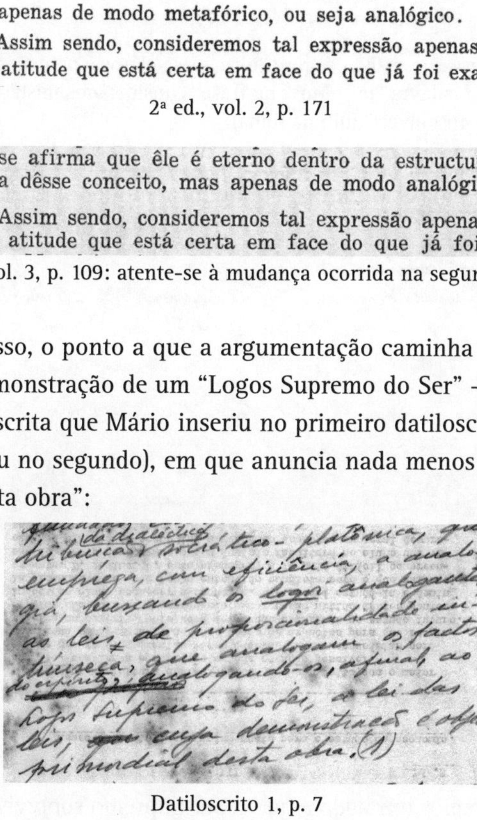

Datiloscrito 1, p. 7

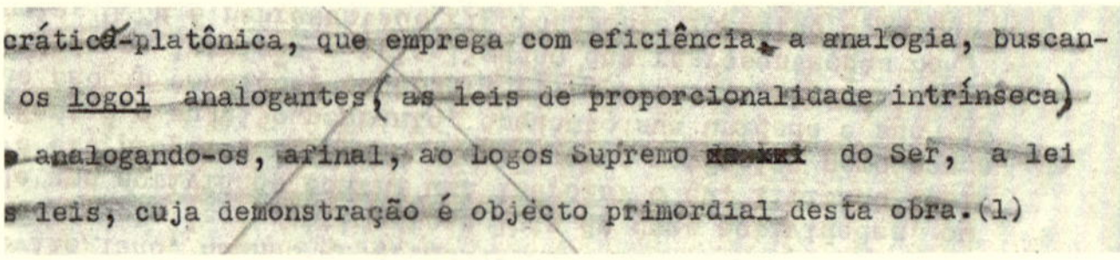

crática-platônica, que emprega com eficiência, a analogia, buscan-
os logoi analogantes (as leis de proporcionalidade intrínseca)
[redacted] analogando-os, afinal, ao Logos Supremo [redacted] do Ser, a lei
[redacted] leis, cuja demonstração é objecto primordial desta obra. (1)

Datiloscrito 2, p. 17

Há muito que se pode dizer superado pela filosofia concreta, mas não se incluem aí "mistérios", como percebeu o autor ao reler seu primeiro original.

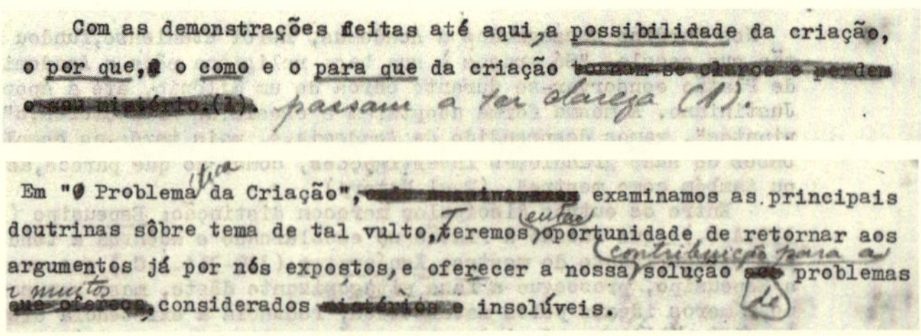

Com as demonstrações feitas até aqui, a possibilidade da criação,
o por que, [redacted] o como e o para que da criação [redacted]
[redacted] passam a ter clareza (1).

Em "[redacted] Problemática da Criação", [redacted] examinamos as principais
doutrinas sôbre tema de tal vulto, Teremos então oportunidade de retornar aos
argumentos já por nós expostos, e oferecer a nossa contribuição para a solução [redacted] problemas
[redacted], considerados [redacted] insolúveis.

Datiloscrito 1, p. 341: note-se a supressão da frase "tornam-se claros e perdem o seu mistério" (terceira linha) e da palavra "mistérios" na frase "considerados mistérios e insolúveis" (última linha)

Este livro não é ainda a *Mathesis*, conquanto aponte para ela:

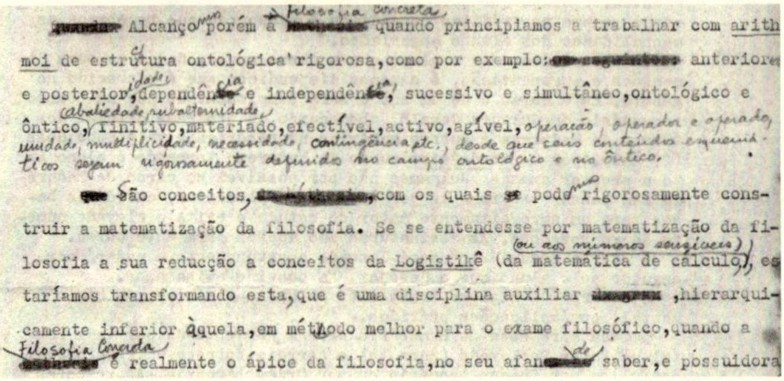

[redacted] Alcançamos porém a Filosofia Concreta [redacted] quando principiamos a trabalhar com arith
moi de estrutura ontológica rigorosa, como por exemplo: [redacted] anterior
e posterior, dependência e independência, sucessivo e simultâneo, ontológico e
ôntico, finitivo, materiado, efectível, activo, agível, operacão, operador e operado,
unidade, multiplicidade, necessidade, contingência etc., desde que tais conteúdos esquemáticos sejam rigorosamente definidos no campo ontológico e no ôntico.

[redacted] São conceitos, [redacted], com os quais [redacted] podemos rigorosamente construir a matematização da filosofia. Se se entendesse por matematização da fi-
losofia a sua reducção a conceitos da Logistikê (da matemática de cálculo (ou aos números aritméticos)), estaríamos transformando esta, que é uma disciplina auxiliar [redacted], hierarquicamente inferior àquela, em méthodo melhor para o exame filosófico, quando a
Filosofia Concreta [redacted] é realmente o ápice da filosofia, no seu afan [redacted] de saber, e possuidora

Datiloscrito 2, p. 19: na primeira e na última linhas, substitui-se "Mathesis" por "Filosofia Concreta"

Mas algo de muito potente, e de muito concreto, parece poder, sim, ser dito sobre nossa relação com o Ser Infinito – o que nos põe a caminho da reflexão teológica. Em vista do que se exclui da primeira edição, jamais nos tornaremos um nada a que o Ser Supremo sobrevive indiferentemente.[47] Pois, em vista do que se acrescenta na segunda edição, de fato nossa participação no Ser Absoluto é imprescindível e inquebrantável.

TESE 209 — *Todo ser finito está necessàriamente conexionado a um antecedente; contingentemente a um conseqüente finito, e necessàriamente ao Ser infinito, que existirá após êle.*

TESE 252 — *Todo ser finito está necessàriamente conexionado a um antecedente; contingentemente a um conseqüente finito, e necessàriamente sempre ao Ser infinito.*

1ª ed., p. 217 • 2ª ed., vol. 2, p. 111: tratando-se do Ser Infinito em relação ao ser finito, é cortada a expressão "que existirá após ele"

Tende sempre para algo que lhe é extrínseco, e as su
causas extrínsecas (os factôres predisponentes) antecedem a
factôres emergentes (causas intrínsecas), como já vimos.

TESE 97 — *É impossível uma infinidade de causas essencia mente ordenadas. É impossível uma infinidade c causas accidentalmente ordenadas.*

Tende sempre para algo que lhe é extrínseco, e as suas causas extrínsecas (os factôres predisponentes) antecedem aos factôres emergentes (causas intrínsecas), como já vimos.

TESE 120 — *Todo ser contingente pré-existe de certo modo no Ser Supremo e nêle perdura sempre.*

Todo ser preexiste original e virtualmente, como em primeira causa, em Deus, expõe Tomás de Aquino.

154 MÁRIO FERREIRA DOS SANTOS

O ser contingente é o ser que pode ser, e cuja não existência não implica contradição. Mas o ser dependente, que é, tem sua razão de ser no Ser Supremo, onde pré-existia original e virtualmente. Original, porque do contrário teria sua origem no nada, e, virtualmente, porque senão sua existência também viria do nada.

Dêsse modo o ser contingente pode ser nada enquanto actual, um nada actual, enquanto não é; contudo, não pode ser um absoluto nada. Sua pré-existência torna-o de qualquer forma alguma coisa. E alguma coisa prossegue sendo, quando tenha perdido sua existência actual, tendo deixado de ser. Torna-se apenas num nada actual, não porém num puro nada. O que é, de certo modo sempre foi, e o que foi, de certo modo sempre será.

OUTRAS DEMONSTRAÇÕES SÔBRE A EXISTÊNCIA DO SER SUPREMO

TESE 121 — *É impossível uma infinidade de causas essencialmente ordenadas. É impossível uma infinidade de causas accidentalmente ordenadas.*

Esta demonstração, que pertence a Duns Scot, sintetizamos do seguinte modo(1): Nas causas essencialmente ordenadas, a segunda depende da primeira, enquanto causa. É à primeira que ela deve a sua causalidade.

Impõe-se ainda a presença simultânea de tôdas as causas para que o efeito seja produzido, como se observa entre os sêres vivos, pois os sucessivos dependem dos precedentes, e um rompimento da cadeia tornaria impossível a existência do efeito.

Nas causas accidentalmente ordenadas, a segunda causa depende da primeira quanto à sua existência, não quanto à sua causalidade.

Prova-se no primeiro caso:

a) os sêres ordenados essencialmente são efeitos; portanto, causados. A causa não poderia fazer parte dêsse composto, porque teríamos a causa causando a si mesma, o que é absurdo.

Conseqüentemente, a causa de uma universalidade de efeitos, essencialmente ordenados, lhe é exterior, e como o efeito se refere à totalidade do ser causado, essa causa é primeira.

(1) Em nossa obra "Problemática da Criação", analisamos esta tese, formulando novos argumentos.

1ª ed., p. 104 • 2ª ed., vol. 1, p. 153-55: antes da tese "É impossível uma infinidade de causas [...]", introduz-se que: "Todo ser contingente preexiste de certo modo no Ser Supremo e nele perdura sempre"

[47] Cf. também a tese 265: "O ser finito, que é, não foi um puro nada antes de ser, nem será um puro nada depois de ser" (neste livro, p. 406).

§ 6. Depois de tudo, a filosofia primeira: uma teologia concreta?

Não deve ter passado despercebido a Mário Ferreira dos Santos, um ano antes do lançamento de sua obra-prima, o evento inaugurador do concretismo literário - a Exposição Nacional de Poesia Concreta no Museu de Arte Moderna de São Paulo. Embora a homonímia entre o sistema e o movimento seja pouco mais que uma casualidade, como tudo no mundo das ideias as duas criações apresentam pontos comuns. O esgotamento da metafísica - como ficou conhecida a disciplina a que Aristóteles chamou filosofia primeira[48] - é um *topos* fundamental do pensamento contemporâneo. E é um *locus* privilegiado para a intervenção de uma filosofia que vê no que é primeiro a inclusão do que é posterior. Sim: depois de tudo, para o autor da *Filosofia Concreta*, o que há de mais urgente é a filosofia primeira.

Entre as razões para a disciplina ter sido assim nomeada está a de que ela lida com o que é mais excelente e ontologicamente mais fundamental. A filosofia primeira culmina numa teologia,[49] e o histórico de modificações deste livro permite ver como seu autor construiu-o de modo a conquistar esse fim.

O termo "Deus" veio datilografado no primeiro original desta obra e ali recebeu emendas manuscritas do filósofo. Numa única página, ele foi substituído três vezes, duas por "Ser Supremo", uma por "Ser Infinito".

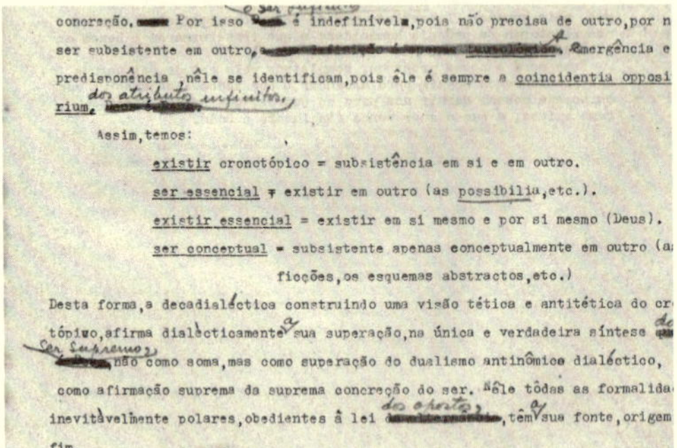
concreção. [redacted] Por isso [redacted] é indefinível, pois não precisa de outro, por n
ser subsistente em outro, [redacted]. Emergência e
predisponência, nêle se identificam, pois êle é sempre a coincidentia opposi
rium, [redacted]

Assim, temos:

existir cronotópico = subsistência em si e em outro.
ser essencial = existir em outro (as possibilia, etc.).
existir essencial = existir em si mesmo e por si mesmo (Deus).
ser conceptual = subsistente apenas conceptualmente em outro (a
ficções, os esquemas abstractos, etc.)

Desta forma, a decadialéctica construindo uma visão tética e antitética do cr
tópico, afirma dialècticamente sua superação, na única e verdadeira síntese [redacted]
[redacted] não como soma, mas como superação do dualismo antinômico dialéctico,
como afirmação suprema da suprema concreção do ser. Nêle tôdas as formalida
inevitàvelmente polares, obedientes à lei [redacted], têm sua fonte, origem
fim.

Dialècticamente, [redacted] é sempre êle mesmo, e pode criar, num só acto, [redacted]

Datiloscrito 1, p. 259: substitui-se o termo "Deus" por "Ser Supremo" nas linhas 13 e 17, e por "Ser Infinito" na linha 1

[48] Aristóteles, *Metafísica*, E 1, 1026a24.

[49] Ibidem, E 1, 1026a19; ver também ibidem, Λ.

Nem de longe é esse um caso de autocensura; trata-se apenas de refinamento vocabular. O mesmo tipo de correção se dá noutras partes para *explicitar* as alusões teológicas. É por uma modificação manuscrita que se estabelece no primeiro datiloscrito a menção à "Providência de que falam as religiões", preservada em todas as edições do livro.[50]

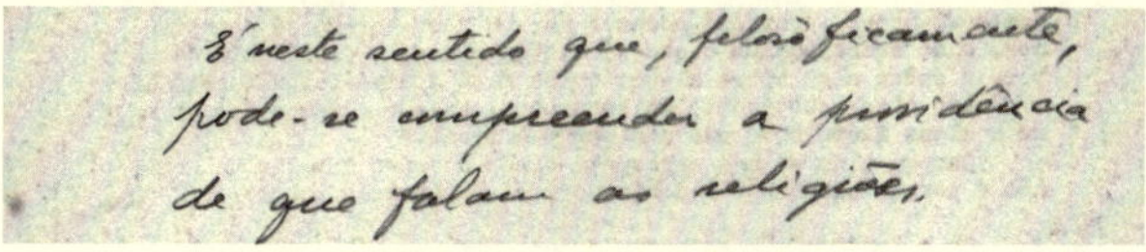
É neste sentido que, filosoficamente, pode-se compreender a providência de que falam as religiões.

Datiloscrito 1, p. 84

A tensão metodológica é anunciada pelo próprio autor: deve-se argumentar independentemente da fé sem todavia menosprezá-la[51] - tarefa desafiadora já no nível terminológico, mas também para além deste. A expressão preferencial para referir-se à Divindade fica sendo "o Ser Supremo", em segundo lugar "o Ser Infinito" e em raríssimas ocasiões "o Ser Absoluto", cujas ocorrências são em parte substituídas na segunda edição.

TESE 126 — *O ser do ser finito é dado pelo Ser Absoluto*

1ª ed., p. 130

ESE 160 — *O ser do ser finito é dado pelo Ser Supremo.*

2ª ed., vol. 1, p. 239

Aparentemente, à medida que o filósofo relia seu texto mais clara lhe ficava a importância dos passos teológicos do argumento:

No primeiro datiloscrito ele insere manualmente, como título de uma seção, "O Ser Infinito".

O Ser Infinito

Datiloscrito 1, p. 100

[50] Ver, neste livro, p. 197.
[51] Ver, neste livro, p. 447.

Na segunda edição publicada acontece outra intervenção semelhante.

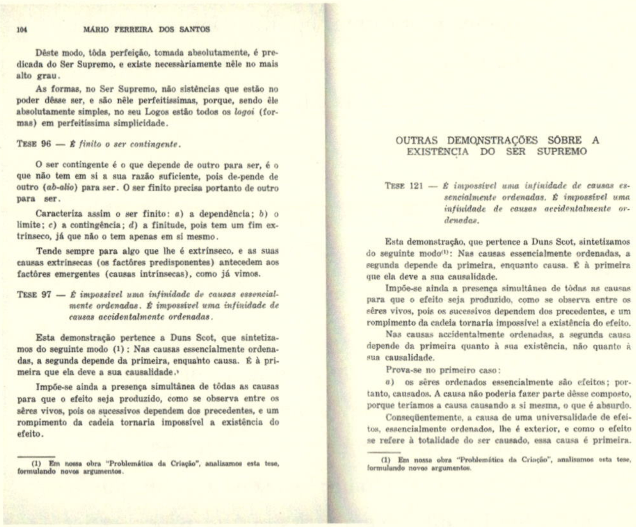

104 MÁRIO FERREIRA DOS SANTOS

Dêste modo, tôda perfeição, tomada absolutamente, é predicada do Ser Supremo, e existe necessàriamente nêle no mais alto grau.

As formas, no Ser Supremo, não sistências que estão no poder dêsse ser, e são nêle perfeitíssimas, porque, sendo êle absolutamente simples, no seu Logos estão todos os *logoi* (formas) em perfeitíssima simplicidade.

TESE 96 — *É finito o ser contingente.*

O ser contingente é o que depende de outro para ser, é o que não tem em si a sua razão suficiente, pois de-pende de outro (*ab-alio*) para ser. O ser finito precisa portanto de outro para ser.

Caracteriza assim o ser finito: *a*) a dependência; *b*) o limite; *c*) a contingência; *d*) a finitude, pois tem um fim extrínseco, já que não o tem apenas em si mesmo.

Tende sempre para algo que lhe é extrínseco, e as suas causas extrínsecas (os factôres predisponentes) antecedem aos factôres emergentes (causas intrínsecas), como já vimos.

TESE 97 — *É impossível uma infinidade de causas essencialmente ordenadas. É impossível uma infinidade de causas accidentalmente ordenadas.*

Esta demonstração pertence a Duns Scot, que sintetizamos do seguinte modo (1): Nas causas essencialmente ordenadas, a segunda depende da primeira, enquanto causa. É à primeira que ela deve a sua causalidade.

Impõe-se ainda a presença simultânea de tôdas as causas para que o efeito seja produzido, como se observa entre os sêres vivos, pois os sucessivos dependem dos precedentes, e um rompimento da cadeia tornaria impossível a existência do efeito.

(1) Em nossa obra "Problemática da Criação", analisamos esta tese, formulando novos argumentos.

OUTRAS DEMONSTRAÇÕES SÔBRE A EXISTÊNCIA DO SER SUPREMO

TESE 121 — *É impossível uma infinidade de causas essencialmente ordenadas. É impossível uma infinidade de causas accidentalmente ordenadas.*

Esta demonstração, que pertence a Duns Scot, sintetizamos do seguinte modo(1): Nas causas essencialmente ordenadas, a segunda depende da primeira, enquanto causa. É à primeira que ela deve a sua causalidade.

Impõe-se ainda a presença simultânea de tôdas as causas para que o efeito seja produzido, como se observa entre os sêres vivos, pois os sucessivos dependem dos precedentes, e um rompimento da cadeia tornaria impossível a existência do efeito.

Nas causas accidentalmente ordenadas, a segunda causa depende da primeira quanto à sua existência, não quanto à sua causalidade.

Prova-se no primeiro caso:

a) os sêres ordenados essencialmente são efeitos; portanto, causados. A causa não poderia fazer parte dêsse composto, porque teríamos a causa causando a si mesma, o que é absurdo.

Conseqüentemente, a causa de uma universalidade de efeitos, essencialmente ordenados, lhe é exterior, e como o efeito se refere à totalidade do ser causado, essa causa é primeira.

(1) Em nossa obra "Problemática da Criação", analisamos esta tese, formulando novos argumentos.

1ª ed., p. 104 • 2ª ed., vol. 1, p. 155: o que antes eram as teses 97-107 agrupa-se, como teses 121-31, sob o título "Outras demonstrações sobre a existência do Ser Supremo"

Mais significativamente, também na edição de 1959, meia dúzia de páginas é acrescentada para que se discuta um dos atributos do Ser Infinito.

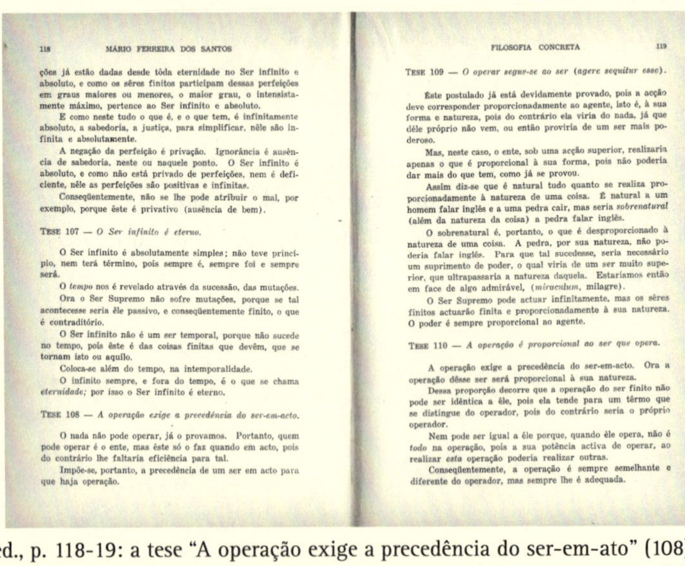

118 MÁRIO FERREIRA DOS SANTOS

ções já estão dadas desde tôda eternidade no Ser infinito e absoluto, e como os sêres finitos participam dessas perfeições em graus maiores ou menores, o maior grau, o intensistamente máximo, pertence ao Ser infinito e absoluto.

E como neste tudo o que é, e o que tem, é infinitamente absoluto, a sabedoria, a justiça, para simplificar, nêle são infinita e absolutamente.

A negação da perfeição é privação. Ignorância é ausência de sabedoria, neste ou naquele ponto. O Ser infinito é absoluto, e como não está privado de perfeições, nem é deficiente, nêle as perfeições são positivas e infinitas.

Conseqüentemente, não se lhe pode atribuir o mal, por exemplo, porque êste é privativo (ausência de bem).

TESE 107 — *O Ser infinito é eterno.*

O Ser infinito é absolutamente simples; não teve princípio, nem terá término, pois sempre é, sempre foi e sempre será.

O *tempo* nos é revelado através da sucessão, das mutações.

Ora o Ser Supremo não sofre mutações, porque se tal acontecesse seria êle passivo, e conseqüentemente finito, o que é contraditório.

O Ser infinito não é um ser temporal, porque não sucede no tempo, pois êste é das coisas finitas que devêm, que se tornam isto ou aquilo.

Coloca-se além do tempo, na intemporalidade.

O infinito sempre, e fora do tempo, é o que se chama *eternidade;* por isso o Ser infinito é eterno.

TESE 108 — *A operação exige a precedência do ser-em-acto.*

O nada não pode operar, já o provamos. Portanto, quem pode operar é o ente, mas êste só o faz quando em acto, pois do contrário lhe faltaria eficiência para tal.

Impõe-se, portanto, a precedência de um ser em acto para que haja operação.

FILOSOFIA CONCRETA 119

TESE 109 — *O operar segue-se ao ser (agere sequitur esse).*

Êste postulado já está devidamente provado, pois a acção deve corresponder proporcionadamente ao agente, isto é, à sua forma e natureza, pois do contrário ela viria do nada, já que dêle próprio não vem, ou então proviria de um ser mais poderoso.

Mas, neste caso, o ente, sob uma acção superior, realizaria apenas o que é proporcional à sua forma, pois não poderia dar mais do que tem, como já se provou.

Assim diz-se que é natural tudo quanto se realiza proporcionadamente à natureza de uma coisa. É natural a um homem falar inglês e a uma pedra cair, mas seria *sobrenatural* (além da natureza da coisa) a pedra falar inglês.

O sobrenatural é, portanto, o que é desproporcionado à natureza de uma coisa. A pedra, por sua natureza, não poderia falar inglês. Para que tal sucedesse, seria necessário um suprimento de poder, o qual viria de um ser muito superior, que ultrapassaria a natureza daquela. Estaríamos então em face de algo admirável, (*miraculum*, milagre).

O Ser Supremo pode actuar infinitamente, mas os sêres finitos actuarão finita e proporcionadamente à sua natureza. O poder é sempre proporcional ao agente.

TESE 110 — *A operação é proporcional ao ser que opera.*

A operação exige a precedência do ser-em-acto. Ora a operação dêsse ser será proporcional à sua natureza.

Dessa proporção decorre que a operação do ser finito não pode ser idêntica a êle, pois ela tende para um têrmo que se distingue do operador, pois do contrário seria o próprio operador.

Nem pode ser igual a êle porque, quando êle opera, não é *todo* na operação, pois a sua potência activa de operar, ao realizar *esta* operação poderia realizar outras.

Conseqüentemente, a operação é sempre semelhante e diferente do operador, mas sempre lhe é adequada.

1ª ed., p. 118-19: a tese "A operação exige a precedência do ser-em-ato" (108) era sucedida imediatamente por "O operar segue-se ao ser (agere sequitur esse)" (109)

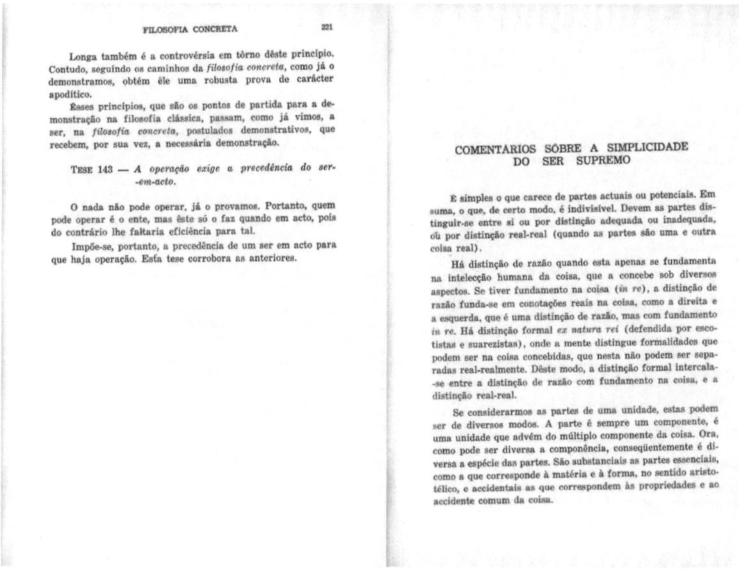

FILOSOFIA CONCRETA 221

Longa também é a controvérsia em tôrno dêste princípio. Contudo, seguindo os caminhos da *filosofia concreta*, como já o demonstramos, obtém êle uma robusta prova de carácter apodítico.

Êsses princípios, que são os pontos de partida para a demonstração na filosofia clássica, passam, como já vimos, a ser, na *filosofia concreta*, postulados demonstrativos, que recebem, por sua vez, a necessária demonstração.

TESE 143 — *A operação exige a precedência do ser-em-acto.*

O nada não pode operar, já o provamos. Portanto, quem pode operar é o ente, mas êste só o faz quando em acto, pois do contrário lhe faltaria eficiência para tal.

Impõe-se, portanto, a precedência de um ser em acto para que haja operação. Esta tese corrobora as anteriores.

COMENTÁRIOS SÔBRE A SIMPLICIDADE DO SER SUPREMO

É simples o que carece de partes actuais ou potenciais. Em suma, o que, de certo modo, é indivisível. Devem as partes distinguir-se entre si ou por distinção adequada ou inadequada, ou por distinção real-real (quando as partes são uma e outra coisa real).

Há distinção de razão quando esta apenas se fundamenta na intelecção humana da coisa, que a concebe sob diversos aspectos. Se tiver fundamento na coisa (*in re*), a distinção de razão funda-se em conotações reais na coisa, como a direita e a esquerda, que é uma distinção de razão, mas com fundamento *in re*. Há distinção formal *ex natura rei* (defendida por escotistas e suarezistas), onde a mente distingue formalidades que podem ser na coisa concebidas, que nesta não podem ser separadas real-realmente. Dêste modo, a distinção formal intercala-se entre a distinção de razão com fundamento na coisa, e a distinção real-real.

Se considerarmos as partes de uma unidade, estas podem ser de diversos modos. A parte é sempre um componente, é uma unidade que advém do múltiplo componente da coisa. Ora, como pode ser diversa a componência, conseqüentemente é diversa a espécie das partes. São substanciais as partes essenciais, como a que corresponde à matéria e à forma, no sentido aristotélico, e accidentais as que correspondem às propriedades e ao accidente comum da coisa.

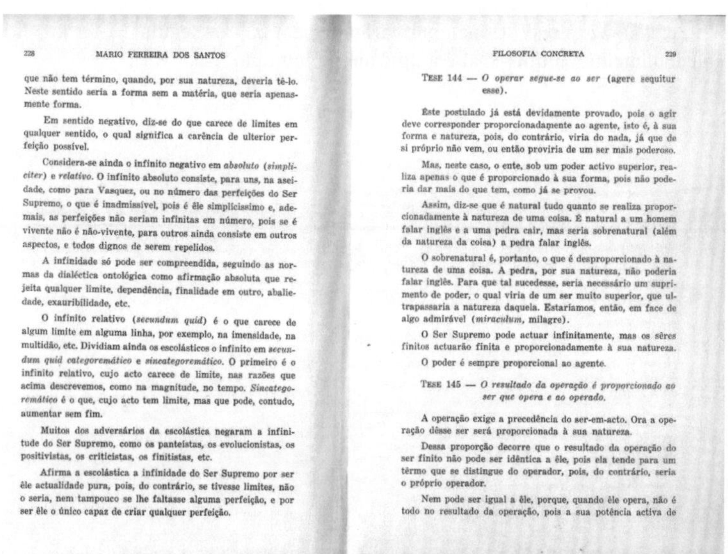

228 MARIO FERREIRA DOS SANTOS

que não tem término, quando, por sua natureza, deveria tê-lo. Neste sentido seria a forma sem a matéria, que seria apenasmente forma.

Em sentido negativo, diz-se do que carece de limites em qualquer sentido, o qual significa a carência de ulterior perfeição possível.

Considera-se ainda o infinito negativo em *absoluto* (*simpliciter*) e *relativo*. O infinito absoluto consiste, para uns, na aseidade, como para Vasquez, ou no número das perfeições do Ser Supremo, o que é inadmissível, pois é êle simplicíssimo e, ademais, as perfeições não seriam infinitas em número, pois se é vivente não é não-vivente, para outros ainda consiste em outros aspectos, e todos dignos de serem repelidos.

A infinidade só pode ser compreendida, seguindo as normas da dialéctica ontológica como afirmação absoluta que rejeita qualquer limite, dependência, finalidade em outro, abaliedade, exauribilidade, etc.

O infinito relativo (*secundum quid*) é o que carece de algum limite em alguma linha, por exemplo, na imensidade, na multidão, etc. Dividiam ainda os escolásticos o infinito em *secundum quid categoremático* e *sincategoremático*. O primeiro é o infinito relativo, cujo acto carece de limite, nas razões que acima descrevemos, como na magnitude, no tempo. *Sincategoremático* é o que, cujo acto tem limite, mas que pode, contudo, aumentar sem fim.

Muitos dos adversários da escolástica negaram a infinitude do Ser Supremo, como os panteístas, os evolucionistas, os positivistas, os criticistas, os finitistas, etc.

Afirma a escolástica a infinidade do Ser Supremo por ser êle actualidade pura, pois, do contrário, se tivesse limites, não o seria, nem tampouco se lhe faltasse alguma perfeição, e por ser êle o único capaz de criar qualquer perfeição.

FILOSOFIA CONCRETA 229

TESE 144 — *O operar segue-se ao ser* (agere sequitur esse).

Êste postulado já está devidamente provado, pois o agir deve corresponder proporcionadamente ao agente, isto é, à sua forma e natureza, pois, do contrário, viria do nada, já que de si próprio não vem, ou então proviria de um ser mais poderoso.

Mas, neste caso, o ente, sob um poder activo superior, realiza apenas o que é proporcionado à sua forma, pois não poderia dar mais do que tem, como já se provou.

Assim, diz-se que é natural tudo quanto se realiza proporcionadamente à natureza de uma coisa. É natural a um homem falar inglês e a uma pedra cair, mas seria sobrenatural (além da natureza da coisa) a pedra falar inglês.

O sobrenatural é, portanto, o que é desproporcionado à natureza de uma coisa. A pedra, por sua natureza, não poderia falar inglês. Para que tal sucedesse, seria necessário um suprimento de poder, o qual viria de um ser muito superior, que ultrapassaria a natureza daquela. Estaríamos, então, em face de algo admirável (*miraculum*, milagre).

O Ser Supremo pode actuar infinitamente, mas os sêres finitos actuarão finita e proporcionadamente à sua natureza.

O poder é sempre proporcional ao agente.

TESE 145 — *O resultado da operação é proporcionado ao ser que opera e ao operado.*

A operação exige a precedência do ser-em-acto. Ora a operação dêsse ser será proporcionada à sua natureza.

Dessa proporção decorre que o resultado da operação do ser finito não pode ser idêntica a êle, pois ela tende para um têrmo que se distingue do operador, pois, do contrário, seria o próprio operador.

Nem pode ser igual a êle, porque, quando êle opera, não é todo no resultado da operação, pois a sua potência activa de

2ª ed., vol. 1, p. 221-23, 228-29: entre as teses 143 e 144 (antigas 108 e 109), insere-se a seção "Comentários sobre a simplicidade do Ser Supremo"

Na terceira edição um tema de evidente relevância teológica (e que já constava do livro), o problema do mal, é destacado com a inserção de um título e de alguns parágrafos explanatórios.

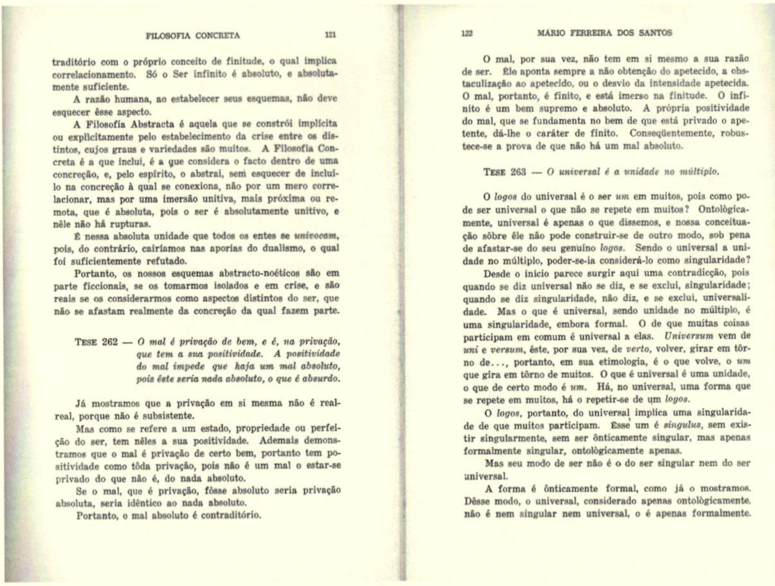

FILOSOFIA CONCRETA 121

traditório com o próprio conceito de finitude, o qual implica correlacionamento. Só o Ser infinito é absoluto, e absolutamente suficiente.

A razão humana, ao estabelecer seus esquemas, não deve esquecer êsse aspecto.

A Filosofia Abstracta é aquela que se constrói implícita ou explìcitamente pelo estabelecimento da crise entre os distintos, cujos graus e variedades são muitos. A Filosofia Concreta é a que inclui, é a que considera o facto dentro de uma concreção, e, pelo espírito, o abstrai, sem esquecer de incluí-lo na concreção à qual se conexiona, não por um mero correlacionar, mas por uma imersão unitiva, mais próxima ou remota, que é absoluta, pois o ser é absolutamente unitivo, e nêle não há rupturas.

É nessa absoluta unidade que todos os entes se *univocam*, pois, do contrário, cairíamos nas aporias do dualismo, o qual foi suficientemente refutado.

Portanto, os nossos esquemas abstracto-noéticos são em parte ficcionais, se os tomarmos isolados e em crise, e são reais se os considerarmos como aspectos distintos do ser, que não se afastam realmente da concreção da qual fazem parte.

TESE 262 — *O mal é privação de bem, e é, na privação, que tem a sua positividade. A positividade do mal impede que haja um mal absoluto, pois êste seria nada absoluto, o que é absurdo.*

Já mostramos que a privação em si mesma não é real-real, porque não é subsistente.

Mas como se refere a um estado, propriedade ou perfeição do ser, tem nêles a sua positividade. Ademais demonstramos que o mal é privação de certo bem, portanto tem positividade como tôda privação, pois não é um mal o estar-se privado do que não é, do nada absoluto.

Se o mal, que é privação, fôsse absoluto seria privação absoluta, seria idêntico ao nada absoluto.

Portanto, o mal absoluto é contraditório.

122 MÁRIO FERREIRA DOS SANTOS

O mal, por sua vez, não tem em si mesmo a sua razão de ser. Êle aponta sempre a não obtenção do apetecido, a obstaculização ao apetecido, ou o desvio da intensidade apetecida. O mal, portanto, é finito, e está imerso na finitude. O infinito é um bem supremo e absoluto. A própria positividade do mal, que se fundamenta no bem de que está privado o apetente, dá-lhe o caráter de finito. Conseqüentemente, robustece-se a prova de que não há um mal absoluto.

TESE 263 — *O universal é a unidade no múltiplo.*

O *logos* do universal é o ser *um* em muitos, pois como pode ser universal o que não se repete em muitos? Ontològicamente, universal é apenas o que dissemos, e nossa conceituação sôbre êle não pode construir-se de outro modo, sob pena de afastar-se do seu genuíno *logos*. Sendo o universal a unidade no múltiplo, poder-se-ia considerá-lo como singularidade?

Desde o início parece surgir aqui uma contradicção, pois quando se diz universal não se diz, e se exclui, singularidade; quando se diz singularidade, não diz, e se exclui, universalidade. Mas o que é universal, sendo unidade no múltiplo, é uma singularidade, embora formal. O de que muitas coisas participam em comum é universal a elas. *Universum* vem de *uni* e *versum*, êste, por sua vez, de *verto*, volver, girar em tôrno de..., portanto, em sua etimologia, é o que volve, o *um* que gira em tôrno de muitos. O que é universal é uma unidade, o que de certo modo é *um*. Há, no universal, uma forma que se repete em muitos, há o repetir-se de um *logos*.

O *logos*, portanto, do universal implica uma singularidade de que muitos participam. Êsse um é *singulus*, sem existir singularmente, sem ser ônticamente singular, mas apenas formalmente singular, ontològicamente apenas.

Mas seu modo de ser não é o do ser singular nem do ser universal.

A forma é ônticamente formal, como já o mostramos. Dêsse modo, o universal, considerado apenas ontològicamente, não é nem singular nem universal, o é apenas formalmente.

2ª ed., vol. 2, p. 121-22: à tese "O mal é privação de bem [...]" se seguia imediatamente "O universal é a unidade no múltiplo"

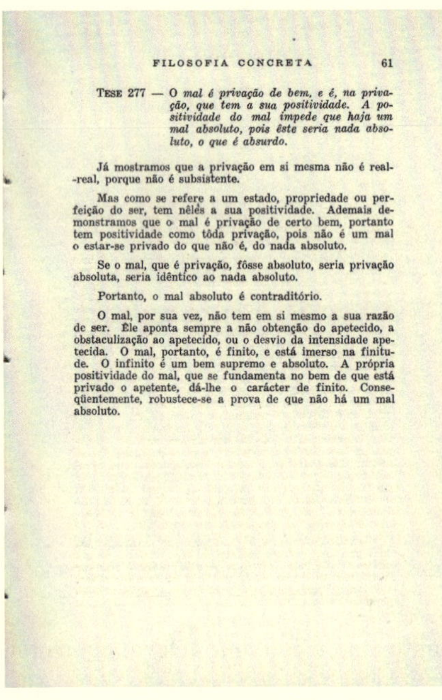

FILOSOFIA CONCRETA 61

TESE 277 — O *mal é privação de bem, e é, na privação, que tem a sua positividade. A positividade do mal impede que haja um mal absoluto, pois êste seria nada absoluto, o que é absurdo.*

Já mostramos que a privação em si mesma não é real--real, porque não é subsistente.

Mas como se refere a um estado, propriedade ou perfeição do ser, tem nêles a sua positividade. Ademais demonstramos que o mal é privação de certo bem, portanto tem positividade como tôda privação, pois não é um mal o estar-se privado do que não é, do nada absoluto.

Se o mal, que é privação, fôsse absoluto, seria privação absoluta, seria idêntico ao nada absoluto.

Portanto, o mal absoluto é contraditório.

O mal, por sua vez, não tem em si mesmo a sua razão de ser. Êle aponta sempre a não obtenção do apetecido, a obstaculização ao apetecido, ou o desvio da intensidade apetecida. O mal, portanto, é finito, e está imerso na finitude. O infinito é um bem supremo e absoluto. A própria positividade do mal, que se fundamenta no bem de que está privado o apetente, dá-lhe o carácter de finito. Conseqüentemente, robustece-se a prova de que não há um mal absoluto.

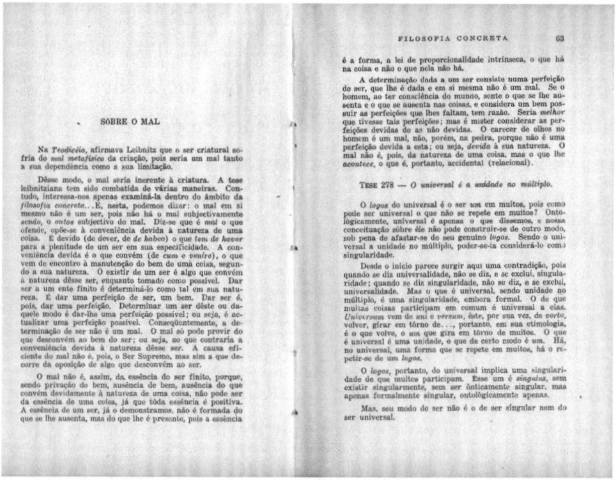

SÔBRE O MAL

Na *Teodicéia*, afirmava Leibnitz que o ser criatural sofria do *mal metafísico* da criação, pois seria um mal tanto a sua dependência como a sua limitação.

Dêsse modo, o mal seria inerente à criatura. A tese leibnitziana tem sido combatida de várias maneiras. Contudo, interessa-nos apenas examiná-la dentro do âmbito da *filosofia concreta*... E, nesta, podemos dizer: o mal em si mesmo não é um ser, pois não há o mal subjectivamente *sendo*, o *ontos* subjectivo do mal. Diz-se que é *mal* o que ofende, opõe-se à conveniência devida à natureza de uma coisa. É devido (de dever, de *de habeo*) o que *tem de haver* para a plenitude de um ser em sua especificidade. A conveniência devida é o que convém (de *cum* e *venire*), o que vem de encontro à manutenção do bem de uma coisa, segundo a sua natureza. O existir de um ser é algo que convém à natureza dêsse ser, enquanto tomado como possível. Dar ser a um ente finito é determiná-lo como tal em sua natureza. É dar uma perfeição de ser, um bem. Dar ser é, pois, dar uma perfeição. Determinar um ser dêste ou daquele modo é dar-lhe uma perfeição possível; ou seja, é actualizar uma perfeição possível. Conseqüentemente, a determinação de ser não é um mal. O mal só pode provir do que desconvém ao bem do ser; ou seja, ao que contraria a conveniência devida à natureza dêsse ser. A causa eficiente do mal não é, pois, o Ser Supremo, mas sim a que decorre da oposição de algo que desconvém ao ser.

O mal não é, assim, da essência do ser finito, porque, sendo privação de bem, ausência de bem, ausência do que convém devidamente à natureza de uma coisa, não pode ser da essência de uma coisa, já que tôda essência é positiva. A essência de um ser, já o demonstramos, não é formada do que se lhe ausenta, mas do que lhe é presente, pois a essência

FILOSOFIA CONCRETA 63

é a forma, a lei de proporcionalidade intrínseca, o que há na coisa e não o que nela não há.

A determinação dada a um ser consiste numa perfeição de ser, que lhe é dada e em si mesma não é um mal. Se o homem, ao ter consciência do mundo, sente o que se lhe ausenta e o que se ausenta nas coisas, e considera um bem possuir as perfeições que lhes faltam, tem razão. Seria *melhor* que tivesse tais perfeições; mas é mister considerar as perfeições devidas de as não devidas. O carecer de olhos no homem é um mal, não, porém, na pedra, porque não é uma perfeição devida a esta; ou seja, *devida* à sua natureza. O mal não é, pois, da natureza de uma coisa, mas o que lhe *acontece*, o que é, portanto, accidental (relacional).

TESE 278 — *O universal é a unidade no múltiplo.*

O *logos* do universal é o ser *um* em muitos, pois como pode ser universal o que não se repete em muitos? Ontològicamente, universal é apenas o que dissemos, e nossa conceituação sôbre êle não pode construir-se de outro modo, sob pena de afastar-se do seu genuino *logos*. Sendo o universal a unidade no múltiplo, poder-se-ia considerá-lo como singularidade.

Desde o início parece surgir aqui uma contradição, pois quando se diz universalidade, não se diz, e se exclui, singularidade; quando se diz singularidade, não se diz, e se exclui, universalidade. Mas o que é universal, sendo unidade no múltiplo, é uma singularidade, embora formal. O de que muitas coisas participam em comum é universal a elas. *Universum* vem de *uni* e *versum*, êste, por sua vez, de *verto*, volver, girar em tôrno de..., portanto, em sua etimologia, é o que volve, o *um* que gira em tôrno de muitos. O que é universal é uma unidade, o que de certo modo é *um*. Há, no universal, uma forma que se repete em muitos, há o repetir-se de um *logos*.

O *logos*, portanto, do universal implica uma singularidade de que muitos participam. Esse um é *singulus*, sem existir singularmente, sem ser ônticamente singular, mas apenas formalmente singular, ontològicamente apenas.

Mas, seu modo de ser não é o de ser singular nem do ser universal.

3ª ed., vol. 3, p. 61-63: entre as teses "O mal é privação de bem [...]" e "O universal é a unidade no múltiplo", insere-se o título "Sobre o mal", acompanhado de quatro parágrafos de discussão

Mas os dados talvez mais decisivos para o tratamento teológico dispensado por esta obra – logo porque reiteram a necessidade de sustentar a simplicidade do Divino, assim como a de se engajar em algo como uma teodiceia – acompanham-no desde a sua formulação primeva. Refiro-me à identificação do Ser Infinito com o Yahweh hebraico e com o Evohé grego[52] e ao acréscimo manuscrito, no primeiro original, destas considerações sobre *persona* e Trindade, já conferidas pela leitora neste exemplar:[53]

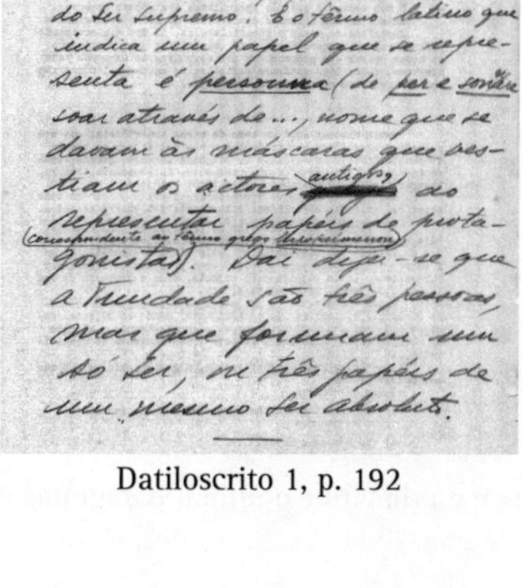

que a Trindade é UM. São três papéis importantíssimos do Ser Supremo. E o têrmo latino que indica um papel que se representa é personna (de per e sonare, soar através de..., nome que se davam às máscaras que vestiam os actores antigos, ao representar papéis de protagonistas (correspondente ao têrmo grego prosopon). Daí dizer-se que a Trindade são três pessoas, mas que formam um só Ser, ou três papéis de um mesmo Ser absoluto.

Datiloscrito 1, p. 192

[52] Ver, neste livro, p. 194.
[53] Ver, neste livro, p. 317.

Como sementes de uma espécie definida, esses dados florescem conforme a obra se expande, e na segunda edição vem à luz uma sequência de mudanças indicativa, por diferentes vias, de preocupações bem demarcadas - ilustrativas, por sua vez, de uma legítima *teologia concreta*. Da página 35 à página 48 do segundo volume do texto de 1959, mais ou menos uma dezena de alterações - de todos os tipos: acréscimos, reformulações e cortes - situa o livro com segurança no panorama da teologia filosófica recente.

O primeiro ajuste da sequência surge como uma aparente minúcia terminológica, como um debate de Mário Ferreira dos Santos consigo mesmo. Trata-se de nada menos, porém, que a crucial aplicação do conceito metafísico de analogia à descrição dos atributos divinos - o que se baseia no que já se concordou a respeito da operação do ser e repercute, em retrospecto, sobre a análise que se fez da consciência humana. No topo do edifício, tudo é posto em jogo: lógica, epistemologia, estética, ontologia e a leitura que se fez da tradição.

> A operar *in intra* é o que surge da "vontade" que "delibera" dar ser a outro.
>
> O Ser infinito não sofre mutação nesse *operar deliberativo*, porque nada perde de seu infinito poder ao agir dêsse modo.
>
> Êsse operar é absolutamente intrínseco. Mas tende para um têrmo, para *outro*.
>
> "Vontade" é o poder infinito de realizar, que é absolutamente livre. Mas, quando realiza, no operar *ad extra*, o outro, o Ser infinito distingue-se como "*vontade*" e como "*intelectualidade*", dois conceitos tomados analògicamente.

1ª ed., p. 160: o trecho discute intelectualidade, vontade, operação *ad extra* e operação *in intra*

> Operar *in intra* aponta a um ímpeto livre que escolhe dar existência ao que é possível de ser. Em palavras humanas: uma *vontade* que *delibera* dar ser a outro que é possível de ser.
>
> O Ser infinito não sofre mutação nesse *operar deliberativo*, porque nada perde de seu infinito poder, ao agir dêsse modo.
>
> Êsse operar é absolutamente intrínseco. Mas tende para um têrmo, para *outro*.
>
> "Vontade" é o poder infinito (ímpeto) de realizar, que é absolutamente livre.
>
> Nesse operar *in intra*, o Ser infinito distingue-se como "vontade" e como "intelectualidade", dois conceitos tomados analògicamente, pois nêle há uma vontade que escolhe entre possíveis (*inter lec*), as quais são infinitas nêle.

2ª ed., vol. 2, p. 35: reformulam-se o primeiro e o último parágrafos do trecho

Não se pode dizer, cruamente, que se dá no interior do Ser Infinito uma operação pela qual ele quer e decide conferir ser a algo que não ele mesmo. As aspas contidas no texto da primeira edição já indicam a inexatidão da análise. É preciso encontrar formulação mais certeira, e a segunda edição é que o logra: falar de uma operação *in intra* é referir-se "a um ímpeto livre que escolhe dar existência ao que é possível de ser". Somente *em palavras humanas* é que se localiza aí uma vontade e uma deliberação – que em todo o caso têm por objeto não um outro *simpliciter* (já que o Ser Infinito a nada é comensurável enquanto *a outro*), mas a um possível-de-ser, quer dizer, ao que precisamente o Ser Infinito pode vir a ter como algo que de si participa: os possíveis são infinitos *no* Ser Supremo. Também por isso, note-se, é ainda na operação *intrínseca* do Ser Supremo que distinguimos analogicamente uma vontade e uma intelectualidade. Vale dizer, no operar *in intra*, não no operar *ad extra*. Por isso mesmo aliás é que se trata de analogia: vontade e intelecto são atividades que reconhecemos em nosso âmbito de existência por lhes atribuir um sentido originado alhures, no Ser Absoluto.

O acréscimo de uma nota esclarece tudo: no Ser Infinito tais atividades são perfeitas; em nós, finitos, elas são deficitárias.

> O Ser infinito, portanto, além de ser o que é, actua, in-
> ínseca e extrìnsecamente, o que oferece uma analogia ao que
> ıamamos vontade e intelectualidade.
>
> Quando num acto de vontade deliberamos realizar algo, êste
> go é escolhido entre outros possíveis de serem realizados.
>
> Na acção, que realiza o operado, a vontade não se fusiona
> ›m ela, pois permanece em nós como ela é; apenas a acção
> › distingue do agente.
>
> Desta maneira, anàlogamente a nós, o Ser infinito quer
> selecciona.

1ª ed., p. 162

> O Ser infinito, portanto, além de ser o que é, actua, intrínseca e extrìnsecamente.
>
> Quando, num acto de vontade, deliberamos realizar algo, êste algo é escolhido entre outros possíveis de serem realizados.
>
> No agir, que realiza a operação, a vontade não se fusiona com ela, pois esta permanece em nós como ela é; a acção é que é distinta do agente, pois pertence ao operado. É uma modal dêste, como já vimos.
>
> Desta maneira, anàlogamente a nós, o Ser infinito *quer* e escolhe(1).
>
> (1) Ao dizer-se que são análogas a nós as funções do Ser Infinito (Ser Supremo), devem-se salvar as proporções axiológicas, pois, em nós, elas são deficitárias, enquanto, nêle, elas são absolutamente perfeitas.

2ª ed., vol. 2, p. 37: o primeiro parágrafo sofre um corte, o terceiro é reformulado e o quarto recebe a nota

Se há uma moldura teontológica capaz de comportar semelhante quadro, esta é a concepção trinitária cristã, já introduzida por Mário Ferreira dos Santos no ensaio. Ele mesmo reforça a afinidade da sua descrição com esse modelo teológico particular, tornando-o de um exemplo entre outros no melhor já concebido, uma página a seguir:

> Na simbólica das religiões, encontramos a expressão dêsses três papéis. A Trindade, no cristianismo, é um exemplo. Êstes três papéis na linguagem escolástica não se chamam pessoas modais, mas apenas o Ser infinito.

1ª ed., p. 162

> Mas é na cristã que foram melhor expressados. Êstes três papéis, na linguagem escolástica, não são chamados pessoas modais, mas apenas o Ser infinito.

2ª ed., vol. 2, p. 38

Reverberando Santo Agostinho – que viu no Pai o Amante, no Filho o Amado e no Espírito Santo o Amor –,[54] o filósofo brasileiro sintetiza a natureza do Ser Supremo como a união de vontade, intelectualidade e amor, num sugestivo acréscimo ao texto da primeira edição desta obra.

> Se houvesse separação entre tais papéis, haveria un abismo, e o UM não seria Um. É por ser UM que a Trin dade é UM. São três papéis importantíssimos do Ser Supre mo. E o têrmo latino que indica um papel que se representa *personna* (de *per* e *sonnare* soar através de..., nome que s davam às máscaras que vestiam os actores antigos, ao repre sentar papéis de protagonistas). Daí dizer-se que a Trindad são três pessoas, mas que formam um só Ser, ou três papéi de um mesmo Ser absoluto.

1ª ed., p. 163

> Se houvesse separação entre tais papéis, haveria um abismo, e o UM não seria Um. É por ser UM, que a Trindade é UM. São os três *papéis* infinitos do Ser Supremo, porque infinitas são a sua vontade e a sua intelectualidade, e infinita a sua união entre elas, o *amor*.
>
> E o têrmo latino, que indica papel, é *personna* (de *per* e *sonnare*, soar através de..., nome que se davam às máscaras que vestiam os actores antigos, na função de protagonistas).
>
> Daí dizer-se que a Trindade são três *pessoas*, mas que formam um só Ser, ou três *papéis* do mesmo Ser Absoluto.

2ª ed., vol. 2, p. 38: atente-se às duas últimas linhas do primeiro parágrafo

[54] Santo Agostinho, *A Trindade*, livro XV. Coleção Patrística, vol. 7. São Paulo, Paulus, 2014.

Apropriadamente, então, o autor deixa de destacar a diferença entre a operação *in intra* e a operação *ad extra* numa tese à parte, como fazia a tese 158 da primeira edição. Esta é apagada e para seu lugar é movida a tese que originalmente ocupava apenas a 193ª posição no argumento: "O Ser Infinito (Ser Supremo) tem consciência de si. O Ser Infinito é pessoa". Precisamente a admissão de que no fundamento do real há, em algum sentido, pessoalidade distingue a teologia filosófica de Mário Ferreira dos Santos de certa teontologia caudatária do racionalismo, uma das raízes de movimentos como a assim chamada teologia da morte de Deus.[55]

o três pessoas, mas que formam um só Ser, ou três papéis
um mesmo Ser absoluto.

TESE 158 — *O operar do infinito é dúplice: um intrínseco* (in intra) *e outro extrínseco* (ad extra).

FILOSOFIA CONCRETA 193

Êles estão encadeados uns aos outros por um nexo que os analoga, pois, do contrário, entre dois possíveis haveria um abismo absoluto, o que estabeleceria o nada absoluto já refutado, e afirmaria uma ruptura no ser, o que já demonstramos ser impossível. Há assim uma ordem universal analogada à ordem suprema do Ser infinito.

Os contingentes, que são os possíveis actualizados, nunca são em número infinitamente actual, mas apenas potencial. Esta impossibilidade decorre da impossibilidade do número infinitamente actual, o que já provamos. Nenhum ser contingente pode dar o carácter de necessidade absoluta a qualquer afirmativa. Assim, que eu pense neste momento, não é absolutamente necessário. Esta é a razão por que a filosofia não poderia construir-se concretamente se ela se fundasse apenas em verdades deduzidas de um exame da consciência humana, porque essa não é absoluta.

Êste foi o motivo principal porque não partimos da ordem antropológica, mas sim da ontológica para a construção dêste livro.

Por ser contingente, o *eu* não poderia ser ponto de partida para uma filosofia apodítica, pois partindo dêle não alcançaríamos a necessidade. Nós provamos o ser contingente pelo ser necessário: o ser finito pelo Ser infinito; o ser relativo pelo Ser absoluto. Seguimos, portanto, por outro caminho.

TESE 196 — *O Ser infinito (Ser Supremo) tem consciência de si. O Ser infinito é pessoa.*

Consciência vem de *cum scire* e significa, etimològicamente, o saber de que se sabe, um conhecer o conhecer, um sentir o sentir.

Embora tais palavras não nos indiquem com suficiente precisão a consciência, ela caracteriza-se, no homem, que a tem num grau elevado, por saber que é, que sente, que sofre.

Desdobra-se, assim, o homem, na consciência, num saber que sabe.

Ser pessoa é representar um papel. Esta palavra, que tem sua origem num têrmo de teatro, como já vimos, significa

13

1ª ed., p. 163, 193: as teses "O operar do infinito é dúplice [...]" (que será excluída) e "O Ser Infinito [...] tem consciência de si [...]" (que será adiantada na exposição), respectivamente

[55] Para ficar num texto contemporâneo à *Filosofia Concreta* (escrito entre 1951 e 1963): ver Paul Tillich, *Teologia Sistemática*. 7ª ed. Trad. Getúlio Bertelli e Geraldo Korndörfer. São Leopoldo, EST/Sinodal, 2014, esp. p. 92, 113, 117, 126-29, 135, 147, 161, 215-16, 219, 223, 242, 245, 254, 261, 264-65, 291-92, 316, 335, 339, 343; ver também p. 53, 146, 234, 330-32, 342 (cf. n. 58, a seguir). Foi a essa propensão da teologia de Tillich que se opuseram filósofos teístas contemporâneos como Martin Buber, conforme se observa em Malcolm L. Diamond, "Dialogue and Theology". In: Paul Arthur Schilpp e Maurice Friedman (eds.), *The Philosophy of Martin Buber*. The Library of Living Philosophers, vol. 12. LaSalle (Illinois), Open Court, 1967, p. 245.

Daí dizer-se que a Trindade são três pessoas, mas que formam um só Ser, ou três *papéis* do mesmo Ser Absoluto.

TESE 193 — *O Ser infinito (Ser Supremo) tem consciência de si. O Ser infinito é pessoa.*

Consciência vem de *cum scire* e significa, etimològicamente, o saber de que se sabe, um conhecer o conhecer, um sentir o sentir.

Embora tais palavras não nos indiquem com suficiente precisão a consciência, ela caracteriza-se, no homem, que a tem num grau elevado, por saber que é, que sente, que sofre.

Desdobra-se, assim, o homem, na consciência, num saber que sabe.

Ser pessoa é representar um papel. Esta palavra, que tem sua origem num têrmo de teatro, como já vimos, significa bem a personagem, aquêle que desempenha um papel. O actor, que representa um papel, é *portador* dêste.

Levado para a filosofia, a palavra tomou o sentido de "portador de si mesmo", e somos pessoas quando nos sentimos como portadores de nós mesmos, e temos consciência da nossa pessoalidade. Quando falamos do que portamos: *meu* corpo, a *minha* vida, *eu mesmo*, etc., revelamos, nessas expressões, que nos sentimos como alguém que assume o seu próprio papel, alguém que é o portador de si mesmo.

As coisas brutas não têm consciência de si, e nunca poderiam construir uma personalidade; não seriam pessoas.

2ª ed., vol. 2, p. 38: para o lugar da tese "O operar do infinito é dúplice [...]", que se exclui, adianta-se a tese "O Ser Infinito [...] tem consciência de si [...]", que era apenas a 196ª

Talvez para evitar uma saturação teológica de seu sistema, Mário remove do fim da tese seguinte a alusão, que de resto não era mais do que metafórica, a uma "queda" das criaturas – não obstante o fato de a menção ter sido introduzida, no segundo datiloscrito, pelo próprio punho do autor.

liza a criação ~~é fundamentalmente~~ realiza a crisis, e a criatura é, assim, queda, porque é deficiente.

Datiloscrito 2, p. 186

O operado *depende* do operante; portanto é finito. Abre
se entre ambos a *crisis*, porque o acto que realiza a criaçã
realiza a *crisis*, e a criatura é, assim, queda, porque é deficient

1ª ed., p. 164

O operado *depende* do operante; portanto é finito. Abre
se entre ambos a *crise*, porque o acto que realiza a criaçã
realiza a *crise*, e a criatura, por ser limitada, é necessàriamen
te deficiente.

2ª ed., vol. 2, p. 40: elimina-se a alusão à "queda"

O teor da análise é contudo rigorosamente o mesmo, e no enunciado da tese 195 (anteriormente, 160) uma mudança parece até cumprir o fim de afastar qualquer dúvida quanto a se, para a filosofia concreta, a criatura é mesmo menor que o Ser Infinito e semelhante (mas não mais que semelhante) a ele. Este é, com efeito, o caso:

ESE 160 — *O ser finito, que é a criatura, não pode ser maior nem igual ao Ser infinito, mas menor e em semelhança.*

1ª ed., p. 164

ESE 195 — *O ser finito, que é a criatura, não pode ser maior nem igual ao Ser infinito, e sim menor e em semelhança.*

2ª ed., vol. 2, p. 40: troca-se o conectivo "mas" pelo conectivo "e sim"

As páginas 42 a 48 do segundo volume da segunda edição trazem seis novas teses, as quais asseguram a *presença* do Ser Supremo (como oposta a uma sua presumida distância), bem como a sua imutabilidade absoluta, por sua vez fundamento para a imutabilidade relativa de todas as coisas. A independência do "algo há" em relação a nós ganha aqui uma contraparte positiva: afinal, o fundamento de tudo que há nos está próximo, e nos mantém no ser.

tura é desta e não do Ser infinito. E a finitude da criatur não contradiz a infinitude do Criador.

TESE 162 — *O ser finito é sempre diádico.*

O ser finito, como efeito, por nêle se distinguir essênci

1ª ed., p. 166: à frase "E a finitude da criatura não contradiz a infinitude do Criador" seguia-se a tese "O ser finito é sempre diádico"

tura é desta e não do Ser infinito. E a finitude da criatur não contradiz a infinitude do Criador.

TESE 197 — *A acção do Ser Supremo sôbre tôdas a coisas não se dá nunca à distância em sen tido absoluto.*

Um dos grandes problemas que encontrou a escolástic

48 MÁRIO FERREIRA DOS SANTOS

uma relação de indistância resultante das ubiquações próximas ou íntimas entre duas coisas.

Essa relação exige dois extremos. A presença do Ser Supremo só pode ser, por exigência ontológica, absoluta.

Tese 203 — *O ser finito é sempre diádico.*

O ser finito, como efeito, por nêle se distinguirem essên-

2ª ed., vol. 2, p. 42, 48: entre a frase "E a finitude da criatura não contradiz a infinitude do Criador" e a tese "O ser finito é sempre diádico", inserem-se as teses 197-202, que reforçam a proximidade do Ser Infinito

Os que chegaram até este ponto do posfácio talvez esperem que se diga algo sobre o mais explícito endosso de Mário Ferreira dos Santos a uma doutrina teológica particular: a corroboração do que ele chama "divinização de Maria". O tópico não surge de alguma modificação; compõe a *Filosofia Concreta* desde sua formulação original, no primeiro datiloscrito. De fato, ele se segue naturalmente do argumento, assim como outra ratificação específica, se bem que não exclusivamente vinculada a confissões religiosas: a da espiritualidade da alma. Em ambos os casos, são conceitos-chave a conduzir a reflexão a potência e o ato, assim como é central a distinção entre corporeidade e materialidade. Enquanto esta última pode ser identificada à receptividade de formas (um tipo particular de potencialidade), aquela outra é característica do que é espaço-temporal.[56] Deste modo, e dada a *participação* que fundamenta a nossa analogia com o Ser Infinito, o filósofo parece inclinado a sustentar uma gradação vertical entre a pura corporeidade e o Ser Supremo.

Há questões em aberto no interior desse programa. Por exemplo, se até a segunda edição do livro foi dito que, apesar de todo ser imaterial ser incorpóreo, nem todo ser incorpóreo é imaterial, na terceira edição ele deixa de considerar a última possibilidade.

desta, já que esta pertence à forma corpórea, que é distint da matéria.

Portanto, o ser incorpóreo poderia ser material, pois i corporeidade não implica ainda imaterialidade.

O ser imaterial, além de não ser corpóreo, não seria m téria, não teria matéria. Seria forma pura. Mas não s

2ª ed., vol. 2, p. 144

[56] Ver, neste livro, p. 436.

Vimos que não se pode reduzir a matéria à corporei-
ade, e que aquela pode ser por nós considerada inaepen-
entemente desta, já que esta pertence à forma corpórea,
ue é distinta da matéria.

O ser imaterial, além de não ser corpóreo, não seria
ıatéria, nem teria matéria. Seria apenas forma. Não se
ɔderia negar a essa forma que ela é composta de potência
acto, pois é um ser dependente. Neste caso, ela pode

3ª ed., vol. 3, p. 83: suprime-se o segundo parágrafo da passagem anterior

O parágrafo seguinte do mesmo trecho, diga-se de passagem, contou em sua formulação original, mas somente nela, com a identificação da forma pura (incorpórea e imaterial) à "forma angelical" – termo riscado a lápis já no primeiro datiloscrito:

ser imaterial,além de não ser corpóreo,não seria matéria,não teria matéri
ɪria forma pura,~~forma angelical~~. Mas não se poderia negar a essa forma,

Datiloscrito 1, p. 308

Ficam claros, entretanto, um ou dois fatos sobre a imaterialidade. No segundo original, depois de numeradas as páginas, Mário enxertou uma nova folha, identificada improvisadamente como 263-A, para introduzir a tese 229 da primeira edição (ou 288, neste volume): "É impossível um infinito corpóreo".[57]

Tese ~~226~~ 229 É impossível um infinito corpóreo 263-A

Uma infinitude corpórea é absolutamente impossível pelas seguintes
razões:

Datiloscrito 2, cabeçalho da página 263-A (enxertada entre as páginas 263 e 264)

Além disso, a terceira edição tem acrescentada a tese 321 – "Há seres imateriais e seres espirituais finitos" –, que, ao longo de dez páginas, defende basicamente a imaterialidade de um tipo particular de substâncias separadas: as intelectuais (isto é, as almas). Este acréscimo tem a importância ressaltada tanto por sua extensão como pelo anúncio que dele é feito páginas antes no mesmo volume. Justo ao fim da tese "Há, necessariamente,

[57] Ver, neste livro, p. 429.

substâncias separadas" (número 308), uma nota até então inédita dá o aviso de que em breve haverá mais a ser dito a respeito das substâncias separadas.

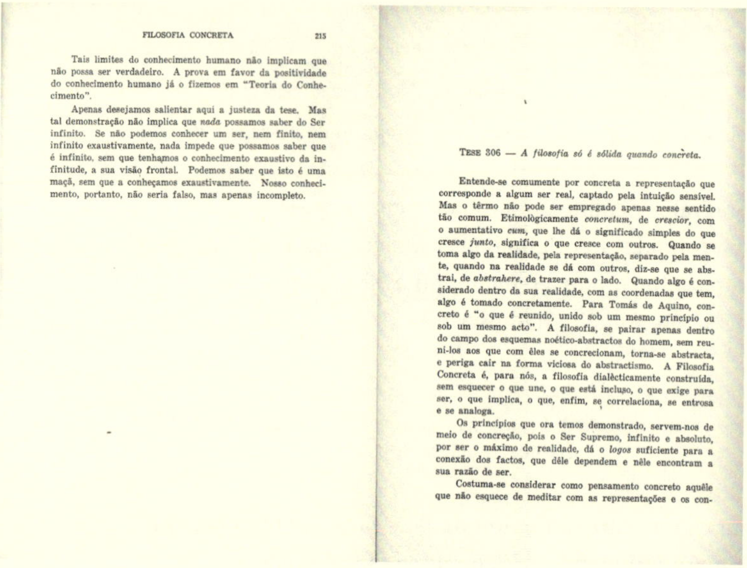
FILOSOFIA CONCRETA 215

Tais limites do conhecimento humano não implicam que não possa ser verdadeiro. A prova em favor da positividade do conhecimento humano já o fizemos em "Teoria do Conhecimento".

Apenas desejamos salientar aqui a justeza da tese. Mas tal demonstração não implica que *nada* possamos saber do Ser infinito. Se não podemos conhecer um ser, nem finito, nem infinito exaustivamente, nada impede que possamos saber que é infinito, sem que tenhamos o conhecimento exaustivo da infinitude, a sua visão frontal. Podemos saber que isto é uma maçã, sem que a conheçamos exaustivamente. Nosso conhecimento, portanto, não seria falso, mas apenas incompleto.

TESE 306 — *A filosofia só é sólida quando concreta.*

Entende-se comumente por concreta a representação que corresponde a algum ser real, captado pela intuição sensível. Mas o têrmo não pode ser empregado apenas nesse sentido tão comum. Etimològicamente *concretum*, de *crescior*, com o aumentativo *cum*, que lhe dá o significado simples do que cresce *junto*, significa o que cresce com outros. Quando se toma algo da realidade, pela representação, separado pela mente, quando na realidade se dá com outros, diz-se que se abstrai, de *abstrahere*, de trazer para o lado. Quando algo é considerado dentro da sua realidade, com as coordenadas que tem, algo é tomado concretamente. Para Tomás de Aquino, concreto é "o que é reunido, unido sob um mesmo princípio ou sob um mesmo acto". A filosofia, se pairar apenas dentro do campo dos esquemas noético-abstractos do homem, sem reuni-los aos que com êles se concrecionam, torna-se abstracta, e periga cair na forma viciosa do abstractismo. A Filosofia Concreta é, para nós, a filosofia dialècticamente construída, sem esquecer o que une, o que está incluso, o que exige para ser, o que implica, o que, enfim, se correlaciona, se entrosa e se analoga.

Os princípios que ora temos demonstrado, servem-nos de meio de concreção, pois o Ser Supremo, infinito e absoluto, por ser o máximo de realidade, dá o *logos* suficiente para a conexão dos factos, que dêle dependem e nêle encontram a sua razão de ser.

Costuma-se considerar como pensamento concreto aquêle que não esquece de meditar com as representações e os con-

2ª ed., vol. 2, p. 215-16: ao parágrafo "Apenas [...] incompleto" seguia-se a tese "A filosofia só é sólida quando concreta"

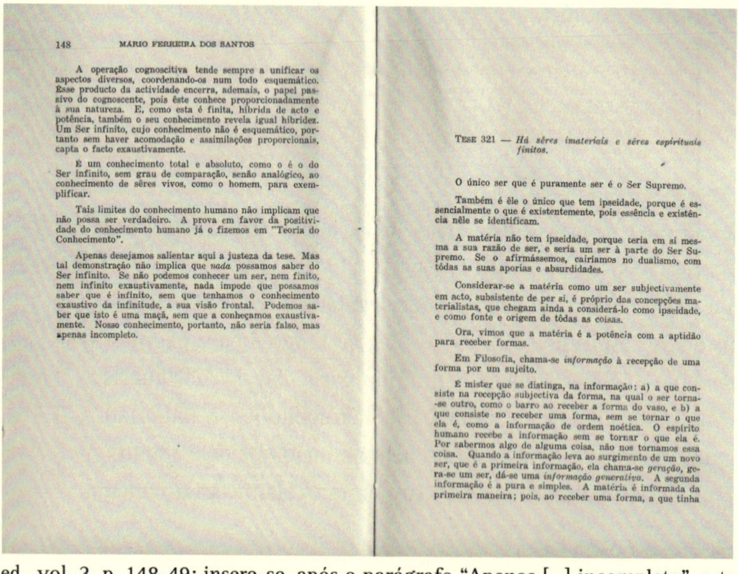
148 MARIO FERREIRA DOS SANTOS

A operação cognoscitiva tende sempre a unificar os aspectos diversos, coordenando-os num todo esquemático. Êsse producto da actividade encerra, ademais, o papel passivo do cognoscente, pois êste conhece proporcionadamente à sua natureza. E, como esta é finita, híbrida de acto e potência, também o seu conhecimento revela igual hibridez. Um Ser infinito, cujo conhecimento não é esquemático, portanto sem haver acomodação e assimilações proporcionais, capta o facto exaustivamente.

É um conhecimento total e absoluto, como o é o do Ser infinito, sem grau de comparação, senão analógico, ao conhecimento de sêres vivos, como o homem, para exemplificar.

Tais limites do conhecimento humano não implicam que não possa ser verdadeiro. A prova em favor da positividade do conhecimento humano já o fizemos em "Teoria do Conhecimento".

Apenas desejamos salientar aqui a justeza da tese. Mas tal demonstração não implica que *nada* possamos saber do Ser infinito. Se não podemos conhecer um ser, nem finito, nem infinito exaustivamente, nada impede que possamos saber que é infinito, sem que tenhamos o conhecimento exaustivo da infinitude, a sua visão frontal. Podemos saber que isto é uma maçã, sem que a conheçamos exaustivamente. Nosso conhecimento, portanto, não seria falso, mas apenas incompleto.

TESE 321 — *Há sêres imateriais e sêres espirituais finitos.*

O único ser que é puramente ser é o Ser Supremo.

Também é êle o único que tem ipseidade, porque é essencialmente o que é existentemente, pois essência e existência nêle se identificam.

A matéria não tem ipseidade, porque teria em si mesma a sua razão de ser, e seria um ser à parte do Ser Supremo. Se o afirmássemos, cairíamos no dualismo, com tôdas as suas aporias e absurdidades.

Considerar-se a matéria como um ser subjectivamente em acto, subsistente de per si, é próprio das concepções materialistas, que chegam ainda a considerá-lo como ipseidade, e como fonte e origem de tôdas as coisas.

Ora, vimos que a matéria é a potência com a aptidão para receber formas.

Em Filosofia, chama-se *informação* à recepção de uma forma por um sujeito.

É mister que se distinga, na informação: a) a que consiste na recepção subjectiva da forma, na qual o ser torna-se outro, como o barro ao receber a forma do vaso, e b) a que consiste no receber uma forma, sem se tornar o que ela é, como a informação de ordem noética. O espírito humano recebe a informação sem se tornar o que ela é. Por sabermos algo de alguma coisa, não nos tornamos essa coisa. Quando a informação leva ao surgimento de um novo ser, que é a primeira informação, ela chama-se *geração*, gera-se um ser, dá-se uma *informação generativa*. A segunda informação é a pura e simples. A matéria é informada da primeira maneira; pois, ao receber uma forma, a que tinha

3ª ed., vol. 3, p. 148-49: insere-se, após o parágrafo "Apenas [...] incompleto", a tese "Há seres imateriais e seres espirituais finitos"

ıidade sob determinado aspecto. A substância *esta* distin-
ıe-se *daquela*, e há entre elas uma diferença específica ou
ımérica pelo menos.

2ª ed., vol. 2, p. 203

ıebra da unidade sob determinado aspecto. A substância
ɜta distingue-se *daquela*, e há entre elas uma diferença es-
ecífica ou numérica pelo menos (1).

---

(1) Sôbre as substâncias separadas, voltaremos a tratar em
'eve.

3ª ed., vol. 3, p. 137: acréscimo da nota 1

Afora tais afirmações claras – (i) nenhum corpóreo é infinito, mas (ii) existem seres imateriais finitos –, o que se sabe sobre a hierarquia entre a materialidade e o Ser Supremo é, então, que a alma e o símbolo mariano povoam o seu intermédio. A figura da Virgem aparece como imagem da pura abertura ao Divino, a potencialidade de ser informada por Deus – uma interpretação que, o autor ressalta, não macula a sacralidade do símbolo.

Deferência que não deve parecer excessiva. Além de o próprio Mário declarar-se cristão, é de notar que entre as décadas de 1950 e 1960, enquanto a *Filosofia Concreta* foi escrita e reescrita, o catolicismo era confessado por nada menos que 93% da população brasileira. Além disso, foi precisamente em 1950 que o Papa Pio XII (por sinal, falecido enquanto o filósofo retrabalhava a sua obra-prima: em 1958, ano em que se tornou bispo de Roma São João XXIII) instituiu o dogma da Assunção de Maria – importante acontecimento na teologia contemporânea. A lembrança desses fatos importa, não para que se relativize o que é declarado pelo autor, mas, ao contrário, para que se aprecie devidamente como desempenhou ele aquela que é uma das funções do filósofo na *polis*: a de refletir sobre as crenças dominantes, ponderando os fundamentos do modo de vida e da organização social prevalecentes.[58]

[58] Nesse sentido seria um exercício proveitoso a confrontação do argumento de Mário Ferreira dos Santos – que reabilita uma noção de hierarquia ontológica – à objeção que José Guilherme Merquior ergue contra a crítica de Louis Dumont ao individualismo moderno. O que o Ocidente deixa de considerar, segundo a observação de Dumont interpretada por Merquior, é que "verdadeira hierarquia significa subordinação, mas *significa também a*

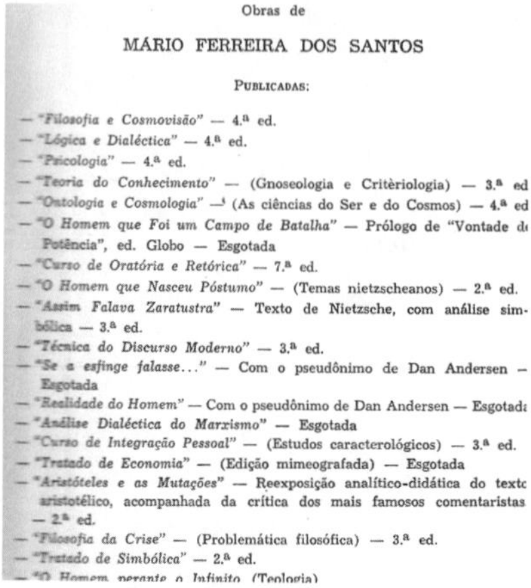

Obras de

MÁRIO FERREIRA DOS SANTOS

PUBLICADAS:

— "Filosofia e Cosmovisão" — 4.ª ed.
— "Lógica e Dialéctica" — 4.ª ed.
— "Psicologia" — 4.ª ed.
— "Teoria do Conhecimento" — (Gnoseologia e Critèriologia) — 3.ª ed
— "Ontologia e Cosmologia" — (As ciências do Ser e do Cosmos) — 4.ª ed
— "O Homem que Foi um Campo de Batalha" — Prólogo de "Vontade de Potência", ed. Globo — Esgotada
— "Curso de Oratória e Retórica" — 7.ª ed.
— "O Homem que Nasceu Póstumo" — (Temas nietzscheanos) — 2.ª ed.
— "Assim Falava Zaratustra" — Texto de Nietzsche, com análise simbólica — 3.ª ed.
— "Técnica do Discurso Moderno" — 3.ª ed.
— "Se a esfinge falasse..." — Com o pseudônimo de Dan Andersen — Esgotada
— "Realidade do Homem" — Com o pseudônimo de Dan Andersen — Esgotada
— "Análise Dialéctica do Marxismo" — Esgotada
— "Curso de Integração Pessoal" — (Estudos caracterológicos) — 3.ª ed.
— "Tratado de Economia" — (Edição mimeografada) — Esgotada
— "Aristóteles e as Mutações" — Reexposição analítico-didática do texto aristotélico, acompanhada da crítica dos mais famosos comentaristas — 2.ª ed.
— "Filosofia da Crise" — (Problemática filosófica) — 3.ª ed.
— "Tratado de Simbólica" — 2.ª ed.
— "O Homem perante o Infinito (Teologia)

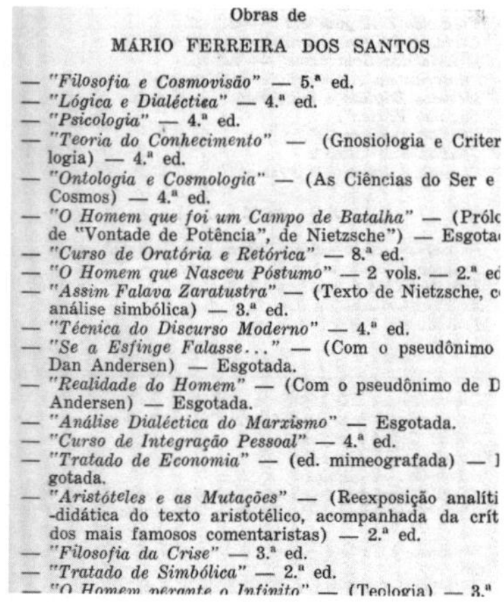

Obras de

MÁRIO FERREIRA DOS SANTOS

— "Filosofia e Cosmovisão" — 5.ª ed.
— "Lógica e Dialéctica" — 4.ª ed.
— "Psicologia" — 4.ª ed.
— "Teoria do Conhecimento" — (Gnosiologia e Criter logia) — 4.ª ed.
— "Ontologia e Cosmologia" — (As Ciências do Ser e Cosmos) — 4.ª ed.
— "O Homem que foi um Campo de Batalha" — (Prólo de "Vontade de Potência", de Nietzsche") — Esgota
— "Curso de Oratória e Retórica" — 8.ª ed.
— "O Homem que Nasceu Póstumo" — 2 vols. — 2.ª ed
— "Assim Falava Zaratustra" — (Texto de Nietzsche, c análise simbólica) — 3.ª ed.
— "Técnica do Discurso Moderno" — 4.ª ed.
— "Se a Esfinge Falasse..." — (Com o pseudônimo Dan Andersen) — Esgotada.
— "Realidade do Homem" — (Com o pseudônimo de D Andersen) — Esgotada.
— "Análise Dialéctica do Marxismo" — Esgotada.
— "Curso de Integração Pessoal" — 4.ª ed.
— "Tratado de Economia" — (ed. mimeografada) — gotada.
— "Aristóteles e as Mutações" — (Reexposição analíti -didática do texto aristotélico, acompanhada da crít dos mais famosos comentaristas) — 2.ª ed.
— "Filosofia da Crise" — 3.ª ed.
— "Tratado de Simbólica" — 2.ª ed.
— "O Homem perante o Infinito" — (Teologia) — 3.ª

Lista de obras nas páginas de abertura de *Filosofia Concreta*: na versão de 1959 (esquerda), *O Homem perante o Infinito* estava em sua primeira edição; na versão de 1961 (direita), em sua terceira – e nenhum outro título foi reeditado mais de uma vez no período

Capacitado a preconizar uma *teologia concreta*, Mário Ferreira dos Santos não se furtou ao desafio. Entre a versão de 1959 e a versão de 1961 deste livro, o único título que o catálogo da Editora Logos, disposto na abertura dos volumes, revela ter sido reeditado mais de uma vez (duas, passando da primeira à terceira edição) é *O Homem perante o Infinito* – uma obra

subordinação do poder a um valor superior". Concedendo atenção às raízes teológicas da ideia de indivíduo, o autor de *A Estética de Lévi-Strauss*, ao contrário, celebra o fato de que continua em pauta "o bastante individualista 'princípio protestante' de Tillich – o protesto profético contra qualquer poder autodeificante que exista". Cf. J. G. Merquior, "For the sake of the whole". *Critical Review*, vol. 4, nº 3, 1990, p. 303, 321 (ênfase no original). O potencial desacordo entre a teologia filosófica de Mário e a tillichiana foi já mencionado. Talvez a isso se deva somar a circunstância de que a ideia medieval de uma variação qualitativa de inteligências precisou ser recuperada – para novas aplicações – pelo empirismo filosófico e pela pesquisa antropológica (cf. e.g. John Locke, *Ensaio sobre o Entendimento Humano*, livro IV; sobre a afinidade entre empirismo lockiano e pesquisa antropológica, ver Roque de Barros Laraia, *Cultura – Um Conceito Antropológico*. Rio de Janeiro, Zahar, 1986, p. 25-26). Por outro lado, registre-se que a presente defesa de uma hierarquia ontológica é feita contudo por um proponente do socialismo libertário (ver Mário Ferreira dos Santos, *Análise Dialética do Marxismo*. São Paulo, É Realizações Editora, 2018).
Qual a relevância da comparação para o entendimento da obra ferreiriana? Esta: assim a união de pitagorismo, catolicismo e anarquismo pode deixar de parecer mero ecletismo e ter clarificada a sua face de resposta (complexa) a um agudo diagnóstico civilizacional.

de teologia![59] Verdadeiramente, depois de tudo, nosso autor não deixou de reconhecer que o que há de mais urgente é a filosofia primeira.

§ 7. Acabamento – e uma ou outra demão

O que fica após visitarmos a *Filosofia Concreta* em estado de construção? Aquilo que, segundo o próprio sistema, deve ficar do contato com todo real: em reconhecer as suas tensões, apreender o que há nele de imutável.[60]

E ainda algo mais. Admitir, como se viu no centro deste edifício, o intenso trabalho de reescrita levado a cabo por Mário Ferreira dos Santos.

Ilustrativamente, a página final do primeiro datiloscrito encerra a tese "Filosofar é ação" com um comprido adendo imposto pelo agir da mão do próprio filósofo.

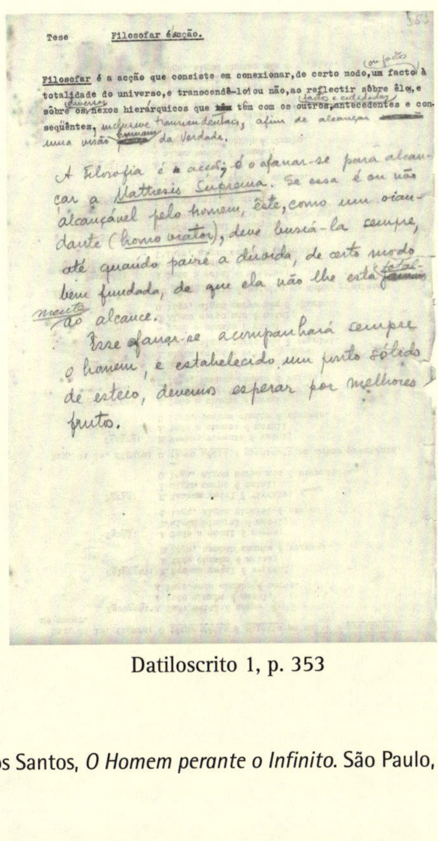
353

Tese Filosofar é acção.

Filosofar é a acção que consiste em conexionar, de certo modo, um facto (ou factos) à totalidade do universo, e transcendê-lo ou não, ao reflectir sôbre êle, e sôbre os (diversos) nexos hierárquicos que têm com os outros (factos e entidades), antecedentes e conseqüêntes, inclusive transcendentais, afim de alcançar uma visão humana da Verdade.

A Filosofia é acção, é o afanar-se para alcançar a Mathesis Suprema. Se essa é ou não alcançável pelo homem, êste, como um caminhante (homo viator), deve buscá-la sempre, até quando paire a dúvida, de certo modo bem fundada, de que ela não lhe está fatalmente ao alcance.

Esse afanar-se acompanhará sempre o homem, e estabelecido um ponto sólido de esteio, devemos esperar por melhores frutos.

Datiloscrito 1, p. 353

[59] Mário Ferreira dos Santos, *O Homem perante o Infinito*. São Paulo, Logos, 1956.
[60] Cf. tese 205.

Se acompanhando a execução da sua atividade de escritor pudemos privilegiadamente assistir à reforma de um barco em alto mar, seu labor deve motivar-nos a, como na imagem platônica,[61] empreender uma "segunda navegação".

Esta implicará novas construções, sem dúvida – e, então, estar apto a um construir concreto pode muito bem tornar-se uma questão de sobrevivência.

[61] Platão, *Fédon*, 99d-102a.

Arquivo
Mário Ferreira dos Santos/
É Realizações Editora

FILOSOFIA CONCRETA

de

MARIO FERREIRA DOS SANTOS

Há duas maneiras de filosofar: 1º) deixar o pensamento divagar através de meras opiniões 2º) ou fundá-lo em juízos demonstrados à semelhança da matemática. Esta segunda maneira é a usada nesta obra, aqui a filosofia não é abstracta, mas sim concreta, fundada em demonstrações rigorosas. Trata-se de um novo modo de visualizar a filosofia.

A Filosofia Concreta não é um acumulado de aspectos julgados mais seguros e sistematizados numa totalidade. Ela tem sua existência autônoma, pois seus postulados são congruentes e rigorosamente conexionados uns aos outros. O valor do pensamento exposto neste livro não se funda no de autoridades várias da filosofia. A autoridade, e a única que é aceita, é a dada pelo próprio pensamento, quando em si mesmo encontra a sua validez, a sua justificação, pois cada uma das teses, expostas e apresentadas neste livro, é demonstrada pelas diversas vias pensamentais que são propostas.

Êste livro consta de 622 páginas.

Formato 16x23, impresso em papel off-set de 1.ª, com encadernação de luxo e gravação a ouro.

— 18 —

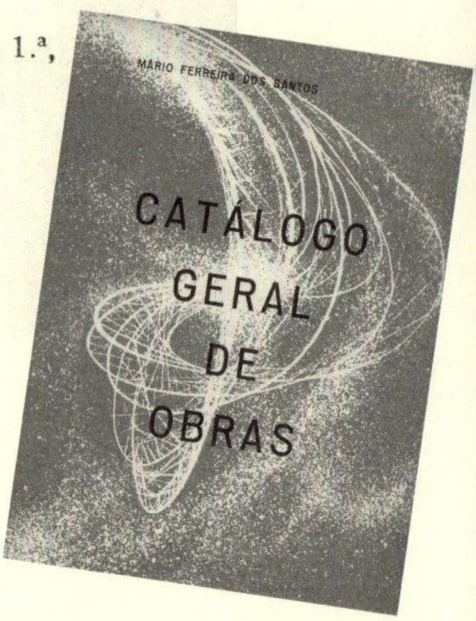

Sinopse da *Filosofia Concreta* no *Catálogo Geral de Obras* da Editora Logos

1.ª edição — Abril de 1957

1.ª edição — abril de 1957
2.ª edição — agôsto de 1959

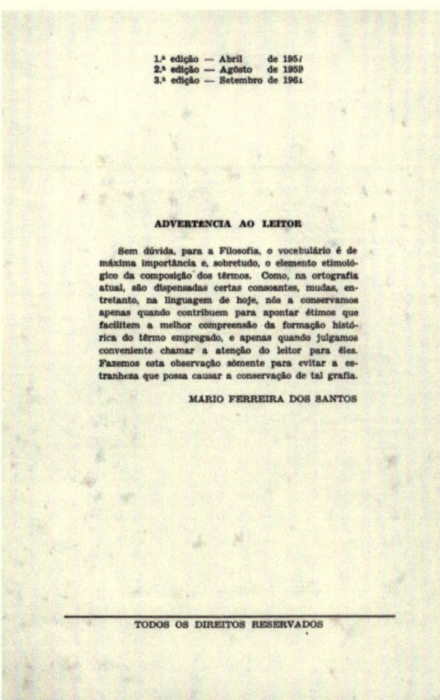
1.ª edição — Abril de 1957
2.ª edição — Agôsto de 1959
3.ª edição — Setembro de 1961

ADVERTÊNCIA AO LEITOR

Sem dúvida, para a Filosofia, o vocabulário é de máxima importância e, sobretudo, o elemento etimológico da composição dos têrmos. Como, na ortografia atual, são dispensadas certas consoantes, mudas, entretanto, na linguagem de hoje, nós a conservamos apenas quando contribuem para apontar étimos que facilitem a melhor compreensão da formação histórica do têrmo empregado, e apenas quando julgamos conveniente chamar a atenção do leitor para êles. Fazemos esta observação sòmente para evitar a estranheza que possa causar a conservação de tal grafia.

MARIO FERREIRA DOS SANTOS

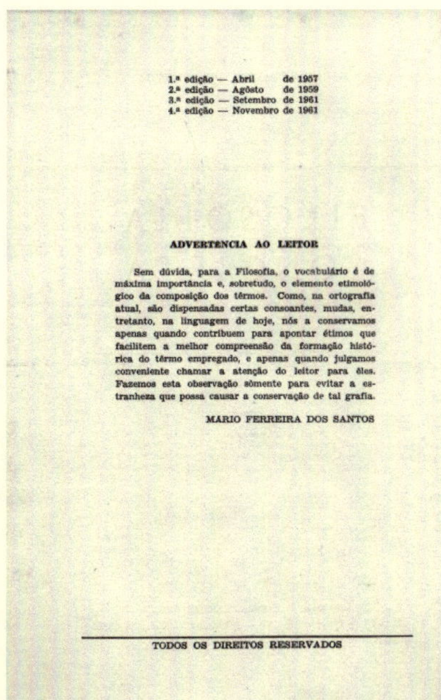
1.ª edição — Abril de 1957
2.ª edição — Agôsto de 1959
3.ª edição — Setembro de 1961
4.ª edição — Novembro de 1961

ADVERTÊNCIA AO LEITOR

Sem dúvida, para a Filosofia, o vocabulário é de máxima importância e, sobretudo, o elemento etimológico da composição dos têrmos. Como, na ortografia atual, são dispensadas certas consoantes, mudas, entretanto, na linguagem de hoje, nós a conservamos apenas quando contribuem para apontar étimos que facilitem a melhor compreensão da formação histórica do têrmo empregado, e apenas quando julgamos conveniente chamar a atenção do leitor para êles. Fazemos esta observação sòmente para evitar a estranheza que possa causar a conservação de tal grafia.

MARIO FERREIRA DOS SANTOS

Páginas que informam a data de cada uma das quatro edições de *Filosofia Concreta* publicadas pela Editora Logos: abril de 1957, agosto de 1959, setembro de 1961, novembro de 1961

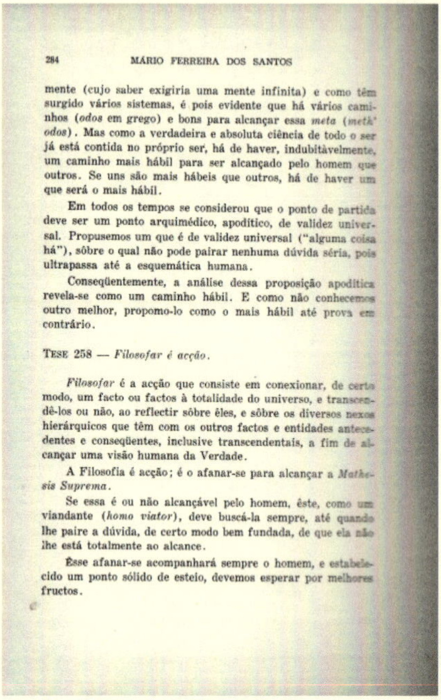
284 MÁRIO FERREIRA DOS SANTOS

mente (cujo saber exigiria uma mente infinita) e como têm surgido vários sistemas, é pois evidente que há vários caminhos (*odos* em grego) e bons para alcançar essa *meta* (*meth' odos*). Mas como a verdadeira e absoluta ciência de todo o ser já está contida no próprio ser, há de haver, indubitàvelmente, um caminho mais hábil para ser alcançado pelo homem que outros. Se uns são mais hábeis que outros, há de haver um que será o mais hábil.

Em todos os tempos se considerou que o ponto de partida deve ser um ponto arquimédico, apodítico, de validez universal. Propusemos um que é de validez universal ("alguma coisa há"), sôbre o qual não pode pairar nenhuma dúvida séria, pois ultrapassa até a esquemática humana.

Conseqüentemente, a análise dessa proposição apodítica revela-se como um caminho hábil. E como não conhecemos outro melhor, propomo-lo como o mais hábil até prova em contrário.

TESE 258 — *Filosofar é acção.*

Filosofar é a acção que consiste em conexionar, de certo modo, um facto ou factos à totalidade do universo, e transcendê-los ou não, ao reflectir sôbre êles, e sôbre os diversos nexos hierárquicos que têm com os outros factos e entidades antecedentes e conseqüentes, inclusive transcendentais, a fim de alcançar uma visão humana da Verdade.

A Filosofia é acção; é o afanar-se para alcançar a *Mathesis Suprema*.

Se essa é ou não alcançável pelo homem, êste, como um viandante (*homo viator*), deve buscá-la sempre, até quando lhe paire a dúvida, de certo modo bem fundada, de que ela não lhe está totalmente ao alcance.

Êsse afanar-se acompanhará sempre o homem, e estabelecido um ponto sólido de esteio, devemos esperar por melhores fructos.

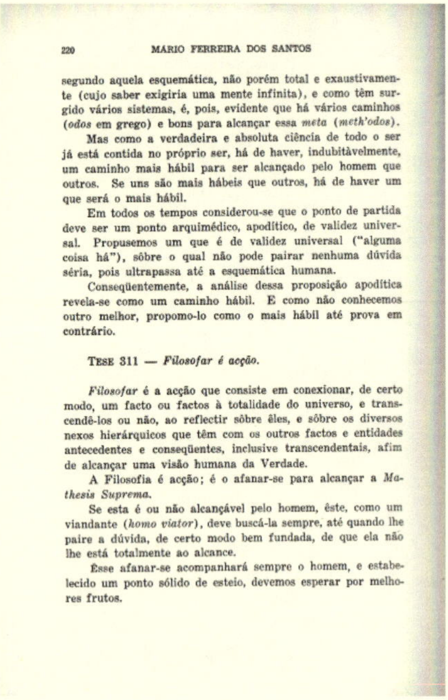
220 MÁRIO FERREIRA DOS SANTOS

segundo aquela esquemática, não porém total e exaustivamente (cujo saber exigiria uma mente infinita), e como têm surgido vários sistemas, é, pois, evidente que há vários caminhos (*odos* em grego) e bons para alcançar essa *meta* (*meth'odos*).

Mas como a verdadeira e absoluta ciência de todo o ser já está contida no próprio ser, há de haver, indubitàvelmente, um caminho mais hábil para ser alcançado pelo homem que outros. Se uns são mais hábeis que outros, há de haver um que será o mais hábil.

Em todos os tempos considerou-se que o ponto de partida deve ser um ponto arquimédico, apodítico, de validez universal. Propusemos um que é de validez universal ("alguma coisa há"), sôbre o qual não pode pairar nenhuma dúvida séria, pois ultrapassa até a esquemática humana.

Conseqüentemente, a análise dessa proposição apodítica revela-se como um caminho hábil. E como não conhecemos outro melhor, propomo-lo como o mais hábil até prova em contrário.

TESE 311 — *Filosofar é acção.*

Filosofar é a acção que consiste em conexionar, de certo modo, um facto ou factos à totalidade do universo, e transcendê-los ou não, ao reflectir sôbre êles, e sôbre os diversos nexos hierárquicos que têm com os outros factos e entidades antecedentes e conseqüentes, inclusive transcendentais, afim de alcançar uma visão humana da Verdade.

A Filosofia é acção; é o afanar-se para alcançar a *Mathesis Suprema*.

Se esta é ou não alcançável pelo homem, êste, como um viandante (*homo viator*), deve buscá-la sempre, até quando lhe paire a dúvida, de certo modo bem fundada, de que ela não lhe está totalmente ao alcance.

Êsse afanar-se acompanhará sempre o homem, e estabelecido um ponto sólido de esteio, devemos esperar por melhores frutos.

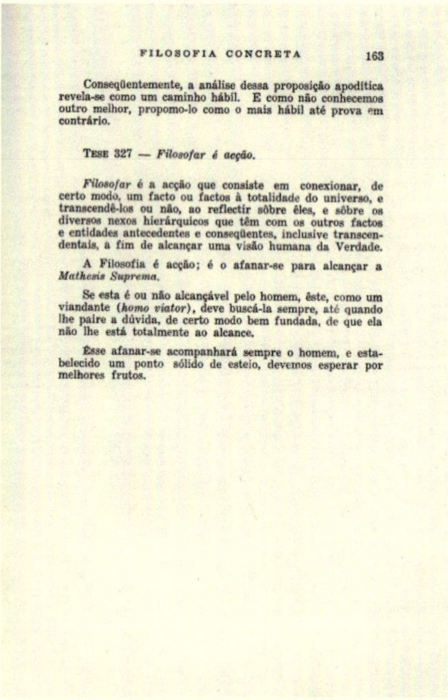
FILOSOFIA CONCRETA 163

Conseqüentemente, a análise dessa proposição apodítica revela-se como um caminho hábil. E como não conhecemos outro melhor, propomo-lo como o mais hábil até prova em contrário.

TESE 327 — *Filosofar é acção.*

Filosofar é a acção que consiste em conexionar, de certo modo, um facto ou factos à totalidade do universo, e transcendê-los ou não, ao reflectir sôbre êles, e sôbre os diversos nexos hierárquicos que têm com os outros factos e entidades antecedentes e conseqüentes, inclusive transcendentais, a fim de alcançar uma visão humana da Verdade.

A Filosofia é acção; é o afanar-se para alcançar a *Mathesis Suprema*.

Se esta é ou não alcançável pelo homem, êste, como um viandante (*homo viator*), deve buscá-la sempre, até quando lhe paire a dúvida, de certo modo bem fundada, de que ela não lhe está totalmente ao alcance.

Êsse afanar-se acompanhará sempre o homem, e estabelecido um ponto sólido de esteio, devemos esperar por melhores frutos.

Última tese de cada uma das três primeiras edições da *Filosofia Concreta*: a distância entre os números – 258, 311, 327 – revela o incremento por que a obra passou no decorrer dos anos

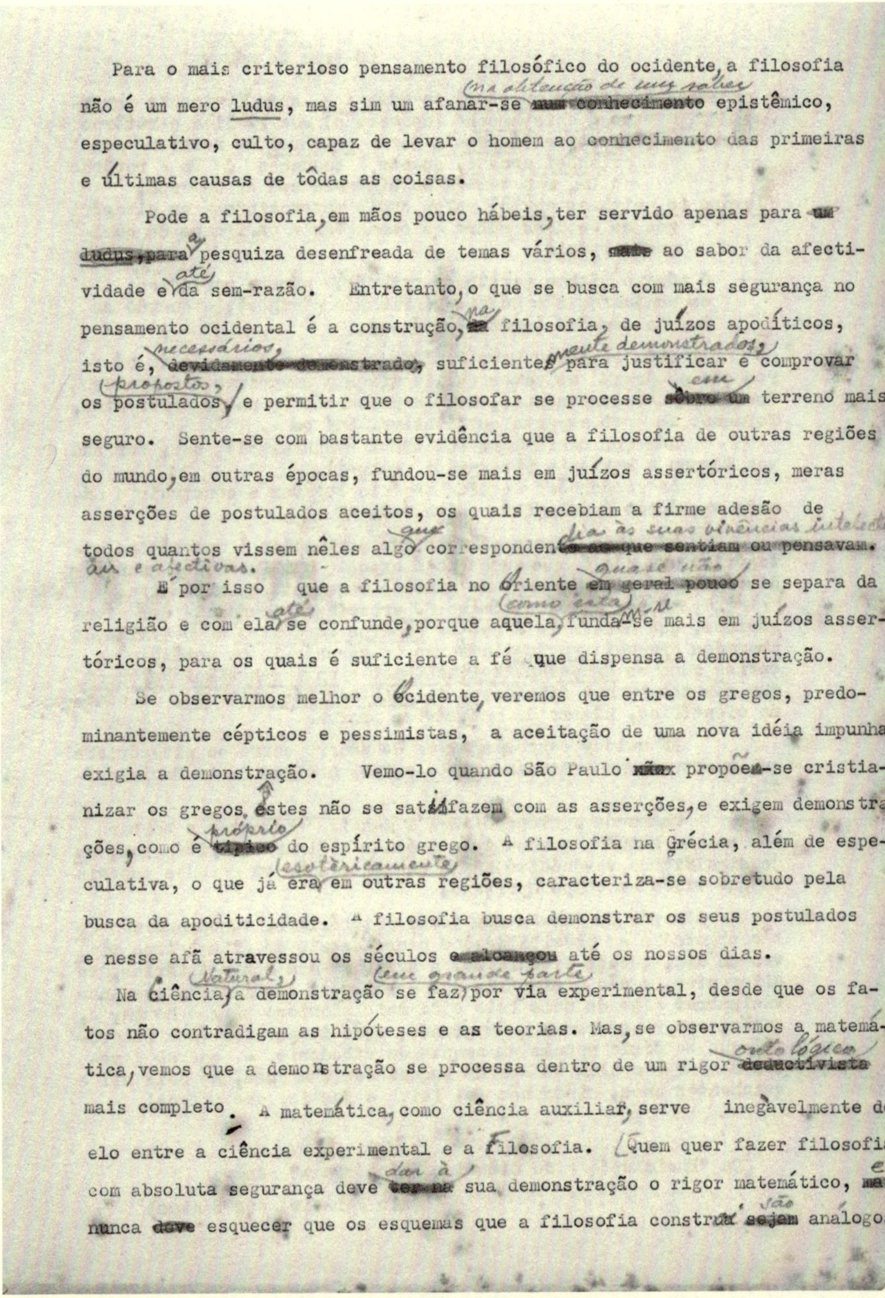

Para o mais criterioso pensamento filosófico do ocidente, a filosofia não é um mero ludus, mas sim um afanar-se (na obtenção de um saber) epistêmico, especulativo, culto, capaz de levar o homem ao conhecimento das primeiras e últimas causas de tôdas as coisas.

Pode a filosofia, em mãos pouco hábeis, ter servido apenas para a pesquiza desenfreada de temas vários, ao sabor da afectividade e até da sem-razão. Entretanto, o que se busca com mais segurança no pensamento ocidental é a construção, na filosofia, de juízos apodíticos, isto é, necessários, suficientemente demonstrados, para justificar e comprovar os postulados (propostos), e permitir que o filosofar se processe em terreno mais seguro. Sente-se com bastante evidência que a filosofia de outras regiões do mundo, em outras épocas, fundou-se mais em juízos assertóricos, meras asserções de postulados aceitos, os quais recebiam a firme adesão de todos quantos vissem nêles algo que correspondia às suas vivências intelectuais e afectivas.

É por isso que a filosofia no Oriente quase não se separa da religião e com ela até se confunde, porque aquela (como esta) funda-se mais em juízos assertóricos, para os quais é suficiente a fé que dispensa a demonstração.

Se observarmos melhor o Ocidente, veremos que entre os gregos, predominantemente cépticos e pessimistas, a aceitação de uma nova idéia impunha exigia a demonstração. Vemo-lo quando São Paulo propõe-se cristianizar os gregos, êstes não se satisfazem com as asserções, e exigem demonstrações, como é próprio do espírito grego. A filosofia na Grécia, além de especulativa, o que já era (esotèricamente) em outras regiões, caracteriza-se sobretudo pela busca da apoditicidade. A filosofia busca demonstrar os seus postulados e nesse afã atravessou os séculos até os nossos dias.

Na Ciência (Natural), a demonstração se faz (em grande parte) por via experimental, desde que os fatos não contradigam as hipóteses e as teorias. Mas, se observarmos a matemática, vemos que a demonstração se processa dentro de um rigor ontológico mais completo. A matemática, como ciência auxiliar, serve inegavelmente de elo entre a ciência experimental e a Filosofia. Quem quer fazer filosofia com absoluta segurança deve dar à sua demonstração o rigor matemático, e nunca esquecer que os esquemas que a filosofia constrói são analogos

Sete primeiras páginas do Datiloscrito 1 da *Filosofia Concreta*, datado de 11 de fevereiro de 1956

2

aos que a ciência examina e estuda.

Basta para a fé [redacted] os juízos assertóricos; mas [redacted] o verdadeiro filósofo exige [redacted] juízos apodíticos.

Ao desejar-se construir uma Filosofia Concreta, isto é, uma filosofia que dê uma visão unitiva, não só das idéias como também dos factos, não só do que pertence ao campo propriamente [redacted] filosófico como também ao que cabe à ciência, deve ela ter a capacidade de penetrar [redacted] nos [redacted] temas [redacted] transcendentais, deve demonstrar as suas teses e postulados com o rigor da matemática, e deve [redacted] justificar os seus princípios com a analogia dos factos experimentais. Porque só assim a [redacted] filosofia será concreta, porque não pairará apenas num sector de realidade, numa esfera de conhecimento, mas englobará, no seu processo, todo o campo da actividade epistêmica do homem. Suas leis devem ser válidas para tôdas as esferas e regiões do saber [redacted] humano. Uma lei, válida apenas para uma região, se não se subordinar às leis transcendentais, é uma lei provisória. [redacted] Ao estabelecerem-se leis e princípios devem êstes ter validez em todos os campos do conhecimento humano, porque só assim se construirá o nexo que estruturará o [redacted] saber epistêmico num conjunto coordenado, no qual [redacted] se dê aquêle princípio de harmonia dos pitagóricos, que é [redacted] a adequação dos opostos analogados, cujas funções subsidiárias estão subordinadas à [redacted] função principal que é dada pela [redacted] normal da totalidade.

Um rápido estudo do processo filosófico grego, mostra-nos que após a vinda de Pitágoras à Grécia, desenvolveu-se uma tendência marcante para a demonstração dos postulados filosóficos.

E'fácil depreender que a ânsia de apoditicidade, que se observa nessa filosofia, tornada exotérica, se deve, sobretudo, à influência dos estudos matemáticos, e dentre êles à geometria, que por exigir constantemente demonstrações, fundadas no que anteriormente ficou provado, desenvolveu a tendência para o saber teórico, que só o é, quando fundado apoditicamente.

A filosofia, tendendo para êsse caminho, (embora partindo do conhecimento empírico e da doxa, tornou-se uma legítima episteme, um saber culto, que é uma norma ética do verdadeiro filosofar. Os primeiros esquemas noéticos do filosofar grego tinham de provir da conceituação comum e nêles trazer as aderências da sua origem. Mas há uma marcante tendência a afastar-se dos preconceitos de tipo psicologista e tender para o sentido da matemática, como vemos no pensamento pitagórico de grau mais elevado.

Sabe-se que Pitágoras foi um grande divulgador dos conhecimentos matemáticos por êle adquiridos em suas viagens e estudos, embora alguns tenham dúvida quanto à sua existência histórica, o que não cabe aqui discutir. Mas o pitagorismo é um facto histórico, e vemos que é êle que anima o estudo da matemática e é dentre os pitagóricos que vão surgir os mais ilustres dos tempos antigos. A demonstração não se separa da matemática, e ademais esta não é apenas uma ciência auxiliar do conhecimento um simples método, como alguns pretendem considerar. Tem ela uma significação ontológica muito mais profunda, e a justificação desta afirmativa não caberia ainda aqui. A matematização da filosofia é a única maneira de afastá-la dos perigos da estética e das meras asserções. Não que consideremos um defeito a presença do estético na filosofia, mas o perigo está em o

4

[redacted] estética tenda a bastar-se a si mesma, e reduzir o filosofar ao seu campo, com o predomínio da conceituação humana, com conteúdos apenas psicológicos, sem a [redacted] depuração que a análise ontológica pode oferecer.

E essa é a profunda razão que levava aos pitagóricos a exigir, para os iniciandos, o [redacted] estudo prévio das matemáticas, e a Platão, êsse grande pitagórico, a exigir o conhecimento da geometria para entrar na sua academia. (1)

Inclui o rodapé

(Ver rodapé)

(1) Proclo atribui a Pitágoras a criação da geometria como ciência, pois, graças a êle, não se limita a ilustrar com algumas provas empíricas. Atribui-se aos egípcios a aplicação da geometria apenas para fins práticos imediatos, mas Pitágoras procura transformá-la numa ciência, o que conseguiu afinal. Os teoremas são demonstrados apoditicamente, pois são investigados profundamente, graças ao emprêgo do pensamento puro, sem recorrer ao auxílio da matéria.

Dessa forma, suas verdades sustentam-se em si mesmas, sem necessidade dos factos reais, nem de sujeitos individuais sôbre os quais se apoiem.

E'o que se observa anteriormente na obra de Filolao, cujos fragmentos revelam êsse desejo dos pitagóricos. No frag. 4ª lemos:

"Pois a natureza do número infunde conhecimento, guia e instrui a quem quer que seja em qualquer coisa que lhe pareça duvidosa ou desconhecida. Se não existissem o número e sua essência, nada seria claro nas coisas para ninguém, nem em suas relações consigo mesmas, nem em suas relações com outras coisas. Mas o número permite que tôdas as coisas postas em ressonância dentro da alma com as percepções dos sentidos, sejam cognoscíveis e correspondam-se umas com as outras, conforme a natureza do gnomon, emprestando-lhes corporeidade e dissassociando e separando cada uma por si as relações entre as coisas tanto das que limitam como das limitadas."

Em suma, é para os pitagóricos o número que nos garante a autenticidade imutável do ser, pois o número revela a verdade, e não engana, como não leva o sujeito a ilusões e a erros. Porque, como diz Filolao, "a própria natureza do número, da qual é inseparável a harmonia, é incompatível com a mentira. Esta não cabe em sua natureza. Ainda mais, a verdade é originàriamente inherente e inata ao conceito de número." Só o número pode dar a base segura para o verdadeiro estudo científico. E quem poderia negar que o progresso científico encontr no pensamento pitagórico sua fundamentação e a base do seu progresso?

E considere-se ademais que o número (arithmós) não era para os pitagóricos de grau elevado apenas quantitativo, senão qualitativo e até transcendental.

No fim da primeira parte desta obra, teremos ocasião de estudar[redacted] os logoi analogantes de Sócrates e de Platão, cuja validez nunca é demais salientar, sobretudo quando tão poucas vêzes, na filosofia, houve uma nítida [redacted] até compreensão do verdadeiro sentido do seu significado.

[redacted] Impõe-se que se revise com cuidado o têrmo concreto, cuja origem etimológica vem do aumentativo cum e de crescior, ser crescido. Esse cum, além de aumentativo, pode ser considerado ademais como a preposição com, o que indicari o crescer-se com, pois a concreção implica, na sua estructura ontológica, a presença, não só do que é afirmado como entidade especìficamente determinada, mas também das [redacted] coordenadas indispensáveis para o seu surgimento. [Deve-se afastar o pensamento comum e vulgar de que é concreto o que é captado apenas pelos nossos sentidos. [redacted] Para alcançarmos o concreção de algo, precisamos, não só do conhecimento sensível da coisa, se é objecto dos nossos sentidos, mas também da sua lei de proporcionalidade intrínseca e da sua haecceidade, que inclui o esquema concreto, que é a sua lei de proporção intrínseca [redacted] da sua singularidade, e, também, das [redacted] leis que presidem à sua formação, à sua existência e perduração, bem como ao seu têrmo. Um conhecimento concreto é um conhecimento circular, no sentido em parte de Raimundo de Lúlio, um conhecimento que conexione tudo quanto é do [redacted] objecto estudado, analogado às leis (logoi analogantes), que o definem, [redacted] conexionados por sua vez com a lei suprema que rege a sua realidade, isto é: [redacted] um conhecimento harmônico que capte os opostos analogados, subordinados à normal e normais dadas pela [redacted] totalidade a que pertence, o que nós chamamos, em suma, a decadialéctica. Esta não se cinge apenas aos dez campos do raciocinar hierárquico, que estudamos em "Lógica e Dialéctica", mas inclui também o conexionamento com a Dialéctica Simbólica e o Pensar concreto (semelhante ao pensar circular de Raimundo Lúlio), [redacted] que reune todo o saber ao saber, através dos logoi analogantes, analogando, dêsse modo, um facto, ou um objecto em estudo, à totalidade esquemática das leis universais, ontológicas em suma.

Um triângulo ônticamente é êste triângulo. Podemos conhecê-lo sensìvelmente, porque a sua figura está desenhada nesse quadro negro. Mas um conhecimento concreto do triângulo, implica o conhecimento da lei da triangularidade, que é a lei da proporcionalidade intrínseca dos triângulos, e a subordinação dessa lei às leis da geometria, que são outras tantas leis de proporcionalidade intrínseca das figuras, que se subordinam às normais estabelecidas [redacted] por essa disciplina. Êsse conhecimento é mais concreto. E o será ainda mais, se conexionarmos as leis da geometria às leis ontológicas. ~~Portanto~~ Como justificação de nossa obra, entedemos por Filosofia Concreta aquela que busca e justifica os postulados de um saber ontológico, válido em qualquer sector da realidade, e nas diversas esferas de realidade, porque as há e muitas, como há uma realidade física, uma metafísica e ontológica, como há a psicológica, a histórica, com seus respectivos critérios de verdade e de certeza.

Submeter assim um conhecimento específico à subordinação da normal dada pelas leis fundamentais da ontologia, que são manifestações da lei suprema do ser, é conexionar o conhecimento, de modo a torná-lo concreto.

Esta é a justificação que desejamos fazer desta ~~nossa~~ obra. ~~que hoje apresentamos aos nossos leitores.~~

É justificação também da dialéctica que nêle empregamos, que não é unicamente formal, a more geometrico, usando apenas ~~deducções~~. Empregamos nosso método dialéctico, ora inductivo-deductivo, ora deductivo-inductivo, que está justificado em nossas obras anteriores, e fundado, em grande parte, na dialéctica socrático-platônica, que busca, que emprega, com eficiência, a analogia, buscando o logos analogante, as leis de proporcionalidade inversa, que analogam os factos do espírito, analogando-os, afinal, ao logos supremo do ser, a lei das leis, cuja demonstração é objecto primordial desta obra. (1)

Em rodapé 1) Para melhor compreensão do que acima dissemos, leiam-se os comentários aos [illegible] dêste livro.

Para o mais criterioso pensamento filosófico do Ocidente, a filosofia não é um mero *ludus*, mas sim ~~um~~ o afanar-se na obtenção de ~~um~~ saber epistêmico, especulativo, ~~culto,~~ teórico, capaz de levar o homem ao conhecimento das primeiras e últimas causas de tôdas as coisas.

Pode a filosofia, em mãos pouco hábeis, ter servido apenas para a pesquiza desenfreada de temas vários, ao sabor da afectividade e até da sem-razão. Entretanto, o que se busca com mais segurança no pensamento ocidental é a construção, ~~na filosofia,~~ nela, de juízos ~~apox~~ apodíticos, isto é, necessários, suficientemente demonstrados, para justificar e comprovar os postulados propostos, e permitir que o filosofar se processe em terreno mais seguro. Sente-se ~~com bastante evidência~~ não obstante que a filosofia, em certas ~~de outras~~ regiões ~~do mundo,~~ e em certas ~~em~~ outras épocas, fundou-se mais em juízos assertóricos, meras ~~asserções~~ de postulados aceitos, os quais recebiam a firme adesão ~~de todos quantos vissem nêles~~ dos que neles encontravam algo ~~que correspondia~~ adequado às suas vivências intelectuais e afectivas. ~~É por isso~~ Esse o motivo por que a filosofia no Oriente quase não se separa da religião, e com ela até se confunde, porque aquela, como esta, fundam-se mais em juízos assertóricos, para os quais é suficiente a fé que dispensa a demonstração.

~~Se observarmos melhor o Ocidente, veremos que~~ Entre os gregos, predominantemente cépticos e pessimistas, a aceitação de uma nova idéia impunha e exigia a demonstração. Vemo-lo quando São Paulo ~~xxxx~~ propõe-se cristianizar os gregos. Êstes não se satisfazem com ~~as asserções,~~ e exigem-lhe demonstrações, ~~como é próprio do espírito grego.~~ (de certo modo)

A filosofia na Grécia, além de especulativa, o que já era esotericamente em outras regiões, caracteriza-se sobretudo pela ~~busca~~ procura da apoditicidade. A filosofia busca demonstrar os seus postulados e nesse afã atravessou os séculos até os nossos dias.

Na Ciência Natural, a demonstração se faz em grande parte por via experimental, ~~desde que os factos não contradigam as hipóteses e as~~

Sete primeiras páginas do Datiloscrito 2 da *Filosofia Concreta*, sem data [redacted] Mas, se observarmos a matemática, vemos que a demonstração se processa dentro de um mais rigor ontológico. [redacted]

Aquela, [redacted] como ciência auxiliar, serve inegàvelmente de elo entre a ciência experimental e a Filosofia.

Quem quer fazer filosofia com absoluta segurança deve dar à sua demonstração o rigor matemático, e nunca esquecer que os esquemas que a filosofia constroi são análogos aos que a ciência examina e estuda.

Basta, para a fé, os juízos assertóricos; mas o verdadeiro filósofo exige juízos apodíticos.

Ao desejar-se construir uma Filosofia Concreta, isto é, uma filosofia que dê uma visão unitiva, não só das idéias como também dos factos, não só do que pertence ao campo pròpriamente filosófico como também ao [redacted] campo da ciência, deve ela ter a capacidade de penetrar nos temas transcendentais. Deve demonstrar as suas teses e postulados com o rigor da matemática, e deve justificar os seus princípios com a analogia dos factos experimentais.

Porque só assim a filosofia será concreta, porque não pairará apenas num sector da realidade, numa esfera de conhecimento, mas englobará, no seu processo, todo o campo da actividade [redacted] epistêmica do homem. Suas leis devem ser válidas para tôdas as esferas e regiões do saber humano. Uma lei, válida apenas para uma região, se não se subordina às leis transcendentais, é uma lei provisória. Ao estabelecerem-se leis e princípios devem [redacted] êstes ter validez em todos os campos do conhecimento humano, porque só assim se construirá o nexo que estructurará o saber epistêmico num conjunto coordenado, no qual se dê aquêle princípio de harmonia dos pitagóricos, que é a adequação dos opostos analogados, cujas funções subsidiárias, [redacted] estão subordinadas à função principal, que é dada pela normal da totalidade.

Um rápido estudo do processo filosófico grego, mostra-nos que após a vinda de Pitágoras à Magna Grécia, desenvolveu-se uma tendência marcante para a demonstração dos postulados filosóficos.

E'fácil depreender que a ânsia da apoditicidade, que se observa nessa filosofia, tornada exotérica, deve-se, sobretudo, à influência dos estudos matemáticos, e dentre êles à geometria, que por exigir constantemente demonstrações, fundadas no que anteriormente ficou provado, desenvolveu a tendência para o saber teórico, que só o é quando fundado apoditicamente.

A filosofia, tendendo para êsse caminho, embora partindo do conhecimento empírico e da doxa, tornou-se uma legítima epistéme, um saber culto, que é uma norma ética do verdadeiro filosofar.

Os primeiros esquemas noéticos do filosofar grego tinham de provir da conceituação comum, e nêles trazer as aderências da sua origem. Mas há uma expressiva tendência a afastar-se dos preconceitos de tipo psicologista e tender para o sentido da matemática, como vemos no pensamento pitagórico de grau mais elevado.

Sabe-se que Pitágoras foi um grande divulgador dos conhecimentos matemáticos, por êle adquiridos em suas viagens e estudos, embora alguns tenham dúvida quanto à sua existência histórica, o que não cabe aqui discutir. Mas o pitagorismo é um facto histórico, e vemos que é êle que anima o estudo da matemática, e é dentre os pitagóricos que vão surgir os mais ilustres dos tempos antigos.

A demonstração separa-se da matemática, e ademais esta não é apenas uma ciência auxiliar do conhecimento, um simples método, como alguns pretendem considerar. Tem ela uma significação ontológica muito mais profunda, e a justificação dessa afirmativa não caberia ainda aqui.

A matematização da filosofia é a única maneira de afastá-la dos perigos da estética e das meras asserções. Não que consideremos um defeito a presença do estético na filosofia, mas o perigo está em o estético tender a bastar-se a si mesmo, e reduzir o filosofar ao seu campo, com o predomínio da conceituação, com conteúdos apenas psicológicos, sem a depuração que a análise ontológica pode oferecer.

E essa é a profunda razão que levava aos pitagóricos a exigir, para os iniciados, o estudo prévio das matemáticas, e a Platão, êsse grande pitagórico, a considerar imprescindível o conhecimento da geometria para entrar na Academia. (1)

---

(1) Proclo atribui a Pitágoras a criação da geometria como ciência, pois, graças a êle, não se limita a dar exemplos fundados, em provas empíricas. Atribui-se aos egípcios a aplicação da geometria apenas para fins práticos imediatos; mas Pitágoras procura transformá-la numa ciência, o que conseguiu afinal.

Os teoremas são demonstrados apodìticamente, pois são investigados profundamente, graças ao emprêgo do pensamento puro, sem recorrer ao auxílio da matéria. Dessa forma, suas verdades sustentam-se em si mesmas, sem necessidade dos factos reais, nem de sujeitos individuais sôbre os quais se apoiem.

É o que se observa na obra de Filolao, cujos fragmentos revelam êsse desejo dos pitagóricos. No frag. 4º, lemos:

"Pois a natureza do número infunde conhecimento, guia e instrui a quem quer que seja em qualquer coisa que lhe pareça duvidosa ou desconhecida. Se não existissem o número e sua essência, nada seria claro nas coisas para ninguém, nem em suas relações consigo mesmas, nem em suas relações com outras coisas. Mas o número permite que tôdas as coisas postas em ressonância dentro da alma com as percepções dos sentidos, sejam cognoscíveis e correspondam-se umas com as outras, conforme a natureza do gnomon, emprestando-lhes corporeidade e dissassociando e separando cada uma por si em relações entre as coisas, tanto das que limitam como das limitadas".

Em suma, é para os pitagóricos o número que nos garante a autenticidade imutável do Ser, pois o número revela a verdade, e não engana, como não leva o sujeito a ilusões e a erros. Porque, como diz Filolao, "a própria natureza do número, da qual é inseparável a harmonia, é incompatível com a mentira. Esta não cabe em sua natureza.

Ainda mais, a verdade é originàriamente inherente e inata ao conceito de número."

Só o número pode dar a base segura para o verdadeiro estudo científico. E quem poderia negar que o progresso científico encontra no pensamento pitagórico a sua fundamentação e a sua base? ~~do seu progresso?~~

E considere-se ademais que o número (arithmós) não era, para os pitagóricos de grau elevado, apenas quantitativo, mas qualitativo, e até transcendental.

No fim da primeira parte desta obra, teremos ocasião de estudar os logoi analogantes de Sócrates e de Platão, cuja validez nunca é demais salientar, sobretudo quando tão poucas vêzes, na filosofia, houve uma nítida [redacted] compreensão do verdadeiro sentido do seu significado.

Impõe-se que se revise com cuidado o têrmo concreto, cuja origem etimológica vem do aumentativo cum e de crescior, ser crescido. Esse cum, além de aumentativo, pode ser considerado ademais como a preposição com, o que indicaria o crescer-se com, pois a concreção implica, na sua estrutura ontológica, a presença, não só do que é afirmado como entidade especìficamente determinada, mas também das coordenadas indispensáveis para o seu surgimento.

Convém [redacted] afastar a acepção [redacted] comum e vulgar que se constrói do [redacted] concreto, como sendo apenas [redacted] que é [redacted] captado [redacted] pelos nossos sentidos.

Para alcançarmos a concreção de algo, precisamos, não só do conhecimento sensível da coisa, se é objecto dos nossos sentidos, mas também da sua lei de proporcionalidade intrínseca e da sua hæceidade, que inclui o esquema concreto, que é a [redacted] lei (logos) de proporção intrínseca da sua singularidade, e, também, das leis que presidem a sua formação, a sua existência e perduração, bem como ao seu têrmo.

Um conhecimento concreto é um conhecimento circular, num [redacted] sentido semelhante ao [redacted] de Raimundo de Lúlio, um conhecimento que conexiona tudo quanto é do objecto estudado, analogado às leis (logoi analogantes), que o definem, conexionados, por sua vez, com a lei suprema que rege a sua realidade, isto é: um conhecimento harmônico que capte os opostos analogados, subordinados à normal e normais dadas pela totalidade a que pertencem, o que nós [redacted] chamamos, em suma, a decadialéctica. Esta não se cinge apenas aos dez campos do raciocinar hierárquico, que estudamos em "Lógica e Dialéctica", mas inclui também o conexionamento com a Dialéctica Simbólica e o Pensar Concreto, [redacted], que reúne todo o saber ao saber, através dos Logoi analogantes, analogando, dêsse modo, um facto, ou um objecto em estudo, à totalidade esquemática das leis universais, ontológicas em suma.

Um triângulo ônticamente é êste triângulo. Podemos conhecê-lo sensìvelmente, por que a sua figura ~~está~~ pode ser desenhada ~~nesse quadro negro~~. Mas um conhecimento concreto do triângulo, implica o conhecimento da lei da triângularidade, que é a lei de proporcionalidade intrínseca dos triângulos, e a subordinação dessa lei às leis da geometria, que são outras tantas leis da proporcionalidade intrínseca das figuras, que se subordinam às normais estabelecidas por essa disciplina. Êste conhecimento é mais concreto. E o será ainda mais, se conexionarmos as leis da geometria às leis ontológicas.

Como justificação de nossa obra, entendemos por Filosofia Concreta aquela que busca e justifica os postulados de um saber ontológico, válido em qualquer sector da realidade, e nas diversas esferas da realidade, porque as há e muitas, pois há uma realidade física, uma metafísica e ontológica, como há uma psicológica, uma histórica, etc., com seus respectivos critérios de verdade e de certeza.

Submeter assim um conhecimento específico à subordinação da normal dada pelas leis fundamentais da ontologia, que são manifestações da lei suprema do ser, é conexionar o conhecimento, de modo a torná-lo concreto.

~~Esta é a justificação que desejamos fazer desta obra. E justificação também da dialéctica que nela empregamos, que não é a meramente formal, a more geometrico,~~ fundada ~~apenas~~ em ~~deducções.~~

~~Empregamos nosso método dialéctico,~~ ora inductivo-deductivo, ~~ora deductivo-inductivo, que está justificado em nossas obras anteriores, e fundado, em grande parte, na contribuição da dialéctica socrática-platônica, que emprega com eficiência a analogia, buscando os logoi analogantes (as leis de proporcionalidade intrínseca) que analogando-os, afinal, ao Logos Supremo do Ser, a lei das leis, cuja demonstração é objecto primordial desta obra.(1)~~

~~(1)Para melhor compreensão do que acima dissemos, leiam-se os "Comentários aos postulados", no fim da primeira parte dêste livro.~~

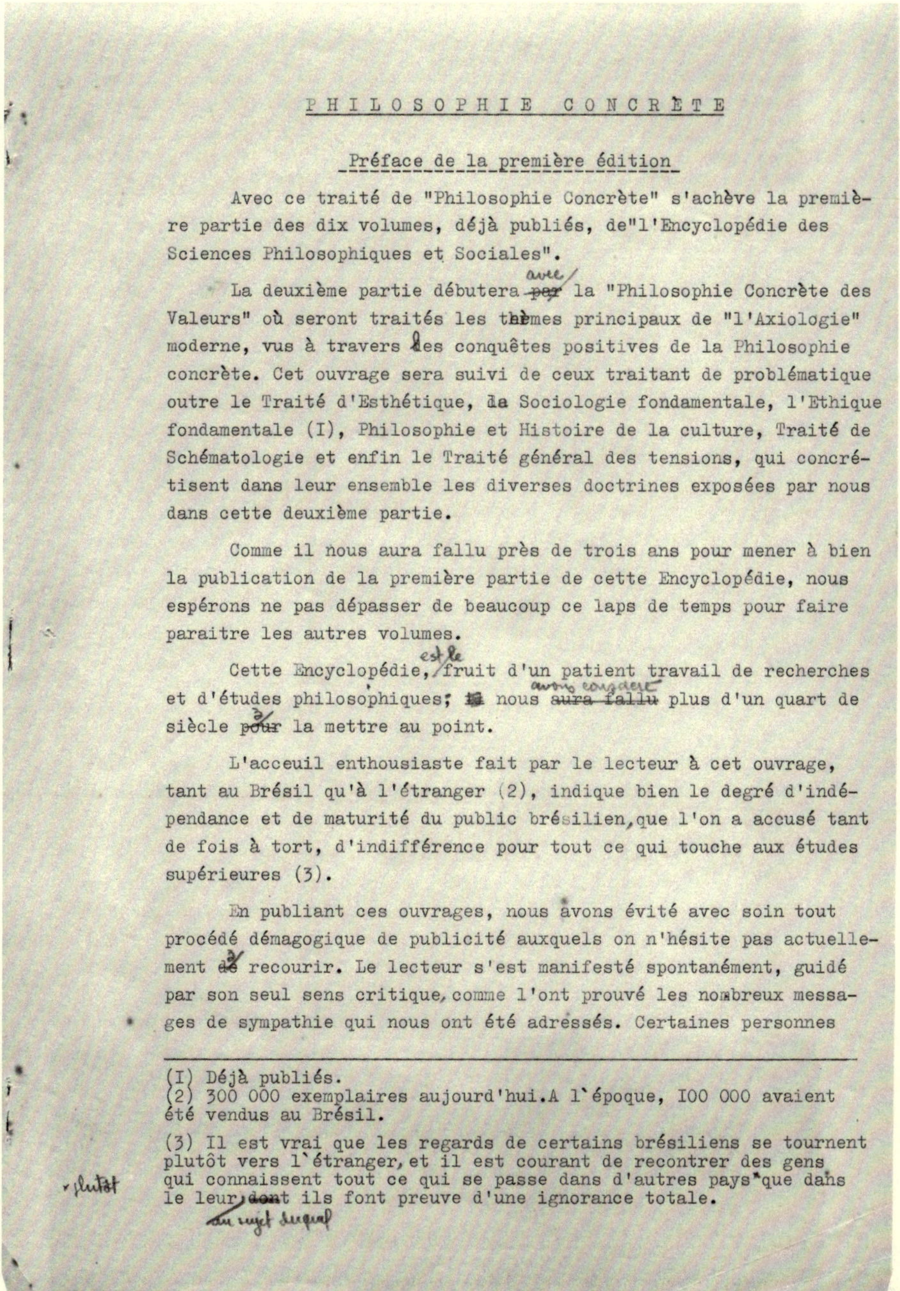

P H I L O S O P H I E   C O N C R È T E

Préface de la première édition

Avec ce traité de "Philosophie Concrète" s'achève la première partie des dix volumes, déjà publiés, de"l'Encyclopédie des Sciences Philosophiques et Sociales".

La deuxième partie débutera ~~par~~ avec la "Philosophie Concrète des Valeurs" où seront traités les thèmes principaux de "l'Axiologie" moderne, vus à travers les conquêtes positives de la Philosophie concrète. Cet ouvrage sera suivi de ceux traitant de problématique outre le Traité d'Esthétique, la Sociologie fondamentale, l'Ethique fondamentale (I), Philosophie et Histoire de la culture, Traité de Schématologie et enfin le Traité général des tensions, qui concrétisent dans leur ensemble les diverses doctrines exposées par nous dans cette deuxième partie.

Comme il nous aura fallu près de trois ans pour mener à bien la publication de la première partie de cette Encyclopédie, nous espérons ne pas dépasser de beaucoup ce laps de temps pour faire paraitre les autres volumes.

Cette Encyclopédie, est le fruit d'un patient travail de recherches et d'études philosophiques; il nous ~~aura fallu~~ avons consacré plus d'un quart de siècle ~~pour~~ à la mettre au point.

L'acceuil enthousiaste fait par le lecteur à cet ouvrage, tant au Brésil qu'à l'étranger (2), indique bien le degré d'indépendance et de maturité du public brésilien, que l'on a accusé tant de fois à tort, d'indifférence pour tout ce qui touche aux études supérieures (3).

En publiant ces ouvrages, nous avons évité avec soin tout procédé démagogique de publicité auxquels on n'hésite pas actuellement ~~de~~ à recourir. Le lecteur s'est manifesté spontanément, guidé par son seul sens critique, comme l'ont prouvé les nombreux messages de sympathie qui nous ont été adressés. Certaines personnes

(I) Déjà publiés.
(2) 300 000 exemplaires aujourd'hui.A l'époque, IOO 000 avaient été vendus au Brésil.

(3) Il est vrai que les regards de certains brésiliens se tournent plutôt vers l'étranger, et il est courant de recontrer des gens qui connaissent tout ce qui se passe dans d'autres pays* plutôt que dans le leur, ~~dont~~ au sujet duquel ils font preuve d'une ignorance totale.

Páginas iniciais de uma tradução inacabada da *Filosofia Concreta* ao francês nous ont même demandé de divulguer leurs lettres, mais il nous a toujours répugné de nous servir de l'opinion d'autrui à titre publicitaire. ~~Mais~~ Ces témoignages venus de toutes parts nous ont × encouragés à mener plus avant notre plan d'édition qui semblait irréalisable au début, faute de moyens financiers suffisants.

× toutefois

Notre tenacité a su vaincre les milles difficultés qui se sont présentées à nous, et par la même occasion nous avons prouvé à certains éditeurs et libraires - qui se refusaient obstinément à croire aux possibilités de succès d'une entreprise de la sorte - que l'on peut réussir à lancer un ouvrage comme celui-ci sans le secours de la publicité habituelle, ou de "critiques sur commande".

C'est avant tout au lecteur brésilien, si souvent calomnié, que nous tenons à exprimer notre vive gratitude pour la contribution qu'il nous a apportée. Il fait preuve aujourd'hui d'une maturité d'esprit pleine d'espérance, maturité bien brésilienne par sa façon de penser et de voir, autonome et créatrice, sans cette subordination à la pensée étrangère manifestée par une admiration béate ~~devant~~ à "l'autorité d'outre-mer", vestiges d'un colonialisme passif.

Nous tenons à préciser que nous n'appartenons à aucune tendance de quelque sorte qu'elle soit. Dans cet ouvrage, nous exposons notre pensée, aussi clairement qu'il est possible de le faire en philosophie concrète. Celle-ci est une métamathématisation de la philosophie (métamathématique pris avec son sens le plus élevé ne se bornant pas seulement au domaine du quantitatif) basée sur des jugements apodictiques universellement valides, qui découlent, selon notre méthode dialectique, de fondements ontologiques.

S'il arrive parfois que notre pensée coincide à la scolastique, c'est que dans celle-ci se trouvent des ~~possibilités~~ positivités qui relèvent du patrimoine culturel de l'humanité et que seules l'ignorance et l'influence d'une mentalité "bourgeoise"-avide d'originalité et dominant malheureusement la pensée moderne - ~~ont~~ pourraient amener certains à l'ignorer voire même à le dédaigner.

× les

Ces positivités de la scolastique s'identifient avec celles de la philosophie concrète, comme ces dernières s'identifient aussi avec les positivités de la pensée purement pythagoricienne, socratico-platonique, aristotélique et celles de Plotin, de Thomas d'Aquin, Duns Scot, Hegel, Kant, etc.

La philosophie concrète n'est ~~pas~~ ni une "syncrèse" ni une "syncrise" de la pensée humaine. Elle n'est pas non plus une accumulation d'aspects jugés plus sûrs et systématisés en un tout. Elle a son existence propre puisque ses postulats sont rigoureusement liés les uns aux autres. Si souvent ils coincident avec ce qu'il y a d'affirmatif en d'autres pensées, c'est que celles-ci coincident aussi avec celui de la philosophie concrète. La valeur de la pensée exposée dans cet ouvrage, ne se fonde pas sur celle des diverses autorités philosophiques. La seule autorité que nous reconnaissons et acceptons est la pensée propre, lorsqu'elle trouve en elle-même sa validité et sa justification, car chacune des thèses discutées et présentées ici, est démontrée selon les diverses voies du raisonnement que nous proposons.

Nous rappelons encore une fois que nous n'appartenons qu'à notre propre pensée, celle de la philosophie concrète dont la validité réside en elle-même et de par ses démonstrations (I).

M. Ferreira dos Santos

(I) La deuxième édition que nous présentons maintenant a subi quelques modifications. Elle contient de nouvelles formes et thèses ainsi que de nouvelles démonstrations que nous y avons ajoutées. Le numérotage des thèses n'est donc plus le même.

Em 1953 surgiu a possibilidade de editar a Enciclopédia de Ciências Filosóficas e Sociais - seu grande projeto - pelo Instituto Brasileiro do Livro. Entusiasmado escreveu ao diretor da entidade explicando seu propósito.. Não teve, porém uma resposta positiva. A explanação feita

26

na carta serve-nos de guia para entender como surgiu a idéia desta obra:[67]."Quando moço, iniciado nas alegrias e tristezas, nas angústias e felicidades do conhecimento, meu pai me expunha as fábulas famosas e as explicava, para que lhes entendesse o sentido ético e humano, comenta-me muitas vezes que era triste para ele verificar que, se o homem conhecia progressos em certos campos, noutros estagnava desoladamente. E esses setores, dizia-me ele, era o da ética, o das relações humanas, e sobretudo o da filosofia. Costumava-se chamar a atenção para a verdadeira maneira de venerar o passado, a qual consistia em aceitá-lo, e levar avante o facho do conhecimento. Mostrava-me quanta sabedoria há nas fábulas e apólogos, que vinham de longínquas eras, perdidas origens da memória dos homens, mas ainda ali vivas a dar ensinamentos. "Precisamos continuar", dizia-me ele, "Nosso caminho não tem fim, enquanto brilhe uma lágrima em olhos humanos..." E incitava-me sempre ao estudo, ao saber, a um ideal de cultura que havia sido o de nossa família, que já dera um Gaspar Dias Ferreira, um José Ferreira, um Santos Valente, um José Dias Ferreira, um Castelo Branco, e muitos outros. Havia que continuar, avançar, prosseguir...

Estas palavras construíram em um desejo de ilustração que como uma sede devoradora invadiu-me a alma e dominou-me totalmente.

Desde então procurei o que fazer nesse setor. E certo dia, ao ouvir uma aula de filosofia, de um professor que nela me iniciou, afirmava-me ele com tanta clareza a crise que se estabelecera no conhecimento, no saber epistêmico, que havia necessidade de mais uma vez tentar-se fundi-lo num único saber, sem divórcio, sem desconfianças, como sempre sucedera nos períodos mais altos da humanidade, e como depois reconheceria eu ao estudar o ciclo das culturas.

.Como seria possível fazer-se alguma coisa sem um método?

O método, sim, era necessário achar o método. Desde então ficou para mim esta interrogação exigente. O saber está estruturado em disciplinas particulares. Como torná-lo num só corpo, capaz de unificar os esforços e terminar de vez, ou pelo menos tentar terminar, aquela atitude absolutamente abissal dos séculos XVIII e XIX, e até do nosso, que levou cientistas a olhar com desconfiança aos filósofos e a estes a olhar com desprezo aqueles?

Analisava as divergências, verificava os argumentos, que eram solidamente apresentados. Mas o coração dizia-me sempre que não, que era preciso procurar e achar como reunir o estudo do imanente (que cabe à ciência) ao do transcendente (que cabe à filosofia). E se a ciência trabalha com juízos de existência e a filosofia com juízos de valor, haveria tal crise entre a existência e o valor que justificasse um divórcio que tantos desejam acentuar?

Subitamente um dia me surgiu um caminho. Sempre preocupara responder às perguntas que se formulavam. E se em vez de respondê-las, pensei, procurasse eu o porquê das perguntas? Em cada pergunta há já um anelo de certo responder, observei. E para chegar à análise das perguntas teria que penetrar na epistemologia. Teria que invadir o terreno das ciências da biologia, porque precisava procurar no mais profundo da vida o perguntar.

E desse trabalho ingente muitas coisas foram surgindo, porque não podia deixar de estudar a fisiologia e outras disciplinas afins à biologia, para alcançar o que me faltava para a disciplina filosófica. E foi subitamente que percebi que entre a ciência e a filosofia, o divórcio que se estabelecera, era meramente superficial e implicava apenas uma ignorância dos representantes de cada lado do saber sobre o saber do outro lado.

[67] Carta enviada ao Dr. Augusto Meyer, Diretor do Instituto Brasileiro do Livro, em 22/04/1953.

27

Menção, na biografia de Mário Ferreira dos Santos escrita por suas filhas Nadiejda Santos Nunes Galvão e Yolanda Lhullier dos Santos, à carta enviada pelo filósofo ao Ministro Augusto Meyer – o episódio é mencionado, neste volume, pelo posfácio de Luís Mauro Sá Martino

Resolvi, portanto, invadir o estudo dos textos filosóficos, ao mesmo tempo que me preocupava com o conhecimento da ciência em todos os setores. Acompanhado por alunos devotados (muitos são estudantes de engenharia, química, filosofia, etc.) pude coligir o material necessário para a fundamentação das teses que iria apresentar. Mas a preocupação epistemológica levou-me à construção da Noologia, disciplina, que logo estruturei, para estudar como funciona o conhecer humano e daí a "Simbólica". E ao estudar a teoria do conhecimento, em face de funcionamento bio-psicológico, compreendi que uma teoria do conhecimento caberia uma teoria do desconhecimento, pois ao conhecer, desconhecemos. E o que desconhecemos é importante.

E como ampliar os meios do conhecimento? Lembrei-me logo que a ciência amplia os nossos meios com instrumentos que traduzem aos nossos esquemas constitutivos a realidade e graças a eles escapa, se enfrentada imediatamente, mas que surge mediatamente graças aos mesmos instrumentos.

Um órganun, portanto. O organum aristotélico não era falso, mas era incompleto. Examinei então quanto podia neste setor descobrir. Finalmente me surgiu a estruturação da decadialética e da pentadialética, a primeira trabalhando em dez campos com suas antinomias, e a segunda em cinco planos concretos, que me permitiriam desta forma colocar qualquer objeto de estudo, abstraído para a análise, dentro da sua concreção, permitindo que dele conhecesse o que é cognoscível seguindo esquemas que dispomos, mas também redutível a um maior conhecimento, desde que empregássemos outros esquemas, que a decadialética permitiria construir.

Ao chegar a este ponto, verifiquei que as diversas colocações filosóficas nada mais eram que perspectivas laterais, tomadas de um ou outros dos campos ou de suas antinomias ou dos planos, o que se verificará no decorrer da leitura da Enciclopédia.

Desta forma, verifiquei que, tomando concretamente o estudo dos diversos objetos particulares tornados abstratos pela conveniência da análise, as tendências estruturalistas, que se notam na filosofia e nas diversas ciências, encontravam um apoio importante, sem que em nada viessem a prejudicar o que de valioso havia nas afirmativas concretas de todas as correntes filosóficas do passado.

Não precisava, deste modo, desprezar mais o passado. E as palavras sábias de meu pai cresceram de valor dentro de mim, e compreendi que não era imprescindível abandonar a grande herança do conhecimento humano para citar algo de novo. Compreendi que a separação entre a ciência e a filosofia, e que parecia estabelecer um divórcio, uma crisis (abismo) entre ambas, não se fundamentava numa apreciação concreta, mas abstrata.

A ciência incorpora um saber ao saber do passado, cresce com, concresce, é concreta por isso, enquanto a filosofia substitui, exclui uma idéia por outra. Ora, o método empregado pela filosofia, por ser originalmente excludente, levaria à excludência, enquanto o da ciência, por ser includente, levaria à includência.

O problema portanto era o do método. Ora, a decadialética incluía, unia, concrecionava, e realizaria na filosofia o que sempre se desejou que ela fosse: um repositório do progresso de conhecimentos e não um mero saber ocioso e inútil, num velho repetir de fórmulas e de idéias, como já a proclamavam muitos, no intuito oculto de desprezá-la ou desmerecê-la.

As obras de Wertheimer, Kohler, Kruger, Ogden, Jaensch, Guillaume, etc. apresentavam algo novo para a psicologia. Mas não se podia deixar de reconhecer que a reflexologia, desde Bechterew, através de Pavlov, e Kostyleff, não se opunha àquela, desde que a decadialeticamente estudadas? Nem a teoria da assimilação de Piaget, nem os estudos de Wallon, nem as contribuições aparentemente mecanicistas do grupo dos psicólogos que acompanhavam Dumas em sua obra.

28

E Peter, na Economia, mostrava ainda, como Grelling e Oppenheim na Lógica e Muller, na Biologia, e ainda Katz, Adrian e outros na Neurologia, que tal concreção se tornava possível, e os esforços enviados pelos cientistas se completavam com o que de concreto havia na filosofia. A estruturação da "Teoria Geral das Tensões", onde os esquemas estruturais são estudados em seu aspecto ontológico, aplicável a todo o suceder, vinha, para mim cercar o trabalho analítico da Enciclopédia, que ora inicio a publicar.

É impossível, numa simples carta, expor o que virá no decorrer da obra. Mas creio ter dado uma visão clara do que se realizou neste trabalho, bem como o esforço que tive de dispender para alcançar esta concreção, que tenho absoluta certeza, só trará um benefício às novas investigações filosóficas, bem como nos dará mais uma prova da possibilidade de realização em nossa terra, liberta de certas imposições naturais do passado, de uma carga ancestral de ser teatro de uma realização tão ambiciosa como esta, e que efetuada passará a falar por sim mesma..."

Não teve uma resposta positiva e continuou a publicar sem contar com qualquer auxílio institucional as demais obras da Enciclopédia: "Psicologia", "Lógica e Dialética", "Teoria do Conhecimento", "Ontologia e Cosmologia", "Tratado de Simbólica", Filosofia da Crise", "O Homem perante o Infinito", "Noologia Geral", "Sociologia Fundamental e Ética Fundamental", "Filosofia Concreta dos Valores".

[illegible]

29

NOTICIÁRIO CULTURAL

MÁRIO FERREIRA DOS SANTOS (1907-1968)

Faleceu em São Paulo, no dia 11 de abril de 1968, o Prof. Mário Ferreira dos Santos, nascido em Tietê, SP, a 3 de janeiro de 1907. Autor de uma vasta e desigual obra, onde confluem as influências de Santo Tomás de Aquino, Hegel, Nietzsche e Stirner num somatório sincrético, notabilizou-se também como tradutor da obra nietzscheana. Autodidata em filosofia (formara-se em Direito) e adepto, no campo político, do anarquismo mitigado, concebeu um "sistema" que denominou Filosofia Concreta (título de um dos mais de cem livros que publicou, grande número dêles com pseudônimo). De sua ampla bibliografia destacam-se: *Métodos lógicos e dialéticos, Filosofia e história da cultura, A sabedoria dos princípios, Filosofia da crise, Ontologia e cosmologia, Filosofia e cosmovisão, Teoria do conhecimento, Noologia geral* e *Filosofia concreta*. Com o falecimento do Prof. Mário Ferreira dos Santos perde o pensamento brasileiro o último abencerrage de um estilo de prática filosófica inaugurado no Brasil por Tobias Barreto, atento ao movimento especulativo internacional, porém, inserindo-o, no contexto nacional com vistas às nossas exigências e peculiaridades. — LWV.

"THE JOURNAL OF VALUE INQUIRY"

Editada a revista em epígrafe por The University of Akron tem ela como editor-executivo o prof. James Wilbur e como editôres os profs. Walter Koppelman, Ervin Laszlo,

Obituário de Mário Ferreira dos Santos, assinado por Luís Washington Vita, na *Revista Brasileira de Filosofia* (vol. 18, nº 70. Instituto Brasileiro de Filosofia, segundo trimestre de 1968, p. 221)

Índice Analítico

Índice Onomástico